新编现代物流学

XINBIAN XIANDAI WULIUXUE

（第四版）

王之泰 ◎ 编著

首都经济贸易大学出版社
Capital University of Economics and Business Press
·北 京·

图书在版编目(CIP)数据

新编现代物流学/王之泰编著. --4版. 北京:首都经济贸易大学出版社,2018.7
ISBN 978-7-5638-2800-5

Ⅰ.①新… Ⅱ.①王… Ⅲ.①物流 Ⅳ.①F252

中国版本图书馆CIP数据核字(2018)第102816号

新编现代物流学(第四版)
王之泰 编著

责任编辑 刘 欢 彭 芳
封面设计 砚祥志远·激光照排 TEL: 010-65976003
出版发行 首都经济贸易大学出版社
地　　址 北京市朝阳区红庙(邮编100026)
电　　话 (010)65976483 65065761 65071505(传真)
网　　址 http://www.sjmcb.com
E-mail publish@cueb.edu.cn
经　　销 全国新华书店
照　　排 北京砚祥志远激光照排技术有限公司
印　　刷 唐山玺诚印务有限公司
开　　本 710毫米×1000毫米 1/16
字　　数 590千字
印　　张 33.5
版　　次 2005年2月第1版 2008年8月第2版 2012年11月第3版
2018年7月第4版 2021年12月总第11次印刷
书　　号 ISBN 978-7-5638-2800-5
定　　价 65.00元

作者介绍

王之泰

1939 年出生于重庆,祖籍辽宁锦西,1962 年毕业于天津大学化工系。

1962 年开始在国家经济贸易委员会物资总局工作,1963 年之后长期在北京经济学院、北京物资学院任教,主持了物流专业、管理工程专业、期货专业的建设。

曾任北京市政协第八届副主席;全国政协第七、八、九届委员,第八届常委;北京市人大代表、常委;民建中央常委、执行局成员;民建北京市委员会主委;北京物资学院副院长。

教学和研究的主要领域是"商品学""物流学"。主要著作有:《现代物流学》《物流手册》《物资管理学》《物资管理经济学》《非金属产品学》《配送研究》《现代物流管理》《物流工程研究》《从"黑大陆"到"灰大陆"》等。

第四版前言

从《现代物流学》到《新编现代物流学》再到《新编现代物流学(第3版)》,经历了21年,从《新编现代物流学(第3版)》到现在又经历了4年。

1992年,开始写作《现代物流学》时,困难是巨大的,写作过程中几次打算放弃,虽然坚持成书,但是也留下了许多遗憾。

1992年到1999年,对于中国来讲,物流是经济领域的一片“黑大陆”,曾经在20世纪80年代活跃的一些物流研究力量也变得沉寂:国家教委在专业目录中取消了物流专业;北京物资学院管理工程系作为非常活跃的物流教学和研究力量,也把主要精力转向了期货;中国物流研究会在成立之后只召开了一届年会便停止了活动,收缴印章,改编成物流技术经济委员会。

《现代物流学》生不逢时,于1995年物流在中国处于低潮时问世,熬过了一段艰难的日子。到1999年电子商务热的同时,物流在中国突然升温,《现代物流学》竟然加印多达8次,也幸运地获得“国家科技进步奖”“保供物流基金奖”等奖项。然而,在这本书不断增印的过程中,我清醒地知道,当初这本书存在的遗憾和缺陷也不断地被放大,这使我下定决心对这本书进行新编。在那个阶段我广泛关注和参与了我国物流各方面的发展,参与一些地区、部门和企业在物流规划、项目设计和实施方面的实践活动,在诸如配送等领域的研究又有所深化,并且有重点地针对我不熟悉的领域进行了学习和研究。这就多少弥补了我在写作《现代物流学》时功底不足的问题,最终完成了《新编现代物流学》的编写。

《新编现代物流学(第3版)》问世之后,又经历了4年。通过对第3版的审视以及接受读者的反映,我感觉第3版存在两个问题:一是篇幅长,二是部分内容陈旧。年事虽高,但我下决心再做一次修订,大结构不变,压缩一些篇幅,删除一些过时信息,增加了一些新知。

借这本书第4版出版的机会,我要向厚爱我的读者,向物流界的朋友们,向一贯支持我的助手和学生们表示感谢和敬意!

王之泰

2018年2月

目　录

第一部分　国民经济中的物流

第二部分　物流基础活动及优化

第三部分 物流平台

第六部分　物流管理

第一部分

国民经济中的物流

第一章　基础概念与理论

第一节　基础概念

一、物流与物流管理

物流和物流管理是两个重要的密切相关但又有区别的概念。

在中国,“物”和“流”两个字,都有其确定的解释,虽然中国的字和词的含义一般有多种解释,但这两个字共识较多、分歧较少。合成的词汇“物流”,不用仔细琢磨便可以理解,似乎大家都懂。其实在“懂得”的背后,人们对其内涵的理解是有差异的。“物流”不同于经济领域有过的一些概念,如“物资流通”“货物流通”“商品流通”“物料流转”……

对于物流的概念,最简单、最广义的理解是,物流就是“物”的实体的运动。

物流中的“物”是物质资料中同时具备物质实体特点并且可以进行物理性位移的那一部分;“流”则是物理性运动。“物”和“流”的组合,是一种建立在自然运动基础上的高级的运动形式,以此来和自然界实物的自然运动相区别。物流是在社会领域中,尤其是经济领域中的一种有目的、有动力的实物的流动。

所以,物流是现代经济领域中的一个新的概念。《辞海》《辞源》等工具书中,没有“物流”这个词汇。在美国人编写的《经济学百科全书》中,也没有发现这个词汇。

本书研究的“物流”,源于美国。源于美国曾经广泛采用的词汇 Physical Distribution 和 Logistics。Physical Distribution,我们过去直译为“实物分销”,现在则称为“物流”;而 Logistics 我们过去称之为“后勤”,现在翻译为“物流”或者“后勤”。

物流和物流管理是这门学科的两个基础概念。“物流”这个概念是运动的概念,但是,“物流”不是自然科学描述的运动,不是研究微观的“物质运动”或宏观“物”的机械运动,而是社会经济领域的宏观的物质实体的运动概念。对于“物”,生产领域称之为原材料、半成品、成品、产品;流通领域称之为商品、货物;消费和应用领域称之为物品。物流是这些实物的运动,在社会经济领域虽然和管理有关,但不是管理的概念。“物流管理”则是和物流相关的管理概念。这两个概念也是本书的研究对象:物流和物流管理。

很多人使用的“物流”一词,不但包含运动,也包含对这个运动的管理。国家标准《物流术语》是从这个角度上来定义物流的:“物品从供应地向接收地的实体流动过程。根据实际需要,将运输、储存、装卸、搬运、包装、流通加工、配送、信息处理等基本功能实施有机结合。”这两句话,前一句讲的是物流,后一句则是物流管理。

本书的看法是:物流虽然包含管理的因素,但是和物流管理仍然有所区别。物流作为“实体流动”的概念来理解;物流管理作为对这种“实体流动”管理的概念来理解。管理是多方面的,不仅仅是“基本功能实施有机结合”,从另外一个角度讲,没有能够解决“有机结合”的“实体流动”,也是物流,也需要管理,只不过水平低而已。

物流管理有两个基于,一是基于实物本身,二是基于社会环境,物流管理是两者综合形成的管理。物流管理赋予物流理性和秩序,目的是和社会融合,本身则要追求合理。

现代物流可以这样理解:现代物流是若干领域经济活动系统的、集成的、一体的现代概念。它的基本含义可以理解为:按用户(商品的购买者、需求方、下一道工序、货主等)的要求,将物的实体(商品、货物、原材料、零配件、半成品……)从供给地向需要地转移的过程。这个过程涉及运输、储存、保管、搬运、装卸、货物处置、货物检选、包装、流通加工、信息处理等许多相关活动。现代物流就是这些本来各自独立但又有联系的相关活动,按照不同的需要组织和管理,形成的集成的、一体化的物流活动。这种发展是现代经济领域的趋势之一,所以现代物流是现代化发展的产物。

二、物流词汇的选择

(一)发达国家词汇选择

美国为什么先使用Physical Distribution一词,尔后又称之为Logistics呢?这需要从发达国家的特定环境来考察。

美国等西方国家的经济环境,在20世纪前期便进入了买方市场,除第二次世界大战和战后一段时间的管制和配给,20世纪经济的主要环境是买方市场环境。在买方市场环境下,卖方处于竞争状态而买方主动权颇大,是买易卖难的市场环境。因此,关注和研究自然集中于“卖”这个有困难的领域,即集中于销售领域。Physical Distribution一词就出现在销售学或市场学之中。所以,西方原来对物流的研究,也就是对实物分销的研究,在整个经济活动中是销售活动的范畴,实物分销一词自然反映了这一客观现实。而在这个时期,虽然已经进入买方市场,但是毕竟这是初期的买方市场,“用户为中心”的观念还没有普遍、深入形成,Physical Distribution反映的主体,依然是企业而不是用户。

Physical Distribution改称为Logistics,是由于经济形态实际内容发生了变化。原来以企业为主体、集中于销售领域的活动,在买方市场强化之后,表现出了太大的局限性。经济理论研究和经济活动的实践都证明,这一领域效益的取得,必须有更大的系统和更强的综合战略，即不仅存在于销售领域，也存在于之前的生产和产前供应领域，必须按这更广泛的领域建立新的概念。Logistics 便是这样一个概念，它以用户为主体，不仅包含了企业产后的实物分销，还包括了企业产前的供应领域（如图1－1）。

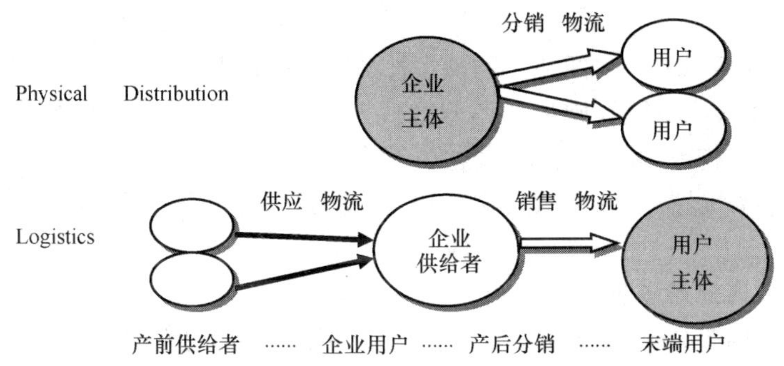

图1－1 Physical Distribution 和 Logistics 的差别

可以明显看出，Physical Distribution 和 Logistics 的区别在于围绕的中心不同：一个是以企业为中心，一个是以用户为中心。而且从范畴上看，后者在前者基础上有了延伸和扩展。这是建立在现代科学技术手段可以实现对这一延伸扩展控制的基础上，是建立在比以前更大的信息系统有可能变为现实的基础上，是建立在能管理和协调这么大的系统的基础上。所以，两者在经济结构中的位置虽然基本相同，水平却有时代的差别。

1985 年之前，美国采用 Physical Distribution 这个词汇，并且被其他国家和国际组织认同。1985 年，美国物流协会采用了 Logistics 代替 Physical Distribution，随后，国际物流会议也实现了这种用词的替代。值得重视的是，美国对这个词汇的解释"与时俱进"，这个概念的最新解释和世界经济的最新进展供应链是联系在一起的。

学习美国的日本，"物流" 和"ロジスティックス"两个词并用。早稻田大学教授阿保荣司认为：日本的物流观念与美国 Logistics 观念的主要区别在于，日本的物流是着眼于企业、着眼于流通，强调其是企业"第三个利润源泉"；美国的 Logistics 则着眼于消费者。

Logistics 建立在满足消费者的基础上而不是建立在满足企业自己的基础上，所以美国不谈第三个利润源泉而特别强调服务保障。采用军事领域的 Logistics 一词，就是特别强调对用户的保障：要像军事活动那样准确无误、计划周密和绝对保障。所以，Logistics 的思想更具有战略性而不着眼于利益，是企业发展的战略举措而不是一时谋利的手段。因此，它不是一项单纯的职能，而是企业经营战略的一项基本原则。更理性地讲：Logistics 是一种战略思维，可以建立起企业新的运行模式。

(二)我国对物流词汇的选择

日本把这个词汇先后翻译成“物的流通”和“物流”,物流在日语中的这两个词汉字意思非常清楚。审视 Physical Distribution 的含义,实际上没有找到比“物流”这两个字更为贴切的词汇,所以,选用“物流”来表达 Physical Distribution 十分自然。另外,引进者是当时在国内经济界有巨大影响的“物资流通”部门的人,这也是一大原因。

20 世纪 80 年代的中国采用“物流”来表述 Physical Distribution 和 Logistics 先后两个阶段的词汇,能不能反映出两者的时代差别呢?事实上,引进物流概念的初期,日本、中国采用“物流”的词汇,就远远高于 Physical Distribution 表述的范畴,已经赋予了物流一词系统性、总体性的含义。中国继续用“物流”一词表述 Logistics 是有道理的。

(三)物流概念内涵的差异

Physical Distribution 和 Logistics 是有差异的,主要有两方面:

第一,对“服务”的概念表达和反映。Physical Distribution 和 Logistics 两个词汇的区别,集中于对“服务”的表达。Logistics 是在发达国家经济高度发达、在“服务性社会”已经形成的社会环境下,反映了物流的服务本质。而 Physical Distribution 能够明确反映实物物流的过程和对这个过程的管理,但却没有恰当地反映服务。

第二,信息社会物流的特殊性。在信息社会中,畅通的、有效的、准确的信息赋予了物质实体强大的生命力,有充分而有效信息的实物流动,才能完成“效率的”“效益的”流动。应该说,Logistics 包含和表述了信息这个要素,而 Physical Distribution 反映了实物的运动,却没有充分反映信息的运动。

三、物流定义

(一)国家标准的定义

国家标准 GB/T 18354—2001《物流术语》和新标准 GB/T 18354—2006 对物流领域主要的名词概念都有定义,虽不是强制性标准,但对规范和统一物流术语的解释非常重要。标准将物流定义为:“物品从供应地向接收地的实体流动过程。根据实际需要,将运输、储存、装卸、搬运、包装、流通加工、配送、信息处理等基本功能实施有机结合。”

定义从两个角度表述物流:第一个角度是物流的表观现象,客观表述物流过程和状态;第二个角度是管理角度,表述了物流活动的具体内容以及对这些工作进行系统的管理。

定义前半部分明确物流的特定范围:起点是“供应地”,终点是“接收地”。充分表达物流的广泛性,纠正对物流的狭窄理解,纠正一些认识误区。社会上对物流认识的误区,主要表现在认为物流是“物资流通”“商品流通”,“物流的背后是商业”。诸如此类的认识,一方面是和“流通”混淆,使物流的概念扩大化;另一方面是把物流仅局限在流通领域，否定物流的广泛性。图 1 - 2 反映了物流广泛性——“供应地”“接收地”不同所表现的物流广泛性。

定义后半部分明确指出物流包含的功能要素，对于这些功能要素，物流应当做的事情是“实施有机结合”。这里有双重意思。第一重意思“有机结合”，是“一体化”“系统化”的表达形式，这也是一种“现代的”含义，物流是系统化的产物。我们通常研究、应用和实施的物流，实际上是系统状态的复杂活动。应该说明的是，运输、包装等本身就是一种独立的经济形态，它只是系统物流其中的一部分，它所从事的工作只是物流系统活动中的一个局部，从这个角度来看，从事这些经济活动的企业称为“物流企业”也未尝不可，但这绝对不是现代意义的物流企业，因为这种企业并没有从事系统的物流活动。第二重意思是通过“实施”两个字来表达的，要把这些单项的功能予以系统化实施，所要做的事情便是“管理”，所以这个定义也在一定程度上表达了管理的内涵。

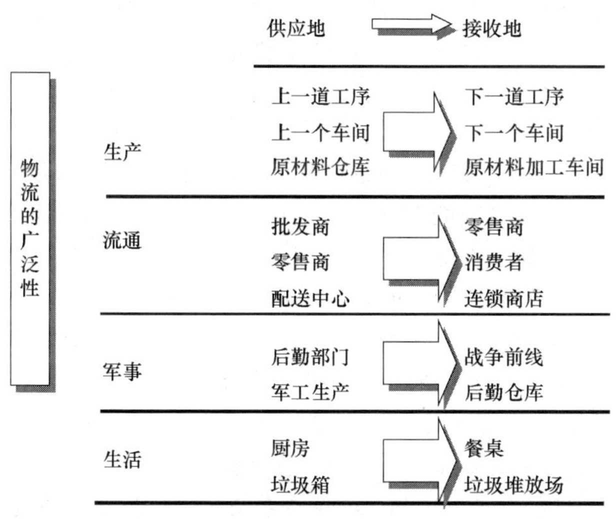

图 1 - 2　物流活动的广泛性

(二)发达国家物流的定义

由于对物流的理解不同以及文化的差异，我们所讲的“物流”，对应国外的理解往往是“物流管理”，在有的国家有时候则是以物流管理定义的名义出现的。美国采用 Logistics 这个词汇代替 Physical Distribution 之后对物流的定义，有助于我们认识这个问题。

1. 美国的定义

美国权威的定义是美国物流管理协会(Council of Logistics Management)提出的，在用 Logistics 代替 Physical Distribution 之后，对物流管理(Logistics Management)的定

义是:“为了满足客户的需求,对商品、服务和相关信息从产出点到消费点的合理、有效的流动和储存,进行计划、实施与控制的过程。”20 世纪末,美国物流管理协会进行了新的修改:“物流是供应链流程的一部分,是为了满足客户需求而对商品、服务及相关信息从原产地到消费地的高效率、高效益的正向反向流动及储存进行的计划、实施与控制过程。”

2. 欧洲的定义

欧洲物流协会 1994 年对物流的定义是:“物流是在一个系统内对人员和商品的运输、安排及与此相关的支持活动的计划、执行与控制,以达到特定的目的。”

3. 日本的定义

对于日本而言,物流也是一个引进的概念,因此,不同时期,对物流理解的重点也有所区别。在 20 世纪 90 年代以前,日本社会对于物流的解释来自于政府,因此认识似乎很统一。但是在 90 年代之后,欧美发达国家采用了 Logistics 这个词汇以后,日本国内没有形成统一的物流概念,而出现了对物流的不同解释。

日本日通综合研究所 1981 年出版的《物流手册》,对物流的定义为:“物流是物质资料从供给者向需要者的物理性移动,是创造时间性、场所性价值的经济活动。从物流的范畴来看,包括包装、装卸、保管、库存管理、流通加工、运输、配送等诸种活动。”

2002 年日本工业标准(JIS)对与物流相关词汇有两个明确的定义。第一个是采用日语词汇“物流”,对应美国的 Physical Distribution,定义为:“物质资料从供给者到需要者进行时间的、空间的移动过程的活动。一般认为是将包装、输送、保管、装卸搬运、流通加工以及与此相关的情报等各项功能进行综合管理的活动。在不同的对象领域有特定的不同称呼:供应物流、生产物流、销售物流、回收物流等”;第二个是采用日语词汇“ロジスティックス”,对应美国的 Logistics,定义为:“将物流活动的目标定位于充分满足最终需要同时要解决保护环境等方面的社会问题,在此前提下追求高水平的、综合的完成包装、输送、保管、装卸搬运、流通加工以及相关情报等各项工作,以谋求将供应、生产、销售、回收等各个领域实现一体化、一元化的经营活动。”

综合以上物流的定义,实际上仍存在以下几点不足:

第一,是关于范围的界定。

把物流局限在经济活动领域是不妥的。美国、欧洲、日本等国经济组织从经济角度来认识、定义物流,给与了经济活动的限定因素,这就必然否定了经济活动之外的领域。

经济活动之外的生活领域涉及“生活物流”。这个领域的物流是非常广泛而重要的。虽然很多生活的物流带一些经济的色彩,但它毕竟不能称为“经济活动”。

同样,军事物流也是非常大的、重要的领域。物流很多理论及实践就来自于军事物流。军事物流虽然也要讲效率和效益,也有“军事经济学”,但本质不是经济活动。因此，我国国家标准关于物流的定义显然忽视了军事物流这一大块。

所以，一个科学的有关物流的定义，只限定在经济活动领域显然欠妥。

第二，是关于“物品”的用词。

物流的主体是“物”的实体。在商品流通领域这个实体是“商品”，在生产领域这个实体是“物料”“生产资料”，在生活领域更有种种叫法，如“生活资料”“东西”“物件”。这些对“物”的实体的称谓被统称为“物品”也许是不得已的选择。物品一词不能涵盖全部的“物”的实体，因此，对物流主体的称谓还需要探讨。也许明确称之为“物”的实体更容易被人理解。“物”的实体涵盖的范围面更广，甚至包括活体的动物乃至人。

四、物流服务能力——物流的功能

对于物流能力的认知，不但要认知总体能力，而且应当认知构成这个总体能力的若干个基本能力，物流科学称之为“功能”。基本的能力按照不同的需要组合，就表现出物流的能力，通过能力的发挥最终完成物流的使命。一般认为物流功能构成有包装、储存保管、装卸搬运、运输、流通加工、配送等，物流过程由上述六项具体的功能活动按需要组合而成。

(一)包装

包装包括产品出厂包装、生产过程中在制品、半成品的包装以及在物流过程中换装及分装、再包装等。对生产大系统来讲，包装是处于末端的子系统，是生产的一部分，由生产部门规划、设计、建设、运行和管理。包装是生产和物流的衔接过程，虽然大多属于生产管理，但是必须考虑物流。对物流来讲，包装处于起始端，会影响以后各个过程和物流总的过程，从这个意义上来讲，包装对于物流的重要性远胜过其对于生产的重要性。

(二)储存保管

在古代农业经济时期，储存保管的地位远远高于运输、装卸搬运等与物流相关的其他活动的地位。传统经济中，储存保管也经常和运输处于同等重要的地位。现代物流系统中，物流系统特别强调“流”的能力，而尽量减少储存保管活动以及其带来的消耗，保管常常变成减损物流效益的主要原因。所以，储存保管在现代物流活动中的地位也有所降低。

(三)装卸搬运

装卸搬运实际上是物流过程中两种不同的活动。长距离的搬运实际上是一种运输形态，与伴随装卸的小搬运互相联系非常紧密，物流科学就把它当作一项活动，统称为装卸搬运。装卸搬运在物流过程中是多次发生、频繁发生的活动，不但是物流各个过程在转换和联结时的必要操作，即使在一个具体的过程中，由于不同工序和不同工作的衔接、操作人员的衔接、操作工具和装备的衔接，也必然发生装卸搬运活动。

(四)运输

运输要解决的是实体的流动,也就是说解决的是物流的主要问题。无论是近距离的实体流动还是实现物的长距离、大范围的空间移动,靠的都是运输。所以,运输活动是经常会和物流活动混淆的一个概念,有些人甚至认为运输就是物流全部,因为这项活动实际上是物流的主体,或者说是物流系统的主要子系统。

(五)流通加工

流通加工这项活动从性质和手段来讲,是属于生产性质的一种活动,发生在物流过程中,是流通过程的辅助加工活动。这种加工活动不仅存在于社会流通过程,也存在于企业内部的流通过程中。流通加工是现代物流系统中的一项创新活动,有增值的积极因素。生产企业和流通企业为了有效地衔接不对称的产需,弥补生产过程中加工程度的不足,更有效地满足用户或本企业的需求,更好地衔接产需,往往需要进行这种加工活动。

(六)配送

配送是物流进入最后阶段,以配货、包装、送货形式最终完成社会物流并最终实现资源配置和对用户服务的活动。在现代物流观念没有建立之前,配送被看成运输的组成部分,看成一种运输形式。所以,过去未将其独立为物流活动,而是将其作为物流的末端运输对待。但是,配送作为一种现代流通方式,集经营、服务、社会集中库存、分拣、装卸搬运于一身,已不是单单送货运输能包含的。配送是整个物流系统服务能力的最后的集中体现,在现代经济中非常重要。配送就这样成为现代物流的一个重要的创新。

如果从物流运作的角度观察问题,前面所讲的物流功能在现实的物流运作中,是使用不同工具、依托不同的装备设施、由不同部门和不同操作者所进行的不同作业。物流则是依靠这些作业的组合和衔接来完成的。

五、物流创造价值

物流可以创造价值,这是流通理论的一个创新,改变了对流通的传统理论认识,即改变了流通仅作为"桥梁和纽带"作用的认识,赋予了流通能动性与积极的意义。特别需要说明:虽然物流有创造价值的作用,但是物流的本质并不是创造价值而是提供服务,创造价值仅是服务的一个派生现象。

与价值创造相关的理论提法是:"物流是物质资料从供给者到需求者的物理性运动,是主要是创造时间价值和场所价值,有时也创造一定加工价值的活动"。物流并不是"物"和"流"的简单组合,我们讲的物流,并不是讲实物的基本运动规律,也不是从哲学意义研究运动的永恒性。"物"和"流"的组合,是一种建立在自然运动基础上的、高级的运动形式。物流的作用在另一个时间或者另一个场所实现它的原有价值并且可以创造新价值。

物流对于资本的增值也有重要作用。资本的增值最根本的还是实体经济,实体经济创造的产品，最终要通过物流才能实现实际价值，所以，物流是资本增值的根本因素之一。

物流创造价值主要是依靠时间价值和场所价值来体现的，也不排除物流在创造一定加工附加价值方面的贡献。

(一)时间价值

“物”从供给者到需要者之间有一段时间差，由于改变这一时间差创造的价值，称作“时间价值”。具体而言，时间价值有以下几种：

1. 缩短时间创造价值

缩短物流时间，可获得多方面的好处，如减少物流损失，降低物流消耗，增加物的周转，节约资金等。现代物流学着重研究的一个课题，就是如何尽量缩短物流的宏观时间和有针对性地缩短微观时间从而取得高的时间价值。从物流总体来看，加快速度、缩短时间是物流必须遵循的一条经济规律。物流运动和力学运动的一个重大区别，就是它不是简单地按自然科学规律运动，而是按照经济规律，能动地取得时间价值的运动形式。

2. 弥补时间差创造价值

需求和供给普遍存在时间差，有很多例证：粮食生产季节性和周期性决定了粮食集中产出，但人们每天对粮食都有所需求，因而出现时间差；水泥工厂一旦点火，生产就必须连续进行，但是消费却有一定时间间隔，因为建筑施工有很强的季节性等。这些也都出现了时间差。时间差也表现在短的时间范围内，凌晨磨制的鲜豆浆在上午出售，前日采摘的菜、果在次日出售等，都说明供给与需求之间存在时间差，这是普遍的客观存在。正是有了这个时间差，商品才能取得高价值，获得理想效益。但如果没有有效的方法，集中生产出的粮食除了当时的少量消耗外，就会损坏腐烂；集中施工季节就会出现水泥供给不足、停工待料，而不施工季节生产出的水泥便要长期存放，会逐渐水化变质乃至最终损失掉。

物流便是以科学、系统的方法弥补或改变这种时间差，以保持和充分实现物品的价值，这种价值和时间差有关，我们称之为“时间价值”。

3. 延长时间差创造价值

以缩小时间差来创造价值是物流的总体规律。但是，在具体物流中也经常会延长物流时间来创造价值。例如，商品的待机销售，寻找最理想的市场进入时间；备战、备荒的战略储备等。这时采用的物流方式便是一种有意识地延长物流时间，增加时间差从而创造价值的方式。当然，一般来讲，这是一种特例，不是普遍的规律。

(二)场所价值

供给和需求往往处于不同的场所，所处的空间位置不同，“物”从供给到需求之间由于改变场所的位置创造的价值称作“场所价值”。商品在不同地理位置会有不同的价值，通过物流将商品由低价值区转到高价值区，便可获得利益。具体而言，场所价值有以下几种形式：

1. 从集中生产场所流入分散需求场所创造价值

现代生产的特点之一，是集中大规模的生产以提高效率、降低成本。在一个小范围集中生产的产品可以覆盖大面积的需求地区。通过物流将产品从集中生产的低价位区转移到各处的高价位区，可以获得利益。钢铁、水泥、煤炭等原材料往往以几百万吨、几千万吨的大量生产密集在一个地区，汽车生产在一个地区也可达百万辆以上。产品通过物流流入分散需求地区，物流的“场所价值”也依此产生。

2. 从分散生产场所流入集中需求场所创造价值

和上面相反的情况也不少见，例如：粮食是在一亩地一亩地上分散生产出来的，而一个大城市的需求却相对大规模集中；一个大的汽车生产系统的零配件生产也分布得非常广，但却集中在一个大厂中装配。这也形成了分散生产和集中需求，物流便依此取得了场所价值。

3. 从甲地生产流入乙地需求创造场所价值

现代社会中供给与需求的空间差十分普遍，不少是自然地理和社会发展因素决定的。现代人每日消费的物品几乎都是相距一定距离甚至十分遥远的地方生产的。供给与需求的空间差是靠物流来弥合的，物流也从中取得了利益，取得“场所价值”。

（三）加工附加价值

物流也可以创造加工附加价值。加工并不是物流的本来职能，但是，现代物流的一个重要特点，是根据自己的优势从事一定的补充性加工，这种加工不是创造商品主要实体，而是带有完善、补充、增加商品功能的加工活动，赋予劳动对象一定的附加价值。虽然在创造加工附加价值方面，物流不是主要责任者，其所创造的价值也不能与时间价值和场所价值比，但这是现代物流有别于传统物流的重要方面。

第二节　物流的类别

一、物流分类

（一）不同依据的物流分类

（1）从物流的覆盖范畴和观察物流的角度进行分类，分为宏观物流、中观物流和微观物流三个层次的类别，一般看成物流的大分类。

（2）按照物流在社会再生产中的不同环节进行分类，分成供应物流、生产物流、销售物流、回收物流、废弃物物流五个类别。

（3）按照组织和承担物流活动的主体进行分类，分成第一方物流、第二方物流、第三方物流、第四方物流，甚至有的人引申出第五方物流、第六方物流。

（4）按照物流的共性和特性进行分类，分成普通物流和特殊物流两大类。

（5）按照物流运行的区域进行分类，分成国际物流、国内物流、区域物流等。

(6)按照物流服务的领域进行分类,分为社会物流、部门物流、企业物流、军事物流、行业(产业)物流、家庭物流等。

(7)按照物流对象进行分类,分成原材料物流、机电产品物流、农产品物流、医药产品物流、日用品物流、食品物流等。

(8)按照物流活动的科学技术特点进行分类,已经成熟的类别有快速物流、冷链物流、集装物流、散装物流等。

(二)物流大分类及层次关系

物流的上述分类,形成了三个层次关系。

(1)宏观层次及所包含的物流。国际物流、国内物流、社会物流、一般物流、普通物流这些覆盖面广、涵盖内容和种类更多的物流形态,都属于宏观物流层次。

(2)中观层次及所包含的物流。生产物流、区域物流、部门物流、行业物流(商业物流、制造业物流、外贸物流、农业物流)等属于中观物流层次。

(3)微观层次及所包含的物流。企业物流、供应物流、销售物流、回收物流、废弃物物流、生活物流、各种具体产品的物流等属于微观物流层次。

二、物流类别详解

(一)宏观物流

宏观物流是指社会再生产总体的物流活动,主要特点是综观性和全局性,还可以从空间范畴来理解:在很大空间范畴的物流活动带有宏观性。宏观物流也指物流全体、物流总体,而不是其某个构成环节。具体来讲,国民经济各经济活动和经济领域之间、区域之间以及国家之间的物流活动属于宏观物流。典型的宏观物流包括社会物流、国民经济物流、国际物流。

(二)微观和中观物流

基础的、简单而具体的物流活动被称为微观物流。生产者、销售者、消费者个人或企业所进行的实际的、具体的物流活动属于微观物流;物流活动的一个局部、一个环节的具体物流也属于微观物流;在小地域空间的具体的物流属于微观物流;针对某一种具体产品的物流活动也是微观物流。

物流涉及的领域实在太广泛,在宏观和微观之间,有些物流既不属于基础性的微观物流活动,又没有涉及全局,所以在分类上可以将中观物流确定为一个类别。

(三)社会物流

社会物流也是宏观物流的一种。社会物流指超越一家一户的,以社会为范畴,面向社会为目的的物流。这种社会性很强的物流往往是由专门的物流承担人承担。社会物流的范畴是社会经济的大领域,因此带有综观性和广泛性。

(四)企业物流

1. 企业生产物流

企业生产物流指企业在生产工艺中的物流活动，是与生产工艺过程伴生的、生产工艺过程的一部分。物流过程为：原料、零部件、燃料等辅助材料从企业仓库或企业的“门口”开始，进入生产线的开始端，再进一步随生产加工过程一个一个环节地“流”，在“流”的过程中，本身被加工，同时产生一些废料余料，直到终结，再“流”至制成品仓库便终结了企业的生产物流过程。

过去，生产活动主要注重生产加工过程，而忽视将每一个加工过程串起的、和生产加工过程同时出现的物流活动。例如，离开上一工序、进入下一工序便会不断发生搬上搬下、向前运动、暂时停滞等物流活动，一个生产周期，物流活动所用的时间远多于实际加工的时间。所以企业生产物流的潜力是非常大的。

2. 企业供应物流

为保证生产，不断组织原材料、零部件、燃料、辅助材料供应的物流活动，企业供应物流不仅是一个保证供应的目标，而且以最低成本、以最少消耗、以最大的保证的限定条件下达到目标，因此就带来了很大的难度。

企业供应物流受宏观环境和经济体制的制约，现代物流科学是基于非短缺商品市场这样一个宏观环境，买方有主导权，供应数量保证是容易做到的。关键在于降低这一物流过程的成本，这可以说是企业供应物流的最大难点。

企业的供应物流有三种组织方式：委托销售企业代理、委托第三方物流企业代理、企业自己安排物流。三种方式都有低层次、高层次的不同模式，其中供应链方式、零库存供应方式、准时供应方式、虚拟仓库供应方式值得我们关注。

3. 企业销售物流

企业销售物流是企业伴随销售活动，将产品所有权转给用户的物流活动。在买方市场，销售物流有极强的服务性，销售往往以送达用户并经过售后服务才算终止，因此，销售物流的空间范围很大，这是销售物流的难度所在。企业销售物流的特点是通过包装、送货、配送等一系列物流运作来实现销售。这就需要采取各种方法，诸如少批量、多批次、定时定量配送等特殊的物流方式来达到目的。这里特别要关注的是配送方式。

4. 企业逆向及回收物流

企业逆向及回收物流是完善企业服务派生的物流形式，主要由于产品在销售之后，发生质量、性能变化和损失返回到企业，或者完全失去使用价值的产品需要返回到企业进行处理所发生的物流；再有是企业在生产、供应、销售的活动中总会产生边角余料和废料，这些东西回收返回成为生产资料再继续加以利用所发生的物流。

5. 企业废弃物物流

企业废弃物物流指对生产和生活排放的无用物进行处理所发生的物流活动。按照现代企业的观念，企业必须把环境保护作为自己的社会责任，因此，废弃物物流应当是现代企业物流的一个重要领域。

(五)国际物流

国际物流是伴随和支撑国际经济交往、贸易活动和其他国际交流所发生的物流活动。由于近几十年国际贸易的急剧扩大,国际分工日益深化,国际物流也成了现代物流的热点。

(六)区域物流

相对于国际物流而言,一个国家、一个城市、一个经济区域的物流受相同文化及社会因素影响,处于同一法律、制度之下,有基本相同的科技水平和装备水平,因而具有其独特的区域特点。区域物流的重点是城市物流,每一个城市及周边地区,都逐渐形成小的经济地域,整个城市运行也以物流为依托,可以说城市物流的内涵十分丰富。

(七)军事物流

军事物流是实现军事保障的物流,为军事后勤的一部分。尤其在战时,军事物流的重要性十分突出。许多著名的军事家都有相同的或者相似的看法——战争成败不但取决于前线,也取决于后勤,这表明了战时军事后勤的重要性。现代物流科学的起源,就来自第二次世界大战美国托盘叉车系统的物流系统化创新。军事物流有自己的规律和独特性。在平时和战时也有不同的规律。最为典型的是库存观念不同,战争时期突发性的、快速的、大量的需求特点,再强大的军事生产也很难通过即时生产保证这种即时的需求,这就决定了军事物流必须有强有力的库存支持。“零库存”不能有效地应用于战时军事物流。

军事物流资源由两大部分组成:核心资源和一般资源。核心资源有高度的机密性和专用性,在平时也应当处于战备的动员状态,可随时动员服务于军事活动,如军事基地、弹药库、军械库、油料库等;另外相当多的是一般性资源,例如车辆、运输船舶、一般码头、车站、机场、道路等。大量一般物流资源,例如仓库、运输装备工具、道路、信息系统等,在战时会处于短缺状态,在平时会处于过剩状态。因此在平时,这些一般的军事物流资源和社会资源整合,建立“军、地一体化物流系统”是军事物流管理的重要内容。

(八)特殊物流

在遵循一般物流的规律基础上,有特殊制约因素、特殊应用领域、特殊管理方式、特殊劳动对象、特殊装备特点的物流,皆属于特殊物流范畴。特殊物流的研究和构筑,可以使每个独特领域里的物流水平大大提高,有实际经济意义。特殊物流可进一步细分。

(1)按劳动对象的特殊性不同分类:多数劳动对象可以依托一般物流,有一些则需要建立特殊的物流系统,从而形成许多特殊物流,如水泥物流、危险品物流、军事物流等。

(2)按数量及形体不同分类:有大批量、大数量物流,多品种、少批量、多批次产品物流,超大、重、长型物物流等。

(3)按服务方式及服务水平不同分类:有“门到门”的一贯物流、快递物流、精益物流、加工物流、应急物流、冷链、配送等。

(4)按装备及技术不同分类:有集装箱物流、托盘物流、散装物流、绿色物流、智能物流、低碳物流、航空快运、内河水运、远洋海运、管道输送等不同的称谓。

(九)不同物流责任人的物流

不同的经济环境下,物流责任人的责任和利益有所区别,不同责任人组织和承担物流活动的可行性也会发生改变,从而形成了如下的按照不同责任人的分类。

(1)第一方物流。第一方,社会上是“我方”的称谓,因此,第一方物流指的是企业自己完成的物流活动,也称为自营物流。

(2)第二方物流。第二方,社会上是“你方”“对方”的称谓,因此,第二方物流指的是产品交易伙伴完成的物流活动,也称为他营物流。

(3)第三方物流。由交易双方之外的与交易活动无关的第三方完成的和双方交易相关的物流活动。很明显,第一方物流、第二方物流都是为了实现买或卖的交易而从事的物流活动,这种物流活动本身和交易活动捆绑在一起,因此,缺乏独立性和专门性。而第三方物流则是独立地、专门地从事物流活动。

(4)第四方物流。不从事具体的物流活动,在高端对于物流提供整合方案,从而为客户提供增值的物流服务,称为第四方物流(4PL,Fourth Party Logistics)。第四方物流是 21 世纪才出现的一种物流形态,现在仍在完善和创新的过程之中。

在社会上还有第五方物流、第六方物流的称谓,基本上都是上述各种物流形态的衍生品,在科学上缺乏共识,此处不再列举。

第三节　物流相关的经济活动

一、流通

流通的出现是人类世界的一个重大转折点,它伴随的是商品生产、商品交换和消费。就生产、流通、消费这个大系统而言,流通、消费与物流的关系更为密切。一般认为,流通是包含了物流在内的一个更为广泛的概念。典型的公式是:

流通 = 商流 + 物流 + 资金流 + 信息流

物流和流通有混淆或者含义不明的情况,原因在于共同使用了“流”字,而且流通的主要对象又是各种各样的“物”。流通一词确实在很多地方就是物流的内涵,所以,在一些材料中也作为物流的表述方式,例如“物的流通”“实物流通”,甚至“空气流通”。

从理论上讲,流通的对象——商品,不仅指商品价值形态的变化导致的价值流通,而且包括使用价值的流通,所以,商品实物必须一起流通,称之为“物流”。将来即使以货币为媒介的商品生产和流通都消失了，实物使用价值的流通仍将继续存在，所以物流将继续存在，可以说：物流是永恒的。那时候，流通的典型的公式就会变成：

流通 = 物流 + 信息流

二、商流

商流可以用“商品流通”“商业流通”这些概念来理解。有一种认识，说商流是上述两个概念的简称。但是，商流词汇是和物流词汇同时出现的，形成了新的概念体系，而“商品流通”“商业流通”是长期使用的、成熟的概念，内涵不但包括“商流”，也包括“物流”。所以，认真追寻：“商流”也是一个新的、独立的词汇，不能用“商品流通”“商业流通”来直接解释，也不是它们的简称。经济学对于商品流通的解释如下：商品流通是指以货币为媒介的商品交换，也就是商品从生产领域向消费领域的社会经济流动。

显然，商品流通流动的是“所有权”和“商品实物”，而其中的“所有权”的转移活动才是我们讲的“商流”。所以，商流是指商品在流通过程中所有权转移。商流和物流是两种不同性质的活动和过程，它们之间确实有因果关系，有时候互相决定和影响，可以是伴生性的，也可以完全不相关，各自有独自的、特殊的运动规律。本书所研究的就是物流的特殊运动规律。

三、资金流

伴随商流和物流所发生的资金运动（流动），被称为资金流。资金流贯穿于从生产到消费的整个过程和各个环节。物流领域对于资金流的关注显然有自己的特点。非常明确的一个事实是：如果没有与商业交易相应的、相关的资金流动，就不可能完成商业交易，也就不能形成对物流的需求，但这仅仅是需求而已，有了需求，还需要资金流来推动物流。如果没有与物流活动相应的资金流动，就不可能有与此有关的物流。很明显，资金流是条件，是推动力。资金流的介入是有条件的，推动资金流的力量是资金的增值从而获得利益。所以对于流通和物流来讲，资金流更重要的一点是增值，这是它的推动力，也是终结和归宿。

四、信息流

信息流指的是与物流过程伴生的信息流动。两者的关系是：物流是信息流的基础；信息流是物流的支柱，信息流给物流赋予了“灵性”，同时又制约着物流。无论什么水平的物流，都会有与之伴生的信息流。我们强调物流、商流、信息流、资金流“四流联动”，是信息化前提下的运动。以信息化带动物流，使物流精益化，充分满足发展的需求同时减轻物流给环境和资源造成的负担。因此信息化基础上的信息流是现代物流非常重要的带动力量。

五、综合运输

综合运输是运输系统化的方式，可以这样描述：综合运输是由各种运输方式，通过系统化、优化，使得多种运输方式无缝连接、优势互补，这样所构成的技术先进、网络布局和结构合理的运输体系。具体而言，综合运输是综合发展和利用铁路、公路、水路、管道和航空等各种运输方式，形成技术先进、网络布局和运输结构合理的运输体系。运输是物流的主体功能，在物流概念没有建立之前，在人们的观念中，物品从供应地向接收地的实体流动过程是靠运输完成的，所以在物流的各项功能中人们非常重视运输，综合运输就是一个重要的成果。本质上，综合运输的思想观念也是现代物流思想观念的一部分。

六、供应链

我国的物流术语国家标准中，对供应链有一个明确的定义："生产及流通过程中，涉及将产品和服务提供给最终用户活动的上游与下游企业，所形成的网链结构。"很明显，供应链涉及全部生产及流通过程，涵盖的范围远远超过物流，物流是这个"网链结构"的关键的、主体的部分。我们在谈到两者的关系时可以这样表述："物流是供应链的一部分。"

第四节　几个重要理论

物流科学有非常强的应用性，是综合性的应用科学，综合了经济科学、社会科学、管理科学和技术科学的相关领域的成果，使之优化，优化"实物"从供应地向接收地流动。物流科学的核心内涵是物流的优化，可以说：物流科学是研究物流优化的科学。

国民经济的生产、流通和消费之中都贯穿物流，所以，物流覆盖的领域远远超过生产和消费覆盖的领域，也超过流通覆盖的领域。

社会上有一种误解，认为物流仅仅是流通的一部分。物流确实是流通的一部分，但又"不仅仅"是流通的一部分，它也是生产的一部分、消费的一部分。物流是跨越了生产、流通、消费的一个独特的系统，过去分属于生产系统、流通系统和消费系统，是被分割的，由于这种分割，过去物流很难成为独立系统。物流系统的建立，不但使物流各项活动得以贯穿和联结从而实现优化，也使生产和消费更容易、更好地实现优化。所以，特别需要指出的是：系统性是物流科学的最基本而且最重要的特征，系统是物流得以形成的内在条件。

由于物流应用性非常强，这影响了物流科学的理论探索。物流科学理论是一个有待深入的领域，已经形成的看法有"商物分离"说、"物流冰山"说、"第三个利润源泉"说等。

一、商物分离（商物分流）理论

商物分离是物流赖以存在的条件。所谓商物分离，是指流通中两个组成部分商业流通和实物流通从过去的统一概念和统一运动之中分开，按自己的规律和渠道独立运动。“商”指“商流”，是商品价值运动，商品所有权的转让；“物”即“物流”，是商品实体的流通。

商品社会的初期，商流、物流是紧密地结合在一起的，进行一次交易，商品便易手一次，商品实体便发生一次运动，物流和商流相伴而生、共同运动，同样过程，只是运动形式不同而已。现代社会之前，流通大多采取这种形式，甚至今日，这种情况仍不少见。第二次世界大战之后，流通过程中上述两种不同形式出现了明显的分离，成了两个有一定独立运动能力的不同运动过程，这就是“商物分离”。商物分离的结果，使我们能把物流作为一个单独的主体进行研究、进行发展，才有了今天规模庞大、涉及广泛的现代物流。商物分离形式如图 1－3 所示，与物流、商流不实现分离比较，物流与商流分离的运动显然要合理得多。

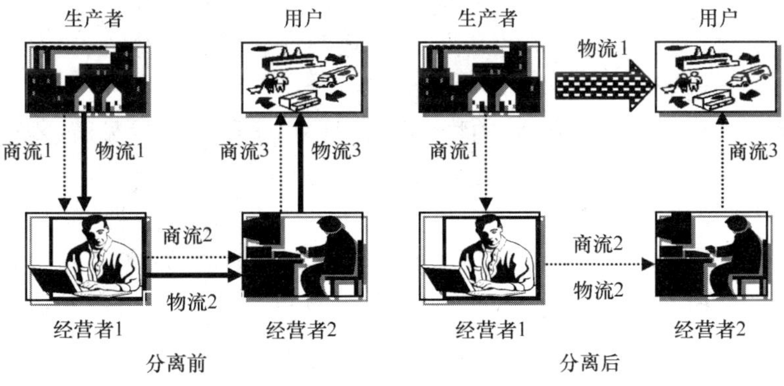

图 1－3　商物分离

从经济学角度看，在流通这一统一体中，商流偏重于经济关系、分配关系、权力关系，属于生产关系范畴；物流偏重于工具、装备、设施及技术，因而属于生产力范畴。

在经济全球化的趋势下，国际分工越来越深入，商业交易可以在全球范围内跨国、跨洋寻优，甚至可以采用电子商务的形式进行虚拟的运作，商流过程与物流过程的分离，在网络经济时代愈发彻底。由于专业物流服务商（第三方物流）的出现，这种分工从一般的过程分工变成责任人的分工。商流运作和物流运作责任人的分离，是现代商物分离的标志。

所以，商物分离实际是流通总体中的分工，这是物流科学重要的理论基础。正是在商物分离基础上才得以对物流进行独立的考察，进而形成科学门类。

需要特别引起重视的是，商物分离并非绝对的，在现代科学技术飞跃发展的今天，优势可以通过分工获得，也可以通过趋同获得，“一体化”“系统化”也是现代社会动向之一。流通领域发展也是多形式的，绝不是单一的“分离”。有一些人提出了商流和物流在新基础上一体化的问题，配送已成了既是商流又是物流的概念。企业最初把设置物流部门看成一种进步，而现在则更多地进行综合的战略管理，而不单独分离其功能，这是值得重视的趋势。

现代经济领域最新的进展是商流、物流、资金流和信息流综合一体化的“供应链”。这是现代社会在信息技术高度发展的前提下，统筹能力、综合能力、一体化能力和水平变为现实可能性的结果。“分久必合，合久必分”，这是科学发展必经之路。即使如此，也不能以此来淡化或者否定“商物分离”，独立于商流的物流依然是供应链的重要基础。

二、“黑大陆”和“物流冰山”理论

著名的管理学权威 P. F. 德鲁克曾经讲过“流通是经济领域里的黑大陆”，泛指流通，但由于流通领域中物流的模糊性尤其突出，是认识更不清的领域，所以，许多人引用“黑大陆”说法，都是针对物流而言。在某种意义上来看，“黑大陆”说是一种未来学的研究结论，是战略分析的结论，带有很强的哲学的抽象性，这一说法对于推动研究这一领域起到了启迪和动员作用。

物流冰山说是日本早稻田大学西泽修教授提出来的创造性见解，他研究物流成本时发现，现行的财务会计制度和会计核算方法都不可能掌握物流费用的实际情况，因而人们对物流费用的了解是一片空白，甚至有虚假性，他把这种情况比作“物流冰山”。冰山的特点是大部分沉在水面之下，露出水面的仅是冰山一角。物流便是冰山，沉在水面以下的是我们看不到的黑色区域，而看到的不过是物流的一小部分。尤其是我们根据现有的数据认识到的物流成本，远远不足以反映实际的物流成本，这是人们忽视物流的重要原因。

西泽修先生用物流成本分析论证了德鲁克的“黑大陆”说。事实证明，物流领域的方方面面对我们而言还是不清楚的，黑大陆和冰山水下部分正是物流尚待开发的领域，这也正是物流的潜力所在。

三、“第三个利润源”理论

“第三个利润源”的说法出自日本，是对物流潜力及效益的描述。经过半个世纪的探索，人们已肯定“黑大陆”虽不清晰，但绝不是不毛之地，而是富饶之源。尤其是经受了 1973 年石油危机，物流已牢牢树立了自己的地位。历史上曾经有过两个大量提供利润的领域，那就是自然资源和人力资源。自然资源领域起初是廉价原材料、燃料，其后则是依靠科技进步获取利润，称为“第一个利润源”；人力资源领域最初是廉价劳动，其后则是提高劳动生产率降低成本，增加利润，这个领域称作“第二个利润源”。在前两个利润源潜力越来越小的情况下，物流领域的潜力被重视，按时间序列排为“第三个利润源”。三个利润源注目于生产力的不同要素：第一个利润源是劳动对象；第二个利润源是劳动者；第三个利润源则挖掘劳动工具、劳动对象和劳动者的潜力，因而更具有全面性。

第三个利润源的理论基于两个前提条件：第一，物流可以完全从流通中分化出来，自成一个独立运行的系统，有本身的目标、本身的管理，因而能对其进行独立的总体的判断；第二，物流和其他独立的经营活动一样，它不是总体的成本构成因素，而是单独赢利因素，即物流可以成为“利润中心”型的独立系统。

第三个利润源的理论，反映了日本人对物流的理论认识和实践活动，反映了他们与欧洲人、美国人的差异。一般而言，美国人对物流的主体认识可以概括为“服务中心”型，而欧洲人的认识可以概括为“成本中心”型。显然，“服务中心”“成本中心”的认识和“利润中心”的差异很大。“服务中心”和“成本中心”主张的是总体效益或间接效益，而第三个利润源理论的“利润中心”的主张，指的是直接效益。

但是，如果把“第三个利润源”不仅仅看成直接谋利手段，而特别强调它的战略意义，特别强调它是在经济领域中潜力将尽的情况下的新发现，是经济发展的新思路，也许会对今后经济的推动作用真正如同经济发展中曾有的廉价原材料的推动作用一样，这是现在学术界更多人的认识。“第三个利润源”的真正价值应该是从直接利润延伸的战略意义。

四、“效益背反”理论和物流的总体效益

“效益背反”是物流领域中经常、普遍的现象，是这一领域中内部矛盾的反映和表现。

“效益背反”指的是物流的若干功能要素之间存在着损益的矛盾。即某一个功能要素的优化和利益发生的同时，会导致另外功能要素的利益损失，是一种此涨彼消、此盈彼亏的现象。例如包装，在市场和价格皆不变的前提下，包装每少花一分钱，这一分钱就必然转到收益上来，包装越省，利润则越高。但是进入流通之后，简单的包装降低了防护效果，造成损失，就会使储存、装卸、运输功能劣化和效益大减。我国流通领域在20世纪90年代每年因包装不善出现的上百亿的商品损失，就是效益背反的实证。

物流有与商流不同特性而独立运动，是物流科学走出的第一步。认识效益背反的规律，物流科学也就迈出了认识物流功能要素这一步。将功能要素的有机联系寻找出来成为一个整体，进而解决“效益背反”，追求总体的效果，这是物流科学的一大发展。

这种思想有不同表述。例如，美国学者用“物流森林”来表述物流的整体，指出物流是一种“结构”，对物流的认识不能只见功能要素而不见结构，即不能只见树木不见森林。物流的总体是森林的效果，即使和森林一样多的树木，如果各个孤立存

在，那也不是物流的总体效果。这可以归纳成一句话，“物流是一片森林而非一棵棵树木”。这种总体观念还有许多提法，诸如物流系统观念、多维结构观念、一体化观念、综合物流观念、供应链管理观念等，都是这种理论的另一种提法或延伸和发展。

第五节　其他理论认识

一、“中心”作用

这是对物流起什么核心作用的认识，有各种说法，理论和实践都有比较大的争议。

（一）成本中心

成本中心是认为物流主要对企业营销的成本发生影响，是企业成本的重要产生点，因而，物流的问题，不主要在支持保障其他活动，而主要是降低成本。“降低成本的宝库”是这种认识的形象表述。显然，成本中心的考虑没有将物流放在企业发展战略的主角地位。改进物流的目标如果只在于降低成本，势必也会影响物流本身的战略发展。当然，成本和利润是相关的，成本和企业生存也是相关的，成本中心也不是只考虑成本不顾其他，但这毕竟是人们对物流主体作用的认识，必定会主导人们的实际行动。

（二）利润中心

利润中心的含义，是物流可以为企业提供大量直接和间接的利润，是形成企业经营利润的主要活动。非但如此，对国民经济而言，物流也是国民经济中创利的主要活动。物流的这一作用，被表述为“第三个利润源”。

（三）服务中心

服务中心说代表了美国和欧洲学者对物流的认识，他们认为：物流活动的最大作用不在于为企业节约消耗、降低成本、增加利润的微观利益，而在于提高服务水平，进而提高企业的竞争力。因此，描述物流的词汇选择 Logistics，特别强调服务保障的职能，这是带有战略色彩的更高层次的提法。通过物流的服务保障，企业形成战略发展的能力。我国现在对物流业的定位体现了对服务中心说法的认同，明确物流业属于服务业。

（四）战略说

战略说是当前非常盛行的说法，越来越多的人已逐渐认识到物流更具有战略性，是企业发展的战略而不仅是操作性的任务。这种看法把物流放在了很高的位置：物流会影响企业的生存和发展，起战略作用，而不仅仅是某个环节搞得合理，节省成本而已。将物流和企业的生存发展直接联系起来的战略说的提出，对物流发展有重要意义。企业不追求物流的一时一事的效益，而着眼长远。于是物流本身的战略性发展也被提到议事日程上来，战略性规划、战略性投资、战略性的技术开发是近些年促进物流现代化发展的重要原因。

二、物流社会化、专业化

欧洲物流界很重视发展社会化、专业化的物流，提出第三方物流服务的概念；日本多年来发展专门物流业，物流业不但存在于社会流通领域，也存在于部分生产物流领域。

主张社会化、专业化物流的理论认为：这种物流是顺应社会专业化分工深化细化要求的必然结果。只有发展专业化物流才能显示新技术、装备、专业分工的优势，这就可以将物质生产企业从其不大熟悉的领域中解放出来，一心一意地去搞生产，搞好与生产有关的科技、设计、制造、新产品开发和市场开发，而使物流实现社会化。

然而企业也有这样的顾虑：将传统上由企业自身从事的物流活动交给社会化的专业物流服务公司代理，会让人把握不定这究竟是提高还是降低了企业的总体战略竞争能力，因为一旦由第三方从事物流，就会削弱企业对物流的控制，也会隔绝企业与用户的直接联系，这样，企业的物流战略性管理、系统物流管理等意图便很难实施。

最近几年，第三方物流的问题应该说已经有了定论：第三方物流是非常有优势的物流形态。实践证明，企业虽然具有社会的属性，但不能把企业变成一个社会，因此，企业的许多社会职能被逐渐社会化。即使是福特汽车那样的巨型企业，最近一些年也从事事都自己去做转向了专注于打造、发展自身的核心竞争能力。为了追求核心竞争能力，将不具备优势的工作外包给社会的优势企业，已经成了新的发展思路。这就是第三方物流有了定论的原因。第三方物流有了很快、很大发展，并且也正在演变成为一个新的产业——物流产业。

但物流业务外包的忧虑也不是没有道理。如果搞不好，确实会削弱企业对物流业务的控制，使企业与客户产生隔绝。社会化的物流如果不能解决这个问题，就不会有生命力。随着服务社会的出现，第三方物流把服务放在了战略的高度，战略观念和专业服务武装了第三方物流，解除了用户的顾虑，这大大推进了物流的社会化。

三、供应链理论：一体化和系统化

供应链是使物流实现一体化和系统化的一种结构体系。

物流活动一体化或者系统化的基本含义是物流活动的各个组成部分即各项功能之间形成了一种有机的、有效的连接或联系。如果物流活动的各个组成部分形成了有机的、有效的连接，在一定条件下成为一体，就像一个工厂内部或者一个车间的生产流水线那样在一个确定的、统一的管理或体制环境条件下，没有运行的阻隔、中断或停顿，物流过程成为一体，应该说是达到最高的境界，这就可以看成达到了物流的一体化。

如果物流活动的各个组成部分，即各项功能之间虽然在运行过程中存在一定的阻隔、中断或停顿，但是通过技术的、管理的、运作的各种方法，仍然形成了一种有机的、有效的连接或联系，虽然不为一体，但是仍然是有效的系统，仍可以看成达到了物流的系统化。

可以这样看：一体化本质是系统化。一体化是系统化的最理想的形式，是系统化的极端形式。社会物流一体化的可能是比较小的，但是可以去追求全过程的系统化，对于社会化物流，使物流系统化从而实现优化应当是实事求是的理智选择。

四、物流活性理论

（一）物流活性的概念

物流活性是从装卸搬运活性衍生至物流全程的科学认识，还没有被普遍认同的解释。有人认为物流活性表现为敏感性、机动性、灵活性；有人认为物流活性是及时满足不断变化的物流服务需求的能力，反映物流的灵活性、提供服务的多样性、物流运动的快捷性及各物流环节的衔接性。本书这样解释：物流活性是从一种物流状态转变成另一种物流状态灵活和难易的性质。对于物流活性认识存在一定的误区，有人以为：提高物流活性，是有益而没有缺点的好事。这种单向的思维是一种绝对化的表现。活性的高低，应该按照需要确定，并不是高度的活性就一定是好事，活性适度，才是追求的目标。在实际工作中，比较多的情况下需要提高活性；但是，需要特别重视的是，有时候需要降低活性，例如确保安全、降低活性，这在物流运作和物流工程系统决策的时候，都是可能遇到的。

（二）提高物流活性

提高物流活性有利于加快物流速度，对物流有普遍意义。对于应对突发事件，物流活性尤其重要。提高物流活性应当是我们追求的重要目标。其方法和手段主要有：

第一，针对物品本身提高活性。改变物品的外形、重量、容积，使之便于物流作业从而提高活性。

第二，恰当地包装提高活性。包装的色彩、标识，包装的种类、外形、重量、容积、强度以及可操作性都会影响到物流活性，为此，需要能提高活性的适度包装。

第三，选择物料存放状态提高活性。存放状态会直接影响物品进入下一个物流环节的难易程度，从而影响物流活性，例如，货架放置货物，货物直观、易取，活性提高。

第四，选择恰当的装备和工具提高活性。不同的装备和工具表现出物流操作的不同活性，例如，把单件物品组合由人工操作变成机具操作。

第五，选择系统方式提高活性。系统方式对于物流活性的提高有明显作用，例如散装水泥系统，液、气的管道物流系统，散货的集装物流系统，滚装水陆联运物流系统等。

（三）降低物流活性

需要降低物流活性的原因很多：

第一，成本的原因。活性不是凭空而来的，而是需要诸多方面的保障为提高活性创造条件。例如，把货物放置于车辆上比放置于货架上的活性显然要高，但是，被放置车辆的使用率会降低，货物放置空间要增加，这需要付出代价：活性的提高，可能造成物流成本上升。

第二，损失的原因。物流高的活性，使物流对象保持容易运动的状态，这也是容易出现损失的状态，不可轻视，尤其是大规模、长距离物流往往很严重。例如，滚装是保持活性的好方式，但运输损失往往比非滚装大。生活中，食物放在手边比放在冰箱活性高，但容易因此而变质损失。需要通过降低活性防止损失的物流对象种类相当多：易燃易爆物资，易生化腐败的物资，易污染的物资，易散失、风失、丢失物质，易变形、破坏、缺损的物质等。

第三，秩序和规则的原因。过多追求活性状态，会破坏秩序和规则。例如，生活中，如果许多东西都处于活性的状态，置于比较容易操作的地方，就可能出现桌、台、地面上都放满东西，混乱不堪，很不美观，这不但不能提高生活情趣，反而会降低效率。

第四，特殊物流对象的原因。特殊的物流对象，需要降低物流活性，主要是贵重物资、危险物资以及有保密要求的对象。例如，存款单据、珍贵的黄金宝石，要放到难以轻易取得的地方；容易伤及儿童、老人的电气设备、加热设备等需要放置在安全的地方等。

五、物流运作创新

（一）第三方物流的创新

第三方物流是解决一体化和系统化的创新之一。货主企业熟悉产品的生产，也有可能熟悉这种产品的市场和销售，但不可能对物流也像产品生产那样熟悉，产品离开企业之后，在体制上超出了他们的控制范围，当然也就不可能指望他们对物流实行有效管理。怎么办？让物流从原来的运行和控制部门转移到外部第三方。把物流交给熟悉的人去做，他们不仅知道如何去运作物流，还知道如何实行有效的管理，而物流脱离了原来部门或企业的控制之后，这种有效的管理就可以实现，这就是第三方物流创新的重要原因之一。

（二）第四方物流的创新

一体化的物流和系统化的物流，需要新的管理，而这种新的管理首先要有手段和工具，第四方物流就是手段和工具的创新。第四方物流就是专门提供物流规划、咨询、物流解决方案、物流信息系统和供应链管理的新型的物流业态。

第四方物流并不是顾问公司，而是货主与第三方物流的联结者，客户不需要与第三方物流接触，而直接通过第四方物流的服务来实现物流运作的管理。理想的情况是，第四方物流提出解决方案，对第三方物流资源进行整合，以最好的解决方案为客户服务。第四方物流发展的前提条件是有社会化的物流环境，要有成熟的第三方物流。第四方物流是第三方物流的推动者、管理和集成者,第四方物流所整合的资源,主体是第三方物流。

(三)供应链管理的创新

第三方物流、第四方物流仍然有自己的制约,那就是物流系统范畴的局限性和与物流相关的某些领域无法被纳入管理。所以,更大系统的供应链管理在满足一体化和系统化管理方面就表现出了更大的优势。从供应链的定义可以看出这种优势的存在:供应链是围绕核心企业,通过对信息流、物流、资金流的控制,从采购原材料开始,制成中间产品以及最终产品,最后由销售网络把产品送到消费者手中的将供应商、制造商、分销商、零售商,直到最终用户连成一个整体的功能网链结构。这种连成一个整体的功能网链结构,从另外一个角度解释,就是包含了物流在内的系统,是使物流能够实现一体化和系统化的一种结构体系。

(四)"共同化"的创新

从竞争到共同化是市场经济条件下物流发展的进程,在竞争中合作,也可以看成是带有时代色彩的创新。物流共同化的领域十分广阔:共同拥有物流资源,共同开发和利用设施设备,共同开辟市场,共同进行经营……物流共同化总的原则是:更有效地对客户提供物流服务,同时共同化的双方都应当有所收益。特别需要重视的是:共同化的成员之间存在利害关系,必须运用智慧和制度,建立能够保证和履行共同化的机构。

(五)RFID 信息化的管理创新

社会化物流,尤其是长距离、跨地区、跨部门的物流,管理的最大困难在信息方面,尤其难掌握物流途中的确切信息,而缺乏信息的掌握,就难做出正确的管理决策,管理失效就会经常发生。RFID 射频标签系统给社会化的远程物流管理带来了革命性的进展。不仅信息传输快速准确,还有移动数据库的特性,可能成为今后物流采用的重要技术和管理手段。

六、若干新的观点

(一)物流经济活动的双重性

物流的双重性表现在:物流是增值性经济活动,这种增值可以表现为直接的经济效益,也可以表现为通过降低成本形成的相对经济效益,其代表性的理论说法是"第三个利润源";另外,物流又是需要付出成本的经济活动,甚至成为成本的主要构成因素,同时,物流还必然会对环境造成影响,甚至增加环境负担。双重性不但针对物流在国民经济中的总体关系,也针对具体的物流运作,不仅是理论认识,也是实践的指导。理论界认为:不可忽视物流活动的双重性,对双重性正确的、理性的认识,应当是研究和应用物流的一个基本点。

(二)物流对于企业的战略地位

长期以来物流在企业中是被动、从属、依附的地位,现在正在上升为战略地位。

企业发展已冲破了一个地区、一个范围的小格局，正在向远程、向全世界延伸并获得大的总体规模效益，物流的战略地位就由此形成。企业要加强物流的地位，将其真正摆到企业“第三个利润源”的位置上加以对待。现代社会，规模效益已经不是唯一的手段，以用户为出发点的精益的、柔性化的、准时的生产和对用户服务有效地弥补了规模生产，并且在很多领域有了一定程度的取代，这就需要物流的支持，物流就这样表现出决定作用和战略地位。

(三)物流的投入与利益

有人形容现代物流不是“花钱的中心”，而是“来钱的中心”。在企业发展物流的初期，需要投入但是很难见到直接效益，这成了很多企业不愿意投资改造自己的物流系统的重要原因。他们认为物流是“花钱的中心”。建设新的物流系统，对旧的物流系统进行改造，当然需要花钱，但不能从短期是否取得经济效益角度来衡量，必须要有战略思考。物流的发展使企业取得了战略发展的更大空间，物流系统的投入会大幅度地降低物流成本在总成本中的比重，取得更大的效益和利润，从这个角度来讲它是“来钱的中心”。实际上物流领域也确实有一些环节可以变成利润中心，例如流通加工、配送等方式。

(四)物流不仅和商业共生

在商业流通领域，物流确实依商流而生，有商流才有物流。但应当看到，物流不仅是流通的子系统，非常重要的是，它还是生产、生活、军事的子系统。有这样一组数据：机械类型的工业企业，从时间来看，真正用于加工的时间只占全部时间的5%左右，而物流的时间却占到90%以上。2002年，经济学家提供了这样一组数据：欧美企业的生产过程中物流成本只占生产成本的10%，而我国却高达40%。非常明显，这两组数据足以反映现代物流对于生产过程的重要意义。所以，只关注和流通领域相关的物流，而忽视另外一些领域会是多么大的失误。

(五)包装的两个新观念

第一个：包装是生产的终点，但更重要的，它也是物流的起点。现代物流观念形成前，包装被天经地义地看成生产的终点，是生产领域的活动。包装设计从生产终结的要求出发，因而常常不能满足流通的要求。新观念认为：包装与物流比之与生产的关系更密切，其作为物流始点比生产终点的意义要大。因此，要从物流起点的角度积极主动地审视包装问题。

第二个：包装不足和包装过度都要防止。现代物流学着力探讨包装最优，包装不足和过度都会降低效益，降低服务水平。长期以来社会关注的是包装不足，我国多次包装大检查都是着重包装不足。实际上包装过度是对包装材料、人力、资本、物流能力资源的浪费，这种浪费不但没有受到重视，反而从一定意义上被肯定。所以，现代物流科学提出了这样一个新的概念，让我们不仅关注包装不足，同时也要防止包装过度。

(六)仓库“蓄水池”变“调节阀”

仓库的“蓄水池”观念,长期以来都是仓库建设的观念和基础理论。我国最初建立储运教学和科学体系,也将其作为学科基础,认为:仓库是以蓄水池作用调节源流。这种调节的前提是大量蓄水,即用库存“以静制动”,结果是仓库的静态运行及调蓄的代价太高。

现代社会出现了直接调节源流的能力,无须再经“蓄”而调,这就有如农业生产中若能一有需要就及时下雨,则无须蓄水池一样。现代生产虽不能说像及时雨一样,但适应性是很强的,灵活、通畅的信息使我们可以在更大的范围内进行调节,仓库则从蓄水调节向直接调节方向发展或向少蓄水、强调节的方向发展。这样一来,仓库就变成了组织和衔接物流、加速物流的设施,是物流系统的“调节阀”。这也使仓库的形态发生了变化,变为以动态的组织流转为职能的流通中心、配送中心。从“蓄水池”转变为“调节阀”是这种变化的必然结果。

(七)对传统“直达”观念的突破

“直达”曾经是我国流通领域重要的优化观念和优化形式。现代物流对此也提出了挑战,不把“直达”作为盲目的追求。这基于两个因素:

(1)现代消费观念变化。大批购入消费的观念已转为多样化消费,造成物流的“多批次、少批量、多品种”的局面。中转能集中批量,能统筹规划,因而优于直达,即便在认为直达是天经地义正确的领域,由于集中库存的高边际效用和统筹调度的作用,通过一定的库存来衔接消费,就需要进行中转,这样一来,中转也在原来不大合适的领域实现了优化。

(2)现代生产方式的变化。在经济全球化的趋势下,生产相对集中已经从全球优化的角度展开。显然,一个或几个集中的生产基地,面对几千万企业和几十亿消费者,“直达”的观念简直就是天方夜谭。物流基地、物流中心、配送中心等物流业态在某种意义上来讲是执行中转方式的,因而现代物流大大扩展了中转形式的优化范畴。

(八)“零库存”观念现实化

传统的流通,零库存几乎不可能实现,但却是人们长期的梦想。现代物流观念更新,比较突出的是“零库存”。零库存的实现是基于现代信息技术的支持和高水平的管理,例如,以社会库存使企业实现零库存、以虚拟经济形式实现零库存、以计划轮动方式生产实现零库存和采用 MRP、ERP 系统实现零库存等。

(九)物流革命

物流革命建立在“输送革命”的基础上并且实现了超越。历史上有两次输送革命,第一次以大型动力船为代表,实现了海洋运输的大型化和机械化;第二次以汽车和飞机为代表,建成立体运输体系。以物流科学为代表的输送革命超越了前两次,不仅仅是输送工具,而是全面物流系统,因而可称之为物流革命。其代表方式是综合运用、有机联系各种运输手段并以各种集装方式贯通,把一般运输变成了联合运输,将物流系统化。

(十)虚拟物流

虚拟经济概念在物流领域派生出虚拟物流、虚拟库存、虚拟仓库等新概念。这是信息化时代以计算机网络技术进行物流运作与管理,将社会上的可用资源按一定的协议关系、通过信息进行有效整合的新的科学方法。

第二章　物流的历史与前瞻

第一节　物流发展的历史考察

一、物流发展历史久远

本书一开始就对物流做了这样一个描述——“建立在自然运动基础上的高级的运动形式”,以此区别于自然界“物”的其他运动。用“物流”两个字来形容的实体运动伴随着人类文明的诞生就存在了。当然,那个时期的“物流”,仅仅包含“物”与“流”两个简单的要素。

中国古代哲人对这个问题就已经有了哲学意义上的认识。荀子就提出了“货畅其流”的哲学观点和治国之策,这个观点一直到今天仍然有重要意义,依然是我们物流所追求的目标,也是我国现代物流的理论基础之一 。历史上不乏与物流相关的故事:我国秦朝的驰道,之后的大运河,乃至三国时期的木牛流马;外国的苏伊士运河、巴拿马运河、基尔运河、圣劳伦斯水道;沟通中外的陆上丝绸之路以及海上丝绸之路等都是能够记入历史的经典。当然还有更多社会的和民间的传承与创造,都说明物流是人类历史的一部分。

(一)原始社会的物流

原始社会,物流伴随生活、生产活动而发展。

携带工具寻觅食物,这种劳动工具的运动就是物流。食物一旦有剩余,人们便会本能地拿到他们认为安全的地方放置留用,这又成了初始形态生活资料的物流。原始游牧社会, 物流成了生产活动的组成部分,伴随生产而发展:要赶着畜群寻觅水草、躲避干燥、酷热和严寒;要携带着畜牧用的工具和生存工具,还要考虑如何去携带这些工具。物流开始具有了智慧和组织的色彩:物流是在一定的决策支持下进行的。

(二)农业社会的物流

农业社会,物流伴随着生产活动发展。

农业社会物流伴生生产更加明显:收割的果实、草料如何放置,在什么地方打场、堆垛,播种、耕地时怎样少走些路等,物流开始带上了理性的色彩。物流不仅在农事活动中得以强化及发展,而且,基于社会对农业的依赖及农业对于自然的依赖,丰、歉的问题受人关注,于是,在农事之外,逐渐发展起与农业生产相关的另一种物流形态——仓储。仓储的诞生,源于生活的需要和一定规模生产的要求。不能说之前的社会没有“储”,但是,只在农业社会诞生后,由于季节所限,必须有相当数量的粮食备用,这才形成了理性的仓储活动,进而有了仓储技巧、技能、设施、理论,进入封建社会后便进一步将仓储政治化、哲学化。

(三)先秦的仓储思想

封建社会,物流开始了理性化的发展。

我国在先秦时期形成了仓储理论和思想,先秦诸子的“重储思想”将仓储政治化,和国力、权力及社稷联系在一起,仓储已远超出物流范畴,而升华到治国之哲学、理国之政治。管子的“仓廪实而知礼节”就是这样一种哲学观点:国家的稳定和社会的和谐,需要有物质基础,那就是仓库里满满的,没有后顾之忧,才能去知晓礼貌仪表之事,政治当然也因为“知礼”而稳定。“重储思想”,不仅仅是抽象的表述,而深入到了制度层面:“积储备荒”“积储备战”“积储安民”……还进一步形成“国储”“民储”等不同储备模式。所以,我国早期,仓储就成了主体活动,变成政治文化的一部分,影响一直延续到现代,“深挖洞、广积粮”,我们这一代人还曾经为此而努力。

古代和现代在物流发展的主体思想和运行方式上有很大不同:古代是“重储”;现在则是“重流”。从另外一个角度来看,古代的环境和条件以及可以掌控的信息,决定了人们对这个领域的认识是静态的,引发的则是“重储”;现代则是动态的“重流”。古代“重储”思想和一系列的论战,重要意义在于:那个时候就形成了物流领域的思想理论体系。现在我国的物流则缺乏这种延续,更缺乏新的发扬创造,几十年来,我们学习了苏联的“物资流通”、日本的“配送”、西方的“供应链”……却没有自己的物流理论体系。面对古人,实在汗颜。

二、物流随流通的出现而发展

工业革命以前,生产和消费规模都不大,流通的重要性也不明显。但随着工业文明的崛起,社会生产和消费规模越来越大,大生产、专业分工使生产和消费分离的趋势不断扩大,流通对生产的反作用越来越突出,流通的地位不断上升,对生产表现出决定作用。

生产和消费的分离普遍而广泛,将两者联结的难度越来越大,现代社会由于大数量、多品种、多形式的产品进入流通领域,这一矛盾更加尖锐:一方面是产需越来越大的分离,另一方面是要求流通时间越来越短。所以,看来是互相背反的两个现实,其实都是规律性的东西:一方面产需分离越来越大,分工越来越彻底,甚至从村镇分工扩大到城市分工、地区分工,进一步发展到今天的大规模集约化和国际分工,这是不可阻的进步;另一方面,必须依靠流通来弥合越来越大的分工和分离。物流就是在这一进程中发展起来的。

流通促进了物流,物流又更大规模地促进流通。千年之前,欧洲开始跨海贸易和船运,我国宋代出现能吞吐百万石的中转仓库(转搬仓)和有库房千间的营业仓库(塌房),社会流通对物流的促进作用由此可见。

值得重视的是，物流最初伴随生活及生存而发展，以后是伴随生产而发展，在商品流通规模化之后，物流又更多地伴生于流通发展。现在许多人提起物流，往往忽略其在生产领域的存在而误认为其仅仅是流通领域的存在，也许是这种状况的延续。

三、中国古代物流网络——丝绸之路

物流发展的历史上，需要大书特书的一笔是中国古代逐渐形成的物流网络——“丝绸之路”。“丝绸之路”是外国人起的一个带有浪漫色彩的名字，也造成了世界许多人的误解，以为那仅仅是一条能够通行骆驼，最多能够通行车马的土路。其实不然，实际上，它并不仅仅是一条道路，而是由不同地区若干条陆上和海上线路以及由它扩散、辐射的道路联结形成的网络，是一个沟通东西方的物流平台。“丝绸之路”传递的不仅是一般概念上的“货物”，更重要的是“文化”，最重要的是有文化和技术内涵的货物，传递的推动力量是贸易。

“丝绸之路”有两大块：中国西部、中国西南地区通往欧洲、西亚的由若干个陆上通路所组成的“陆上丝绸之路”，据说它往西一直可以延伸到罗马；另外一块是由中国东南部通往东南亚以及更远地方的海上航线所组成的“海上丝绸之路”。陆上丝绸之路起于先秦，又分为“北方丝路”与“南方丝路”两大板块；海上丝绸之路起于秦汉，我国沿海从北方的烟台到南方的广州，许多城市都是海上丝绸之路的起点。海上丝绸之路有三个板块：至东洋朝鲜、日本的海上通路；至南洋的东南亚的海上通路；至西洋的南亚、阿拉伯和东非沿海的海上通路。

“丝绸之路”是我们中国人的骄傲，是中国古代对世界文明和物流发展的贡献。

四、在流通决定生产的环境中物流决定地位的形成

我国对于流通和生产的相互地位曾经有过长期的争论：是生产决定流通还是流通决定生产。在计划经济年代，这个理论问题涉及国民经济发展的优先排序问题。

社会分工把流通从生产中分离出来之后的很长一个阶段，流通是带有附属性和派生性的。在这一阶段分工虽然实现了，但是流通并没有像生产那样具有完全属于自己的独立性格，更没有系统化和规模化。那个时期，流通相对于生产处于非常软弱的地位。

传统的经济学和经济领域有非常强的“重生产、轻流通”的倾向。流通的先导作用和一定程度的核心作用，过去仅在“流通立国”的日本得到了认可，但是我们总认为这是日本这样“弹丸小国”的特殊状况，并不是普遍真理。

20 世纪后半期，美国的变化有很大的影响。在产业革命之后以生产性产业为支柱的美国，强大的生产“伸出一只手”去抓流通，社会流通尚欠发达。第二次世界大战以后，美国的经济格局发生了转变，消费和流通的决定地位日益显现。企业自己抓流通让位于流通业务社会化。福特汽车公司的生产、流通垂直一体化破灭，社会

流通企业——沃尔玛的崛起就是这一变化的写照。

现代社会,市场从卖方市场转变为买方市场之后,社会经济领域结构状态发生了巨大的变化:以生产为核心的社会经济结构逐渐被消费、流通、生产三位一体的经济结构所取代。三者的关系是:消费通过流通来决定生产。流通的决定地位已经牢固地树立。我们必须面对这种新的格局:生产和流通的关系,已经逐渐发生战略性的转变。这个转变的主要标志是,社会经济的发展从由生产决定,转向由流通决定。流通决定生产,商业资本主导生产,流通的决定作用同时也将决定社会的进步和经济的发展。

由于物流在流通中的决定地位——流通时间取决于物流时间、流通成本主要是物流成本、物流更多体现为流通中的生产力,所以,现代社会流通的决定作用,实际上是物流的决定作用。需要指出,这种决定作用现在虽见端倪,但是,仍然应当把它看成趋势性的、长远的发展,会影响增长方式的转变和相互关系与地位的改变。但是,不能因此就否认物流的服务作用和服务地位。物流作为"服务业",作为"生产性服务业"的定位,是非常切合现代社会经济发展实际的,脱离了这个实际,物流的发展就会走弯路,就会贻误发展时间。

第二节　系统物流的诞生

一、走出"黑大陆"——德鲁克的贡献

经历了上千年物流积累性的发展,到20世纪初期,社会分工导致物流作为独立的经济体出现在社会经济之中,人们开始认识"物流"这种形态。最初是生产活动中,生产领域有一种活动没有直接参与实际生产过程,与工艺有关却另有特性,那就是物流。生产活动如果细分,有两个组成部分:一部分是纯粹的生产工艺活动,另一部分是不可缺少的物流活动。在流通领域,这种细分同时也出现了商业交易活动和实物运动活动分离的社会分工,这就是"商物分离"。这就引发了进一步的运作、思考和研究,系统的物流也由此产生。

20世纪情况出现了变化,那就是系统物流诞生并最先开始于农产品物流。据美国有关文献,1901年就已经有了关于农产品物流系统重要部分配送的专门报告,一些关于营销方面的研究和文件开始涉及物流和配送等问题。

在科学的认知方面,德鲁克做出了贡献。20世纪初至60年代,人们虽有感受并开始系统运作和理性思考,但物流的主体仍不大清晰,而"灰色"却很重。被誉为当今"管理学之父"的P. F. 德鲁克最先提出了"物流"(Physical Distribution)这个词汇,反映20世纪初这一科学概念的主体已逐渐显露。但德鲁克也指出,这个领域还是灰色乃至黑色区域,他说物流是"一块经济界的黑大陆""一块未被开垦的处女地",这正确地反映了他和经济界、学术理论界的认识。

为了认识这块“黑大陆”,20 世纪初美国财团组织了大规模调查,结论是很有影响的,发表了调查报告证明“流通费用确实太大”。其中一个重要数据是:以商品零售价格为基数计,社会流通费用竟然占到了 59%,而其中大部分是物流费用。这种清晰的数量分析进一步为物流系统运作和理论研究奠定了基础。德鲁克还是“供应链”科学认识和描述的鼻祖:“供应链”最早来源于德鲁克提出的“经济链”,而后经由迈克尔·波特发展成为“价值链”,日渐演变为“供应链”。

二、第二次世界大战奠定了系统物流的基础

(一)第二次世界大战的物流实践对物流的推动

第二次世界大战对已开始的物流理性思考和国家之间的正常经济交往的物流起到了阻断的作用,人们无法在正常的经济环境下继续考查物流。但是,军事领域的物流却有所发展,第二次世界大战形成的军事后勤,托盘叉车系统的有效性,有助于从技术装备和系统角度思考系统物流问题。此外,装卸、搬运、运输、保管等独立的功能要素因为战争的要求而出现连锁化、一贯化乃至一体化,对物流系统和科学的形成起到了巨大的推动作用。

(二)第二次世界大战后物流的广泛探索

第二次世界大战后,“物流”这一术语开始在企业中应用,涵盖的内容是运输、仓储、包装和物料搬运,应该说,这已具有物流理论认识的核心了。与此同时,各国有的用“物资管理”(Materials Management)一词并将其定义为:“获得并使用所有生产成品所需要的物资的活动。这些活动包括生产、库存、控制、采购、运输、物料搬运和接收。”显然,这一定义的内容已包括了物流的内容。当时,对于物资管理一词还有另外一个定义,也说明了其中物流的含义:“物资管理包括一切同物资有关系的活动,除了那些直接设计、生产产品和维护设备、维护工具的活动。”还有一些企业把战时后勤(Logistics)的概念引入企业,变成了企业后勤(Business Logistics),并定义为:“对一切促进和协调物资购销和增加物品时空效用的活动的管理。”显然,这和当时的物流概念基本一致。

上述几种叫法,不同经济领域有不同的采纳习惯。例如,物流一词多用于流通企业,物资管理一词多用于生产企业,而企业后勤一词则多用于公司之类的大企业。但是,无论在什么企业,选择什么词汇,这一时期的物流观念有一个共同的特点,即强调非生产的实物运动范畴,即使是围绕生产企业的物流观念,也都是生产加工环节的上下延伸,即供应和销售环节的物流,而很少关注加工制造过程,即生产过程中的物流。这也是第二次世界大战之后,往往将物流等同于流通或把物流当作流通其中一部分而忽视生产物流的原因之一。

从德鲁克提出物流这一词汇开始,物流作为一门科学的形态便诞生了。

三、日本对物流的推动

(一)第二次世界大战后日本引进物流概念

1956年,日本向美国派出了“流通技术专业考察团”,将Physical Distribution经济形态引入日本。先使用“物的流通”,15年后则普遍使用“物流”一词。1958年,日本又对物流进行了大规模调查研究。20世纪60年代,日本经济开始高速增长,物流在日本的应用有了很大的进展,并被纳入企业的核心竞争能力之中。

(二)政府把物流放到国策的高度

日本政府不断地推动物流应用,推动物流标准化及制定物流的相关政策。这在20世纪90年代达到了新的高度,日本政府先后制定了《综合物流施政大纲》(1997年)以及《新综合物流施政大纲》(2000年)。

(三)日本对物流的创新

1.“第三个利润源”的理论创新

著名的“第三个利润源”理论出自日本,是早稻田大学教授西泽修先生在1979年提出的。由于物流是一门实践科学,因而对物流科学进行理论研究和深入的成本分析十分不足。西泽修教授赋予了物流科学以理论的色彩,这个创新对物流学科的建立有很大的贡献。

2. 物流合理化的社会实践创新

日本把建立在本国国情基础上的物流合理化作为发展物流的一个基点,产生了许多物流合理化的创新。例如,“共同化”的创新,旨在整合资源,减少投入而提高物流的产出,缓解对环境的压力;又例如“配送”的创新,旨在解决末端物流合理化。

3. 看板方式的应用创新

虽然日本是“流通立国”,但除了在流通领域之外,在生产物流也有创新,丰田公司对生产物流系统创造的“看板方式”便是其中之一。“看板方式”的价值在于:现代物流的贡献,不仅在“流通”,还有“生产”那一片广阔天地。这就纠正了现在很多人对物流认识的偏差(例如把物流定位成流通子系统),提升了现代物流的价值。

四、石油危机对科学物流的考验,中国对物流的接受

物流观念和理论为全世界接受,有一个很重要的机缘,即20世纪70年代初期发生的震惊世界的石油危机。石油危机的爆发是对以往各种应用科学、各种组织形态的考验。危机时期,石油价格猛涨,其他能源价格也随之上扬,对高能耗的产业产生了巨大的冲击,其中当然包括物流。

石油危机使理论界和经济界对物流刮目相看。物流合理化,以前并没有被人们认识和感受到,但在石油危机中表现出巨大的生命力。在原材料、能源价格一再上扬的情况下,生产成本不再上升已是难事,轻易获得更大利润更是困难,而改进物流则可以比较容易地获得更大利润。物流的潜力被人们认识,这就促使物流科学为世

界所接受。我国于20世纪70年代末,也就是晚于日本10年,也开始使用物流一词。

应该说,物流对于20世纪60年代的日本和80年代的中国,是一种人们过去虽然感受到却没能将之实践化、理性化的新概念、新观念、新见解和新思路。中国的改革开放使我们可以接受世界上最先进的东西,物流理论和方法一映照,顿时令人有"茅塞顿开"之感。所以,物流很快地热起来,物流这门科学也很快普及开来。

最初引进国外物流的主体是政府及各种团体,尤其是中国的物资系统和交通系统。中国物资经济学会在20世纪80年代,组织了19个去发达国家的物流考察团,接待了21个国外的物流学术团体,把物流的引进、学习和研究,从少数政府官员扩展到高等院校、研究单位、工业企业、流通企业,实现了从政府向社会的飞跃。中国对于现代物流的认识和接受,除了物流已经在世界有广泛的影响之外,还有一个重要的基础——中国已经接受了钱学森教授的系统论,能从系统角度认识"物流"。包含在物流之中的系统的见解,就是将包装、运输、装卸、搬运、保管等过去独立的、互相没有密切关系的活动,用物流两个字统一起来,成为一个统一的系统。

第三节　现代物流

放弃 Physical Distribution ,用 Logistics 描述物流,不是简单的词汇选择,可以这样理解:Physical Distribution 是物流的初期概念,而 Logistics 是现代物流的概念。

一、现代物流的核心

现代物流是一个系统结构,包括理论、装备、技术、设施、管理,从软件到硬件等多方面、全方位的现代化。这些方面都围绕一个核心,即"以用户为核心"的物流服务观念。这并不是理论上的理想,而是市场造就的。在市场经济的买方市场,"以用户为核心"的物流服务才是生存和发展之道。

十几年前,中国有一个庞大的、覆盖全国的"物资流通部门",尽管大量投资建设网络、发展现代化的技术和装备,但仍然难以使物资在国民经济中顺畅流转开来。其重要原因是它背离已经逐渐形成的市场经济环境,以自我为中心搞分配、搞资源配置,没有"以用户为核心"。由于物流的本质是"服务",所以,它更是现代物流的核心问题。

二、现代物流的经济环境

(一)买方市场的经济环境

在买方市场环境中,买方能利用自己所处的优势地位对物流服务提出要求并且起主导作用。这是使物流取得发展的动力和鼓励这种发展的经济环境。

(二)远程化和经济全球化的经济环境

远程化和经济全球化的环境不但对物流的技术有了更高的要求,从而促进了物流技术的进步,而且,为了应对国际化的物流服务,这种环境要求突破国家的界限,建立国际化的物流网络和从事国际化物流的企业和组织。这就促成了一批国际化物流企业,也更促进了物流专业分工。

(三)社会分工深化的环境

社会分工深化,物流的分工也随之深化。商流和物流的分工,是物流成为独立活动进而逐渐形成一个庞大产业的重要原因。社会分工的深化对物流带来的另一个影响,就是通过整合形成不同的物流生产力和物流服务能力,以适应社会需求。

(四)生产方式的环境

生产方式的改变,必然推动新物流形态的形成。例如:流水线式大量生产拉动了物流传送技术的发展,精益生产带动了准时物流,协作生产方式带动了配送等。

三、现代物流的特点

(一)物流的系统化

系统化是现代物流的最主要特点,物流的科学形态就是建立在系统化基础之上的。把各个独立的活动组合成一个物流系统,需要系统化的组织技术、装备技术。系统化的技术是构筑物流生产力的主体技术。对此有许多例证,如托盘叉车系统,贯穿物流过程的集装箱系统,把进货、储存、出货连接一体的重力式货架系统,把工艺流程贯穿的传送带生产系统等。

(二)物流的远程化、全球化

现代物流涵盖的范围可以到达全球,远程化成为其重要的特点。除了物流运作,支持现代物流运作的物流平台也是如此。传统物流可以依托大自然造就的平台实现远程化,当年的哥伦布航海基本就是如此。但是,要全面地实现远程化甚至全球化就需要打造支持平台。仅举两个例子:一个是我国打造国际物流支持平台,巴基斯坦的瓜达尔港经过多年的争夺,现在成了中国开发、经营和使用的港口;另一个是亚马逊宣布华南运营中心落户广州,成为其重要物流平台。

(三)物流的精益化

后工业化社会,随着工业生产出现的轻、薄、短、小趋势,派生出多批次、小批量、多品种、多用户的物流需求,物流就必然要发生变革来适应,不能再沿用与大批量生产相适应的大宗物流形式来应付新的需求。大宗物流确实可以发挥低成本、高效率的优势,但是这种物流形式没有办法贯穿物流的全程,或者说,只有少数的渠道可以用这种办法贯穿全程。多数情况下,接近末端,当渠道变细变密的时候,就会出现成本增高和效率降低的现象,也就难以用“大物流”来适应这种需求。这就是物流精益化出现的历史背景。

现代物流科技创造了许多精益化的技术,例如全球卫星定位技术、冷链技术、条形码技术、射频标签系统技术、零库存技术等。

(四)物流的网络化

物流系统化的一个非常重要的形式是网络化。物流资源地域分散的特点,要求它必须成为一个网络才能够贯通起来；物流服务需求的地域分散特点，也要求物流有能力通过网络的形式连接这些分散的用户。所以，网络化是有特点的技术。铁路、公路、水运等都要形成网络才能够覆盖广大的经济区域，它们之间又需要形成综合性的网络才能使物流得以优化。

(五)物流的产业化

后工业化社会的社会经济领域之中，不仅物流活动广泛存在，而且以物流这种生产方式为基本共同点的行业已经成为群体，并集合形成了一个产业——物流产业。这是后工业化时期规模化的一大进展，规模不仅在于数量，也反映在结构方面，出现了产业集群。可以说产业化是现代物流的一个重要进展。

(六)物流的信息化

信息化最能体现现代物流的特点，全球化、远程化、精益化的物流，背后都是信息技术的支持。物流信息化很长时期都是一个老大难的问题，究其原因：一是物流系统的开放性，二是物流活动的流动性。这不仅造成了物流信息系统很高的技术难度和管理难度，更重要的是信息化的成本使一般企业无法承受，这是现代物流发展滞后于现代生产发展的重要原因。对于时刻处于大范围变换位置的物流，要进行控制和管理，使它成为系统性的活动，就必须依靠信息化的支持。所以，物流信息化是现代物流非常重要的特点。

四、物流产业的形成

随着物流科学的发展，物流产业也在国民经济中逐渐形成，成为第三产业的重要组成部分。从发展历程看，物流在国民经济中以独立的业态和在企业中以独立的管理形态出现是同步的。物流发展不仅有赖于思想、观念的革新和科学理论的形成，更重要的是它在国民经济和企业中起的作用。物流产业的形成对推动物流发展起着重要作用。

物流产业是以物流活动为基本共同点的行业群体，也可以说是以物流这种生产方式为共同点的行业集合。物流产业的主要特点是其主体是服务性的、非生产性的。物流产业通过服务来提高物的附加价值。这个附加价值的形成，是物流活动过程中投入的活劳动与物化劳动转化而成的，这和生产劳动有本质的区别。

任何复杂的领域都有例外，物流业也有一部分从劳动方式、劳动性质来看属于生产劳动，例如流通加工。但即便如此，流通加工附加价值构成中，服务劳动仍是主体。也就是说，流通加工可以形成很大的附加价值，所以才有特殊意义。流通加工的生产劳动较简单，那么大的附加价值从何而来呢？实际上是物流服务所形成的。所以，物流劳动性质即便在流通加工领域有些例外，但也不足以改变物流产业的性质。

五、物流的价值发现

在供应链和物联网环境到来之前，物流在20世纪经过了八次价值发现。

第一次价值发现可以称之为物流系统功能价值的发现。第二次世界大战期间，美国在军队中采用了托盘、叉车的后勤军事系统，军事物资从单元组合（集装）的装卸开始，高效连贯地搬运、运输、储存、再运输搬运，直到目的地，有效支撑了庞大的战争机器。这就使人们认识到物流系统活动能够实现以往由许多活动才能完成的功能，认识到物流系统功能的价值。

第二次价值发现可以称之为物流经济活动价值的发现。第二次世界大战以后，物流系统的思想方法和相关技术实现了"军转民"。这就使人们认识到，"物流"不仅有非常重要的军事价值，而且具备重要的经济活动价值，可以在经济界广泛地采用。价值工程、物流等在战争期间形成的形态，都成功地实现了转移，转变为经济活动的价值。

第三次价值发现是物流利润价值的发现。企业界采用物流技术和物流管理之后，有效地增强了活力，提高了效率，从而增加了企业的利润。在产业革命以后，经济领域对于人力、原材料这两个利润源泉的挖掘已经有了100多年的历史，寻找新的利润源泉就变得非常迫切。"物流"作为"第三个利润源泉"就是在这种情况下被发现的。

第四次价值发现是物流成本价值的发现。20世纪70年代初爆发了石油危机，能源、原材料、劳动力价格全面上涨。传统的第一、第二利润源泉已经变成企业的成本负担，人们发现物流有降低成本的价值，能有效弥补原材料、能源、人力成本上扬的压力。这一价值发现，大大提高了物流的声誉。石油危机之后，许多经济学家预言的经济衰退并没有出现，这和物流降低成本的价值有相当大的关系。

第五次价值发现是物流环境价值的发现。物流是影响和污染环境的一大因素，现代的、科学的物流系统的开发对改善环境、降低污染、实施可持续发展有重大作用，这就使受现代城市病之苦的许多工业化城市采用"物流"这种系统经济形态来改善分立的、混乱的交通，减少交通阻塞、运输损失和降低污染。这就是物流环境价值的发现，为第五次价值发现。

第六次价值发现是物流对企业发展战略价值的发现，实际上是对物流服务价值的发现。企业长期发展有两个重要支持因素：一是现代信息技术支撑下建立的"供应链"，增强了企业的本体能力；一是贴近用户的服务，配送、流通加工以及"准时供应系统""即时供应系统""零库存系统"等，都使企业获得了长远战略发展的能力。

第七次发现是物流对国民经济价值的发现。1997年东南亚爆发了经济危机，以"物流"为重要支柱产业的新加坡、中国香港，表现出了较强的抗御经济危机的能力。这个发现的重要性在于：物流不仅对于微观企业有重要的意义，而且对于国家经济发展也有重要意义。物流产业能够起到完善结构、提高国民经济总体质量和抗御危机的作用。

第八次价值发现是物流在网络经济环境下的价值发现，我们称之为对新经济价值的发现。我国的网络经济在经过了若干年的发展之后，人们认识到网上的运作和实际的物流相结合，才是一个完整的新经济形态，这在电子商务中反映得更为明确。可以说，没有物流的发展和进步，网络经济的运行就会受到限制。人们在探讨“新经济”的时候，认识到物流是新经济的一个重要组成部分，也对物流的发展前景更具信心。

第四节　供应链和网络环境下的物流发展

一、供应链和物流

进入21世纪，“供应链”已经成为趋势，在新的经济格局之下，物流业找到了新的定位：物流成了供应链的一部分或者供应链的主体，甚至出现了把供应链和物流等同的认识。其主要原因是发达国家工业化和系统化时期非常有生命力的企业构筑模式——“纵向一体化”或“垂直一体化”已逐渐失去了强劲的势头。

“纵向一体化”或“垂直一体化”的本质是一切都自己干、自给自足，是发达社会中以大产业形态出现的有历史局限性的产物，是对农业社会一种实际的继承，所形成的企业是家族性的或者王国性的。其虽然也有很多企业制度和管理方面的创新，并不是封建性的家族或者王国，但将近一个世纪之后，终于显出了发展的疲态。福特公司老亨利·福特称之为“最富雄心的垂直一体化计划”最终归于失败，原因就在于此。

供应链是企业横向一体化的构筑模式，由于各个参与的或者联盟的企业都是各自独立的企业，所以，这种横向一体化的模式，实际上成为一个大型的“虚拟企业”。供应链企业之间可以是一种短期的利益关系，具有动态性和择优性；也可以是一种战略的利益关系，加盟企业以自己的优势，形成长期的、战略性的合作关系，具有相对的稳固性和择优性。供应链是社会经济发展的一个趋势，真正的应验了中国的那一句古语：“分久必合，合久必分。”分工曾经是工业化初期的一个大趋势，是社会进步的一次飞跃，但是，现在环境变了，条件变了，科学技术变了，更大规模的“合”的需求在社会的高度发展中诞生了，“三网合一”“一体化”“供应链”来到面前并且成为未来的趋势。

二、供应链环境下的物流发展

物流是供应链的一部分。供应链的三个流程反映了这个关系：物品的流动、信息的流动、资金的流动；有的学者认为供应链有四个流程：商品所有权的流动（商流）、物品实物的流动（物流）、信息的流动和资金的流动。无论哪一种看法，物流都是供应链的一部分。

特别要指出的是,现在有一些领域几乎把供应链和物流混淆,不太重视物流的独立性和独立运行方式,这也是不妥的。不要说供应链,即使是物联网时代到来,物流也许会发生很大的改变,但是,物流仍然是物流,是不会消亡的。何况,物流还有超出供应链的范围的存在,例如,纯粹生产过程中的物流(生产物流),最终消费和使用过程中的物流(生活物流),这些和供应链之中的物流有共同点,那就是“物流”,但是又有非常大的区别——生产物流、生活物流之中的“物流”有自己的独立性和优化方式。

供应链环境对物流所发生的影响,这里仅列举以下三点:

第一,由于供应链实现了高度一体化,物流可以从供应链的全局角度和战略的高度来规划、设计、运行和管理,如果没有供应链环境,要做到这么高水平的物流是很困难的,如果一定要去追求,就必须付出非常大的代价。

第二,供应链环境解决了供应链内部环节的融合问题,不仅是物流在路线上依托供应链得以优化,而且有效解决了各环节的衔接,这就使“物畅其流”的理念得以更好地实现。

第三,供应链的优化,虽然不能完全以物流的优化为前提条件,但是,这是供应链这种一体化的经济链条必须具备的要素,这就使供应链环境下的物流可以保持相对低的投入和取得更好的效益,实现“第三个利润源”。

此外还有值得重视的问题:不同供应链整合者和主导者不同,也会影响到物流。一条供应链,主导者可能是供应商、生产者、经销商、用户,甚至是第三方物流,这些不同的主导者会从不同的角度影响到物流运作。供应链的发展前景,以“优化”为前提,这种“优化”虽然有共性,但更重要的是在竞争中形成的特殊的组织和运作方式,供应链的复杂性就会带来复杂的物流形态和物流管理方式。

三、物联网与物流发展

物联网是新的发展。可以这样认识物联网:把“实物”做成互联网的终端,从而使网络和“实物”能够联结的一种“物物联结”“与物联结”的网络。电子技术有可能实现对“物”的直接沟通和联结,让“物”活起来,具备灵性和智慧。“智慧物流”应当是水到渠成的事。

物联网直接影响到物,当然也直接影响到物流,所以物流领域是物联网的落脚点。物联网物流领域的发展,是一个历史阶段的发展,需要稳步地推进。列举如下:电子单证作为基础的物流信息的应用;实物标识技术广泛、简单、低成本的应用;物流作业的智能控制、自动化操作;基础的智能化系统的建立和逐渐完善;智能化的物流设施、智能化的配送中心、智能化的物流企业、智能化的物流结点等形成以此为基础的智慧型的物流平台;基础性标准、工作性规范、操作性程序的制定和应用;互联网平台水平提高,与物联网融合和统一;物流运作的自动化、可视化、可控化、智能化、系统化、网络化的发展。

以上的发展和改变难以尽述,可以肯定:物联网时代将会使物流的面貌发生巨大改变。

四、虚拟经济与物流发展

工业化初期,虚拟资本就已经形成,包括股票、债券、不动产抵押单证等。虽然这些凭证本身不具有价值,但却可以像实际资本一样进入资本再循环,产生价值。经济领域中虚拟概念早已有之,如货币便是虚拟了的黄金,而现代社会中的虚拟性经济活动则更为广泛。

现代虚拟的概念可以做如下理解:虚拟相对于实体而言,是并不存在于实体的形态,它以本质的形式存在,是实体的一种“近似”。虚拟经济则是虚拟经济活动归结出来的一种经济理论和经济形态,它的形成是近些年的事情,有三个重要范畴:一是股票、债券、期货、期权等虚拟资本的交易活动;二是以信息技术为工具,依托网络联结进行经济活动和由此建立的经济组织;三是用计算机进行现实模拟的经济活动。与物流有密切联系的是第二和第三个范畴,表现为虚拟仓库、虚拟库存以及虚拟物流企业。

(一)虚拟仓库和虚拟库存

信息技术和网络技术可以提供准确、及时而广泛的信息,可以展现现有的物资储存状态或者生产状态,可以通过某种组织方式形成资源准备,而仓库中不一定直接保有。这种社会资源相当于庞大仓库的库存储备,由于它带有虚拟性,所以称为虚拟仓库和虚拟库存。虽然是虚拟库存,但也和保有的库存一样,可以起到支持生产、支持销售的作用,使我们有了选择余地。然而,和实际库存不同,虚拟仓库不占用仓库,不需要相当多的人力物力投入到仓库的运营之中;虚拟库存不占用流动资金,也无须为库存的减损、变质、盗失操心。虚拟仓库和虚拟库存,解决了“库存是企业的癌症”这一历史性的难题。

(二)虚拟物流企业

物流国际化和远程化,使得大的物流系统很难由一个企业构建,而由以信息技术和网络技术为支撑的虚拟企业去运作。这个虚拟企业可以像一个超大规模的独立企业一样,把整个系统运作得十分有效。供应链就是一个虚拟的大企业,它所做的事情,过去是依靠一个实体企业,现在则是靠一种协作的组织,这个组织有相对稳定性,但却不是一个有确定机构、组织的大企业,这就是它的虚拟性所在。这个虚拟企业的一大优势是通过组织协作的方式,依托信息的支持,使自身保持很高的竞争力。供应链的参与企业是以核心竞争能力的优势进入,供应链又不断“优胜劣汰”,保证其总是由具有强大核心竞争能力的企业构筑。这是实体企业无法做到的。

第五节　物流前瞻——智慧物流

一、智慧物流——一个新概念

近几年,我国物流界形成了“智慧物流”的新概念,开展了有关智慧物流的论坛,讨论未来的物流会是什么样子,并形成了许多说法。实际上本书如此之多的章节中不少从不同角度的论述和研究就是要勾画和认识未来。如果对物流做一个前瞻的表述,为多数人接受的就是“智慧物流”。让物流发展成有智慧的物流,根本改变人们印象中的傻、大、黑、粗形象,这是我们现在就要开始并且需要为之长期奋斗的。

如果溯源,“智慧物流”这个概念应该是来源于“智慧地球”。电子信息技术最发达的美国著名企业首先提出了“智慧地球”,随后不久,美国总统奥巴马上任之后就接受和提出了“智慧地球”的概念。此后,“智慧”这两个字被冠于很多事物的前面:“智慧校园”“智慧城市”“智慧企业”“智慧矿山”“智慧物流”……其中,“智慧”本身的含义也在变化和扩展之中,具有很强的动态性,乃至直到今天也没有形成一个能够被广泛接受和认同的定义。最初的看法是将感应器嵌入和装备到某些群体中,互相联结成为“物联网”,再进一步联结和整合“物联网”和互联网,从而实现“智慧”。现在已经发展成用最先进的电子信息技术、物流运作技术和管理方式武装整个系统,从而形成一种类似人的智慧那样的有“智慧”的、全新的系统。当然,有不少前面冠有“智慧”字样的事物,并不具备上述内涵,而仅仅是一种褒扬词、形容词,甚至是炒作所用的词汇而已,“智慧物流”也是如此。

“智慧物流”现在还没有标准定义,其重要原因是“新概念”,也正因为如此,我们才有很大的想象、创造空间。

二、定义性描述

现在,智慧物流已经是经济领域和物流领域全新的、超前的物流理念和创新的产业形态与运作形态。那么,什么是“智慧物流”,我们如何理解和定义呢?准确定义我们现在还没有把握,但是,可以做定义性的描述。

有关会议的表述是:“将互联网与新一代信息技术应用于物流业中,实现物流的自动化、可视化、可控化、智能化、信息化、网络化,从而提高资源利用率和提高生产力水平的创新形态。”

本书作者受此启发并做了进一步思考、补充和修正,增加硬件装备和软件管理的内涵,减少对于结果的论述,形成的论述可供参考。表述为:“将互联网与新一代信息技术、现代物流装备技术与现代管理应用于物流业,实现物流的自动化、可视化、可控化、智能化、信息化、网络化的创新形态。”

三、需要重视的几个要点

对于“智慧物流”，有五个要点需要重视：

第一，“智慧物流”是动态的、不断发展的、没有止境的概念，不能企望找到终极的“智慧物流”；

第二，不同的社会阶段、不同的物流领域都有相对的更“智慧”的物流，不能企望寻找到“放之四海皆准”的“智慧物流”；

第三，“智慧物流”需要有带头的、带动的物流行业，但是更重要的是更普遍的智慧物流；

第四，机器人、自动生产线、自动物流线……这些硬件是智慧物流的重要依托，但是，“智慧物流”不仅仅是技术问题，它是一个系统的、综合的概念；

第五，对于两大物流领域——社会物流和企业内物流，企业内物流应当被先行探索。其主要原因是社会物流涉及的面广，受制于整个社会的发展水平，而企业内物流可控，较易实证。

第三章　物流与国民经济

第一节　国民经济中的物流

一、物流的存在形态

国民经济中物流的存在形态有两种：普遍的物流活动和物流业。普遍的物流活动遍及人的生活、工作、学习，也遍及企业活动。所有类型的企业都有“企业物流”，是工艺流程或者企业运行的一部分，但并不都具有对外物流服务能力；此外，绝大部分产业都需要外部的物流服务。具有物流服务能力的行业、企业，归纳起来有以下类型。

（一）物流业

物流业是国民经济中专门提供物流服务的一大产业，包含广泛，分成六大行业：运输业、包装业、装卸搬运业、仓储业、流通加工业和配送业。本书下文中对此还有全面、详细的叙述。

（二）内贸、外贸业

在商业、外贸领域，物流不可缺，相当多的企业有组织、安排物流和提供物流服务的能力，可在商业交易的同时向客户提供所需要的物流服务。例如，国际、国内运输和仓储、送货服务、回收服务，是商业、外贸活动密不可分的一部分，往往与商业、外贸交易一体安排。成套设备、外贸、建材、家具、大型家电等企业是这一类企业的代表。物流是这一类商业、外贸企业的重要基础性活动，对交易有最后实现的决定作用。

（三）邮政业

邮政业也是具有物流服务能力的行业。它虽然属于通信业领域，称为邮政通信业，但是除了有线、无线网络的通信传递外，它几乎一半的功能是在做物流服务，是用物流手段来实现邮递函件、特快专递、邮政包裹、邮购物品、商业信函、报纸杂志的传递。物流是邮政业运作的基础和服务性的体现。

（四）废旧物资回收加工业

废旧物资回收加工业是收集有利用价值的废旧物资，经过加工或者直接提供给生产、加工企业作为原材料投入新一轮的生产活动的业种。其主体工作就是废旧物资的物流，工作流程是：收集废旧物资，对废旧物资进行拣选、分类、重新组合的流通加工，再经过打包、装运、储存、送货等物流环节，交给新的用户。因此有很强的物流及流通加工能力。

（五）餐饮业

餐饮业的送餐服务是这个行业物流服务功能的体现，通过这种服务，把营业范围从饭店、餐馆扩大到企业、家庭、机关等社会各个领域，支持营业的扩大，因此，不仅对订餐者提供了“送餐到门”的物流服务，方便了用餐者，而且对餐饮业的发展也有重要意义。

二、物流在国民经济中的地位和作用

（一）国民经济中物流的地位

物流在国民经济中的宏观地位是服务，明确定位是“生产性服务业”，即服务于生产，服务于流通，服务于消费。生产、流通、消费，国民经济的这三个组成部分，物流都贯穿其中，所以，物流服务地位影响国民经济的全局。但又不能过度强调这一作用，毕竟生产、流通和消费是主体，而物流只处于支持、保障、完善它们的辅助地位。当然，这是从宏观、总体而言，是普遍性的。如果国民经济有独特的情况，物流也会表现出独特的地位，“特定条件下，物流是国民经济的支柱”，随“生产型社会”向“服务型社会”转型，这个服务地位越来越重要，具有战略前景。

（二）物流对于国民经济的重要性

第一，物流是国民经济的基础之一。

这是就物流对国民经济的“动脉”作用这一点而言的：物流输送各种物质产品，使生产者获得原材料、燃料，以保证生产的正常进行；同时，物流又不断将产品运送给不同需要者，使生产、生活正常进行。这互相依赖的存在是靠物流来维系的，国民经济因此成为一个有内在联系的整体。讲物流是“动脉”而不讲它是“器官”，这是因为，假如人体一个器官坏了，也许还会生存下去，而如果动脉停止运送血液，人就必然死亡。当然，动脉作用不仅是生与死，而且还有生得健康、促进发展的问题。此外，物流还以宏观作用支持国民经济运行，改善国民经济的运行方式和结构，使之优化。

第二，物流是企业生产的前提保证。

这表现在三个方面：首先物流是企业的外部环境，是企业正常运转的外部条件的提供保证者；其次，物流是生产运行的保证，企业生产过程的连续性和衔接性靠的是物流，有时生产过程本身便和物流结合在一起；最后，物流是企业发展的支撑力量，通过降低成本间接增加企业利润，通过改进物流直接取得效益，这些都会有效地促进企业的发展。

第三，特定条件下，物流是国民经济的支柱。

物流对国民经济起支柱作用的国家和地区已有一定数量，它们处于特定的地理位置或有特定的产业结构，例如欧洲的荷兰、亚洲的新加坡、中国的香港地区、美洲的巴拿马等。大国中的日本,以流通立国,物流的支柱作用明显可见。我国的深圳市,明确物流为国民经济的三大重要支柱产业之一。这种支柱作用在许多地区都有体现。

(三)物流的负面影响

物流对于国民经济非常重要,所以,人们就常常忽视物流带来的负面影响。

第一,物流是增加经济活动成本的因素。物流需要有投入,也肯定会有各种物流运作的消耗,这些都会转化为成本的支出。

第二,物流过程中必然会有损耗。物流的对象在过程中都会遭遇到不同程度的损耗,包括质量上和数量上的损耗。

第三,物流有相当大的资源占用。物流占用土地资源、交通资源、建筑资源、人力资源,这些占用不仅直接消耗费用,也影响了这些资源的机会价值。

第四,物流运行的失误和事故是影响安定的因素。失误和事故有两种形态:积累性的和突发性的。尤其是突发性的,会造成很大的人员伤亡、环境和经济损失,特别需要予以重视。

重视物流对于社会和经济活动的负面影响,对物流进行全面的权衡是科学发展之道。

三、物流与社会进步

物流与社会进步还有更广泛的关系,主要表现在以下几方面:

(1)通畅的物流会促进人们的思想开放、观念更新。物流是促进交往的重要手段,通畅的物流会使经济与外界交往活跃,会增加人员的交往,因而有利于开阔视野,促进观念的更新。

(2)通畅的物流会促进科学技术的进步。通畅的物流会促进科学、技术、教育的交流,科技的引进,教育的发达,其本身也是发展科学技术的动力。

(3)通畅的物流有利于促进社会分工和生产的集中化、规模化。许多社会进步,许多大的社会分工、地区分工都受物流的制约,有许多产业是在物流提供了与消费地、消费者的联系条件之后才发展起来的。例如水泥产业:英国最初在波特兰地区建立了水泥工业,但无法大量远运,发展不起来,直到铁路的出现,创造了物流条件,能够把水泥运到英国各地,水泥工业这种专业化、大批量的生产方式才得以形成。

(4)现代社会,虽然计算机、远程通信、大量高速物流手段广泛应用,使物流的地区因素作用相对降低,但是,比较发达的地区、发展较快的地区依然是物流条件好、物流畅通的地区,如沿海、沿江、沿铁路线、城市地区。这就是物流促进经济发展和社会进步的明证。

第二节　物流的真谛——服务

一、物流的性质是服务

物流的性质是服务,它服务于生产、服务于商业、服务于消费。

将物流服务分成两类是常见的,即一般服务和增值服务。一般服务的称谓有很多,常规服务、基本服务、基础服务、简单服务等,这些提法不能够反映这种服务的重要性,作者愿意称之为基础服务或基本服务。这一类服务比较简单,确实带有一般性,但更重要的是它的基础性。现代物流服务有许多种增值的方式,可能很复杂,但是,不管多复杂的增值服务都是由这些基础服务构成的,这就是我们称之为基本服务或基础服务的原因。

物流服务具有远程、长时期、大跨度的特殊性,管理很难掌控,因此,追求物流服务的成功,有两点需要特别重视:一是保证基础服务的水平和质量,物流服务提供方必须练好物流基础服务的基本功,基本服务可以进行相互比较,由此可判断服务质量和水平;二是不断提升和扩展物流增值服务,物流服务提供方必须具备物流服务创新的能力,有创新的能力才能够在基本服务的基础之上提升为增值服务。

二、物流的基础服务

单独利用物流基本功能所提供的服务是基础服务或者基本服务。具体来讲就是包装、装卸、运输、仓储、配送等基本功能所提供的服务。这种服务的内涵十分清晰,很容易规范操作和流程,也可以进一步加以标准化。主要基础物流服务提供者体制的归属,在国民经济中可以形成一个单独发展的领域,比较容易纳入管理。最明显的是运输,提供运输服务的是国民经济一个大的产业领域,而且有权威的管理部门实行管理。

基础物流服务可以被看成物流服务的基本功和基本环节,在这个基础上按一定的要求和规律扩展就可以构成多种物流服务方式。

三、物流的增值服务

物流增值服务相对于基础服务而言,是完成物流基本服务基础上的各种延伸和扩展的物流服务,从而超出一般常规服务的水平。充分满足客户需求、系统化、创新、超常规、个性化是增值物流服务的本质特征。增值服务没有固定的思路和方法,有很大的创新空间。旧的创新规范化和常规化之后,仍然会有新的创新产生,所以,这是没有止境的话题。

(一)物流增值服务的主要内容

物流增值服务有六个方面:①降低物流成本的物流服务;②加快物流速度的物

流服务;③增加用户便利性的物流服务;④提升物流服务水平、增加物流服务的范畴和内容的物流服务;⑤在一般的、标准的物流服务基础上,满足客户个性化需求的物流服务;⑥在基础的、单项的服务基础上,创建供应链,实现系统化和规模化的物流。

(二)物流增值服务的主要手段及方法

物流增值服务的主要手段和方法有以下几个:

(1)提升信息化水平。信息化是物流增值服务的主要依靠手段和基础。

(2)依靠系统化的运作和管理,整合物流过程,使之系统化从而达到提升物流水平和质量、加快物流速度、降低物流成本的增值目的。

(3)采用多客户整合的办法,追求规模效益从而达到降低成本、保证服务质量的目的。

(4)发展第三方物流。专业的第三方物流有高于一般物流企业的能力和水平,可以提供一站式服务和个性化物流服务,从而实现物流服务功能的增值。

(5)发展第四方物流,提供物流服务的全面增值方案,其本质是优秀资源的集成而实现增值。

四、物流服务体制

(一)货主自营物流

货主自己去安排物流是最传统的办法。这是传统的、旧的、历史久远的办法,因此,现在主流认为这是落后的办法。其实,这个体制的最大优势是责任明确,自己的货,自己做物流。这个优势已经被现代物流服务体制吸纳,在有优势、有能力的领域中选择这种物流体制,可以通过自营获取比较大的利益。

(二)货主自营物流,局部外包

由货主企业自己去安排物流,这种最传统的办法之所以被采用,有两个原因:一个是尚有优势可用;另外一个是社会上缺乏能够满足货主要求的物流服务。总体上货主自营,把自己不能和不愿做的物流采用合同形式外包给专门物流企业去做,是一种现实的优化方式。

(三)引进运作和管理自营物流

由货主企业自己去安排物流,总体上货主自营,把握全局,掌控物流资源和资产,只是将运行和管理的责任外包给有资质、有能力的企业去做。这种方式的优点是既不脱离货主企业的掌控,又免除了自己运作和管理的许多弊病,比自己直接去管理和运作更为有效。

(四)物流服务业务外包

签订长期合作伙伴协议,建立长期合作伙伴关系,专业物流服务商为客户提供全方位的物流服务。这是成熟市场经济国家普遍的服务体制,第三方物流就是这种业态。

（五）系统接管

货主的物流资源，包括仓库、站场、车辆、包装线及包装设备、装卸设备等硬件，相关物流系统的管理设施和指挥调度系统，甚至包括相关人员，全面从货主企业分离，由有能力的物流企业接管，原货主企业则不再运作物流，而是全力以赴构建核心竞争能力。接管关系实际上是原来货主方面卖出了物流系统，物流业务按接管的合同运作。接管方除原货主的业务之外，可以向社会扩展物流业务，为多个用户服务，取得规模效益。

（六）全面外部化、社会化

从一开始生产企业就不再规划和建设自己的物流系统，而是集中精力投资和打造核心竞争能力，将物流全部外部化，全部依靠社会上的物流资源。在社会上的第三方物流、第四方物流高度发展的经济环境之下，这种体制有很大的优势，是今后的一个发展方向。

第三节　物流供给与需求

一、三个供给与需求关系

物流的供给与需求有两大块：经济体内部的供给与需求；社会化、外部化的供给与需求。

经济体内部的物流供给与需求是非市场化、相对固化的、稳定的关系，在大型、连锁的经济体中存在，可以通过设计、规划、建设来优化；社会化、外部化的物流供给与需求是市场化的关系，要依靠市场优化。

物流领域本身也有三个重要的供给与需求关系。

第一个是物流平台的供给与需求关系。供给方是构成物流平台的铁路、公路、水运、空运的线路和车站、港口、码头、空港等结点；需求方主要是物流企业和有物流运作的生产企业、商贸企业等。物流企业提供的物流供给，受到物流平台供给的制约。物流平台和物流企业，都是物流服务的供给方，但是，两者之间也存在供给与需求的关系。

第二个是物流服务、物流运作企业的物流供给与用户企业的物流需求关系。这是市场上最为普遍的物流供给与需求关系，是物流产业、行业赖以建立和存在的基础关系，是物流服务的主要服务关系。这个关系派生的物流运作是物流运作的主要领域。

第三个是物流服务与物流运作企业的物流供给与最终消费者需求的关系。它和第二个供求关系不同之处在于需求方的不同。这是和广大消费者联系最为紧密的物流供给与需求关系，很明显，这个供需关系处于整个物流服务供应链的末端。

二、理性物流需求

国民经济的各个领域都有物流需求,可以归纳成以下三大类:

(1)基本的物流需求。这指的是对于物流基本功能的需求或者在基本功能基础上有一定程度扩展的需求,例如,运输的需求、装卸需求、搬运的需求等。基本的物流需求是生产活动、人民生活必然产生的,数量大而且种类多,是物流运作必须面对的基础性的需求。

(2)特殊的物流需求。需求的个性化是物流的特点。用户需求有特殊性,基本物流不能满足要求,于是形成各种有特点的物流需求。主要有准时的物流需求、快速物流需求、精益的物流需求等。当然,用户必然要为此付出物流成本上升的代价。

(3)系统的物流需求。这是指将物流过程系统化所形成的物流需求。这种物流需求能够满足客户高水平的需要,节约物流资源占用,降低物流成本,是理性的、成熟的物流需求的表现。

其中要特别强调科学的、理性的物流需求。无论是企业还是最终消费者,物流需求有原始的、初级的、盲目的和有效的、成熟的、理性的需求之分,物流需求是基础的东西,不同的需求才会拉动不同的物流供给。物流发展和水平提高并不在于原始的、初级的、盲目的需求产生的拉动作用,而在于对物流科学的、理性的需求所产生的拉动作用。

三、物流供给的四个层次

(一)物流供给和物流供给方

总体上有两个大的物流供给:基本物流供给和需求主导的物流供给。

(1)基本物流供给,是在基本或者基础物流领域之内的供给,例如铁路货运、民航货运,往往是标准化及规范化的供给。用户的主导表现在选择方面,可以在供给范畴内进行选择,不可能按照用户的需求进行调整和改变。

基本物流供给具有标准化及规范化的特质,可以降低用户的成本,便于用户的经营管理。

(2)需求主导的物流供给,是按照需求方的要求全面满足需求方的供给形式。对于供给方而言,需要为此建立个性化的物流供给体系。这种供给在满足需求方要求的前提下,也会尽可能采取和使用基本物流供给的资源,从而降低成本。

上述两大方面的物流供给是非常复杂的结构体系,由许多不同类型的企业组合结构而成,它们又共同构筑了物流产业。

(二)物流供给的定位与层次结构

(1)物流供给方:定位于“服务”。物流供给对于物流需求是主导的定位还是服务的定位,这不仅仅是学术领域长期讨论的一个问题,更重要的,它还是植根于供给方物流企业中的一个问题。或许是受计划经济体制的长期影响,物流供给方面总是存在一种“以我为主”的主体意识,而缺乏作为配角和服务者的服务意识。我国发布的第十一个五年规划纲要中已经清楚地表明了国家的态度:把物流业定位成“生产性服务业”。

(2)物流的供给层次结构。物流供给有以下四个层次:第一个层次是基础层次,满足普遍物流需求的基本供给;第二个层次是有针对性的基本供给;第三个层次是特殊供给,满足一般增值服务要求;第四个层次是系统供给,满足系统增值服务要求。

第四节　物流服务贸易

一、商品贸易与服务贸易

长期以来,国内、国际主要贸易形式是实物商品贸易,这是从古代延续到现代的重要的贸易形式。虽然对于美国这样的发达国家,商品贸易已经不是排名第一的贸易形式,但对于我国来说,它仍然是主体的贸易形式。商品贸易的基础是实物资源,我国的发展历程中曾依赖这种国际贸易形式赚取了大量外汇,有效地支持了我国的经济建设,是我国经济发展的重要领域。此外,随着经济发展与成熟,我们也丰富了商品贸易形式的内涵,开拓了进口原材料出口产品的方式。商品贸易的对象是实物,要靠物流来实现,其中已经包含了物流服务。

商品贸易形式所支持的发展模式存在许多缺点和弊端,仅举出被普遍认同的两大弊端:一是资源消耗,尤其是本土紧缺及不可再生资源的消耗;另外一个是难以规避和解决的污染,社会上有这样一种说法:“把好东西卖到国际市场上,我们自己留下污染和废料。”

贸易有很多新的形式,实际上,有许多非实物形态商品或者不是以实物商品为主体的贸易也一直在产生和发展,例如技术类型的贸易、知识文化类型的商品贸易、金融和资本类型的贸易、劳务类型的贸易等。现在,以“服务”为贸易对象的国内、国际贸易有了很大发展,逐渐出现了和商品贸易并驾齐驱的势头,同时也在改变贸易的内涵和结构。

国际服务贸易在我国已经有了多年的发展,在国外设立商业机构、针对国外需求提供运输服务等服务贸易形式已经在长期运作,这是我国经济发展的一个战略性的问题。

二、从服务贸易到物流服务贸易

物流服务贸易是指物流这种“服务”的输入和输出。我国在物流国际服务贸易方面早已有所作为,旅游、运输、其他商业服务一直是中国服务贸易出口的三大主要部门。为国际货物贸易服务的国际运输服务实际上是一种传统的服务贸易方式,在我国服务贸易的结构中,曾经位居首位,并长期居于第二大服务贸易的位置。我们物流界熟悉的“中国航空集团”“中国远洋”“中外运”这些知名的巨型企业就是从事或者参与这种国际服务贸易的企业。我们更大规模、更高水平地开展物流国际服务贸易是有基础的。

在国际市场上，运输服务，尤其是航空运输服务，我国占有的比重不大，国际竞争能力不足。要扩大国际市场的占有率，一方面需要继续发展国际运输服务的出口，这就需要不断提升运输能力和装备水平；另一方面，在扩大传统产业的同时还需要观念和内涵的转变，以提升国际运输服务，从为“国际货物贸易服务的运输”上升成“为国际货物贸易服务的系统物流”，就是对这个转变的表述。发展和增强我国物流服务的水平，稳固出口物流服务，抢占国际市场物流服务的制高点，是服务贸易的重要发展方向，是我们以后应该做的事情。

这个发展方向的重要性在于：它不是简单的量的增长，而是从突破传统、优化我国国际服务贸易结构的角度出发，用新的产业来增强我国服务贸易的能力，从而扩大服务贸易的数量和规模，提升中国服务业的国际竞争力。

三、物流服务贸易的困难与前景

国际市场上，国外对于实物贸易的保护越来越重，WTO 反倾销案中有四成针对中国。严峻的形势下，国际服务市场是我们的一个新选择，尤其是潜力很大的国际物流服务市场。当然，走向世界的我国物流服务贸易也面临着国际竞争，提高竞争能力，推进物流国际服务贸易，除数量推进以外，物流国际服务贸易内涵的扩展和结构的完善也是一个重要的方面。

在国际领域，甚至是跨越若干国家的国际领域，进行系统化、全程物流服务的运作会有相当的难度。据有关人士介绍，在现在的不同国家的法律和规则框架之下，是难于做到这一点的，也许只具有理论上的可行性。但也有很多人相信，随着世界经济一体化的进展，这是将来迟早会大规模实现的一种国际物流服务贸易类型。

四、物流国际服务贸易的主要方式

（一）国际运输服务

国际运输服务是国际物流服务贸易的基础构成和局部形式，包含在国际物流服务贸易的结构之中，属于国际物流服务贸易的一种主体的服务贸易形式。在传统国际运输空运、海运、公路运输、铁路运输的基础上发展起来的国际集装箱联合运输和多式联运，对这个服务方式的增长和扩展有很大的贡献。

国际运输服务贸易基本上都是在干线物流领域，所以从另外一个角度来看，这种服务贸易形式还有相当大的拓展空间。

（二）国际冷链物流

针对冷链物流这种创新的国际物流服务方式，我国物流企业可在国际市场为世界各国和国家间提供冷链物流服务。冷链物流服务贸易可以细分成两大部分：干线物流服务和末端物流服务。我们的企业不仅要做冷链的干线物流,还应当一直做到贴近用户的末端,形成完整的服务体系,打造冷链物流服务贸易的中国品牌。

(三)国际仓储服务

"开餐馆,办仓库"曾经是过去华人在海外创业的重要选项。从事仓储服务、发展仓储服务贸易应该说和国际运输服务贸易、系统的国际冷链物流服务贸易等选项比较起来更简单和可行,因此也是一个比较容易的选项。这个选项有一个特点是具有基础性,在熟悉和融合了国际环境之后,可以逐渐向更高的储运服务、配送服务和系统的物流服务方向发展。

(四)国际配送、装卸搬运服务

国际配送、装卸搬运服务是国际物流贸易中可行性比较高的项目。配送可以首先在国外的连锁企业之间开展,进一步发展成到户的配送服务;通过购买或者租赁等手段在国外的港口、机场、车站、仓库等物流结点开展装卸搬运的服务也具有相当的可行性。

第五节　物流对其他经济活动的支持和创新

一、物流支持和创新工业生产

(一)"工业革命",物流的革命

近代世界经济的发展和"工业革命"中,"福特制"为非常重要的创新。福特制是"科学管理"的实践成果。1913 年,福特汽车公司采用传送带将生产过程组成了流水作业线。把孤立的"岛状"生产方式改变成在传送带上同时进行全部作业的连续生产方式。这使汽车企业的生产能力大大提高,生产成本大幅度下降。

福特制的核心,其实就是那条传送带。不要小看了这一条传送带,那是技术和管理的非常有机而又巧妙的结合。研究物流的人会发现:与其说这是生产的革命,不如说是采用传送带方式进行物流系统化的物流的革命。仔细分析起来,福特制改变的并不是产品本身的结构、性能,也不是什么机械加工技术和方法,而是生产领域中的物流方式。一条传送带,把独立的操作变成了一个系统,减少甚至根除了反复出现的搬装,通过物流,把生产变成连贯的系统,这是物流的作用。传送带是有关物流的技术装置,更是物流系统的体现。

(二)经济全球化,背后是物流

第二次世界大战以后,国际分工的深化和经济全球化的进程,使生产从地区性变成全球性,尤其是制造业,已经从原来的一个企业内,扩展到全国甚至全球,以寻求优化。在一个工厂的封闭系统中一条传送带就可以解决问题,在社会中,就不可能依靠一条有形的传送带,而需要建设一条无形的"传送带",这就是大范围跨越的物流系统。具体的实践是与远距离输送相结合的"配送方式""零库存方式""精益物流方式”“准时物流方式”等。

二、物流支持和创新商业

(一)“商业革命”,物流的作用

近代商业革命令人瞩目,巨型百货、连锁商业、电子商务是这个时期的发展和创新。

商业革命初期物流的作用已经很明显。对于巨型百货、商业街、大型购物中心等商业形态,物流作为一种支持力量,主要以运输和仓储功能发挥支持的作用。物流潜能的发挥主要在降低成本,以合理运输、合理库存实现成本的降低是人们努力的领域。

(二)连锁商业,物流的作用

完善物流系统的建立是伴随着连锁商业水平的提高而出现的。在连锁商业规模和网点逐渐扩大的情况下,产生了对配送系统的要求。这种要求是连锁商业在越来越大的竞争压力下产生的,建立配送系统已经成为必然之举。直到今天,配送系统已越来越深地进入连锁商业的营销之中,没有配送系统的连锁商业已经是不可思议的事情。

(三)电子商务,物流的作用

20 世纪末兴起电子商务,物流已经成为电子商务营销的一个重要组成部分。没有物流系统,电子商务根本就没有办法运行。在我国,电子商务经历了大起大落的过程。一个非常重要的原因,就是电子商务初期缺乏现代物流的支持。

(四)直购直销商业,现代物流系统的支持

20 世纪末,有一些跨世纪的商业模式,例如直销、无店铺销售和电子商务等发展很快,重要原因是人们生活方式和消费观念发生变化,出现了向生产厂家直接购买的需求,而要实现这个需求,物流的支持是不可或缺的。现代物流可以提供贯通物流、精益物流、分销配送等物流系统,无论是货主企业的物流系统还是社会第三方物流系统,都有能力实现生产厂家对最终用户的直接物流服务,而不需要通过逐层、逐级的商业模式来实现两端的沟通。

三、物流支持大农业

长期以来,由于物流的支持力度不足,或者低附加值农产品难以承受物流成本,所以只能采取自给自足、就地生产、就地供应的农产品生产和流通的办法,尽量减少对物流的依靠。现在,随着农业生产的集约化、专业化和大生产发展,农业适度规模经营成为我国农业发展的方向,在一个特定的区域,集中种植和轮流种植特定的农作物,有利于集中采取现代的种植技术和管理技术,取得更高的产出投入比。但是,这离不开物流的支持。而且,从物流角度来讲,集中的、大量的产出,有利于物流的规模化,适于应用现代物流技术,进而有利于降低物流成本、提高物流效率和减少损

失，这就提升了物流对大农业的支持力度。

四、物流创新大力度支持建筑、建材业

建筑、建材业领域生产和应用大量的水泥、玻璃等建筑材料，长期以来，这些材料的物流问题很难解决，是制约建筑、建材业发展的一个重要原因。袋装水泥一袋50公斤，一个普通的建筑工程几万、几十万袋水泥搬运是一个大的麻烦，百分之几的纸袋破损率就会造成大面积的水泥粉尘污染。窗用平板玻璃也存在容易破碎、搬运困难等类似的问题。

水泥散装物流方式、流通加工的物流方式、平板玻璃集装的物流方式，这些重要的物流创新可以说根本改变了水泥和平板玻璃物流原来的面貌，对于建筑、建材业的支持力度非常大。

五、国际贸易，物流决定

从"丝绸之路"开始，人们就非常重视物流对于国际贸易交往的支持。20世纪中期以后，国际铁路网络的贯通和万吨以上货轮的大量应用使国际贸易出现了一个大的发展。尤其是大吨位、通用和专用货轮的物流技术创新，对于支持和扩展国际贸易往来起到了非常大的作用。人们认识到：国际贸易在很大程度上是"物流决定"——能够解决物流的问题，才能够形成有效的贸易。

现代世界，各国之间的经济交往和贸易最终通过国际物流来实现。国际物流，虽然和国内物流有相当多的共同之处，但是，不同之处颇多，难度颇大。国际物流是国际分工协作的重要方式，面对的是相关的国际法则和国际惯例，利用的是国际化的物流平台，有不同的物流网络、物流设施和物流技术。

我国的国际物流虽然有了很大发展，但是相对贸易水平而言是比较落后的领域。制定国际物流发展的规划，制定和建立国际物流的法律、法规与标准，培育国际物流市场，加强国际物流平台的建设，是我国现代物流发展的重要举措。

第四章　物流产业

第一节　生产性服务业

一、第三产业的生产性服务业

物流业属于第三产业的服务业，和一般服务业不同，物流的服务手段依靠大量装备等劳动工具，类似物质生产的劳动手段，这就带有生产的性质，所以，物流业的性质是“生产性服务业”。

物流产业，曾经因人们缺乏共识而没有得到广泛认同。1988 年联合国颁布的《全部经济活动的国际标准产业分类》和我国的《国民经济行业分类与代码》都没有明确物流产业，最接近的是运输、仓储和通信业。我国《物流术语》也没有物流产业。2009 年国务院发布《物流业调整和振兴规划》，明确提出物流业是“复合型服务产业”“重要的服务产业”，表明物流产业已经被国家认可。

作者的观点非常明确：物流是产业，其规模和范畴足以支持它是一个大规模的企业、事业、行业的集群，是和农业、制造业、文化产业、环保产业平行的重要产业。

《物流业调整和振兴规划》对物流产业的表述为：“物流业是融合运输业、仓储业、货代业和信息业等的复合型服务产业。”这个表述包含三个重要的内容：

第一，物流产业是“服务产业”，这是对物流产业的重要定性。

第二，物流产业是“复合型服务产业”，是由运输业、仓储业、货代业和信息业等产业形成的复合型服务产业，这是对物流产业结构的表述。

第三，如何进行复合？物流产业是融合运输业、仓储业、货代业和信息业等的复合型产业。

物流产业可以被看成物流以及物流密切相关行业、企业的集群。国民经济各个领域的从事物流经济活动的行业及企业从横向构成了物流产业。判断物流产业不能仅仅以是否从事物流活动为依据，这只是必备的条件之一，还要看是否具有独立企业的管理架构和工程架构。应该说明，产业化的物流活动仅是国民经济全部物流活动中之一部分，生产中的物流十分广泛，但是它缺乏独立企业的管理架构和工程架构，因而不应是物流产业的组成部分。

传统的产业划分主要有两种方法：政治经济学把国民经济划分成生产第一部类产品和生产第二部类产品的产业；西方国家按照克拉克分类法把产业划分成一次（农业及矿业）、二次（工业）、三次（服务业）产业。这些都不包括物流产业，没有给物流产业一个比较明确的位置。所以，国民经济的产业分类，现在还没有把物流作为一个大的产业独立划分出来。

长期以来，物流没有被看成一个独立的产业形态，这也和物流概念出现较晚有关。在物流概念形成之前，和物流有关的许多行业、企业、事业，已经分别归属于其他的产业。

二、物流产业在国民经济中的定位

物流是跨越传统服务业和现代服务业的一个产业。现代物流产业的定位是在现代服务业大范畴之中的生产性服务业。生产性服务业是 1975 年美国经济学家布朗宁和辛格曼对服务业进行分类时提出的概念。

物流作为生产性服务业有两个主要内涵：一个是服务对象，物流是向生产活动提供服务，直接保障和支持工业、农业、建筑业生产的服务行业；另一个是服务手段，即物流采用生产性的服务手段提供服务。生产性的服务手段有大量劳动和装备投入，装卸搬运、运输、包装、流通加工等都是生产性的服务手段。向生产活动提供服务是现代物流业保障和支持的主体领域。

我国"十一五"规划纲要提出大力拓展六种生产性服务业：现代物流业、国际贸易业、信息服务业、金融保险业、现代会展业、中介服务业。物流业是其中重要的一个业种。

以上针对的是现代物流业的主体，在国民经济中，物流业还存在其他的定位，相当部分属于传统服务业，作为生活性服务业的特征明显。

三、物流产业细分

（一）按照所实现的物流功能分类

按照物流的七大功能，形成了相应的七大行业：包装业、装卸搬运业、运输业、仓储业、流通加工业、配送业、物流情报业。

（二）按物流基础平台网络系统不同分类

基础平台的六大网络系统形成相应的物流业：铁路业、公路业、水运业、航空业、管道物流业、物流信息业、物流通信业。

（三）按物流基础平台结点系统不同分类

各种物流结点有的可能是某个物流企业的一部分，不是社会化的，也有相当多的物流结点是独立经营的业种。独立经营的业种主要有：物流园区业、物流基地业、物流中心业、配送中心业、货站、仓库、堆场等。

（四）按经营内容和服务方式不同分类

现代经济有许多不同服务内容的物流企业，主要有：邮政业、快递业、行包业、第三方物流业、第四方物流业、配送业等。

（五）按经营主体不同分类

按照经营主体的不同，大的方面可以分成自营物流和社会化物流业两大类型，具体有:货主物流业、营业仓库业、物流服务业、商业物流业、邮政物流业等。

(六)按物流工具不同分类

不同物流工具产生了不同的物流行业和企业,主要有:集装、托盘联运业,汽车集运业,散装水泥、商品混凝土物流业,冷链物流业等。

(七)按物流企业经营者地域范畴分类

物流的远程化造就了相应的业种,主要有:国际物流业、国际集装箱业、国际联运业、大陆桥联运业、区域物流业等。

四、物流产业的特点

(一)跨部门、跨行业复合

物流产业是复合型产业,跨部门、跨行业的特点突出,横跨一、二、三产业,传统产业中都包含物流业。例如,第一产业中的粮、棉、油等仓储业;第二产业中的物流装备制造,物流设计、建筑业等;第三产业中的配送业等。

(二)产业体系庞大复杂,边界不清且交叉

物流产业由铁道、公路、水运、空运、仓储、搬运、包装等行业组成,包含商贸、供销、粮食等行业中的一半领域,还涉及物流装备生产行业和独立的、企业化的物流活动。产业体系庞大,而且有重复和交叉。

(三)分布广泛,缺乏产业集中度

就地域范围而言,工业、农业都可以采取产业密集、集中的办法,而物流业必然是广泛分布的,且相对集中程度很低。

(四)总体上的非生产性和服务性

虽然现代化的物流产业之中有一些行业(例如流通加工)能够创造价值、生成财富,但从总体上来讲,物流的产业形态仍然是承担和组织已经完成了价值和使用价值生产的产品的实物运动,是增加物流对象成本的因素。

(五)不能涵盖国民经济中所有的物流活动

有几大领域的物流发生在物流产业之外,它们是:生产领域内部物流;经济管理和经营机构无法外包,由本身承担的物流;商业、餐饮业直接控制和运行的内部和外部物流;日常工作和生活范畴的物流。

五、国民经济中物流业态的存在形式

国民经济中的物流业态可以归纳出两类存在形式:系统的业态存在形式和单项业务的业态存在形式。

(一)系统的业态存在形式

系统的业态存在形式指的是能够提供系统物流服务的物流业。这种物流业的理论模式是:从事物品从供应地向接收地的实体流动的业务,能够根据用户需要,将运输、储存、装卸、搬运、包装、流通加工、配送、信息处理等基本功能全部或者部分地结合,具有多项综合服务能力的业态。应当说,这是物流业包含全面的、理想业态存在形式,这也是大型物流企业的一种模式,可以通过全面建设综合服务能力,通过整合提供系统的物流的能力等打造这种业态。

(二)单项业务的业态存在形式

单项服务的专业业态存在形式是大量而且普遍的,原因是物流服务的内容多而复杂,单项服务的专业业态可以专注于某一方面,专业化打造核心竞争能力,因此成为企业的一种选择。这种业态具有很强的生命力,根本原因是,现代社会中存在这种需求。

(三)共同化的业态存在形式

现代社会物流企业种类多、数量大,各有优势又各有短板。物流社会化资源的提供,不可能全都由国家解决,许多资源需要共同构建,这就是共同化。共同化大体有三个层次:国民经济领域共同的物流平台、物流企业依托的共同的物流系统以及共同的物流运作。

第二节 物流产业结构

我国物流产业庞大而复杂,且存在动态的和相对稳定的结构关系。

一、物流产业结构的三个层面

物流产业是层状结构体系,有三个层面,即基础、平台支持、运作运行层面,具体如图 4－1 所示。

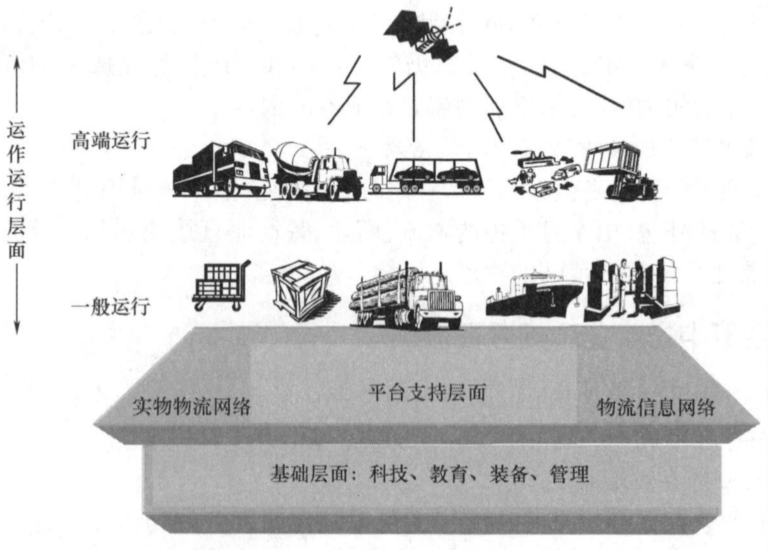

图 4－1 物流产业层面构造

(一)基础层面

物流产业基础层面是由科技、教育、装备和管理行业及企业构成的,主要包括:科技、教育、研究、设计、建设、制造及劳动手段提供、管理等行业、企业和部门。

(二)平台支持层面

平台的主要作用是均化差异、保证运作。行业和企业本身可以进行物流运作,但更重要的是支持和承载物流运作。平台的构筑是系统化的,是国家重要资源,代表经济发展水平和开放程度。平台有信息网络、实物物流网络、实物物流结点三个大的类别。其中,实物物流网络包括铁道、公路、水运、空运、管道五大网络体系,是平台支持层面的重要资源。

(三)运作运行层面

运作运行层面由从事和承担物流经营、服务和组织物流运行的行业与企业构成。这个层面的行业与企业数量、种类是最多的。物流需求多种多样,必然有一般需求与高端需求之分,所以,运作运行层面也有一般的和高端物流运作运行的行业、企业。我国在现阶段仍然存在技术落后、劳动消耗大的方式,属于低端运作,也存在低端的物流行业和企业,这是不容回避的事实。

二、物流产业结构的内涵

(一)体制结构

1. 所有制结构

我国的物流产业所有制结构状况是多种所有制共存:物流平台以公有、股份制主导;战略和长期储备业则是公有制绝对主导;空运、铁路和远洋承运以公有制、股份制主导;经营和运行领域为多种所有制并存;面向社会和家庭的物流经营和运行业以私企、个体主导。

2. 管理体制和制度结构

管理体制分市场管理和产业管理两大领域:市场管理体制按照国家相关政策及法律,由相关的授权单位实施管理;产业管理体制方面,对于关系国计民生的铁路、航空、远洋等物流产业,采取国家集权和层层分权的管理体制。

3. 物流产业权属结构

权属结构是物流产业中各个局部的产权、管理权归属的结构关系,具体表现反映了下面三方面的综合关系:所有制结构关系;资本、资产的结构关系;行政及权力的结构关系。例如,物流产业中配送中心的权属结构可能是由生产企业、商业批发企业、商业零售企业、用户以及物流企业单独或合作形成的一种结构比例关系。

(二)服务能力结构

服务能力结构是指全面和单项功能服务之间的一种分布结构状态,例如:系统服务能力、专业服务能力、快速服务能力、大量服务能力、精细服务能力、远程服务能力等。能力结构取决于需求,是物流产业不断调整自己的结构来满足需求的结果。

(三)规模结构

规模结构是不同规模物流业的结构状态,反映不同规模的比重和状态。从巨型企业到个体企业,从超规模的新型企业,到只有一车、一船甚至一人的企业在物流业中都存在。结构状态反映了从传统物流业向现代化物流业的过渡,是过渡期的特殊结构状态,也反映了物流产业本身的特点,是物流产业规模结构的正常状态,根本因素是物流需求多样化决定了结构的复杂化。

(四)业种结构:三大业种

1. 物流基础业

物流基础业处于物流产业的管理控制层面和平台层面,主要包括物流基础设施、科技、教育、研究、设计、建设、制造及物流地产等行业、企业和部门。这是市场化进程比较晚的领域,尤其是重要基础设施、教育和研究设计,大多以事业单位和政府部门形态存在。

2. 物流运行业

物流运行业的主要特点是"运行"服务,这种服务是物流服务的"基础能力"和"专业资源"。它可以直接向最终用户提供,即向"第一方物流""第二方物流"提供物流运行服务,也向物流服务业即"第三方物流"提供物流运行服务,使"第三方物流"具有物流服务能力。物流运行业的结构体系构成包括运输业、仓储业、装卸业、包装业、流通加工业等。

3. 物流营销服务业

物流营销服务业以物流为服务手段向社会提供物流营销服务,是俗称的"第三方物流",宗旨是提供个性化、定制化的服务。物流营销服务业的服务资源有两种:一是本身的资源和物流能力,另外一方面是整合外部的物流资源形成自己的服务能力。

三、物流产业的地区结构

物流产业有明显的地区特点,内陆地区物流平台主要是公路、铁路、管道及航空;沿海、沿江地区则有水运平台资源。伴随着经济全球化,物流出现了远程化、大型化的趋势,沿海港口的物流产业不仅承担着国际物流终端的职能,而且承担着国际、国内物流的转换、指挥、管理与大进大出的综合基地职能。一般而言,沿海的港口城市是国际物流企业、大型第三方物流企业、大型营业仓库和储备基地、大型运输枢纽的集约地,也是重要的物流资源集约地区。

物流产业的地区性差异,决定了物流产业在不同地区的作用和地位,具体包括三种:

(1)重要支柱产业。承担国际交往功能的沿海港口城市,通过物流运作取得经济利益，是明显的“利润中心”。在这类城市中物流可以成为重要支柱产业。

(2)支柱产业。物流枢纽城市和一般的港口城市中的物流企业也可以通过外部的运作取得收益。在这类城市中一般的情况是物流作为支柱产业存在，有时也可以成为重要支柱产业。

(3)一般产业。不属于物流枢纽地区的城市，物流的作用只在于支持本地国民经济，总体作用是“成本中心”，物流在其中主要作为一般产业存在。

第三节 主要物流行业和企业

一、物流地产业

物流园区大量兴建，大型国际物流公司从20世纪80年代起相继进入中国，如德国的敦豪(DHL)，美国的联邦快递(FedEx)、联合包裹(UPS)、伯灵顿公司(BAX)、普洛斯，荷兰的天地(TNT)等。其中，普洛斯作为物流地产企业，已经持有中国760万平方米的仓储物业面积，市场份额过半，高达59%。虽然不直接从事物流的运作，但作为重要的基础，物流地产直接影响物流产业的规模和水平。

二、物流设施业

物流设施业是物流产业依托的基础的、底层的多种实体型企业的总称。它的基础作用和重要性不止于物流，也是国民经济的重要基础设施业。各种类型的物流设施，包装、运输、仓储、装卸搬运等所依托的基础设施，包括铁路、公路、管道，空运、水运航道及港口、码头、机场、车站等。这些设施与物流平台有关，许多设施是物流平台的一部分。

物流设施业包含多个行业和企业，主要有两大类型：物流设施建设类型和物流设施管理运作类型。对于经济建设有很大影响和作用的铁路、公路线路及站场建设，水运线路及港口建设，航空货运及站场建设，仓库建设、物流基地及园区建设等行业和企业都在其中。

三、物流装备制造业

物流装备制造业是物流产业的基础，也是国民经济的重要行业。物流装备制造业提供物流劳动手段，是物流基础业企业的集中领域。

物流装备制造业的主要行业企业有四大类别，即系统装备、运输装备、仓储装备、管理装备的制造业。具体的行业企业主要有：集装设备生产行业、货运汽车生产行业、铁道货车生产行业、货船行业、货运航空器行业、仓库设备行业、装卸机具行业、产业车辆行业、输送设备行业、分拣与理货设备行业、物流工具行业、物流信息装备行业等。

四、物流服务业(物流服务贸易业)

物流服务业是指从事物流服务贸易,以物流服务为贸易对象,提供物流服务的行业。按服务水平及能力不同,分一般和系统物流服务企业两种类型:一般物流服务企业提供单项的、低端的、基本的物流服务;系统物流服务企业提供系统化的、远程的、精益的、高服务水平的物流服务。

一般物流服务业主要有铁路货运企业、公路货运企业、一般船舶货运企业、包装企业、装卸及搬运企业、仓库以及货场货站企业等。

系统物流服务业是现代物流企业类型,主要有:联运物流企业、国际物流企业、快运物流企业、配送系统企业、流通加工企业、第三方物流企业、第四方物流企业,以及其他许多专业化的物流企业,如冷链企业、散装水泥企业、商品混凝土企业、管道油气企业等。

五、物流平台业

物流平台业指构筑物流平台并且提供平台支持服务的物流业。物流平台往往涉及国家的经济命脉,所以管理和服务有时候不是企业化的,而是作为政府的一种社会职能进行有偿的或者公益化的支持服务。物流平台业中的主要企业是平台的构筑业,其负责将基础物流设施筑成系统平台。实物物流平台的主体是五大网络,包括铁路、公路、水运、空运、管路网络,是国家的重要资源,需要经过几十年、上百年的建设,因此被纳入国民经济计划之中,由国家进行建设。此外,相关的行业还有信息平台建设、物流平台经营管理业。

物流平台的运行,需要通过经营和管理来实现,即通过这些经营和管理来支持各种类型的物流企业在平台之上运行。对于平台经营管理和在平台之上的运作,不同国家有不同的体制形式:可以采取"网运分离"的形式,即平台建设和经营与在平台上的物流运作由不同的部门和企业独立完成;也可以采取"网运一体化"的形式,即平台经营管理和在平台上的物流运作由同一主体完成。

六、物流系统业

物流系统业是全面规划、研究及建设物流系统的行业、企业,这个领域的企业有很大的发展空间。其具体可分为两大部分:专门从事物流系统及项目的规划、设计、建设及安装的部门和企业;专门从事物流系统发展及物流合理化的研究、咨询、规划的机构,且这类机构大多是企业化的。

第四节　物流产业聚集

一、产业聚集与物流产业聚集

产业集聚是指同一产业或相关产业在地理空间的集中现象，其实质是资源配置在空间上的一种表现形式。物流产业聚集是一个新的话题，是现代物流的一个非常重要的发展。

产业聚集为我国经济发展做出了巨大的贡献，在工业领域已经是非常成熟的经济形态。过去在工业领域多被称为产业集群，那是生产资源、生产过程和产品产出的集中地域，在那里集中生产并集中形成相关的产品，产业聚集非常直观。

物流产业的聚集与工业产业聚集有不小的区别，表现出“根据地”式的聚集。物流在大范围运作，但需要有一个根据地，要依靠根据地的支持。所以，在这个根据地聚集了资本要素、资产要素、管理要素，成为一种独特的、与工业产业聚集不同的产业聚集模式。

二、物流产业聚集模式

港口、枢纽车站区域是物流产业聚集的热地。重要的原因是交通区位优势十分明显，而交通正是物流业的核心需求。具体而言，这个区位优势有几个重大的效应：

第一，可以有效地缓解和解决交通瓶颈的问题。依托“港”“站”的物流产业聚集，占领了交通资源的高地，能够比较容易地取得交通资源，从而保证物流的运行。

第二，可以吸引具有较强竞争能力的大型物流企业。物流企业充分认识“港”“站”资源的重要性，这个区位优势当然易于为他们所用。

第三，可以为物流企业未来的发展提供空间资源。这是一个世界性的问题，但是对于物流业处于初期发展状态的我国，这个问题尤为重要，因为我国物流企业的规模还都有限，我们需要接受其他产业曾经有过的教训，为物流企业做大预留出未来的发展空间。一般来讲，“港”“站”区比城市等拥挤地区更具有这种可能性。

三、物流产业聚集的重要形态——物流园区

物流园区除一般的物流结点功能之外，最重要的作用是物流产业聚集。国家标准《物流术语》对物流园区的定义如下：“物流园区是为了实现物流设施集约化和物流运作共同化，或者出于城市物流设施空间布局合理化的目的而在城市周边等各区域，集中建设的物流设施群与众多物流业者在地域上的物理集结地。”这包含了物流产业聚集的概念。

物流园区和已广泛使用的诸如基地、枢纽、中心的概念有区别。“园区”的概念已经约定俗成，早就在其他领域大量应用，例如，聚集各种不同类型的、众多的工业

制造业的“工业园区”；聚集各种不同类型的科研单位及新技术研制与生产企业的“科技园区”等。国家标准中明确：“众多物流业者在地域上的物理集结地”应当是物流园区的本质特征。

第二部分

物流基础活动及优化

第五章　包装

第一节　概述及分类

一、包装及包装模数

包装是包装物及包装操作的总称,是采用容器、材料及辅助物将物品包封并予以适当的装潢和标志的工作总称。包装有三大目的:保护被包装物品、方便物流、促进销售。

物品种类太多,须用包装来组合区分,包装模数就是关于包装基础尺寸标准化及系列尺寸选定的规定。包装模数标准确定之后,各种进入流通领域的产品只需按模数规定尺寸进行包装,便可以按一定规定组合、集合,利于集装箱及托盘的装箱、装盘。包装模数如和仓库、运输设施的尺寸模数统一化,不但能使包装实现合理化,而且能实现全物流系统的合理化。因此,包装模数问题是物流现代化的基础问题。

然而,包装模数尺寸标准化有一定的局限性:大部分工业产品,尤其是散、杂货可以实现包装的标准化;有些长型、异型等无法按模数尺寸包装的,就只能做个别处理。

二、包装在物流中的地位

在社会再生产过程中,包装处于生产过程的末尾和物流过程的开头,既是生产的终点,又是物流的始点。

作为生产的终点,产品生产工艺的最后一道工序是包装。因此,包装对生产而言,标志着生产的完成。从这个意义来讲,包装必须满足生产的要求。作为物流的始点,包装完成之后,包装了的产品便具有了物流的能力,在整个物流过程中,包装便可发挥对产品保护的作用和进行物流的作用,最后实现销售。从这个意义来讲,包装对物流有决定性的作用。现代物流观念形成前,包装被看成生产的终点,一直是生产领域的活动,主要从生产终结的要求出发,因而常常不能满足物流的要求。

现代物流认为:包装与物流的关系,比之与生产的关系更密切,其作为物流始点的意义比之作为生产终点的意义要大。因此,在对系统进行划分时,包装应当从生产系统转入物流系统之中,这是现代物流的一个新观念。

三、包装的物流特性与功能

包装在物流方面有三大特性,即保护性、单位集中性及便利性。这三大特性赋予了包装保护商品、方便物流、方便消费、促进销售的四大功能。

(一)保护商品

保护商品是包装的首要功能。包装的保护作用体现在下述几方面:

(1)防止商品破损变形。包装应当有一定的强度,能承受物流过程中各种力的作用,如冲击、振动、颠簸、压缩等,形成对外力破坏性作用的抵抗和防护作用。

(2)防止商品发生化学变质损失。这就要求包装能在一定程度上起到阻隔水分、溶液、潮气、光线、腐蚀性气体的作用,起到对环境、气象的影响进行抵抗的作用。

(3)防止商品受生物性侵害。这就要求包装有阻隔霉菌、虫、鼠、其他生物侵入的能力,形成对生物的防护作用。

此外,包装还有防止异物混入、污物污染,防止丢失、散失、盗失等作用。

(二)单元化

单元化是将商品以某种单位集中的功能。包装成多大的单位不能一概而论,一般来讲,包装的单元化主要应达到三个目的:方便物流、方便商业交易和方便使用。

物流方面,包装单位大小要和装卸、保管、运输相适应。应当尽量做到便于集中输送以获得最佳的经济效果,同时又要求能分割及重新组合以适应多种装运条件及分货要求;商业交易方面,包装单位大小应适合交易的批量;使用方面,应适合消费者的购买、使用。

(三)便利性

便利性是商品的包装方便操作、方便流通及方便消费的功能。这就要求包装的大小、形态、材料、重量、标志等各个要素都应为各项作业创造便利条件,进行包装及拆装作业,应当简便、快速,拆装后的包装材料应当容易处理。

(四)促销性

促销性是包装唤起购买欲望、促进销售的功能。促销手段很多,包装在其中占有重要地位。对于包装的这个功能,有许多描述,比如"包装是不会讲话的推销员""精美的包装胜过一千个推销员"等都形象地说明了这一能力。

四、包装的分类

(一)按照包装在流通中的作用分类

(1)商业包装。这是以促进销售为主要目的的包装。这种包装的特点是外形美观,有必要的装潢,包装单位适于顾客的购买量以及商店陈设的要求。

(2)运输包装。这是指以强化输送、保护产品为主要目的的包装。需要在包装费用和物流损失之间寻找最优。降低包装费,包装防护性往往也随之降低,商品流通损失就必然增加;相反,如果加强包装,流通损失降低,包装费用就必然增加。如果完全不允许损失，就会有“过度包装”“过剩包装”，费用必然增加，同样降低经济效果。因此，包装适中才最优。

(二)按包装的针对性分类

(1)专用包装。根据被包装物特点进行专门设计的、专门制造的只适用于某种专门产品的包装，如水泥袋、蛋糕盒、可口可乐瓶等。

(2)通用包装。根据标准系列尺寸的包装，用于各种无特殊要求的或标准尺寸的产品。

(三)按包装容器分类

(1)按容器的抗变形能力分类，分为硬包装和软包装两类。硬包装又称刚性包装，包装体有固定形状和一定强度；软包装又称柔性包装，包装体可有一定程度变形，且有弹性，可以对外力起到缓冲作用从而使被包装物得到保护。

(2)按容器形状分类，分为包装袋、包装箱、包装盒、包装瓶、包装罐等。

(3)按容器结构形式分类，分为固定式和可拆卸折叠式两类。固定式包装尺寸、外形固定不变，这类包装的最大问题是，空包装回收返运时，空箱占有体积；可拆卸折叠式包装可通过折叠拆卸，在不需包装时缩减容积以利于管理及返运。

(4)按容器使用次数分类，分一次性包装和多次周转包装两类。一次性包装在拆装后，包装不能再次使用；多次周转包装建立逆向物流的回送渠道后可反复使用。

(四)按包装技术分类

(1)按包装层次及防护要求分类，分为个装、内装、外装三类。个装是对商品个体包装；内装是内部包装；外装是外部包装，往往是集合的大包装。

(2)按包装的保护技术分类，分为防潮包装、防锈包装、防虫包装、防腐包装、防震包装、危险品包装等。

第二节　包装材料

一、纸及纸制品

(一)牛皮纸

牛皮纸是不透明的一般包装纸，有较高强度和耐磨性，柔韧性也好，有一定的抗水性。可用作铺衬、内装和外装，可制成纸袋，还用作瓦楞包装纸的面层。

(二)玻璃纸

玻璃纸是透明或半透明的防油纸，用于内装、小包装和盒外、瓶外封闭包装，有装饰、绝潮隔尘等作用。其主要特点是美观、透明，有很强的装饰性能，其缺点是强度较低。

(三)植物羊皮纸

植物羊皮纸是用硫酸处理的半透明纸，也称硫酸纸，主要用于带一定装饰性的小包装,如用于包装食品、茶叶、药品等,可在长时间存放中防止受潮、干硬、走味。

（四）沥青纸、油纸及蜡纸

沥青纸、油纸及蜡纸是包装原纸经浸渍沥青或油、蜡而制成改性包装纸,有较强的隔水、隔气、耐磨的保护性能。主要用于个装、内装和箱、盒包装内衬,工业品包装中较多采用。

（五）板纸

板纸有三种类型:草板纸、高档草板纸和箱板纸。草板纸档次较低,另两种档次较高。

草板纸用作包装衬垫物及讲究外观效果的包装匣、盒;白板纸用于价值较高商品的内装及中、小包装外装;箱板纸用于强度要求较高的纸箱、纸盒、纸桶。

（六）瓦楞纸板

瓦楞纸板由两层纸板和芯层的瓦楞芯纸黏合构成。面层是箱板纸,瓦楞芯有不同形状,按瓦楞高度和密度分为A、B、C、E四种,工业品包装采用较厚的、强度较高的A、B、C三种,各种瓦楞纸板主要参数、性能和结构如表5－1所示。

表5－1　瓦楞纸板种类及主要性能

种类	瓦楞高(毫米)	瓦楞数(个/米)	耐平面压力排序	耐垂直压力排序	耐平行压力排序
A	4.5～4.8	120	3	1	3
B	2.5～3.0	170	1	3	1
C	3.5～3.7	140	2	2	2
E	1.1～1.2	320			

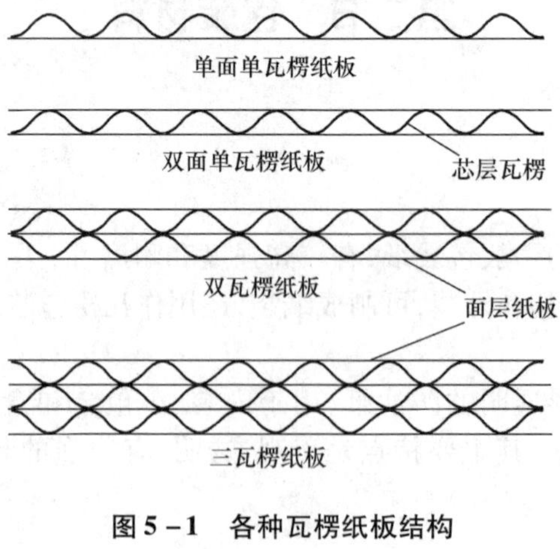

图5－1　各种瓦楞纸板结构

瓦楞纸单层强度有限,为扩展包装适用范围,制成多层的瓦楞纸板可提高强度:有仅一张面层和一层瓦楞芯的单面瓦楞纸板;有一层芯层和两层纸板的三层瓦楞纸板;有三张面层和两层芯层复合的五层瓦楞纸板;还有四张面层和三层芯层的七层瓦楞纸板。和相同厚度其他纸制品比,瓦楞纸板的主要特点是重量轻、强度性能好,有很好的抗震性及缓冲性,对被包装物有保护作用,面层具有装饰和促销作用,还有生产成本较低的优势。

(七)蜂窝纸板

蜂窝纸板是和瓦楞纸板结构类似但芯层不同的包装纸板。由两层纸板和芯层的蜂窝状芯纸黏合而成。这种纸板性能类似瓦楞纸板但制作成本较高,应用不如瓦楞纸板广泛。

二、塑料及塑料制品

塑料及其制品种类很多,各有特点,需要特别重视可能出现的毒负作用。以下几种是使用较多的。

(一)聚乙烯

有高压聚乙烯、中压聚乙烯及低压聚乙烯三种。其密度情况是:高压聚乙烯为低密度,而中、低压聚乙烯密度较高。主要用于制造塑料薄膜,也用于制造瓶、桶及包装箱、盒。其中尤以高压聚乙烯薄膜使用广泛。聚乙烯薄膜不能透过水分,但能透过氧及二氧化碳等气体,适合蔬菜、水果包装保鲜,也用于工业品个装、内装。发泡的泡沫塑料用于包装防震。

(二)聚丙烯

聚丙烯的特点是无毒,没有增塑剂的污染及溶出,可制成薄膜、瓶、盖及用薄膜扁丝编成包装袋,用于食品、药品包装,集装袋等大型袋也采用聚丙烯材料为基层材料。

(三)聚苯乙烯

聚苯乙烯主要用作盒、罐、盘等包装容器和热缩性薄膜包装材料。发泡后的聚苯泡沫塑料用作包装衬垫及内装防震材料。

(四)聚氯乙烯

聚氯乙烯可制成瓶、盒、箱及薄膜,用于小包装袋或制成周转塑料箱,也可发泡制成硬质泡沫塑料。由于高温下可能分解出氯化氢气体,有腐蚀性,因而不宜用于金属材料做防锈包装。

(五)钙塑材料

钙塑材料由大量填充钙质材料的改性塑料制成。由于钙质材料这种低值填料的加入,也大大降低了材料的成本,使之可以成为木材、纸板的代用材料制造钙塑瓦楞纸板、钙塑包装桶、包装盒等。

三、木材及木制品

木材和木制品为传统包装材料,以木材为原料制成的胶合板、纤维板、刨花板等板材也用于做包装箱、桶等。主要用于外包装,也广泛用于高档商品的小包装。

四、金属

(一)镀锡薄板

镀锡薄板俗称马口铁,是表面镀有锡层的薄钢板。除有薄钢板的优点外,锡层还有很强的耐腐蚀性和装饰性。不同钢基成分和钢板工艺,可加工成各种形状的容器。主要制造高档罐容器,如各种饮料罐、食品罐等。表面装潢之后成为工业和商业包装合一的包装。

(二)涂料铁

涂料铁由镀锡薄板一面涂以涂料加工制成。可以用于盛装各种食品,主要用作食品罐。

(三)铝合金

铝合金是以铝为主要合金元素的包装材料,有铝箔、薄板、铝板及型材几种。可制成各种包装物,如牙膏皮、饮料罐、食品罐等小包装,及航空集装箱等大型包装,还可与塑料复合制成复合薄膜,用于商业小包装材料。主要特点是隔绝能力强,强度重量比大,包装材料轻,无效包装较少。此外,铝合金材料无毒、外观性能好、易装饰美化,这也是现代包装不可缺少的品质。

五、玻璃及陶瓷

玻璃、陶瓷是历史悠久的包装材料。主要特点是有很强的隔绝性能和耐腐蚀性能,强度较高,因此有很强的保护商品的作用,装潢、装饰性能好,因此广泛用于商业包装,较多用于个装,有宣传、美化的推销作用。包装形态是瓶、罐,陶瓷可制成较大的罐、坛。主要用于食品、饮料、酒类、药品等的包装,也用于包装化学工业腐蚀性的物品。

六、复合材料

复合材料是将两种或两种以上的材料复合制成的包装材料。发挥各种包装材料各自的优点,可以兼具两种材料的优点而避免它们的缺点。使用较多的是薄膜复合材料,主要有纸基复合材料、塑料基复合材料、金属基复合材料等。

第三节　包装技术

一、包装容器技术

(一)包装袋

包装袋是柔性包装的重要技术。包装袋材料是挠性材料,有较高的韧性、抗拉强度和耐磨性。结构是筒管状,一端封死,包装后封装另一端。广泛用于运输包装、商业包装、内装、外装。一般分成下述三种类型:

(1)集装袋。这类是大容积的运输包装袋,盛装量在1吨以上。顶部有便于吊装、搬运的吊架或吊环,顶部设进货孔,由袋底的卸货孔卸货。适于颗粒状、粉状、小块状、球状货物。多用聚丙烯、聚乙烯等聚酯纤维纺织而成。

(2)一般运输包装袋。这类包装袋盛装重量0.5~100千克,大部分是织物袋,或由几层挠性材料构成,如麻袋、草袋、水泥袋等。主要包装粉状、粒状和体积小的货物,适于外包装及运输包装。

(3)小型普通包装袋。这类包装袋盛装重量较轻,通常由单层材料制成,也有用多层不同材料复合而成的。包装范围较广,液状、粉状、块状和异形物品等都可采用,适于内装、个装及商业包装。

(二)包装盒

包装盒为介于刚性和柔性包装两者之间的包装技术。包装材料有一定的挠性,不易变形,有较高的抗压强度,刚性高于袋装材料,结构是立方体,也可制成圆盒状、尖角状,有开闭装置,适合包装块状及异形物品。包装盒强度不大,包装量也不大,不适合做运输包装,只适合做商业包装、内包装。

(三)包装箱

包装箱是刚性包装技术中的重要一类。包装材料为刚性或半刚性材料,有较高强度且不易变形。结构和包装盒相同,只是容积、外形都大于包装盒,通常以10升为分界。包装箱整体强度较高,抗变形能力强,包装量也较大,适合做运输包装、外包装。有以下几种:

(1)瓦楞纸箱。用瓦楞纸板制成。按外形结构有折叠式瓦楞纸箱、固定式瓦楞纸箱和异形瓦楞纸箱三种;按箱体的材料来分类,有瓦楞纸箱和钙塑瓦楞箱。

(2)木箱。有木板、框板、框架箱三种:木板箱一般用作小型运输包装,有较大的耐压强度,但箱体重、体积大,没有防水性;框板箱由条木与人造板材制成;框架箱由条木构成箱体骨架,有敞开式、木板覆盖式两种。

(3)塑料箱。用作小型运输包装容器。自重轻,耐蚀性好,可装载多种商品,整体性强,能满足反复使用的要求,可制成多种色彩以对装载物分类,手握搬运方便。

(4)集装箱。由钢材或铝材制成的大容积、标准尺寸的物流装运设备。从包装角度看,属大型包装箱,属于运输包装的类别,也是大型反复使用的周转型包装。

(四)包装瓶

包装瓶是小型容器,刚性包装的一种,有圆、方、高、矮、异形瓶若干种,瓶颈口径远小于瓶身,瓶颈顶部开口。主要做商业包装、内包装,盛装液体、粉状货。瓶口需要封盖才能将包装物与外界隔绝,封盖方式有螺纹式、凸耳式、齿冠式、包封式等。

(五)包装罐(筒)

包装罐(筒)为罐体刚性包装容器,强度高、抗变形能力强,装填后将罐口封闭。做运输包装、外包装,也可做商业包装、内包装。有小型、中型和集装罐三种:小型罐一般做销售包装、内包装;中型罐一般做化工、土特产的外包装,起运输包装作用;集装罐是大型罐体,灌填和排出不在同一罐口,属运输包装,适合包装液状、粉状及颗粒状货物。

二、包装的防护技术

(一)防震保护技术

防震包装又称缓冲包装,有一定的抗震保护作用。防震保护方法有以下三种:

(1)全面防震包装。内装物和外包装之间全部用防震材料填满进行防震的包装方法。

(2)部分防震包装。仅在产品或内包装局部地方使用防震材料进行衬垫。所用包装材料主要有泡沫塑料防震垫、充气型塑料薄膜防震垫和橡胶弹簧等。

(3)悬浮式防震包装。外包装容器比较坚固,用绳、带、弹簧等将被装物悬吊在包装容器内。在物流中,内装物都被稳定悬吊而不与包装容器发生碰撞。

(二)防破损保护技术

防震包装有较强的防破损能力,是防破损包装技术中有效的一类。此外还有以下几种:

(1)捆扎及裹紧技术。这是使杂货、散货形成一个牢固整体,便于处理及防止、减少破损。

(2)集装技术。利用集装减少外界与货体的接触,从而防止破损。

(3)选择高强保护材料。通过外包装材料的高强度来防止内装物受外力作用破损。

(三)防锈保护技术

(1)防锈油包装技术。这是指将金属涂封防止锈蚀的防锈油,使金属表面与大气隔绝。

(2)气相防锈包装技术。气相缓蚀剂在密封包装容器中,挥发或升华出的缓蚀气体就能充满整个包装容器内,同时吸附在金属制品的表面上,从而抑制大气对金属锈蚀的作用。

（四）防霉腐包装技术

食品和其他有机碳水化合物，可能发生腐烂、发霉、变质，因此要采取特别防护措施：

(1)冷冻包装。原理是减慢细菌活动和化学变化的过程，以延长储存期。

(2)高温杀菌包装。消灭引起食品腐烂的微生物，可在包装过程中用高温处理防霉。

(3)真空包装。也称减压包装或排气包装，在密闭的包装中排除空气，制造一定的真空度，阻挡外界的水汽进入包装容器，也可防止包装内部存有潮湿空气而在气温下降时结露。

(4)防霉剂和防霉措施。防霉剂的种类甚多，用于食品的必须选用无毒防霉剂，机电产品的大型封闭箱，可酌情开设通风孔或通风窗等相应的防霉措施。

（五）防虫包装技术

防虫包装技术指在包装中放入有一定毒性和嗅味的药物，挥发气体杀灭和驱除各种害虫，常用有萘、对位二氯化苯、樟脑精等；也可采用真空、充气、脱氧等技术，使害虫无生存环境。特别需要说明：驱虫剂、杀虫剂等防虫包装技术，不适合用于饮料、食品、药品的包装。

（六）危险品包装技术

根据每一种危险品的特殊要求采用专业的包装技术，是个性化非常强的包装技术。

危险品有上千种，按其危险性质，交通运输及公安消防部门规定分为十大类：爆炸性物品、氧化剂、压缩气体和液化气体、自燃物品、遇水燃烧物品、易燃液体、易燃固体、毒害品、腐蚀性物品、放射性物品等。有些物品同时具有两种以上危险性能。

包装原则是：有毒商品的包装要明显标明有毒标志，防毒措施是包装严密不漏、不透气，与外界隔绝；腐蚀性商品的包装要明显标明有腐蚀标志，特别要防止商品与包装容器发生化学变化从而损坏包装；易燃商品的包装，要明显标明易燃、防火标志，包装物坚固、隔绝性好；易燃、易爆商品的包装，要明显标明易燃、易爆标志并采用相应的包装物。

（七）特种包装技术

(1)充气包装。采用二氧化碳气或氮气等不活泼气体置换包装容器中的空气，也称为气体置换包装。这种包装方法是根据好氧性微生物需氧代谢的特性，降低氧气的浓度，抑制微生物的生理活动、酶的活性和鲜活商品的呼吸强度，达到防霉、防腐和保鲜的目的。

(2)真空包装。将物品装入气密性容器抽真空，使密封后的容器内基本没有空气的一种包装方法。肉类商品、谷物加工商品以及容易氧化变质的商品可以采用。真空不但可以避免或减少脂肪氧化，而且抑制霉菌和细菌生长。加热杀菌时，由于容器内气体已排除，因此加速了热的传导，提高了杀菌效率，也避免加热杀菌时，气体膨胀而使包装容器破裂。

(3)收缩包装。这是用收缩薄膜裹包物品,然后对薄膜进行适当加热处理,使薄膜收缩而紧贴于物品的包装技术方法。薄膜是经过特殊拉伸和冷却处理的聚乙烯薄膜,由于薄膜在定向拉伸时产生残余收缩应力,应力受热后便会消除,从而横向和纵向均发生急剧收缩,同时使薄膜的厚度增加。薄膜收缩率为30% ~70%,收缩力冷却阶段达到最大值,并长期保持。

(4)拉伸包装。这是由收缩包装发展来的,是依靠机械装置在常温下将弹性薄膜围绕被包装件拉伸、紧裹,并在其末端进行封合的包装方法。由于不需加热,所以消耗的能源只有收缩包装的1/20。拉伸包装可以捆包单件物品,也可用于托盘之类的集合包装。

(5)脱氧包装。这是一种新型除氧包装方法。在密封的包装容器中,使用能与氧气起化学作用的脱氧剂除去包装容器中的氧气,以达到保护内装物的目的。脱氧包装适用于对氧气特别敏感的物品,在即使有微量氧气也会促使品质变坏的食品包装中应用。

第四节　包装合理化

一、包装合理化三要点

(一)防止包装不足

包装不足指的是以下几方面:

第一,包装强度不足。强度不足使包装防护性不足,造成被包装物的损失。

第二,包装材料水平不足。包装材料选择不当,不能承担运输防护及促进销售作用。

第三,包装容器的层次及容积不足。缺少必要层次与不足所需体积而造成损失。

第四,包装成本过低。不能保证有效地达到必要要求的包装。

包装不足造成的主要问题是在流通过程中的损失及降低促销能力。我国进行过的全国包装大检查,认定包装不足引起的损失,一年100亿元以上,在经济总量中,占有很大的比重。

(二)防止包装过剩

包装过剩指的是以下几方面:

第一,包装设计要求过高。如包装物装潢设计、强度设计过高、材料截面设计过大、包装方式超过实际需求的过剩等。

第二,包装材料选择不当。选择过高,如可以用纸板而采用镀锌、镀锡材料等。

第三,包装技术过高。包装层次过多,包装体积过大。

第四,包装成本过高。一方面可能使包装成本支出大大超过减少损失可能获得的效益;另一方面,包装成本在商品成本中比重过高,损害了消费者利益。

消费者购买商品的主要目的是内装物的使用价值,包装物大多成为废物而被丢弃,不但浪费而且加重环境负担。过重、过大的包装,会加大物流的成本,而且影响消费者对产品的判断,反而会降低促销能力。根据日本的一项调查,发达国家包装过剩问题很严重,约在20%以上。计划经济时期,我国的包装问题主要是包装不足;现在包装过剩也已经成为严重问题。

(三)确定最优包装

物流诸因素是可变的,确定包装形式,选择包装方法,都要与物流诸因素的变化相适应。

对包装发生影响的第一个因素是装卸。例如,手工装卸方式包装的包装重量必须限制在手工装卸的允许能力之下,外形及尺寸也应适合于人操作。手工装卸的包装重量和时代有关,过去,往往达到60~100千克;在工人受到保护的时代,包装重量有所降低,以减轻体力消耗。但并不等于包装重量越轻越好。重量太轻,装卸的反复频率就要增加,也引起疲劳并降低效率,过轻包装,往往将两个合并操作,这样也容易造成损失。

现代管理科学对人工装卸最佳重量进行研究的结果确定:包装的重量为工人体重的40%较为合适,即男劳动力20~25千克,女劳动力15~20千克。采用机械装卸,包装的重量可大大增加,例如,采用集装箱做外包装,重量可达10吨以上。

对包装有影响的第二个因素是保管。在确定包装时,必须对保管的条件和方式有所了解。例如,采用高垛,就要求包装有很高的强度,否则就会压坏。如果采用低垛或料架保管,包装的强度就可以相应降低,以节约资源和费用。

对包装发生影响的第三个因素是输送。输送工具类型、输送距离长短、道路情况如何都会对包装产生影响,例如道路情况比较好的短距离汽车输送,就可以采用轻便的包装。同一种产品,如果进行长距离的车船联运,就要求严密厚实的包装。

二、绿色包装及白色垃圾

(一)包装材料与器具

绿色包装材料与器具是绿色包装的根本性问题。绿色包装材料与器具具备三个要点:

第一,不对被包装物发生污染。这对于食品类、卫生医药用品类以及高级服饰类的被包装物尤其重要。

第二,不对整个物流过程的环境和人员发生污染。在整个物流过程中,包装物都会与外界发生接触,也会经过人工的或者机械的作业从而发生接触,因此不能发生这种污染。

第三,废弃后的处理和处置,不会影响和污染环境。包装材料与器具被废弃后,产生大量垃圾,如果不能降解,就会对环境造成污染,即“白色污染”,这是世界性的大问题。

绿色包装材料具有很强的个性化特征，没有统一的标准。同一种材料，在不同环境、温度包装对象的条件下，可能改变它的“绿色”特征。

(二)包装的大型化和集装化

包装大型化主要作用是有利于物流过程的机械化，有利于加快各个环节的作业速度从而加快物流速度，有利于减少单位包装，节约包装材料和费用，还有利于货体保护。可以认为：为实现物流的机械化、自动化，提高物流效率，包装的大型化和集装化是不可少的。

采用大型和集装方式还要考虑大型包装和集装这种运输包装形态和销售的结合，办法是，使大型包装和集装的货物个体的工业包装实现商业包装化，即货物个体由于大型包装和集装的保护作用，可省却单独的工业包装，而使之商业包装化，从大型包装或集装中取出后，不需做拆除工业包装处理即可成为销售单位并有促销效果。

(三)包装的多次、反复使用和废弃包装处理

这是绿色包装的一个重要领域。包装产业已是各国重要产业之一，资源消耗巨大，因而资源回收利用、梯级利用、再循环是包装领域现代化的重要课题。有许多有效的合理化措施：

(1)通用包装。这是有广泛适用性的包装。按标准模数尺寸制造瓦楞纸、纸板及木制、塑料制通用外包装箱，这种包装箱不用专门安排回返使用。由于其通用性强，无论在何处落地，都可转用于其他包装。

(2)周转包装。这是多次反复周转使用的包装。有一定规模并有固定流转渠道的产品可采用。如周转包装箱、饮料、啤酒瓶等，周转包装可按某种产品的特殊需要制造，有较强的专用性。可以不安排专程回运，实现往返运输，因而运力利用也是合理的。

(3)梯级利用。一次使用后的包装物，用毕转作他用，形成了一级一级的利用，直到完全报废。例如瓦楞纸箱损坏后，切成较小纸板再制小箱，或用于垫衬。有的包装物设计成多用途的，在一次使用完毕之后，可再使用其他功能。这就使资源利用更充分、更合理。

(4)再生利用。对废弃的包装经再生处理，转化为其他用途或制成新材料。例如，废弃包装塑料制再生塑料等。

(四)防止白色污染

包装材料与器具的发展历史进程如下：最初以木质材料、金属材料为基础材料，比较容易解决多次、反复使用和废弃包装处理的问题。20世纪末开始，情况发生了很大的转变，以塑料为基材的包装材料与器具大量应用，废弃物产生大量的白色垃圾，由于不能自然降解，成了社会环境问题——白色污染。这是涉及包装领域的重大问题，是世界性的问题。现在还没有非常有效的解决办法，而且仍在积累性地发展，必须引起重视。应对措施主要有：

第一,限制和减少白色污染材料的使用。

第二,给包装领域注入更多的文化、文明内涵,多采用无包装、通用包装、周转包装、梯级利用,尽量减少白色垃圾。

第三,重视这个领域的技术进步,开发新的不产生白色污染的包装材料和包装器具。

三、集合包装

集合包装又称组合包装或集装单元,是将许多单件物品,通过一定的技术措施组合成大的包装形态,属于大型包装。集合包装和集装是近似又有一定区别的两个概念。需要说明的是,集合包装和集装在没有明确所指的前提下,是经常混用的。

在多种类型的产品中,小件杂、散货物很难像机床、建筑构件等产品那样进行单件处理,由于其杂、散,且个体体积重量不大又都不相同的特点,所以,总是需要进行一定程度的组合,比如包装箱、包装袋等都是杂散货物的组合状态。杂散货组合包装程度受两个因素制约:一是包装材料的限制,包装材料强度和自重制约了包装体的大型化;另一个是人力装卸能力的限制,必须限制在人的体能范围内,因此,重量一般在50千克以下。

从运输角度,集合包装所组合的组合体往往又是一个装卸运输单位,便利运输和装卸,因而在运输领域把集合包装看成一个运输体(货载),称单元组合货载或集装货载。

(一)集合包装方式和种类

(1)托盘类。最典型的是平托盘,其变形体有柱式托盘、架式托盘(集装架)、笼式托盘(集装笼)、箱式托盘、折叠式托盘、轮式托盘(台车式托盘)、薄板托盘(滑板)等。

(2)集装箱类。最典型是普通集装箱,其变形体有:笼式、罐式、台架式、平台式、折叠式集装箱等。许多类集装箱和相应的托盘在形态上区别不大,但规模相差较大。

(3)集装容器类。典型是集装袋,其变形体有集装网络、集装罐、集装筒等。

(4)集装货捆类。以捆扎方式形成的集装体,集装网络也是货捆的一种变形体。

(二)集合包装的特点与效果

集合包装的主要特点是集小为大,形成规模处理的优势。主要有以下几方面作用:

(1)促使装卸合理化。这是集合包装的最大效果。具体效果有二:一是多次装卸转为对集合包装的一次装卸,缩短装卸时间;二是不但减轻了装卸劳动强度,而且增强了对货物的保护作用,可以更有效防止装卸时的碰撞损坏及散失丢失。

(2)使包装合理化。采用集合包装,物品的单体包装及小包装要求可降低甚至可以去掉,从而节约了大量包装材料;由于集合包装的大型化和防护能力增强,也有利于保护货物。

(3)便于储存保管。集装方式是对集装整体进行作业,大大方便保管作业,也能有效利用场地的空间,改善环境。

(4)促使运输合理化。大量运输的火车和大吨位货轮的运输,装卸时间往往是决定运输技术经济效果的重要因素,采用集合包装,对运输更加合理化起到了很大的推动作用。

(5)便于管理。集合包装的货载,进行封装之后,在物流过程中,便不需要进行反复不断地清点,从而大大节省了管理力量,也能有效地防止物流过程中的差错、丢失等问题。

(6)促进系统化。集合包装的一个大的效果,是以其为核心所形成的系统,将原来分立的物流各环节有效地联为整体,使整个物流系统实现合理化。物流的现代化离不开集合包装,可以说集合包装,尤其是标准化的集装是物流现代化的重要手段和标志。

第六章　装卸搬运

第一节　概述及分类

一、装卸搬运的概念

在同一地域范围内(如车站、工厂范围、仓库内部等)改变“物”的存放、支承状态的活动称为装卸,改变“物”的空间位置的活动称为搬运(个别领域称为输送),全称装卸搬运。有时候单称“装卸”或单称“搬运”也包含了“装卸搬运”的完整含义。习惯上,物流领域常将装卸搬运这一整体活动称作“货物装卸”;在生产领域中常称作“物料搬运”或“物料输送”。它们的内容都一样,只是不同领域习惯的称谓不同而已。

实际操作中,装卸与搬运密不可分,被作为一种活动对待。搬运的“运”与运输的“运”,区别在于:搬运在同一地域小范围内,而运输是在较大范围内发生,范围大小并无绝对界限。

二、装卸搬运之地位

装卸搬运是随运输和保管等活动而产生的必要活动,在物流过程中不断出现和反复进行,每次都要花费时间,往往成为决定物流速度的关键。装卸搬运消耗的人力也很多,在物流成本中所占的比重也较高。铁路运输装卸搬运作业费占运费的20%左右,船运占40%左右。降低物流费用,装卸搬运是重要环节。

此外,装卸搬运操作时需要接触货体,是造成货物破损、散失、损耗、混合等损失的主要环节。例如,袋装水泥纸袋破损和水泥散失主要发生在装卸搬运过程中,玻璃、机械、器皿、煤炭等产品在装卸搬运时最容易造成损失。

装卸搬运影响物流效率、体现物流水平。我国曾统计,火车货运超过500公里,运输在途时间多于起止的装卸时间,低于500公里,则装卸时间超过运输时间;美国与日本之间的远洋船运,往返25天,其中运输13天,装卸搬运12天;我国对生产物流的统计,机械工厂每生产1吨成品,需进行252吨次的装卸搬运,成本为加工成本的15.5%左右。

三、装卸搬运的特点

(一)装卸搬运是附属性、伴生性的活动

装卸搬运在物流每一项活动开始及结束时必然发生,因而常被人忽视。例如,一般而言的“汽车运输”，就包含了相随的装卸搬运；仓库保管也含有装卸搬运活动。

（二）装卸搬运是支持、保障性活动

装卸搬运对其他物流活动有一定的决定性，会影响其他物流活动。例如装车不当，会引起运输中的损失；卸放不当，会引起下一步操作困难。有效的装卸搬运才能实现高水平物流。

（三）装卸搬运是衔接性的活动

物流以装卸搬运衔接，因而往往成为“瓶颈”，是物流能否形成有机联系和紧密衔接的关键。先进的系统物流——联合运输，在某种意义上就是着力搭建这种衔接的现代物流方式。

四、装卸搬运方式

装卸搬运有连续装卸与间歇装卸两大类型。连续装卸是同种大批量散货、液体货或小件杂货通过连续输送机械，连续不断作业，在货物对象不易形成大包装的情况中适用；间歇装卸适用的对象是货流不固定的各种货物。

具体而言，主要装卸搬运作业方式有：

（1）吊上吊下方式：采用起重机械从上部起吊货物，在吊车运行或回转的范围内实现搬运或依靠搬运车辆实现小搬运。由于吊起及放下属于垂直运动，所以属垂直装卸方式。

（2）叉上叉下方式：采用叉车从货物底部托起货物，并依靠叉车的运动进行搬运，货物可不经中途落地直接放置到目的地处。这种方式主要是水平运动，属水平装卸方式。

（3）滚上滚下方式：主要指港口装卸的一种水平装卸方式。利用叉车或半挂车、汽车承载货物，连同车辆一起开上船，之后再从船上开下，称“滚上滚下”方式。利用叉车的滚上滚下方式，船上卸货后，叉车须离船；利用半挂车、平车或汽车的滚上滚下方式，托车将半挂车、平车拖拉至船上后，托车离船，载货车辆连同货物一起到目的地，再将原车开下或拖车上船拖拉半挂车、平车开下。这种方式需有专门船舶，称“滚装船”。

（4）移上移下方式：这种方式须是两车（如火车及汽车），将货物从一个车辆上水平移动推移到靠接车辆上，称移上移下方式。

（5）散装散卸方式：对散装物进行装卸，一般从装点直到卸点，中间不再落地，采用的设备主要是管道系统，用于管道输送的长度可以改变。这种装卸方式的装、卸两个点无须靠近在一起，可以保持相当长的距离，是集搬运与装卸于一体的装卸方式。

第二节 装卸搬运作业

一、装卸搬运机器及设施配置

(一)物流设施内

在物流设施内装卸搬运很频繁。物流设施都有特定用途,通常根据处理货物的种类、方式,以及物流设施与物流线的衔接来设计和建造专用的物流设施,如立体或平面仓库、站台、铁道专用线等。同时,在特定的物流设施中配置专用物流机器,形成高效率的装卸搬运工艺。所以,在物流设施中的装卸搬运活动特点是:有专用性强的设施和专用装卸搬运设备。由于这种设施的针对性、专业性强,如要移作他用,则有较大困难。

(1)卡车站台。不同物流设施内的卡车站台有别。处理多品种、少批量、多次数的货物(如配送中心的货物处理),一般采用高站台的设计,即站台高度与汽车货台高度相同,站台平面与配送处理场连成一体,配送处理之货物可以方便地水平装入车内;处理少品种、大批量的货物,一般采用低站台,即站台面和地平面等高,车货台高度有利于铲斗车、叉车、吊车进行装卸。

(2)火车站台。一般散杂货及包装货装卸,采用高站台,这种站台与车厢底板同高,各种作业车辆、小型叉车及人力可方便地从站台进出车厢从事装卸作业;集装箱、托盘等大型货体,采用吊车或大型叉车作业,一般采用和地面平的低站台。

(二)物流设施外

物流设施外的装卸搬运是经常发生的,许多用户没有专门物流设施,如家庭、商店、一般工厂等,不可能有专门的设施和专用装卸机具,因而装卸搬运成本必然较高,水平又会比较低,是制约物流总水平提高的领域。物流设施外的装卸方式有三:

第一种方式,人力装卸。除去全部利用人力外,还可人力配合移动机具搬运,采用手动叉车,移动式输送机升降台车和手推车等机具配合。

第二种方式,随车的装卸工具。主要有三种类型:一是车载小型卡车吊,二是车尾部升降板,三是自动翻卸、自动收集垃圾、自动吸排污物、带辊道输送带等的专用车辆。

第三种方式,租用装卸机械。这是常用办法,尤其是不经常发生的重型货物装卸,则需要租用专用吊车,这会造成装卸费用的上升,是设施外装卸很难克服的缺点。

二、装卸作业方法

(一)单件装卸

单件装卸是逐个进行货物装卸操作的作业方法。对机械、装备要求不高,机动性较强,可在很广泛的地域内进行。由于逐件处理,速度慢且装卸要逐件接触货体,因而容易出现货损,反复作业次数较多,也容易出现货差。装卸对象主要是包装货,及单件大型、笨重货物。

(二)集装作业

集装作业每装卸一次是一个组合的集货货载,是按件处理,但集装"件"高于单件作业每件的大小。这种方式采用机械进行装卸,同时必须在有条件的场所进行,不但受装卸机具的限制,也受集装货载存放条件的限制,因而机动性较差。集装作业一次装卸量大,装卸速度快,且在装卸时并不逐个接触货体,因而货损小,货差也小。

集装作业有以下几种方法:

(1)托盘装卸。属于"叉上叉下"方式。叉车有行走机构,所以在装卸同时可以完成小搬运,有水平装卸搬运的特点。但是受叉车的局限,需与其他设备、工具配合。

(2)集装箱装卸。主要用港口岸壁吊车、龙门吊车、桁车等各种垂直起吊设备进行"吊上吊下"式的装卸,同时,各种吊车还都可以做短距离水平运动,因此可以同时完成小范围的搬运。小型集装箱也可以和托盘一样采用叉车或半挂车进行"滚上滚下"方式装卸。

(3)货捆装卸。主要采用各种类型起重机进行装卸,货捆的捆具与吊具、索具有效配套可进行"吊上吊下"式装卸。短尺寸货捆还可采用一般叉车装卸,长尺寸货捆还可采用侧式叉车进行装卸。货捆装卸适于长尺寸货物、块条状货物、强度较高无须保护的货物。

(4)集装网、袋装卸。主要采用各种类型吊车进行"吊上吊下"作业,也可与各种搬运车配合进行吊车所不能及的搬运。货捆与集装网、袋装卸的突出优点,即捆具及集装袋、网本身重量轻、可折叠,装卸后易返运,因而无效装卸少,作业效率高,有独特的优势。

(5)挂车装卸。挂车可行走,连同车上的货载一起拖运到火车或船上,采用"滚上滚下"的装卸方式实现水平装卸。挂车能够做到"门到门",完成复杂的物流过程。

除以上方式外,其他集装装卸方式还有:滑板装卸、无托盘集装装卸、集装罐装卸等。

(三)散装作业

散装作业指对大批量粉状、粒状货物进行无包装的散装、散卸的装卸方法。这种装卸可连续进行,也可采取间断的装卸方式,但是,都需采用机械化设施、设备。在特定情况下且批量不大时,也可采用人力装卸,但是会有很大的劳动强度。作业方法主要有:

(1)气力输送装卸。主要设备是管道及气力输送设备,粉状、粒状物沿管道运动而实现装卸。这种装卸的特点是密封性好,装卸能力高,容易实现机械化、自动化。

(2)重力装卸。利用散货本身重量进行装卸的方法,这种方法必须与其他方法配合,首先将散货提升到一定高度,具有一定势能之后,才能利用本身重力进行下一步装卸。

(3)机械装卸。利用能承载粉粒货物的各种机械进行装卸,有两种主要方式:一种是用吊车、叉车改换不同机具或用专用装载机,进行抓、铲、舀等完成装卸搬运作业;另一种是用皮带、刮板等各种输送设备,进行一定距离的装卸搬运作业。

第三节　装卸搬运机具

一、叉车

叉车又称铲车、叉式举货机,是最常用的具有装卸、搬运双重功能的机具。其主要特点有:

第一,有很强的通用性:在物流的几乎所有领域都有所应用,和托盘配合使用之后其通用性更强,适合能装上托盘的各种货物的装卸搬运。

第二,有装卸、搬运双重功能:作为装卸搬运一体化的设备,实际应用中,装卸、搬运两个操作合而为一,因而减少了一个物流环节,加快了作业速度。

第三,配合叉车属具,强化特殊功能:和属具配合,可将通用性很强的叉车变成专用的叉车,这就可以用于各种特定的作业,有利于提高作业效率和扩大叉车的使用范围。

第四,机动性强,应用方便:叉车机动性强、活动范围大,在许多其他机具难以使用的领域都可采用。此外,在缺乏作业条件情况下的场外作业时,采用叉车也很方便。

(一)叉车的分类

(1)按动力方式分类:有发动机式叉车、电动机式叉车、手动式叉车三个类型。

(2)按特性及功能分类:有平衡重式叉车、前移式叉车和侧叉式叉车三种基本常用类型,此外还有插腿式叉车、集装箱叉车、拣选叉车、步行式叉车、堆垛叉车等专项功能的叉车。

(3)按起重能力分类:分成各不同起重级别,一般为1~10吨,也有0.5~40吨叉车。

(二)叉车参数

(1)起重能力。这是叉车的主要参数,为安全工作的最大起重能力。叉车在工作时靠重力平衡或支脚平衡,如果选择不当,超出叉车设计荷重能力,使用时叉车便有翻倒的危险。

(2)最大起升高度。在额定起重量、门架垂直状态下,货叉可升至的最大高度。一般叉车最大起升高度为3米,配合立体仓库作业,最大起升高度可达5米以上。

(3)车体高度。这是地面至门架上部或棚顶的高度,这一高度的选择,要与仓库、车、船门高度配合,以利于叉车通过,也利于在低矮空间作业时对叉车的选择。

(4)最小转弯半径。这是指叉车在无载状态下,转弯的最小半径。这一参数的作用是确定仓库内通道宽度、堆放场作业面设计,或在确定尺寸的作业区中选择合用的叉车。

此外,叉车还有自重、最大爬坡度、最大运行速度、最大起升速度、门架倾角等参数。

(三)各种主要叉车

(1)平衡重式叉车。依靠车体以及货物与平衡块重量来保持平衡,特点是,自重大、轮距大、行走稳定、转弯半径大。有内燃机式和蓄电池式两种,蓄电池式车身小巧灵活,大多是小吨位车。主要是四轮型,电动叉车有三轮型。依靠换装各种叉车属具附件可装卸搬运多种货物,主要用于车站、工厂、货场等领域,尤其适于路面较差、搬运较长的领域[见图 6-1(a)]。

(2)前移式叉车。特点是前部有跨脚插腿,跨脚装有支轮,和车体的两轮形成四轮支承,因此比较稳定。门架或货叉可前后移动,便于取货卸货。叉车车体比较小,转弯半径小、自重轻,靠电池驱动、速度较慢,且轮子半径较小,对地面要求较高。主要用在仓库、配送中心及工厂厂房内,尤其在运行地域狭小之处宜于选用[见图 6-1(b)]。

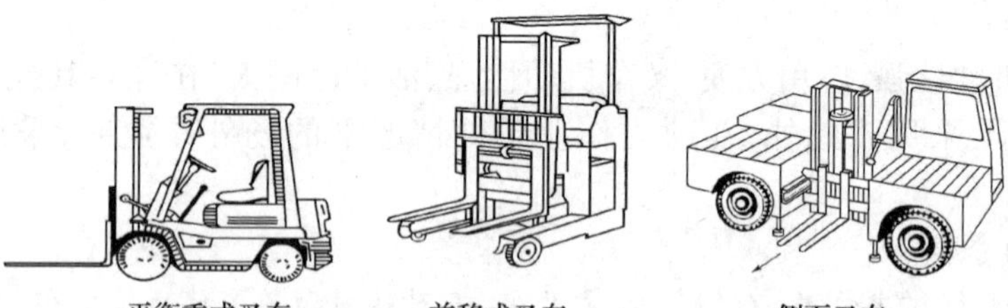

平衡重式叉车 (a)　前移式叉车 (b)　侧面叉车 (c)

图 6-1　各种叉车

(3)侧面叉车。叉车门架及货叉在车体一侧,特点一是货叉面向侧面货垛,在狭窄通道作业不必转弯;二是有利装搬长尺寸物,叉上长尺寸物与车体平行,作业、运行方便。动力主要是内燃机,车体较大,自重也重,作业时不如其他种类的叉车方便[见图 6-1(c)]。

(4)拣选叉车。主要特点是操作者随装卸装置一起在车上进行拣货作业,叉车到货位前,货叉取出货盘,工人将所需数量拣出,再将货盘放回。适用于拣选式配货,与高层货架配合形成特定的拣选工艺。拣货者与货叉同时升降,安全性要求较高,起重量不大,行走稳定。

(5)手动式叉车。由工人手推动行走,手动油压柄起降货叉,灵活机动,操作方便简单,价格便宜。这种叉车起重能力较低,为 200 千克至 1 000 千克,起升高度一般为 75 ~1 500 毫米。在小件货物、精品仓库、商店、配送中心中广泛应用。

(6)电动式人力叉车。类似于手动叉车,也是一种轻便型叉车,有不同的结构:可以是电动行驶及操纵货叉,人步行随机操作,也可是人力移动机器,电力操纵货叉。

(7)自动导引叉车。装备有自动导引系统(例如激光导航系统)的叉车,定位精度高、运行速度快,是自动化仓库采用的叉车设备。

(8)多方向堆垛叉车。在行进方向两侧或一侧作业,或货叉能旋转 180°,三个方向作业。具体品种有:横向堆垛叉车、三方向堆垛叉车等。

(四)叉车属具

叉车改换装不同属具会使叉车作业的对象大大扩展,提升叉车的适用性。

二、吊车和其他装卸搬运机具

(一)吊车

1. 概述

吊车是从物品上部通过吊钩吊装吊卸的一类起重机械的总称。这种机具以装卸为主要功能,搬运的功能较差,搬运距离很短。有以下特点:

(1)大部分吊车车体移动困难,通用性不强,是港口、车站、流通中心等处的固定设备。

(2)功能单一,主要是装卸,起垂直吊装吊卸的作用,移动距离很短。

(3)吊车的作业方式,从物品上部起吊,因而作业所需空间高度较大,作业时比较平稳。

(4)机动性差,主要在设施内作业,个别种类吊车可在设施外作业。

(5)起重能力大,起重重量范围较大。

2. 种类

主要种类有:桅杆式吊车、悬臂式吊车、龙门式吊车、桥式吊车、船上吊车、轮式吊车、浮吊、岸壁吊车、索道吊车等。以下具体介绍几种常用吊车。

(1)卡车吊。卡车车体上安装悬臂起重机的吊车。可移动作业,放下支脚便可进行起重装卸作业。也有的仍以运输为主,但也附设悬臂吊,用于本车的装卸。有油压式和机械式两种,起吊能力油压式为 45 吨,机械式可达 150 吨。作业半径越小,起重能力越大;吊臂倾斜角越小,作业半径则越大,起重能力相应降低。卡车吊的机动性强,在设施外使用独具优越性。

(2)履带吊。这也是一种移动式吊车,其移动方式是通过履带车的运动。这种吊车自重大,起吊能力强。由于道路通过限制,很多地区不能采用履带吊车,机动性较差。

(3)门式起重机。这是桁架结构的起重设备,有轨道和轮胎式两种。轨道式由两个沿轨道运行的支脚及上部横跨梁组成;轮胎式不受轨道限制,运动范围较大。作业方式是:吊车在梁架上运动完成起吊和移动搬运。门式起重机起重可达 300 吨以上,可载荷移动,同时完成装卸和搬运两项作业。上部的梁可向外延伸形成悬臂,伸离支脚轨道范围覆盖火车、汽车或船舶装卸区,在转运中心、港口及车站特别适合采用这种机具[见图6-2(a)]。

(4)桥式起重机。又称天车,和门式起重机原理基本相同,不同的是,门式起重机有两端的高支腿,在地面上的轨道行走,而桥式起重机支腿短,轨道架设在建筑物的立柱跨梁上,节省了支腿占的地面,在仓库或厂房内有优越性。主要优点是,从货物上部作业,无须留通道,依靠桥架的纵向运动和天车在桥梁上的横向运动,可覆盖整个厂房或库房,仓容面积利用率可高达90%以上。桥式起重机在生产物流中应用广泛,尤其是重型工业和冶金、机械、建材等企业使用较广泛,机电仓库、钢材库等库内使用也较广泛[见图6-2(b)]。

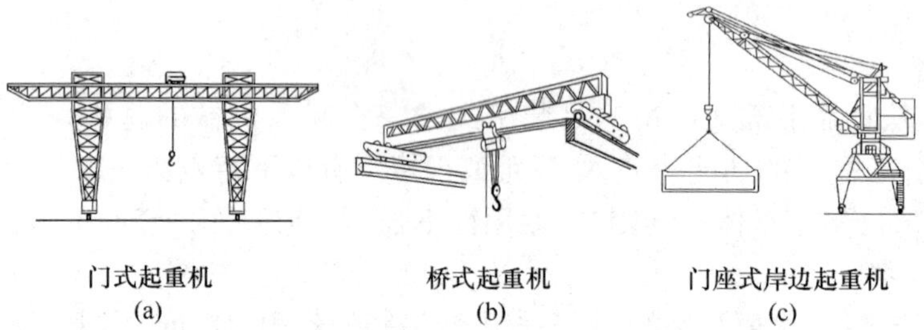

图6-2　各种起重机

(5)门座式岸边起重机。码头上常用,门式底座沿轨道移动,旋转起重机在360°范围旋转,一边覆盖货船,另一边覆盖货场,起重臂回转完成岸上和船之间的装卸。用于集装箱及量大体重的货物装卸,采用不同的属具,还可用于散货、矿石的装卸[见图6-2(c)]。

(6)船吊(浮吊)。这是以船为底座在水面上浮动的机动吊车。主要用于码头外装卸或船与船之间水上过驳装卸,特点是有很强的机动性,可以巡回在各个码头进行作业。当码头机具不足时,可采用浮吊做补充手段进行码头装卸。

(二)输送机

输送机以搬运为主要功能,有些兼装卸功能。特点是连续搬运作业效率高,这是叉车、吊车无法比的。这种机械的输送路线是确定的,因而易于规划统筹,实现作业的稳定。

输送机械有三大类型。第一类是牵引式输送机,主要有皮带输送机(传送带)、板式输送机、悬挂输送机、斗式提升机、自动扶梯、板式提升机、链式输送机等;第二类是无牵引式输送机,主要有辊式、滚轮式输送机,螺旋输送机,振动输送机等;第三类是气力输送机,主要有吸送式(负压抽吸式)、压送式和混合式三种。具体介绍如下几种常用的输送机:

(1)皮带输送机。有三种主要类型:一是固定式,固定在两个区域进行搬运;二是移动式,可用人力移动输送机位置,改变搬运区域;三是往复式,皮带回程也设计成运货通路。

固定式皮带运输机可以进行长距离搬运,是运能大的大型运输机,在矿石、煤炭搬运领域应用有优势,也常用在港口、车站;移动式皮带输送机一般是小型机,是衔接性搬运机具,在集货和配送、拣选货物领域作为配套机械使用,也用于设施外的装卸搬运。

往复式皮带输送机主要用在仓库、配送中心等设施内。可用于输送散、粒、块状物料,也常用于输送中、小件的包装货物。

(2)辊式输送机。由许多定向排列的辊柱组成,辊柱转动,带动上置货物移动。有固定式、移动式两种。特点是承载能力强,由于辊子滚转,使货物移动的摩擦力很小,因而搬运大、重物件较为容易,主要在仓库、配送中心内搬移包装及托盘集装货物。由于辊子之间有空隙,所以小散件及粒状、块状物料的搬运不能采用。

(3)滚轮式输送机。和辊式输送机类似,不同之处在于,安装的不是辊子而是一个个小轮子,其分布如同算盘一样,所以也称算盘式输送机。滚轮式输送机无动力驱动,适合于人力和重力搬运,主要用于仓库、配送中心等设施内。

(4)斗式提升机。用于散碎物料的垂直输送装卸设备,由若干往复单向运动的料斗串接而成,在低处料斗盛入物料,到高处绕过最高点,料斗从向上位置转为向下,将物料倒出,完成垂直搬运和装卸。主要在工厂、转运站装卸散粒物料时采用。

(5)气力输送设备。主要结构是动力源和密封管道,动力源产生正压或负压,迫使进入管道的粉粒物料运动达到装卸、搬运甚至输送的目的。采用管道系统,可按需要进行水平、垂直、斜向的输送,输送距离很长,大大超出短距离输送的范围,适用于在较长距离范围内运输粉粒状物料。属于专用设备,不能混用于各种物料,在作业量大且连续的场合使用。

(6)悬挂输送设备。悬挂装置组成回路,下部悬挂作业台车、货盒、货盘或挂钩,驱动装置驱动可连续运行。有固定式和推动式两种:固定式的悬挂小车按一定间隔顺序匀速运行,不能只停顿其中几个小车;推动式的小车与轨道牵引件不做死连接,可以暂停其中一个或若干个小车的运行。悬挂输送设备用于企业车间成品搬运,也在连续加工生产过程中采用。

(7)机械手自动搬运机。在固定不变的作业中,尤其是反复进行的单调作业,采用机械手取代人工操作,能提高速度、保证作业准确无误,解除单调劳动对工人的损害,有利于对工人的保护。在污染、高温、低温等特殊环境中,作业更有优势。

(三)作业车辆及其他机具

(1)人力作业车辆。物流领域人力作业的比重比较大,经常以人力作业来衔接。主要是手车及手推车,荷重由100千克至500千克不等。

(2)电动搬运车。以蓄电池为动力的四轮低货台搬运车,分载人及不载人两种。

(3)牵引台车。由动力车牵引运动的无动力平板车。

(4)底盘车。按集装箱型设计能放置一个集装箱的只有底盘的搬运车,用于衔接港口集装箱在码头及堆放场之间的搬运。

(5)无人搬运车。现代仓库、配送中心和工厂车间中,自动化无人搬运车运用光电识别运行路线,启动控制器后车辆便按指令线路自动行驶。无人搬运车从装运几十公斤到几百公斤都有,而且机动性较强,当需要更换路线时重设路标即可(见图6-3)。

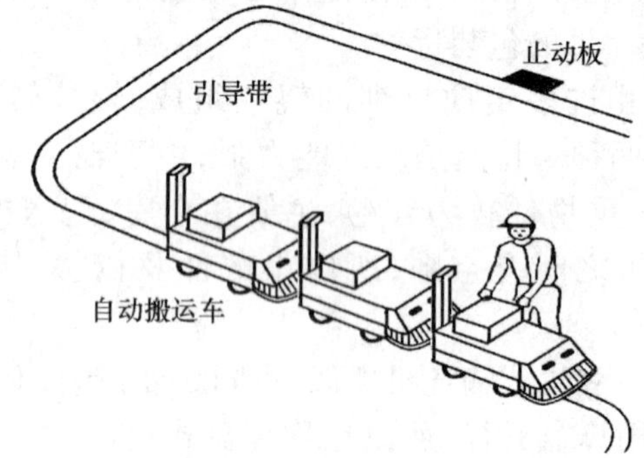

图6-3 自动化无人搬运车

第四节 装卸搬运合理化

一、减少装卸搬运

物流过程中,装卸作业反复进行,发生频度高,减少次数是合理化的首要任务,有许多好处:

(1)减少货损。物流过程中,货损主要发生在装卸环节,过多的装卸次数导致损失增加。

(2)降低费用。一次装卸相当于几十公里的运输费用,减少装卸搬运,费用相应降低。

(3)保证物流速度。装卸就需要停滞,会阻缓物流的速度,是降低物流速度的重要因素。

二、充分利用重力和消除重力影响,进行少消耗的装卸

利用货物重量,有一定落差地装卸,减少或不消耗装卸动力,是装卸合理化的重要方式。使用溜槽、溜板之类的简单工具,货物从高处滑到低处,无须消耗动力。如

果采用吊车、叉车将货物从高处卸下，动力消耗虽比从低到高小，但是仍需消耗。两者比较，无动力消耗的装卸显然更为合理。尽量消除或消弱重力的影响，也会减少劳动消耗。例如在两种运输工具的换装时，采取落地装卸方式，一下一上要将货物落地、举高，这就必须消耗动力，如果适当安排，将两种运输工具靠接，使货物平移换装，则能有效消除重力影响，实现合理化。

人力装卸，一装一卸是爆发力，而搬运一段距离负重行走，体力消耗大，是出现疲劳的环节。所以，人力配合简单机具，“持物不步行”，则可以大大减轻劳动量，做到合理化。

三、充分利用机械，实现“规模装卸”

在装卸时也存在规模效益问题，表现在一次装卸量或连续装卸量要能使机械充分发挥最优效率，即使得装卸机械的能力达到一定规模才会有最优效果。追求规模效益的方法，主要是通过各种集装实现间断装卸时一次操作的最合理装卸量，也通过散装实现连续装卸的规模效益。

四、提高装卸搬运活性和装卸搬运速度

表 6－1　　装卸搬运活性指数

放置状态	需要进行的作业				活性指数
	整理	架起	提起	拖运	
散放地上	√	√	√	√	0
置于一般容器	0	√	√	√	1
集装化	0	0	√	√	2
无动力车	0	0	0	√	3
动力车辆或传送带	0	0	0	0	4

装卸搬运活性的含义是：从物的静止转变为装卸搬运的难易程度。用“活性指数”区别，分为0～4共5个等级。装卸搬运是反复进行的活动，其速度可能决定整个物流速度，每次装卸搬运时间缩短，累计效果就很可观。因此，提高装卸搬运活性对合理化是很重要的。

五、提高“物”的运输活性

装卸搬运操作有时下一步转入运输状态，因而容易转入运输状态才称得上合理，用运输活性指数（如表6－2）表示。很明显，运输活性越高，货物越容易进入运输状态。

表 6－2　　货物的运输活性指数

货物状态	活性指数
散放、运输时先集装或按件处理，在运输工具上需做固定、苫盖、防震保护	0
事先预垫，直接穿吊索或用叉车装上，或预放于集装箱、托盘、集装网络上	1
先将货物置于本行业集装工具，装上运输工具即可转入本行业范畴的运输	2
先将货物置于集装工具中，装到运输工具上后就可转入全面的运输	3
先将货物装入集装工具，且放在运输工具上，一起动就开始运输	4

六、防止和减少过大包装和无效物的装卸

包装过大、过重，在装卸搬运时实际反复在包装上消耗劳动。进入物流的货物，有时混杂着没有使用价值或使用价值不合用的掺杂物，如煤炭中的矸石、矿石中的水分、石灰中未烧熟及过烧石灰等，反复装卸时，实际对这些无效物质反复消耗劳动，因而形成无效装卸。

七、选择最好的搬运方式，节省体力消耗

即使现代化水平已经很高，也仍然需要人力搬运配合，人力搬运合理化也很重要。不同的人力搬运，体力消耗不同。如图 6－4 所示。小件物品以 B－1 肩挑方式最省力，而以 B－7 最费力；移动重物以 Y－1 方式移动的重量最大，而以 Y－5 方式移动的重量最小。

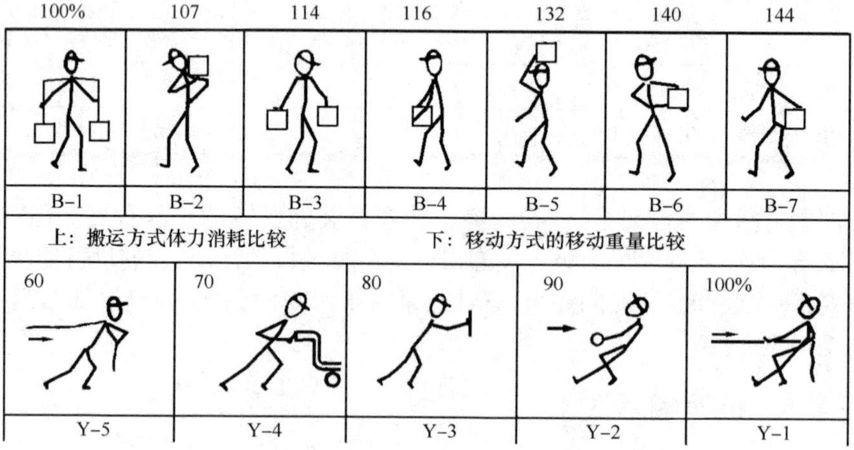

图 6－4　人力搬运的合理化

科学地选择一次搬运重量和科学地确定包装重量也可促进人力装卸的合理化。

第七章　运输

第一节　概述及分类

一、运输——物流的主要功能

广义而言,运输是人和物的载运及输送。它是在不同地域范围间(如两个城市、两个工厂之间,或一个大企业内相距较远的两车间之间),以改变人和物的空间位置为目的的活动,完成不同地域的空间位移。物流学界对物流对象的主体的认识是,物流是“物”的物理性运动,专指“物”,不包括“人”,所以,本书中运输是物流范畴的概念。

都有一个“运”字,运输和搬运的区别在于,运输是跨越不同地域较大范围的活动,而搬运是在同一地域之内的活动。

运输是物流的主要功能要素。物流是“物”的物理性运动,这种运动改变了物的时间状态,也改变了物的空间状态,而运输承担了改变空间状态的主要任务。运输再配以搬运、配送等活动,就能圆满完成改变空间状态的全部任务。社会上有不少人将运输等同于物流,其原因是物流很大一部分责任是由运输承担的。

二、运输的地位和作用

(一)运输是国民经济的基础和先行

运输是社会物质生产的必要条件,是生产的继续,如果没有这个继续,生产过程则不能最后完成。所以,虽然运输和一般生产活动不同,它不创造新的物质产品,不增加社会产品数,不赋予产品以新的使用价值,而只变动其所在的空间位置,但这一变动使生产得以继续,使社会再生产不断推进,从这个角度,将其看成物质生产部门,或者物质生产部门的一个组成部分是非常有道理的。运输作为社会物质生产的必要条件,表现在两方面:

第一,在生产过程中,运输是生产的直接组成部分。没有运输,生产各环节就无法联结。

第二,在社会上,运输是生产过程的继续。这一活动联结生产与生产、生产与消费的环节,联结国民经济各部门、各企业,联结着不同国家和地区。

(二)运输创造“场所效用”

场所效用的含义是:同种“物”由于空间场所不同,其使用价值的实现程度不同,其效益的实现也不同。由于改变场所而发挥最大使用价值,最大限度提高产出投入比,这就被称为“场所效用”。通过运输,将“物”运到场所效用最高的地方,就能发挥“物”的潜力,实现资源的优化配置。从这个意义来讲,也相当于通过运输提高了物的使用价值。

(三)运输的节约潜力大,是“第三个利润源”的主要源泉

运输可以创造利润,在物流这个“第三个利润源”中起主要作用,有以下三方面的理由:

第一,运输是运动中的活动,要靠大量动力消耗才能实现这一活动,运输承担大跨度空间转移之任务,所以活动的时间、距离长,消耗大。消耗的数量大,节约的潜力也就大。

第二,从运费来看,运费在全部物流费中占最高的比例。社会物流费用中运输费接近50%,有些甚至高于产品的生产成本,所以节约的潜力是大的。

第三,从宏观角度看,由于运输总里程大,运输总量巨大,通过体制改革和运输合理化可大大缩短运输吨公里数,从而获得比较大的节约。

三、运输方式

(一)陆路运输

(1)公路运输。这是指在公路上进行货客运输的方式。其优势领域是中短距离、小批量以及水运、铁路运输难以到达地区的长途客货运。近年来,在有铁路、水运地区,较长途的、大批量运输也用公路运输。公路运输的主要优点是灵活便捷,公路建设期短、投资较低,对收到站设施要求不高,可以支持“门到门”服务,不需转运或反复装卸,可作为其他运输方式的衔接手段。经济半径一般在200公里,大型汽车货运,经济半径可以达到500公里甚至更长。

(2)铁路运输。它主要承担长距离、大数量的货运。在没有水运条件的地区,干线运输起主力作用。优点是速度快,运输不大受自然条件限制,载运量大,运输成本较低。主要缺点是灵活性差,只能在固定线路上实现运输,需要与其他运输手段配合和衔接才能实现比较大范围的覆盖。铁路运输经济里程一般在200至500公里以上。

(二)水路运输

水路运输的主要优点是成本低,缺点主要是运输速度慢,受港口、水位、季节、气候影响较大,因而一年中中断运输的时间较长。具体有以下四种形式:

(1)沿海运输。通过大陆附近沿海航道运送客货的一种方式,一般使用中、小型船舶。

(2)近海运输。通过大陆邻近国家海上航道运送客货,使用中型和小型船舶。

(3)远洋运输。跨大洋的长途运输形式,主要依靠运量大的大型船舶。

(4)内河运输。在陆地内的江、河、湖等水道运输的方式，主要使用中、小型船舶。

(三)航空运输

航空运输是使用飞机或其他航空器进行运输的一种形式。航空运输的单位成本很高，因此，主要适合运载的货物有两类：一类是价值高、运费承担能力很强的货物，如贵重设备的零部件、高档产品等；另一类是紧急需要的物资，如救灾抢险物资等。

(四)管道运输

管道运输是利用管道，在管道内顺压力方向输送气体、液体和粉状固体的运输方式。和其他运输方式的重要区别在于：作为运输工具的管道设备是静止不动的。其主要优点是：采用密封设备，在运输过程中可避免散失、丢失等损失，也不存在其他运输设备本身在运输过程中消耗动力所形成的无效运输问题，另外，运输量大，适合运量大且连续不断运送的物资。

四、运输分类

(一)按运输范畴分类

(1)干线运输。这是利用铁路、公路的干线，大型船舶的固定航线进行的长距离、大数量的运输，是远程运输的主体形式。运输的速度快，载运量大，成本也较低。

(2)支线运输。这是与干线相接的分支线路上的运输。支线运输是干线运输与收、发货地点之间的补充性运输形式，路程较短，运输量相对较小。支线的建设水平往往低于干线，运输工具水平也往往低于干线，因而速度较慢。

(3)二次运输。这是在干线、支线运输之后再发生的站与用户仓库或指定接货地点之间的补充性的运输，路程较短，运量也较小。

(4)厂内运输。这是在工业企业范围内，直接为生产过程服务的运输，在车间与车间之间、车间与仓库之间进行。小企业以及车间内部、仓库内部则不称“运输”，而称“搬运”。

(二)按运输的作用分类

(1)集货运输。这是将分散的货物汇集集中的运输形式，一般是短距离、小批量把分散的货物集中，以利于进行远距离及大批量运输，是干线运输的一种补充形式。

(2)分货运输。将集中到达的货物分放的运输形式。

(3)配送运输。这是将据点中已按用户要求配好的货分送各个用户的运输。

(三)按运输的协作程度分类

按运输的协作程度不同分一般运输及联合运输两类。

(1)一般运输。孤立地采用不同运输工具或同类运输工具而没有形成有机协作关系的为一般运输。

(2)联合运输。简称联运，是使用同一运送凭证，由不同运输方式或不同运输企业衔接，利用每种运输手段的优势以充分发挥不同运输工具效率的运输形式。对用户来讲，联合运输可以简化托运手续，方便用户，同时可以加快运输速度，也有利于节省运费。

(四)按运输中途是否换载分类

(1)直达运输。这是指利用一种运输工具从起运一直运送到目的地，中途不更换载运工具，不入库储存的运输形式。直达运输的作用在于：避免中途换载所出现的运输速度减缓、货损增加、费用增加等一系列弊病，从而缩短运输时间、加快车船周转、降低运输费用。

(2)中转运输。运输过程中，在途中的车站、港口、仓库进行转运换装(包括同种运输工具不同运输路线的转运换装及不同运输工具之间的转运换装)，称中转运输。其作用在于：可以将干线、支线运输有效衔接；可以化整为零或集零为整；可以充分发挥不同运输工具在不同路段上的最优水平。有助于加快运输速度、降低费用。中转运输的缺点是在换载时必然要停顿，从而会出现低速度、高货损并且增加装卸费用支出的情况。

中转运输与直达运输的优劣不能笼统言之，在一定条件下各有优势，需要具体问题具体分析，并以用户的需要和总体效益为最终判断标准。

第二节　陆运方式

一、汽车及汽车运输

(一)货运汽车

1. 普通货车

普通货车按载重能力分为轻型、中型、重型三种；按货台构造分低货台、高货台两种；按有无车厢板分平板车、标准档板车和高档板车三种。

(1)轻型货车。载重吨位在 2 吨以下，多为低货台，人力装卸较方便，主要用于市内集货、配送、宅配运输、同城供应链物流。

(2)中型货车。一般载重量 2 ~ 8 吨，主要用于市内、城市之间、农村地区的运输。

(3)重型货车。载重量在 8 吨以上，一般是高货台，主要用于长途干线汽车运输。

2. 厢式货车

厢式货车是有载货车厢的一类货车。有防雨、隔绝、封闭的功能，能防散失、盗失。

(1)按货厢高度有低货厢、高货厢两种。低货厢车货台在车轮位置有凸起，对装车有影响，高货厢车货台为平板，底板较高不适合人力装卸，但车上堆垛无障碍，车上操作较为容易。

(2)按开门方式有单开门及双开门式多种。后开门式于车后部装卸，适于手推车等进入装卸，后部与站台接靠，占用站台长度较短，能同时停靠多车；侧开门适于边部装卸，有利叉车作业，但占用站台长度较长；顶开式车适于吊车装卸；两侧双开门车适于两侧同时装卸。

3. 特殊用途货车

特殊用途货车有专业性特点，有许多种，例如汽车搬运车、大型平板车、饲料搬运车、油槽车、动物搬运车、冷冻冷藏车、水泥散装车等，主要用于一般货车难于装运的货物。其缺点是通用性低，只能单程装运，因而会加大运输成本。

4. 特殊装置货车

这类车的车体附设不同装置使货车具有多种不同的功能。有带吊车的、带尾部升降板的、车厢分离式的、翻卸货式及车身倾斜式等多种形式的货车。其特点是运输和装卸结合的结构，可在没有装卸装备之处用附设设备进行装卸，所以尤其适于设施外使用。

5. 分离式货车

分离式货车的车头与车体可以连接和摘挂，由无动力重型车体与车头连接组合而成。有厢式及平板车体两种类型，按接挂及承重方式又有半挂车与全挂车两种。可以配合滚装运输，在终端无须配备装卸吊车，可以直接到户。

(二)汽车运输方式

(1)长距离干线运输。以往将汽车运行的经济里程限定在200公里范围内。但随着汽车的大型化，装载吨位几倍提高，司乘人数却未增加，单位运量的汽车自重相对降低，运行的经济里程大大扩展。此外，这种方式可实现“门到门”运输，省去转运换载的时间及成本，从而有相当强的竞争能力。但这种方式往往需要首末的集配运输配合，才可完成完整的、系统的物流。主要问题是司机的疲劳驾驶，于是出现了“中途换乘法”，即两地早晨同时发车，在换乘地，司机互相交换车辆再驶回家中休息，同时也省却了司机及车辆在外留宿的费用。

(2)近、中距离“门到门”运输。汽车的近、中距离运输，多采用“门到门”方式，对小用户，还可以用“共同化”方式实行“门到门”运输。

(3)配送运输。以短距离汽车运输为主，往往以“中心到门”“店到门”方式完成。

(4)集配运输。与铁、水、空干线运输衔接的短程运输，用汽车进行集配衔接，可以说是干线运输的必要补充和辅助。主要以“门到站”“站到门”的形式实现。

(5)联运。汽车运输是多种运输方式联运的一个环节。参加联运的主要是集装箱车、半挂车等，以使汽车运输和其他运输方式顺畅衔接。

二、铁道运输

（一）铁道车辆

（1）平车。这是大量使用的通用车型，无车顶和挡板，自重较小，装运吨位相应提高，无挡板的制约使装卸较方便，必要时可装运超宽、超长的货物。主要装运大型机械、集装箱、钢材、大型建材等。在平车基础上发展出集装箱车、车载车、袋鼠式车等，满足各种特殊要求。

（2）敞车。这是主要车型，无车棚顶，但有车厢挡板（槽邦），有高槽邦、低槽邦等类型。主要装运建材、木材、钢材、袋装、箱装杂货和散装矿石、煤炭等货物。

（3）棚车。这是封闭式车型。多是侧滑开门，小型叉车、手推车、手车等可进入装卸；也有顶棚滑动式，拉开后可采用吊车装卸。主要装运防雨、潮、丢失、散失等较贵重物品。

（4）罐车。这是装运气、液、粉等货物的专用车。罐体主要是横卧圆筒形，也有立置筒形、槽形、漏斗形、球形。具体种类有轻油用罐车、粘油用罐车、酸类罐车、水泥罐车、压缩气体罐车等。

（5）保温及冷藏车。这类能保持一定温度及能进行冷藏运输，适应生、鲜食品的运输。

（6）特种车。这是装运特殊货物的车型，如长大货物车、牲畜装运车等。

（二）铁道运输方式

（1）整车运输。这是指铁路一整车皮装运同种货物的运输方式，可发挥整装整卸的优势，充分使用一辆车的运力，因而运输成本较低。

（2）合装整车运输。这是指同一发到站的不同货主或同一货主的不同货物凑整一车的运输方式。合装的目的主要是充分利用车辆运力，也有利于降低成本。

（3）零担运输。这是指按同一到站将零担货凑整一车后再发运的服务形式。零担运输需要凑整车，因而速度慢，为克服这一缺点，可采用定路线、定时间的零担班车。

（4）二、三站分卸。这是指整车起运，在最多三个车站分别卸货的服务方式。既有整车装车起运的优点，又可在有限的几个站卸货，方便了用户，同时不过分影响车辆周转和运力的使用。

（5）集装箱专列运输。这是指在站站间或站港间进行集装箱专列的快速运输，这种运输形式对于加快集装箱货运速度及集装箱周转速度，加快港口的集疏运输有很大作用。

（6）一般集装箱运输。由于铁道集装箱吨位不大，可利用货站原有装卸设备，因而可在很大范围办理这种运输业务。

（7）专线行包快运。这是在行包运输量达到一定规模的定点城市之间开设专列的快运方式。

第三节　水运、空运、管道运输方式

一、水路运输

(一)货船

(1)干货船。就是通常所讲的货船,有干散货船、杂货船两类:干散货船装运粉末状、颗粒状、块状等大宗货物;杂货船装运各种类型捆包货物,是使用最多的普通货船。

(2)冷藏船。这种船绝热保温性好且装有制冷装置,能保持长期低温地装运生鲜食品。

(3)集装箱船。这是专用装载集装箱或混装集装箱的高速货船。

(4)驳船。这是没有动力的载货船。通过拆解和组合,可以灵活地靠岸装卸,又可编组成大的船队。特点是灵活机动、结构简单、造价低、载货适用性强、运输成本较低。

(5)滚装船。这是连载货车体一起装运,采取滚上滚下方式装卸载货车的船,一般装运的是半挂车,如集装箱底盘的半挂车、厢式半挂车或敞开式半挂车。

(6)油船。载运石油的多舱货船,是远洋运输中的特大型、大型船舶。

(7)液化气船。这是专门装运液化石油或液化天然气的船。

(8)载驳船。能将装货的小驳船载入的大型货船,是"船载船"的运输工具。有两种载驳方法:一是起重机将小驳船吊放;另一类是小驳船从大载驳船尾部浮进,再置于舱内或甲板上。这类船不需要码头,能够将水陆干线运输与内河支线运输衔接,使海运及内河运输的联运得以实现。

(二)船运方式

(1)定期船运。这是指远洋运输按确定路线及运行时刻表运行的船运,主要装运杂货等包装货。

(2)不定期船运。这是指发到时间、船期、航线都不确定,按运货要求配船运输的货运方式。一般装运大数量、低运价的货物。

(3)联运。国际集装箱多式联运及一般水陆联运的水运部分依靠船运,航线是固定的。

二、航空运输

航空运输有货机和客货机两类,采取包机运输和一般航空快递、行李托运、货物托运等运输形式。

航空运输的主要优点是速度快,不受地形的限制。在火车、汽车都无法到达的地区也可依靠航空运输，因而有其重要意义。航空运输是发展很快的物流领域。近年来，我国航空运输年增长率在10%以上，2014年民航货运量达到748.14亿吨公里。

三、管道运输

20世纪初，自来水管道、排污管道就在城市大量铺设，之后便是输送燃气的管道系统。20世纪中期逐渐向远程化发展，成为石油和天然气的输送系统，距离可达几千公里。技术装备是管道线路和动力泵站。

管道有连续输送的特点，输送效率最高，缺点是不能进行多品种的运输。管道系统是封闭的，运输安全性好、货损小，但是在实际运行中，由于钻孔偷盗油问题的发生，不但会出现货损，而且非常容易引发火灾、爆炸等重大事故，因此需要大量的保卫、管理以及抢修人员，从而增加了成本和管理的难度。

第四节　联合运输

联合运输简称联运，是货主用一个凭证综合利用不同运输方式的优势的协作运输方式。联运的实现取决于两个要素：一是管理要素，以有效的管理手段和组织形式对复杂的联合运输实施管理；二是技术要素，要有能够实行联合运输的有效技术装备及工具对不同运输方式实现有效地连接和过渡。

联合运输有国际联运和国内联运两大领域。按照技术和装备不同，又分陆地范围的陆陆联运，水路与陆路衔接的水陆联运、陆海联运，此外还有陆空联运、海空联运等。

一、陆—陆联运

(一)驮车运输

驮车运输采用铁路、汽车联合运输，是铁路滚装方式的一种。载货汽车顺火车车尾坡道开上火车，火车驮运汽车货载到站之后，汽车再沿车尾坡道开下，直驶至接货人的“门口”。火车运输对汽车“门到门”服务起了降低成本、提高速度的补充作用，如图7-1所示。

驮车运输方式的优点包括：第一，可以防止过长距离的汽车运输；第二，可以保持物流的连贯性，大幅度减少装卸时间；第三，可以大幅度降低费用，包括人工费、燃料费、汽车过路费等；第四，可以省却装卸机械，卡车开上开下，不再需要装卸机械。

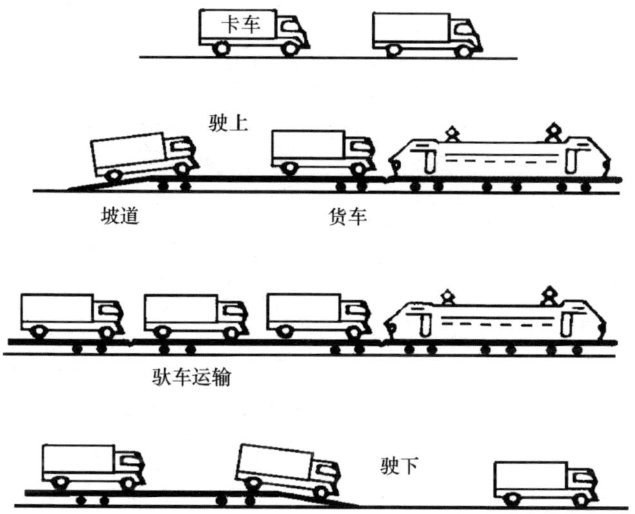

图 7－1　驮车运输装卸方式

(二)箱车分体

箱车分体采用可与汽车底盘分开的车厢,在火车—汽车转运站,吊车将车厢起吊,放到火车皮上,实现汽车与火车的联运。这与集装箱方式类似,而区别是:箱体不按集装箱标准尺寸,而按车皮的最优尺寸制造,比集装箱能力更大。这种方式通用性较差,在铁路—汽车固定运输线上,长期稳定的散杂货输送可采用这种方式。

(三)公路、铁路两用

采用公路、铁路两用的运输方式,箱式半挂车与铁路台车相结合组成火车列车;在公路上汽车拖挂车与箱式半挂车组成运输单位。在和火车结合时,半挂车首尾与火车台车相接,用油压系统将半挂车轮子提起,依靠台车在轨道上行驶。这种方式的优点在于,车箱体可实现“门到门”,台车较小、自重轻,和集装箱火车运输比,无效运输少,如图 7－2 所示。

(四)甩挂运输

甩挂运输是指主车机动车到达一站后将拖带的半挂车、全挂车部分或全部甩留下,再拖带另外装货的半挂车、全挂车返回,或者驶向下一个地点。并不是所有的车型都适合这种方式,我国交通部门专门推荐了适合甩挂运输的车型。

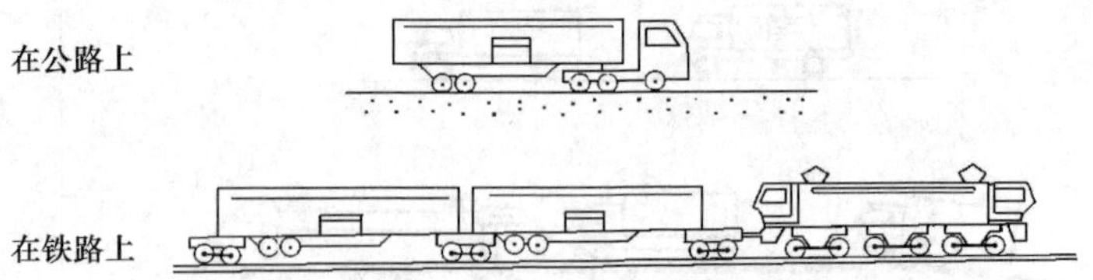

图7-2　铁路、公路两用运输方式

二、多式联运

包含海运、陆运、空运、河运等两种以上的运输方式的联运属于多式联运范畴。《联合国国际货物多式联运公约》对国际多式联运所下的定义是：按照多式联运合同，以至少两种不同的运输方式，由多式联运经营人将货物从一国境内接管货物的地点运至另一国境内指定交付货物的地点。我国海商法规定国内多式联运必须有海运。海陆联运是国际多式联运的主要形式，在国际贸易中起很大作用，因而，为许多国家和地区采用。

在国际多式联运中，大陆桥运输非常突出，大陆桥是指两端连接两个海域的路上运输通道，对国际多式联运起着非常重要的作用。著名的有西伯利亚大陆桥、北美大陆桥、墨西哥大陆桥。除了大陆桥之外，还有小陆桥运输和微桥运输等形式。

第五节　运输合理化

一、不合理运输

（一）空驶

空车无货载行驶，是不合理运输的最严重形式。主要表现是：

（1）能利用社会化的运输体系而不用，却依靠自备车，形成单程重车，单程空驶；

（2）由于工作失误或计划不周，造成货源不实，车辆空去空回，形成双程空驶；

（3）由于车辆过分专用，无法搭运回程货，只能单程实车，单程回空周转。

（二）对流

对流亦称“相向运输”“交错运输”，指同一种货物，或彼此可以互相代用的货物，在同一线路上或平行线路上做相反方向的运送，发生交错。另外，已经制定了合理流向图的产品，一般应按合理流向的方向运输，如果与合理流向图方向相反，也属对流运输。

(三)迂回

迂回是舍近取远的运输。在没有制约的情况下,可以选取近距离而不选,却选择较远路线。迂回运输存在复杂性,不能简单处之。只有当计划不周、地理不熟、组织不当时发生的迂回,才属于不合理;如有交通、道路、噪音、排气等限制,不得已发生的迂回,不能称不合理。

(四)重复运输

本来可以直接运达,但在未达目的地之处将货卸下,再重复装运送达目的地,这是重复运输的一种形式;另一种形式是,同品种货物在同一地点一面运进,同时又向外运出。

(五)倒流

倒流指货物从销地或中转地向产地或起运地回流的一种运输现象,形成了双程的浪费。其不合理程度要甚于对流运输。倒流运输也可以看成隐蔽对流的一种特殊形式。

(六)过远运输

过远运输指调运物资舍近求远,拉长货物运距。过远运输不仅占用运力时间长、运输工具周转慢、物资占压资金时间长,又易出现货损。

(七)运力选择不当

运力选择不当是不正确地选择利用运输工具造成的不合理现象,常见有以下若干形式:

(1)弃水走陆。在同时可以利用水运及陆运时,不利用成本较低的水运,而选择成本较高的铁路运输或汽车运输,使水运优势不能发挥。

(2)铁路、大型船舶的过近运输。不是铁路及大型船舶的经济运行里程却利用这些运力进行运输。其不合理处在于火车及大型船舶起运及到达目的地的准备、装卸时间长,且机动灵活性不足,过近距离发挥不了快的优势。由于装卸时间长,反而会延长运输时间。另外,和小型运输设备比较,火车及大型船舶装卸难度大、费用也较高。

(3)运输工具承载能力选择不当。不根据承运货物数量及重量选择,而盲目决定运输工具,造成过分超载、损坏车辆、损毁道路、增加事故;与此相反,货物不满载,浪费运力,尤其是“大马拉小车”,装货量小,单位运输成本必然增加,不合理之处显而易见。

(八)托运方式选择不当

托运方式选择不当指货主在可以选择最好托运方式的情况下而未选择,造成运力浪费及费用支出加大的一种不合理运输。例如,应选择整车却采取零担托运;应当直达而选择了中转,都属于不合理运输。

(九)超限运输

所谓超限,指的是超长、超人、超重、超高、超速,超过了车辆、道路的承载能力,会造成车辆损伤、行车事故以及道路的破坏。这是严重的不合理运输形式，某种意义上已经超出不合理的范畴，而是危害性的运输。研究数据表明：10 吨的货车如果实际装载量达到 20 吨，每行驶一次，就相当于正常载货行驶65 000次，其结果是成倍地缩短了车辆和公路的使用寿命。

各种不合理运输都发生在特定条件下，必须注意其前提条件，防止判断失误。例如，同种产品，商标、价格不同发生的对流，不能绝对看成不合理，因为其中存在着竞争，优胜劣汰，如果强调对流而不允许运输，就会起到保护落后、妨碍竞争的作用，甚至助长地区封闭。

对不合理运输，须将其放在物流系统中做出判断，着眼点在于追求总体的、系统的合理性，否则很可能出现“效益背反”现象。单从一种情况来看，避免了不合理，做到了合理，但往往是局部的、微观的合理，从总体来看，会使其他部分出现不合理。所以，只有从系统角度，综合进行判断才能有效避免“效益背反”现象，从而优化全系统。

二、合理运输措施

（一）提高运输工具实载率

提高实载率的意义在于：充分利用运输工具的额定能力，减少车、船空驶和不满载行驶。“配送”的优势之一就是将多种货配装，达到容积和载重的合理运用。铁路的整车运输、合装整车、整车分卸及整车零卸等措施，都是提高实载率的有效措施。

（二）减少动力投入，增加运输能力

国内外在这方面的有效措施有：

（1）铁路“满载超轴”。其中“超轴”的含义就是在机车能力允许的情况下，采取加长列车、多挂车皮办法，在不增加机车的情况下增加运输量。

（2）水运拖排和拖带法。竹、木等物资的水运，利用竹、木本身的浮力，不用运输工具载运，采取拖带法运输，可省去运输工具的动力消耗并有运量大的优点，从而求得合理。

（3）顶推法。这是我国内河货运采取的一种有效方法。将内河驳船编成一定队形，由机动船顶推前进的航行方法。其优点是航行阻力小，顶推量大，速度较快，运输成本低。

（4）汽车挂车。和船舶拖带、火车加挂相同，是充分利用动力，增加运输能力。

（三）依靠社会化的运输体系

运输规模化、社会化可以统一安排运输工具，避免多种不合理形式。当前火车运输的社会化运输体系已经较完善；公路运输的小生产方式却相当普遍，是建立社会化运输体系的重点。

社会化运输体系中，联运方式充分利用面向社会的各种运输系统，通过协议进行一票到底的运输，有效打破了一家一户的小生产局面，因而具有合理性。我国在

联运方面,曾经创造了“一条龙”货运方式。对产、销地及产、销量都较稳定的产品,事先与铁路交通等社会运输部门签订协议,规定专门收、到站,专门航线及运输路线,专门船舶和泊位等,有效保证了许多工业产品的稳定运输。

(四)中短距离铁路公路分流,“以公代铁”的运输

在公路运输经济里程范围内尽量利用公路。合理化的表现有二:一是一定程度缓解紧张的铁路运输;二是充分利用公路门到门的优势,具有中、短途运输速度快且灵活机动的优势。在杂货、日用百货运输及煤炭运输中较为普遍,一般在200公里以内。

(五)直达运输

合理化的要点是减少中转。在批量达到一整车时直达运输优势突出。通过直达建立稳定的产销关系,采用最有效的技术来实现稳定运输,从而提高运输效率。汽车运输是“门到门”的有效方式,但是,铁路成列货车的直达“门到门”运输更有重要意义。大型原材料生产企业生产的煤炭和原料等可以采取这种方式。特别需要一提的是,直达运输的合理性也是在一定条件下才会有所表现,取决于运输距离、运输批量、运输方式和工具,需要具体分析,做出运输能力和经济方面的权衡,不能绝对认为直达一定优于中转。

(六)配载运输

配载运输是轻重商品的混合配载,在以重质货物运输为主的情况下,同时搭载一些轻泡货物的运输合理化方式,是充分利用运输工具载重量和容积,提高运输工具实载率的一种有效形式。它在基本不增加运力投入和基本不减少重质货物运输的情况下,解决了轻泡货的搭运。

(七)“四就”直拨运输

“四就”直拨是就厂或就站(码头)、就库、就车(船)将货物分送给用户,是我国曾经采用的减少中转运输环节,力求以最少的中转次数完成运输任务的一种形式。

(八)特殊运输技术和运输工具

依靠科技进步是运输合理化的重要途径。例如,采用专用散装及罐车,解决了粉状、液状物运输损耗大、安全性差等问题;采用袋鼠式车皮、大型半挂车解决了大型设备整体运输问题;采用“滚装船”解决了车载货的运输问题;采用集装箱船进行集装箱的干线运输,比一般船舶能容纳更多的箱体;采用集装箱高速直达车船有效地加快了运输速度等。

(九)通过流通加工,使运输合理化

有不少产品,由于产品本身形态及特性问题,很难实现运输的合理化,进行适当加工就能有效解决合理运输问题。例如将造纸材在产地加工成干纸浆,然后压缩运输;轻泡产品捆紧提高装载量;水产品及肉类预先冷冻,就可提高车辆装载率并降低运输损耗等。

（十）防止运输的"瓶颈"现象

物流领域"瓶颈"现象普遍存在，运输中尤其突出。不同于其他领域的是，运输的瓶颈现象不单单是运输整体中的关键限制因素，还会出现在出口崩塌的"瓶颈流"现象，在出口由于各种原因被突然或者快速打开的情况下，有如大坝崩溃，瓶颈中的物体突然加速、蜂涌而出，造成混乱、事故和损失。

（十一）消除安全隐患

物流的安全事故问题，会抵销许多的合理化努力，物流合理化问题，必须把保证安全放在首位，不能片面追求合理化的效益而忽视安全。寻找和消除安全隐患是重要的措施。

第八章　储存

第一节　概述及分类

一、库存、储备及储存

物流经常涉及库存、储备及储存概念且常被混淆。三个概念虽有共同点，但仍有区别。

（一）库存

库存指的是仓库中处于暂时停滞状态的物资。物资的停滞状态可能由多种原因引起，这些原因大体有：能动的各种形态的储备；被动的各种形态的超储；完全的积压。

（二）储备

储备是有目的的储存，也是这种行动和对象总体的称谓。目的是保证社会再生产连续不断地进行。所以，储备是一种能动的储存。

储备和库存的区别在于：库存明确了停滞的位置是在仓库中，而储备所处的地理位置远比库存广泛，在生产及流通中的任何环节，可能在仓库中，也可能在其他环节；储备是有目的的、能动、主动的行动，而库存可能是不得已而为之的行为。

（三）储存

储存是包含库存和储备在内广泛的经济现象。不论是什么种类的物资，在没有进入生产加工、消费、运输等活动之前或活动结束之后，总是要存放起来，这就是储存。不一定在仓库中，也不一定有储备的要素。物流学要研究的就是包括储备、库存在内的广义的储存。

二、储存的地位、作用

（一）储存是物流的主要功能要素之一

在物流中，运输承担了改变空间状态的重任，另一个重任，即改变“物”的时间状态则由储存来承担。运输和储存是并列的物流两大主要功能要素，为物流的两根支柱。

（二）储存是社会运行的必要条件之一

储存构成了物质生产和社会运行的必要条件。与生产活动不同，不增加社会产品的数量，不赋予新的使用价值，只是变动了“物”的时间和空间状态，表现为衔接及调节作用,称作“蓄水池”或“调节阀”。

现代生产形式是多种多样的。从生产和消费的连续性来看:有的产品生产均衡进行而消费不均衡;又有一些产品生产不均衡,而消费却均衡不断,典型的是粮食;还有生产和消费都不均衡的情况。对这些复杂的均衡、不均衡进行衔接,就是储存的重要作用。现代生产强调均衡协调,出现所谓“传送带式生产”“无库存的轮动式生产”“供应链”方式等,但由于生产的复杂性,决定了不可能全面实现。生产和消费不均衡、不同步现象客观存在,因此,就需要进行调节,即要经过一定时间的储存。此外,出于备战、备荒,或合理使用资源,或获取较优价格的目的,都需要一定时间的储存。

(三)储存可以创造“时间效用”

同种“物”不同时间使用价值的实现程度可能有所不同,其效益也会不同,由于储存改变了时间而提高价值和使用价值称“时间效用”。通过储存,使“物”在效用最高的时间发挥作用,实现资源在时间上的优化配置。这也相当于通过储存提高了物的使用价值。

三、储存的逆作用

物流系统中,储存作为一种必要活动,也存在冲减物流效益、恶化运行的趋势。有人明确提出:“库存”是企业的癌症,这就是储存的逆作用。表现在四方面:保管费用增加、储物占用资金的利息及机会损失、储物陈旧损坏与跌价损失、保险费支出。储存占用资金的比例可高达40% ~70%,在非常时期,有的企业库存竟然占用了全部流动资金,使企业无法正常运转。所以有些经济学家和企业家将其看成“洪水猛兽”,当然也就不足为怪了。

无论褒贬,都不能改变现代社会储存这一现实,相反却证实了储存有利及有害的两重性。

物流科学的作用就是要充分发挥储存有利的一面而遏制其有害的一面。

四、储备的主要类别

(一)生产储备

生产储备指生产企业为了保持生产的正常进行而保有的原材料、燃料及零部件储备。具体分为三种:

(1)经常储备:为日常生产而建立的储备,是经常需要保有的。当一批货到达时,储备的数量到了最高值,陆续消耗,储备陆续降低,下批订货到达前,储备降至最低。

(2)保险储备:为了应付各种意外所建立的储备。如运输延误储备用尽;到货品种、规格、质量不符;生产加速经常储备消耗尽;紧急外援等。资源紧张的情况下,保险储备非常重要,如果没有,企业就会面对巨大风险。

(3)季节储备:为克服某些原材料供应的季节影响而建立的储备。

(二)流通储备

流通储备是在流通领域的储备。可能以库存形式存在,也可能以非库存形式不断处在市场、车站、码头上或在运输中。可能是静止的形态,也可能处在运动中。全部进入物流领域中的"物",无论在什么环节上,都属于流通储备。

流通储备有广义和狭义的概念:广义上,处于社会流通领域中的全部产品皆为流通储备,是国民经济运行不可缺的,储备总量与国民经济生产总值、国民收入总量有一定比例关系;狭义上,指流通企业经营保有的物质准备,具体而言则是保证市场所需,保证销售和供应的物质准备,往往以库存形式存在。

流通企业的储备也有三种基本形式:一是经常流通储备,即满足日常稳定销售而建立的储备;二是保险流通储备,是为防止货源中断、保证销售的储备;三是季节流通储备,即季节影响货源中断时保证销售及供应的储备。

(三)国家储备

(1)国家当年准备。每年由国家控制一部分物资或计划指标以备当年使用的称当年准备。

(2)国家战略储备。国家对战略物资或本国资源缺乏的物资所保有的准备。战略储备的主要对象是粮食、武器以及有色金属、稀有金属、贵金属等。

(3)国家防灾保险储备。国家为了应付可能发生的水、旱、火、地震等自然灾害和其他意外事件及突发紧急事件所保有的物质准备。主要储备对象是粮食及各种抢险、救灾物资。

第二节 储存作业

一、储存作业一般程序

(一)接货

接货的主要工作为接货及验收。有三项内容:核证、数量验收和质量验收。一般做外观检查,生产企业的储存接运,需按要求,由质量检查部门进行技术检验。

(二)保管

保管的主要工作为入库、出库手续及维护保养保管工作。保管数量的决策不在保管部门而在业务部门,但保管条件、场所、人力等是决定保管数量的因素,应合理规划保管场所和保管方式,安排维护保养时间、方法及人力、物力。

(三)发货

发货的主要工作为备货和交货。主要工作内容:与承运单位联络;按计划备货准备,安排装卸搬运力量,完成交货手续及实际交货工作。

二、货物在储存期间的变化

（一）质量变化

1. 物理变化

物理变化是储存中发生质的变化的重要形式，可细分为以下几方面：

（1）存在状态。外力或温度、湿度、压力发生变化，会改变货物的物理形态，发生破碎、变形、收缩、膨胀等，从而改变或失去了原来的使用价值。

（2）渗漏。液态及气态物资由于储存条件不当、密封不善或包装破损，而造成数量损失；外界物侵入渗透也会造成损失；有些固态物资挥发或溶化，也会发生渗漏损失。

（3）串味。物品在储存期间吸附了有味气体或液体，在生活资料中表现较为严重，如粮食、茶叶、食品吸附了汽油、氨水，会使品质严重降低甚至不能食用。

（4）机械混杂。外部环境的灰尘、杂物、生物排泄物等混入被储存物之中，使得被储存物质量严重降低。

2. 化学变化

这里的化学变化是指物品内部或不同物品之间发生化学反应，从而造成损失。这类变化主要有：

（1）分解。在光、热、湿等外界因素影响下，被存物分解从而造成损失。

（2）水化。在水的直接作用下或与潮湿空气接触，发生化学反应而造成损失。

（3）锈蚀。金属制品在潮湿环境或接触化学物质，发生化学反应或电化学反应而形成各种铁的氧化物或盐类，可能影响物资质量，造成损失。

（4）老化、化合、聚合。在温度、湿度、空气、光线等外界因素的联合作用下，化学变化导致物品原有性能和质量发生改变，如强度、耐久性下降，发黏、性脆、龟裂等造成损失。

3. 生化变化

有机体物质储存期间生命活动继续从而引起质量改变，主要是粮食、肉鱼、蔬果、蛋奶等发生如霉变、发酵、腐败等变化，从而令使用价值降低。

此外，由于鼠类、害虫、蚁类等生物侵入，也会造成被存物的损失。

（二）价值变化

（1）呆滞损失。储存的时间过长，虽然原物资的使用价值并未变，但社会需要发生了变化，从而使该物资的效用降低，同时也存在物理、化学、生化的变化，使损失叠加。

（2）时间价值损失。物资储存实际也是货币储存的一种形式。资金的时间价值决定，每存放一段时间，资金则按一定规律减值。所有被存物都必然占用资金，而资金的使用要付出一定利息，储存时间越长则利息支付越多，或者储存时间越长资金的机会投资损失越大。

(3)储存物增值。储存储备还有增值的效用,发生在社会、市场变化,储存对象稀缺、短缺的特殊环境下。

三、维护保养

(一)创造环境条件

(1)温度条件。需要确定物资的安全储存温度并进行控制,多数物资的安全储存温度是一个最高界限温度;也有些需要控制最低温度。

(2)湿度条件。各种物资在一定含水率范围内能安全储存,这就是物资的安全水分,控制储存环境湿度,就能使物资处于安全水分范围内。

(3)密封隔离条件。防止外界物对储存物的污染、侵害以及与储存物的化学反应,生物虫蛀、菌等对储存物的破坏等,在一定密封条件下才能起到保护作用。

(二)技术处置

环境条件对所存全部物资起作用,维护保养可以只对部分物资采取有针对性的技术措施,因此比较容易实施和操作,成本也比较低。主要技术措施有:

(1)封装。环境条件不能满足要求,特殊物资可以个别进行封装,创造微观的环境条件。

(2)喷涂防护。在物品表面涂油及喷施隔绝性材料,将所存物隔离,起到维护作用。

(3)表面施以化学药剂。化学药剂的种类不同,可以起到防霉、防虫、防鼠作用。

(4)气相防锈保护。在金属表面或四周施以挥发性缓蚀剂,由其在金属制品周围挥发出缓蚀气体,以阻隔腐蚀作用,达到防锈目的。

(5)喷水增湿降温。采取小面积个别喷水或浸水,达到维护目的。

(三)救治防护

对已经发生变质损坏的物资,采取各种救治措施,以防止损失的扩大。主要的救治措施有除锈、破损修复、霉变的晾晒等。

第三节　储存设备

一、储存设备种类

储存设备种类很多,许多领域设备专用,须清晰标明以显示它的专用性和重要性。

(一)储存不同形态物的设备种类

储存不同形态物的设备种类主要包括:

(1)液体物储存设备。主要有储罐、储液池、储糟、储液瓶、储液桶、储液袋等。

(2)粉状、颗粒状物储存设备。主要有储罐、储糟、储桶、储袋等。

(3)固体状物储存设备。主要有货架、集装箱、托盘、托板、储物柜等。

(4)气体物储存设备。主要有储气罐、储气袋等。

(二)储存不同特性物的设备种类

储存不同特性物的设备种类有三类:有毒、有害物的储存设备;污染物的储存设备;易燃、易爆物的储存设备。三种类型储存物分别会造成不同的破坏和损害,都需要专门的储存设备,有密封的、高强度的罐体,包括储物袋和储物瓶等多种。

(三)专用储存设备种类

(1)民用物储存设备。主要有加工油罐、食用油罐、酒精罐、调料罐、药液罐、酒类及葡萄酒储罐等。

(2)化工物资储存设备。主要有酸罐、沥青加温储罐、液氧储罐(储槽)、石油储罐、液氨储罐、液氮储罐等。

(3)气体物资储存设备。主要有沼气柜、煤气柜、氢气储罐、液化石油气储罐、高压气瓶、高压罐、常压罐等。

(4)建材类物资储存设备。主要有乳胶罐(桶)、油漆罐(桶)、袋装水泥储存托盘(集装箱)、散装水泥仓、散装水泥罐、散装水泥集装袋等。

(5)其他类储存设备。主要有污水罐、大型贮水罐、消防储水罐、化粪储罐等。

(四)其他种类

(1)不同结构形式储存设备种类。主要有一般货架、立体货架、卧式储罐、立式储罐、球形储罐、拼装罐、大型拼装罐等。

(2)不同材料储存设备种类。主要有钢制货架、钢筋混凝土货架、搪瓷储罐、玻璃钢储罐、碳钢储罐、钛储罐、不锈钢储罐、聚乙烯储罐等。

(3)不同储存温度的储存设备种类。主要有低温储槽、冰箱、冰柜等。

二、储存设备的主要特点

不同的储存设备通常会具有如下几个特点。

(一)个性化

储存设备的共同特点是通用性和个性化共存,但是,特别要强调个性化这个最突出的特点,保证进入物流领域的不同物资能够得到最优的处理。尤其是对于和人类生活与健康密切相关的食用物资的储存设备,和对于与人身和社会安全密切相关的有毒、有害、易燃、易爆、危险品之类物资的储存设备,个性化涉及的是生存和生存的环境,显然特点突出。

(二)方便操作

方便操作主要指的是储存设备连同其中的储存物可以以一个整体进入物流过程之中。被储物放置到储存设备中,通过装卸、搬运、运输、入库、出库、储存来完成整个物流过程,最后再从储存设备中取出。这些环节只要按照相关的技术和操作就能够方便地实现。

(三)安全性

这里安全性有三个方面:一是对被储存物而言,储存设备对外界环境的风、雨、灰尘等有足够的隔绝和防护能力,保证被储存物所需要的环境条件;二是储存设备和被储存物之间不发生反应,对储存物不产生污染;三是具有防盗、防失能力,防止盗失、散失、丢失。

(四)与包装一体化

有些储存设备本身就是产品的包装,这是储存设备一个比较普遍的特点,虽然不是所有储存设备都是如此,但是却占了相当的比重。

第四节　主要储存设备——货架

一、货架的作用及功能

货架指专门用于存放成件物品的保管设备。其作用及功能有以下几方面:

(1)货架是架式结构,可充分利用仓库空间,提高库容利用率,扩大仓库储存能力。

(2)存入货架中的货物,互不挤压,物资损耗小,可减少货物的损失。

(3)货架中的货物,存取方便,便于清点及计量。

(4)保证存储货物的质量,可以采取防潮、防尘、防盗、防破坏等措施,保证存储质量。

(5)很多新型货架的结构及功能有利于实现仓库的机械化及自动化管理。

二、货架分类

(一)按货架的适用性分

按照货架的适用性不同,可分成有广泛适用性的通用货架和只适用于放置特定储存物的专用货架两类。

(二)按货架的封闭程度分

按货架的封闭程度不同,可分成敞开式货架、半封闭式货架和封闭式货架三类。

(三)按结构及形状特点分

货架的形状、结构有很大的不同,主要有层架、层格架、抽屉架、悬臂式货架、橱柜式货架、三脚架、栅型架、组合装配式及可拆卸式货架等。

(四)按货架的可动性分

按货架的可动性不同,可分成固定式货架、移动式货架、旋转式货架、可调式货架、流动储存货架等。

(五)按货架高度分

按货架的不同高度,可分成这几类:低货架,高度 5 米以下;中货架,高度 5 ~ 15 米;高货架,高度在 15 米以上。

（六）按货架载重量分

按货架的载重量不同，其可以分成：重型货架，每层货架（或搁板）载重量在500公斤以上；中型货架，每层货架载重量150～500公斤；轻型货架，每层货架载重量在150公斤以下。

三、通用货架

（一）层架

层架由主柱、横梁、层板构成，分隔为若干层，层间用于存放货物：轻型层架是人工操作，高2.4米以下，厚0.5米以下；中、重型货架高度达4.5米，厚达1.2米，宽度达3米。层架结构简单，但存放物资数量有限，适用人工作业仓库。中型和重型货架要配合叉车等工具储存大件、重型物资，所以其应用领域比较广泛。

（二）层格式货架

层格式货架的种类和结构与层架类似，其区别在于某些层甚至整体每层中用间隔板分成若干个格，每格原则上只能放一种物品，物品不易混淆，但存放数量不大。其缺点是层间光线暗，存放数量少。主要用于存放规格复杂多样、必须互相间隔开的物品。

四、专用货架

（一）U形架（H形架）

外形呈U字形，组合叠放后呈H形。为使其重叠码放和便于吊装作业，架两边上端有吊钩形角顶，可叠高码放，提高仓库的利用率。此外，可定量存放随货收发，节省收发时的倒装手续，实现机械化操作。主要用于存放管材、型材、棒材等大型长尺寸材料。

（二）悬臂式长形料架

由3～4个塔形悬臂和纵梁相连而成，如图8－1所示。悬臂架的尺寸根据所放长形材料的尺寸而定，分单面和双面两种，用金属材料制造，在金属悬臂上垫木质衬垫，也可用橡胶带保护。悬臂架为边开式，特点是可在架子两边存取货物。一般适于轻质长条形材料的存放，可用人力操作；重型悬臂架用于存放长条形金属材料，则必须依靠机械进行操作。

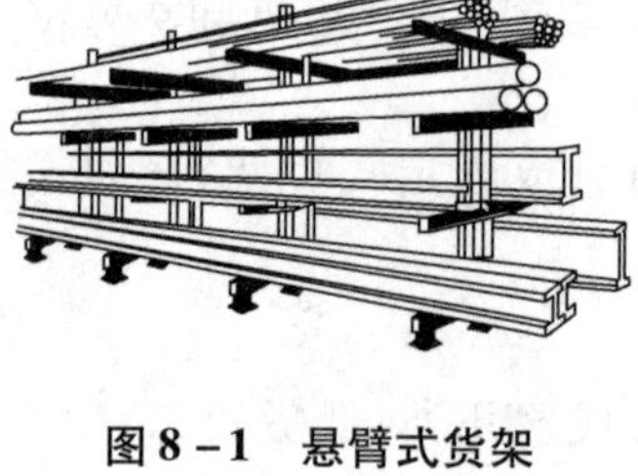

图8－1　悬臂式货架

（三）栅架

栅架分固定式和活动式两种。材质有钢材的，也有混合的钢木结构。此种货架存取材料方便，可实现机械化作业；缺点是占地面积大，库容利用率低。主要用于存放长条形金属材料。

（四）托盘货架

托盘货架是存放装有货的托盘的货架。多为钢结构，也有钢筋混凝土结构。托盘货架规模视仓库的大小及托盘尺寸的大小而定。

托盘使用广泛，载货时如直接堆码会出现以下问题：①用平托盘直接堆码，货物会受到挤压，造成损坏，这种堆码方法将先到的货物压在下面，也不能先进先出；②各托盘装载不同货物时，只能分别单独放置，不能堆码成垛，从而降低库容率；③如使用立柱式托盘或框架式托盘，虽然可以堆码，使货物不受挤压，但堆码不能太高，太高后稳定性差、不安全。因此，采用托盘货架，每一个托盘占货架上的一个货位，这样就能克服上述问题。

托盘货架可实现机械化装卸作业，单元化存取，较高的托盘货架使用堆垛起重机存取货物，较低的托盘货架可用叉车存取货物。库容利用率可以得到大幅度的提高，也可提高劳动生产率，实现高效率的存取作业，便于实现自动管理和控制。

五、特种货架

（一）进车式货架

1. 结构

进车式货架又称驶入式货架，如图 8－2 所示。采用钢结构，钢柱上一定位置有向外伸出的水平突出构件，托盘送入时，突出的构件将托盘底部拖住，托盘本身起横梁作用。当架上没有放托盘货物时，便成了无横梁状态，形成若干通道，可出入叉车等作业车辆。

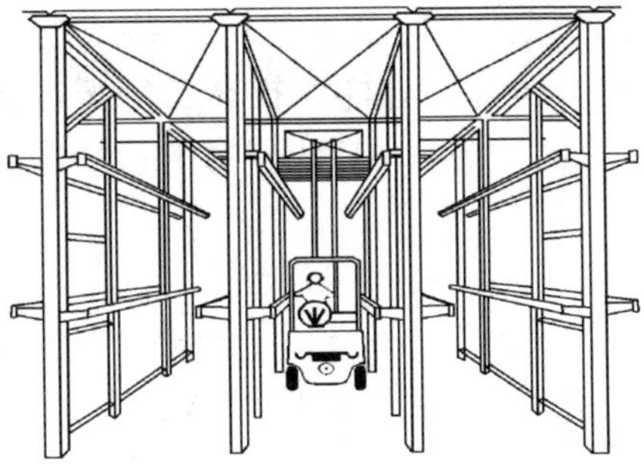

图 8－2　进车式货架

2. 特点及用途

叉车驶入货架进行作业,驶入式货架一端封闭,可提高库容率及空间利用率;但无法做到先进先出。因此,每一巷道只宜保管同一品种货物,适用于保管少品种、大批量及不受保管时间限制的货物。进车式货架是高密度存放货物的重要货架类型,库容利用率可达90%以上。货架也可制成两端开放,这样就可以解决先进先出的问题。

(二)移动式货架

1. 结构

移动式货架是一种带轮且可移动的货架。在货架下面装有滚轮,在仓库地坪上装有导轨,货架可通过轮子沿导轨移动。根据驱动方式不同,分为人力摇动式和电力驱动式两种。

2. 特点及用途

移动式货架平时互相依靠、密集排列,可以密集储存货物,手动或者电力驱动使货架沿轨道横向移动,形成通道。可不断变换通道位置。如果预留通道比较宽,可以利用产业车辆和叉车等设备进行作业,作业完毕,再将货架移回原来位置。这样,一般只需要留出一条通道,而不需留出固定通道,减少了仓库通道数。这可使仓库利用率成倍提高,货物存取方便,易于控制。货架可以锁定,紧密相接的货架便处于封闭状态,安全性能好。

移动式货架主要用于小件、轻体货物的存取,采取现代技术,使设备大型化,也可制成存取大重量物品(如管件、阀门、电机、小型托盘)的组合货架等。尤其适用于环境条件要求高、投资大的仓库,如冷冻、气调等仓库,可相应减少环境条件的投资。

(三)装配式货架

1. 结构

装配式货架的柱、梁、层板、隔板等均制成标准件,用紧锁装置进行装配。尺寸有多种,一般可以形成标准系列。

2. 特点及用途

这种货架的特点是可以根据实际需要进行组装或拆卸,储存空间可以灵活调整,使其与存放物体的体积相适应。这样就提高了货架容积充满系数,增大储存能力,可满足物资品种、规格变化及新品种层出不穷的市场的需要。

(四)阁楼式货架

1. 结构

阁楼式货架是在已有的仓库工作面上建造阁楼。其结构有的由底层货架承重,上部搭置楼板;有的由立柱承重,上部搭置楼板形成库面。在阁楼上面放置货架或直接放置货物。

2. 特点及用途

这种货架的特点是充分利用空间,一般用于旧库改造。旧库有效高度在4.5米以上，一般货架或者就地堆放货物，只能利用2米左右，阁楼式货架，几乎成倍提高了原有仓库的利用率。这种货架的缺点是，存取货物上下阁楼，作业效率低，适用于存期较长的中小件货物。

（五）重力式货架（流动式货架）

重力式货架的原理是利用货体自重，在有一定高度差的通道上，从高处向低处运动，是储存型拣选货架。

1. 结构

重力式货架和一般层架从正面看基本相似，但深度比一般层架深，类似许多层架密集靠放，进出货分别在货架的前后两端进行。每一层的隔板前端（出货端）低，后端（进货端）高。货物可以从高端向低端自行移动。隔板板面平整、光滑，具有滑动性，以便于货体从高向低滑动，也有滑道式，还可安装滑轨、辊子或滚轮，以提高货体的运动性能。

2. 特点

重力式货架主要有四个特点：

（1）重力式货架是密集型的，规模可做得很大，单位面积的存储量大。且从轻体小件物到集装托盘，乃至小型集装箱都可以采用。由于密集程度很高，减少了通道数量，可有效节约仓库的面积。由普通货架改为重力货架后，仓库面积可节省近50%。

（2）由于固定了出入库位置，减少了人员和工具的运行距离。采用普通货架出入库时，搬运工具如叉车、作业车需要在通道中穿行，易出差错且工具运行线路难以规划，运行距离也长，采用重力式货架后，叉车运行距离可缩短1/3。

（3）入库和出库作业分离，各自向专业化、高效率方向发展，入出库时，工具不交叉运行，不互相干扰，事故率低、安全性好，有利于拣选活动，是拣选式货架中很重要的一种。

（4）和进车式货架等密集存储方式不同，重力式货架可以绝对保证先进先出，因而符合仓库管理现代化的要求。和一般货架比，大大缩小了作业面，有利于提高拣选效率。

3. 应用

重力式货架的主要应用领域有二：一是大量存储；另一个是作为拣选式货架应用于配送中心、转运中心、仓库、商店的拣选配货操作中，也用于生产线的零部件供应线上。大型重力式货架储存量较大，是以储存为主的货架，轻型、小型重力式货架则属于拣选式货架。

（六）滑板式货架

滑板式货架是搁板可以向前方或前后两方向滑动的货架。为钢质结构，滑板的滑动机构有人力驱动及电动机驱动两种。货架可以叠放，这就使得货格高度可以比一般货架降低，以增加存货能力，主要用于小件较重物品的存放。由于滑板连同货体一起可从货架中拉出，配用吊车作业，能方便从上部进行存取，提高效率。

（七）旋转式货架

旋转式货架是适应由少品种、大批量向多品种、小批量发展趋势的一类货架。为满足拣选作业，从货架上拣选货物的方式有两种：一是在固定货架上取货；二是货物随货架移动到操作者前取货。旋转式货架属于后者，存货格可旋转至货位，有垂直旋转式、水平旋转式、立体旋转式三种类型。这种货架存储密度大，货架间不设通道，和固定式货架相比，可节省占地30% ~50%。由于货架可以转动，因而拣货路线简捷，拣货效率高，拣选差错少。

1. 垂直旋转式货架

垂直旋转式货架类似提升机，在提升机的两个分支上悬挂有成排的货格，提升机正转和反转进行存储、拣选作业。货架的高度为2 ~6米，宽2米左右，层数为10 ~30层不等，单元货位载重100 ~400千克，旋转速度每分钟6米左右。货格小隔板可拆除，以灵活存储不同长度货物。货架正面及背面设置拣选台面，进行出入库作业。旋转按键，人工即可轻松操作，也可用计算机控制。主要适用于多品种、拣选频率高的货物。如果取消货格，改成支架，也可用于成卷的货物，如地毯、纸卷等的存放。

2. 多层水平旋转式货架

多层水平旋转式货架的各层独立旋转。计算机操作可同时执行几个命令，使各层货物旋转到拣选面，拣选人员在原地不动进行拣选，因此拣选效率很高。这种货架存储货物，多达2 000种以上。主要用于出入库频率高、多品种拣选的配送中心等领域。

3. 整体水平旋转货架

整体水平旋转货架可以是拣选型，也可是拣选、分货一体化的货架。货架整体水平旋转，达到拣货面进行拣货。货架每排可放置同种物品，但包装单位不同，拣选时不再计数，只取需要数量即可。不同货格也可放置配套物品，一次拣选可实现配套。还可做小型分货式货架，每排不同货格放置同种货物，旋转到拣选面，将货物按各用户要求拣出分放，使拣选、分货结合。这种货架的旋转动力消耗大，又受货架制约，放置的货物种类有限，因而较适合各种包装单位货物，而不适合多品种、高频度的拣选作业。此外，由于这类货架的拣选等待时间长，因而不适于随机方式拣选，在需要成组拣选或可按顺序拣选时采用。

（八）其他专用货架

1. 屏挂式货架

屏挂式货架由屏风、墙面板及挂篮、挂箱、挂斗、挂袋组成。用于放置小型、超小型物件，如工具、文具、文件、信件、小型零部件、仪器、仪表等。这些物体用一般货架极易混乱，取放也不方便，屏挂式货架则整齐、直观，可方便地存取，是“效率工具”，非常适合家庭、办公室、售票处等小件物品种类很多，容易出现混乱、差错和找寻困难的领域。

2. 悬挂式货架

悬挂式货架是用于悬挂储存物品的货架,如悬挂衣物、册簿、雨伞等。

3. 立置式货架

立置式货架是刚性长尺寸物或板状物立放存储的货架,可防止互相堆压不利于拣取。用于存储钢筋、钢管、塑料管、木材以及钢板、石棉板、塑料板、三合板等各种板材。

4. 抽屉式货架

抽屉式货架有防盗、防混杂的作用,用于存放贵重物品、药品等。

第五节 储存合理化

一、不合理储存

实务中以下几种情况属不合理储存,应尽量避免。

(一)储存时间过长

储存时间从两个方面影响储存的效果:一是被储物资获得“时间效用”;一是损耗加大,是“时间效用”的逆反。从“时间效用”角度来考查,有的物资储存一定时间,效用可能增大,时间继续增加,效用也会降低,彼此消长形成储存的最佳时间区域。但是,绝大多数物资,过长的储存时间都会影响总效益,因而都属于不合理储存范畴。

(二)储存的数量过大

储存数量从两方面影响储存的效果:一是形成对供应、生产、消费的保证能力。这一能力遵从“边际效用递减规律”,每增加一单位储存数量,总能力虽会随之增加,但所增加的保证供应能力却逐渐降低。另一方面的影响是:储存的损失随着储存数量的增加而基本上成比例地增加,储存量越大,损失量也越大,甚至还可能出现储存量增加到一定程度而引发损失陡增的情况。两方面利弊的消长,使储存数量不是一个恒定的数值,而有一个最佳的区域。

(三)储存数量过低

储存数量过低从两方面影响储存效果:一方面是储存数量过低,会降低对需求的保障能力;另一方面,储存数量降低,储存的损失也会减少。此消彼长的结果是:储存数量降低到一定程度,保证能力大幅度削弱,引发的损失超过减少储存带来的收益。所以,储存量过低也不合理。如能降低储存数量而不降低保证能力,是绝好的,“零库存”就是这个道理。所以,不合理储存所指的“数量过低”,是有前提条件的,即保证能力由数量决定。

(四)储存条件不足或过剩

储存条件也从两方面辩证地影响储存的效果:储存条件不足,不能够提供良好的储存环境,易造成损失;储存条件过剩,大大超过需要,从而负担过高的储存成本,也会导致亏损。利弊消长的结果,决定了储存条件只能在恰当范围,不足或过剩都不合理。

（五）储存结构失衡

储存结构是指被储物的种类及数量、储存期、储存地理位置方面的结构关系。其失衡表现在对用户的需求不能形成优化的存储结构。

二、储存合理化

（一）储存合理化的概念

储存合理化的含义是用经济的、有效的办法完成物流系统中储存的功能，实现被储物的“时间价值”，这是合理化的前提或本质。如果不能保证储存功能的实现，其他问题便无从谈起。但是，储存的不合理又往往表现在过分强调投入储存力量。所以，合理储存的实质是，在保证储存功能实现的前提下尽量少投入，这也是一个投入产出的关系问题。

（二）储存合理化的主要标志

（1）质量标志。保证被储存物的质量是储存功能的根本要求。所以，合理化的主要标志是反映使用价值的质量。现代物流系统有保证被储存物价值的技术和管理手段，也在探索和实践物流全面质量管理，以求通过物流过程控制和工作质量控制来保证储存物的质量。

（2）数量标志。数量标志指的是在保证功能实现前提下合理的储存数量范围。目前管理科学的方法已能在各种约束条件的情况下，对合理数量范围做出决策。

（3）时间标志。储存时间和数量相关，储存量大而消耗速率慢，则储存时间必然长，相反，则短。具体可用周转情况来衡量，如周转天数、周转次数等，此外个别储物的储存时间也反映合理程度。

（4）结构标志。结构标志用于从被储物不同品种、不同规格、不同花色的储存数量的比例关系对储存合理性做出判断。尤其是相关性很强的各种物资（例如成套、配套物资）的比例关系更能反映储存合理与否。由于这些物资之间相关性很强，只要有一种物资耗尽，即使其他种物资仍有一定数量，也会因为相关配套物缺乏而无法投入使用，其影响有扩展性。

（5）分布标志。分布标志指不同地区储存的数量比例关系，以此判断对当地需求比的保障程度，也可以此判断对整个物流系统均衡性的影响。

（6）费用标志。根据各种费用及资金占用的利息支出等，都可判断储存合理与否。

三、储存合理化的实施要点

（一）实施重点管理

储存物种类很多、数量庞大，需要在管理上分清轻重，确定重点。ABC 分析是基础分析方法和基础工作。在 ABC 分析基础上可以进一步解决各类储存物的结构关系、储存量、重点管理、技术措施等合理化问题;决定合理储备数量及经济地保有合理储备的办法,乃至实施零库存。

(二)适度集中库存

利用规模优势,以适度集中储存代替分散储存。集中储存易于调度调剂,总量低,但储存点与用户之间距离长,储存费降低而运费加大,在途时间长,则迫使周转储备增加。适度集中是在这两方面取得最优。适度集中库存还有其他好处:对用户保证能力提高;有利于采用机械化、自动化方式;有利于形成干线运输批量;也是"零库存"的前提条件之一。

(三)"快进快出",加速周转

将静态储存变为动态储存,"快进快出",会带来一系列的合理化好处,如:资金周转快、资本效益高、货损降低、仓库吞吐能力增加、成本下降等。具体做法诸如采用单元集装存储、建立快速分拣系统、建立有效的信息系统等,都有利于实现快进快出,加速周转。

(四)"先进先出"

保证每个被储物的储存期不致过长,"先进先出"是一种有效的方式,也成了储存管理的准则之一。有效的先进先出技术和管理措施主要有:

(1)贯通式货架系统。利用货架的每层,形成贯通的通道,从一端存入物品,从另一端取出物品,物品在通道中自行按先后顺序排队,不会出现越位等现象,保证先进先出。

(2)"双仓法"储存。给每种被储物都准备两个仓位或货位,轮换进行存取,再配以必须在一个货位中取完之后才可补充新货物的管理规定,则可以保证实现"先进先出"。

(3)计算机自动存取管理。编入按时间顺序输出的程序,取货时计算机就按入库时间给予指示,保证"先进先出"。这种计算机存取系统还能将"先进先出"和快进快出结合起来:在保证先进先出的前提下,将周转快的物资存放在便于放置和取出之处,优先进行存储操作。

(五)密集仓储

采用管理的办法和密集仓储设备,提高储存密度,提高仓容利用率。目的是减少储存设施对土地面积和仓库面积的占用,提高单位存储面积的利用率。具体有三类方法:

(1)增加储存的高度。具体方法有采用高层货架,将单位存储面积的储存能力大幅度增加,或采用集装箱,用集装箱堆高的办法提高单位储存能力等,都可增加储存高度。

(2)缩小库内通道宽度。具体方法有:采用窄巷道式通道,配以轨道式装卸车辆,以减少车辆运行宽度要求;采用侧叉车、推拉式叉车,以减少叉车转弯所需的宽度;采用门架式吊车,从上部起吊;采用移动式货架从而减少货架之间通道数量等。

(3)减少库内通道数量。具体方法有采用密集型货架,采用可进车的可卸式货架,采用各种贯通式货架,采用不依靠通道的桥式吊车装卸技术等。

(六)采用储存定位系统

寻找货位花费时间、降低效率、易出差错,储存定位系统可以有效解决这个问题。定位方法主要有:

(1)"四号定位"方式。这是用一组四位数字来确定存取位置的固定货位方法,是手工管理的科学方法。用四个号码表示存储位置,这四个号码是序号、架号、层号、位号。

(2)计算机定位。计算机指示入库货物存放在就近易于存取之处,或根据入库货物的存放时间和特点,指示合适的货位,取货时就近就便。这种方式可以充分利用货位,而不需专位待货,有利于提高仓库的储存能力,节约仓库面积。

(七)采用有效的监测清点方式

对储存物资数量和质量的监测是科学库存控制之必需。及时且准确地掌握实际储存情况,常与账卡核对,不仅必不可少,也是掌握被存物质量状况的重要工作。监测清点的方式主要有:

(1)"五五化"堆码。这是手工管理的科学方法。以"五"为基本计数单位,堆成总量为"五"的倍数的垛形,有经验者可过目成数,大大加快了人工点数的速度,且少差错。

(2)光电识别系统。在货位上设置光电识别装置,该装置对被存物扫描,并将准确数目自动显示出来。这种方式不需人工清点就能准确掌握库存的实有数量。

(3)电子计算机监控。每存、取一件物品时,识别装置自动将条形码识别并输入计算机,自动做出存取记录。向计算机查询,就可了解所存物品的准确情况。

(八)采用现代储存保养技术

(1)气幕隔潮。库门上方安装鼓风设施,在门口处气流形成了气墙,可有效阻止库内外空气交换,防止湿气浸入,并不阻止人和设备出入。气幕还可起到保持室内温度的隔热作用。

(2)气调储存。调节和改变环境空气成分,抑制化学和生物变化,抑制害虫及微生物,保护被储物质量。方法有:更换配好的气体,这对有新陈代谢作用的果蔬、粮食等长期储存、保质、保鲜很有效。气调储存对防止生产资料在储存期出现有害化学反应也很有效。

(3)塑料薄膜封闭。塑料薄膜能隔水隔潮,阻缓空气交换,隔绝水分。置入杀虫剂、缓蚀剂,注入某种气体,可造就封闭小环境,比气调仓储简便易行且成本较低。也可用这个办法对水泥、化工产品、钢材等做包装材料或者进行防水封装。

热缩性塑料薄膜对托盘货物封装后再经热缩处理,则可基本排除内部空气,塑料膜缩贴到被封装物上,与外部环境隔绝;还起到紧固包装的作用,可形成一个稳固的整体,防止塌垛。

(九)采用集装箱、集装袋、托盘等运储装备

集装箱等集装设施的出现,也给储存带来了新观念,尤其是大型集装箱,本身便是一座仓库,在物流过程中,也就省去了小件货物的一系列储存作业,是储存合理化的有效方式。

第九章　流通加工

第一节　理论及观念

一、流通加工的概念

（一）基本理念

1. 定义

流通加工是物品在流通过程中，为方便流通而进行的加工。其作用在于：提高物流的效率，保护物品在流通中不受损害，增加物品的附加价值，满足客户的个性化需求，促进销售。

2. 流通的一种特殊形式

流通加工对物品进行简单的、适当的加工，仍然和流通总体一样起“桥梁和纽带”作用。但是，它却不是通过“保持”流通对象的原有形态实现这一作用，而是通过改变或完善流通对象的形态实现“桥梁和纽带”作用的。

3. 加工的一种特殊形式

可以说这种加工是生产的延续，是采取生产性手段的特殊形式：

（1）对被加工物进行符合目的的改造。生产加工大规模地进行，进入流通时已经有明确的用户，流通加工按照这种精细化的目标进行，所以不是可有可无，而是必要的。当然，这并不针对所有的产品，大部分产品应当在生产阶段完成加工。

（2）对被加工物进行提升改造，从初级产品成为最终的“成熟产品”。这与“符合目的的改造”不完全一样，符合目的的改造不一定就成为最终的“成熟产品”。

（二）流通加工和生产加工的区别

（1）加工对象的差别。流通加工的对象是进入流通过程的商品，以此区别于多环节的生产加工。流通加工的对象是商品，且大多是简单加工，是辅助及补充。如果必须进行复杂加工，那就应专设生产加工环节。要特别注意的是：流通加工绝不是对生产加工的取消或代替。

（2）价值的差别。从价值观点看，生产加工的目的在于创造价值及使用价值，而流通加工则在于完善其使用价值并在不做太大改变的情况下提高价值。

（3）从业者的差别。流通加工的组织者是从事流通的人，能密切结合流通的需要进行这种加工活动；从加工单位来看，流通加工由流通企业完成，而生产加工则由生产企业完成。

(4)加工目的的差别。流通加工的一个重要目的,是为了消费(或再生产)的加工,这与生产相同。但是流通加工更以流通为目的,纯粹是为流通创造条件,这是其特殊之处。

二、流通加工的地位及作用

(一)流通加工在物流中之地位

(1)流通加工完善了流通。流通加工在实现时间、场所价值方面,不能与运输和储存相比,因而,不是物流的主要功能和必然环节。但这绝不是说流通加工不重要,它不可轻视,是起着补充、完善、提高增强作用的功能要素,具有其他功能要素不具备的作用。流通加工能够提高物流水平,是流通现代化不可少的形态。

(2)流通加工是物流中的重要利润源。流通加工是低投入的加工方式,往往以简单加工解决大问题。有的流通加工通过改变装潢使商品档次跃升;有的流通加工将产品利用率大幅度提高。根据我国近些年的实践,流通加工向流通企业提供利润,其成效并不亚于从运输和储存中挖掘的利润,是物流中的重要利润源。

(3)流通加工在国民经济中也是重要的加工形式。在国民经济的组织和运行方面,流通加工对完善国民经济产业结构和生产分工意义重大。

(二)流通加工的作用

(1)提高原材料利用率。利用流通加工集中下料,将简单规格产品,按使用部门的要求下料。例如:将钢板剪板、切裁;钢筋或圆钢裁制成毛坯;木材加工成各种长度及大小的板、方等。集中下料可以优材优用、小材大用、合理套裁,有很好的技术经济效果。例如,对平板玻璃进行流通加工、集中裁制,平板玻璃利用率可以从60%左右提高到85%~95%。

(2)进行初级加工,方便用户。用量小或临时需要的用户,缺乏初级加工的能力,这可以依靠流通加工。目前发展较快的初级加工有:将水泥加工成生混凝土,将原木或板方材加工成门窗,冷拉钢筋及冲制异型件,钢板预处理、整形、打孔等加工。

(3)提高加工效率及设备利用率。加工点采用效率高、技术先进、加工量大的专门设备,将分散加工变成规模加工,提高加工质量。例如,钢板下料对于小的使用者非常困难,在流通过程集中加工,形成规模就可以采用高效率的剪切设备解决这个问题。

(4)发挥各种输送手段的最高效率。流通加工一般设置在消费地,将物流分成两个阶段:从生产厂到流通加工距离长,而从流通加工到消费环节距离短。第一阶段在数量有限的生产厂与流通加工点之间进行定点、直达、大批量的远距离输送;第二阶段则采用配送,输送流通加工后的多规格、小批量、多用户的产品,发挥各种输送手段的最高效率。

(5)改变功能,提高收益。许多制成品在深圳进行简单装潢加工,改变产品外观,能使产品售价提高20%以上。流通加工可以成为产品获得高附加价值的活动,这种高附加价值的形成，主要通过满足用户的需要、提高服务功能而取得。

三、流通加工是生产力发展的产物

（一）流通理论及观念的改变

传统的理论认识中，流通起“桥梁和纽带”作用，完成商品所有权和实物形态的转移。因此，流通与流通对象的关系不是改变其形态而创造价值，而是保持流通对象的已有形态，完成商品所有权及实体空间的位移。长期以来，传统认识排斥这个过程中的生产活动，但是，许多不同的流通加工出现并发展起来，改变了传统理论和观念，使流通过程明显地有了一定的生产性。这就改变了流通是商品价值及使用价值转移过程的旧观念，明确了流通过程可以主动创造价值及使用价值，而不单是被动地“保持”和“转移”。

（二）生产力发展的结果

流通加工的出现与大规模生产方式有关。现代生产集中的趋势，进一步引起产、需的分离。最初表现在三方面：空间、时间及人。即生产与消费不在同一个地点，而是有一定空间距离；生产与消费在时间上不能同步，存在着一定的“时间差”；生产者与消费者不是处于一处，有分离甚至相距甚远。弥补上述分离的手段则是运输、储存及交换。

现代，分离是深刻而广泛的，不局限于上述三个方面，还有第四方面：生产及需求在产品功能上分离。尽管“用户第一”等口号成了许多生产者的主导思想，但是，生产毕竟有生产的规律，大生产的特点之一便是“少品种、大批量、专业化”，产品的功能往往不能和需要密切衔接，弥补的方法就是流通加工。流通加工实际是现代生产发展的必然结果。

（1）流通加工与消费的个性化有关。消费个性化和产品标准化之间存在着矛盾，使产需第四种形式的分离变得更严重。本来，弥补第四种分离可以采取增加一道生产工序或者在用户单位加工改制的方法，但在个性化问题十分突出之后，采取上述弥补措施将会使生产及生产管理的复杂性及难度增加，按个性化生产的产品难以组织高效率、大批量流通。所以，在出现了消费个性化的新形势及新观念之后，就更进一步为流通加工开辟了道路。

（2）流通加工与流通的观念转变有关。在社会再生产全过程中，生产过程是典型的加工制造过程，形成产品价值及使用价值的主要过程，再生产型的消费究其本质也是和生产一样，通过加工制造消费了初级产品而生产出深加工产品。

历史上，在生产不太复杂、生产规模不大时，所有的加工、制造几乎全部集中于生产及再生产过程中，流通只是实现商品价值及使用价值的转移而已。在社会生产向大规模、专业化生产转变之后，社会生产越来越复杂，生产的标准化和消费的个性化出现，生产过程中的加工制造则常常满足不了消费的要求。由于流通的复杂化，生产过程中的加工制造也常常不能满足流通的要求。于是，加工活动开始部分地向流通过程转移,形成了流通加工,使流通过程有了某种“生产性”,改变了长期“价值及使用价值转移”的旧观念。

这就从理论上明确了对流通的新认识:从价值观念来看,流通过程可以主动创造价值及使用价值,而不单是被动地“保持”和“转移”。因此,人们必须研究流通过程中孕育着多少创造价值的潜在能力,这就有可能在流通过程中进一步提高商品的价值和使用价值。这样,就引起了流通过程从观念到方法的巨大变化,流通加工则适应这种变化而诞生。

(3)效益观念的树立也是流通加工形式得以发展的重要原因。20 世纪后期,效益问题逐渐引起人们的重视,过去人们盲目追求高技术引起了燃料、材料投入的大幅度上升,结果新技术、新设备虽然采用了,但往往是得不偿失。70 年代初,第一次石油危机的发生证实了效益的重要性,使人们牢牢树立了效益观念。流通加工可以以少量的投入获得很大的效果,是高效益的加工方式,自然获得了很大的发展。所以,流通加工从技术上来讲,虽然可能不需要先进技术,但这是现代效益观念的反映。

第二节　流通加工的类型

一、增值性流通加工

(一)为弥补生产领域加工不足进行的深加工

许多生产领域的加工只能到一定程度,许多因素限制了生产不能完全实现终极的加工。例如,钢铁按标准规定的规格大规模生产,以保证产品的通用性;木材如果在产地制成木制品的话,会造成运输的极大困难,所以只加工到圆木、板方材程度,进一步的下料、切裁、处理等加工则由流通加工完成。这种流通加工实际是生产的延续,是生产加工的深化,有很强的增值性,对弥补生产领域加工不足有重要意义。

(二)为满足需求多样化进行的服务性加工

从需求角度看,需求存在着多样化和易于变化两个特点,为满足这种要求,经常是用户自己设置加工环节。例如,生产消费型用户的再生产活动往往从原材料初级处理开始。就用户来讲,现代生产的要求,是生产型用户能尽量减少流程,尽量集中力量从事较复杂的技术性较强的劳动,而不愿意将大量初级加工包揽下来。这种初级加工带有服务性,由流通加工来完成,生产型用户便可以缩短自己的生产流程,使生产技术密集程度提高。对一般消费者则可省去烦琐的预处置,而集中精力从事较高级的能直接满足需求的劳动。

(三)为提高原材料利用率进行的流通加工

流通加工利用其综合性强、用户多的特点,可以实行合理规划、合理套裁、集中下料的办法,这就能有效提高原材料利用率,减少损失浪费。

（四）为提高加工效率进行的流通加工

许多生产企业的初级加工由于数量有限而使加工效率不高，也难以投入先进科学技术。流通加工以集中加工形式，解决了单个企业加工效率不高的弊病。以一家流通加工企业代替了若干生产企业的初级加工工序，提高了加工效率。

（五）以提高经济效益、追求利润为目的的流通加工

流通加工的一系列优点可以形成一种“利润中心”，这种类型的流通加工是经营的一环，在满足需求基础上取得利润，同时在市场和利润引导下使流通加工有效地发展。

二、增效性流通加工

（一）为保护产品进行的流通加工

在物流过程中存在对产品的保护问题，即要防止产品在运输、储存、装卸、搬运、包装等过程中遭到损失，保证使用价值实现。这种加工并不改变进入流通领域的“物”的外形及性质，而在于保护，主要采取稳固、改装、冷冻、保鲜、涂油等方式。

（二）提高物流效率、方便物流的加工

有一些产品本身的形态难以进行物流操作，比如：鲜鱼的装卸、储存操作困难；过大设备的搬运、装卸困难；气体物的运输、装卸困难等。进行流通加工可使物流的各环节易于操作，如鲜鱼冷冻、过大设备解体、气体液化等。这种加工往往改变“物”的物理状态，但并不改变其化学特性，并最终仍能恢复产品原来的物理状态。

（三）为促进销售进行的流通加工

流通加工可以从若干方面起到促进销售的作用。如将过大包装或散装物分装成适合一次销售的小包装的分装加工；将原以保护产品为主的运输包装改换成以促进销售为主的装潢性包装；将零配件组装成用具、车辆以便于直接销售；将蔬菜、肉类洗净切块以满足消费者要求等。这种加工不改变“物”的本体，只进行简单的改装加工或者组装、分块等深加工。

（四）衔接不同运输方式，使物流合理化的流通加工

在干线运输及支线运输的结点，设置流通加工环节，可以有效解决大批量、低成本、长距离干线运输与多品种、小批量、多批次末端运输和集货运输之间的衔接问题。在流通加工点与大生产企业间形成大批量、定点运输，又以流通加工点为核心，组织对多用户的配送，也可将运输包装转换为销售包装，从而有效衔接不同的运输方式。

（五）生产—流通一体化的流通加工形式

依靠生产企业与流通企业的联合，或者生产企业涉足流通，或者流通企业涉足生产，形成对生产与流通加工的合理分工、合理规划、合理组织，统筹进行生产与流通加工的安排，这就是生产—流通一体化的流通加工形式。这种形式可以促成产品结构及产业结构的调整，充分发挥企业集团的经济技术优势，是流通加工领域的重

要形式。

第三节　流通加工方法

一、流通加工的重要原则

简单作业是流通加工的重要原则，包含三个重要内容：

第一，流通加工的投入应当少而精。以少投入、简单作业来解决问题，投入的力量应当是精干的。如果违背了简单作业的原则，则不仅会占用相当长的流通时间，而且需要投入人力、设备力和物力，其结果是增加了物流的费用，从而使商品的成本增加。

第二，物流对象应当尽量少改变。物流对象的使用价值是在生产加工过程中实现的，这个实现要付出相当的代价才能够完成。流通加工毕竟不是生产过程，又受到流通过程条件和能力水平的局限，对物流对象做大的改变显然不具备可行性。如果发现需要有大的改变，应该转移到生产过程中去完成。

第三，流通加工作业应当是简单易行的。流通过程中的管理和领导力量、科技力量、业务人员、装备力量，与生产不属于同一个水平，就连教育也是不同的专业，因此，流通加工作业简单易行才能够被流通领域所掌握，才具备可行性。

特别需要说明的是，有些流通加工，例如熟料在使用地磨制水泥、集中搅拌混凝土和钢材的流通加工，需要有大的投入，包括设备、装置、技术，这也很有难度，不可轻视。

二、流通加工的主要作业

流通加工的主要作业有包装、分割、组合、计量、拣选、分拣、刷标志、拴标签、组装等。

(一)以包装为主体的作业

在作业方面和生产包装不同，流通加工的包装要求有很强的机动性和灵活性。生产包装按照设计大量重复进行；流通加工的包装主要按用户的要求，有一定的个性化，因此，包装物规格、包装作业操作都很难事先设计成固定的模式。流通加工的包装作业主要有：

(1)散装或小包装的适度包装作业。将无包装的散装物进行不同程度的包装，或者对有内包装、销售包装的小包装体进行更大程度的集和包装。

(2)大件货物拆解、分割及包装作业。长、大、重的结构性的大件货物拆解之后用包装材料进行包装作业，变成新的包装体；对于原材料性的大件货物，通过下料、打碎、磨细等加工操作，之后进行不同程度的集合变成新的包装体。

(3)大包装货物的分割、分装包装作业。将大包装货物拆装，拆装之后的货物重新包装成小包装体提供给用户，也可以对小包装体进行不同数量的组合，做出新的集和包装。

（4）不同种类货物拆装、分拣及重新组合包装。将若干种不同种类货物拆装，进行分拣，并按新的要求进行配货，或将不同种类货物进行不同数量的组合，做出新的集和包装。

（二）以加工制造为主体的作业

流通加工中的加工制造是对于生产环节的补充完善，是从总体上优化的结果。如果从生产的全过程来看，一个非常长的生产过程中的一部分置于流通过程之中，这个生产环节，就是流通加工。以加工制造为主体的流通加工作业主要有：

（1）原材料下料等准备性的加工作业。长期以来，原材料下料等作业是在用户企业完成再进入生产工序的。具有大量需求的生产企业加工效率较高，但规模比较小的生产企业，专门配备这一道工序，则代价过大且任务不饱满。将原材料下料向上转移到流通领域，可以面向多个用户形成规模，也可以采用更科学的下料规划。

（2）为配送所进行的加工配货作业。实施配送所进行的配货作业，除了简单的组配之外，还经常需要对配送物按照不同的需求进行各种不同的加工作业，以满足配货的要求。

（3）为适应市场需要对产品进行的加工作业。大量而且成批生产的产品，是按照社会总需求进行规划和生产的，但是很难满足个性化的需求。从个性化需求角度对产品进行的加工作业是衔接大生产与个性化小需求的重要流通加工方式。

（4）接近用户的生产环节转移到流通过程中的加工作业。从优化角度，将某些生产环节的加工作业转移到流通过程中，实际上是通过流通加工完成了生产过程。

（三）以方便物流、提高物流水平为主体的作业

（1）减少数量、提高效率的作业。这项流通加工是减量作业，通过各种减量的加工活动来完成，例如拣选、除杂、浓缩、精炼等。

（2）保证货物质量和品质的作业。保证进入流通过程中的货物质量和品质是一项重要原则。以此为目的的作业，除保护性包装之外，还有加固、化学处理、温度处理作业等。

（3）防止灾害损失的作业。灾害造成的损失巨大，通过一定的投入，用各种技术手段、管理手段和加工措施可以有针对性地解决这个问题。

（4）改变和选择物流方式的作业。物流方式的确立与货物本身的性能和状态有关，通过改变货物本身的性能和状态可以达到改变和选择新的物流方式的目的，例如把气体物压缩成液体从而选择新的物流方式，就是靠这种流通加工实现的。

第四节　主要流通加工方式

一、水泥熟料在使用地磨制水泥

在需要长途运入水泥的地区，变运入成品水泥为运进熟料这种半成品，在该地的流通加工点（磨细工厂）磨细，并根据当地资源和需要的情况掺入混合材料及外加剂，制成水泥供给当地用户。在需要长距离输送的情况下，以熟料形态代替水泥有很多优点：

第一，降低运费、节省运力。运输普通和矿渣水泥，有30%以上的运力消耗在矿渣及其他各种加入物上。水泥需求较大的地区，工业基础大都较好，当地又有大量工业废渣，如果在使用地区根据当地的资源条件选择混合材料，这就节约了消耗在混合材料上的运力。同时水泥输送的吨位也大大减少，有利于缓和铁路运输的紧张状态。

第二，满足实际需要。我国大、中型水泥厂生产的水泥，平均标号逐年提高，但使用水泥的部门大量需要较低标号的水泥，施工部门又没有在现场加入混合材料来降低水泥标号的技术力量和设备，因此，不得已使用标号较高的水泥，形成浪费。输送熟料，便可在使用地按实际需要生产各种标号尤其是低标号的水泥，减少长距离输送水泥的数量。

第三，以较低的成本实现大批量、高效率的输送。运力利用率比较低的方式违背我国国情，采用输送熟料的流通加工形式可以充分利用站、场、仓库现有的装卸设备，又可用普通车皮装运，比之散装水泥方式具有更好的技术经济效果，更适合我国的国情。

第四，降低输送损失。水泥容易受潮变质，没有磨细的熟料稳定性很强，输送熟料也可以基本防止受潮损失。此外，颗粒状的熟料也不像粉状水泥那样易于散失和造成环境污染。

第五，更好地衔接产需，方便用户。采用长途输送熟料的方式，水泥厂就可以和有限的熟料粉碎工厂之间形成固定的直达渠道，能实现经济效果较优的物流。水泥的用户也可以不出本地区而直接向当地的熟料粉碎工厂订货，具有明显的优越性。

二、集中搅拌供应商品混凝土

改变以粉状水泥供给用户，由用户制拌混凝土的使用方法，而将粉状水泥输送到使用地区的流通加工点（集中搅拌混凝土工厂或称商品混凝土工厂），搅拌成商品混凝土供给各个工地或小型构件厂，这是水泥流通加工的另一重要方式。它主要有以下优点：

第一，这种流通加工方式，把水泥的使用从小规模的分散形态改变为大规模的集中加工,可以用现代管理科学技术组织现代化的大生产,大幅度地提高生产效率和混凝土质量。

集中搅拌,可以采取准确的计量手段和选择最佳的工艺;可以综合考虑外加剂及混合材料的影响,根据不同需要,大量使用廉价、易得的混合材料拌制不同性能的混凝土;可有效控制骨料质量和混凝土的离散程度,具有大生产的一切优点。制造每立方米混凝土的水泥使用量,采用集中搅拌一般能比分散搅拌减少 20 ~ 30 公斤。

第二,与分散搅拌比较,相等的生产能力,集中搅拌的设备在吨位、设备投资、管理费用、人力及电力消耗等方面,都能大幅度降低。由于生产量大,可以采取措施回收使用废水,防止各分散搅拌点排放洗机废水造成的污染,有利于环境保护。由于设备固定不动,还可以避免因经常拆建所造成的设备损坏,延长设备的寿命。

第三,可以使水泥的物流更加合理。这是因为集中搅拌站(厂)与水泥厂(或水泥库)之间可以形成固定的物流渠道,这些渠道的数目大大少于分散使用水泥的物流渠道,有限的物流渠道之间,采用高效率、大批量的输送形态,有利于提高水泥的散装率。集中搅拌场还可以设熟料粉碎设备,直接使用熟料实现两种流通加工形式的结合。另外,采用集中搅拌混凝土的方式,也大大简化了建筑工程的工地材料的管理,节约了施工用地。

三、钢板剪板及下料加工

热连轧钢板和钢带、热轧厚钢板等板材最大交货长度常可达 7 ~ 12 米,有的是成卷交货。对于用户来讲,大、中型企业用户消耗量大,可专设剪板及下料加工设备,按需要进行剪板、下料加工;但是,对于使用量不大的企业和多数中、小型企业用户来讲,设置剪板、下料的设备不仅需要巨大的投资,同时还有设备闲置时间长、人员浪费大、不容易采用先进方法的缺点。钢板剪板及下料的流通加工可以有效地解决这个问题。

剪板加工是在固定地点设置剪板机进行下料加工或设置种种切割设备将大规格钢板裁小,或切裁成毛坯,这可以降低销售起点,便利用户。我国曾在北京大兴设置的剪板厂,就是对进口卷板进行剪板加工,然后将小规格钢板进行销售的流通加工企业。这类加工方式有如下优点:

第一,由于可以选择加工方式,加工后钢材的晶相组织较少发生变化,可保证原来的交货状态,因而有利于进行高质量加工;

第二,加工精度高,可减少废料、边角料,也可减少再进行机加工的切削量,既可提高再加工效率,又有利于减少消耗;

第三,由于集中加工可保证批量及生产的连续性,可以专门研究此项技术并采用先进设备,从而提高效率和降低成本;

第四,可以集中回收和利用加工的边、角、余料及废料,有利于资源的节约,减少逆向物流,用户能简化生产环节。

和钢板的流通加工类似，还有圆钢、型钢、线材的集中下料，线材冷拉加工等。

四、木材的流通加工

（一）磨制木屑、压缩输送

磨制木屑、压缩输送是为了实现流通的一种加工方式。木材是造纸材料，需求量巨大。然而木材容重轻，在运输时往往是车船空间满装但重量不能满载，满装而不能满载的问题严重，装车、捆扎也比较困难。从林区外送的原木中有相当一部分是造纸材，采取在林木生产地就地将原木磨成木屑，然后压缩使之成为容重较大、容易装运的形状，再运至靠近消费地的造纸厂，就能有效节约运力。根据美国的经验，采取这种办法相对直接运送原木可节约一半的运费。

（二）集中开木下料

在流通加工点将原木锯截成各种规格锯材，同时将碎木、碎屑集中加工成各种规格板，甚至还可进行打眼、凿孔等初级加工。用户直接使用原木不但加工复杂、加工场地大、加工设备多，更严重的是资源浪费大，木材平均利用率不到50%，平均出材率不到40%。实行集中下料按用户要求供应规格料，可以使原木利用率提高到95%，出材率提高到72%左右，有相当好的经济效果。

五、煤炭及其他燃料的流通加工

（一）除矸石加工

除矸石加工是提高煤炭纯度的加工。矸石有一定发热量，一般煤炭混入一些矸石是允许的，也是较经济的。但有时则不允许煤炭中混进矸石，在运力十分紧张的地区要求充分利用运力，多运“纯物质”，少运矸石。在这种情况下，可以采用除矸石的流通加工以排除矸石。

（二）为管道输送煤浆进行的煤浆加工

煤炭的运输方法主要采用运输工具载运方法，运输中损失浪费较大，又容易发生火灾。管道运输是一种先进技术。在流通的起始环节将煤炭磨成细粉，本身便有了一定的流动性，再用水调和成浆状则具备了流动性，可以像其他液体一样进行管道输送。这种方式不和现有运输系统争夺运力，输送连续、稳定而且快速，是一种经济的运输方法。

（三）配煤加工

配煤加工是在使用地区设置集中加工点，将各种煤及一些其他发热物质，按不同配方进行掺配，生产各种不同发热量的燃料。这种加工方式按需要发热量生产和供应燃料，防止热能浪费、“大材小用”；也防止发热量过小，不能满足使用要求的情况出现。工业用煤经过配煤加工还可以起到便于计量控制、稳定生产过程的作用，在经济及技术上都有价值。

（四）防止煤炭自燃的流通加工

进入物流过程的煤炭，一个很大的危险是自燃，不但造成煤炭的严重损失，而且会对环境造成污染和影响，严重的还会造成火灾灾害。因此，需要采取保护、防范措施防止自燃，这是煤炭物流的特殊流通加工形式。

（五）天然气、石油气等气体的液化加工

由于气体输送、保存都比较困难，天然气及石油气往往只好就地使用，如果当地资源太多使用不完，往往就地烧掉，造成浪费和污染。两气的输送可以采用管道，但因投资大、输送距离有限，也受到制约。在产出地将天然气或石油气压缩到临界压力之上，使之由气体变成液体，就可以用容器装运，使用时机动性也较强。这是目前采用较多的方式。

六、平板玻璃的流通加工

平板玻璃的“集中套裁，开片供应”曾经是我国重要的流通加工方式。设立若干玻璃套裁中心，按用户图纸统一套裁开片，供应成品，用户可将其直接安装到采光面。形成从工厂到套裁中心稳定、高效率、大规模的平板玻璃“干线输送”，以及从套裁中心到用户的小批量、多户头的“二次输送”这样一种现代物流模式，好处多多：首先，利用率由62% ~65%提高到90%以上；其次，形成固定渠道可以搞大规模集装，这样，不但节约了大量包装用木材，而且可防止流通中平板玻璃大量破损；再次，不仅能够提高对用户的服务水平，而且有利于玻璃生产简化规格，搞单品种大批量生产；最后，可以广泛采用专用设备进行裁制，废玻璃相对数量少并且易于集中回收处理和逆向物流。

七、生鲜食品的流通加工

（一）冷冻加工

为解决鲜肉、鲜鱼在流通中保鲜及搬运装卸的问题，采取低温冻结方式的加工。这种方式也用于某些液体商品、药品等。

（二）分选加工

农副产品规格、质量离散情况较大，为获得一定规格的产品，采取人工或机械分选的方式加工称分选加工。它被广泛用于果类、瓜类、谷物、棉毛原料等的加工。

（三）精制加工

农、牧、副、渔等产品精制加工是在产地或销售地设置加工点，去除无用部分，甚至可以进行切分、洗净、分装等加工。这种加工不但大大方便了购买者，而且还可以对加工的淘汰物进行综合利用。比如，鱼类的精制加工所剔除的内脏可以制成某些药物或制饲料，鱼鳞可以制高级黏合剂，头尾可以制鱼粉等；蔬菜的加工剩余物可以制饲料、肥料等。

(四)分装加工

许多生鲜食品零售起点较小,而为保证高效输送出厂,包装则较大,有的采用集装运输方式运达销售地区。为了便于销售,在销售地区按所要求的零售起点进行新的包装,即大包装改小、散装改小包装、运输包装改销售包装,这是流通加工领域的分装加工。

八、机电产品及零配件的流通加工

(一)组装加工

多年以来,自行车及某些机电设备储运困难较大,主要原因是不易进行包装,如进行防护包装,包装成本过大,并且运输装载困难,装载效率低,流通损失严重。但是,这些货物有一个共同特点,即装配较简单,装配技术要求不高,主要功能已在生产中形成,装配后不需进行复杂检测及调试就可以恢复原来产品的形状及性能。所以,可采用半成品(部件)高容量包装出厂,在消费地拆箱组装的方式。组装一般由流通企业在所设置的流通加工点进行,组装之后随即进行销售。这种流通加工方式近年来已在我国广泛采用。

(二)石棉橡胶板的开张成型加工

石棉橡胶板是机械装备、热力装备、化工装备中经常使用的一种密封材料,单张厚度3毫米左右,单张尺寸有的达4米,不但难于运输而且在储运过程中极易发生折角等损失,尤其是用户单张购买时更容易发生这种损失。此外,许多用户所需的垫塞圈,规格比较单一,不可能安排不同尺寸垫圈的套裁,利用率也很低。石棉橡胶板开张成型加工,是按用户所需垫塞物体尺寸裁制好进行供应,不但方便用户使用及方便储运,而且可以安排套裁,提高利用率,减少边角余料损失,降低成本。这种套裁的流通加工一般设在使用地区。

九、垃圾减量的流通加工

垃圾大量而且不断产生,垃圾处理是非常大的问题,也是世界性的难题。垃圾处理方法很多,是一个大的产业领域,不是本书要论述的问题。应对垃圾减量,涉及流通加工范畴应采取的手段主要有以下几个。

(一)源头减量

应当从源头开始进行垃圾减量处理,通过流通加工减少源头的垃圾产生量。对于一个城市来讲,垃圾产生的源头一个是生产领域,一个是流通领域。在源头重视垃圾减量,设置减量的流通加工。例如,曾经是北方冬天主导蔬菜的大白菜,离开生产地点之后,在流通过程中会产生20%左右的蔬菜垃圾,一旦产生,就地处理就会减少大量的最终垃圾。

(二)有用物回收

有用物回收的流通加工,需要对垃圾进行分选分拣,可以采用简单的设备、工具和大量的人力来从事这项工作。这种简单的流通加工方式对于垃圾减量非常有效，是一举多得的方式：回收的有用物变成了财富，而剩余的垃圾数量相应减少；同时又给一些产业和人员提供了工作、生存和发展的机会。这是非常适合我国国情的流通加工方法。

(三) 压缩处理

垃圾的一个大问题是数量大，它的处理相应要投入人力、物力、财力，压缩处理是通过压缩手段来缩减垃圾的体积，从而减少处理的数量。

(四) 垃圾焚烧

垃圾焚烧对于垃圾减量非常有效，但是，由于会造成空气污染，只有在不得已的情况下才应用，不值得提倡和推广。

第五节　流通加工合理化

一、不合理流通加工的若干形式

流通加工是在流通领域中对生产的辅助性加工，是生产在流通领域的延续。这个延续可能有正、反两方面的作用：一方面可能有效地起到补充完善的作用，但是，也必须估计到另一个可能性，即不合理的流通加工会产生抵销效益的负效应。不合理流通加工有如下形式。

(一) 流通加工作用不大，成为多余环节

有的流通加工过于简单，或对生产者及消费者作用都不大，可以采取其他的办法或者在其他环节更有效地解决问题，甚至有时流通加工的设置具有盲目性，不是必需的，实际上反而增加了环节，这是流通加工不合理的重要形式。

(二) 流通加工地点设置不合理

流通加工地点设置是整个流通加工能否有效的重要因素。一般而言，为衔接单品种大批量生产与多样化需求的流通加工，加工地设置在需求地区，才能实现大批量的干线运输与多品种末端配送的物流优势。如果设置在生产地区，则会出现明显不合理：第一，加工之后的多样化的产品，必然会出现多品种、小批量由产地向需求地的长距离运输，而形成不合理；第二，在生产地增加了一个加工环节，同时增加了近距离运输、装卸、储存等一系列物流活动。所以，在这种情况下不如由原生产单位完成这种加工而无须设置专门的流通加工环节。

为方便物流的流通加工应设在进入社会物流之前，如设置在物流之后，即设置在消费地则不但不能解决物流问题，又在流通中增加了一个中转环节，因而也不合理的。

即使在产地或需求地设置流通加工的选择是正确的，也还有流通加工在小地域范围的正确选址问题，如果处理不善，仍然会出现不合理。这种不合理主要表现在：

交通不便，流通加工与生产企业或用户之间距离较远，流通加工点的投资过高（如受选址的地价影响），加工点周围社会、环境条件不良等。

（三）流通加工方式选择不当

流通加工方式包括流通加工对象、加工工艺、加工技术、加工程度等。流通加工方式的确定实际上是与生产加工的合理分工。分工不合理，本来应由生产加工完成的却错误地由流通加工完成，本来应由流通加工完成的却错误地由生产过程去完成，都会造成不合理。

流通加工不是对生产加工的代替，而是一种补充和完善。所以，一般而言，如果工艺复杂，技术装备要求较高，加工可以由生产过程延续或轻易解决者都不宜再设置流通加工，尤其不宜与生产过程争夺技术要求较高、效益较高的最终生产环节，更不宜利用一个时期市场的压迫使生产者变成初级加工或前期加工，而流通企业完成装配或最终形成产品的加工。如果流通加工方式选择不当，就会出现与生产夺利的恶果。

（四）流通加工成本过高，效益不好

流通加工之所以能够有生命力，重要优势之一是有较大的产出投入比，因而起着有效的补充完善作用。如果流通加工成本过高，则不能实现以较低投入实现更高使用价值的目的。除了一些必需的、政策要求即使亏损也应进行的加工外，都应看成不合理的。

二、流通加工合理化

是否设置流通加工，在什么地点，选择什么类型的加工，采用什么技术装备等都需要做出正确抉择，即流通加工合理化要考虑以下几方面。

（一）加工和配送结合

这是将流通加工设置在配送点中，一方面按配送的需要进行加工，另一方面加工又是配送业务流程中分货、拣货、配货之一环，加工后的产品直接投入配货作业，这就无须单独在配送点之外设置一个加工的中间环节，使流通加工有别于独立的生产，而使流通加工与中转流通巧妙结合在一起。同时，由于配送之前有加工，可使配送服务水平大大提高，这是当前对流通加工做合理选择的重要形式，在生活资料领域已经广泛采用，在煤炭、水泥等产品的流通中也已表现出较大的优势。

（二）加工和配套结合

在对配套要求较高的流通中，配套的主体来自各个生产单位，但是，完全配套有时无法全部依靠现有的生产单位。进行适当流通加工，可以有效促成更广泛领域社会资源的配套，大大提高流通作为桥梁与纽带的能力。

（三）加工和合理运输结合

流通加工能有效衔接干线与支线运输，促进两种运输形式的合理化。利用流通加工，在支线转干线运输或干线转支线运输这本来就必须停顿的环节中，按下一步的要求进行适当加工，从而大大提高运输及转载水平。

(四)加工和合理商流相结合

有效促进销售、使商流合理是流通加工合理化的方向之一。加工和配送的结合，通过加工提高配送水平，强化了销售，是商流相结合的成功的例证。此外，简单地改变包装加工，形成方便的购买量，组装加工解除用户使用前的难处，都是有效促进商流的例子。

(五)加工和节约相结合

节约能源、设备、人力、耗费是流通加工合理化重要的考虑因素与普遍形式。对流通加工合理化的最终判断，首先在于是否能实现物流为用户服务的本质要求，同时还要看其是否能实现社会和企业本身的效益，而且是否取得了最优效益。对流通加工企业而言，其与生产企业的一个重要不同是更应树立社会效益为第一观念，只有在以补充完善为己任的前提下才有生存的价值。如果只是追求企业的微观效益，不适当地进行加工，甚至与生产企业争利，就有违流通加工的初衷。

第三部分

物流平台

第十章　物流平台支持

第一节　物流平台概念及类别

一、平台的一般概念

平台本来是建筑领域的概念。中国的古建筑在基础之上需要构筑一个平台，建筑物建筑在平台之上。这个概念在现代不断衍生和发展，平台的含义成为起到支持作用、基础作用、规范作用和整合作用的标准化体系。物流也是这个概念的应用领域之一。平台的代表特性有四方面。

（一）通用性和公用性

首先，平台的提法表述的是一种通用性和公用性，是现代社会的一种共同语言和标准，是对专用性、专用技术带来的多样性和复杂性的一种完善和补充，是对工业化时期过分专业化的一种补充和修正，以防止专业化造成的分割，体现对复杂事务的一种整合方式。

（二）广泛性

其次，平台的提法体现的是一种广泛性，也就是广泛的适应性，这样才能够达到追求规模的目的，从而降低制造、建设或者运作的成本。

（三）支持性

平台还起到一种支持作用，有些类似于"基础"的支持作用，但是更为直接、更为明确，也可以看成基础和建筑物结构部分的细分，在基础和建筑物之间的那一部分称为平台，我国古建筑常常用这种构筑方法。

（四）有限性

平台的支持、基础、规范和整合作用都是有限的。虽然广泛适应性非常重要，但受专业化的制约，平台仅针对存在共同支持作用领域而构筑，这种作用不可能无限扩张，这就是有限性的表现。平台概念对物流十分重要，是物流领域大规模开发和建设所必需的。构筑现代物流平台是物流业从"粗放式"向"集约式"转变，并且取得"跨越式发展"的重要举措。

二、物流平台的概念

国家标准《物流术语》中没有物流平台这一概念，这在一定程度上说明对其尚没有取得共识或者这个概念还不成熟。现在物流平台概念被业内人士广泛使用，但作者多方查找,没能找到确切的解释。本书对物流平台的定义性描述如下:物流平台是对物流各种活动起到承载和支撑作用的标准化系统。物流平台的作用是使物流活动能够高效率地、顺畅地进行,使不同的物流活动能够有效地衔接,能够给物流开发提供标准化的实物工具。对此进一步解释如下:

第一,物流活动主要指实物物流,鉴于实物物流的复杂性和多样性,又鉴于实物物流跨地域的广泛性,平台的承载和支持是非常重要的。

第二,用承载和支持作用来表述平台的作用,表明了这个作用和具有基础支撑能力的基础作用有所区别。

第三,物流平台的作用在于向物流活动提供共同性和标准化的支持,因此它必然是标准化系统。这个标准化系统可能是开放的,也可能是仅支持局部事物封闭的系统。物流平台存在对外部社会开放的公共平台和仅仅局限和适合于局部领域的特殊物流平台两种类型,后者带有一定的专业性和封闭性,例如支持国际标准集装箱物流的集装箱平台、支持原油物流的原油物流平台、能够创造低温物流条件的冷链平台以及支持快速物流的快速物流平台等。

有人认为,社会经济系统只有一个统一物流平台不是更理想吗?这是把复杂的问题过于简单化,标准化的一个重要原则是“简化”,但是过于简化又常使标准化系统的适用性受到影响。对于物流平台,它的复杂性决定了它必然是分层次、针对性的,而开放式、社会化的物流平台并不能解决所有物流对象和企业的需求,这也是各种专用性的特殊物流平台存在的原因。

第四,物流平台的作用在于“使不同的物流活动能够有效地衔接和顺畅地运行”,也就是说能够使物流活动贯通。这也是打造物流平台和判断物流平台的一个重要考量点。

三、物流平台分类

(一)物流平台类别

物流平台有三大类别:共用物流平台、专用物流平台和战略性物流平台。

共用物流平台是综合性的物流平台。不单针对物流,也针对全面的客、货运输,是同时对客运和货运都起到承载和支持作用的平台,这是世界各国的主体模型。

专用物流平台是仅仅对某一种方式起到承载和支持作用的平台,例如客运专用平台、货运专用平台,再细分还可以针对铁路、公路等区分出不同运输对象的专用平台。

战略性物流平台总体来讲是具有长远性、战略性的物流支持平台,带有虚拟性,包含广泛,是既有现实运行价值也有长远功能和价值的资源。“一带一路”就是这种性质的物流平台。

当今世界上共用的综合物流平台有巨大的优势,占主导地位,但其缺点也要引起重视:适用广泛但是专用性差,难于满足差异化、个性化的需求。以铁路为例,客运和货运依赖同一平台,这是基本现状,我国修筑的运输煤炭的大秦铁路就是专用平台;我国高速公路也有类似的专用平台,实际上就是用两种不同的专用平台支持两种不同的运作。

(二)物流相关平台种类

(1)物流基础设施平台,内涵是物流线路、物流结点、物流网络。基本上是具有公益性质的对社会开放的物流平台。“开放式”往往是物流基础设施平台的一个特征。

(2)实物物流平台(物流网络平台),支持各种实体物流运行的平台系统,通常讲的物流平台的主体就是实物物流平台。

(3)物流信息平台,是各种信息设备、信息网络、信息运行机构,这个平台支持物流的讯息传递,支持各种实体货物物流的信息和与其相关的信息流动。

(4)物流标准化平台,是对各种物流活动起到承载和支持作用的标准化系统。

(5)物流管理平台,由各种管理机构、管理设施、管理网络以及相关手段构成,支持对物流的管理活动。

(三)按照物流平台作用范围分类

按照平台作用不同,物流平台可以分成区域物流平台、全国物流平台、国际物流平台。

国际物流平台是现代世界依托和着力打造的重要物流资源。由于处于不同的国家,不可能进行统一的规划、建设、运行与管理,因而带有综合性、虚拟性与战略性的特征。“一带一路”即“丝绸之路经济带”和“21 世纪海上丝绸之路”就是这样的国际物流平台。

四、不同构造的物流平台

(一)铁路物流平台

铁路物流平台是依托于铁路线路,再和仓库、车站、货场等资源进行系统化的构筑所形成的物流平台。这是我国国内远程物流的主体平台系统。

(二)水运物流平台

水运物流平台的主体结构是水运线路,特点是大运量和低成本。可以进一步分为远洋水运平台和内河水运平台两大类。其中,远洋水运物流平台是我国国际贸易物流的主体平台系统。

(三)航空物流平台

空运物流平台的主体结构是空运线路,主要特点是小运量、快速度和高成本。这种物流平台在使用上有所制约,基本上属于专属式物流平台。

(四)公路物流平台

公路物流平台是依托于公路运输线路,再和仓库、车站、货场等资源进行系统化的构筑所形成的物流平台。这是我国及世界各国使用最广泛的物流的主体平台系统。

五、物流平台案例:大秦铁路

前文已经提到了煤炭物流铁路专用平台——大秦铁路。纵观其发展过程,最初铁路完全是供人观赏、供人游乐的东西,以后逐渐发展成远程、快速、载人的运输设施，专门的、快速的、长距离的货运铁路系统是现代的产物。

我国的铁路长期处于短缺状态，营业铁路几乎全都是客货兼顾、客货混运铁路，直至大秦铁路出现。大秦铁路是铁路物流通道式的平台，这条铁路西起山西大同，东至河北秦皇岛，全长653公里，是晋煤外运、西煤东运的主要通道，支持煤炭的大量物流。全线开行1万吨和2万吨重载列车，平均不到15分钟，就有一列运煤列车驶过，年运煤量几亿吨，是目前世界上运输能力最大的专业煤炭运输线路，为我国的经济发展做出了重大贡献，可以看成铁路实物物流平台的一个典范。虽然类似的重载列车专用线路在澳大利亚、美国、俄罗斯等国家早已有之，但在世界各国类似的专线铁路中大秦铁路已经在运量上拔得头筹。

第二节　物流平台构筑及结构体系

一、物流平台体系及层次结构

物流平台的种类、作用因平台的承载及支撑对象不同而有所不同，偌大的物流领域，平台是分层次存在的。完整的物流平台分层次的结构体系及平台基本内容如表10－1所示。

表10－1　　物流平台分层次的结构体系及基本内容

结构层次				基本内容
第一层次	第二层次	第三层次	第四层次	
物流平台	实物物流平台（硬件）	物流设施网络平台	线路平台	铁路、公路、水路、管道
			结点平台	物流基地、物流中心、港口、机场、车站
		物流装备材料平台	集装平台	集装箱、托盘、集装袋、货捆
			散装平台	散装车辆、散装仓库、散装装卸设备
			自动化平台	立体仓库、高层货架、举升设备、自动化装备
			物流工具、材料平台	装卸搬运工具、运输工具、保管工具、包装材料及工具
	物流管理平台（软件）	物流信息平台	公用物流信息平台	通信系统、传输系统、数据交换系统、计算机网络、物流情报信息系统、通关系统
			专用物流信息平台	卫星定位系统、地理信息系统、射频标签系统、专用数据库、供应链解决方案
		物流标准化平台	数据标准化平台	条码系统、编码系统、物流建筑模数及尺寸系列、物流工具装备模数及尺寸系列
			技术标准化平台	集装标准化、叉车标准化、运输车辆标准化、装卸搬运设备标准化、仓库标准化
			管理标准化平台	制度、法律、规定、规则以及工作标准、合同标准、行文标准、报文标准等

二、物流平台体系的特点

(一)复杂性和多样性

物流平台结构体系反映了物流平台是一项复杂的系统工程,涉及一个国家经济建设的若干重要方面,例如铁路网络、公路网络、高速公路网络、内河水运网络、沿海水运网络、远洋水运网络等多方面网络系统建设,还有物流基地等物流设施网络的布局和建设、信息网络系统的建设、物流机械工业和自动化体系的建设以及物流领域几千个标准的制定、协调等。显然,这么复杂的系统建设,需要大量投资,需要时间进行一项一项的建设,需要在运行中进行长时间的磨合和调整。所以物流平台的建设和发展不可能一蹴而就。这也是我国现代物流水平、物流成本在GDP(国内生产总值)中的比重居高不下的一个重要原因。

物流平台的复杂性是由物流需求多样性决定的,物流平台的结构体系实际上也反映了这种多样性。表10-1这个平台的结构体系,几乎可以应对整个社会经济系统所有的物流运作需求。

(二)鲜明的层次性

物流平台层次很多,但并不杂乱,有非常鲜明的层次性。因此,只要掌握这种层次的规律,只要对层次之间的关系有总体性的认识和安排,就可以逐步地、分层次地建立这个平台体系,这对于有效地、逐步地建立物流平台有重要意义。

(三)内在相关性

物流平台有非常强的内在相关性,构造和建设必定是一个系统工程,应当是这些关系的优化结果。忽视相关性,只在个别领域进行高水平的建设,搞单兵独进,不是明智之举。物流平台内在相关性的研究,现在很不透彻,例如,在现代社会中,在不同的国情条件下各种线路的比例关系、此长彼消的相关关系以及它们的优化是现在还没有完全解决的问题。

三、物流基础设施平台

(一)概述

物流基础设施平台为物流运作提供承载支持,并实际决定整个物流系统的水平。平台上进行各种不同形式的物流运作,运作水平不能超越平台提供的支持。高技术水平、标准化的物流基础设施平台,对提升物流运作水平有非常重要的意义。如下是一些非常明显的例子。

第一个例子:如果铁路有不同的标准(宽轨、标准轨、窄轨),运输就必然不可能贯通,需要在交界处换装车辆或底盘,这需要耗费时间、增加成本。显然,这种平台很难支撑现代物流快速、贯通的要求。欧盟一体化大的技术障碍就是有四种宽度的车轴、四种不同的火车,五种电力系统和七种信号系统,所以,要实现一体化,构筑统一的平台是重要条件。

第二个例子:现有的铁路线路平台,受到铁道隧道高度的限制,不可能支持在铁路上进行双层集装箱运输的铁海集装箱联运。

第三个例子:在公路运输大型化、重型化趋势下,公路平台的构筑标准和技术等级很难支持这种趋势,只能采取限制的措施来解决问题。

这些例子都说明,物流基础设施平台在一定程度上决定了物流的运作水平和运作方式。建设高水平的物流基础设施平台,是发展现代物流的先决条件。

(二)物流基础设施平台的基本元素

物流基础设施平台的基本元素有两个:线路和结点。线路和结点的不同构筑形成不同水平、不同功能的网络结构,这就是我们常说的物流平台。

物流基础设施平台,可以由各个独立的网络组成,我国现在就属于这种构筑方式,铁路、公路、水运、航空、管道五大网络体系并存。但是物流实际运作往往需要两个以上的网络体系结合,才能形成有效的平台支持,这就要求对某些网络体系进行一体化的构筑。一般来讲,航空、管道两大网络体系功能独特,往往进行独立的运作,而铁路、公路、水运三大网络体系,尤其是铁路、公路两大网络体系,功能相近,物流对象也相近,又都属于大面积覆盖的物流基础设施,需要考虑一体化问题。表 10－1 反映了物流基础设施平台的复杂性。

四、物流基础设施平台的两种模式

铁路、公路、水运、航空、管道五大网络体系构筑是物流基础设施平台要解决的问题,而基础设施平台的构筑可分为两种模式。

(一)层状模式

层状模式类似石墨矿物结构,见图 10－1(a),每层都是规律的、结构完善的网络,每一个点都是每层网络中的一个结点,但是,层与层之间的联系却比较弱。就物流平台而言,每一层的构筑,是由不同的输送网络所形成的紧密联系的网络系统,例如铁道、公路等。各自成系统,层次的系统内能进行有效的结构和衔接,对以此为平台的物流运作有非常强的承载和支持作用。但是铁路、公路、水运、航空、管道各独立系统形成的层之间却缺乏有机的、紧密的联系。层与层之间的转换会很困难。例如,铁路和公路、铁路和水运、公路和航空之间的转换都是层与层之间的转换,很难有效解决这种转换问题。

这种模式的工程特点,是每一层的网络系统可以独立构筑和运作,比较容易构筑建设。

(二)立体网络模式

立体网络模式类似于金刚石结构,见图 10－1(b),整个立体网络结构有规律、结构完善,每一个点都是立体网络中的一个结点,整个立体网络系统是由各种不同的运输系统优化、互补而建立起来的完善的立体网络系统。很明显,立体网络结构没有断层,结构完善而紧密,对于需要在不同网络之间进行转换的物流运作来讲,是理想的模式。

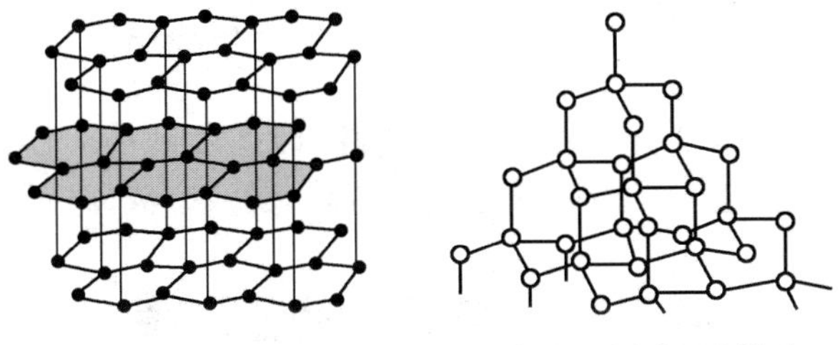

图 10－1　物流平台模型

这种模式的实施,往往采用综合物流结点的方式,依靠这种物流结点,将铁路、公路、水运甚至航空和管道系统进行有效连接,实现一体化。

在物流平台工程的实际运作中,现在还没有看到哪一个国家在整体上能够按照理想的金刚石模型去构建,但是,局部地实现这种工程模式是可行的,尤其应该运用立体网络模式作为一种优化的目标,去解决物流平台层状模式造成的各个层之间脱节的问题。

五、物流平台的构筑

(一)构筑要点

把硬件、软件的构筑放在同样重要的地位予以重视。特别要注意由于硬件具有可视性、可操作性,看得见、摸得着,立竿见影,所以人们往往只重视硬件的构筑,而忽视软件的构筑,这是错误的。对于物流这个复杂的体系,物流平台软件是使其协调高效运作的关键因素。

物流平台硬件、软件的构筑建设需要从以下三个方面进行统筹:首先是基础设施方面,其次是设备方面,第三是标准方面。

(二)遵循原则

在构建区域物流平台的过程中,需要遵循以下几方面原则:

(1)统一原则。强调参与现代物流的各部门、各环节之间从适应物流需要出发,统一设备规格、技术性能、信息标准。

(2)协调原则。强调组织物流的各部门及运输、储存、装卸、包装、流通加工、配送、信息处理各环节的运输过程中,必须加强信息交流,在时间、空间上互相衔接。

(3)物流平台的兼容性原则。区域物流平台的构建,是结合区域经济优势及其发展特点进行的,区域间的市场经济的互补性决定了区域间物流平台应有较好的兼容性。

（4）整体效能原则。区域物流平台作为系统化、一体化的物流支持体系，应以整体效能为评价标准，在保证整体效能最大化的前提下，追求各子系统的最大利益。这就要求在发展中统筹兼顾、协调发展。因此，需要解决好物流平台中各相关环节的“瓶颈”问题。

（5）硬件基础设施建设应有相对的前瞻性，即适度超前。铁路、公路、场站、码头、仓库等硬件基础设施属固定物，其建设具有阶段性，应依据规划超前建设。

第三节　物流平台的作用

一、物流平台决定物流运作水平

物流服务需要通过物流运作来实现，但是，物流的运作必须依托于物流平台。超越物流平台支撑能力而进行的物流运作，不能说没有，但不可能获得很大的成功。没有现代物流平台，物流运作的现代化根本不可能全面实现。

物流运作的水平总体上受到物流平台的支持和制约，被看成现代物流领域里的一条规律：物流平台水平决定物流运作水平。在这个规律的前提下，即使是同一个物流平台，不同的物流企业水平不同、管理水平不同、决策能力不同，也会有不同水平的运作，不同企业运作水平和效果的差异也会是非常大的。但是无论多么高水平的物流运作，都不可能超越物流平台所能够提供的支持。举一个简单的例子：散装水泥如果没有由散装仓库、散装装卸设备、散装车辆、散装计量、散装接收和使用装备所构筑的散装平台的支持，就完全不可能实现现代的散装物流。从某种意义上来讲，物流运作的总体水平直接取决于物流平台水平。这就是我们在物流运作和物流平台两者之间，特别关注物流平台的理由。

二、物流平台的作用

（一）物流平台是现代物流的重要组成部分

现代物流是一项系统工程。和一般的单项系统工程比较，现代物流是规模更大（按照经济影响力，现代物流规模大约占国民经济总量的1/5）、覆盖面更广（覆盖全国乃至国际）、涉及领域更多（全部生活、生产领域）、涉及深度更深（国民经济的微观、中观、宏观全方位）的特殊系统工程。在这个系统工程之中，物流平台是起支撑和承载物流运作基础作用的系统工程。有了这种支撑和承载，再有科技教育坚实基础和现代物流企业的运作，就成为一个国家现代物流的完整构架。

（二）物流平台是国民经济基础

在国民经济中，物流平台的直接作用是支持现代物流的运作，而物流的运作都是服务于国民经济各个产业，支持国民经济其他产业的运行，这就是国民经济基础地位的表现。还有一点必须指出的是，物流平台不仅仅对物流的运行起到承载和支持的作用，同时，它也是支持人的流动的平台的一部分，或者一部分是物流和人流动的共用平台。所以，对于旅游、文化、政治等活动也有重要的作用。我们可以把它看成整个国民经济的基础。

(三)物流平台是现代化水平和现代文明的标志

物流平台中的一些基本要素，几千年前就是一个国家实力和文明的标志。例如，铁路和远洋货轮是工业文明的标志；电气化铁路、高速公路是现代文明的标志；中国的大运河沟通南北文明等。直到今天，铁路、高速公路、远洋航线的里程，航空运输线路的覆盖程度仍然是一个国家实力和文明的标志。现在，这个标志越来越体现在物流平台中。

三、物流平台对物流的影响

(一)物流平台决定物流量

全社会物流总量，固然取决于国民经济和人民生活对于物质实体需求的数量，但是在一定的生产力发展水平下，有需求的这个总量未必能够实现，这在经济发展历程中是经常会出现的，即使在今天，这个问题也偶尔会成为制约。例如，我国燃料煤炭往往由于物流的制约造成沿海地区每年都出现供不应求的局面。物流的制约并不是缺乏经营者和管理者，而是物流平台的问题，尤其是物流平台中铁路、公路系统的平台资源短缺的制约。

(二)物流平台决定物流速度

速度问题是物流的一个大问题，不同水平和不同构造的物流平台，物流速度有很大的差异。例如，如果物流平台上的铁路、公路没有能够有效衔接，在结点上没有一体化的构造，那么，需要综合利用铁路、公路平台资源的物流，在结点之处必然形成停顿，这就必然降低速度、增加物流时间。如果平台能够支持全程贯通的联运，同样的物流范围，由于大大减少了不同物流方式的转换时间，从而有利于提高物流速度。

(三)物流平台决定物流成本

有一个认识的误区，认为粗放式的物流方式固然不好，但是它所消耗的物流成本比较低。但是，对国内外的物流水平进行分析对比之后，我们经常引用一个让我们吃惊的数据：我国物流成本在国民生产总值中的比重，竟然高出美国一倍以上。如此高的成本比重关键问题在什么地方呢？关键问题在于我国物流平台很难支持低成本的物流运作。物流平台的贯通性不够，是延缓物流时间、增加物流操作、增加物流消耗、增加物流成本的重要因素。

(四)物流平台决定物流方式

物流平台是公共的、标准化的系统，系统一旦建立，物流方式的选择就必须按照平台的要求进行。换句话说，需要根据物流平台选择物流方式，而不能超越物流平台的能力选择。

(五)物流平台决定物流的现代化水平

物流平台结构、技术、水平等是物流现代化的重要标志,各个国家物流现代化水平的比较指标,大多出自物流平台各个结构部分,例如铁路的长度、高速公路的里程、重要的战略物资储备能力以及人均拥有的物流平台资源数量等。实际上也是如此,物流平台的结构,许多不仅是物流平台的构造内容,也是物流现代化甚至是国民经济现代化的内容。

第四节　物流发展,平台先行

一、物流现代化建设重点

20 世纪末,IT 技术带来一系列新的进展,包括商业领域革命性的变革电子商务,一时间掀起了电子商务热。然而事情并不像人们当初所想的那样简单,交易实现之后麻烦就来了:货物如何送达。这原本被网络精英们看成技术含量低的事情,但实际上“物流”不那样简单。所买的东西没有拿到手,“商务”就不可能最终实现,电子商务的挫折便由此而起。这个问题不但在中国存在,在更领先一步的美国也照样存在。根据报道,1999 年西方最重要的圣诞节,世界著名电子商务网站亚马逊网站,配送出现问题,1/5 的网上订货没有按时送到,也说明了即使在当今世界最发达的国家也存在物流的问题。

矛盾爆发的初期,人们以为这是没有人从事这种服务性物流的缘故,随之而来的是物流服务企业的大量建立。但其发展仍然不够理想,原因在于缺乏服务性物流平台的支持,缺乏配送平台的支持。支持配送的虽然是简单结构的平台,但是,也必须有一系列的工程和管理来构筑,例如配送中心、贯穿在整个配送活动中的信息传递、配送车辆、配送路线、配送管理等,没有这个平台,被人们看成物流领域里最简单项目的配送也不可能实现。

物流现代化必须建立于一个基础之上,这就是物流平台。能够从事现代物流运作的企业和能够支持现代物流运行的平台,这是现代物流的两翼,而物流平台更具有基础性和制约性,把物流平台的建设作为物流现代化建设的重点是符合事物发展规律的。

二、在政策上把物流平台放在先行地位

物流平台的建设和构筑是庞大的系统工程。其庞大和复杂之处在于:并不是一个单项工程就能解决问题,它是若干个具体的工程系统项目集成在一起构筑而成的。这些工程项目不是一朝一夕可以完成的,而是一种历史的积累,是随着一个国家工业化和现代化的进程而逐步形成的。所以,绝不像一个大的工业、交通发展项目,有投资、有设计、有施工能力,用上若干年就可以建成,物流平台的建设和构筑需

要以时间为代价,这当然是应当尽早去做的事情。这就是应当在政策上把物流平台放在先行地位的重要原因。

物流平台不仅是物流的承载和支撑,而且是整个国民经济的承载和支持力量,它是基础,应该优先。根据国民经济发展的排序,物流平台的建设和构筑保持一定的优先和先行是需要明确的政策选择。在政策上明确优先和先行之后,其他许多方面就应该有所倾斜,尤其是投资。物流平台的建设和构筑需要大规模的投资,很难在短期内解决,也往往是一个国家发展进程中难以承受的沉重财政负担。所以,政策上明确先行之后,需要同时配套一系列的投资、融资、吸引外资的政策,需要有相当力度的、突破性的解决方案。

三、国家的交通系统建设应该提高到物流平台高度

铁路、交通是物流平台不可缺乏的组成部分,但如果不把它提高到物流平台建设的高度,这些系统仍然会是各个独立、自成体系、互相难以衔接,甚至互相排斥的系统。

在现代物流概念形成之前,交通概念就已经形成,而且是国民经济计划和建设的主要内容。交通系统(这里指的是广义的交通系统,包括铁道、公路、航运、航空等)建设和物流平台建设有一部分共同的内容,在一定程度上又只是相关的两个概念。其共同的主体内容在于线路的建设。其不同之处在于,物流平台更趋向于系统地关注线路和结点的综合配置,而不仅仅是某一种类型线路的总量和线路的单独配置。

结点的联结是线路系统化和合理化的重要因素,然而我们也不得不看到经常出现的这个现象:结点是物流产生阻碍、出现停顿、造成物流对象的损失、降低物流速度、增加物流时间、增加劳动消耗、增加物流成本的重要因素,可以说是物流的瓶颈。很明显,现代化的、综合的、一体化的结点应当是现代物流建设重点关注的领域。

四、物流基础平台的性质决定,构筑的主体是国家

由谁去建设和构筑物流平台?这是政策的一个焦点问题,不能一概而论,不同层次的物流平台有不同的准入政策。概括而言,基本上有两种不同的政策。

(一)物流基础平台

物流基础平台是全国性的、大范围的平台,在整个国民经济中起到基础作用。它的构成部分主要是交通运输网络,尤其是干线网络,包括航空、水运、铁路、公路线路及结点网络。不但支持和承载物流,而且也是政治、经济、文化、人民生活各项活动所依托的平台。可以说是整个国家运行所依托的基础,需要大规模的投入和长时间的建设,需要利用大量的公共资源,需要进行合理的配置,这个问题只能由国家来解决或者由国家主导来解决。

物流基础平台的重要特点有三:战略性、公共性、公益性。这三方面都是国家应

当做的事情。世界上绝大多数国家,都是以国家为主体来建设和构筑物流基础平台,或者是由国家在综合、全面配置之后,再部分或全部实现私有化。

(二)物流应用平台

专门承载和支持局部的、特定的需求的专用性物流平台是物流应用平台,它是物流基础平台的补充和完善,仍然具有广泛的支持能力和公共性。这种物流平台的构成,一部分是利用物流基础平台,另一部分是有自己特点的专用平台。配送平台就是一个明显的例子,它一部分利用物流基础平台的道路系统、空运系统、水运系统,但这不足以满足配送的要求,还必然有能够支持配送的配送中心以及相应的设施、工具、信息系统,这一部分是配送的专用平台。很明显,物流应用平台的构筑应当采取市场化办法。

五、物流平台的性质决定不以利润最大化为目标

市场经济条件下,西方经济学的"利润最大化",几乎成为经济领域被广泛认同的一条原则。物流平台应当如何考虑这个问题,这是政策需要解决的。这个问题解决之后,物流平台的建设和构筑、经营和管理等问题才会得到正确、妥善地解决。

物流基础平台,战略性、公共性和公益性决定不仅不能以"利润最大化"为目标,甚至不能以"适度利润"为目标。对物流基础平台考核,是"功能增加、能力增强和成本下降"。

物流应用平台情况有所不同。应用平台是满足特殊物流而构筑的,应用平台以及其上的物流运作共同形成了一个主体,是市场化的,"利润最大化"当然成为目标之一。但是,前提是物流在所从属和支持的大系统中,首先要"成本最低""服务最优"。

六、物流平台的"三性"原则

物流平台的三性,适用性、可靠性和经济性,是建设和构筑物流平台的基本思考,也是判断物流平台有效性的主要依据。

(一)适用性

适用性讲的是适合我国的产业状况和市场需求。适合我国社会经济发展的现实需要和战略需要,既不搞"低指标、瓜菜代",也不盲目搞"面子工程""未来工程",从而削弱物流平台的适用性。适用性不但是对当前经济的发展和市场需求的适用,同时还要给未来留出适用性延伸和发展的空间。今天的适用不能成为明天发展的障碍。

(二)可靠性

可靠性讲的是物流平台有效和安全。依托可靠的物流平台,物流运作就可以最大限度地实现优化,从而支持物流运作的提高。现代物流领域中经常讲的库存控制、零库存、准时方式、精益物流等,都必须依托可靠的物流平台才能实现。物流平

台一旦不能有效支持物流运作,或者发生重大事故,上述高水平的物流方式就不可能实现。

(三)经济性

物流平台规模巨大,平台构筑消耗很大的国力,必须贯彻经济、节约原则;同时,经济性还指的是物流平台应当能够支持低成本的物流运作。

建设和构建物流平台需要解决两方面的问题:一是物流平台本身的低成本,从而能够降低物流运作的成本分摊;一是物流平台的科技、工程水平能够支持低成本的物流运作。

第五节 “一带一路”物流平台战略构想

一、丝绸之路——中国古代的经济奇迹

“一带一路”是“丝绸之路经济带”和“21 世纪海上丝绸之路”的简称,都围绕丝绸之路,都是丝绸之路的升华,所以对于丝绸之路要先有认识。

“丝绸之路”是外国人起的一个带有形象色彩和浪漫色彩的名字,并不是一个科学的、准确的名称,千百年来通过人们的口口相传以及文艺作品的发挥,早已经家喻户晓。对于“丝绸之路”在人类历史上的作用和地位,作者在检索了若干文献和历史资料之后发现,国内外对它的认识并不到位,对于它的看重程度远远不及“长城”“颐和园”“西湖”。“长城”是防御性的工程,被许多人看成封闭和保守的象征,“颐和园”“杭州西湖”等是供人们休闲游乐的历史古迹、风景名胜,是中国独特的文化资源和产物。而“丝绸之路”不过是道路,世界上的“路”有的是,如果没有用“丝绸”来冠名,谁还记得它、看重它?

习近平主席提出构建“丝绸之路经济带”和“21 世纪海上丝绸之路”的倡议,启发了我们重新审视“丝绸之路”。“丝绸之路”体现的是开拓和进取,惠及的是国家的扩展与发展、经济和民生,它的奇迹不在于景观和名胜这些大自然的赐予,而在于人的劳动与创造,因此我们要特别重视这一中国古代人民延续千年造就的伟大经济奇迹。

“丝绸之路”并不是一条低水平的道路,而是由若干陆上和海上的线路以及它的扩散、辐射道路之间联结所形成的物流网络,一个从中国向西沟通东西方的,甚至通向世界的物流网络。例如,在新疆,“丝绸之路”就有南、中、北三条通道,每条通道也不仅是一条道路,而是大方向向西的大路、小路网络,其中不少在当时盛况空前,现在却已经废弃。由于缺乏历史记载,一直到今天,我们也并没有将“丝绸之路”的所有路线完全搞清楚。

应当特别强调指出:“丝绸之路”实际上是中国古代的物流网络。丝绸是古代中国对外贸易的“拳头”,“丝绸之路”把产品还有与此相关的文化和技术大量传到世

界，沟通了东西方经济和文化，影响了世界。实际上，“丝绸之路”本身就是一个高的起点。

二、丝绸之路经济带——战略新思维

“丝绸之路经济带”是现代的、全新的概念，远远超出了我们习惯认识的“丝绸之路”。“丝绸之路”在世界上享有盛名，是我国古代西部经济发展和东西部经济融通的历史见证，“丝绸之路经济带”则更是远远高于“丝绸之路”的一个全新概念，一个“带”字表明了“平台”的概念，是“路”的升华，体现我国战略的新思维。是影响世界的一件大事。近期，“丝绸之路经济带”不仅作为我国规划未来发展的一个蓝图，也受到许多国家和舆论的高度重视，被提到不少国家的议程之上，成了国际的一个新热点。

首先是经济问题。“丝绸之路经济带”经济价值巨大，例如，仅仅我国西部和世界物流和经济方面的沟通，与传统的东部海上通道相比较就可以节约80%的路程，缩短上千公里的距离。同时，需要引起我们特别重视的是“丝绸之路经济带”还不是简单的经济问题，它有更广泛的价值——“丝绸之路经济带”不仅可以延续中国上千年“丝绸之路”所创造的奇迹，也是当代和未来发展的重大战略举措，是我们国家与世界沟通的一个战略新思维。那里可以成为我国未来的战略大后方，有辽阔的土地和丰富的资源，有新兴的、有巨大潜力的市场和友好国家，可以成为我国新的出海口。这个经济带具有重要的地位：东牵亚太经济圈，西系欧洲经济圈，连接欧亚，辐射40多个国家，覆盖30多亿人口。所以，这个经济带可以改变中国传统的依赖东部海上通道通往世界的旧的发展格局，为我们的发展开拓一片新的天地，也将为西亚、中亚各个国家的经济发展做出巨大的贡献。

现在这个经济带的建设还只是开端。习主席对这个经济带提出了五通的要求：“政策沟通、设施联通、贸易畅通、资金融通、民心相通”，这五通涉及政治、文化、经济诸多方面，且都涉及物流，物流是其中的重头！在“丝绸之路经济带”所处的我国中、西部区域，千百年古代的文明发展就重视与物流相关的建设，进入现代社会之后，经过多年来的建设和发展，已经有了相当的基础，但是与建设“丝绸之路经济带”的发展要求，尤其是距离这个经济带的“现代化物流”的要求还相差甚远。因此，“丝绸之路经济带”的建设和发展必须下大力气进行现代物流系统的建设，物流的基础和支持作用决定了这种现代物流系统的建设必须先行。

三、21世纪海上丝绸之路——瞄准未来

海上丝绸之路，我国古代秦汉时期就开通了，经过中南半岛和南海诸国，穿过印度洋，进入红海，抵达东非和欧洲，旨在通过海洋与外界沟通。经历千年的打造，它已经成为东西方经济文化交流的重要桥梁，我国明朝的郑和就是依托这条路名扬世界。

构建21世纪海上丝绸之路对我国未来的战略发展意义重大，比之构建“丝绸之路经济带”更具战略性和前瞻性。目前对这方面的研究尚不充分，但是前景和任务已经摆在面前：

（1）与陆地相比较，海洋资源欠开发，有非常大的开发潜力，而其前提是“路”。构建21世纪海上丝绸之路，可以为这种开发做贡献，是为世界和人类造福的一件大事。

（2）世界和平发展，各国和各地区之间不断加强紧密沟通与合作，21世纪海上丝绸之路必将为此做出巨大贡献。

（3）我国一些重要产业产能过剩，21世纪海上丝绸之路是化解这种过剩的重要通道，有利于我国的经济发展，也有利于满足世界的需求。

（4）我国一些资源对国外的依存度高，资源输入主要通过海路，且我国发达地区、城市及工业和基础设施也集中于沿海，因此21世纪海上丝绸之路对我国的经济发展意义重大。

第十一章　物流信息化与物流信息平台

第一节　物流信息化

一、物流信息

（一）“有用”信息

国家标准 GB/T 18354—2001《物流术语》对物流信息的定义如下：“反映物流各种活动内容的知识、资料、图像、数据、文件的总称。”这个定义非常宽泛，物流信息庞大、复杂、无时无刻不在生成，其中只有少部分是有用的信息，有利于反映和指导物流活动。发现和搜集这些有用的信息并且进行处理、运用，这是物流信息化要做的事。

不仅在物流运作中，所有的活动中我们都会遇到获得的信息有时候是无效甚至是虚假的，重要信息反而被遗漏掉的情况。为了防止有用的信息被遗漏或者丢失，就需要高度关注浩繁的信息，这会使我们精力上和经济上难以承受。为此，必须科学地对待。面对物流信息，也必须有本书倡导的“关键的少数和一般的多数”的思想方法，这就要依赖于物流信息技术。

（二）信息流

物流信息产生于物流活动，又应用于物流活动，它是流动性非常强的信息。流动性是物流信息的非常重要的特点，主要体现是流动速度超越物流运作的速度。物流信息的价值就在于此。缓慢的流动速度，虽然也具有流动性，却是一种事后的信息。事后信息不是没有价值，它有总结、借鉴的价值，但是却不可能进行事前指导和帮助决策。

物流信息化的一个非常重要的目标是使物流信息流通，而使其通畅的办法，一个是有效地利用信息技术，使信息技术系统化；另一个是通过建立适当的体制和实行有效的管理模式来消除物流过程中的信息壁垒，建立无缝化的信息接口，使信息能够顺畅地流动。

（三）物流信息的分类

1. 按照物流信息发生的领域

按照物流信息发生的领域不同，其可分成内部和外部物流信息两种。前者是一个物流系统或者物流企业活动范畴的内部所产生的信息；后者是系统外部产生的信息。进一步，按照物流信息发生的具体环节，又可分成不同环节的物流信息，如运输信息、仓储信息等。

2. 按照物流信息的系统性质

按照物流信息的系统性质，其可以分成孤立性的物流信息和系统性的物流信息两种。系统性的物流信息是相互关联的多信息的组合，是信息群，也是物流重要特殊的信息。孤立性的物流信息和系统性的物流信息还可以进行更深层次的分类。

3. 按照信息与物流活动的关联

按照信息与物流活动的关联，其可以分成物流本体信息和相关信息两类。不仅要重视掌握物流活动本身的信息，而且对相关的信息，例如与物流相关的流通、市场、商品信息以及超越物流的更大的宏观信息予以掌握，这才不脱离社会和国家的实际，不易发生偏差。

4. 按信息的加工程度分类

物流空间广泛、持续时间长，决定了信息发生源多且信息量大，因此，可能出现信息量太大而无法容纳、无法收集、无法从中洞察和区分有用信息、无法有效利用的"信息爆炸"，解决方法是对信息进行加工。按加工程度不同可将信息分成两类：

（1）原始信息，指未加工的信息，是基础的信息，也是权威性的凭证性的信息，是加工信息可靠性的保证。有时会只重视加工信息而放弃原始信息，而一旦有争议、有疑问，如无法用原始信息核证，则加工信息便毫无意义。

（2）加工信息，指对原始信息按照需求进行各种方式、各个层次处理之后的信息。这种信息是原始信息的提炼、简化和综合，可大大缩小信息量，并将信息梳理成规律性的东西，便于使用。加工信息需要各种加工手段，同时还要制成各种指导使用的资料。

二、物流信息技术

物流信息技术是物流信息化的基础技术，是发展最快的领域之一，技术的创新、升级、淘汰处于动态的过程之中。信息技术现在已经发展成电子信息技术，随着计算机的互联，更实现了自动化、网络化。物流信息技术就处于这种环境之中，具体有以下类别：

（1）按技术内涵可分为信息标准化、信息编码、信息标识、信息识读、信息传输、信息处理、集成等若干种类的技术。

（2）按技术的适用性分成专用和通用的两大类：物流领域有许多工作是属于基础性的、通用性的工作，通用信息技术是大量应用的信息技术；专用信息技术是带有物流专业功能的信息技术，是物流的特殊需求。

（3）按信息技术的功能分成单一功能和系统功能两大类：前者属于基础性的物流信息技术；系统功能的物流信息技术能够有效地协调物流系统，满足物流运作系统化。现代物流的运作，需要依靠系统功能的物流信息技术。

三、物流信息系统

(一)物流信息系统概念

物流信息系统,长期以来一直是企业信息系统的一个子系统,而随着物流社会化的发展,物流信息系统从附属于生产企业的内部系统,变成了国民经济中和生产系统、贸易系统平行的信息系统,是伴随社会物流独立的经营体系所形成的信息系统,并从企业内部扩展到社会。

可以这样描述:物流信息系统是建立在计算机网络技术、网络通信和数据传输技术、物流信息技术之上的,系统地组织和管理物流信息的信息技术和信息管理的信息系统。物流信息系统有针对性,伴随物流系统而存在,主要解决物流系统的信息从收集到处理和应用的需要。和一般的信息系统有相同或相似的结构概念,但是它所依托的实体系统是有特点的物流系统,因此在信息对象、技术、组织、管理等方面有特殊性。

(二)物流信息系统的子系统结构

物流信息系统具有强大的功能,从订单处理、客户管理,到物流运作、现场管理、设施装备管理、物流活动优化等方方面面,无所不能。对各种各样的功能进行分类汇总,形成一种功能结构体系。大体上可以归纳如下:

(1)生产企业内部物流管理信息系统。生产企业物流信息子系统主要有订单处理、决策支持、管理信息、办公自动化、物流业务外部化、绩效管理等子系统。

(2)社会物流企业经营管理信息系统。主要有合同管理、客户管理及服务、决策支持、管理信息、办公自动化、物流企业管理、增值运作等子系统。

(三)物流信息系统的作用及五大功能

(1)规划计划功能。从客户需求开始,通过预测,掌握前景和发展的动向,进一步建立规划和计划,并以此来指导和约束物流运作,把物流运作纳入理性的轨道。这是物流信息系统具有的事前的功能。

(2)分析决策功能。物流运作,包括规划和计划,都有多种可能性和可比的决策判断问题,分析决策的功能就是支持决策者正确地选定方案。这是系统具有的事前的和实时的功能。

(3)管理控制功能。决策并形成了规划和计划的物流活动,通过管理控制功能予以实施,同时,对实施过程中出现的超越规划和计划的问题,物流信息系统应当能够及时掌控和处理,并且对管理和控制进行调整。这是物流信息系统具有的事后的功能。

(4)交易运作功能。支持交易运作,取得客户和物流业务,才能够开始物流一系列的操作。有许多决策取决于交易时所确定的物流服务水平、价格和物流活动的范畴。所以,在有效信息支持下的交易运作,就能够取得一个有利的合同。

(5)客户服务功能。在市场经济环境下,尤其是在买方市场前提下,只有重视了对客户的服务,才能够取得并且保持客户,保证企业的发展。

四、物流信息化

(一)物流信息化的含义

计算机和信息、通信技术扶助与支持物流的运作已经有多年的历史,将现代计算机技术、通信技术、网络技术贯穿于物流运作和管理的全部环节,构成了物流信息化。有人认为,这是现代物流的核心,"化"的含义是全部而且彻底。物流领域是传统的比较粗放的领域,信息化总体水平不高,因此,物流信息化的建设工作繁重,物流全面信息化是理想的目标,应该重视信息技术在物流运作和管理中的具体应用,积累性地完成物流信息化的任务。

(二)物流信息化是信息技术、管理和组织的一体化产物

往往存在这样的误解,认为有了物流信息技术就自然有了物流信息化,这是不完整的。物流信息化是物流信息技术、物流信息管理和组织一体化的产物,它们之间存在这样的关系:信息技术作为一种技术的基础,只有通过有效的物流信息管理和组织,才能使之成为物流信息系统,也才能有效地处理和解决物流信息的问题,实现物流信息化。

物流信息平台是承载和支持物流信息化的物质基础。物流信息化的运作涉及广泛而深入,但都有一个共同的平台支持。这个平台成了物流信息化的联系力量,也是物流信息化的一部分。

(三)物流信息化的作用

物流信息化赋予了物流各领域以新的面貌,比如:物流过程的系统化,物流设施的自动化,物流经营的网络化,物流接口的无缝化,物流服务的增值化,物流运作的精益化,物流管理的智能化等。再进一步,物流信息化加上物流运作的现代装备、设施等技术和管理、组织的支持,这一切综合构成了物流的现代化。

五、物流信息工作

(一)收集信息

物流信息工作首先要进行的是信息收集。广泛地、通过各种渠道收集各种有用信息,才能充分反映物流全貌,进一步筛选出有价值的东西。收集信息往往是信息工作中工作量大,最费时间、最占用人力的环节,因此,必须掌握有效的方法。由于信息数量大,没必要也不可能兼收并蓄,要明确信息收集目的及范围,有取有舍,从而进一步选择信息源,确定物流信息深度和精度,进行有效的收集。

(二)信息处理

信息处理是对收集到的信息进行筛选、分类、加工及储存,处理后才能方便地使用。这有五个步骤:

(1)信息分类及汇总。为了指导信息收集,对信息进行分类储存和使用,必须先

建立完善的分类标准。各个领域在特殊信息方面有统一分类规定,可按信息载体分,也可按知识单元分类,如分成一般信息、专题信息等。

(2)信息编目(或编码),是用一定的代号来代表不同信息项目。用普通方式(如资料室、档案室、图书室)保存信息需进行编目,用电子计算机保存信息则需确定编码。编目及编码是将信息系统化、条理化的重要手段。

(3)信息储存。一般的储存手段有图书馆、资料室储存,建卡片、档案储存以及汇总报表储存等方式。现代储存方式是用电子计算机的储存功能,建立有关数据库进行大量存储。

(4)信息更新。信息的连续性、广泛性固然非常重要,但信息也有效用期,失效的信息需要及时淘汰更新,才能容纳更多新信息,也更有利于信息的使用。

(5)信息分析研究。对原始信息进行分析、归纳、判断,将信息进行一定加工,目的是提供高级信息,这项工作称为信息研究。

(三)信息服务

服务性是物流信息资料的重要特性,信息服务工作的目的就是将信息提供给有需求的部门和外部用户。现代物流系统特别强调和用户的信息沟通,信息服务也是客户服务的重要工作。信息服务是进行委托合作的依据之一。信息服务工作的主要内容有以下几方面:

(1)发布及报导。将一些重要信息内容通过电子文件、电子数据通信、会议、文件、报告、年鉴等形式予以发表或公布,便于使用者搜集、使用。有时是按合同要求,提供诸如物流时间、货物位置、车辆状况等信息,这些信息动态性很强,往往通过网络进行传递。

(2)借阅。文献形式的信息资料应当建立借阅制度及交换制度,从而使信息资料被有效利用。

(3)查询及代查代办。用户可以按照一定的程序,进入物流信息系统之中进行查询。物流信息系统管理者也可以按用户要求项目收集信息或查找所需信息,解决信息来源问题。

(4)复制。按规定向使用者提供载有相关信息的磁盘或复印、复制品,以便于重要信息被作为历史性的记载进行保存。

(5)信息咨询,即专业信息的咨询服务。咨询工作主要是回答用户的问题,接受用户某方面的信息研究委托,提供研究成果等。

第二节　物流信息平台与物联网

一、概述

物流信息化初期,众多的开发商基本在信息不共享的前提下各自进行自己的信息系统开发,也形成了自己的平台支持。但随着互联网的出现,以及全国化乃至国际化的发展,要实现不同系统之间的有效转换,不同地区、国家之间的有效联结,就必须基于统一的平台来开发、运行。

鉴于物流信息平台的基础性和重要性,构筑物流信息平台成为必须首先启动的工作。例如,深圳物流规划中的一个重要内容就是信息平台建设和整合,规划把物流信息化建设的战略目标确定为:“构筑物流信息平台,支撑现代物流业发展对信息的综合需求。”

二、共用的信息基础平台

虽然物流信息化在特殊领域可以依托独立的、专用的信息平台,但一般而言,物流信息化最有效的方式是建立在整个国民经济和人民生活所依托的基础共用平台之上,这个平台也是物流信息最基础的共用平台,主要由国家构筑和管理。平台的主要内容如下。

(一)基础通信平台

基础通信平台属于非增值服务的通信平台,有三个领域:电话、电报、传真及信函。基础通信平台是最基本、最广泛、最廉价的信息平台资源。它可以支持直接的电话语音信息交换,图像、文字信息交换,支持实物型文件、录音录像带、软盘、光盘、相片的信息传递。基础通信平台对物流非常重要,是物流这个行业广泛依托的信息平台。

(二)一般增值服务

一般增值服务是基础通信平台的发展和延伸,支持客户对信息传递的更高需求,即可以支持“增值”的需求,例如:比一般信函速度更高的快递、电话会议、可视电话等。

(三)移动通信

移动通信有常规移动通信和集群通信系统两大类。前者是为特定用户群提供的,不允许其他用户利用,效率比较低,专用程度、安全性较高;后者对多个用户提供,是集群通信系统,拥有的全部信道可由所有用户群共享,传输效率比较高,因而成本也较低。由于物流的远程化和流动性的特点,其他的通信技术对运动中的物流的支持非常有限,是制约物流发展的非常重要的原因。

移动通信平台是物流尤其是远程物流非常重要的信息平台,可以给物流提供多种通信服务的支持,其中最多的是语音通信。这个平台还可以支持无线上网、移动目标的定位等功能,尤其是移动目标的定位功能,它廉价、方便,对物流工作非常重要。

移动通信促成了物流方式的革命性发展。快递的形成和发展,乃至到如今的规模和普及程度,没有移动通信是不可能的。

（四）计算机网络和互联网

网络是物流信息化最重要的平台支持。计算机网络是互联网的基本元素，互联网是由计算机构筑成的复杂网络。通常的定义是：在网络协议控制下和标准化的支持下，利用某种传输介质和通信手段，把地理上分散的计算机通信设备及终端等相互连接在一起，形成相互通信和资源、信息共享的计算机复合系统，而且是全球范围内众多计算机网络连接成一个逻辑网络，是由计算机网络汇合成的一个网络集合体。中国公用计算机互联网（CHINANET）由骨干网、接入层、网管中心、信息中心和相关资源服务器组成，通过电话线和各种专线覆盖全国，也可以通过这些线路灵活地进入互联网。

互联网平台提供的主要支持服务内容有：远程登录、文件传输、软件调用、电子信箱（E－mail）、网上交易及结算的电子商务活动。以互联网为平台，可以全面地以信息为基础进行物流管理、物流经营、物流教育、物流咨询等活动。

（五）数据通信

数据通信是支持电子数据交换（EDI）的通信平台，依托这个平台，借助远程通信技术，通过电子数据的采集、加工，转换成 EDI 标准文件和分发完成远程数据交换传递。作为公用信息基础平台的数据通信，邮电部门构建了中国公用分组交换数据网（CHINAPAC）、中国公用数字数据网（CHINADDN）及中国公用计算机互联网。特殊如军事领域、个别企业之间，还可以建立专用的、点对点或点对多点的数据通信平台。公用数据通信平台的三种形式具体如下。

（1）CHINAPAC，由国家骨干网、省市内网组成。由骨干网覆盖全国，再和各地的公用网、电报网互联，可以覆盖已开通电话的所有地区。它对信息传递的支持功能有提供 X.25 基本业务、虚拟专用网、广播功能等多项业务。此外还开发了电子信箱、可视图文、电子数据交换、数据库检索等多项增值业务。

（2）CHINADDN，由国家骨干网、省市内网和本地网三级网络组成。其主要功能是为用户提供永久或半永久租用电路业务，例如：点对点专用电路；点对多点广播、点对多点的数据传输和会议电视业务；压缩传真和移动漫游；证券、商行、办事机构的专用电路。它可以支持计算机实时中高速数据通信、局域网互联等，是传递信息的中、高速数据传输网络。

（3）CHINANET。和上述两种基于增值网（VAN）的 EDI 不同，在互联网已经普及的今天，基于 Internet 的远程数据交换系统（IEDI）在已经能够提供数据安全技术的基础上，更容易实现数据交换。企业在互联网上建立 Web 网站，就可以与全球范围内的固定对象进行远程数据交换。很明显，CHINANET 平台有更强大、更广泛的支持力度。

（六）卫星定位

由全球卫星定位系统 GPS（Global Positioning System）和地理信息系统 GIS（Geographic Information System）共同构筑了远程移动目标定位的平台系统，提供了对远程、移动物流设备实时定位的支持。全球卫星定位可以支持地球上所有地域的移动目标定位,而不受网络覆盖限制,具有最强大的定位功能。在移动通信网络无法覆盖,或者移动通信网络所支持的定位无法满足精确度要求的情况下,卫星定位平台是唯一的选择。

(七)公用信息应用的五个工程

(1)金桥工程。这是国家公用经济信息网平台工程,是我国经济和社会信息化的基础设施,以通信干线及各部门已有的专用通信网互联互通,互为备用,建成覆盖全国的中枢信息网。

(2)金关工程。将海关、外贸、外汇管理和税务等企业和部门业务系统联网做出口退税、配额许可证管理、进出口收汇结汇、进出口贸易统计等信息应用系统,包括EDI 平台。

(3)金卡工程。这是利用信息网络运作的电子货币工程,目的在于支持金融电子化和商业电子化。其作为一个基础平台已经在全国普遍应用。

(4)金税工程。这是为了严格税收征管,堵塞税收漏洞而实施的一个全国性信息平台。

(5)金企工程。这是国民经济以企业信息为主要内容的信息平台的一个重要部分。这个平台的主要构成是企业的信息源和数据库,目标是构筑成全国经济信息资源网络平台。

三、公用物流信息平台

公用信息平台,对于采集的数据进行处理,使之成为支撑不同应用领域的共用信息储存、查询、通信等数据系统,同时建立有关的数据库。公用信息平台是开放式的平台,所有信息资源应当共享。社会的物流活动,领域非常广阔,涉及的层面多,涉及的信息用户的数量也非常多,物流企业的物流活动有许多不相同之处,但是它们的相互沟通却都依靠公用的基础物流信息平台。如果没有这个平台,各不同物流领域的物流运作就很难交流和沟通。

物流公用信息平台首先对公用数据进行采集,不同物流企业和部门除了自己经营所需的特殊数据之外,都依赖于公用数据,如物流基础设施平台的能力、运作、收费、社会物流量等。公用数据提供基础性的信息支持,使微观的和社会的运作不出现矛盾冲突。

四、物联网

某种意义上来讲,物联网是互联网的扩展,讯息传递一直扩展到具体的“物”。具体做法是所有物品通过信息传感设备与互联网连接起来,进行信息交换,这样就可以实现物与物之间的信息沟通,相当于把物与物连接起来,所以称之为物联网。这在科学技术上已经可以实现,广泛化、普遍化之后,就可以构筑成物联网平台,支持大规模的运作。显然,物联网是有战略前景的,是影响未来的重要动向,所以,物联网被正式列为我国国家五大新兴战略性产业之一。

物联网还是个新生事物,我们对它的认识也是如此,需要在以后的历史进程中,逐渐成熟。可以预见的是它会给未来社会带来智慧,实现智能化,而且这种智能化是全方位的,可以细数和列举如下:

智能物流——解决物流高混乱、低效率问题;

智能农业——精细农业必不可少;

智能工业——轻、重工业都成智能化工业

智能商业——电子商务已见雏形;

智能家居——将家居的各种子系统结合起来,让家居生活更舒适、方便、有效、安全;

智能交通——防止拥堵和有效避免交通事故。

第三节　物流相关基础信息技术

一、事务处理系统

事务处理系统(TPS)是物流业务可以运用的基础系统,它向其他信息系统及管理工作提供所需要的数据。事务处理系统的处理对象是经营的基础——订单和票据:将原始单据录入计算机,包括订货、购货和结算单据、收据,对付出、收入账款等基本业务进行记录并随时更新。全面反映日常的活动,为更高层次的信息系统提供基础数据并且直接帮助业务改善。

事务处理系统的应用软件是成熟化、商品化的,对于通常的企业而言,主要是采购处理、销售处理和企业内部的会计处理、人事处理、物资管理等。以 POS 事务处理软件为例,这个处理系统具备采购数量、库存控制、采购订单处理、接货、应付账款等处理能力。

二、管理信息系统

管理信息系统(MIS)是帮助管理者通过系统传输的信息,随时掌握和了解业务的进展及变化情况,以便采取有效的管理、控制措施。MIS 已有几十年历史,是物流领域重要的信息系统,其应用广泛,实用价值高,物流的各个领域都可以通过 MIS 得到改善。

物流管理信息系统以物流为特定的对象范畴,把物流和物流信息结合成一个有机的系统,这个系统选择收集输入物流的各种有关数据,经过有针对性、有目的的计算机处理,即根据管理工作的要求,采用特定的软件技术,对原始数据处理后输出对管理工作有用的信息。管理信息系统面对企业的众多管理需求,是若干具体管理系统的集成系统，在应用时必须加以选择以提高管理效率。

在物流领域中，管理信息系统常常可大可小，还可包容若干子系统，比如一个仓库的管理信息系统本身可能是一个独立系统，同时又是某更大规模物流系统中的子系统。

三、资源计划系统

资源计划系统包括物料资源计划、分销资源计划、物流资源计划等的信息系统以及延伸的其他资源计划系统（CRP、ERP）。传统依靠库存进行资源调节，工业化时期着眼于库存合理，形成了许多库存控制系统，最有名的是基于经济批量（EOQ）的定期订货、定量订货，用控制订货来控制库存，用控制库存来解决资源配置。资源计划系统是突破静态的库存管理，实现动态的资源获取和供应、配置，用动态的方法来代替依靠库存的方法。

（一）物料资源计划（Material Resources Planning，MRP）

物料资源计划包括物料需求计划（MRP Ⅰ）和资源计划（MRP Ⅱ），前者是物料资源计划的基本部分，也是资源配置计划的基础，MRP Ⅱ、DRP、LRP 等都是它的延伸和发展。其基本原理是根据生产计划，确定每一种或主要物料的需求时间、数量、品种、节奏，形成精细的计划系统。这个系统的能力和水平取决于生产企业，尤其是制造业的水平，只有相当高的工艺技术水平，才能形成明确、精细的需求。在此基础上，物料资源计划就可以规划出全部资源或主要资源，按照最恰当的数量、最恰当的品种规格和时间到达计划指定的位置。再加上实物物流系统的有效运作和对计划的完美执行，就可以取得不再依靠库存进行资源配置的效果。

（二）分销资源计划（Distribution Resources Planning，DRP）

物料资源计划是生产计划基础上形成的资源配置计划，难以应用在流通领域。分销资源计划则适用于流通领域，尤其适用于连锁配送企业。应用这个系统，可以根据连锁企业的需求计划（相当于生产企业的生产计划）制订配送中心的进货计划和向连锁企业的送货计划。

（三）物流资源计划（Logistics Resources Planning，LRP）

物流资源计划将 MRP 和 DRP 有机结合，使之成为贯穿整个社会再生产系统的资源配置技术，生产企业中应用 MRP，生产企业外应用 DRP，并使两者能够很好地接口，这样就可以在现代物流系统中应用。例如，在供应链系统中，在第三方物流的领域中，这个系统可以促成供应链的建立，成为支持供应链的技术手段。

四、条形码系统

条形码是基础信息系统的重要组成部分，可以满足大量、快速采集信息的要求，适应物流的人量和高速化，可大幅度提高物流效率。条形码系统包括编码、符号设计、快速识别和计算机管理技术的系统组合，是实现计算机管理和电子数据交换不可缺少的开端技术。

(一)条形码系统的主要应用领域

(1)库存管理:根据条形码所提供信息,支持库存管理和库内作业。

(2)重点管理:根据条形码所提供信息,软件自动生成 ABC 的分类,从而支持重点管理。

(3)配送:在配送工作时,根据条形码所提供信息,进行拣选或分货,实现配货作业。

(4)电子数据交换:作为电子数据交换系统的基础数据。

(5)供应链:通过条形码识别,掌握货物在途情况。

(6)物流管理:通过条形码所传递的信息,进行统计、结算、分析等管理活动。

(二)条形码系统在物流领域的作用

(1)它是物流系统的基础。条形码所包含的信息数据是物流对象的一部简要说明书,条码单元将信息集约,使信息的采集和录入电子化。依靠这个系统,构筑了物流信息系统的开端。

(2)它是整个物流过程中的信息源。条形码在整个物流系统中,不管它处在什么位置都可以通过读取设备掌握它的运动节奏。在现代物流系统中,这是构筑 EDI 系统、供应链系统的重要组成部分,通过它可以随时掌握物流对象的位置状况和相关管理状况。

(3)它可以沟通国际物流。条形码实际是一种国际通用语言,通过对条形码识别,可以进行国际的沟通。现代物流系统的国际化趋势,通过条形码系统进行这种国际沟通,就省却了在不同国家语言文字的转换问题,有力支持了物流的国际化。

(三)商品条形码和物流条形码

我国的商品条形码采用国际标准的通用条形码。物流领域除采用通用商品条形码外,还有另外一些类型,如交叉二五码及贸易单元 128 条形码等。一般由 14 位数字组成的标准物流条形码和通用商品条形码的区别之处在于:在通用商品条形码单位数字之前增加一位数字,表示物流的识别代码。

五、电子数据交换系统

电子数据交换系统是对信息进行交换和处理的网络自动化系统,将远程通信、计算机及数据库三者有机结合在一个系统中实现数据交换。这个系统也可以作为管理信息系统和决策支持系统的重要组成部分。国际数据交换协会(IDEA)对于电子数据交换的定义是:通过电子方式,采用约定的报文标准,从一台计算机向另一台计算机进行结构化数据传输的计算机网络系统。

电子数据交换系统的主要功能是利用计算机广域网,进行远程、快速的数据交换和数据自动处理。物流领域通过电子数据交换系统,很容易及时得到远程的物流数据。这个系统成为支撑经济全球化和物流国际化的重要手段。

电子数据交换系统在物流领域有特别重要的作用。物流大和泛的特点,使之很难建立大系统的信息网络,有时候,这个大系统各个局部之间分野较明显,且各个局部往往早就有其纵向的系统,各个局部自成系统的例子也不乏见,如铁道、港口、仓储系统等。所以,物流系统带有一定的"横跨"性质,物流系统的信息完全可由各个局部领域的信息交换和共享,因而就特别需要电子数据交换。还有,物流系统与外部也必须进行信息交换,如工业企业、用户、商店、海关、银行、保险公司等,也需要通过网络联结进行电子数据交换。

采用电子数据交换系统之后,信息交换便可由两端直接进行,而越过很多中间环节,这就使物流过程中每个衔接点的手续大大简化,由于减少甚至消除了物流各个过程中的单据凭证,不但减少了差错,而且大大提高了工作效率。

第四节　主要物流信息系统

一、射频及标签系统

POS—条码系统需要进行接触识别,不大适用于物流领域,而射频—标签系统(Radio Frequency,RF)由射频和标签两部分组成,射频对标签进行不接触识别,利用电磁波射频扫描物流对象,信息则可从标签上进行识别。

(一)射频

射频系统由读写器、计算机网络两部分组成,其结构如图 11 –1 所示。射频系统的读写器有三个主要组成部分:读写模块、射频模块、天线。读写器在一个区域范围内发射电磁波,对标签进行数据采集,通过计算机网络进行数据转换、数据处理和数据传输。

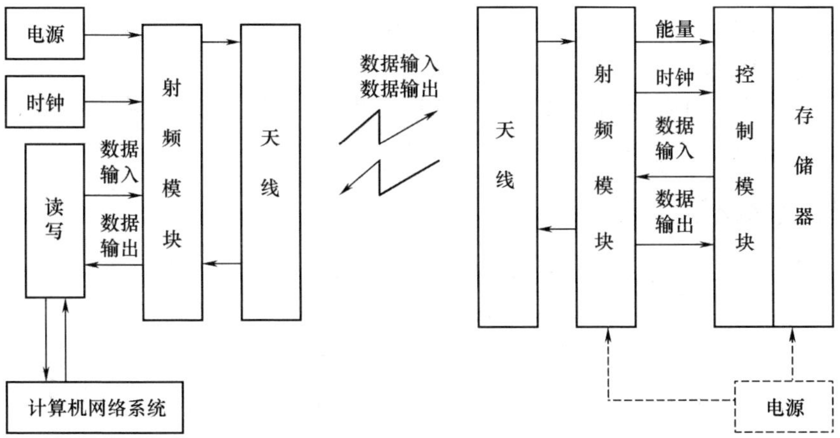

图 11 –1　射频识别系统的两个组成部分

(二)标签

标签有一定的容量,用以存储被识别对象的信息,标签的数据能被读入或写入,而且可以编程成为永久数据。标签的主要作用是存储物流对象的数据编码,对物流对象进行标识。通过射频系统的天线,编码后的标签信息可被发射给读写器,或者接受读写器的电磁波并反射给读写器。

二、销售时点信息系统

销售时点信息系统(Point of Sale,POS)是通过能够自动读取信息的设备,在销售商品时,直接读取和采集商品销售的各种信息,然后通过通信网络或计算机系统将读取的信息传输至管理中心,进行数据的处理和使用。一般来讲,应用最多的自动读取设备是商店在结算时所用的收银机,又称 POS 机。

销售时点信息系统是信息的基础采集系统,是整个商品交易或物流信息传输的最基本环节。通过销售时点信息系统,基础信息可以无遗漏地全面搜集。此系统应用的功效有:

第一,基础信息采集。这是 POS 系统的主要功能,从源头采集物流活动的基础信息。

第二,提高数据采集效率。由于采用了自动读取的设备采集和读入,工作效率大大提高,尤其是数据量大时,数据采集的优势就更加突出,可以在瞬间读取和采集复杂的数据。

第三,提高管理水平。这个系统可以使管理从分类管理上升到单品管理,尤其对精细物流系统而言,后续的仓位管理、自动存取货物的管理等都要以这种单品的信息采集为基础。

第四,提高统计效率。利用智能化的信息处理手段,可以使非常烦琐的统计工作、统计分析工作通过计算机自动完成,使容易出现差错和造成时间延误的环节变得准确而通畅。

第五,将管理领域延伸。采用 POS 系统,在对物流对象管理的同时,还能实现物流环节和工作人员的管理。

三、地理信息系统

地理信息系统是面向空间相关信息,采集、存储、检查、操作、分析和显示地理数据的系统。它是以地理信息为研究和决策服务的计算机网络系统,主要功能是即时提供多种空间的和动态的地理信息。此系统由两部分组成,即桌面地图系统和数据库,被用来存放与地图上的特征点、线、面相关的数据。通过点取地图上的相关部位,可以立即得到相关的数据;反之,通过已知的相关数据,也可以在地图上查询到相关的位置和其他信息。可以借助这个信息系统进行路线的选择和优化,对运输车辆进行监控,还可以向司机提供有关的地理信息等。

地理信息系统有不同的应用系统,如土地信息系统、城市信息系统、交通信息系统、环境信息系统、规划信息系统等,它们的共同点是用计算机处理与空间相关的信息。主要应用领域有:

(1)电子地图。借助于计算机和数据库,电子地图有一般地图几百、几千倍的信息容量,通过电子地图可以提供一种新的按地理位置进行检索以获取相关信息的方法。

(2)辅助规划。地理信息系统可以辅助仓库、站场等基础设施的规划。它可以用地理坐标、图标方式,直观反映这些基础设施的基本情况和布局情况,以进一步分析布局是否合理,从而对规划起到支持的作用。

(3)交通管理。地理信息系统和全球卫星定位系统相结合,可以及时反映车辆运行情况、交通路段情况、交通设施运行情况等,从而支持有效的交通管理。

(4)军事应用。地理信息系统对于军事后勤仓库的分布、库存物资的分布、仓库物资的调用、储备的分布规划等领域的决策,都有提供信息、进行分析和辅助决策作用。

四、全球卫星定位系统

全球卫星定位系统是通过卫星对地面上运行的车辆、船舶进行测定并精确定位的系统。在车辆、船舶或其他运输工具设备上配置信标装置,就可以接收卫星发射信号,以置于卫星的监测之下,通过接收装置,就可以确认精确的定位位置,在物流领域有重要的应用(参见图 11-2)。

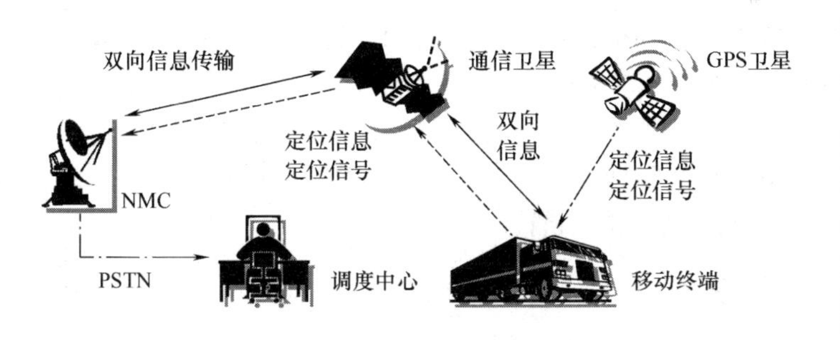

图 11-2 GPS 系统

(一)进行车辆、船舶的跟踪

全球卫星定位系统通过地面计算机终端,可实时显示出车辆、船舶的实际位置,位置精度以"米"计量。对于必须随时掌握动态的重要车辆和船舶的跟踪,目前只能依靠这个系统来解决。

(二)信息传递和查询

全球卫星定位系统可以实施双向的信息交流,可以向车辆、船舶提供相关的气象、交通、指挥等信息,同时可以将运行中的车辆、船舶的信息传递给管理中心。

(三)及时报警

通过全球卫星定位系统,掌握运输装备的异常情况,接收求助信息和报警信息,迅速传递到管理中心以实施紧急救援。

(四)支持管理

根据全球卫星定位系统所提供的信息,可以实施运输指挥、监控、路线规划和选择、向用户发出到货预报等,有效支持大跨度物流系统管理。管理方面还应用于物流设计和物流分析,例如优化车辆行驶路线,优化物流网络和物流网点布局等。

五、交通安全信息监控及卫星搜救系统

水上交通安全监控信息系统是这种信息系统的代表,主要构成为:网络系统,包括水上交通安全监控信息的主干网和各管理部门的局域网以及广域主干网和局域网之间的链接;应用软件系统。在上述网络实现信息传递和信息交流,以此为基础实施船舶管理、船员管理、事故与应急管理、通航安全管理、船载客货的管理等。

交通安全信息监控系统可以通过全球卫星定位系统或者卫星搜救系统,即时地掌握水上船舶的航行、停滞、方位,随时通过这个系统传递外部的气候、海域、港口信息,指导船舶安全航行,并随时洞察航运期间可能出现的安全危险,通过公安等外部系统予以解决。国际海事组织在《国际海上人命安全公约》(SOLAS)中明确规定:所有总吨位300吨以上的船舶必须按照要求装备遇险定位、搜救设备,以保障海上安全。

利用卫星传递信息的全球搜救系统(COSPAS - SARSAT),是免费开放的服务系统。随时对航运设备进行监控,一旦有危险即自动报警,经卫星转发后由全球地面站接收并计算遇险者的位置,组织快速施救。我国已于1994年加入该组织,在北京建有接收地面站(LUT)和搜救任务控制中心(MCC)。卫星搜救系统和水上交通安全监控系统结合,确保全面的监管。

六、智能运输系统

智能运输系统(Intelligent Traffic System,ITS)是针对地面运输管理的信息系统。20世纪,各国都占用了大量的土地资源建设公路运输体系,但是,交通拥堵、事故、交通环境污染问题却越来越严重。继续大量建设公路来满足日益增长的需求受到环境等方面的制约,因此,利用信息技术提高公路通行能力的需要变得十分迫切。智能运输系统就是对此提出的解决方案,其目的在于提高地面运输的效率。

智能运输系统将信息技术贯穿于交通运输的方方面面,形成了集成的地面运输管理体系。例如:商务用车运营子系统,可以自动询问和接收交通信息,进行合理调度,提供物流过程中需要了解的特殊公路信息,如桥梁净高、路段的限速等,对运送

危险品之类的特种车辆进行跟踪,同时对车辆和驾驶员的状况进行全程监视并在事故情况下自动报警,甚至可以在能见度比较低的情况下,自动探测前方的障碍物以保证安全行车。

第五节　物流应用软件技术

一、物流应用软件分类

(一)按通用性分类

1. 物流通用应用软件

物流通用应用软件是适用于各个物流领域的应用软件,是建立物流系统的基础资源。物流系统规模庞大,许多环节的相同工作实现规范化和标准化之后,可以大量采用通用型的应用软件。目前已经有一些成熟的通用软件,它成为物流应用软件发展的一个方向。

2. 个性化的物流应用软件

个性化的物流应用软件是针对某一特定物流企业、物流系统或物流工作开发的软件。可以有针对性地发挥作用,有效地解决提高物流系统效率、增强物流企业管理能力的问题,但应用领域比较狭窄,或者由于企业间的竞争而不能形成开放式的、普遍应用的软件。

(二)按功能分类

1. 操作系统软件

操作系统软件将物流的各项活动予以程序化,按物流工作的要求控制计算机硬件并承担客户程序的接口,使得物流应用软件能够发挥作用。

2. 管理系统软件

管理系统软件是针对物流活动和物流各功能的管理任务要求所开发的应用软件,如仓库管理、计价结算、客户关系管理、合同管理、设备管理以及物流统计软件等。

3. 物流营销活动软件

这是针对各种独特的物流营销活动所开发的专用软件,例如路径选择软件、货物追踪软件、外包承运企业选择软件、车辆调度及配装软件等。

4. 电子文件及数据传输软件

这是将信息、文件、单据以数据传输方式进行电子文件交换的软件系统,例如EDI 系统、网上资料查询系统等。

5. 集成物流活动软件

这是将物流企业集成或者物流活动集成的软件系统,例如第三方物流系统软件、集成供应链管理软件等。

二、主要物流应用软件

(一)储存业务软件

1. 仓储管理系统软件

仓储管理系统软件为从货物入库到出库的全过程提供管理支持。其主要功能有:仓位管理、订单处理、存货管理、发货管理、验收管理、仓储设备管理、库存补充管理、库存即时盘点、工作实时监督管理等。仓储管理系统软件,可以减少货单处理及库存盘点的时间,使差错率大幅度减少;支持随机存储和仓位的随机利用,改变了传统的仓位划分、空位待货状况,从而可最大限度地利用仓储空间;可以提高发货的质量和准确性,提高速度、减少顾客等待时间;可以提供仓储信息,实现"无纸化"作业,以支持整个物流经营活动。

2. 库存管理软件

库存管理软件是对库存数量进行控制的软件,可以随时监督库存量情况,根据所制定业务要求和库存管理要求,控制进货的经济批量,或者进行零库存管理。主要功能有:对库存分类重点管理;跟踪与监督库存,进行库存数量控制,自动形成进货要求;完成库存单据及库存报告等。软件可以是仓储管理系统的一个子系统,也可以独立应用在其他领域。

(二)运输及配送业务软件

1. 车辆管理软件

车辆管理软件是对众多车辆进行管理的软件,对车辆调度、运行、装运计划、装载量、装运方式、劳务管理以及成本核算等提供全方位的管理支持。软件的应用,在于保证对客户的满意服务,同时尽可能降低成本,减少车辆占用,保证安全运营。

2. 物流路径选择软件

物流路径选择软件是提供车辆运行路径方案并进行优化的软件。它根据商业活动规律以及地理信息系统的信息,生成货运路线的方案,并且提供优化建议。物流路径选择对城市配送及在多式联运的复杂运输系统中选择最佳运输路线有重要作用。

(三)业务管理软件

1. 网络信息查询软件

利用网络信息查询软件,可在企业内部网或者有协议的外部网络,进行业务信息查询。其功能包括:能掌握货物进出、库存及仓库的利用情况,获得即时数据;可以与供应商和客户分享资料,客户和供应商无论在何时何地,只要通过约定密码进入系统,就可以获得最新的信息。

这种系统不仅是企业内部标准化、效率化的管理所需要的,也是企业经营战略的一种手段。它为客户及供应商提供即时而准确的信息,使他们能及时调整业务活动。供应商或物流企业系统可以和客户系统互联,客户便可掌握和跟踪货物的进出及库存情况，同时也可向供应商或物流企业提供客户信息，和客户进行网上的谈判，甚至对账和结算。

2. 客户关系管理软件

根据各个用户的特点，实现定制化、增值的服务，从而形成市场优势，这是客户关系管理系统要解决的问题。系统可以掌握客户历史的和现实的状况，客户的物流需求、营销方式和营销策略，客户最满意的服务方式等，从而有针对性地提高受理的效率，增强对客户的服务能力，进而提供各种增值服务，使客户满意。

3. 调度监控管理系统

调度监控管理系统结合移动通信、全球卫星定位、地理信息系统、企业内部网与互联网技术，对物流设备、工具，如车辆、船舶等移动目标进行监控与调度。

这个系统可以即时进行信息采集、监测跟踪、多级调度、信息传输及发布、双向通信，从而跟踪移动目标，进行监控和指挥，向客户提供在途情况、预计到达时间，及时进行调度管理。这个系统软件对第三方物流企业非常重要。其效果是：选择最优物流路线达到最快的物流速度；最大限度降低空载率、降低成本、保障安全；尤其是使客户能够放心和满意。

4. 物流业务管理系统

物流业务管理系统是支持物流企业对物流业务进行全面管理的系统，是集成许多业务活动，充分利用信息资源进行信息共享所建立的管理系统。其可以进行订单处理、事故处理、资料查询、货物状态查询、业务报表管理、合同管理、资金运作及结算管理、运输与仓储计划管理、业务受理以及经济活动分析各项工作。

5. 物流资源管理系统

物流资源管理系统是对于物流企业内部、外部的现实实体资源与虚拟资源进行管理的系统。通过信息和网络技术的支持，充分了解本企业（尤其是大型物流企业）的物流资源和社会上可以利用的物流资源（虚拟资源），从而确定最优的资源投入，最大限度利用现有资源，防止资源的浪费；慎重而且节约地建立新的资源；充分利用买方市场的优势，无偿地获得、低成本运用社会资源，使物流资源虚拟化。物流资源管理系统的主要功能如下：

（1）管理机构的资源管理。运用本系统，可全面掌握人力资源和装备资源，以提高效率和降低成本。

（2）网点资源管理。网点资源是资本投入最大的资源领域，是资源控制的重点。运用本系统，可对仓库、货场、装卸站场、堆场进行全面控制管理。

（3）运输工具资源管理。运用本系统，可对运输工具的数量、质量、规格和配套情况进行全面分析和管理，对运输工具资源的利用情况进行分析管理，为其优化进行辅助决策。

（4）装卸设备资源管理。运用本系统，可对装卸设备的数量、质量、规格和配套情况、利用情况进行全面分析和管理，以充分挖掘潜力、灵活调度，保证装卸活动的高效进行。

(5)人力资源管理。人力资源有不同于物力资源的许多特点:难于规范化和数量化,动态性非常强。运用本系统,对人力资源进行有效管理,可以充分调动和激励人的积极性,不断提高整个企业的水平,而且可以获得人力资源使用的低成本。

(四)供应链管理软件

供应链管理软件是支持供应链管理的集成企业软件。它要解决的问题是把整个供应链资源和供应链管理集约,寻找“终点至终点”的答案。不仅解决从供应商开始的原材料变成成品,经过装运,最后到客户的全过程,而且,许多公司还将人力资源、财务(总账、应付账款、应收账款等)和其他业务也一同与供应链管理集成在同一企业软件中。

这个软件可包括几百种商业处理过程,如生产计划、发票及票据、进出库、收货业务、存货控制等。这种集成的企业软件可以方便地处理企业内的信息流,利用企业软件,还可以不再需要系统之间的接口,这些接口和功能可以由公用的数据库来实现。供应链管理软件,最终的结果是增加客户、降低成本、保持最佳的库存状态以及改进对客户的服务,提供多种增值服务的选择,维持跨越国际、洲际供应链的正常运作。

第十二章　物流线路

第一节　作用及种类

一、物流线路的作用

物流线路是实物物流以改变空间位置为主要功能的基本载体，在线路上从事的物流活动是运输。物流线路是物流网络中连接物流结点的通道，是供运输工具移动和运行的通道式的设施，是运输工具赖以运行的物质基础。线路和结点共同构筑了物流网络。

线路和运输是一体的，它直接支持运输，是物流基础平台的核心，是物流的最基础的条件，只要有物流的线路，就有物流。线路在物流中的地位首屈一指，远高于物流平台的其他部分。物流结点、物流信息、物流管理都是现代物流的支撑和结构因素，而即使在远古时代，只要有线路存在，就会出现在线路上运行的物流。

现代物流，线路的重要性越发突出。经济全球化，需要在全球实现“物”的沟通，这要靠高水平的物流系统，覆盖全球的物流线路是核心和基础。物流线路发挥的主要作用是扩展物流的覆盖面，支持运输功能的实现。物流线路将各个地区连接，使物流活动能够依托线路到达这些地区，实现物资交流和沟通，影响和促进经济和文化发展。

物流线路系统是一个工程技术系统，需要建设和构筑。有一个误区，认为有些物流线路是大自然的赐予，例如水运线路和空运线路。其实不然，虽然自然环境条件有利于物流，但是这些并不是线路的全部，只是线路工程技术系统的一个基础条件，必须进行建设和构筑才可以形成对现代物流起支持作用、平台作用的线路系统。铁路线路非常明显地需要构筑，即使是水运和空运线路也是如此，需要对通行的路线进行勘探、测量、选择和规划，需要充分掌握线路通过地区的自然条件和自然状况，需要排除隐蔽的障碍物，总之，是以不同的方式方法对线路进行建设和构筑。

二、物流线路的种类及结构

（一）种类

物流基础设施平台的线路有五大系统，即铁路、公路、水路、航空、管道，此外还有其他一些线路。

（1）铁路线路。它支持火车以及各种轮轨车辆运行，主体是货运铁路和客运铁路。种类有干线、支线、地方铁路、森林铁路、小铁路、企业内部铁路、轨道传输线等。结构主体是路基和路轨，桥梁、隧道、涵洞也是铁路线路的结构部分。

(2)公路线路。其主体是支持汽车运行的货运和客运线路，当然还有多种车辆依托公路线路进行物流，如马车、牛车、人力车甚至人力的物流。公路线路具体包括干线公路、高速公路、区域公路、一般道路等。

(3)水运线路。它支持各种船舶运行，主体是支持货运和客运船舶的线路。结构主体是水运航线，虽然只要有水域就可以进行物流运作，但真正支持大规模物流的水运线路是建设和开辟的水运航线。

(4)航空线路。其主体是支持货运及客运飞机的线路。航空线路不是大规模物流的主体线路，但是它所具有的特殊能力是特殊物流、应急物流的重要线路。

(5)管道线路。这是支持在管道中物流运行的物流线路。

其他物流线路还有传送带线路、索道线路等。

(二)结构

物流线路有两种典型的结构状态：

(1)独立的线路系统。以本线路和本线路系统为主体，进行独立的运行和管理。

(2)网络结构状态的线路系统。多条线路可以构筑成网络，在这种线路的网络上可以进行单条线路的独立运作，但更重要的是利用网络优势进行网络的管理和联合运作。

第二节 公路与道路

一、概述

公路和道路支持的物流形式是陆路运输。公路是公共交通之道路，一般而言，把连接城市、乡村和工矿之间，供汽车行驶并具备一定技术标准和设施的道路称为公路；包括公路在内的所有“路”都可以称为道路。公路和道路都是物流线路的组成部分，都是物流平台的基础资源。选择、建设、配置、规划好这个基础资源，对于最低限度地保证物流运行和最高限度地实现物流合理化都是非常重要的。

二、分类

(一)按照行政范畴综合分类

公路按行政等级可分为五个等级：国家公路(简称国道)、省公路(简称省道)、县公路(简称县道)、乡公路(简称乡道)、专用公路。

(二)按照技术特性分类

按照公路的技术特性可以分成三大类：

(1)普通公路。主要是客货混运的道路体系。一般分成国道主干道、省级公路及县乡公路三个等级。国道主干道、省级公路以干线为主,县乡公路和部分省级公路属于支线公路。

普通公路对于使用者一般给予“国民待遇”,按照一般的交通管理办法实施管理。国道主干道对于运行对象有比较严格的限制。

(2)高速公路。我国的高速公路一般也是按照客货混运的道路体系构造。对于运行对象有诸多限制,例如不允许非机动车辆和某些特定的机动车辆通行。

(3)专用公路。客货混流造成的混乱及资源的浪费是一个比较严重的问题。按照客货混运的线路构筑方式,已经不能满足物流向大重量、大数量、大体积方向发展的要求。因此,适当建设一些客运、货运专用线路,适应不同的需求和采用不同的技术标准,从而防止客货混流造成的混乱及资源浪费,是发展趋势之一。

(三)按照技术等级分类

按公路水平及通行标准可分五个等级:四个等级公路与等外公路。

(1)一级公路。标准是:汽车分向、分车道行驶并可根据需要控制出入的多车道公路。可以进一步细分为四车道一级公路、六车道一级公路。

(2)二级公路。标准是:汽车行驶的双车道公路,交通量比较高。

(3)三级公路。标准也是供汽车行驶的双车道公路,交通量低于二级公路。

(4)四级公路。标准是交通量更低的供汽车行驶的双车道或单车道公路。

(5)等外公路。比四级公路还低的、宽度、路面铺装水平没有达标的公路。

(四)按照不同的地位分类

不同地位体现了不同道路的重要性,可分成干线公路和支线公路两类:国道和省道属于干线公路,县道和乡道属于支线公路。

(五)按照运营收费分类

按运营是否收费可以分成两类,国家政策是以非收费公路为主,适当发展收费公路。

(1)收费公路。国家允许依法设立收费公路,同时对数量进行控制。收费主要用于偿还贷款,也用于筹集公路养护和管理资金。

(2)公益公路。主要是国家投资修建的公路,符合规定的车辆可免费通行。国家采用依法征税的办法筹集公路养护资金,不再另收费用。

三、公路及道路支持的物流

(一)“门到门”及“到门”物流

(1)“门到门”物流。不经任何中转环节把货物从发货者的“门口”直接运送到用户的“门口”。很明显“门到门”物流不经过中间的停滞、换载、装卸,因此可以加速货物送达,减少由于倒运引起的装卸操作,因而减少了费用、减少了货损和货差。同时,物流手续简便,无须双方再办理任何其他中间环节的手续。

(2)“到门”的物流。所有的物流都必须有效地解决“到门”的问题,也就是物流的首、尾两个终端的问题。这个问题的有效解决要依靠公路及道路，因为只有公路及道路才能够全面到达这两个终端。所以，铁路、空运、水运线路所支持的物流“到门”的问题要依靠公路及道路，也可以说，公路及道路线路是铁路、空运、水运系统的组成部分。

（二）其他有优势物流形式

（1）精益物流。这是属于精细服务和增值服务范畴的服务方式，公路及道路对物流的支持，可控性强、灵活机动，能够满足用户个性化的要求，因而比较容易实行精益化的运作。

（2）铁路、空运、水运的补充物流。这有两方面：一是衔接铁路、空运、水运等线路，成为一个完整的大系统；一是在铁路、空运、水运不能运行的地区独自担起物流的大任。

（3）企业内部物流。企业内部一般没有铁路、空运、水运的线路，但是，企业内部物流又绝不可缺，这除了依靠传送带、管道等线路资源来解决之外只有靠企业内部的道路来支持。

四、公路及道路线路的特点

公路及道路线路具有如下四个特点：

第一，基础性、公益性和广泛的覆盖。这是公路及道路线路的特点，也是未来的发展方向。公路这个名字本身就表达了它的公用性，实际上，作为公用平台，公路线路相对铁路线路有更强的公用性。

第二，多样性。公路及道路线路种类很多，等级水平和质量水平有比较大的差距。这个特点带来了不同的结果：一方面增加了物流运行的难度；另一方面造成对物流运行支持的多样性和物流运行的机动灵活。

第三，安全性相对较低。公路及道路线路的易损性及事故多发性影响它对于物流运作支持的稳定性。一旦出现这样的问题，可以通过广泛覆盖的公路及道路找到替代的方案，这个特点又优于铁路、空运、管道等线路方式。

第四，建设相对容易。公路及道路线路固定设施简单，投资比较低，构筑和建设相对比较容易。这就有利于解决临时的、急需的物流线路需求，成为初期开拓和发展的重要手段。

第三节　铁路物流线路

一、概述

多数的铁路线路都是同时支持客运和货运，也有专门支持货运的铁路线路，例如我国的大秦铁路不仅专门支持货运，而且是专门支持煤炭货运的铁路线路；还有专门支持客运的铁路，例如我国的高速铁路。不同的线路，技术能力和技术标准不同。在货运方面，专门支持货运的是重载铁路线路，一般的铁路线路上大宗货物运输重载化也是发展趋势。铁路线路支持的重载化单元列车对提高运能、减少燃油消耗、节省运营车等有显著效果。

铁路线路是系统性的资源，是铁路系统的重要基础资源，是机车车辆和列车运行的基础条件。广义上，铁路线路是由路基、轨道、桥梁、隧道、车站、货场以及相关建筑物组成的一个系统资源；狭义上，铁路线路是由路基、轨道、桥梁、隧道所组合成的工程结构。

对于在铁路上运行的货物车辆，一方面是采用大型货车解决大重量、大体积货物的物流；另一方面是降低自重，使车体轻量化，提高轴重、轴数，从而相应增加运送货物的数量。铁路客运线路和货运线路分离是未来的重要发展趋势之一。一旦专门货运的铁路线路大量出现并且形成网络，铁路物流平台就会出现质的飞跃。

二、分类

(一)按照建设与管理主体分类

按照建设和管理主体不同，铁路线路可分为以下五类：

(1)国家铁路，简称国铁，是由国务院铁路主管部门所管理的铁路。

(2)地方铁路，是地方投资和管理的铁路。

(3)合资铁路，是由不同主体投资兴建的铁路。

国家铁路采取高度集中、统一指挥的管理体制；地方与合资铁路在运营方面同样也纳入集中、统一指挥的管理体制。

(4)企业内部铁路，是满足本企业生产经营需求的铁路，例如森林铁路、工矿铁路、水库工程铁路等。它不纳入国家运输管理体制之中，有专属性，被称为专用铁路。

(5)铁路专用线，是与国家铁路接轨的岔线。铁路专用线与专用铁路主要为本企业内部运输服务，两者不同的是：专用铁路一般自备动力、运输工具，在内部形成一套系统的运输组织；铁路专用线则仅是一条线路，长度一般不超过30公里，使用接轨的铁路动力，虽然为企业或者单位需要而建，但也是国家铁路网的组成部分。

(二)按照线路的地位分类

按照线路的地位不同，可将其分成正线、站线、段管线、岔线及特别用途线。

(1)正线。连接车站并贯穿或直接伸入车站的线路为正线。可分为站外正线及站内正线，连接车站的部分为站内正线。

(2)站线。车站除设有正线外，还应根据作业需要和繁忙程度，分别铺设供列车到达或出发使用的到发线，为列车编组、解体、转线使用的调车线，为货物装卸设的货物线，此外还有指定用途的其他线，如机车走行线、机待线、驼峰迂回线等，这些统称为站线。

(3)段管线。由机务段、车辆段、工务段、电务供电段等专用并由其管理的线路。

(4)岔线。岔线是指与铁路接轨,通往路内外单位(厂矿企业、砂石场、港口、码头、货物仓库)的专用线路。它直接为厂矿企业服务,一般不设车站。

(5)特别用途线。它包括安全线、避难线等线路。

(三)按照铁路线路等级分类

按照铁路线路等级不同,其可分成Ⅰ级、Ⅱ级、Ⅲ级三个等级。

(四)按照铁路线路功能分类

按照铁路线路功能不同,其可分成标准铁路、高速铁路、专用铁路、铁路专用线、重载铁路等。

其中,重载铁路有专用性,是用于大宗散货的总重大、轴重大的列车的特殊铁路。其特点是行驶密度大、运量大,一般单列运输量为2 000~3 000吨,而重载火车单列运输量更在5 000吨以上,总重可达1万~2万吨,轴重可达30吨。重载铁路运输的大宗散货主要为煤炭、矿石、散粮等,是高效率的运输方式。我国的大秦铁路就是这样的重载铁路。

(五)按照铁路线路铁轨轨距分类

按照铁路线路铁轨轨距不同,其可分成标准轨铁路、宽轨铁路、窄轨铁路。

我国基本上采用标准轨距,个别地方也有窄轨,台湾和海南岛轨距为1 067毫米,昆明局的部分轨距为1 000毫米。企业内部和施工现场也采用窄轨铁路,不属于正线铁路。

三、铁路线路的优势和特点

(一)铁路物流的优势

铁路物流具有以下四个优势:

(1)大运量。陆地物流领域,铁路的大运量表现在两个方面:一是单位重量大,另外一个是总量大。尤其是后一方面,对于支持像煤炭、矿石、钢材、水泥、木材这样的大数量的物流需求,有很大的优势。

(2)长距离。对于中长距离,尤其是长距离物流,铁路的优势明显,铁路的快速度决定了其优势地位。

(3)低运行成本。陆地运输,铁路的运行成本远低于汽车,和空运比较,铁路运输的成本更低,这就可以给大数量、物流费用承担能力弱的重要工矿产品提供一个非常好的选择。这也就是煤炭、水泥、木材、钢材、大数量矿产品更多选择铁路物流的原因。

(4)安全程度高。在几种物流平台中,铁路线路的固化性比较强,有比较高的安全性能。

(二)铁路线路的特点

铁路线路的特点有以下五个:

(1)基础性、公益性和广泛的覆盖性。铁路线路是国家基础性、公益性和广泛覆盖的平台性的资源,它的这个特点仅次于公路及道路线路。

(2)平台和运行相关性强。这是铁路线路平台的一个非常重要的特点,这个平台和公路平台相比有更强的系统性。

(3)运行质量和效率较高。铁路线路是标准化的、系统化的资源,有严格的要求而缺乏机动性,因此,其应用受到一定的限制,但在它运行的领域会取得较高的运行质量和效率。

(4)安全性高。铁路线路运行有很强的稳定性,会减少由于线路事故所造成的损失。

(5)结点之间直达物流。对于铁路的重要结点(例如煤炭发运的结点,电厂作为煤炭接收的结点),两点之间可直通,省去了反复装卸和短程搬运的费用,相应减少了损耗,加快了速度和周转,尤其对于大数量物流更具有不可比拟的优势。大秦铁路就体现这个特点。

第四节 水运物流线路

一、概述

依托于水运线路的水路运输是利用各种不同的船舶和其他能够在水上浮运的工具,在江、河、湖、海以及人工水道运送货物的一种运输方式。水运线路是物流平台的重要基础资源,水运是一种重要的物流方式,也是综合运输体系中的重要组成部分。

大自然造就的江、河、湖、海是天然的水运物流线路的原始资源,可以直接支持物流活动,所以,也是人类最早利用的物流资源。天然的水运物流资源,经过开发和改造,规划出线路,就能成为物流基础平台资源,和水运物流结点系统一起构筑成水运物流平台。

二、分类和物流方式

水运物流线路可以分成四种:沿海航线、近海航线、远洋航线和内河航线。

(一)海洋运输(海运)

海运是使用船舶等水运工具沿海上的物流线路(航道)运送货物的运输方式。需要使用大型船舶才有安全性和经济性,所以海洋运输具有运量大、成本低等重要的优势,是支持对外贸易的重要物流形态。但运输速度慢、受自然条件影响比较大,是这种物流方式的制约因素。海洋运输可以进一步细分为沿海运输、近海运输及远洋运输。

(二)内河运输(河运)

河运是使用船舶等水运工具,在江、河、湖泊、水库等天然或人工水道的物流线路运送货物的方式。和海运比较，河运的可控性比较强，是重要的基础运输方式。

三、水运物流线路支持的物流

水运物流线路支持的物流具有以下特征：

（1）大运量的物流。由于船舶的载重能力可以有很大程度的扩展，所以，可以支持单位重量大和总量大的物流。特别是总量，现在船舶的载重已经从万吨级上升为十万吨级，对于支持像煤炭、石油、矿石、钢材、水泥、木材这样的大数量的物流需求，有不可比的优势。

（2）长距离的物流。中长以上距离的物流尤其是长距离跨海的物流，水运的优势明显。

（3）低运行成本的物流。在所有的运输方式中，水运的成本最低。这就可以给大数量、物流费用承担能力弱的工矿产品提供一个非常好的选择。

四、水运物流线路的特点

水运物流线路也是基础性、公益性和广泛覆盖的平台性的资源。和公路及铁路不同的是，水运物流线路不存在规范的、标准的、具体的、不变的实物结构，而是经常处于变化的状态。由于海洋与河流的地理分布及其地质、地貌、水文与气象等条件和因素的明显制约与影响，水运物流线路无论是路径还是长短，还是线路的通过能力，都经常处于变化中，尤其是受气候的影响很大，因而缺乏稳定性。

第五节　管道及其他物流线路

一、管道线路及管道物流

管道物流是以管道线路作为载体，支持气体、液体、粉末颗粒状物体在管道内运动的一种物流方式。它与铁路、公路、水运和航空运输一起并列为五大现代运输方式。

（一）分类

管道线路可分成四大类：

（1）液体输送管道。自来水管道、原油管道、成品油管道、化工溶液管道、污水管道、煤浆和其他矿浆管道等都属于这一类。

（2）气体输送管道。天然气管道、二氧化碳气管道、液化气管道、矿井及生产企业通风管道都属于这一类。

（3）粉体、颗粒体输送管道。煤粉输送管道、水泥熟料疏通管道、水泥输送管道、粮食管道等都属于这一类。

（4）固体输送管道。较大的固体或装备（例如传输筒）采用机动、气动、水力、真空等方式进行输送的管道,属于特殊方式,实际应用有限。

(二)主要特点

第一,封闭性。输送是在管道这个封闭的空间中完成的。这就给管道线路中运送的物资提供了两大保障:一个是纯度的保障,物流过程中不会有外界其他种类的物资混入;另外一个是安全的保障,这也有两个方面,即不会发生货物的丢失和减损、不会发生外界因素造成的安全事故。

第二,连续性。输送是在管道这个封闭的空间中连续、不中断地完成的。这也带来两个优势:一个是充分利用管道空间,提高管道输送能力;另外一个是有利于连续性的工艺过程,这是有些生产领域所必需的,尤其是不能中断生产的领域和自动化生产流水线所必需的。还可省去增加费用、增加损失、增加时间的中转环节。

第三,便利性。管道线路的建设对环境条件和地理状态要求不高,安装和拆除也比较容易,因此,在其他物流线路短时期难以完成的情况下,可以采用管道的方式。此外,便利性还体现在应用的广泛性,除了工农业大规模应用之外,管道也给人的生活提供了便利,家庭、学校、办公场所的给排水、煤气都是采用管道线路输送。

第四,经济性。这也表现在两方面:一方面是建设的经济性,另外一方面是运行的经济性。投资少、建设速度快、占用土地资源少是建设经济性的主要表现;运行成本低、运行消耗和运行损失少、运量大、没有"三废"排放是运行经济性的主要表现。

第五,灵活性差。管道输送的规范性很强,不如其他运输方式灵活,承运的货物单一,由于灵活性差,一旦出现空置,很难转用于其他领域,这就会大大增加成本。

(三)主要应用领域

(1)长距离、大数量的输送。管道线路在全世界广泛用于石油、天然气的长距离运输。一定意义上说,现代社会石油、天然气的大规模开发与长距离物流的实现有直接的关系。长距离、大数量的输送对于降低成本也有重要作用。

(2)各种液、气体的输送。除了石油、天然气,其他各种液、气体在社会领域以及在企业内部工艺过程中的输送都可以采用管道线路。

(3)颗粒状、粉状物资的输送。固体物经过一定处理成为颗粒状、粉状物资,使之具有一定的流体性,就适合管道输送。

二、航空物流线路及物流

依托于航空线路的航空物流是利用飞机等飞行器具,在空中运送货物的一种物流方式。航空线路是物流平台的重要基础资源,航空物流是一种其他物流方式难以取代的重要的物流方式,也是综合运输体系中的重要组成部分。

航空和水运物流线路有共同之处:线路没有确定形状的结构实体,但是航空物流线路又是客观的真实存在,在空中建立的航空线路有一定的高度和宽度,承载货物的飞行器就是在这个线路中运行。通常情况下,航空物流提供的物流服务主要是信件、文件、包裹三大类,包裹多用于高附加值产品。快速是航空物流的最大优势,非常符合现代生活和工作节奏“快”的要求，特别是在非常情况下，在军事、救灾方面航空物流可以发挥很大的作用。

历史上，航空物流领域很有名的一个例证是驼峰航线，它是第二次世界大战期间印度到中国西南部的空中航线，翻越喜马拉雅山、高黎贡山、横断山，跨越萨尔温江、怒江、澜沧江、金沙江，长800多公里，下面的地势海拔在4 500～5 500米上下，最高海拔达7 000米，山峰起伏连绵，犹如骆驼的峰背，故而得名“驼峰航线”。1942年，第二次世界大战正处于白热化，我国抗日战争处于非常艰难、物资极度缺乏的时间段，“驼峰航线”不可磨灭的贡献是支持中国抗日。其主导力量是美国，付出巨大：美军损失飞机1 500架以上，牺牲优秀飞行员近3 000人。

航空物流有两个制约因素：一是航空器具的技术制约，表现在体积和重量两方面；另外一个是成本的制约，航空物流是高成本物流，这也是经济制约。

三、传送带物流线路及物流

传送带是带状输送设备的一个总称，理论上和实践中种类很多，相互差异很大。主要有带式、板式、小车式、斗式、刮板式、辊式、振动式、悬挂式、螺旋输送机以及自动扶梯、自动人行道、架空索道等，其中应用最广泛的是带式输送机（传送带）。传送带是一种散状物料的输送、搬运设备，传送带敷设的线路就是物流的线路。主要在企业内部工艺流程中的物流以及企业与外部衔接性的物流阶段发挥作用，尤其是企业内部作为自动化生产线的组成部分这一重要作用受到重视。现在，传送带的发展冲破了企业的局限，一个城市内部或者城市之间也可能使用传送带完成物料的中、长距离输送。

传送带往往受带长的制约因而在安装和使用各方面不够灵活，这个问题由于伸缩输送机的应用而有所改变。伸缩输送机可以在一定长度范围之内对输送线的长度进行改变，因而提高了传送带的灵活性并相应提高了工作效率。

第十三章　物流结点

第一节　概念及种类

一、概述

(一)概念

物流结点又称物流接点、物流节点,有的场合也称物流据点,是物流网络中连接物流线路的结节之处,起到连接各线路的中心点的作用,所以又泛称为物流中心。各个有具体用途的这种"中心",前面冠以不同名称,即配送中心、集货中心、储运中心等。对于特别执行大规模衔接物流线路及具有中枢功能的又称物流中枢、物流枢纽或物流基地。

另外,像仓库、车站、货栈等规模比较小的、在局部范围起结点作用的物流设施,也是物流结点的一种类型。

(二)物流网络的两个实物要素

线路和结点是实物物流网络的两个实物要素。

物流的过程是由许多运动过程和相对停顿过程组成的。一般情况下,两种不同形式的运动过程或相同形式的两次运动过程中都要有暂时的停顿,而一次暂时停顿也往往联结两次不同的运动。物流过程便由这种多次的运动—停顿—运动—停顿所组成。

与这种运动形式相呼应,物流网络结构也是由执行运动使命的线路和执行停顿使命的结点两种基本元素构成。线路与结点因其相互联系、相对配置及其结构、组成、联系方式不同,而形成了不同的物流网络,物流网络的水平高低、功能强弱则取决于网络中两个基本元素的配置关系和两个基本元素本身的水平。全部物流活动是在线路和结点进行的:在线路上进行的活动主要是运输;物流功能要素中的其他所有功能要素,如包装、装卸、保管、分货、配货、流通加工等,都是在结点上完成的。实际上,物流线路上的活动也是靠结点组织和联系的。这是物流系统中非常重要的部分。

(三)结点对网络的优化作用

现代物流网络,结点对优化整个物流网络起着重要作用。从发展来看,它不仅执行一般的物流职能,而且执行指挥调度、信息等神经中枢的职能,是物流网络的灵魂所在。这在名称上也有反映,称为物流据点,对于执行中枢功能的又称物流中枢或物流枢纽。

物流结点是现代物流系统的重要组成部分。物流学发展初期,学者和实业家都比较偏重于研究运输、储存、包装等物流基本功能,而对结点的作用认识不足,原因是物流发展初期,系统观念尚不足。物流系统化的观念越是增强,就越是强调总体的协调、顺畅,强调总体的最优,而结点正是处在联结系统的位置上,总体的水平往往通过结点体现。所以,物流结点的研究随现代物流的发展而更受重视,也是研究内容的创新。

二、物流结点的功能及作用

(一)衔接功能

物流结点将线路联结成一个系统,这种作用被称为衔接作用。在物流未系统化之前,不同线路的互相衔接有很大困难,例如轮船的大量输送线和短途汽车的小量输送线,两者的输送形态、输送装备都不同,运量又有巨大差异,所以在两者之间有长时间的中断,再逐渐实现转换,这是一种被动的衔接,两者不能贯通。物流结点利用各种技术的、管理的方法可以有效地起到衔接作用,将中断转化为通畅。衔接作用可以通过多种方法实现:

(1)通过转换运输方式,衔接不同运输手段;

(2)通过加工,衔接干线物流及配送物流等不同目的的物流;

(3)通过储存,衔接供应物流和需求物流等不同时间的物流;

(4)通过集装箱、托盘等集装处理,衔接整个"门到门"运输,使之成为一体。

(二)信息功能

实物物流结点绝大部分同时也是物流信息的结点。物流结点是整个物流系统的信息传递、收集、处理、发送的集中地,在现代物流系统中,每一个结点都是物流信息的一个点,若干个这种类型的信息点和物流系统的信息中枢结合起来,成了指挥、管理、调度整个物流系统的信息网络,这是一个物流系统建立的前提条件。

(三)管理功能

物流系统的管理设施和指挥机构往往集中设置于物流结点之中。实际上,物流结点大都是集管理、指挥、调度、信息、衔接及货物处理为一体的物流综合设施。物流系统运转的有序化和正常化、整个物流系统的效率和水平都取决于物流结点的管理功能的实现。

三、物流结点的种类

(一)转运型结点

转存型结点是在两条运输线相接之处接连不同运输方式的结点,以铁道与公路的货站、水运的港口、空运的空港最为典型。一般而言,这种结点处于运输线上,又以转运为主,所以货物停滞的时间较短。转运型结点的特点,首先是有高效的转运设施,包括转运装卸设施、重新编组设施等;同时,为了对转运的时间、数量、地区进行协调,也有相当规模的储存场地和仓库,这和储备型仓库的构造有很大区别,要求货物有很强的流动性。

(二)储存型结点

储存型结点是以存放货物为主要职能的结点,货物在这种结点的停滞时间较长。储备仓库、营业仓库、中转仓库、货栈等都是属于此种类型的结点。尽管仓库职能发生变化，一大部分仓库转化成不以储备为主要职能的流通仓库甚至流通中心，但是，为保证国民经济的正常运行，保证企业经营的正常，保证市场的流转，仓库储备的形式仍不可缺乏，总还是有一大批仓库仍会以储备为主要职能。在我国，这种类型的仓库仍占主体。

(三)流通型结点

流通型结点是以组织物资、商品社会流通为主要职能的结点。流通仓库、流通中心、配送中心属于这类结点。需要说明的是，各种以主要功能分类的结点，都可以承担其他职能而不完全排除其他职能。例如，转运型结点中往往设置有储存货物的货场或站库，从而具有一定的储存功能，但是，因其所处的位置，其主要职能是转运，所以归入到转运型结点之中。

(四)综合型结点

综合型结点是在物流系统中可以全面实现两种以上主要功能的结点。这种结点中的实际运作，并非独立完成各自功能，而是将若干功能有机结合于一体，有完善设施、有效衔接和协调工艺的集约型结点。这种结点是适应物流大量化和复杂化，适应物流更为精密准确，在一个结点中要求实现多种转化而使物流系统简化、高效的要求出现的，是现代物流系统中结点发展的方向之一。

(五)物流枢纽

在各种类型的结点中，超大型的、连接多条线路的、地位很重要的结点往往被称为“枢纽”。枢纽也是多种物流设施的集中地，是综合型结点的主体类型，它包含三个要素：

第一，多条通道或者线路交汇的要素，这是枢纽的主要要素。多条线路是物流平台的线路要素、通道要素；它们的交汇，则是大型结点的要素，这是物流平台的要素。

第二，物流设施和装备的要素。在枢纽中，设施和装备群是不可少的，这是物流运作手段、劳动手段的要素。在物流枢纽上的装备和设施，具有大型化和公共性的重要特点。

第三，管理的要素。前两个要素仅反映了环境和条件，管理要素反映的是运作的要素，保证运作的正常。

枢纽也有综合性枢纽和专业性枢纽之分，专业性枢纽类型的结点主要有：

(1)航空枢纽。这是主要联结空运线路以及实现空运线路及其他线路联结的大型结点。可以称得上枢纽的至少要联结10条以上空运线路。空运枢纽也有多种名称，例如称之为“航空港”，简称为“空港”。

(2)枢纽港。这是起到枢纽作用的大型水运港口。这种港口连接多条水运线路，并且实现与其他类型线路的联结，具有多个码头和大型的储运设施。国际物流的枢纽港，还包括海关及与国际物流相关的保税区、保税仓库等设施。

(3)铁路枢纽。这是起到枢纽作用的大型铁路站点。铁路枢纽连接多条铁路线路，并且可以实现与公路等其他线路的衔接。

(4)公路枢纽。这是起到枢纽作用的大型公路站点，连接多条公路线路，并且可以实现与其他线路的衔接。由于公路的分布非常广泛,公路线路是几种物流线路中最多、最长的一种,因此,衔接这些线路的枢纽也非常复杂,可分成主枢纽和一级、二级枢纽等不同的层次。

第二节　转运型结点

一、转运型结点的种类

转运型结点有陆运转运站、水运转运站、空运转运站、综合转运站及特种转运站五类。

(一)陆运转运站

通常所讲的车站、货站、中转站、终点站、编组站等都是陆地转运站的局部或简称,可细分为汽车中转站、火车中转站及汽车、火车转运站三大类型。前两种转运站转运工艺较为简单,甚至可在转运站中实现汽车、火车的对接或靠接换载;第三种转运站,货物要重新分装、编组,工艺较复杂,需要装、卸、分货等设施支撑。具体参见图 13－1。

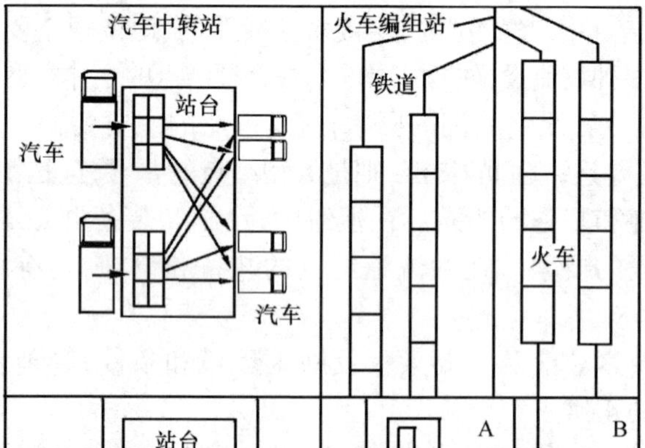

图 13－1　陆运转运站的各种形式

（二）水运转运站

水运转运站包括两种类型：

(1)水运之间的转运站。这是衔接两种水运方式或同一种水运方式需要对货物过驳重组的转运站，这类转运站统称为港口。这种转运又有海运与内河、海运与海运、内河与内河航运三种转运方式。转运的实现方法有三种：码头转运、两船直接靠接转运、港湾船转货转运。

(2)水运与陆运转运站。这是衔接水运及陆运的转运站，在港口内通过码头进行。

（三）空运转运站

空运转运站是衔接两种空运或衔接空运与其他运输方式的转运站。以后者为主要形式，习惯称为空港。

（四）综合转运站

综合转运站是衔接两种以上运输方式的结构复杂、功能完善的转运站。这种转运站实际上也是不同运输路线的终点，现在许多书将其称作"综合终点站""综合终端"，适合衔接几种大量运输。重要的综合转运站是集铁路、公路、水运为一体的综合转运站，可以实现水运、铁运、汽运的双向转换，也可实现三者的多向转换，如图13－2所示。

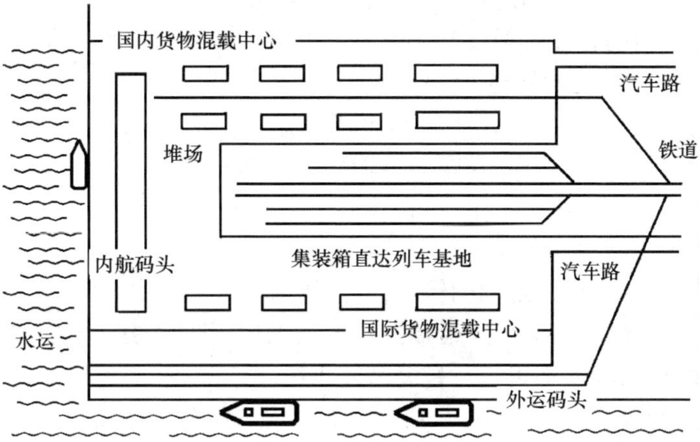

图13－2　综合转运站示意图

（五）特种转运站

特种转运站是有特种用途和特种功效的转运站。其主要包括以下几种类型：

(1)集装箱转运站。这是国际通用集装箱海运、陆运及铁路和卡车运输转运的设施。转运站专门设计站、场、库并同时配套安装专门的起重装卸工具，转运集装箱的效率很高，是集装联运不可缺少的设施。集装箱装卸是决定转运效率的关键：通常采用的装卸设备是集装箱专用起重机和大型叉车，可以实现快速的装卸；还可采用“滚上滚下”的滚装方式配合滚装船进行装卸；还有集装箱汽车运输和火车运输之间的不落地装卸方式，配合转盘或集装箱移动器，实现卡车和火车车皮的直接接靠、水平装卸。

(2)煤炭转运站。煤炭有污染其他物资、设施的特点，又是易燃的危险品，为防止煤炭自燃或失火，需进行喷水等处理，再加上数量大，所以往往用专用的转运站转运。所采用的设备专用性很强，难与其他货物装卸混用。

(3)散装水泥转运站。水泥的产品形态有不同于许多产品的特点，其不仅是微细粉状，难于用一般设备处理，而且还有污染它物及自身变质的特点，再加上水泥物流数量很大，所以用专用的转运站。水泥转运站要解决的主要问题是水泥大量、快速、封闭的装卸问题，另外还有水泥封闭性的暂存问题。所采用的设备专用性极强。

(4)石油转运站。石油等大量运输的油品及液体物料，如不采取桶、罐等包装形态，则必须由专门的转运站转运。其主要设备是泵送的管道系统和储油设施。

二、转运方式及工艺流程

(一)转运方式

转运结点有三种转运方式：

1. 干线与干线之间的转运

这是大量、快速、长距离运输之间的转运，包括水运、铁运、干线公路之间的转换以及不同方式之间的相互转换。其主要特点是基本保持原包装组合。

2. 干线与支线之间的转运

这种转运方式有两种：一是集货与干线运输之间的转运；一是干线与配送运输之间的转运。它是大量、快速、长距离运输与小量、短距离、精细运输之间的转运。

主要特点是需改变原包装组合，在转运结点上实现以大化小或以小集大的转换。

3. 支线与支线之间的转运

这是小量、短距离运输之间的转运，有三种形式：

(1)在较小范围的“门对门”运输。在发货的“门”已按接货的“门”的要求组合包装形态，因此转运中途不再进行包装解体重组。

(2)发货端批量发货，不考虑最终用户的要求，而在转运结点上进行包装组合，将组合好的货物运达至接货的“门”。

(3)发接货端都是某种类型的物流结点，比如仓库，在转运结点上只进行运输方式的转换，不进行包装的重组，但要有数量转换的任务，如从一定的大批量转换成小批量等。

(二)工艺流程

1. 不落地转运站工艺

不落地转运站工艺转运的换载过程中，货体不落地，在两种不同运输线路的不同运输设备上直接实现转换。这种工艺又分靠接转运、不靠接转运及进入转运三种形式。

(1)靠接转运。这种方式适合集装箱、托盘类货物和各种包装货物。所使用的转移设备有:集装箱或托盘移动车、移动器、小型叉车以及车辆辊道。其中车辆辊道是对接转运专业性强、效率高的设备,运输工具底座专门制成辊道底座,在运输工具接靠后以推拉实现货体转移。

(2)不靠接转运。这种方式中两种运输工具不必靠接而进行不落地装卸转运。转移设备有叉车、吊车、输送机三类装备,再配以搬运车。从一种运输工具上将货物取放到搬运车上,搬运车行驶至另一运输设备处,再利用装卸设备取下并装到另一运输设备上。这种方式可在两运输设备相距较远的情况下进行不落地转运。

(3)进入转运。一种运输工具载运的货物,在转运站不做货体移动而是连同运输工具驶入另一工具之中,实现转运,有利用滚装船的“船载车”方式和驼背运输的“车载车”方式。

2. 落地工艺

采用落地工艺货体先置于地面暂存,以后再转运。具体在以下几种情况下采用:

(1)当转运的数量低于运来的数量时,一部分不落地转运,剩余部分落地以后再转运。

(2)运来货物与转运货物有一定时间差,为腾出运输工具,加速运输工具和站场、码头的货物周转,落地短时存放一段时间之后再转运。

(3)某些难于进行不落地转运的货物,如散装物、小包装物等。

(4)装卸条件、技术条件、管理条件、计划水平达不到即时转运要求,只能先落地。

第三节　流通型结点

一、流通型结点的种类

(一)流通仓库

流通仓库是具有较强进出货物能力,同时仍保有储存保管能力的仓库。它和一般仓库的不同之处在于:

(1)位置不同。普通仓库往往位于离物流线路较远、交通不大便利的地区;流通仓库的选址,交通条件要求较高,为了组织和加速货物流转,位置要处于物流线路之上或附近。

(2)能力不同。普通仓库中货物往往长期存放,吞吐量与仓库存货能力之比较小,即储存量较大而周转速度较慢,具“静态”特点;而流通仓库中货物的周转速度较快,吞吐量与存货量的相对比值较高,货物停滞的时间相对较短。

(3)构造及装备不同。普通仓库内部以存货场地及存货装备为主,存货场所占库区面积与总面积之比较高,由于货物多处于静态,作业机械较少;流通仓库进出货及理货工作所占面积相对较大,而存货面积相对较小,库内机械机具运动频率较高,数量也较多,因而机械保有量较多,运行通道的面积比例也较大。

(4)工艺流程不同。除了相同的进货、存货、搬运、出库等工序之外,普通仓库中验收、保管、养护是较重要的工序;流通仓库这方面要求不高,甚至干脆不设这些工序。

(5)功能不同。普通仓库是单功能的,流通仓库功能较多。后者主要表现在,由于需要有效组织流通,其信息功能较强;由于周转速度快,入出库频度高,其转运功能较强;由于快速流通的需要,其理货功能也较强。

(二)中转仓库

中转仓库是具有转运能力的仓库。它不是长期储存货物,更不是储备仓库,而是在储存功能基础上进行转发的仓库。由于有一定保有量,所以,中转仓库也往往划为储存型结点,看成一般仓库;有时也划入到转运结点之中,作为转运结点之一种。中转仓库衔接两种以上运输方式的能力较强,内部的设备特点,除仓库外,转运站场、转运站台及转运设施较多,"动态"性较强,所以从性质上来讲也属于流通型结点。

(三)集货中心

集货中心是将一定范围的分散的、小批量的但总数量较大的货运集中以便进行大批量处理或大批量进入物流状态的流通型结点。其多用于农产品,原因是农产品生产的特殊性,即面积大而单位面积产出量低,产点多且分散,有相当大的总量。此外,工业生产也有类似的情况。

集货中心的位置是一端与集货支线运输相连接,另一端与干线(大量运输)相连接,实现多来源、小批量、高频度的进货,由储运设施集中储存,再按不同要求集合进入下一步物流环节。和转运中心相比,集货中心储存功能较强,货物从支线向干线运输的转换较慢。再有,便是有一定的流通加工职能,这是它和转运中心的重要区别。

(四)分货中心

分货中心是将集中到达的大数量货物进行"化小"处理,形成新的货体,以满足较小数量的分散的需求。它是适应大生产和个性化需求而发展起来的。大生产是连续大批量生产,且生产地集中。为保证生产持续,需要有大量流通的手段将产品运离。分货中心以其前端与这种大量流通相衔接,再以另一端与分散的、小批量的需求相衔接,完成将集中生产与分散量需求衔接的使命。

分货中心并不是简单实现大量与小量的运输转换,而是采取分货的办法,将大量货物拆分并形成新的货体和新的包装形态。这带有流通加工职能,是与转运中心的重要区别所在。

（五）流通加工中心

流通加工中心的职能是流通加工。它必须起到生产环节不能起到的作用，所以位置选择、加工对象的选择十分重要，同时要注意加工方式及加工程度的选择。其在物流系统中的位置有以下几种：

（1）处于生产环节之后，进入物流过程之前。这几乎是生产过程的直接延伸，既可能是生产分出的一部分，也可能是为物流需要而设置的。前者如一些大生产企业在大批量生产后，由物流部门按用户所需进行的分品种、规格、数量、到站的包装及货物处理等流通加工形式，这不是主体；后者如为满足高效物流、合理物流而设置的，如肉类、水产的冷冻、低温加工，货体的集装处理等，是流通加工中心的主体。

（2）在物流中途。这是利用转运或中转停顿的环节，配合转运或中转而建立的流通加工点。它利用物流过程中的必然停顿，实际上等于减少一次停顿。由于处于物流中途，加工的灵活性较大。在长距离物流（如国际物流）中，这种加工中心设置较多。

（3）在接近消费地处。这是采用较多的加工中心位置，直接面向产品市场、面向用户，有很强的服务功能。从生产布局角度讲，在生产集中布局取得大生产的优势之后，这种流通加工是不可缺少的补充形式。作用就是在接近用户的位置将大生产转化为用户的个性需求，如配煤、平板玻璃切片、钢材剪切加工等流通加工方式就是在这种中心完成的。

流通加工中心的职能往往不是单一的，总是要与其他功能结合在一起，共同完成物流。由于物流对象种属庞大，流通加工中心的加工工艺必然也是多种多样的，但它们的共同特点是：加工区工艺与生产企业工艺比较，加工量大而工艺简单、流程短。

（六）配送中心

关于配送中心，本书第二十一章有详细讲述，请参阅。

（七）流通中心

流通中心泛指多种类型的和流通相关的中心。这有两种含义：其一，是各种类型流通结点的泛称；其二，专指大型流通业务基地。流通中心不仅包含物流设施，也包括商流和信息流的功能和设施，可以说是商业形态和物流据点合一的流通基地，但主要还是物流的功能。

流通中心的物流功能齐全，而商业功能主要涉及商业信息和批发领域。流通中心很少地处闹市或繁华地区，所以，商业功能必然不完善，如促销、展销、零售等功能很难集中于此。

由于流通中心的物流功能很强，所以，从设施来看，也往往有处理能力很大的储存、分货、拣选、包装、装运、装卸等机械装备，是物流装备的一个集中地。根据需要，各种装备以不同形式的有效配置形成不同目的的流通中心和有特点的工艺流程。

图 13-3 所示为流通中心的构造图,由此可看出流通中心的一般情况。

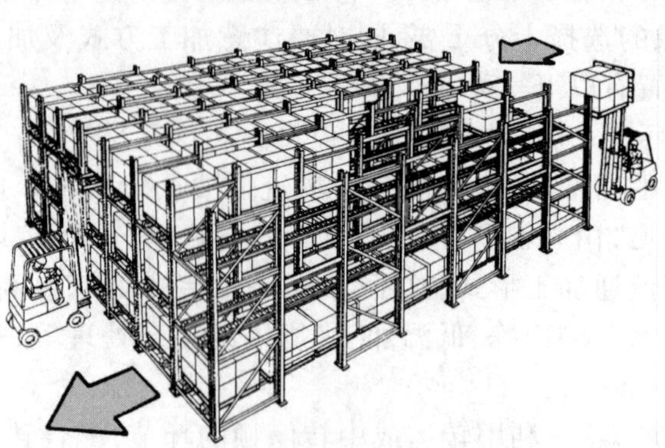

图 13-3　流通中心构造一例

二、多层次物流结点及其配置

物流结点是一个矛盾的存在。一方面,如果没有结点,物流系统的运行就会出现很大的混乱和低效率;另一方面,物流结点必然造成物流过程的停顿。一个特定的区域,是不是需要有某种类型的或某些类型的物流结点,这些结点之间的配置层次又是如何,对此没有一个固定的模式,而需要根据具体问题和该地区的约束条件寻求优化。

网络中,物流结点分层次存在,一般是两个层次,也有三个层次。各个城市和地区产业结构不同,该地区和城市的区位条件和物流资源也有所不同,再加上物流对象的差异,所以物流结点也有不同的配置方式。可以采取两个层次物流结点配置的方式来支持城市或地区的物流,尤其在城市、地区的规模不大,或物流不复杂的情况下,这种配置方式能够有效地减少环节,所以更有优势。图 13-4 所示为两个层次物流结点,是一种典型的模式。

两个层次物流结点的配置,是复杂物流系统追求合理化的一种模式。对于复杂的物流系统来讲,如果能够在局部地区减少一个环节,那是一个非常大的节约。是不是能够做到这一点,要看城市和地区的具体条件,也取决于物流管理和运作水平及能力。

三个层次的物流结点配置是区域物流结点配置的一般形式,有适用性。完善的物流网络,需要由物流结点来联结不同物流线路。结点在网络中的作用也不相同,有的影响整个物流网络,有的只在局部起作用。城市或地区要建立大型而完整的物流系统,对结点进行全面的、有层次的配置一般需要三个层次的物流结点,即物流基地、物流中心、配送中心。

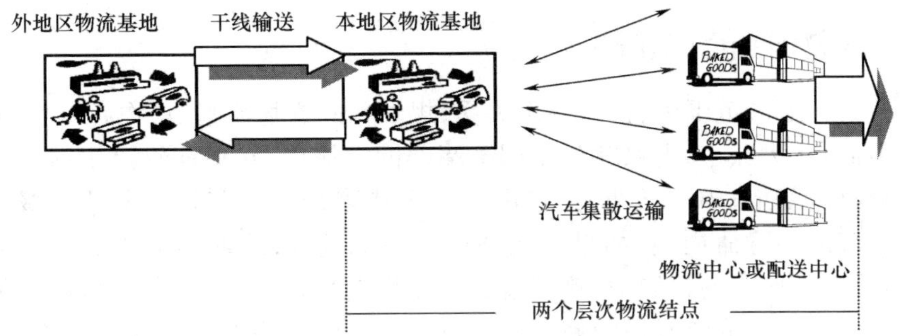

图 13-4　两个层次物流结点

(一)物流基地

物流基地是集约了多种物流设施、起到综合功能和指挥、基础作用的特大型物流结点,是集约化的、大规模的物流设施集中地和多种物流线路的交汇地。物流基地的综合性主要体现在可以有效集约铁路、公路、水运、空运,实现综合运输、多式联运。有了这种结点就可以实现在物流基地之间进行快速、直达、大量干线运输,尤其是多式联运的干线运输。通过物流基地,实现本地区与外地区大规模的物流往来。物流基地有以下功能:

(1)综合功能。具有综合各种物流方式和物流形态的作用,可以全面处理包装、装卸、储存、搬运、流通加工、不同运输方式转换、信息、调度等工作。

(2)集约功能。集约了物流主体设施和有关的管理、通信、商贸等设施,规模大,集约程度高,是流通领域大生产的一种代表,是具有规模效益的流通设施。

(3)转运功能。可以有效集约铁路、公路、水运、空运,实现综合运输、多式联运的最有效转化。

(4)集中库存功能。可以通过集中库存,降低库存总量,并且实现有效库存调度。

(5)调节功能。可以使物流系统优化。

(6)指挥功能。物流基地是整个物流系统的集中信息汇集地和指挥地。

对物流基地予以归纳,可以用以下三个特点来反映,这三个特点是:集约、基础、大。

(二)物流中心

物流中心是某一专业范畴的综合性大型物流结点,可以与干线运输相衔接,也可以从物流基地转运,起到衔接大型物流基地与本地区其他物流结点的作用。

(三)配送中心

配送中心则是面向最终用户,进行末端运输的专业化的、规模适应于需求的物流结点。

三、多层次物流结点的布局

在城市和地区范围内，按照层次关系，规划和配置物流基地、物流中心、配送中心。一般而言，大城市，尤其是位于国土端部的大城市，在单向物流辐射方向需要配置一个物流基地；中心城市，则可配置两个或多个物流基地。考虑到城市的扩展和物流基地的寿命周期，如果物流基地离城市过近，近期的物流成本会大幅度降低，但是随着城市的扩展，物流基地的寿命周期会比较短，这就有可能增加远期的物流成本。鉴于物流基地的规模很大、投资很高，过短的寿命周期是不适宜的。一般而言，超大规模的物流基地，考虑50年左右的寿命周期。物流中心则需要有20年以上的寿命周期。配送中心规模较小，效益较高，比较效益不亚于其他产业，因此城市对其寿命不形成太大的制约。但是，基于配送中心的特殊运作方式，一般而言，在经济发展到一定高度以后，需要实现“日配”，而工作一般都需在深夜或凌晨进行，存在扰民问题和交通问题。所以，配送中心一般规划在非居民稠密区较为适宜。

第四节　综合型结点及物流园区

一、物流园区的概念

现代社会，物流产业也出现了产业聚集的现象。与集中在一个地区的生产类型产业不同，物流产业聚集表现在物流企业的聚集，以及管理、服务、经营、运作指挥等中心和诸如流通加工等能力的聚集，进而形成了一种物流功能区域，它是有综合功能的结点，即物流园区。

国家标准《物流术语》对物流园区的定义是：“物流园区是为了实现物流设施集约化和物流运作共同化，或者出于城市物流设施空间布局合理化的目的而在城市周边等各区域，集中建设的物流设施群与众多物流业者在地域上的物理集结地”。本书对物流园区的表述是：“物流园区是政府划定的一定规模的功能区域，提供给物流企业聚集和运作。”解释如下：

第一，物流园区应当是物流产业一个有个性的、清晰的、独特的概念。只有这样才能进一步深化对园区的科学认识，才能形成科学的概念。

第二，物流园区的概念应当和国内外已经建立并且广泛使用的诸如基地、枢纽、中心的概念相区别，物流园区的范围不应过宽，不但不应取代上述概念，更不应当过多跨越物流之外的其他产业。

第三，“园区”的概念已经约定俗成，早就在其他经济领域大量应用，应当说，概念是清晰的。物流园区的“园区”也应与之协调。

第四，国家标准的概念，大大扩大了物流园区的边界，本书对此持否定态度。作者认为，把交通枢纽、车站、机场、港口、保税区、商贸中心等都纳入物流园区范畴，其结果必然是使物流园区失去了个性，从而也就失去了生命。所以，本书认为，国家标准中“众多物流业者在地域上的物理集结地”应当是物流园区的本质特征。

第五，物流园区应当是政府划定的一定规模的功能区域。所以，不能把大大小小所有的“物流业者在地域上的物理集结地”都称为物流园区。

二、物流园区的作用

（一）对物流的作用

物流园区可以使物流产业形成聚集、形成规模。在物流园区集中对物流设施进行大规模的建设是物流发展的重要保障。现代物流的发展，需要进行大规模的工程设施建设，集中在一个区域之中，有利于做好这件事情。

（二）对城市发展的作用

（1）有利于城市科学布局，完善城市功能。要解决城市产业的合理布局，提升城市的服务能力，改善城市人居条件，重要的方法是对城市进行科学布局，分散的、旧的物流资源会对这种科学布局产生阻碍。采用物流园区的方法，形成新的城市功能区，自然有利于解决这个问题。

（2）缓解物流对城市可持续发展的负面影响。物流对城市有很多负面的甚至破坏性的影响，例如有毒废气污染、二氧化碳排放、噪音污染、交通事故等。随着城市内物流流量的增加以及车辆的大型化、快速化、重量化的发展，近些年来问题越来越严重，物流园区则可以大大缓解这个问题。

（3）提升城市的现代化水平。物流园区的重要作用是提升城市物流的现代化水平，进而提升整个城市的现代化水平。有规划、大规模、科学地建设物流园区，使之成为现代化的物流产业，必将促使物流的产业升级，使城市的物流现代化水平得以保证和提高。

（4）增强城市与外界经济交往的能力。有物流园区的存在，城市与外界的物流可以实现一定程度的集中和规模化，从而提升物流能力，降低交往的成本，扩大与外界的经济交往。

（5）增强对城市内各个产业的服务能力。物流园区可以有效解决城市发展对物流需求不断增长的问题，使各个产业的物流需求有所依靠，提高对物流用户的服务能力和水平。

三、物流园区的主要构成

（一）进入物流园区的物流企业

这是物流园区的主体，是对客户进行物流服务的直接承担者。进入物流园区的物流企业，主要拥有的资源是物流信息资源、本身的装卸搬运资源、仓储设施设备资源、能够保证在枢纽上进行经营和运作的资源、客户和物流市场资源。物流企业可以在园区之中组织各种物流经营活动，也可以设立物流企业办事机构、代表处，甚至物流企业的基地。

（二）物流园区的公共平台

大量企业在物流园区进行运作，除了自有的资源之外，还需要相当的公共资源。这些资源，有些可以在枢纽之中获取，有些则由物流园区提供，园区起到了平台支持作用。例如，园区道路、专用线、场地、公共仓库等，尤其是公共信息平台，它应当是物流园区构筑的重要部分。

（三）园区管理部门或管理企业

物流园区中有众多物流企业聚集，当然就需要管理。运行条件和后勤支持需要由管理部门提供，维修、统筹、物业、安全管理也都是他们的责任。为此，可以由政府建立管理机构，园区企业联合建立管理机构，或者在物流园区企业化的前提下，建立企业化的管理机构。

（四）相关的其他部门和企业

物流园区的一个重要特点是引入办理物流运作必需手续的部门和企业，以保证物流园区可以对用户提供物流以及物流相关手续的“一站式服务”，也可以使物流企业的相关手续能够在园区之内完成。主要涉及海关、商检、检疫、检测、工商、税务、法律、保险、银行等，同时，也不排除在物流园区之中建立科研、教学培训机构以及相关的商业和生活区。

四、物流园区的发展

（一）物流园区的连锁

物流园区数量达到一定程度之后，众多园区之间必然会产生一种竞争与合作的关系，连锁就成为其发展方向之一。因为物流是在大范围进行运作，众多园区实现连锁，就能有效支持物流的系统化运作，对用户实行“一站式服务”。单个的物流园区，服务范围和服务能力有限，一旦形成连锁，服务的能力和服务范围就可以大幅度提高。连锁可以走两条路：一条是物流园区之间的连锁；另一条是入驻不同地方物流园区的企业互相之间实现连锁。

（二）物流园区平台的构筑

我国的物流园区广泛分布，实际上已经形成一个网络，这是平台的基础。网络格局形成之后，通过连锁或其他整合方法，例如兼并和重组，就可以变成全国性的园区网络，自然具有平台的基础功能，然后再进行平台其他功能建设，就可以形成物流园区平台。这当然会大大提升物流水平和物流服务能力，对物流产业的升级会有重大作用。

(三)物流园区的巨型化

由于物流园区的运作或大资本进入,或者其他原因,物流园区可能发展成为包含枢纽、基地在内的巨型经济体。物流园区的发展方向是巨型化还是适度规模的专业化,这还有待我们观察。对此发展的研究,本书不做细述。

第十四章　仓库

第一节　仓库的种类及主要参数

一、仓库和仓库业

（一）仓库的概念及作用

仓库指以库房、货场及其他设施、装置为劳动手段，对商品、货物、物资进行收进、整理、储存、保管和分发等工作的场所。

仓库是我国古语"仓"和"库"的合成词。农业社会储存粮食出现了"仓"及"仓廪"的概念，兴兵征战又出现了放置兵器的"库"的概念，两个概念弥合，成了"仓库"。储存物资的场所很多，如站台、码头、货站、货栈、配送中心等，它们与仓库的区别在于：仓库的储存带有防护、保护性，需配合维护保养，且有独立企业的功能，储存时间也比站、港、栈的暂存要长。其他储存场所只是暂存性的，而且附属性很强。仓库在物流系统中分担储存保管功能，大型、多功能的仓库是物流中心之一种。局部范围中起作用的仓库，起物流网点的作用。

（二）仓库的功能

过去，对仓库的储存职能，形象的描述是"蓄水池"，以蓄水池作用调节的重要前提是要有大量的蓄水，即库存。蓄水池产生的原因是信息不通畅，只能"以静制动"。这种观念的结果是仓库静态及对源、流调蓄的代价太高。到了大生产、大流通时代，尤其是进入信息时代，静态的蓄水池已不足以起好调蓄作用了。

现代物流学对仓库功能的认识有了扩展。现代经济社会，生产方式、生产能力、消费方式都发生了多方面的改变，产生了直接调节源流的要求和能力，无须再经"蓄"而调。这就如同农作物需要灌溉时就有及时雨，农田无须用蓄水池来灌溉。现代生产的能力和灵活性，虽不能说像及时雨一样，但适应性是很强的，再加上灵活、通畅的信息，使我们可以在更大的范围内进行调节，仓库则从过去蓄水调节开始向直接调节方向发展，或向少蓄水、强调节的方向发展。

（三）仓库业

现代社会中，由于流通活动的广泛，出现了专职于物资储存并处理物资流通相关业务的行业，这类行业以仓库为劳动手段，从事有偿服务，这就是仓库业或称仓储业。

二、仓库分类

理论和概念上，仓库可以区分为实体仓库和虚拟仓库。

（一）实体仓库分类

1. 按使用对象及权限分类

（1）自备仓库。附属于企业、机关、团体，专门为这些单位储存自用物资的仓库。

（2）营业仓库。社会化的一种仓库，面向社会，以经营为手段、赢利为目的的仓库。

（3）公共仓库。为公用事业配套服务的仓库，是其他事业的一环或附属的一种仓库。

2. 按职能分类

（1）生产仓库。为企业生产或经营储存原材料、燃料及产成品的一种仓库。

（2）流通仓库。专门从事中转、代存等流通业的仓库，以物流中转为主要职能。在运输网点中，也以转运、换载为主要职能。

（3）储备仓库。专门长期存放物资，以完成各种储备保证任务的仓库。

3. 按结构和构造分类

按结构和构造不同，主要有平房仓库、楼房仓库、高层货架仓库以及罐式仓库四类。

4. 按技术处理方式及保管方式分类

（1）普通仓库。常温保管、自然通风、无特殊功能的仓库。

（2）冷藏仓库。有制冷设备及良好的保温性能以保持较低温度的仓库。可进一步细分成高温冷藏库（冷藏保鲜库）、低温冷藏库（冷冻库）两大类。专门用来储存低温或冷冻物资，现代物流系统中，冷藏仓库是冷链系统的重要结点。

（3）气调仓库。这是可以进行空气调节的仓库，主要是对空气中的氧气含量和乙烯含量进行调节，降低两者的含量和浓度从而延长果实的保存时间。

（4）恒温仓库。能调节温度并能保持某一温度的仓库。

（5）水上仓库。利用水面或水下来存放物品，在高湿度条件下储存物品的仓库。

（6）危险品仓库。保管危险品并能对危险品起一定防护作用的仓库。

（7）散装仓库。专门保管散粒状、粉状物资的容器式仓库。

（8）地下仓库。利用地下洞穴或地下建筑物储存物资的仓库，这种仓库比较容易封闭，比较容易抗外界的干扰，主要储存石油等物资，储存安全性较高。

（9）特种仓库。上述许多特殊的仓库之外，还有例如移动仓库、保税仓库等特种仓库。

（二）虚拟仓库

在信息网络的支持下，不同地区、不同规模、不同隶属的仓库可以通过一定的形式建立协作关系，提供给需求方使用。对于使用方而言，这并不是本身进行行政控制和管理的所属仓库,但是能为我所用。非我所属而能够为我所用,这带有虚拟性,称之为虚拟仓库。实际上,从性质来讲也都是实体仓库,可以把这种模式看成一种管理的模式。

三、仓库主要参数

(一)仓库建筑系数

$$仓库建筑系数 = \frac{仓库建筑面积}{库区总面积} \times 100\%$$

仓库建筑系数是各种仓库建筑物实际占地面积与库区总面积之比。该参数反映库房及用于仓库管理的建筑物在库区内的疏密程度,反映总占地面积中库房的比例高低。

(二)仓库建筑面积

仓库建筑面积是仓库建筑结构实际占地面积。除去墙、柱等无法利用的面积之后称有效面积。但有一些是无法直接进行生产活动的面积,如楼梯面积等,除去这一部分的剩余面积称使用面积。

(三)仓库建筑平面系数

仓库建筑平面系数是衡量使用面积所占比例的参数。

$$仓库建筑平面系数 = \frac{仓库使用面积}{仓库建筑面积} \times 100\%$$

(四)仓库面积利用率

$$仓库面积利用率 = \frac{堆存货物面积}{使用面积} \times 100\%$$

仓库面积利用率是使用面积中实际存放货物所占面积的一种衡量参数。这个参数表示实际使用面积被有效利用的程度,也可对应衡量出非保管面积所占比重。

(五)仓库高度利用率

仓库高度利用率是反映仓库空间高度被有效利用程度的指标。

$$仓库高度利用率 = \frac{货垛或货架平均高度}{仓库有效高度} \times 100\%$$

这个参数和仓库面积利用率参数所起的作用是一样的,即衡量仓库有效利用程度。仓库中可以采取多种技术措施来提高这一利用程度。

(六)仓容(库容)

仓容(库容)指仓库可以存放物资的最大数量(吨),取决于面积大小及单位面积承载货物重量的能力,以及货物堆放时的安全要求。库容反映的是仓库的最大能力,是流通生产力衡度的重要参数。

$$仓容(吨) = 仓库使用面积(米^2) \times 单位面积储存定额(吨/米^2。)$$

(七)仓容利用率

仓容利用率指实际库容与库容之比的百分率,以年平均值为考核计算依据,反映库容利用情况。

(八)仓库有效容积

仓容有效容积指仓库有效面积与有效高度之乘积。以往的仓库指标,主要描述平面利用的情况,按仓容指标的计算方法,仓库使用面积与单位面积储存定额之乘积,与库房高度关系不大,而有时仓容并不能反映库房容积利用情况。随高平房仓库及立体仓库的出现,面积利用指标已不能完全反映仓库技术经济指标。仓库有效容积则是描述仓库立体的能力和利用情况。

$$仓库有效容积 = 仓库有效面积(米^2) \times 有效平均高度(米)$$

(九)仓库容积利用率

仓库容积利用率指仓库有效容积中实际使用的容积所占的比率。

$$仓库容积利用率 = \frac{仓库使用容积(米^2)}{仓库有效容积(米^2)} \times 100\%$$

(十)仓库周转次数

仓库周转次数是年入库总量或年出库总量与年平均库存之比,反映仓库动态情况,是生产性仓库和流通仓库的重要指标。在年入(出)库总量一定情况下,提高周转次数,则可降低静态库存的数量,从而用较小的仓库完成较大的任务。

$$周转次数 = \frac{进(出)库总量}{平均库存}$$

第二节 仓库设施及设备

一、计量装置

仓库中使用的计量装置种类很多,除传统的重量、长度、个数的计量设备外,现代仓库中应用电子、光电、自动计数、核计量技术装置等是计量装置的发展方向。

(一)地中衡及轨道衡

地中衡及轨道衡是对地面车辆、铁道车辆载货计重的衡器,有机械及电子式两类。

机械式衡器需人工操作、手抄数据,误差较大,误差度为0.5%,可满足大批量货物计量对磅差的要求。

电子式及机电结合式的静态轨道及地中衡,其特点是带有数字自动显示并能自动打印重量数据,因而失误小、准确程度高,其误差度为0.1% ~0.2%,可满足较贵重材料,如有色金属、合金钢、化工材料、粮食等计重的要求及进出口贸易的计重要求。静态轨道衡及地中衡,要求计重量时车辆必须摘挂且停放不动,才能保证计量的准确。

动态衡可在车辆缓行中并在火车车皮不摘挂情况下自动计重,计量效率较高,但准确程度较低,误差度为0.5%。电子式动态衡主要用于煤炭、矿石等量大低值的货物计量。

(二)电子秤

电子秤是电子衡器之一,按用途不同有吊秤、配料秤、皮带秤、台秤等多种,物流领域配合起重机具在起吊货物时同时计重的吊钩秤使用较多,在工厂物流中,配料秤使用较多。

电子秤由秤重传感器和放大系统、显示仪表三部分构成,计重准确、结构简单、安装调试使用方便、体积小、重量轻、计量速度快,是物流领域计重装置应用较广的产品。

(三)核探测仪(核子秤)

核探测仪(核子秤)是利用核射线对物料进行探测,电离室将透过的射线转换为电信号,由微机进行处理、显示、打印,以计量重量,也可计量容积。核探测仪可以进行精密计量,其主要特点是在其他计量装置无法使用的场合,可以用核探测仪进行测量,例如高温物的计量、带辐射线物的计量、危险品的计量等。这种装置特别适合动态计量。在物流中用作皮带或管道输送煤炭的重量测量、散装水泥的计量;在生产领域,用于配料计量、高温物料计量等。

(四)入出库数量显示装置

入出库数量显示装置是计数的计量装置,直观显示入出库及库存的动态数量,和电子计算机联机,则可由计算机立即汇总、记录。在多品种、小批量、多批次、高速度的操作场合,用这种装置可以防止计数的混乱,防止差错,所以应用广泛。在工厂、流通中心、配送中心中,可有效辅助管理;在旋转货架、移动货架、重力拣选货架上都可安装使用。

仓库种类繁多,数量庞大,不可能也不需要全部采用电子显示方法,入出库数量显示有一个简单、实用、历史长远的方法——“看板”,现在仍有价值。这是用手写板对入出库随时记录的手工方式。“看板”没有标准化格式,可在很大范围操作和应用,本书对此不做详细介绍。

二、货架

货架是仓库中常用的装置,是专门用于放置成件物品的保管设备。货架是仓储面积的扩大和延伸,与货物直接置于地面存放相比,货架可以成倍或几十倍地扩大实际储存面积。因此,采用这种设施,是提高仓库能力的非常重要的手段。

货架与仓库建筑比较,结构简单、制造容易且灵活性很大,现在一些货架已逐渐向高科技发展。货架的地位也由从属于仓库,变成了仓库从属于货架。当前使用的货架,从技术水平最低的层架到自动化货架,适用领域极广。

三、料棚

料棚又称货棚,是一种半封闭式的建筑物或装置。防护作用低于库房,但高于露天堆场。造价低、建造方便,适于对环境条件要求不高的物资的存放或一些物资的临时存放。料棚有两类。

(一)固定式料棚

固定式料棚是不可移动的半永久性建筑类型的仓库。它的立柱、棚顶都不可移动,从料棚侧部进出货。料棚可以是没有围护结构的敞开式,或有部分围护结构的半敞式。围护结构是临时性的,因而侧部进出货较为方便,便于储存大件货物。

(二)活动料棚

活动料棚是棚顶可移动的料棚。没有固定的基础和立柱,棚顶及围护结构组成一个圆弧形或"Π"字形的整体,围护结构安装滚动或滑动机构,可沿轨道或按一定线路运动。一定尺寸的料棚为一节,许多节料棚搭接形成条形的储存空间,只需将料棚移开,便可用机械装、取货,所以,活动料棚之间的通道可以较窄,料场利用率较高。由于是将料棚移开后进行作业,因而料棚高度可以较低,空间利用率也较高。此外,活动料棚的密封性也高于敞开式固定料棚。

四、线路和站台

(一)线路

(1)铁道专用线。这种线路是与铁路网相接的仓库线路。集散型仓库一般依靠专用线与外界沟通;煤炭、水泥、油类、金属材料配送型仓库或配送中心,也依靠专用线大量进货。

(2)汽车线。这种线路伸入仓库内部甚至库房中。一般是进出货量不太大的仓库采用。

一般流通仓库,铁路线与进货区相连而汽车线与出货区相连。现代仓库很多不设铁路线,尤其在大城市内的仓库,主要依靠公路线与外界相接。

(二)站台

站台的基本作用是:车辆停靠、装卸货物、货物暂放。利用站台就能方便地将货物装进车辆中或由车辆中取出,实现物流网络中线路与结点的衔接转换。流通仓库、工厂仓库的效率很大程度上依赖于收发货,站台与车辆的衔接就决定了作业效率。因此,站台的设计及与库房的配置是物流合理化的因素。站台可以依据车辆的种类,设计不同高度的停靠位置,也可依据车种平均高度尽可能缩小车厢板与站台的高度差,以达到提高作业效率的目的。车辆高度如表 14-1 所示。

站台主要有两种形式:

(1)高站台。站台高度与车辆货台高度一样,车辆停靠后,货台与站台处于同一水平面,有利于使用作业车辆进行水平装卸,使装卸合理化。

(2)低站台。站台和仓库地面同一高度,与车辆之间的装卸作业不如高站台方便。但如果采用传送装置,可与车辆货台保持同等高度。此外,低站台也有利于叉车作业。

表 14-1　　　　　　　　不同车辆适合的站台高度

车型	站台高度(米)	车型	站台高度(米)
平板车	1.32	冷藏车	1.32
长途挂车	1.22	作业拖车	0.91
市区卡车	1.17	载重车	1.17
集装箱拖车	1.40		

仓库中进出货车的种类很多,高度差必然存在。为克服这个高度差,可采用以下办法:

第一,站台自动调节踏板。在车辆与站台停靠间隙,自动调节踏板从站台上伸出搭置在车厢底板上,不但解决高度差问题,也解决间隙的弥合问题。

第二,升降平台。采用液压方式,支撑水平的或者斜面的平台,通过不同的高度调节,可以解决多种车辆与站台之间的高度差问题,也可解决间隙的弥合问题。

五、储存容器

(一)贮仓

贮仓又称料仓,是专门用于存放粉状、颗粒状、块状等散状非包装物品的刚性容器,是一种密存型储存设施,全部仓容都可用于储存。由于其具有全封闭结构,因而防护、保护效果非常好。

贮仓有多种类型,按仓体横断面形状分为圆形、方形、矩形结构等,圆形的最常见。圆形贮仓是圆柱体,上部为仓顶、进料口,下部为仓底、出料口,出料口多为漏斗状。从上部进料后,借货物本身重量依次从下部卸料,能够先进先出。粮食、水泥、化肥等常采用这种设施。

(二)贮罐

贮罐是专门用于存放液体、气体物品的刚性容器,也是一种密存型储存设施,大多为全封闭结构,全部仓容都可用于储存,隔绝效果及防护、保护效果都很好。贮罐的种类很多,常见有立式、卧式、球形、柱形、槽形等不同形式。用于贮存油料、液体化工材料、煤气等。

(三)料盘、周转箱等

有些仓库储存单元货物,需要借助于其他容器,将散杂货装入后形成一定程度集约的“单元货载”。常使用的载体有料盘(从承载几十公斤到上千公斤)、料斗、料箱、周转箱等。这些载体的共同特点是自重轻，空载体可以密堆存放，有一定强度及保护性。

（四）托盘、集装箱等集装容器

各种集装设备都有容器的功能，请参阅本书集装部分。

六、巷道堆垛起重机

巷道堆垛起重机是巷道式货架仓库的专用设备，沿巷道运行，完成起重、堆垛、装卸等操作。

（一）巷道堆垛起重机分类

（1）按有无导轨，可分为有轨和无轨巷道堆垛起重机两类。有轨式起重高度高，运行稳定，行走通道较狭窄，是巷道堆垛起重机中主要的类别。

（2）按高度可分为低层型（5 米以上）、中层型（5～15 米）及高层型（15 米以上）三类。

（3）按驱动方式不同可分为下部驱动式、上部驱动式及上下部驱动式三种。

（4）按操作方式可分为手动、自动及半自动巷道堆垛起重机三种。手动及半自动巷道堆垛起重机由司机操作；自动巷道堆垛起重机用自动装置操作，自动寻址、自动装卸货物。

（5）按人是否乘机操作可分为人乘机操作、人不乘机操作两种。人乘机操作主要用于拣选式货架，进行杂、散货拣选。计算机操纵的人不乘机型是这类机械的主体。

（6）按机械的结构可分为单立柱式、双立柱框架式两类，其中双立柱框架式稳定性好。

（二）巷道堆垛起重机的主要特点

（1）所需通道宽度较窄，节约仓库面积。由于在轨道上运行，受轨道制约，运行通道宽度比其他各类机械都小，只是叉车的 1/2，这便可提高仓库的面积利用率。如果不计仓库中其他管理区域的面积，利用巷道堆垛起重机，仅货架部分的面积利用率就可提高 1/4（如图 14－1 所示）。

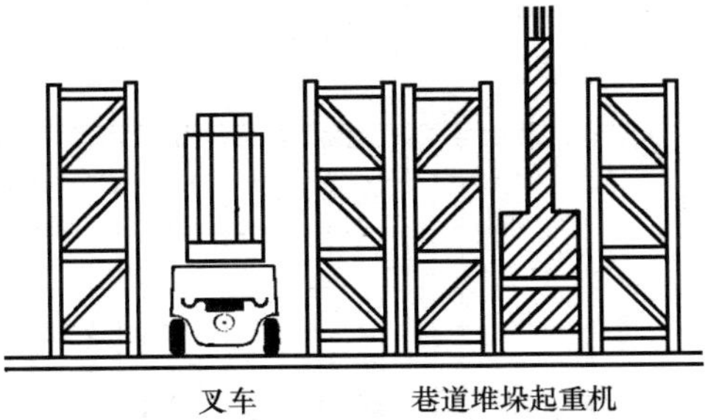

图 14－1　叉车及巷道堆垛起重机占用通道宽度比较

（2）运行稳定性好，装卸速度快。由于轨道的限定，稳定性好，因而装卸高度相对叉车大大提高。一般高度在6米以上，最高可达40米，这正好和叉车的工作高度互为补充。

（3）出货工作效率高。有轨道，运行速度就快，因而可提高仓库进出货的工作效率。

（4）可实现全自动操作。利用巷道堆垛起重机，可配合电子计算机及伸缩货叉，实现全自动操作。

第三节　立体仓库

一、立体仓库概述

（一）立体仓库的构造特点

立体仓库为单层式建筑，一般在5米以上，常用的在7～25米，最高达40米；设置多层的、总高度较高的货架；人工难以操作，须依靠机械进行作业，因而必然是机械化仓库。

（二）立体仓库的货架特点

立体仓库配置多层货架，又称高层货架仓库；分高、中及低层立体仓库等类型；多储存单元货物；自动化立体仓库技术水平较高，由货架、巷道堆垛起重机、入出库工作台和自动运行及操作控制系统组成；货架是钢或钢筋混凝土结构，标准尺寸的货位空间；巷道堆垛起重机穿行于巷道存、取货（如图14－2所示）。立体仓库按要求规则排列货架，位置表示方法为：W方向，与起重机运行方向垂直；L方向，与起重机运行方向平行；排，沿W方向的货架数量计位；列，沿L方向的货架数量计位；层，沿货架高度方向计数。

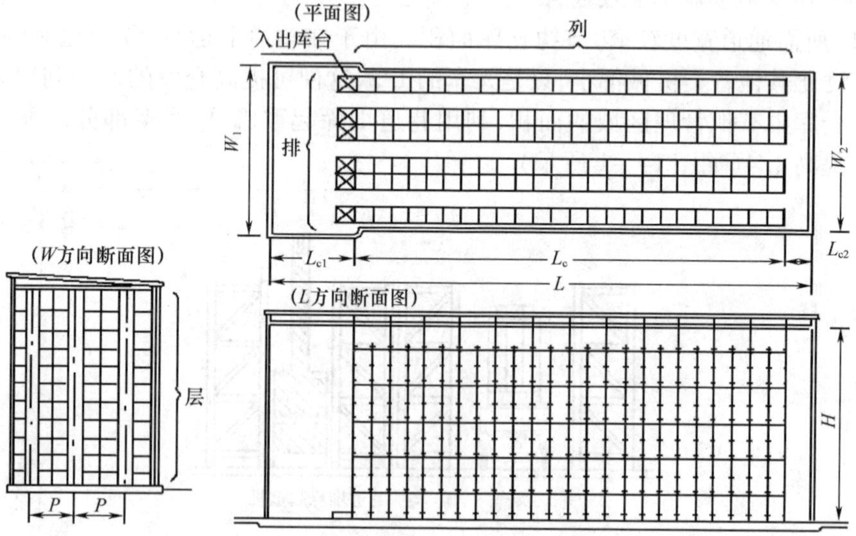

图14－2　立体仓库位置表示方法

二、立体仓库种类

(一)按货架高度分类

按货架高度不同,立体仓库分为高层(货架高 15 米以上)、中层(货架高 5 ~ 15 米)、低层(5 米以下)立体仓库。中层立体仓库较多;高层立体仓库造价过高,对机械要求特殊,安装难度较大,建造相对较少;低层立体仓库主要用于老库改造,是提高老库技术水平和库容的可行之路。

(二)按货架构造分类

(1)单元货格式立体仓库。这是标准的、通用性的立体仓库。每层货架都由同一尺寸的货格组成,货格开口面向货架之间的通道,装取货的机械在通道中行驶并能对左、右两边的货架进行作业。每个货格中存放一个货物单元或组合货物单元。以两排为一组,组间有通道。所以这种仓库需留有较多的通道,面积利用率不太高(约为 60%),但空间利用率较高。

可用多种起重装卸机械进行作业。中、高层的主要采用沿轨道行驶的巷道起重机;低层和中层立体仓库中高度较低者,也采用一般叉车或高架叉车作业。叉车不从正面面对货架进行作业,而采取侧叉式叉车作业。图 14 - 3 所示为单元货格式立体仓库总体。

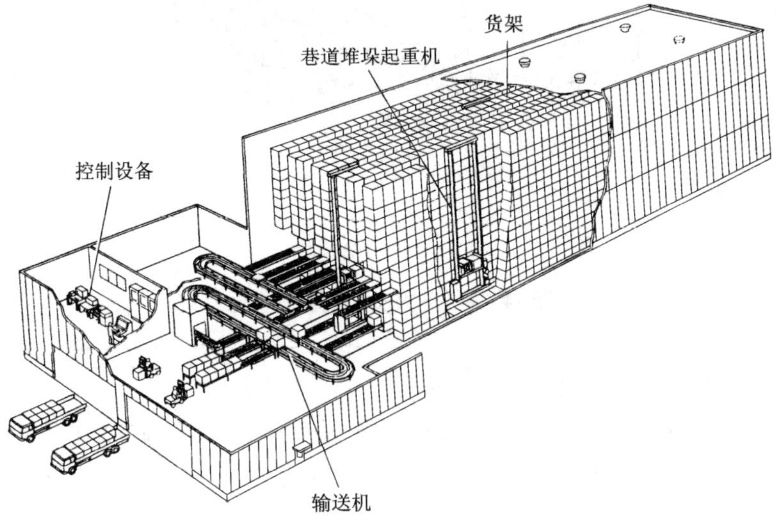

图 14 - 3　单元货格式立体仓库总体

(2)贯通式立体仓库。这又称流动型货架仓库,是密集型的仓库,货架间没有间隔,紧靠成组合体。其独特之处在于:每层货架的每一列纵向贯通,像隧道,依次放入货物单元排成列。结构一端高一端低,成一定坡度。每层货架底部安装滑道、辊道或在货物单元装备(如货箱、托盘)底部安装轮子,货物单元可在自身重力作用下沿坡道自动向低端运动。如果单元货物容器有自行运行机构,或货架中安装相应机构,货架也可水平安装而不需坡度。

其主要特点为:货架全部紧密排列,规划合理、节省占地;只在高低两端进行作业,进出库作业互不干扰;保证货物的先进先出;有利于机械化、自动操作和电子计算机管理。

贯通式立体仓库货架的主要缺点是:每一通道中只能存入同种物资,存货种类有限,很难灵活进行存储。由于通道大小、长度一样,每一种货物存储容量大致相同,或成倍相差,因此,往往出现某些通道货位不够,而某些通道有多余货位的不平衡现象。

这种仓库技术要求高,设备及仓库建筑的精密度要求较高,对托盘、货箱等单元载体要求也较高,这样才可以防止在重力滑动中的卡死,且一旦卡死,故障排除难度较大。

图 14－4 所示为贯通式立体仓库中常见的重力流动式货架仓库。

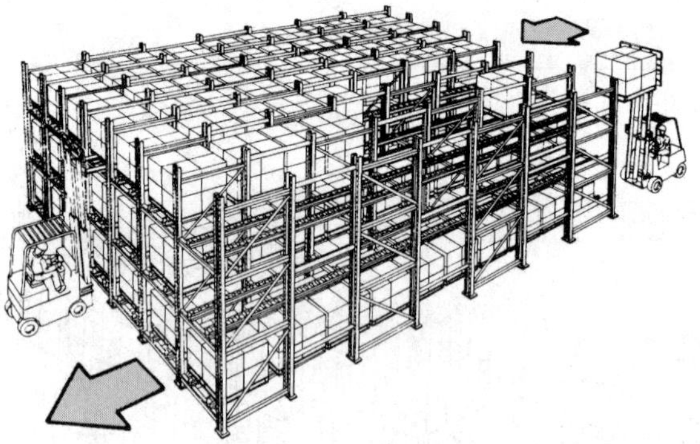

图 14－4　重力流动式货架仓库

贯通式立体仓库的适用领域有三个:

第一,在拥挤地区的工厂或流通仓库的储备库,可减少占地面积而提高储存量;

第二,用作配送中心的拣选仓库,尤其是成单元件的自动拣选;

第三,用于站台发货仓库,发货端于站台之上,有利于提高装车速度,减少装车距离。

(3)自动化柜式立体仓库。这是小型可移动的封闭式立体仓库,由柜壳、控制装置、操作盘、贮物箱及传动机构组成。主要特点是小型化、轻量化、智能化,尤其是封闭性强、保密和安全。适合电子元件、贵金属、首饰、资料、档案、音像制品、证券票据等的储存。

(4)条型货架立体仓库。这是用于存放条型、柱型、筒型货物的立体仓库。货架每层都伸出支臂,可以托住长条形、柱形货物。

(三)按建筑物构造分类

(1)一体型立体仓库。高层货架与建筑物是一体的,不能单独拆装。这是一种永久性设施,由于省却了建筑物专门的梁、柱,可实现一定程度的节约。

(2)分离型立体仓库。建筑物在内部安装高层货架,不成为永久性设施,可重新安装和进行技术改造,因此比较机动。一体型立体仓库较高,采用钢结构或钢筋混凝土结构,而分离型立体仓库层数较低,主要是钢结构,有一定机动性,也适合旧库改造时采用。

储存型物流中心,吞吐及储存量较大的仓库,配送中心的存货库等多采用一体型立体仓库;而车间仓库、配送中心的配货部、转运中心等多采用分离型立体仓库。

(四)按立体仓库装取货物机械种类分类

(1)货架叉车立体库。立体仓库中的叉车有三种:高起升高度(高扬程)叉车、前移式叉车和侧式叉车。后两种的起升高度有限。叉车由地面承重,不是固定设施,因而较机动。但叉车运行通道较宽,最大起升高度一般不超过6米,因此,只适用于中、低层立体仓库。

(2)巷道堆垛机立体库。立体库的货架间通道采用巷道堆垛机,主要是上部承重的下垂式巷道堆垛机和下部轨道承重、上部导轨限定的巷道堆垛机两种,可用于中、高层立体仓库。

(五)按操作方式分类

(1)人工寻址、人工装取方式。由人工操作机械运行并在高层货架上寻认位址,然后由人工将货物由货架取出或将搬运车上的货物装入货架,主要适用于中、低层立体仓库。

(2)自动寻址、人工装取方式。按输入的指令,机械自动运行寻址认址,运行到预定货位后,自动停住,然后由人工装货或从货架中取货,适用于中、高层立体仓库。

(3)自动寻址、自动装取方式。这是无人操作方式,按控制者的指令或按计算机出库、入库的指令进行自动操作,适用于中、高层立体仓库。

(六)按功能分类

(1)储存式立体仓库。它以大量存放货物为主要功能,货物种类不多,但数量大,存期较长。各种密集型货架的立体仓库都适于做储存式仓库。

(2)拣选式立体仓库。这是大量进货,向多用户、多种类、小批量发货的立体仓库。需要方便拣选和快速拣选,因此,往往采取自动寻址、人工拣选的方式,多用于配送中心。

第四节 立体仓库的设备配置

一、起重设备的选择

较低高度的立体仓库可选择叉车为存取货的工具，其优点是机动性强、灵活性好、故障少。在较低层、进出货频度不高、地面条件较好的情况下，货架的 L 方向不深而通道条数较多时，适合选择叉车。三向堆垛式叉车需要通道宽度较窄而举升高度较高，可用于 1～12 米高的仓库，前移式和平衡重式叉车所需通道较宽，可在较矮的场合下使用（如图 14－5 所示）。

在高 12 米以上库房的巷道式货架进行堆垛作业，适于采用巷道堆垛起重机。

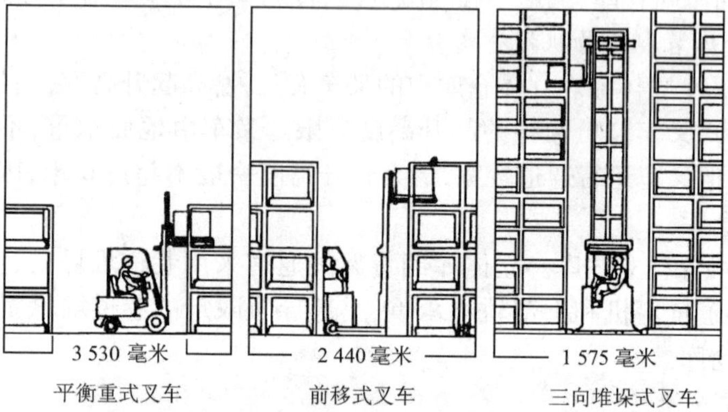

图 14－5 三种叉车的选用比较

二、巷道堆垛起重机的配置方式

（一）基本配置型

一条巷道设置一台巷道起重机，在仓库货架排数不多，巷道少而较长的情况下，每一巷道工作量可以达到起重机满负的要求，能充分利用情况下宜采用这种配置。

（二）双排配置型

一台巷道起重机向左右两排货架装卸单元货物，货架靠近巷道的一侧较低，配以滚轮装置。装货时从巷道一侧顺序顶入，使两排货架都装满货物；取货时则类似重力式货架，当从巷道一侧取走外边的一个后，里面的货载便会顺滚轮移动至外侧等待取货。

（三）多巷道配置一台巷道机方式

在业务量不大，巷道深度不够，巷道起重机能力有余时，可在货架端部设巷道机转弯的轨道，使一台巷道机能在多条巷道中工作，从而减少巷道机的配置数量。

这种配置的缺点是巷道机转弯轨道要占用一定空间，因而使仓库仓容利用率降低。

(四)与重力式货架组合配置

与重力式货架配合可大幅度提高巷道机的工作效率和仓库的利用率,提高仓库存储能力,是配送中心存货的重要配置方式,能满足快速进出库要求。其缺点是技术要求高、建造成本高。

(五)与悬臂式货架的配合配置

采用门架式巷道机与长材用悬臂货架配合,也可用于存取钢材等长条形材料,使长条形材料也能用立体仓库存储。

(六)多巷道多机与输送机的配置

多巷道多机与输送机的配合,可用于多批次、小批量、多品种的拣选式快速出货的配送领域,也适用于机械工厂的零配件仓库。

三、以重力式货架为核心装卸设备配置形式

图 14-6 所示为以重力式货架为核心的装卸设备的配置。

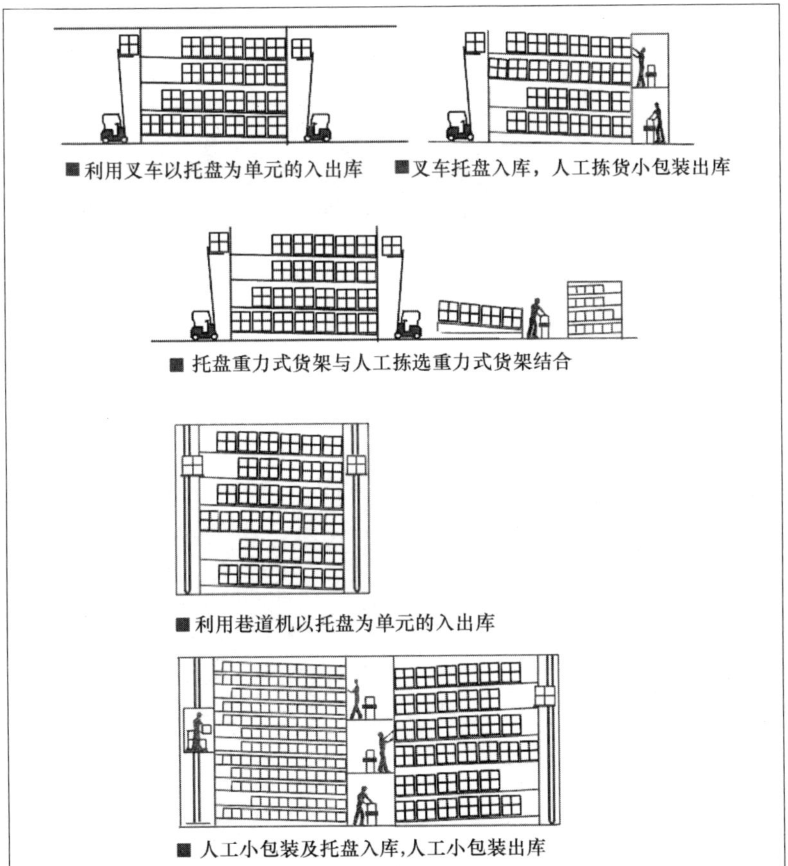

图 14-6　以重力式货架为核心的几种配置

第四部分

物流系统

第十五章　物流系统化

第一节　物流系统

一、物流系统的概念及模式

(一)物流系统的概念

庞杂的物流是一群有相互关联的个体组成的集合,称为物流系统。同时,物流领域的许多局部也非常复杂,也是系统。我国著名的科学家钱学森这样表述系统的概念:“把极其复杂的研究对象称为系统,即由内部相互作用和相互依赖的若干组成部分(称为子系统)结合而成的,具有特定功能的有机整体——集合,而且,这个整体又是它所从属的更大的系统的组成部分。”物流系统就是如此。物流系统是分层次的,不但将包装、装卸、储存、运输等具体的运作结合成一个完成一定任务的有机整体,而且将仓库、车站、码头、公路、铁路的资源结合成一个有机的整体,成为很有特色的系统;另外,物流系统又是更大的供应链系统、流通系统、内外贸系统、国民经济系统的组成部分之一。

举例说明:物流领域经常使用的工具托盘,就是一个复杂的系统,包含平托盘、轮式托盘、箱式托盘、架式托盘等,托盘又从属于集装系统,集装又从属于包装这个系统,包装又从属于物流这个系统,而物流又从属于流通这个更大的系统等。

社会发展进步是物流系统产生的重要原因。由于消费规模扩大,再加上数量的集中,物流规模相应扩大,也出现物流需求的集中。生产和消费的集中而且大规模化,以及它们在时间和空间上的分离,使物流的作用显现,并且需要用更复杂的物流和更高要求的物流应对。显然,这不是原始、简单的物流能够应对的,物流系统就在这样的环境条件下成为必然。

物流系统是由物流各要素所组成的,要素之间存在有机联系并具有使物流总体功能合理化的综合体。物流系统是社会经济大系统的一个子系统或组成部分。

和一般系统一样,物流系统具备四个基本特征:

(1)集合性。由两个以上有一定区别又有一定相关的要素,在一定条件下集合所组成。

(2)相关性。各要素组成了系统是因为它们之间存在相互联系、作用、影响的关系,不是简单的关系,可能是互相增强或互相减弱的关系。有效的系统追求要素之间互补增强,使系统保持稳定,具有生命力,即 $1+1\geqslant 2$。要做到这一点,系统必须有一定的有序结构。

(3)目的性。系统具有能使各个要素集合在一起的共同目的,这是各个要素能够互相补充、互相增强的力量所在。

(4)适应性。系统存在于环境之中,也处于更大的系统的包容之中,因此,必须有适应性才得以存在。任何系统都是发展和变化的,根据系统的目的,有时增加一些要素,有时删除一些要素,也存在系统的分裂及合并。研究系统应当有发展的观点,适应就必须要有变化,所以从某种意义上来讲,适应性就是变化性。

(二)物流系统的基本模式

物流系统模式由投入、产出以及将投入转换为产出的各项物流活动、物流运作和物流管理结构而成,这三部分构成了一个完整的物流系统。此系统的内部关系是:产出是系统的目的,为了达成这个目的,需要把这个目的反馈给投入,确定对投入的要求。此系统的水平和科学性体现在:理想的产出、最低限度的投入和最高效率的转换。

物流系统的基本模式如图 15－1 所示,物流大系统本身以及各子系统在不同时间及环境条件下的目的往往不同,所以,具体的输入、输出、转换有不同内容,不会全然不变。例如,投入是已知的而产出是未知的,投入不依据产出的反馈,而是依据投入方已知的实际资源和能力,通过有效的转换尽量取得最大的产出。

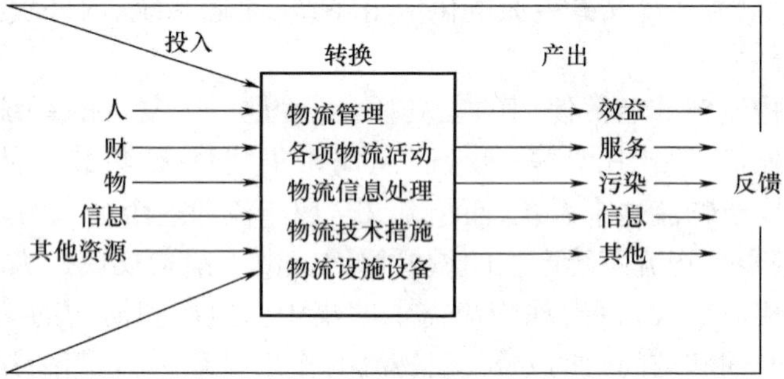

图 15－1　物流系统的基本模式

二、物流系统的存在方式

国民经济中,物流系统往往和其他的系统交叉存在。有时候是“你中有我,我中有你”,有时和其他系统共同拥有某些局部,具有复杂性。物流系统的存在形式可以是“巨系统”,也可以是“微观系统”,之间还存在很多种中观的物流系统。

(一)生产领域物流系统的存在

长期以来,生产领域的系统划分没有包含物流系统,物流在其中虽然存在,但被看成生产过程的一部分,没有独立出来。生产规模大型化和连锁生产方式出现后,情况有所改变,因为生产和物流活动在一定程度上实现了分离,物流活动和物流系统已经清晰可见。

生产领域的物流活动,是以单一项的活动形式存在还是以一定程度相对独立的局部或者完整的物流系统的形式存在?这取决于生产形式和企业的运行和管理方式,没有一定之规。社会经济领域各种生产领域十分复杂,因此,生产领域的物流系统存在形式也必然是复杂的,以下三种典型生产方式的物流系统存在具有代表性:

第一,流水线式的生产方式。制造业的传送带式流水线生产方式,生产系统和物流系统实现了高度融合,成为一个统一的、完整的系统。但是,原材料、燃料等的输入和产成品的输出,仍然离不开独立的物流系统,这种独立的物流系统存在于生产领域的两端。

第二,广泛分布于生产企业内部或外部的协作生产方式。由于互相协作的生产方式,制造和加工点在地理位置上有比较远距离的广泛分布,生产过程不可能在一个场区内完成,这就需要依靠物流系统来连接生产过程,物流系统的存在对于这种生产方式是决定性的。

第三,大规模集中的大量生产方式。依靠大规模集中来实现生产过程的快速、就近衔接,在生产系统内部不存在独立的、完整的物流系统,而是由生产系统来解决和提供必要的物流活动。但是越是规模集中的大的生产方式,在生产领域的两端,物流系统的作用越重要,由于需要和社会衔接,这两端的物流系统有非常强的独立性。

(二)商业领域物流系统的存在

商业活动提供物流服务是和商业活动伴生的,传统的商业,物流往往和商业活动结为一体。现代商贸中则发生了很大变化,虽然伴生性的物流依然存在,很难自成系统,但也出现了有特色的、服务商贸活动的物流系统。其存在形式主要有两大类型:

第一,宏观形式。跨国的、大型的、远程的商贸活动依靠专门的国际物流系统,这种物流系统,有的是以社会化的形式存在,有的是以企业内部的独立的物流系统形式存在。

第二,微观形式。微观领域中相应的物流服务广泛存在,且以物流系统的形式存在。配送是非常重要的系统存在形式,配送系统的建立,配送服务的广泛推行,使人们切身感受到现代物流对于商业流通的巨大作用。

三、物流系统特点

第一,物流系统的客观性。物流系统本来就是客观存在,但一直未为人们所认识,从而未能能动地利用系统的优势。物流系统的各个要素,在社会发展历程中,都已有了较高的水平,因而,一旦形成物流观念,按新观念建立物流系统,就会迅速发挥系统的总体优势。人们发现诸如运输、储存、装卸搬运等活动可以结构成解决实物物理性运动问题的系统关系，这还是第二次世界大战以后的事情，从这个意义上来讲，物流系统是现代的产物。

第二，物流系统的远程性。物流系统是一个大跨度系统，这反映在两个方面，一是地域跨度大，二是时间跨度大。国际物流的地域跨度之大自不待言，即使是企业间物流，在现代经济社会中，跨越不同地域也是常有的事。这带来的主要问题是管理难度较大，对信息的依赖程度高。

第三，物流系统的动态性。物流系统稳定性较差而动态性较强。其和生产系统的重大区别在于：生产系统按照固定的产品、固定的生产方式，连续或不连续生产，少有变化，系统稳定的时间较长；而一般的物流系统，总是联结多个生产企业和用户，随需求、供应、渠道、价格的变化，运行经常变化，难于长期稳定。物流系统的动态性带来的问题是要求系统的灵活与可改变性，这自然会增加管理和运行的难度。

第四，物流系统的中间层次性。物流系统属于中间层次系统范畴，本身具有可分性，可以分成若干子系统。同时，物流系统在社会再生产中又主要处于流通环节中，包括国民经济大范畴"流通"中的物流，和企业经济小范畴中的"流程"中的物流。因此它必然受更大的系统，如流通系统、生产系统、社会经济系统的制约。这对物流系统起约束性的界定作用。

第五，物流系统的复杂性。物流系统要素本身便十分复杂，例如物流系统的运行对象——"物"，遍及全部社会物质资源，将全部国民经济产品的复杂性最后集于一身，不可能不引起物流系统的复杂。此外，物流系统要素间的关系也不如某些生产系统那样简明，这更增加了系统的复杂性。

第六，物流系统要素间的"背反"性。系统要素间有非常强的"背反"现象，我们称之为"交替损益"或"效益背反"，要素之间并不是 $1+1\geqslant 2$ 的关系，在处理时稍有不慎就会出现总体恶化的结果。这种现象的主要原因是物流系统的"后生性"。物流系统中的许多要素，在按新观念建立物流系统前就已经是其他系统的组成部分，因而往往较多受原系统的影响制约，而不能完全按物流系统的要求运行。

第二节　物流系统化

一、物流系统化的概念

（一）对于物流系统化的描述

物流系统化没有标准的定义，本书对于物流系统化的描述是：物流系统化指物流基础资源不以零星的、分散的、单独的状态进行运作，而是以不同的系统状态存在运作，不同条件下系统状态不同，是动态的，但总是构筑成一个系统，并以系统的状态发挥作用，这种构筑、运行的过程就是物流系统化。

作者也同意这样的表述:“对物流系统进行系统综合、系统分析和系统管理等的一系列过程就叫物流系统化。”这是从外部观察物流系统化过程所形成的表述。

(二)物流系统化是一种必然

物流系统化,与物流资源及其在国民经济中的作用有关。前者是内因,后者是外因。

(1)物流资源本身的因素。物流的基础资源十分分散而且庞杂,古代社会这种状态也许还会发挥作用,但现代社会只有按照不同的要求整合成系统,才能够实现某些功能,才能够具有运行的能力。

(2)现代社会经济环境的因素。国民经济各个领域对物流的需求各有特点,必须按要求将相关资源整合成系统才能够满足需要。所以,内在因素和外部因素都是促成物流系统化的原因,在现代社会,物流系统化是规避不了的,系统化是物流的灵魂。

(三)物流系统化关键在于转换

把投入和产出联结起来转化成为产出,这才开始形成一个有效的系统,所以,这个转换是系统化的关键因素。实际上,转换也是一个系统方式而不是简单的行为,由一系列行为构成,包括:投入到产出之间所进行的生产、供应、销售、服务等活动中的物流运作,与运作相关的管理、信息等活动,这些活动都是在处理投入,把投入转化成为状态完全不同的、性质完全不同的产出。物流系统化的主要资本、原材料、时间和管理的消耗主要在这个环节。物流设施设备的建设,信息处理及管理工作,物流的操作,储存、运输、包装、装卸、搬运等各种运作都用于转换。转换也是物流科学的核心内容。

二、物流系统化的制约因素

物流系统化存在着制约,而解除制约、处理许多矛盾关系是物流系统化必须做的事情。

(一)转换能力的制约

物流系统化的转换取决于物流运行、物流管理等方面的总体的水平,水平不够,就不能达到系统的目标,就不能构建成有效的系统。积极解除物流系统化制约的办法是改变和提高转换能力,实际上只有提高物流水平,物流系统化的水平才能够得到提升。

(二)投入能力的制约

建设物流系统常把系统的产出作为目标。但是系统的产出是投入和转换的结果,实际上受到这两者的制约,投入方面制约很多,尤其是成本制约。经常存在这样的情况:技术和操作水平足以支持物流系统从输入到输出的转换,但因成本高而难以承受。系统化必须面对成本的制约。当然,成本是投入能力的重要制约因素,但绝不是唯一因素。

(三)子系统的制约

若干子系统出现不平衡就会造成制约。各子系统的能力如果不匹配,而是按照高能力、高水平的子系统来设计和打造,就必然受到其他子系统水平不够的制约,就不可能实现高水平的系统化。不同物流功能子系统在成本方面也存在互相制约,比如为了降低库存采取小批量订货,则会因运输次数增加而导致费用上升,运费和保管费用之间有制约关系。

(四)外部环境的制约

外部环境对物流系统化会有一定的约束和限制,物流系统化设计,必须实事求是面对外部环境条件。当然,解除外部环境对于物流系统化的制约,不仅仅是顺应环境,还可以通过改变环境来解除外部环境对于物流系统化的制约。外部环境的突发事件会形成对物流系统化的严重制约,而这是事先不可能解决的。所以,物流系统化必须留有相当的余地。

三、物流系统化五大目标

(一)服务

在国民经济领域,物流系统是起“桥梁、纽带”作用的流通系统的一部分,有很强的服务性,表现为本身有一定从属性。尤其在市场经济条件下,要以用户为中心,树立“用户第一”的观念。其利润的本质是“让渡”性的,不一定是“利润中心”的系统,“利润中心”只是物流系统中的特例。物流系统采取送货、配送等形式,就是其服务性的体现。在技术方面,近年来出现的“准时供货方式”“柔性供货方式”等,也是其服务性的表现。

(二)快速、及时

及时性不但是服务性的延伸,也是流通对物流提出的要求。从社会再生产理论看,整个社会再生产的循环,取决于每一个环节,社会再生产不断循环进步推动了社会的进步。因此,速度问题便不仅是用户的要求,而且是社会发展进步的要求。物流领域采取的诸如直达物流、联合一贯运输、高速公路、时间表系统等管理和技术,就是这一目标的体现。

(三)节约

物流领域除流通时间的节约外,由于流通过程消耗大而又基本上不增加或提高商品使用价值,所以依靠节约降低投入是提高相对产出的重要手段。物流作为“第三个利润源”,利润的挖掘主要依靠节约。节约不仅表现在减少投入,也表现在物流过程优化而体现的节约,例如集约化方式提高单位物流能力,而各种节约、省力、降耗措施,也是节约这一目标的体现。

(四)规模优化

以物流规模作为物流系统的目标,是以此来追求“规模效益”。生产领域的规模生产是早已为社会所承认的生产规律。实际上,规模效益问题在流通领域也异常突出，在物流领域以分散或集中等不同方式建立物流系统，研究物流集约化的程度，采用大型船舶和大型运输工具，推行集装箱、集中库存，就是追求规模优化目标的体现。

（五）库存调节目标

库存调节性是服务性的延伸，也是调控的要求，当然，还涉及物流本身的效益。物流系统通过库存，起到对生产和消费的需求保证，给个人、家庭和企业创造良好的外部环境。同时，物流系统又是国家进行资源配置的一环，系统的建立必须考虑资源配置、宏观调控的需要。建立各种储备，正确确定库存方式、数量、结构及分布就是这一目标的体现。

四、物流系统总目标的实现

（一）物流系统的宏观经济效益和社会效益

物流的宏观经济效益是指一个物流系统的建立对全社会经济效益的影响，表现形式是对社会流通及国民经济效益的影响。物流系统不但会对宏观经济效益发生影响，还会对社会其他方面发生影响，例如影响当地人的生活、工作，物流的污染、噪音对人和环境带来伤害等。因此，物流系统的建立，还必须考虑这些因素，以社会发展和人民幸福为大前提。

物流系统虽已很庞大，但它不过是更大系统中的一部分，必然寓于更大系统之中，如果一个物流系统的建立，破坏了母系统的功能及效益，那么，可以肯定地讲，这一物流系统尽管本身的功能理想、运作有效，但也是不成功的，因为它未能实现其根本目的。

（二）物流系统微观经济效益和局部利益

物流系统的微观经济效益是指该系统本身在运行后所获得的局部效益、部门或企业效益。其直接表现形式是建立这一物流系统，通过组织“物”的流动，本身所耗与所得之比。当这一系统基本稳定运行后，投入的劳动基本稳定之后，此效益表现在利润上。

社会主义市场经济，企业作为独立的经济实体，必然存在微观经济效益获取问题。一个物流系统的建立，如果只将本身当作子系统，完全从母系统要求出发，不考虑与其他子系统的协调共生，而牺牲本身经济效益，这在大部分情况下是行不通的。一个物流系统的建立，需要有宏观及微观两个推动力，两者缺一不可。

（三）国家的责任

现实的危险往往是微观效益更直接，因而在建立物流系统时只将微观经济效益当成唯一目的，在这种情况下，市场机制会出现失效的问题。在物流领域，微观、宏观两个利益会出现激烈的对撞，导致市场机制失效的这个问题似乎特别突出。所以，市场机制可以成为国家用以调动社会资源的一种工具，国家必须通过政策、法律来解决物流系统化宏观、微观利益的背反问题，国家的责任是在统筹、兼顾、公平的基础上，促进发展。

第三节　物流系统要素

一、物流系统的一般要素

(一)劳动者要素

劳动者要素是所有系统的核心要素、第一要素。提高劳动者的素质,是建立一个合理化的物流系统并使它有效运转的根本。

(二)资本要素

物流活动,实际上也是资金的运动过程,同时,物流服务本身也需要以货币为媒介,物流系统建设更是资本投入的一大领域,离开资金这一要素,物流系统的建设便不可能实现。

(三)物的要素

物流系统的劳动对象,即各种实物,缺此,物流系统便成了无本之木,物的要素还包括劳动工具、劳动手段,如各种物流设施、工具和各种消耗材料(燃料、保护材料)等。

二、物流系统的功能要素(子系统)

(一)包装功能要素(子系统)

包装这项功能要素包括产品的出厂包装、生产过程中在制品、半成品的包装以及在物流过程中换装及分装、再包装等活动。对于生产这个大系统来讲,包装是处于末端的子系统;对于物流这个大系统来讲,包装是起始端的子系统。地位不同,目标也有差别。实现包装,要确定是商业包装还是工业包装,要全面考虑包装对产品的作用及废包装的回收处理等因素。还要根据物流的经济效果,具体决定包装材料、强度、尺寸及包装方式。

(二)装卸搬运功能要素(子系统)

装卸搬运在物流过程中是多次、频繁发生的活动。装卸搬运功能要素包括对输送、保管、包装、流通加工等物流活动进行衔接以及在物流过程的具体活动中,为衔接各项操作需要配合的装卸搬运活动,例如检验、维护、保养过程中所进行的装卸搬运活动。

在物流过程中装卸搬运是频繁发生的,因而不但消耗劳动,而且是产品损坏的重要原因。对这一功能要素,主要是确定最恰当的装卸搬运方式,力求减少次数,合理配置及使用机具,以做到节能、省力、减少损失、加快速度,获得较好的经济效果。

(三)运输功能要素(子系统)

运输功能要素被认为是物流的主要功用要素,或者说是物流系统的主要子系统。在没有形成现代物流系统的观念之前,运输所包含的范畴实际是物流的大部分。运输系统主要针对社会物流系统而言，在传统的企业生产流程中没有运输子系统，仅有装卸搬运子系统。但在现代企业和供应链的结构之中，运输子系统又成了企业生产的物流子系统和供应链的子系统。

运输功能要素的活动包括供应及销售物流中的车、船、飞机等方式的运输，生产物流中的管道、传送带等方式的运输。对运输这一项功能要素的优化，是选择技术经济效果最好的运输、联运方式，合理确定运输路线，以实现安全、迅速、准时、价廉的要求。

(四)储存保管功能要素(子系统)

农业经济时期，储存保管的地位远远高于运输、装卸搬运等物流相关的其他活动的地位。传统经济中，储存保管也经常和运输这项功能要素处于同等重要的地位。现代物流系统中，物流系统特别强调“流”的能力，而尽量减少储存保管活动及其带来的消耗，保管常常变成减损物流效益的主要原因。所以，储存保管功能要素的地位迅速下降。

保管包括堆存、保管、保养、检验、维护等活动。对保管活动的要求是确定库存数量，明确仓库在物流系统中的功能是以流通为主还是以储备为主；确定保管制度和流程，对库存物品采取有区别的管理方式，力求提高保管效率、降低损耗、加速物资和资金的周转。

(五)流通加工功能要素(子系统)

流通加工是流通过程的辅助加工活动。这种加工活动不仅存在于社会流通过程，也存在于企业内部的流通过程中，是现代物流系统中的一项创新的功能要素，有着增值的积极因素。生产企业和流通企业为了有效地衔接不对称的产需，弥补生产中加工程度的不足，更有效地满足需求，更好地衔接产需，往往需要进行这种加工活动。

(六)配送功能要素(子系统)

配送是物流进入最终阶段，以配货、送货形式最终完成社会物流并最终实现资源配置和对用户服务的活动。长期以来，配送一直被看成一种运输形式，将其作为末端运输对待，而未将其独立为物流的系统功能，所以往往将其看成运输系统中一个不太重要的子系统。

但是，配送作为一种现代流通方式，集经营、服务、集中库存、分拣、装卸搬运于一身，已不是单单一种送货运输能包含的。配送功能要素是整个物流系统服务能力的集中体现，这在现代经济中是非常重要的。其作为独立功能要素，成为现代物流系统中一个非常重要的子系统，也是现代物流的一个非常重要的创新。

(七)物流情报功能要素(子系统)

物流情报功能要素是现代物流系统的灵魂要素，贯穿于所有物流系统和每一项具体活动之中。对物流情报活动的管理，要求建立情报系统和情报渠道，正确选定情报科目和情报的收集、汇总、统计、使用方式，以保证其可靠性和及时性。物流情报功能要素是物流系统取胜的关键。

上述功能要素中,运输及保管分别解决了供给及需要者场所和时间的分离,是物流创造“场所效用”及“时间效用”的主要功能要素,因而处于主要功能要素的地位。

三、物流系统的支撑要素(软件要素)

物流系统的建立有许多支撑手段,分成软件和硬件两大类型,软件要素是非物质形态的要素,和物流的直接关联不大,起规制和管理作用,使物流有序运行。主要包括以下几方面。

(一)体制、制度

物流的体制、制度决定物流系统的结构、组织、领导、管理方式以及这个系统在国民经济中的地位。

(二)法律、规章

物流系统的运行不可避免地涉及企业或人的权益问题,法律、规章一方面限制和规范物流系统的活动,使之与更大的系统协调,一方面给予保障。

(三)行政、命令

物流系统和一般系统的不同之处在于,物流系统关系到国家军事、经济命脉,所以,国家和政府的行政、命令等手段也常常是支持物流系统正常运转的重要支持要素。

(四)标准化系统

这是保证物流协调运行,保证物流系统与其他系统在技术上实现联结的重要支撑条件。

(五)组织及管理要素

这是物流系统的“软件”,起着联结、调运、运筹、协调、指挥其他各要素以保障物流系统目的的实现之作用。

四、物流系统的物质基础要素(硬件要素)

(一)物流设施要素

物流设施要素是组织物流系统运行的基础物质条件。包括物流站、场,物流中心、仓库,物流线路,建筑、公路、铁路、港口等。

(二)物流装备要素

物流装备要素是保证物流系统运行的物质条件。物流装备是实现各物流功能要素的手段,包括仓库货架、进出库设备、加工设备、运输设备、装卸机械等。

(三)物流工具要素

物流工具要素也是物流系统运行的物质条件。物流工具是完成物流各功能要素之中的具体工作的手段,包括包装工具、维护保养工具、办公设备等。

（四）信息技术及网络要素

信息技术及网络要素是掌握、传递和处理物流信息的手段，在现代物流系统的支持要素中，地位越来越重要。不同的物流系统选择不同的信息水平和技术，包括：装备、运行的感测与识别，解决信息的获取；通信设备及线路，解决信息的传递；计算机及网络设备，解决信息的处理。

第四节　物流系统建设

一、物流系统规划

（一）确定现代物流在本地区国民经济中的位置

这是规划的前提条件。现代物流在该地区的地位，大体上有以下几种情况：

（1）重要支柱产业。如果国民经济在很大程度上依赖国际和国内的贸易，尤其是转口和转运贸易，地区处于物流的枢纽地位，大量集中物流企业和管理机构，物流业生产总值比重很高，当地经济发展在很大程度上取决于物流业，在这种情况下，可以将物流业确定为重要支柱产业的地位。我国的香港、荷兰的鹿特丹、新加坡等地区和城市物流业都是实际上的重要支柱产业。我国深圳市是我国唯一把物流业作为重要支柱产业的城市。

（2）支柱产业。物流有很强的支柱作用，但还没有达到对全局产生重大影响的地位，或者虽然它的支柱作用明显和重要，但是由于该地区经济的多元化发展，有的产业已经形成了重要支柱的地位，从而降低了物流在经济总量中的比重。这时可以将物流业确定为支柱产业的地位。像北京、上海、天津、广州等城市，物流作为支柱产业的地位便十分明显。

（3）支持产业。如果这个地区重要的产业需要有物流的支持作用，而该地区物流发展又缺乏独立发展的环境和条件，却对该地区重要产业有不可缺少的支持作用，物流产业带有明显的服务性和附属性，依托于其他重要产业发展，则可以确定为支持产业的地位。

（4）一般产业。现代社会无论任何地区和城市，物流都是产业结构系统中的一个子系统。大部分地区，物流在经济中并不表现出它的特殊地位和特殊重要性，但又是整个生产、生活等各项活动必须有的组成部分，这就是一般产业的地位。

（二）确定物流产业形态及结构

（1）完整的物流产业结构的体系。这基本上是一种理论的提法，对一个大的国家或地区而言，或许有应用的价值。需要重视的是，在经济全球化推动下，每个国家或者大的地区都应当从全球化角度，从国际分工角度来考虑是否建立完整的物流产业结构体系。

（2）有特点的物流产业结构体系。这是重要支柱产业、支柱产业和支持产业的地区和城市需要选择的一种方案。选择这种方式,该地区物流产业的地位会清晰明确地体现出来。

(3)一般的物流产业结构体系。一般的地区和城市为了保持正常生产和生活而必须有的物流产业结构体系。

(三)规划物流及与物流相关资源的配置和分布

城市的物流资源一经明确后,就需要对空间和数量布局及相互联系做出规划。这并不是物流规划特有的,而是所有规划都要做的事情。但对于物流规划来讲,物流及与相关资源的配置和分布有一定的特殊性:有非常强的网络性,不是规划几个点就能解决的。

二、物流平台的规划和建设

物流规划的一个特点是物流平台规划,这是基础的、主体的内容,不仅要解决物流运作,而且必须解决遭遇到突发事件和特殊情况之后,物流平台仍然有足够的支持作用。所以,物流平台是"百年大计",其规划有四方面需要关注:

第一,由分层次的物流结点和物流线路所组成的实物物流网络平台;

第二,由分层次的物流信息网络所组成的物流信息平台;

第三,由分层次的、全面标准化所组成的标准化平台;

第四,由物流制造业合作、分工所组成的物流装备平台。

物流平台的规划和建设,是我国现在经济发展极需要重视的一个领域,是需要相当时间才能形成实用价值,进而完善、优化的大规模的建设。

第五节　物流系统评价及优化

一、物流系统的评价原则

不是所有的系统化都是成功的,系统化的整个过程和流程之中都可能出现问题甚至是错误,物流系统化也是如此。例如,水平不高甚至低下,系统化结果远远偏离目标,某些环节不能满足系统化要求,关键环节或者总体出现错误等。因此,物流系统化进程中应当随时发现、避免和纠正这些问题。物流系统的评价和优化做的就是这样的工作。

物流系统的优化是建立在物流系统评价基础上的,物流系统评价在于找出问题并且指出优化的方向,优化的物流系统也要接受评价来证实。评价和优化需要共同遵循以下几个原则。

(一)可比性原则

鉴于物流领域的庞杂,有些物流系统有相当的差异和不同,因而,在进行评价和优化时,必须选择可比的物流系统,在比较中才能够做出评价和实现优化;另外,具有可比性才有评价的可操作性。此外，特别要注意的是，优化是相对的，也是在比较中产生的。

（二）客观性原则

评价的目的是为了对于物流系统的建立和运行做出决策，寻求系统的优化。为了保证评价水平，客观性是非常重要的原则。评价的客观性，必须遵循一定的程序和制度，要求评价资料全面、可靠、正确，防止评价人员的倾向性，并注意人员的组成和代表性。

（三）全面性原则

评价和优化需要防止偏颇、力求全面。评价指标要包括系统目标所涉及的主要方面，评价指标本身也应当是一个系统，从而保证评价不出现片面性。

二、物流系统评价内涵

物流系统实用性非常强，当然要有理论的内涵，但它并不是纯理论系统，不需寻找理论的最优答案。物流的系统的评价，现实性和针对性非常重要，评价可选择以下几个方面。

（一）物流系统目标评价

（1）系统目标的针对性。系统目标针对性的评价，是判断系统目标选择是否正确、准确，是否抓住了系统要解决的主要问题。

（2）系统目标对于需求的满足程度。系统目标的确立是否能够科学地满足建立这个系统的需求，是基本满足还是全面满足。满足程度过低或过高都反映了系统目标设置不准确。

（3）系统目标的可行性。所确定的系统目标是否科学合理，是否可以对贯彻这个目标进行有效的操作，经过努力是不是可以达到这个目标。

为了显示水平，设置过高系统目标的情况是经常发生的。这可能造成两个后果：一是需要付出过高的代价，一是缺乏可操作性。这是系统目标评价需要关注的问题。

（二）物流系统功能评价

评价系统有哪些能力，是否具有能够满足需求的能力。当然，某一个具体的物流系统，目标不同，就会有不同的功能，物流系统功能根据目标而定。系统功能评价主要有以下两方面。

（1）确立的系统功能是否能够保证系统目标的实现。

（2）所确定的系统功能是否科学合理，是否具有可操作性和可行性，是否具有经济性和合理性，是否可以实现。

（三）物流系统结构评价

物流系统结构的设计和构筑是实现物流功能的基础，反映物流系统化的水平。系统结构评价也主要有两方面：系统结构的构筑是否能够导致系统功能的完成；所确定的系统结构及系统流程本身是否科学合理,可以完成这个构筑。

(四)物流系统运行评价

物流系统的运行的评价实际上是对物流系统的全面检验,是用实践来检验物流系统的水平以及这个系统实际运行过程中各个方面的性能。

(五)物流系统经济评价

物流系统的本质是服务系统,需要服从和服务于主系统。现代社会各种活动对物流的需求都会受经济的制约,因此,物流系统的经济性涉及系统的价值甚至生命。物流系统经济评价主要有两方面:一方面是物流系统运作的成本是否在可接受的范围之内;另一方面是由于物流系统的存在和运行,是否给大系统带来经济方面的好处,或者恰恰相反。

三、物流系统的优化

"效益背反"的存在,使我们不能过分看重单独的评价,而需要综合考虑和判断,对不同物流系统应选择评价重点,还应当注意物流系统评价的动态性,要防止评价指标和评价方法的僵化。物流系统化的评价和系统成败的关键,取决于是否实现了优化。优化的目的性很强,是现实的概念。物流系统很复杂,系统的存在领域也各不相同,所以,优化没有一定之规,经常是一个渐进的过程,不断追求,一次比一次优化。

四、物流系统优化的方向性问题

(一)物流系统接口问题

1. 物流系统与国民经济其他系统的接口的优化

不同的系统,本身系统化问题解决得较好,但往往两个系统接口存在问题,很难融合成一个更大的系统。这个问题不解决,自然会影响到国民经济这个更大的系统。

物流系统与国民经济其他系统的接口,主要是和商业外贸系统、生产与制造系统的接口。需要注意的是:物流业是生产性服务业,接口问题的解决必须立在"服务"这个基点之上。

2. 物流系统内部分系统或子系统之间接口的优化

在物流系统内部,不同子系统的系统化问题,长期以来有专业的部门和人士为之奋斗,所以解决得较好,但是问题往往就存在于系统之间的接口。物流系统内部分系统或子系统之间的接口很多,例如,装卸和运输的接口有装卸和铁路、装卸和水运等多个接口,还有,储存系统与装卸系统的接口、储存系统与运输系统的接口等。

在接口之处需要发生系统的连接和转换,技术不衔接、管理不衔接、操作不衔接因而造成了停顿、阻塞、损坏等许许多多的问题,是物流系统现实而且严重的问题。

(二)物流系统能力和水平问题

物流系统的能力取决于两个方面:物流基础资源的能力和系统的能力。

1. 物流基础资源的能力和水平

这是物流系统能力的物质基础。基础资源能力如果薄弱，物流系统化虽然仍可发挥一定的作用，让薄弱的基础资源充分发挥作用，但是不能够超越基础资源的水平，不能够根本改变基础资源能力弱而导致的整个物流系统能力薄弱的问题。

基础能力通过不断地投入和建设取得。其有一个特点，即需要逐渐积累形成。这在一定程度上决定了物流系统优化的渐进性和积累性。

2. 物流系统的能力和水平

资源仅仅是基础，有一定的决定作用而不是完全的决定作用。我们经常会遇到大量投资建设的雄厚的资源，最后并不能发挥作用，一个重要原因是基础性资源没有变成系统的资源，因而没有发挥系统性资源的作用。物流基础性资源的能力和系统的能力是有区别的。物流系统的能力和水平是通过系统化达成优化所取得的。

第十六章　集装系统

第一节　集装

一、概述

集装的全称为“集合包装”，将许多单件物品，通过一定的技术措施组合成尺寸规格相同、重量相近的大型标准化的组合体，这种大型的组合状态称为集装。

从包装角度，集装属于大型包装形态。在多种产品中，小件杂、散货物很难像机床、建筑构件等产品那样进行单件处理，由于其杂、散，且个体体积重量都不大又都不相同，所以，总是需要进行一定程度的组合，一般包装箱、包装袋等都是杂散货物的组合状态。

杂散货的组合方式，随科学技术的进步而发展。在科学不发达、装卸依靠人力时，杂散货组合包装受两个因素制约：一是包装材料，材料强度和自重制约了包装的大型化；一是装卸能力，包装必须限制在人的体能范围之内，因此，那时组合体重量一般在50公斤以下。

集装是材料科学和装卸技术两个方面有了突破进展之后出现的，用大单元实现组合，是包装技术的一大进展。从运输角度看，集装的组合体往往又是一个装卸运输单位，可便利运输和装卸，因而在运输领域把集装看成一个运输体（货载），称单元组合货载或称集装货载。

二、集装的特点与效果

集装的主要特点是按标准化、通用化要求集小为大，使中、小件散、杂货以一定规模进入流通领域，形成规模处理的优势。集装的效果实际上是一定规模优势的效果：

（1）使装卸合理化。这是集装的最大效果。和单个物品逐一装卸处理比较，效果主要表现在：缩短装卸时间和降低装卸作业劳动强度。中、小件大数量散杂货装卸，工人劳动强度极大，由于强度大、装卸速度慢而易出差错、货损、工伤事故。采用集装不但减轻了装卸劳动强度，而且集装的保护作用可有效防止装卸时的碰撞损坏及散失丢失。

（2）使包装大型化、合理化。采用集装成为大型包装，形成规模，便于机械化、自动化操作；物品的单体包装及小包装要求可降低甚至可以去掉小包装，从而在包装材料上有很大节约；集装的大型化和防护能力增强，也有利于保护货物。

（3）便于储存保管。在储存保管方面，集装方式是对集装整体进行运输和保管，大大方便了运输及保管作业，也能有效利用运输工具和保管场地的空间，大大改善环境。

(4) 便于管理。集装的货载封装之后，在整个物流过程中，便不需要反复不断地清点，从而大大节省了管理力量，同时，也能有效地防止物流过程中出现差错、丢失等问题。

(5)促进系统化。集装的最大效果，还是以其为核心所形成的集装系统，可以将原来分立的物流各环节有效地联合为一个整体，使整个物流系统实现合理化。物流的现代化、系统化进展是离不开集装的。

三、集装方式

集装有多种方式，如果不做特殊解释，主要是指集装箱和托盘，这是本书重点介绍的内容。各种集装方式还有如下许多变形的种类。

(一)集装袋

集装袋是袋式集装容器，柔软、可折叠、自重轻、密闭隔绝性强。以高强度纺织材料做基材，表面涂覆橡胶或塑料复合而成。基布是聚丙烯纺织材料，也用天然纤维织帆布材料，表面涂覆材料有 EVA 塑料、乳胶、聚丙烯及聚氯乙烯等。可制成大型的、大容积的包装容器。

集装袋有利于粉粒体、液体等难于处理的物品的物流，可提高装卸效率、降低费用和减少物流损失。集装袋体轻又可折叠，所以在返空、清洗、存放方面更有优势。

集装袋形状有圆筒形和方形两种，以筒形为多；按适装物品有粉粒体和液体集装袋两种；按吊带设置有顶部吊带、底部托带及无吊带三种，前两种可叉可吊，后一种只能依靠叉车装卸；按装卸料方式分上部装料下部卸料、上部装料并卸料两种；按集装袋的材质不同，分涂胶布袋、涂塑布袋、交织布袋三种。表 16－1 列出了集装袋的类别及规格。

表 16－1　　集装袋的参考类别及规格

容积(米^3)	装载量(千克)						尺寸(毫米)			
	物品容重						角形		圆筒形	
	1.00	0.9	0.8	0.7	0.6	0.5	长宽	高度	直径	高度
0.5	500	450	400	350	300	250	710	900	900	780
0.64	600	550	500	400	350	300	710	1 120	900	1 000
0.84	800	750	650	550	500	400	865	1 030	1 100	890
1.0	1 000	900	800	700	600	500	865	1 200	1 100	1 060
1.25	1 250	1 100	1 000	850	750	600	865	1 470	1 810	1 320
1.5	1 500	1 350	1 200	1 000	900	750	865	1 750	1 100	1 620
1.75	1 750	1 550	1 400	1 200	1 000	850	945	1 700	1 200	1 550
2	2 000	1 800	1 600	1 400	1 200	1 000	945	1 920	1 200	1 770

集装袋使用领域很广，用于水泥、粮食、石灰、化肥等易变质且易发生污染的粉粒状物。在液体物品方面，适用于装运液体肥料、表面活性剂、动植物油、酱油、醋等。

(二)集装网络

集装网络是用高强纤维材料制成的集装工具。比集装袋更轻，无效运输更小，网络价格较低，因而集装费用较省。集装网络主要装运包装货物和无包装的块状货物，每网络一次装运500 千克至1 500千克，在装卸中采取吊装。缺点主要是对货物的防护能力差，应用范围有限制。

(三)罐体集装

罐体集装和罐式集装箱类似，但不属于集装箱系列。有两个典型的代表体系：

(1)水泥散装。采用罐式散装汽车、火车及船舶，以水泥散装仓库为物流结点。大批量散装水泥卸放入水泥散装中转站散装仓库，转换运输方式，用罐式散装汽车将水泥运至用户的“门”。装卸依靠管道，采用气力或重力装卸方法。量大的用户，可不经配送结点直运至用户的散装仓库。

这是专门设备，不能载货返程，只能空返，造成运力浪费和费用的增加。

(2)石油、燃料油。采用专用的油罐车进行运输，其物流过程为：专用大型油罐车或专用油船将油运至中转库，一般是大型地下油库或油罐，再由油罐分运至各加油站，在加油站完成对用户的服务。

这种集装方式全部采用专用设备，运输效率高且安全，是油品运输的主体形式。

(四)货捆

货捆是依靠捆扎将货物组合成大单元的集装方式。多种强度比较高的条形及柱形材料，如钢材、木材、建材，还有能捆扎组合的金属锭等，采用捆扎方式可成为各种各样的捆装整体。

(五)滑板

滑板是托盘的变形体，又称薄板托盘或滑片，有塑料制、木制、纸制多种。其结构只是一片无支撑的薄板，上面放置货物，叉车的钢叉沿滑板滑动插入板底进行装卸。

滑板有如下特点：第一，载物面有较大的摩擦系数，货物不易发生滑动塌垛；第二，结实耐用，可以反复使用；第三，有较强的耐水及耐化学物质腐蚀的性质；第四，卫生清洁，易用水洗清洁，适于装运食品及医药用品；第五，装运冷冻物或在严寒地带使用也有很高的强度；第六，自重轻，自重的无效运输可忽略不计；第七，滑板很薄，可节省保管空间。图 16 -1 所示为各种形状的滑板，图 16 -2 所示为安装专门附件的叉车对滑板的装卸。

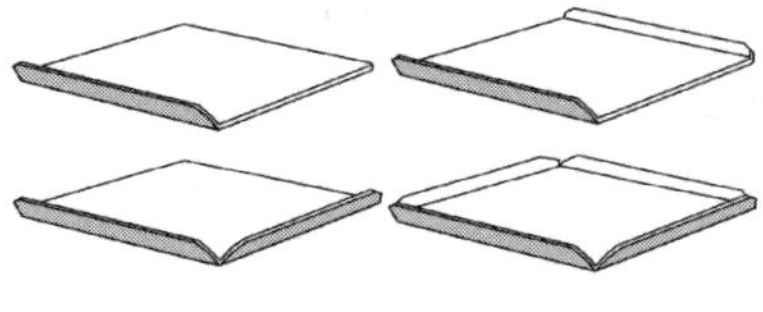

图 16－1　各种形状的滑板

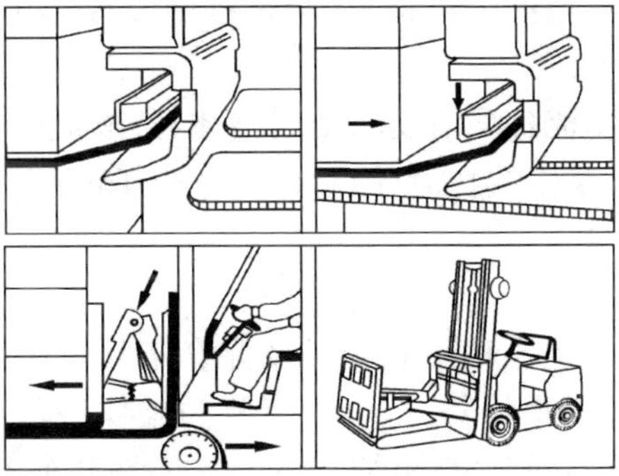

图 16－2　滑板货体装卸及带推拉器叉车

表 16－2 列出了滑板的一些参考指标。与滑板使用匹配,需有带钳口的推拉器的叉车。滑板集装的一大缺点是对叉车有特殊要求,且叉车附件造价高,另外,对操作人员的操作要求也较高,操作难度大。

表 16－2　滑板的一些指标

厚度(毫米)	集装重量(千克)
0.8	<500
1.0	500～700
1.3	500～1 000
1.5	700～1 500
1.8	1 000～2 000

(六)集装箱式半挂车

可以承担集装箱物流的半挂车有两种主要类型:一种是平板式半挂车,可以将集装箱整体放置于半挂车上。另一种是集装箱式半挂车,是箱体和半挂车体一体化的结构。两种方式都可以实行集装箱联运。

集装箱式半挂车是专用半挂车的一种类型,是集装与运输工具一体的集装方式,是以集装箱式半挂车为一个单元组合体,连同半挂车一起进行装卸、换载。

利用集装箱式半挂车,可以使整个物流过程浑然一体,充分利用联合运输的优势,而且实现“门到门”的运输。

四、集装系统

(一)集装系统的概念

集装系统是以集装方式进行物流活动,贯穿物流全过程并对此进行综合、全面管理的物流形式。集装系统有时简称集装或集装化,这是许多和集装型态相关活动综合的总称。集装贯穿物流的全过程,在全过程中发挥作用,创造了“门到门”全新的物流概念。

集装系统有效地将物流各项活动联结成整体,是物流系统化的核心。集装系统能在多方面起作用,尤其是干线物流,因而许多人将其看成干线物流的发展方向。

(二)集装系统的基本要素

1. 工具要素

集装系统的工具主要是各种集装工具及配套工具。作用是将零杂货物组合成单元货物,并以这些工具为承托物,以单元货物为整体进行物流。这些工具以不同形式进行集装,各适用于不同对象,再加上各集装工具具有不同类型和尺寸,基本上可以覆盖大部分物质资源集装的需求。和这些集装工具配套的还有一些辅助性工具,主要有:

(1)装卸辅助工具。如集装的吊具、索具,叉车装卸集装的叉车附件属具等。

(2)搬运辅助工具。如使托盘在运输设施上移动的托盘移动器等。

(3)包装辅助工具。如集装货载的稳固工具,装箱、出箱工具等。

2. 装置、设施要素

装置、设施要素主要有:

(1)集装站、场、码头,是衔接集装运输的节点。如火车集装装运站、集装处理场、集装码头等。在集装站、场、码头中的活动主要是集装的存放及装卸。

(2)集装装卸设施。主要有集装箱吊车、托盘叉车、集装箱半挂车、散装管道装卸设备、散装输送传送设备等。

(3)集装运输设备。主要有集装箱船、集装箱列车、散装罐车等。

(4)集装储存设施。主要有集装箱堆场、托盘货架、集装货载、立体仓库等设施。

(三)集装系统的管理

集装系统的管理是在一个地域范围中大跨度的管理,集装货载的运动可能遍及全国甚至国际,因此,管理有很强的特殊性。主要管理工作有以下几项:

(1)托盘、集装箱的周转管理。集装一旦发运,有时是千里之外,回收、复用、返空是一个大问题,采取集装箱系统网络、托盘共用、托盘联营等方式能有效地解决管理问题。

(2)集装箱联运经营管理。集装的物流过程涉及若干种运输方式、许多部门和站场,因此必须有效协作才能使集装箱联运顺利实现,所以联运合同、协议也是一种管理方式。

(3)集装信息管理。集装信息是要解决对大系统运行情况的掌握,大系统的协调需要信息沟通,这是决策依据,所以,集装信息是管理的重要部分,也是集装系统的一个重要因素。

(4)集装系统的社会管理。这主要依靠体制、法律、制度等进行管理。

第二节　集装箱

一、概述

(一)概念及定义

集装箱是进行散、杂货及特殊单元组合的大型容器性工具,箱内净空在1立方米以上。具备下述特征功能:一是能长期反复使用;二是以箱为整体进行物流,途中转运时箱中货物无须倒装、换装。箱内货物只在起点和终点进行逐个处置;三是物流过程中以集装箱为一体进行运输的转换及运输形态和其他形态的转换。

通用集装箱是集装箱中之主体,有专门定义:通用集装箱是用于运输和储存若干单元货物、包装货物或散装货的密封型、长方形、标准尺寸的集装箱,它可以限制和防止发生货损货差,可脱离运输工具作为单元货物进行装卸和运输,无须倒装箱内货物。

(二)集装箱的优点

(1)强度高、保护防护能力强。对内装货物有较强的防护、保护能力,因而货损小。

(2)集装箱具备多项功能,本身还是一个小型的储存仓库。使用集装箱,可以不再配置仓库。

(3)可以重叠垛放,可提高单位地面的储存数量。在车站、码头等待运处占地也较少。

(4)几种集装方式中,尤其在散杂货集装方式中,集装箱集装量较大,装载量与自重之和,最高可达30吨。

(5)集装箱还具备标准化装备的一系列优点。例如,尺寸、大小、形状有一定规定,便于对装运货物和承运设备做出规划、计划。以集装箱的标准化为基点,可以在大范围内统一装卸、运输工具,简化装卸工艺,通用性、互换性强。

(三)集装箱的缺点

集装箱也有一些重大缺点,限制集装箱在更广的范围中应用:

(1)自重大,因而无效运输、无效装卸的比重大。物流过程中,许多劳动消耗于箱体本身上,增加了货物对运费的负担。

(2)造价高。在每次物流中分摊由集装箱本身造价所派生的集装箱使用费的成本较高。

(3)返空困难。空箱返空是巨大浪费。

二、集装箱的构造

集装箱的一般构造如图 16－3 所示,是梁板结构,梁起支撑作用,板起承载封闭作用。有底板、顶板、两侧板,两端是端壁、端门。箱顶部两端安装起吊的挂钩,以便于吊车类装卸机具进行装卸操作。有的集装箱箱底设叉车的叉入槽孔,以利用叉车进行装卸作业。

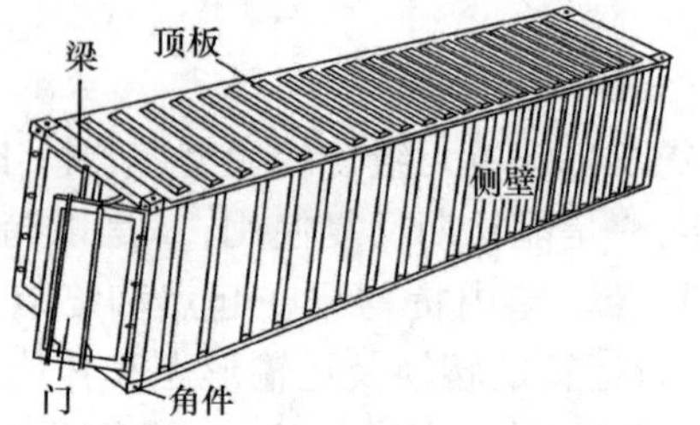

图 16－3　集装箱的一般结构

三、集装箱的种类

(一)按适装货物分类

按箱内适装货物可分成两大类,用以指导按照货物种类选择适合的集装箱。

(1)通用集装箱:也称通用干货集装箱、杂货集装箱,具有集装箱的基本结构,是集装箱的代表,应用广泛,使用量大。

(2)专用集装箱:满足专业要求的特殊集装箱。

(二)按运输方式分类

不同运输方式有与之相适应的集装箱,指导选择适合的运输形式,主要有四种。

(1)联运集装箱:主要适用于国际的联运。

(2)海运集装箱:国际集装箱运输以海运为联运的核心,和国际联运集装箱是相同的。

(3)铁道集装箱:有两大系列,一个系列是和国际集装箱联运接轨的联运集装箱;另一个系列是我国特有的,规格尺寸不与国际接轨。

(4)空运集装箱:是适合于航空货运及航空行李托运用的集装箱。

（三）按制造材料分类

（1）钢制集装箱：是采用最多的集装箱，通用大型集装箱绝大部分是钢制。这种集装箱强度高、自重大，由于钢材加工和使用广泛，这种集装箱生产量比较大，相对价格较低。

（2）铝制集装箱：属于轻集装类别，箱体自重轻，箱体尺寸不大，受合金铝材料的性能的限制，难以建造大型集装箱，而且价格昂贵。在航空这种特殊领域中采用较多。

（四）按箱体构造分类

箱体构造不同，可以指导我们选择适装的货物，选择适合的装卸、搬运处理方式。

四、通用干货集装箱

通用干货集装箱使用最广、数量最大，所以也称通用集装箱。钢制箱体，内部不安装其他设备，箱门设于一端或侧面。

通用集装箱不但强调装运货物的通用性，也强调运输和贸易的通用性。有些集装箱，如我国的部分铁道集装箱，虽也符合上述基本特点，但其不能实行国际联运或国内水陆联运，故也不属于通用集装箱范畴。

五、专用集装箱

（一）保温集装箱

保温集装箱能适度控制温度，其内部有温度控制设备，箱体采用隔热保温结构。有以下三类。

（1）冷藏集装箱：能使温度保持在零下5℃以下，使冷冻物品能在箱内完成物流的集装箱，一般采用电力制冷，适合装运冷冻肉类、鱼类等物品。

（2）低温恒温集装箱：是能保持一定低温（如3℃～10℃），但不达到冰点，保证箱内物品能在低温下保质、保鲜而不使其冻结，适合装运高档水果、蔬菜、鲜肉、鲜鱼类、药品及某些化工制剂等。

（3）隔热集装箱：有很好的隔热保温性能，在短时间内保持一定低温及保鲜。箱内置制冷剂或预冷，依靠其隔热能力保持温度，在一定期限内，温度上升缓慢，一般2～3天可以保证集装箱内温度上升不超出保鲜的要求。主要用于短途冷冻物的物流，如城市内冷冻食品运输，也用于较长距离的水果、蔬菜等装运。这种集装箱不安装制冷设施，因此造价可以大幅度下降，同时，运行过程中也不对电源等条件有所要求，大大提高了集装箱的适用性。

（二）通风集装箱

通风集装箱是具有空气调节能力的集装箱，内设通风装置，如排风扇等，或在集装箱上设通风孔、通风栅栏，甚至箱壁采用金属网等通风材料制造。主要在装运动植物时满足动植物呼吸作用需要、保持空气不断更新的场合下采用。

(三)罐式集装箱

罐式集装箱是能装运各种液体、气体及部分粉末体、颗粒体的特殊形状的集装箱。集装箱主体采用罐体,能够承受较大压力,保持高度密封性能并以最少的材料制成相同容积的罐体。为了维持罐体的稳定,可采用框架、支架结构。与罐式车辆不同,罐式集装箱的周边尺寸可按通用集装箱的尺寸制造,可以和通用集装箱一样装运,因而比罐式车更灵活机动(如图16-4所示)。

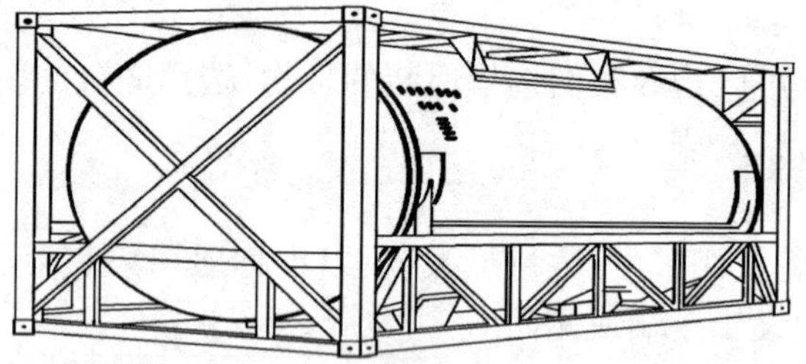

图16-4 海运集装箱形的罐式集装箱

(四)动物集装箱

动物集装箱是专门用以装运活的动物,如牛、羊、猪、马匹等的集装箱。这种箱的特殊之处在于,有良好的通风、采光、饮水喂食设施,箱壁采用栏网式、栅栏式或栅窗式。

(五)平板玻璃集装箱

平板玻璃集装箱是专门装运平板玻璃的专用箱,有1吨、2吨、2.5吨及5吨若干种。其构造特殊之处在于:箱内有立放、固定和稳定平板玻璃的支架,可省却平板玻璃的一般包装,箱的密封及防护效果也都比一般包装好,可防止平板玻璃在物流中的破碎及受潮变质损失。

(六)车辆集装箱

车辆集装箱是专门用于装运摩托车、自行车等车辆的集装箱,组装好的车辆可立置于箱内,箱内有支撑摩托车、自行车的支架。

(七)机械及部件专用集装箱

机械及部件专用集装箱是用于专门装运某种机械部件的专用集装箱。这种集装箱根据装运的机械种类不同,内部有不同的支撑、支护、防护、分隔设备,一般都是小型非通用箱。

(八)石棉及各种纤维材料集装箱

石棉及各种纤维材料集装箱是装运石棉、岩棉、矿棉等纤维产品的专用集装箱。这种集装箱没什么特殊构造,主要利用集装箱的高密封性防止纤维材料散失及污染。

（九）铝材、铜材及贵重金属专用集装箱

铝、铜等金属较为贵重，且其板材规格型号很多，又难以用其他方式集装，用集装箱装运，箱内设不同尺寸隔板，可装运多种尺寸的材料。由于箱的封闭性，可防止贵重金属材料的丢失。

六、特种集装箱

（一）不同开门位置和完全没有门的特种集装箱

这种集装箱分为侧开门、前开门、前后双开门及顶开门四种。前、后、侧开门的适合叉车及作业车进入集装箱内作业或在外部进行外部装卸作业；顶开门和完全没有门只有底板平台的集装箱适合于吊车装卸作业。

（二）折叠式集装箱

这种集装箱四个侧壁和顶板在空箱时可折叠平放到台座上，当需装运时可再支装成箱。这种箱的特点是适于无回头货的单程运输，返运时折叠可减少运力的占用。

（三）拆解式集装箱

拆解式集装箱的顶板、台座和四个侧壁靠组件组装而成，必要时可全部拆解。

（四）台架式集装箱

这种集装箱只有台座和角柱及部分侧板，有时连侧板都没有，主体只是一个台架。主要特点是，由于没有侧板的遮拦阻挡，可从上部及四周方便地进行装卸（参见图 16－5）。

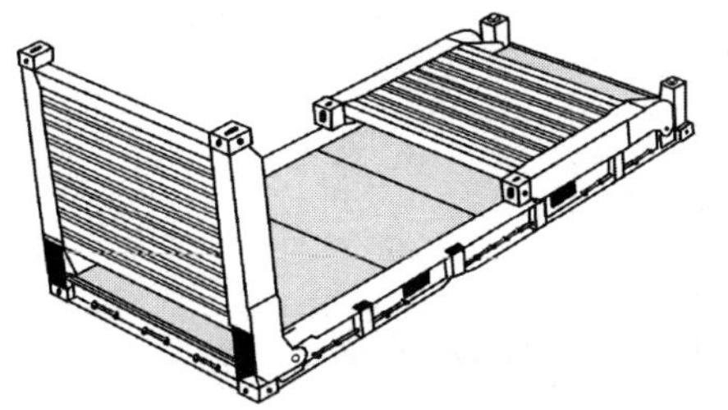

图 16－5　台架式集装箱

（五）抽屉集装箱

这种集装箱的箱内由一定尺寸的抽屉组成，打开箱门后便可抽出抽屉装取货物。一般是小型集装箱，主要用于装运仪器、仪表、宝石、武器、弹药及贵重物品。

（六）隔板集装箱

这种集装箱的箱内有若干隔板，隔板可组合、拆卸、拼装。适用于装运需分隔的物品。

此外，还有一些专用的特种集装箱，例如汽车集装箱、服装集装箱等。

七、集装箱及相关标准

集装箱的标准不仅与集装箱本身有关,也与各运输设备、各装卸机具,甚至与车站、码头、仓库的设施都有关。其大类别有硬件标准和软件标准两部分:硬件标准包括尺寸、结构和强度,集装箱角件、集装箱门搭扣件等;软件标准包括统一名称术语、作业规则、使用方法、装运方法、代码标志等。我国集装箱国家标准已经形成一个体系,有60多项标准,最基础的标准是《集装箱名称术语》,国际标准化组织(ISO)及我国国家标准都有集装箱相关的专门的标准。

表16-3是其中一部分有代表性的标准目录,可见一斑。

表16-3　　集装箱部分国标目录

代号	名称
GB 1834—80	通用集装箱最小内部尺寸
GB 3220—82	集装箱吊具的尺寸和起重量系列
GB 4290—84	集装箱运输状态代码
GB 1836—85	集装箱标记代号
GB 1992—85	集装箱名词术语
GB 1413—85	集装箱外部尺寸和额定重量
GB 7392—1987	集装箱的技术条件和试验方法
GB/T 16299—1996	飞机底舱集装箱技术条件和试验方法
GB/T 1836—1997	集装箱代码、识别和标记
GB/T 17271—1998	集装箱运输术语
GB/T 17894—1999	集装箱自动识别
GB/T 1992—2006	集装箱术语
GB 11602—2007	集装箱港口装卸作业安全规程
GB/T 1413—2008	系列1集装箱　分类、尺寸和额定质量
GB/T 15419—2008	国际集装箱货运交接方式代码
GB/T 3220—2011	集装箱吊具
GB/T 30349—2013	集装箱货运代理服务规范

集装箱运行范围很大,是国际化的,所以国家标准向国际标准靠拢十分重要。我国国家标准GB 1413—85采用了国际海运两种主要类型集装箱规格,同时又有主要适合国内运输的5D及10D两种类型,如表16-4所示。为方便对照,表16-5列出集装箱的国际标准。

表 16－4　**GB 1413—85 集装箱规格**

集装箱	高度(毫米)		宽度(毫米)		长度(毫米)		额定重量(千克)
	尺寸	极限偏差	尺寸	极限偏差	尺寸	极限偏差	
1AA	2 591	0～5	2 438	0～5	12 192	0～10	30 480
1A	2 438	0～5	2 438	0～5	12 192	0～10	30 480
1AX	<2 438	0～5	2 438	0～5	12 192	0～10	30 480
1CC	2 591	0～5	2 438	0～5	6 058	0～6	20 320
1C	2 438	0～5	2 438	0～5	6 058	0～6	20 320
1CX	<2 438		2 438	0～5	6 058	0～6	20 320
10D	2 438	0～5	2 438	0～5	4 012	0～5	10 000
5D	2 438	0～5	2 438	0～5	1 968	0～5	5 000

表 16－5　**国际标准集装箱规格系列**

箱型	长(毫米)	宽(毫米)	高(毫米)	总重量(千克)
1AA	12 192	2 438	2 591	30 480
1A	12 192	2 438	2 438	30 480
1AX	12 192	2 438	<2 438	30 480
1BB	9 125	2 438	2 591	25 400
1B	9 125	2 438	2 438	25 400
1BX	9 125	2 438	<2 438	25 400
1CC	6 058	2 438	2 591	24 000
1C	6 058	2 438	2 438	24 000
1CX	6 058	2 438	<2 438	24 000
1D	2 991	2 438	2 438	10 160
1DX	2 991	2 438	2 438	10 160
1AAA	12 192	2 438	2 896	30 480
1BBB	9 125	2 438	2 996	25 400

第三节　集装箱物流

一、各运输方式的集装箱

(一)联运集装箱

联运集装箱是适合物流系统多种形式运输，并在转运结点进行快速转运，不需对箱内装运物重组的集装箱，能满足国际联运要求。主要指国际标准（ISO 标准）的国际海上运输大型集装箱。在箱体规格尺寸方面，联运集装箱指国际通用的英制 20 英尺及 40 英尺两种标准箱。

联运集装箱的主要特点是外形尺寸及吊装装卸构造的标准化，以保持海运、大型集装箱车运及铁路运输的一贯性。个别国家和地区也可形成不与国际联运接轨的联运形式，这种情况虽然也称之为联运，但是集装箱尺寸则与国际联运箱有所区别。

（二）海运集装箱

国际集装箱运输以海运为联运的核心，因此，海运集装箱和国际联运集装箱是相同的。

（三）铁道集装箱

铁道集装箱有两大系列：一是和国际集装箱联运接轨的；另一个系列是我国特有的，它是适应货车运输要求和小范围铁—水、铁—陆联运而有一定专用性的集装箱，尺寸及吨位小于国际联运集装箱，主要是五吨、十吨两种，有的也采用一吨集装箱。

（四）空运集装箱

空运集装箱是适合航空货运及航空行李托运用的集装箱，如图 16－6 所示。空运集装箱的特点有二：

（1）集装箱自重要求小，箱材厚度要求小，以减少无效运输，尽量增加空运量，因而集装箱的材质主要是高强度的轻金属，以合金铝为主。

（2）空运集装箱需要装入飞机货仓中，其形状受飞机货舱形状及大小的制约，且由于机种很多，难以形成通用规格尺寸。即使是同一飞机用的集装箱，在机腹的不同位置，箱的形状尺寸也不同，一架飞机需若干集装箱配套才能保证飞机有效装运。

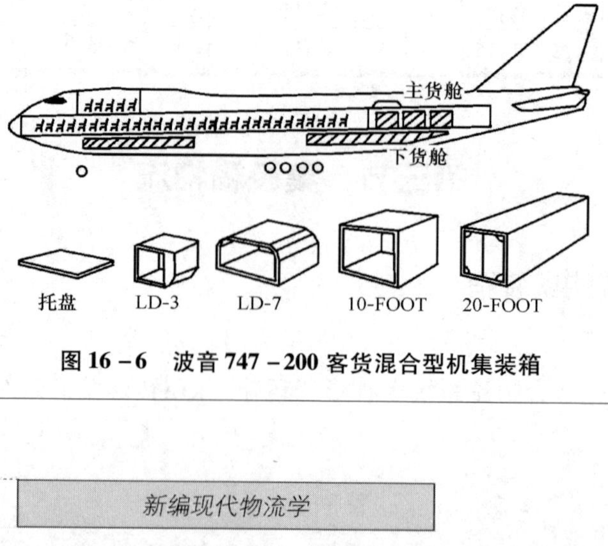

图 16－6　波音 747－200 客货混合型机集装箱

二、集装箱运输工具

(一)集装箱船

集装箱物流,国际通用 20 英尺及 40 英尺两种大型集装箱,尤其是国际集装箱运输,船舶是主要的运输工具。专用集装箱船是集装箱运输,尤其是集装箱联运的主要运输工具。载运集装箱的船舶种类很多,但载运能力、载运方式相差甚远,主要有以下若干种。

1. 吊装式集装箱船

集装箱入出船作业采用吊装方式,利用岸上或船上起重设备进行吊装吊卸。主要有三种类型:全集装箱船、半集装箱船和集装箱—杂货两用船。集装箱货体的装卸都采取吊上、吊下方式(LO/ LO 方式),最典型是专用全集装箱船。其载运集装箱数量大,为大开口单甲板,舱内有稳固集装箱的箱格结构,每一箱格堆放集装箱 4 ~9 层,甲板上可堆放集装箱 2 ~3 层,并有系紧装置稳固集装箱,载重量一般在万吨以上,第四代已达 5 万吨级以上,载箱量最大达3 000 ~4 000个国际标准集装箱,有很高的运输效率。

集装箱—杂货两用船是多用途的货船。适于在货种、货流变化大,未形成有效的集装箱集运系统的航线上采用。往往是集装箱和各种散杂货混载,有很高的灵活性。一般是双甲板、大船口、平舱盖,在盖上放置集装箱。舱口尺寸与国际标准集装箱配套,以便装卸作业。

2. 滚装式集装箱船

集装箱入出船用滚装方式,又称 RO/RO 船。集装箱货载连同牵引车一起驶入船,一同完成水运,或上船后留下载运集装箱的挂车而牵引车驶下。集装箱不能叠放堆码,船型是多层甲板。船与码头之间的装卸通过船首尾或船侧的开口处,经过跳板将载集装箱的车辆驶上驶下。各层仓沟通靠斜坡道或升降机。

滚装式集装箱的优点是对码头要求较低,装卸速度快,装卸效率高,适应货种多;缺点是舱容利用率低、造价高。其在集装箱运输中是一种辅助船型(参见图 16 –7)。

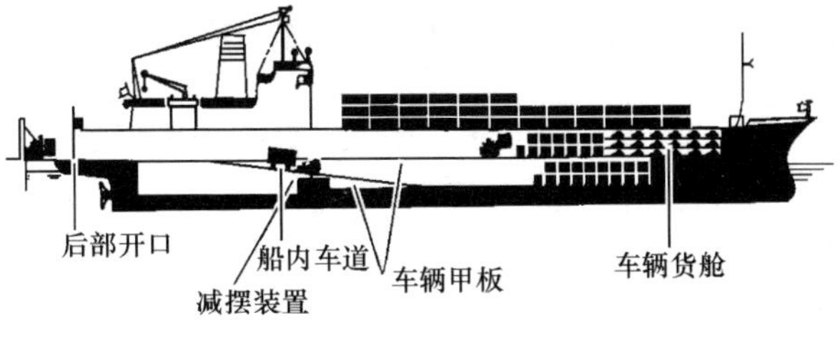

图 16 –7　滚装集装箱船

3. 载驳集装箱船

载驳集装箱船又称子母集装箱船、浮装式集装箱船,集装箱入出船采用浮装方式。载有集装箱的驳船,浮进载驳船或整体吊入载驳船之后,进行"船载船"的载驳运输,到达后再将载有集装箱的子驳船放入水中。特点是小驳船的机动及通达性,可将海上、内航干线运输与小河道、小水域的配送、集货运输有效地联结起来,实现水运的"门到门"运输。尤其是大小船之间的转运,利用载驳集装箱船可节省转运时间、转运装卸费用。

4. 内河集装箱船

这是内河航运的专用集装箱船,是有自航能力的自航驳船,也采用驳船组队的形式。主要特点是上部建筑简单,大开口或大甲板便于装卸集装箱。受内河限制,船体较小。内河水深变动较大,因而主要采用吊上吊下方式进行集装装卸。

5. 江海联运型集装箱船

这是能在海上和江上运输而不需换运的集装箱船,又有江船出海型和海船进江型两种,有利于江海直达联运。

(二)集装箱公路运输

集装箱"门到门"联运是不可缺的首尾运输环节,也进行长距离的干线运输。其类型有如下三种。

1. 集装箱半挂车

如图 16-8 所示,集装箱半挂车又分平板式、梁架式、浮动轮式及伸缩梁架式若干种。其基本结构是,半挂车前部有支脚或浮动轮,后部为承重轮。在运输时,前部搭放于拖车之上,和拖车一起形成一个整体,集装箱连同货物体的重量及挂车自重由拖车和挂车共同承重。

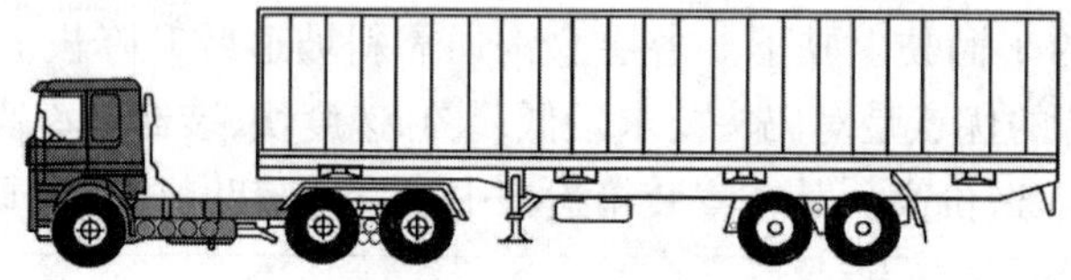

图 16-8　半挂车集装箱列车

几种半挂车中,梁架式有较强的专用性,挂车车体较轻,因而运输耗能较少;平板式属于多用型,除用于装运集装箱之外还可装运其他多种大重量、长尺寸货物,专用性较差,车身重量较大,因而运输集装箱的技术经济效果不如梁架式。

2. 集装箱全挂车

这种车车体无动力、可行走,承载集装箱短距离移动可用各种小型车辆拉动,甚至人力推动;长距离运输则接上拖车形成集装箱全挂列车。如果用于国际大型集装箱,则列车总长度太长,运行不便,一般用于小型集装箱,形成较短的全挂车。

3. 集装箱自装自卸车

车上带有装卸集装箱设施,在"门到门"运输时,如果端部缺乏装卸工具,可以采用这种车型,是开展集装箱"门到门"运输的重要车辆类型。

(三)集装箱铁道货车

一般铁路货车皆可装运集装箱,但大小及长度受货车尺寸的制约,且普通铁道平板货车本身自重较大,因而无效运输较严重,车辆构造也不适于快速装卸及大量运输,所以,除混运运输线以外,一般都应该采用集装箱专用车。其主要类型有如下三种。

1. 梁架式集装箱专用车

集装箱直接置于梁架的平面上,有稳固装置锁固并有缓冲装置。这种专用车结构简单、重量比较轻,因而减少了无效运输。

2. 车载车式滚装集装箱货车

其主要形式是低平台平板货车,拖车式集装箱可从车平板一端借助高站台或斜面开上货车,进行"车载车"的"门到门"联运,免去烦琐的转运。这样就可以靠载集装箱的全挂车或半挂车实现"门到门"。

3. 双层集装箱货车

火车装运一层集装箱达不到满载,因为受桥梁、涵洞限制,不可能装运两层集装箱,所以要装运两层,必须降低车底高度,办法是采用"袋鼠式"火车车皮,即两轴之间降低车底高度的凹型车底,将两层集装箱堆垛于此,仍然不超高。

两层集装箱运输,下层由于车轮凸起,集装箱只能装在两轴之间,所以,下层装的集装箱尺寸小,而上一层尺寸可长一些。一般可采用下层装 40 英尺箱,而上层装 45 英尺箱。

三、集装箱运输方式

(一)集装箱的一般运输方式

(1)集装箱集疏运输。这是干线首尾衔接性运输,是国际集装箱运输的组成部分,集疏运输在内陆进行,又称内陆集疏运。集疏运输的任务,是将集装箱集中成干线运输的批量,再用集装箱船或集装箱列车进入干线物流;或将大批量到港、站的集装箱疏运给用户。

(2)集装箱班轮。这是利用集装箱船在固定港口之间进行定期、定航线的集装箱运输。各国普遍采用,我国也开辟了多条国际定期班轮航线。

(3)集装箱定期直达火车列车。这种方式采用固定车底的专用集装箱车皮组成的火车专列,定点、定线、定期运行;也可采用平底车进行车载车的驮背运输,即"滚动公路”式运输。

(4)集装箱火车专运列车、快运列车。

(二)集装箱联运

集装箱联运是综合利用各种运输方式进行集装箱运输，以充分利用各种运输方式的优势，实行不同运输工具的协作运输。主要有以下几种联运方式。

1. 一般集装箱联运

这是在干线运输，由几种不同运输工具施行的协作运输。接取及送达运输仍采取一般运输，单独进行处置。这种联运不能做到“门到门”，但能在运距很长的区段充分利用集装箱的优势，而且在不同运输工具之间能利用集装箱及专门的设施实现有效的、快速的转换，而不是采用一般的装卸、搬运方法把货物卸下再装到另一个车上。

2. 国际集装箱多式联运

这主要有两种：

(1)“门到门”的集装箱联运。在全线进行联运，并从集装箱在货主门口装货开始，直到用户门口卸箱为止，中途全部实行一票到底的联运，并在不同运输工具之间实现换载。

(2)大陆桥集装箱联运。利用大陆桥实行集装箱的运输。陆桥运输以集装箱联运为标志，也以跨不同国家的运输线为标志，所以又称国际集装箱陆桥运输。

目前，我国已开展的国际多式联运有以海运为主体的多式联运和海空联运。主要有：经过海运往返日本、美国、非洲、西欧、澳洲等地区多式联运、海空联运；我国内地以陆运经蒙古、俄罗斯至伊朗的多式联运和往返西、北欧、利用西伯利亚大陆桥的多式联运。

第四节 托盘

一、概述

(一)托盘的概念及定义

托盘是为了使物品能有效地装卸、运输、保管，将其按一定数量组合放置于一定形状的台面上，这种台面有供叉车从下部插入并将台板托起的插入口。以这种基本结构的平板台板和各种在这种基本结构基础上所形成的集装器具统称为托盘。

托盘是重要的集装器具，是适应装卸机械化发展起来的。托盘的发展与叉车同步，共同形成装卸系统，使装卸机械化水平大幅度提高，使长期以来物流过程中的装卸瓶颈得以解决。所以，托盘也促进了整个物流水平的提高。

托盘最初在装卸领域出现,发展成为物流系统化的重要装备机具,对现代物流系统的建立起了不小的作用,也促进了集装箱和其他集装方式的发展。现在托盘已是和集装箱一样重要的集装方式,成了集装系统的两大支柱,托盘尤其以简单、方便而受到重视。

(二)托盘的特点

托盘和集装箱在许多方面是优点、缺点互补, 因而往往难以利用集装箱的地方可利用托盘,托盘难以完成的工作由集装箱完成。托盘的主要优点有:

(1)自重小。用于托盘本身的劳动消耗较小,无效运输及装卸比集装箱小。

(2)返空容易。托盘造价不高,又容易互相代用、抵补,所以无须像集装箱那样必有固定归属,也不会像集装箱那样返空,即使返运,也比集装箱容易。

(3)装盘容易。装卸操作十分方便,装盘后可采用捆扎、紧包等技术处理,简便易行。

(4)装载量较大。虽较集装箱小,但比一般包装的组合量大得多。

托盘的主要缺点是:保护性比集装箱差,货载露天存放困难。

二、托盘的种类

(一)平托盘

一般托盘指平托盘,是使用量最大的一种。基本构造如图 16-9 所示。按如下三个条件分类。

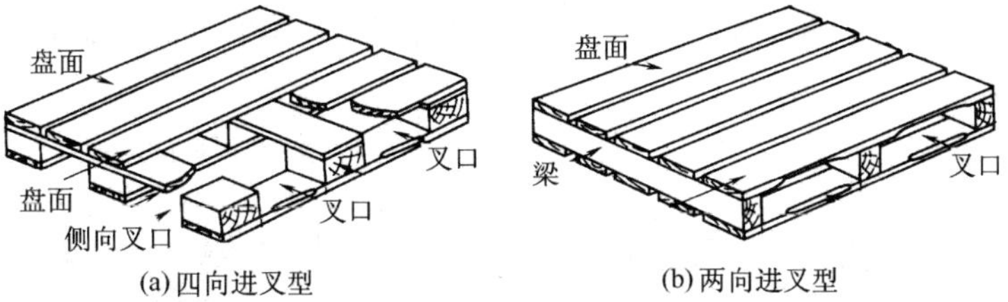

图 16-9　木制平托盘基本构造

1. 按台面分类

按台面不同,托盘可分成单面形、单面使用形和双面使用型、翼型四种(如图 16-10 所示)。

2. 按叉车插入方式分类

按插入方式不同,托盘可分为单向、双向、四向插入型三种。四向插入型,叉车可从四个方向进叉,插运较为灵活。

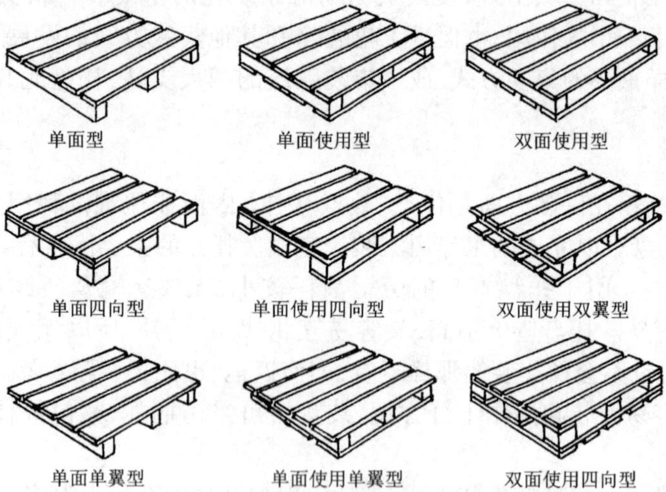

图 16－10　各种平托盘形状构造

3. 按制造材料分类

按制造材料不同,托盘可分成如下几种:

(1)木制平托盘。图 16－9 所示都是木制平托盘的构造。木制平托盘制造方便,便于维修,本体也较轻,是使用广泛的平托盘。

(2)钢制平托盘。有各种插入型和单面、双面使用型等。自重较重,人力搬运困难,如果用轻钢,可制成 35 公斤的平托盘,可使用人力搬移。最大特点是强度高,不易损坏和变形,维修工作量小。可以制成翼形,可使用叉车装卸,也可在两翼套挂吊具进行吊装。

(3)塑料制平托盘。特点是本体重量轻,耐腐蚀性强,可着各种颜色区分,托盘是整体结构,不存在透钉刺破货物的问题,但承载能力不如钢制和木制。

(4)胶合板制平托盘。用胶合板钉制,这种托盘质轻,但承重力及耐久性皆较差。

(二)柱式托盘

柱式托盘的基本结构是托盘的四个角有固定式或可卸式柱子,可用横梁连接成门框型。柱子部分用钢材制成,分为固定柱式和可卸柱式两种。

(三)箱式托盘

箱式托盘的基本结构是托盘四边有板、栅等组成箱体,箱板有固定、折叠和可拆卸式三种。由于四周栏板不同,箱式托盘又有各种名称,如栏板为栅栏式的也称笼式托盘或集装笼。

箱式托盘的主要特点有二:一是防护能力强,可有效防止塌垛,防止货损;二是装运范围较大,不但装运可码垛的包装货物,也可装运各种异型不能稳定堆码的物品。

(四)轮式托盘

轮式托盘的基本结构是托盘下部装有小型轮子,可做小距离运动完成搬运工作,这就不再需搬运机具。此外,在生产物流系统中,轮式托盘还可以兼做作业车辆。

(五)特种专用托盘

托盘有一定通用性,可适装多种货物。由于托盘制作简单、造价低,所以针对某些较大数量运输的货物,都可制出装载效率高、装运方便、适于某种物品有特殊要求的专用托盘。现在专用托盘种类不可计数,使用较多的有以下几种:

(1)航空托盘。航空货运或行李托运用托盘,一般用铝合金制成平托盘,托盘上所载物品以网络覆罩固定就形成了一个整体货载。

(2)平板玻璃托盘。又称平板玻璃集装架。支撑和固定立放的平板玻璃,平板玻璃顺着运输方向放置,以保持稳定性。

(3)油桶专用托盘。专门装运标准油桶,托盘为双面型,两个面皆有稳固油桶的波形表面或侧挡板,油桶卧放于托盘上面,由于波形槽或挡板的作用,不会发生滚动位移。同时,还可几层叠垛,解决桶形物难以堆高码放的困难,也方便了储存。

(4)托盘货架式托盘。这是框架形托盘,托盘叠高组合,便成了一组临时的托盘货架,可将托盘货载送入内放置。这种架式托盘也是托盘货架的一种,是货架与托盘的一体物。

(5)长尺寸物托盘。专用于装放长尺寸材料的托盘,叠高码放便成了组装式长尺寸货架。

(6)轮胎专用托盘。轮胎的主要特点是储运时怕压、挤,装于集装箱中又不能充分发挥箱的能力。所以,采用柱式、框式托盘是一种很好的选择。

第五节　托盘作业

一、托盘作业机械

(一)装卸机械类

(1)叉车。这是托盘装卸的主体机械,全部托盘都采用叉车装卸的设计,个别托盘如钢制翼型托盘、长尺寸物托盘、平板玻璃集装架等也有辅助以吊车装卸的设计。可以说,托盘和叉车是配套使用的两种机具,托盘—叉车构成了物流大系统之中的一个小系统。

(2)托盘移动车。适用于所有类型的托盘,在小范围中移动托盘的小型机具,作用是在仓库内移动托盘、调整托盘位置、在运输工具内部移动托盘货体就位。

(二)搬运机械类

搬运机械主要有四种:辊式输送机、链式输送机、垂直输送机和无人搬运车。

(三)移动机械类

托盘作业时,常常需要进行移动就位的活动,需要有专门的移动工具。主要有如下三类:

(1)托盘移动器。这是在带槽车箱底盘座上移动托盘的简单工具。将移动器插入托盘下部的车底板的槽中,按动压杆将托盘抬起,小轮则沿槽座将托盘移动。

(2)车上倾斜辊轮装置。卡车台面上可小角度倾斜的辊道,在装卸时将辊子抬起托起托盘,辊子前后的倾斜,使装入或卸出托盘货物前后移动。在运输时,降下辊子,使托盘落座于车台板上以保持稳定(如图16-11所示)。

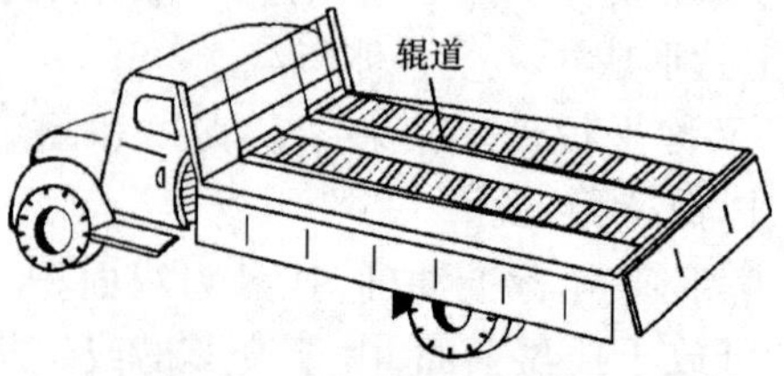

图16-11 倾斜辊轮装置的车辆

(3)尾板升降机。轮式托盘本身有移动装置,能解决小范围移动问题,但不能使用叉车装卸。车尾板升降机可低放于地面,将轮式托盘推上以后,尾板水平上升与车台座相接,这样便可将轮式托盘推入车内就位。

(四)自动装盘机

自动装盘机是标准包装货物或确定规格包装货物,按预定指令反复、多层在托盘上码放,形成托盘货体的机械(如图16-12所示)。

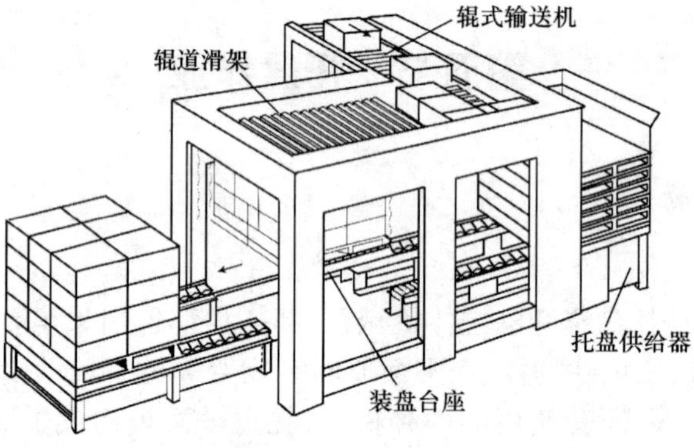

图16-12 装盘机

(五)托盘货架

托盘专用货架有很多种类,适应不同的货体有固定式、装配式、移动式多种一般货架,还有驶入式货架、重力流动式货架及立体托盘货架等多种特殊形式。

(六)配套机具

物流过程中许多环节还需有一些配套机具,主要有:

(1)升降台板。有升降定位的作用,将不同高度的作业面连在一起。

(2)托盘转向器。它是能转动托盘方向的简单器具,分轻型、中型、重型三种,以不同颜色标识,其最大荷重可达3 000千克以上,自重一般不超过人的搬运能力。图16－13 所示为托盘与转向器及托盘转向器的作业示意。

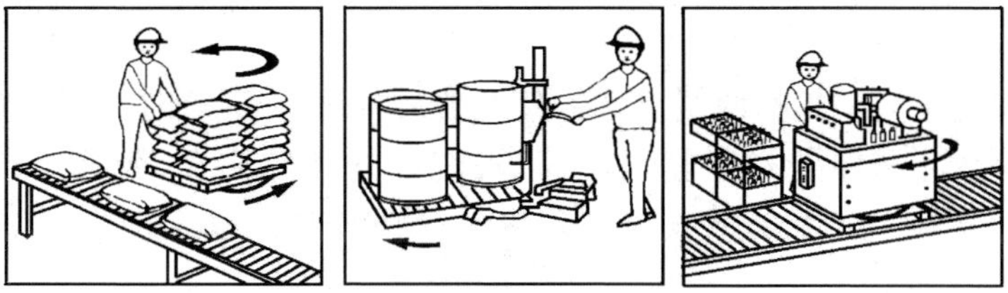

图 16－13　托盘转向器工作

二、托盘的装盘

用平托盘运输形状整齐的包装货物,并保证稳固,装盘是其中一项重要的操作。

(一)装盘码垛方式

在托盘上放装同一形状的立体形包装货物,可以采取各种交错咬合的办法码垛,主要有四种码放方式, 如图 16－14 所示。

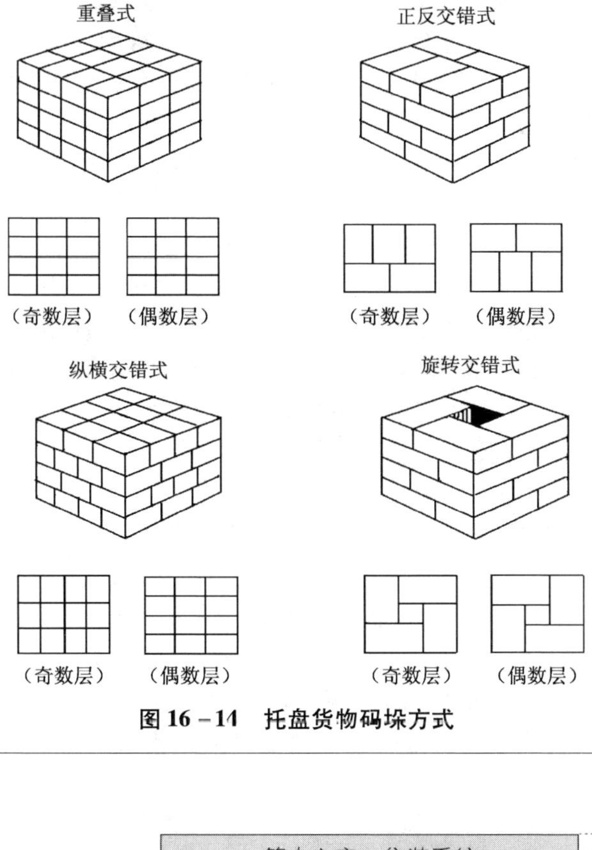

图 16－14　托盘货物码垛方式

(1)重叠式,即各层码放方式相同,上下对应。优点是工人操作速度快,各层重叠之后,包装物四个角和边重叠垂直,能承受较大的荷重;缺点是各层之间缺少咬合作用,稳定性差,容易发生塌垛。在货体底面积较大的情况下这种方式可有足够稳定性。一般情况下,重叠式码放再配以各种紧固方式则不但能保持稳固而且保留了装卸操作省力的优点。

(2)纵横交错式。相临两层货物的摆放旋转90°,一层横向,一层纵向。层间有一定的咬合效果,这种方式装盘也较简单,配以托盘转向器,装完一层之后,旋转90°,工人则只用同一装盘方式便可实现纵横交错装盘。适合自动装盘机进行装盘操作。

(3)正反交错式。如图16－14所示,同一层中,不同列的货物以90°角垂直码放,相邻两层的货物码放是旋转180°的形式。不同层间咬合强度较高,相邻层之间不重缝,因而稳定性很高,但操作较为麻烦,且包装体之间不是垂直面互相承受荷载,所以下部货体易被压坏。

(4)旋转交错式。如图16－14所示,每一层相邻的两个包装体都互为90°角,两层间的码放又相差90°,这样相邻两层之间互相咬合交叉,托盘货体稳定性较高,不易塌垛。其缺点是,码放难度较大,且中间形成空穴,会降低托盘载装能力。

(二)托盘的塌垛

托盘塌垛是物流过程中一个较大的问题,一旦出现塌垛,不但会造成货损,而且破坏了物流过程的贯通性,阻缓物流速度和降低物流效率。塌垛大体有四种类型:一是货体倾斜;二是货体整体移位;三是货体部分错位、落下;四是全面塌垛。

发生塌垛的主要原因:一是意外事故的外部原因;一是码放不当的内部原因。另外,包装的材质也起一定的作用,表面摩擦力大的包装物比较不易发生塌垛。

(三)托盘货体的紧固

(1)捆扎:用绳索、打包带等对托盘货体进行捆扎以保证货体的稳固。

(2)网罩:用网络罩盖托盘货体起到紧固作用。这种方法用于航空托盘较多。

(3)框架:用框架包围整个托盘货体再用打包带或绳索捆紧以起到稳固作用。

(4)中间夹摩擦材料:将摩擦系数大的片状材料,如麻包片、纸板、泡沫塑料等夹入货物层间,起到加大摩擦力、防止层间滑动的作用。

(5)专用金具:用专用夹卡将相邻的包装物卡住,每层货物通过金属具成一整体。

(6)黏合:在每层之间贴上双面胶条,可将两层通过胶条黏合在一起。

(7)胶带黏扎:托盘货体用单面不干胶包装带粘捆。这种方法的特点是,即使是胶带部分损坏,由于全部贴于货物表面,也不会出现散捆。

(8)平托盘周边垫高:将平托盘周边稍稍垫高,托盘上置之货物会向中心互相依靠,可防止层间滑动错位,防止货垛外倾,起到稳固作用。

(9)收缩薄膜:将热缩塑料薄膜置于托盘货体之上,进行热缩处理,塑料薄膜便将托盘货体紧箍成一体,不但起到固紧、防塌垛作用,而且由于塑料薄膜不透水,还可防水、防雨。这有利于克服托盘货体不能露天放置、需要仓库的缺点,可大大扩展托盘的应用领域。

(10)拉伸薄膜:用拉伸塑料薄膜缠绕捆扎,拉伸薄膜外力撤除后收缩固紧托盘货体。

三、托盘的使用及管理

(一)托盘的使用

1. 托盘联运

托盘联运又称一贯托盘运输,是托盘的重要使用方式。它是将载货托盘货体从发货人开始,通过装卸、运输、转运、保管、配送等物流环节,将托盘货体原封不动地送达收货人的一种"门到门"运输方法。

由于采用了托盘,在物流过程中的各个环节可以以托盘货体整体做处理对象,而无须逐个处理每件货物,这样就可大大减少人力装卸每一件货物的次数,节省劳务费用,防止事故及货损的发生,节省包装及包装费用,加快物流速度。

托盘联运是社会化的,很难在一个行业或一个小地区自行解决,因此,要解决托盘联运问题,必须实行全社会统一的托盘技术标准和托盘管理制度。实行联运的托盘有固定的尺寸标准和有限的种类,不是本书中列举的所有托盘都进入联运领域,所以,托盘联运也就限制了托盘在专业领域和特殊情况下的运用。此外,非联运托盘必然有其应用领域和存在的优势。

我国联运托盘的规格尺寸和国际标准化组织规定的通用尺寸一致,主要有三个规格:800×1 000毫米;800×1 200毫米;1 000×1 200毫米。联运用托盘都采用平托盘,以便于叉车、货架、仓库的标准化。

2. 托盘专用

托盘专用是按某一领域的要求,在这一领域的各个环节,采用专用托盘作为贯通的手段,实际上,是这一个小领域的托盘联运。各个产业领域,各小流通领域,各工厂、车间、仓库内部都有提高工效、追求物流合理化的问题,托盘专用无须按照社会物流标准化的要求,因而托盘的选择更合理,在这一领域中有其他领域无法比拟的技术经济效果。

在较大的托盘自用领域也可参照托盘联运的管理方式,组织托盘交换,以在该领域中用尽可能少的托盘数量解决问题。平板玻璃专用托盘的物流是托盘专用的典型例子,这种产品不可能利用通用联运平托盘,平板玻璃专用托盘解决了立装、紧固等问题,形成了这一领域的"门到门"贯通运输。

但是,专用托盘的流通,有时要配以专用机具、设施,会降低这些机具设施的使用效率,限制了它的发展,这是专用托盘的缺点。在工厂物流系统中,为配合流水线作业,专用托盘的使用领域也很广泛。如汽车工厂的零部件专用托盘,其流程是托盘装入零部件后，进入立体仓库保管，按照装配计划，从立体仓库取出托盘进入装配流水线，内置的零件在一定装配位置装配完后，空盘再回送至供应部门，如此往复使用。

(二)托盘的管理和联营体系

托盘在联运系统中的管理和集装箱有很大的不同，主要在于联运托盘种类少，尺寸及材料大体相同，托盘价格相差不大，因此，无须如同集装箱那样严格计划返运，也无须如同集装箱那样有明确的不可变的归属。基于这个特点，托盘可只保留一个数量的归属权，具体托盘则可在联营系统中广泛进行交换，而不强调个别托盘的归属和返盘。

具体而言，联营共用托盘有以下几种方式：

(1)对口交流方式。有关单位之间签订协议，各单位所属托盘可在若干有关单位之间运营，共同承担接收、回送等义务，到一定时期清算。

(2)即时交换方式。以运输承担人和发货人为双方，当发货人发出一批托盘后，运输承担人则给予发货人同等批量托盘。这种方式在趋近一体化的欧洲采用颇为广泛。

(3)租赁方式。托盘由托盘公司所有，货主自己不备托盘，使用时从附近租赁公司租用，接货后空盘就近归还租赁公司。这是一种社会化很强的托盘管理形式。

(4)租赁交换并用方式。这种方式是运输当事人与货主之间采用交换方式，而与托盘公司之间采用租赁方式。

(5)结算交换方式。这种方式针对即时交换的缺点而制定，采用结算交换方式，托盘流动方式与即时交换方式相同，只是无须在现场交换，而通过传票处理，在规定的日期内返还即可。对不能按期返还的或造成丢失的要支付赔偿金。该方式对托盘回收、返还的责任范围等均有明确规定，因而较即时交换方式更有优越性。

第十七章　库存控制系统

第一节　库存控制——物流优化的基础

库存控制的问题,并不是仓库管理能完全解决的问题,而是一个系统性的问题。

库存控制系统是物流大系统中重要的子系统。把库存量控制到最佳数量,尽量少用人力、物力、财力,把库存管理好,获取最大的供给保障,是库存控制追求的目标,是企业竞争生存的重要一环。库存控制直接影响整个物流系统的成本,也影响一系列的物流运行,是系统优化的一个基础。这一领域很难有灵丹妙药,是方法和实践与理论结合的领域,企业家个人的能力和素质高低往往是能否运筹成功的关键。

一、库存控制系统的概念

库存控制系统是以控制库存为目的的相关方法、手段、技术、管理及操作过程的集合,这个系统贯穿于从物资的选择、规划、订货、进货、入库、储存乃至最后出库的一个长过程,最后实现控制库存的目的。库存控制不是一个孤立环节的问题,尤其不是仓库管理能独自解决的问题,而是超越仓库管理范畴的整个系统的综合性问题。

二、库存控制系统要素

(一)企业的选址和选产

这是库存控制系统的最初的要素。以企业所需要的主要原材料的库存控制为例,如果这个企业的选址远离原材料产地而运输条件又比较差,则原材料的库存控制就比较困难,库存水平便很难控制在低水平,库存的稳定性也很难控制。

企业产品的决策是库存控制的一个影响因素,产品决策脱离了库存控制的可能,就会导致决策失败。企业选址和选产如果无法满足库存控制的要求,就会导致成本的大幅度增加,甚至导致生产的不稳定和中断的严重后果。

(二)订货

订货批次和订货数量是决定库存水平的非常重要的因素。对于一个企业而言,在一定时期中,产品生产量或销售量大体维持在一个确定的水平,库存的消耗速率是有规律的。换句话说,库存控制作为一个系统,它的输出取决于生产和销售决策,是不可控的。因此,可控的、可以调整的是输入,而输入的调整依赖于订货,所以,订货与库存控制关系十分密切,乃至不少企业的库存控制转化为订货控制,以此解决库存问题。

(三)运输

订货只是商流问题,是否能按订货意图的批量和批次以实现控制,这便取决于运输的保障。运输是库存控制的一个外部影响要素,有时候库存控制不能达到预期目标并不是控制本身或订货问题,而是运输的提前或延误。提前则一下子增大了库存水平,延误则使库存水平下降甚至会出现失控状态。

(四)信息

在库存控制中,信息要素的作用在于提供对管理的支持。库存控制系统信息有两个重要的产生源,一个是外部市场信息源,一个是内部信息源。内部信息源所产生的信息,除运行信息之外,重要的是库存的信息,监控库存水平是一项重要工作。库存水平信息的采集、传递、反馈是库存控制的一个关键,这可以说是信息要素在这个系统中的突出之处。

(五)管理

一般而言,库存控制系统并不靠一条流水线、一种高新技术工艺等硬件系统支持,而主要是靠管理,因此,管理要素的作用可能更大一些。

三、库存控制系统目标

(一)库存成本最低的目标

库存成本最低是经济目标,库存占用是企业的巨大压力,通过降低库存成本可以降低企业的总成本。

(二)库存保证程度最高的目标

有充裕的库存保证,这是高标准库存控制的目标。通常有两种情况:一种情况是缺货会造成巨大的损失;另一种情况是缺货失去了机会。这就特别强调库存对其经营、生产活动的保证,而不强调库存本身的效益,相比之下压低库存意义不大。

(三)不允许缺货的目标

连续、自动的生产方式,没有中间库存的缓冲保障,这种生产企业的工艺决定了一旦缺货将全线停产,从而造成巨大、不可弥补的损失,必须以不缺货为控制目标。这类企业很多:水泥企业原料一旦缺货,会造成窑炉停火;化工类型企业如出现这一类问题,不但会停产,甚至会有很大的危险;供应型企业,必须以供货保证来履约,否则会受到索赔或接管等威胁;还有,为了应对突发事件,重要的应急物资必须以不允许缺货为库存控制的目标。

(四)限定资金的目标

在市场经济条件下,企业为了追求最大效益,必须对各个环节的资金使用进行有效的控制。在这种情况下,企业必须在限定资金前提下实现供应,就需要以此为前提决定采购数量及采购批次，进行库存的一系列控制。

(五)快速周转的目标

往往在一个大的系统中，库存控制不依本身经济性来确定目标，而依大系统要求确定目标，如果大系统要求实现快速的周转，那么库存系统就需要以最快速度实现进出货为目标来控制库存。典型的是鲜活产品的物流系统，必须以快进快出为目标。

四、库存控制的制约

库存控制受许多外部条件影响制约，从而难以达到预想的目标。市场和需求的不确定性，有时突发的热销造成需求突增；有时受调控的影响，会造成需求的突减；有时候市场突变而出现剧烈的需求波动。这些制约因素都会使原来制定的控制目标失效。另外，由于运输的制约、资金制约、能力和管理水平的制约等而达不到控制的要求，则必然使控制无法实现。

第二节　基础分析及重点管理

ABC 分析法是储存管理基础的分析方法，也是经济工作中分析认识事物的思想方法。

一、ABC 分析的理论基础

ABC 分析的理论建立在两个重要基础之上：第一个是复杂的社会存在"关键的少数和一般的多数"的规律；第二个是投入总是存在有限性。

(一)"关键的少数和一般的多数"的社会规律

ABC 分析的理论基础是"关键的少数和一般的多数"的社会规律。

任何复杂事物的内部组成部分都不可能完全一律，有主次、轻重、贵贱、好坏之分，存在"关键的少数和一般的多数"规律，事物越复杂规律便越显著。"关键的少数和一般的多数"是普遍的存在，例如：少数人领导多数人，少数人左右局势；市场上少数人大量购买；多种商品中少数商品是大量生产的；商品中少数几种取得大部分利润；生产方面，少数品种占产量的大部分，少数品种占利润的大部分；库存物资中，少数几种库存量占大部分，少数几种占用大部分资金；影响质量的许多原因中，少数因素带来大的损失；人事方面，德、智、体诸方面都拔尖的只是少数；少数科研人员取得成果的大部分等。可以这样归纳：一个系统中，少数事物具有决定性的影响。

ABC 分析便是在这一思想的指导下，通过分析，对复杂事物分类处之，尤其是将"关键的少数"找出来，并确定与之适应的管理方法，这便形成了以后要论及的分类管理方法。特别是要进行 A 类事物的重点管理，使我们能够以"1 倍的努力取得 7 ~

8 倍的效果”。

但是,ABC 分析和哲学中的主要矛盾理论还是有区别的,哲学讲的是思想方法、一种认识论、一种智慧,ABC 分析则是科学的操作。主要区别在于:ABC 分析用数量的研究方法来分析出“关键的少数”,这就更容易排除假象而抓住事物本质,更容易排除主观随意性而客观地认识问题。采用了数量研究方法,才使千百年来人们头脑中“主要、次要”“关键、一般”“纲、目”等认识,转变成了具有较强科学性的现代管理方法。

(二)投入的有限性

我们对复杂事物进行分类不单单是为了认识事物内部的结构性区别,不单单是为了把复杂事物梳理清楚,还有一个很重要的原因,是我们能够投入的力量总是有限的,尤其在经济社会中,还有“效率和效益”在左右我们的力量投入。我们经常讲的“全力以赴”,作为动员性口号无疑是没有错误的,但是作为应对复杂事物的工作方法而言,是不科学的。中国古话“量力而为”才是应对复杂事物的科学思考。

投入有限性也是一种客观规律。因为投入的有限,所以对于投入必须进行适当的分配。很明显,如果将有限的力量主要(重点)用于解决具有决定性影响的少数事物上,这和将有限力量平均分摊在全部事物上比较,当然是前者可以取得较好的成效,而后者成效较差。

二、ABC 分析的一般步骤

(一)收集数据

按分析对象和分析内容,收集有关数据。例如,打算分析产品成本,则应先确定与产品成本相关的各个因素,确认哪些因素与产品成本构成有直接关系,再进一步收集产品成本构成等方面的数据。又如,打算针对某一系统搞价值工程,则应首先分析并确定系统中各局部的功能,再进一步收集各局部成本等数据。

此处具体列举一例:拟对库存物品的资金占用进行分析,了解哪些物品占用资金多,以便分配管理力量并实行重点管理。应收集的数据为:每种库存物的平均库存量、每种物品的单价等。

(二)处理数据

对收集来的数据资料进行整理,按要求计算和汇总。本例以平均库存乘以单价,求算各种物品的平均资金占用额。

(三)制 ABC 分析表

ABC 分析表栏目构成如表 17－1 所示。

表 17－1　　储存物为 36 种的 ABC 分析表(例)

一栏	二栏	三栏	四栏	五栏	六栏	七栏	八栏	九栏
物品名称	品目数累计(序号)	品目数累计(%)	单价(元/千克)	平均库存(千克)	平均资金占用额(元)	平均资金占用额累计(元)	平均资金占用额累计(%)	分类结果
	1	2.78	480	3 820	1 833 600	1 833 600	60.5	A
	2	5.55	200	1 060	212 000	2 045 600	67.4	A
	3	8.33	45	3 820	171 900	2 217 500	73.3	A
	4	11.11	35	3 820	133 700	2 351 200	77.5	A
	5	13.89	30.5	3 410	104 005	2 455 205	80.9	B
	6	16.66	46.7	1 470	68 649	2 523 854	83.2	B
	7	19.44	14	4 880	68 320	2 592 174	85.5	B
	8	22.22	13	5 220	67 860	2 660 034	87.7	B
	9	24.99	10.2	4 880	49 776	2 709 810	89.4	B
	10	27.78	38	1 060	40 280	2 750 090	90.7	B
	11	30.55	10.1	3 820	38 582	2 788 672	91.9	B
	12	33.32	7.0	4 880	34 160	2 822 032	93.1	B
	13	36.10	21.5	1 470	31 605	2 854 637	略	C
	14	36.88	25	1 060	26 500	2 881 137	略	C
	15	41.66	5.4	4 880	26 532	2 907 489	95.9	C
	16	44.43	1.9	9 760	18 544	2 926 033	略	C
	17	47.21	1.1	11 460	12 606	2 938 639	96.9	C
	⋮	⋮					⋮	⋮
	36	100					100	⋮

制表步骤：将第 2 步已求算出的平均资金占用额以大排队方式，由高至低填入表中第六栏。将物品名称填入第一栏；物品单价填入第四栏；平均库存填入第五栏。在第二栏中按 1、2、3、4……编号，则为品目累计。此后，计算品目数累计百分数填入第三栏；计算平均资金占用额累计填入第七栏；计算平均资金占用额累计百分数，填入第八栏。

（四）根据 ABC 分析表确定分类

按 ABC 分析表，将累计品目百分数为 5%～15% 而平均资金占用额累计百分数为 60%～80% 的前几个物品，确定为 A 类；将累计品目百分数为 20%～30% 而平均资金占用额累计百分数也为20% ~30%的物品,确定为B类;其余为C类,C类情况正和A类相反,其累计品目百分数为60% ~80%,而平均资金占用额累计百分数仅为5% ~15%。

(五)绘ABC分析图

以累计品目百分数为横坐标,以累计资本金占用额百分数为纵坐标,按ABC分析表的数据,在坐标图上绘成如图17 -1所示的ABC曲线。按曲线对应的数据ABC分析表确定三个类别,在图上标明A、B、C三类,则制成ABC分析图,也可绘成直方图。

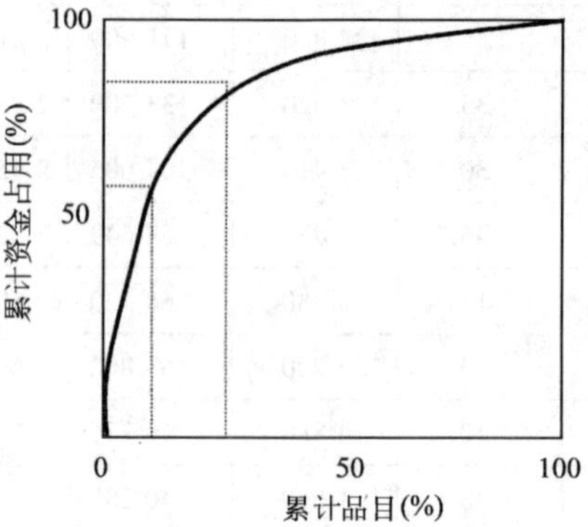

图17 -1 ABC分析示意图

三、确定重点管理要求

ABC分析的结果,只是理顺了复杂事物,搞清了复杂事务内各个局部的地位,明确了重点。但是,ABC分析的主要目的更在于解决困难,它是一种解决困难的技巧,因此,在分析的基础上必须提出解决的办法,才算真正达到ABC分析的目的。

按ABC分析结果,再权衡管理力量与经济效果,对三类库存物品进行有区别的管理,表17 -2所示为减少流动资金占用、采用压缩库存方式进行重点管理所制定的管理标准。

表17 -2　　重点管理要求

分类结果	管理重点	订货方式
A类	为了压缩库存,投入较大力量,精心管理,将库存压到最低水平	计算每种物品的订货量,采用定期订货方式
B类	按经营方针来调节库存水平,例如,要降低水平时,就减少订货量和库存	采用定量订货方式
C类	集中大量订货,不费太多力量,增加库存储备	双仓法储存,采用订货点法进行订货

四、多重 ABC 分析

ABC 分析还有许多灵活、深入的方法，举例如下。

(一)分层的 ABC 分析

在物品种类较多的情况下，例如几百种、几千种，要把它排列成大表，这对于手工操作的 ABC 分析来讲，是困难的工作，但是采用计算机来处理，这就是一件比较容易的事情。无论是手工操作还是计算机操作，都可以采取分层的办法，尤其是手工操作，在品种多、无法全部排列于表中，或即使可以排成大表，但必要性不大的情况下，也可以先进行品目的分层，以减少项数，再根据分层结果将 A 类品目逐一列出，进行个别的、重点的管理。

以库存品目3 439种的 ABC 分析为例，分层方法分层排列的 ABC 分析表，如表 17－3 所示。

表 17－3　　分层的 ABC 分析表

按平均资金占用额的分层范围(百元)	品目数	品目累计数	品目累计(%)	平均资金占用额(百元)	平均资金占用额累计(百万)	平均资金占用额累计(%)	分类结果
>6	260	260	7.5	5 800	5 800	69	A
5～6	86	346	9.9	500	6 300	75	A
4～5	55	401	11.7	250	6 550	78	B
3～4	95	496	14.4	340	6 890	82	B
2～3	170	666	19.4	420	7 310	87	B
1～2	352	1 018	29.6	410	7 720	92	B
<1	2 421	3 439	100	670	8 390	100	C

(二)多种分类方法

除了分成 ABC 三类外，在实际运用中也可分成五类、十类等，是一般 ABC 分析方法的简单延伸。实际中常常遇到更为复杂的情况，可以用多标准、多重的 ABC 分析。

(三)多重 ABC 分析

多重 ABC 分析是在第一次分析基础上，再进行一次 ABC 分析。仍以表 17－3 的分析为例，分层的 ABC 分析中 A 类的品目种类有 346 种，对于管理工作来讲，这仍然是一个庞大的数字。在这 346 种物品的集合中，仍然会遵循“关键的少数和一般的多数”的规律，因此，可以对这一集合群再做一次 ABC 分析(二重分析)。其结果，原A类中又划分出A、B、C三类,分别冠以A—A、A—B、A—C,以使管理者了解A—A为重中之重,便于在管理上确定对应的有效管理方法。同样,在B类中如果也需进行区分的话,可按同样道理,划分出B—A、B—B、B—C三类。C类本来属于"一般多数",在管理上往往不需细化,所以一般而言,C类不再进行二重分析。但是,如果管理者认为有必要进行这一分析,则也可分成C—A、C—B、C—C三类。

于是,按二重ABC分析,形成了七类或九类的分类。在品目种类非常多的情况下,还可以进行第三重、第四重分类。

五、多标准ABC分类

实际工作中,管理目标往往不是一个。例如,一般管理往往看重物品价值,按价值进行分类,但是,单价高的物品,可能数量并不大,因此按总价值为目标的分类就会有不同分类结果。还有更复杂的情况,在一个企业中,有的人关心价值,有的人或部门关心各种物品的供货保证程度,物品价值可能不高,但一旦出现供应的中断会带来巨大损失,他们希望能按这种供应保证程度或供应中断的风险大小进行ABC分析,以正确地确定不同的管理方法。企业中的仓库管理人员还可能关注保管的难易程度或物品在仓库中可能损坏的程度,希望以此为目标进行分类,以分别制定适应于仓库管理人员的分类及重点管理办法。

不同的要求形成了不同的标准,如果分别按不同标准分类,可能是同一集合的物品,有若干不同分类结果,这无疑会造成分类的混乱,反而会增加管理难度,违背了分类的初衷。多目标分析分类方法,就是针对这种情况所提出的分类方法。

(一)双标准ABC分析

多标准ABC分类的基本原理可以双标准ABC分类为代表,其具体做法包括以下两种。

1. 数列排列法

以表17-1所举36种物品分类为例,由于这一数列较大,在本书中不易表达,所以,此处将其缩合,即减少一半数量,序号1、2合为一种,3、4合为一种,依此类推,数列元素由36个缩减为18个,并分别以1~18编号。根据表17-1以价值为标准的分类结果,形成以下数列及相应的分类(见表17-4)。

表17-4　　单标准数列分类

物品编号	1	2	3	4	5	6	7	8	9	10	11	12	13	14	15	16	17	18
分类(价值标准)	A	A	B	B	B	B	C	C	C	C	C	C	C	C	C	C	C	C

再按另一个标准对这18种物品进行ABC分析,例如以供应保证程度标准进行分类,并比较两个目标的轻重,以确定两个标准的优先序。此处假定价值分类较重要,把它作为主要的标准。仍以数列形式排列如表17-5所示。

表 17-5　　双标准数列分类

物品编号	1	2	3	4	5	6	7	8	9	10	11	12	13	14	15	16	17	18
物品价值	A	A	B	B	B	B	C	C	C	C	C	C	C	C	C	C	C	C
保证程度分类	B	B	A	C	B	C	A	B	C	C	C	C	C	C	C	C	C	C
组合结果	AB	AB	BA	BC	BB	BC	CA	CB	CC	CC	CC	CC	CC	CC	CC	CC	CC	CC

双标准分类结果使重要性程度组合结果出现新情况，需对分类进行调整，编号 9~18 的物品分类位置没有变化，皆为 CC 类；编号 1~8 的物品中，1、2 两序号为 AB 类，仍居最重要地位；3~8 编号中，3 号 BA 的地位为冠，也确认为原序号；在 4~8 五种物品中比较，CB（第 8 号）显然位置最低，排于第 8 位；其次是 BC（第 4、6 号），组合后的重要程度显然要低于第 5 号 BB 和第 7 号 CA，因而其排序降至第 6、7 位。最后只剩下 BB 及 CA 的比较（第 5 号及第 7 号），两者的组合等级相近，关键要通过判断两个目标轻重，特别强调根据哪一个目标来最终确认其位置。假如价值目标重要性很高，则 BB 居于 CA 之前，假如保证程度标准与价值目标相差无几，也可将 CA 居于 BB 之前。在管理上，这两种物品序号相连，总的管理重点地位是相同的，具体管理措施则可分别制定。调整后前八种排序如表 17-6 所示。

表 17-6　　组合分类结果

物品组合后编号	①	②	③	④	⑤	⑥	⑦	⑧
物品原编号	1	2	3	5	7	4	6	8
组合分类结果	AB	AB	BA	BB	CA	BC	BC	CB

2. 坐标法

横坐标与纵坐标分别表示不同标准的分类，纵坐标有较重要地位，其分类写于前，横坐标分类写于后，成坐标图 17-2。将表 17-6 的分类结果填于坐标图，便看

按价值分类

AA	AB 1、2	AC
BA 3	BB 5	BC 4、6
CA 7	CB 8	CC 9~18

按保证程度分类

图 17-2　坐标法双标准分类

出组合分类结果。用三向坐标体系也可做出三标准分类。用数列方式也可以做出三标准以上的多标准分类。多标准分类会出现很复杂的分类情况，管理的人工操作难度过大，因此，多标准分类结果可以形成物品的分类编码，采用光电识别技术配合计算机方式进行更精细的管理。

(二)多标准的模糊分类

采用专家介入的办法，对分类不明晰的物品按多标准（如表17－5中的前8种）进行一对一的强制性对比，排出重要性顺序，再根据A、B、C三类所占的比例关系圈定出A、B、C三类。这可以解决标准多，分类难度大，类别过多的弊病，将复杂的问题简化。

表17－7是按多标准强制对比方法确定组合分类的简化例子。强制对比时，必须根据多标准，在两个对比元素中比较出一个较重要，以重要方计1分、次要方计0分的方法列于对比表中，按分值大小排列出重要性顺序，再按比例数决定A、B、C三类。

表17－7　　模糊方法的多标准强制对比分类

物品名称	A	B	C	D	E	F	G	H	得分	排序	分类结果
A	×	1	1	0	1	1	1	1	6	②	A
B	0	×	1	0	1	1	1	1	5	③	B
C	0	0	×	0	1	1	1	0	3	⑤	B
D	1	1	1	×	1	1	1	1	7	①	A
E	0	0	0	0	×	0	1	0	1	⑦	C
F	0	0	0	0	1	×	1	0	2	⑥	C
G	0	0	0	0	0	0	×	0	0	⑧	C
H	0	0	1	0	1	1	1	×	4	④	B

第三节　存货数量控制系统

一、储备定额

对储存数量的控制，常用储存(储备)定额方法：确定储存的最低、最高数额，以此对数量进行控制，超过此数额说明储存量已过高；低于此数额说明储存量过低。实际管理可用控制图直观观察储备变动情况，也可由计算机进行处理或发出补货通知。

常用两种储备定额，一是保险储备定额，另一个是经常储备定额(如图17－3所示)。

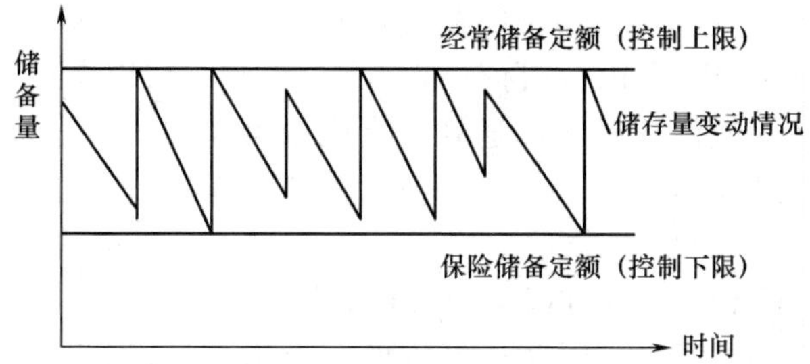

图 17－3　储备定额示意

(一)经常储备定额

计算方法为：

经常储备定额 ＝ 物资平均日耗量 × 合理储备天数

日耗量及合理储备天数都可以用计算方法、统计分析方法、预测方法、估算方法求出。

(二)保险储备定额

计算方法为：

保险储备定额 ＝ 物资平均日耗 × 保险天数

保险储备是静态的，一旦确定，即为不变量。实际是经常储备的控制下限，经常储备以保险储备定额数为控制下限，以经常储备定额为控制上限。实际储备量在两者之间。

(三)补充库存的方式

为了能有效地进行控制，需要采取科学的补充库存的方式(如图 17－4 所示)。

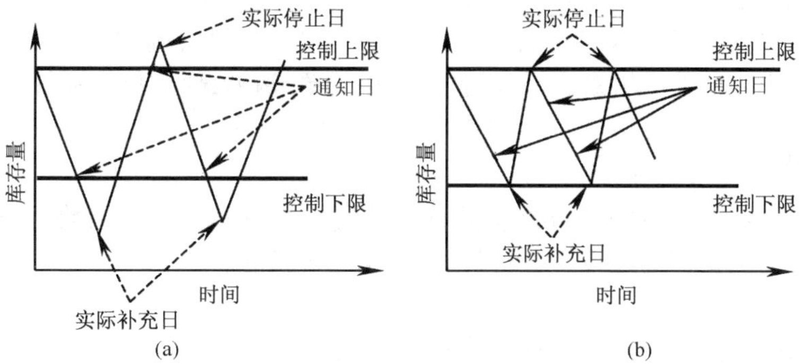

(a)到达控制线再发通知，由于滞后效应，补充日和停止日皆越出控制线。

(b)通知日有一个提前量，则实际补充日和停止日可控制在上下限内。

图 17－4　补充储存的滞后效应和提前量

如果储备量达到控制下限再安排补充库存,在补充期间,储存量还会继续因消耗而下降,使储备量越过下限;如果储存量达到控制上限,才采取停止进货措施,由于在途货物陆续到达,仍可能使实际储存量越过上限。所以考虑这种滞后现象,需要提前发出补充库存或停止补充的通知。提前量可以用统计分析方法或根据发货单位、运输能力实际情况而定。常用的补充储存方式有以下三种。

1. 订货点法

这是储存量下降到一定水准(即订货点),就发出一定数量订货或进货通知。

订货点的确定是根据进货时间所制定的一个提前量,发出订货或进货通知后,原储存量继续降低,待到基本耗尽时,储存量正好得到补充。采用这种方式,进货量是一个不变值。

订货点可以事先人为拟定,可采取人工标志、图表显示、计算机自动报警等各种警告方式,采用先进的系统管理手段,一旦到达订货点,计算机可以自动发出订货(或进货)通知,自动补充储存量。在仓库与供应方建立电子数据交换系统后,这种方式可自动进行,形成自动化的库存系统。

2. 定期订货法

预先确定一个订货间隔(订货周期),每到这个时期就进行订货或通知进货的方式。这种方式是固定时间间隔,但到达此时间时,现在所保有的储存量是不同的。所以,每次发出订货通知时都需要确定本次的进货量,每次的进货量是变化的。进货量一般是最高储存量(储备定额)与预计到达日储存量之差,也可根据消耗速度灵活确定,以保持平均储存量为一个较低的水准。

3. 双仓法

这是订货点法的一种具体的、简便的形式。对被储存物,准备两个库位(或货位),每一个库位的储存量是根据计算确定的经济批量。用这两个库位储存物资。当一个库位的货发完之后,由另一库位发货,与此同时补充第一个库位,如此反复进行。这种方法的订货点以库位为标志,库位中储存物耗尽,则到达订货点。这种对订货点的标志方法非常直观,相对其他方法更简单、清晰,便于检查和管理。

二、经济批量

库存控制涉及订货的经济批量问题,经济批量的确定,是能否将存货控制在人们设定范围的关键。通过以下分析计算,决定经济批量。

(一)费用

在存货控制系统有以下几种可能发生的费用:

(1)总费用。这是发生在保管中及订货中的总费用。

(2)订货采购费用。包括采购人员谈判费、差旅费、工资及进货、验收等费用,用S表示一次采购的费用。

(3)保管费用。发生在仓库中的全部费用,如仓租费、搬运装卸费、保险费、维护费、损失丢失费、占用资金利息等因订货批量不同的变动费用和不变费用。

(4)存货单价。

(二)数量

数量包括年存货量和一次采购订货批量。

(三)费用关系

(1)年采购费用。年采购费用取决于采购次数,采购批量越小则采购次数就必然越多;采购批量大,采购次数则少。而采购订货次数越少,即采购订货批量越大,则费用越低。

(2)年存货费用。存货费用取决于平均存货数量,平均存货数量越大则反映采购批量大(如图17-5所示),年存货需支付的费用必然高,为降低年存货费用,希望尽量减少采购批量。

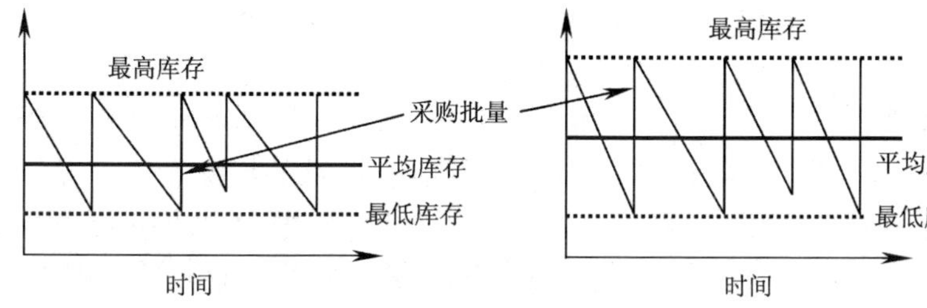

图17-5 采购批量与平均存货量关系

(3)年存货总费用。年存货总费用是年采购费用和年存货费用之和,这两个要素存在交替损益,所以,年存货总费用不是两项费用的简单加和,而是交替损益的最优结果(如图17-6所示)。

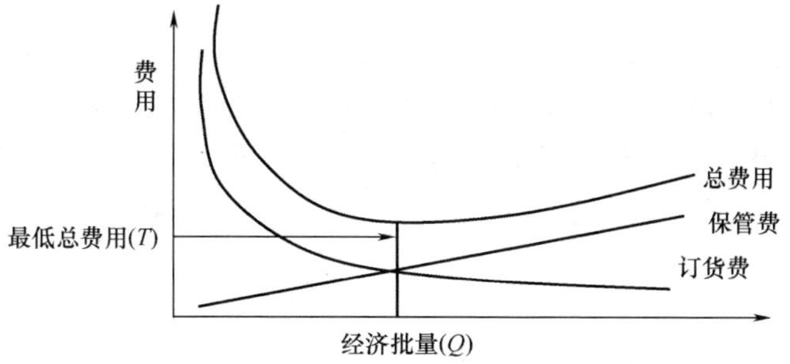

图17-6 经济批量图示

上述经济批量是理想模式,实际会遇到许多复杂的情况影响经济批量的大小,因此需要考虑其他影响因素,主要有:最低储存量不是零,而是可以允许缺货,则平均库存量会相应降低,同时还要考虑缺货损失这一系统要素;如果采购订货单价随订货量增大而有折扣,则需考虑经济批量中未考虑到的材料成本因素。

第四节　安全库存

一、安全库存的概念

安全库存又称保险库存,是为了防止不确定性因素造成库存消耗殆尽而预先准备的库存量。其定义是:用于应对不确定因素而准备的那一部分库存数量。

安全库存是正常库存之外的那一部分库存,正常情况是不动用的,只有出现异常情况才使用。在复杂多变的市场环境中,安全库存往往跟不上变化,起不到应有的作用。例如:当市场需求旺盛的时候,企业产品销售火爆,就经常会出现没有库存保证供应,发生缺货;而在市场萧条时,安全库存则显得多余。

安全库存极富动态性。生产、生活、工作的各个领域,不确定因素很多,这些因素对库存可能造成的影响也不尽相同。有些影响使库存消耗减慢从而造成库存超出需要的增加;有些正好相反,造成库存消耗加快,严重的情况是库存耗尽而出现供给中断。对生产企业来说,后者是个非常严重的问题,因为供应中断势必影响企业的正常生产,造成损失,在激烈竞争的环境下,会是企业生死存亡的关键因素。

安全库存的好处多多:可以提高客户服务的保证程度,避免产品断供脱销失去信誉。此外,原材料安全库存对有长流水线的生产企业,例如水泥、玻璃等企业尤为重要,因为处于源头,原材料一旦断供,造成窑炉停产,损失会被放大万倍。

可能造成供应中断的不确定因素主要有三大方面。

(一)供货方出现问题

供应往往是一个链条,供货问题不仅仅关乎直接供给者,而是连锁性的问题,是现代产业供应链的问题。这些问题大致会导致供货企业倒闭、停产、事故、市场缺货、法律争端、交货误期、交货中断等。对于接货方而言,一旦供货方面出现了问题,可以及时做出储备方面的调整,这就不一定需要安全库存的保证。但是,如果供货方面非常复杂,而且出现连锁性的问题,就是很难掌握的,可以靠安全库存来防止造成危害和损失。

(二)物流方面出现的问题

物流过程,尤其是物流的运输过程是容易出现问题的环节,如果供货距离过长,一旦出现问题,就很难有替代和补救措施;若干种运输方式中,有一些运输方式本身安全可靠性就比较脆弱,例如海运、空运、水运;和运输相关的装卸搬运环节也经常会发生问题。这当然要靠安全库存来防止造成危害和损失。

(三)用户和市场方面出现问题

用户和市场方面一旦出现突发性的大量需求,如果企业的生产能力能够满足这种需求,就必然会采取相应的对策加快生产节奏。在这种情况下,供应链的传导作用会产生企业对于上游供货形成突发性的、大量的需求,可以靠迅速增加供货方的供货量来解决,而安全库存则会起到很大的作用,这也是安全库存存在的重要原因。

二、安全库存需考虑的因素

安全库存是库存的一部分,安全库存数应当适当、适度。但安全库存需要付出代价,是否需要安全库存,保有多大数量,需要认真权衡:首先要对一些重要的因素进行比较,确定安全的需要;再有是科学决策,进行科学的分析和计算做出数量决策。

原则上安全库存需要考虑的因素有以下几方面。

(一)安全库存不是可有可无

安全库存是库存的一个种类,正常情况不动用,只在库存量过量使用或送货延迟等异常情况下才发生作用。正常运行的企业安全库存会长期不动用,这就会让有些人轻视、不去保有安全库存。安全库存的作用是"有备无患",当然,这需要权衡:一旦出现库存耗尽,如果会造成相当的经济损失和客户的流失,使企业蒙受不可挽回的损失,安全库存就是绝对必要的;如果有很多弥补和补救措施,不至于造成不可挽回的损失,那么,也应当允许一定程度的缺货,这是一个很困难的权衡和抉择的问题。

(二)安全库存不能绝对化

安全库存是相对而不是绝对的,多数企业不应当也不能够追求绝对安全库存。理由很简单:代价太高。过高的代价表面上看是企业的代价,企业要为这种库存付出太多,但是,表面上得到实惠的用户也必将招来长远的不利,因为这些代价必然会向用户转移。另外,把安全库存绝对化会超出企业的经济承受能力,当然是不可取的。

不能绝对化的另一个含义是应当允许一定程度的缺货。当然,要对缺货和安全库存的代价做比较权衡。应根据不同物品的价格、用途、获取方式、对于经营方面和用户的重要程度以及客户的要求,将缺货保持在适当的水平上,允许一定程度的缺货存在。

保持安全同时尽量降低安全库存应该是我们的原则。

(三)安全库存取决于企业的社会责任和承受能力

不同企业的社会责任和承受能力不相同,有的企业的生产和国计民生关系非常密切,需要保有很高的库存准备,这其中也包括比较高的安全库存。我国有不少这种类型的企业,应把企业的社会责任放在最主要的地位确定安全库存。

(四)特殊情况需要有较高甚至绝对的安全库存保障

(1)与人的生命攸关的药品和其他医疗资源的领域。

(2)一旦发生缺货,需要付出很高的缺货成本,安全库存的成本相比来讲要小得多。

(3)服务水平要求较高,不考虑经济利益,不允许缺货。

(4)储存成本较低,多存一些也不会增加太多的成本。

(5)需求量的波动较大,只能以增加安全库存应对。

三、安全库存量的核定

核定方法很多,没有一定之规,以下介绍两种常用的方法。

(一)建立在数理统计理论基础上的核定方法

这是用数据统计的方法来直接核定安全库存,实际上也是基础性方法。用此方法确定安全库存,需要有一些前提的假设条件:假设在一定时期内需求服从正态分布,假设需求量超过库存量,库存的变动围绕着平均消费速度变化,大于和小于平均需求量的可能性各占一半,缺货概率为50%。假设需求量连续就可以用正态分布来描述需求函数。

在核定安全库存的时候,只需关注平均水平之上的需求。也就是说,只有在需求量大于平均水平时,才需要设立安全库存。安全库存量的计算公式为:

安全库存量 = 需求量标准正态偏差 × 需求量标准差

(二)1.5 倍原则

安全库存量 = 实际销量 × 1.5 倍

1.5 倍原则是可口可乐公司库存管理的一个安全存货原则,基本原理和基础工作都是建立在数理统计基础之上,是在长期统计基础上寻找规律形成的一个很容易推广掌握的通用原则。由于非常频繁的经营活动,对于每一次的安全库存不可能不断进行计算,所以,可口可乐公司的这一套办法有非常强的实用价值。

1.5 倍原则是建立在客户上期的销量基础上而建议的本期订货和存货管理的依据。坚持遵循 1.5 倍原则进行客户存货管理,有助于主动争取客户的订单,帮助客户减少缺货或积压风险,并保证消费者随时都能够买到所需的产品,从而使客户不遗漏每次成交的机会。这个方法是建立在提高客户销量和利益基础之上的,因而能赢得客户信任,获得采纳。

这并不是一个普遍适用的原则,而是仅针对可口可乐销售库存的一个原则。它的规律性在于:在连续的前后两段紧密相接时间中,需求均衡很少产生突变,所以可以用前一时间的存货数量作为基础。如果存在一定的或者比较长的间隔期,就会不适用。

第五节　零库存

一、零库存的概念

零库存是指某种或某些种物品以仓库储存形式的储存数量很低,甚至可以为

"零",即完全不保有库存。不以库存形式存在就可以免去仓库存货的一系列问题。

零库存不是广义的概念而是一个具体的概念,是对某个具体企业、具体商店、车间而言,是在有充分社会储备保障前提下的一种特殊形式。虽然现代科学技术和管理技术可以把零库存的控制区域,从一个车间延伸到一个工厂,再延伸到相关的社会流通系统,但是在整个社会再生产的全过程中,零库存只能是一种理想,而不可能成为现实。没有社会储备的保障,没有供大于求的经济环境,微观经济领域的零库存也是很难实现的。

二、零库存实现方式

(一)依靠新的生产力,以技术手段实现零库存

采用新的技术装备和生产工艺,例如,把"岛式"生产改为连续生产方式,采用轮动式的生产线,可以在整个生产流程的过程中,实现环节之间、车间之间的零库存。

(二)依靠调整生产关系,以管理手段实现零库存

采用企业协作方式、配送方式、看板管理方式等,依托信息技术,依靠准确的计划衔接,可以实现制造企业内部的、企业内部与外部的、社会流通系统某些环节的零库存。

三、不同领域的零库存

(一)销售领域的销售零库存

买方市场环境,供给量要大于需求量,以充足的商品开拓和占领市场。这必须杜绝缺货,一旦缺货,市场就会被竞争对手占有,因此保持一定的销售库存不仅是供给过剩的结果,也是市场竞争的需要。这种市场环境,不可能实现销售的零库存。销售零库存需要依靠求大于供的市场环境:首先是卖方市场环境,即在短缺的状况下,企业可以不保持销售库存;对于稀缺资源,即使在市场经济的买方市场条件下,也可以依靠管理来实现销售的零库存。

(二)供应领域的供应零库存

在买方市场环境下,由于产品供大于求,买方有主导权,就可以设计出各个领域的供应的零库存。这个零库存的前期条件,是有充足的社会供应保障。当然,现代的管理方法和科学技术手段也是不可或缺的。

(三)生产领域的生产零库存

生产零库存的前提条件,也是应当有一个外部供应的保障。在这种环境下,生产过程中才可以采用先进的工艺技术实现零库存。

(四)社会流通领域的流通零库存

具有供、销双重职能的社会流通,是实现零库存难度较大的一个领域,也是第三方物流、供应链等先进流通方式的奋斗目标。

（五）储备领域的储备零库存

一般认为，这是不可能实现零库存的领域，除非出现了异常的储备枯竭。但是，如果采用无库存储备等特殊方法也可以实现零库存。

四、零库存的主要形式

供应链物流、第三方物流都把零库存服务作为对客户服务的重要形式。企业为了降低成本，也把零库存作为降低成本、提高经营水平的一项工作。采用的零库存的方法有以下几种。

（一）委托保管方式

接受用户的委托，由受托方代存代管所有权属于用户的物资，从而使用户不再保有库存，甚至可不再保有保险储备库存，实现零库存，受托方收取一定数量的代管费用，这样，从用户企业的角度来看，其本身不再保持库存。

这种形式的优势在于：受委托方利用其专业的优势，可以实现较高水平和较低费用的库存管理，用户不再设库，同时减去了仓库及库存管理的大量事务，集中力量于生产经营。但是，这种零库存方式主要是靠库存转移实现的，并不一定能使库存总量降低。所以，从一个单独的企业来讲，实现了零库存，但是从系统角度来讲，这并不是真正的零库存。

（二）协作分包方式

协作分包方式即美国的“sub—con”方式和日本的“下请”方式。其来源是制造企业的一种产业结构形式，这种结构形式可以以若干分包企业的柔性生产准时供应，使主企业的供应库存为零；同时主企业的集中销售库存使若干分包劳务及销售企业的销售库存为零。

在许多发达国家，制造企业都是以一家规模很大的主企业和数以千百计的小型分包企业组成一个金字塔形结构。主企业处于核心的角度进行大规模的整合，主要负责装配最终产品，形成品牌并且进行产品市场开拓；分包企业分包劳务、零部件制造，也分包供应和销售。例如分包零部件制造的企业，可采取各种生产形式和库存调节形式，以保证按主企业的生产速率，按指定时间送货到主企业，从而使主企业不再设一级库存，达到零库存的目的。

主企业的产品（如家用电器、汽车等）也分包给若干推销人或商店销售，可通过配额、随供等形式，以主企业集中的产品库存满足各分包经销者的销售，使分包经销者实现零库存。

（三）轮动方式

轮动方式也称同步方式，是在周密设计的前提下，使各个环节速率完全协调，从而根本取消甚至是工位之间暂时停滞的一种零库存、零储备形式。这是在传送带式生产基础上，进行更大规模延伸形成的一种使生产与供应同步，通过传送系统供应从而实现零库存的形式。

（四）准时供应系统

在生产工位之间或在供应与生产之间完全做到轮动，这不仅是一件难度很大的系统工程，而且需要很大的投资，同时，有一些产业也不适合采用轮动方式，因而，广泛采用比轮动方式有更多灵活性、较容易实现的准时方式。准时方式不是采用类似传送带的轮动系统，而是依靠有效的衔接和计划达到工位之间、供应与生产之间的协调，从而实现零库存。如果说轮动方式主要靠“硬件”的话，那么准时供应系统则在很大程度上依靠“软件”。

（五）看板方式

看板方式是准时方式中一种简单有效的方式，也称“传票卡制度”或“卡片”制度，是日本丰田公司首先采用的。在企业的各工序之间，或在企业之间，或在生产企业与供应者之间，采用固定格式的卡片，由下一环节根据自己的节奏，逆生产流程向上一个环节传递卡片，指定供应，从而协调关系，做到准时同步，从而有可能使供应库存实现零库存。

看板方式是电子信息化之前的信息传递方式，一般来讲不能进行远程的信息沟通，基本上是在相近企业之间、企业内部的工序之间采用以实现零库存。

（六）“水龙头方式”

“水龙头方式”是一种像拧开自来水管的水龙头就可以取水一样而无须自己保有库存的零库存形式。这是日本索尼公司首先采用的。这种方式经过一定时间的演进，已发展成即时供应制度，用户可以随时提出购入要求，采取需要多少就购入多少的方式，供货者以自己的库存和有效供应系统承担即时供应的责任，从而使用户实现零库存。适于这种供应形式实现零库存的物资，主要是工具及标准件。

（七）无库存储备

国家战略储备往往是重要物资，在关键时刻可以发挥巨大作用，所以几乎所有国家都要有各种战略储备。一般这种储备都保存在条件良好的仓库中，以防损失，延长保存年限。因而，实现零库存几乎是不可想象的事。无库存的储备，是仍然保持储备，但不采取库存形式，以此达到零库存。比如，将不易损失的铝这种战略物资做成隔音墙、路障等储备起来，以防万一，而在仓库中不再保有库存。

（八）配送方式

综合运用上述若干方式，可采取配送制度保证供应从而使用户实现零库存。本书对配送方式有专门介绍，请参阅相关部分。

第十八章　地域物流系统

第一节　企业物流系统

一、企业物流的概念及范畴

（一）企业物流的定义

国家标准 GB/T 18354—2006 中对企业物流的定义是“资金企业在生产经营活动中所发生的物流活动”。

企业物流是以企业经营为核心的物流活动，包括发生在企业内部和企业外部的相关物流活动。

（二）企业物流的范畴

企业系统活动的基本结构是投入—转换—产出。对生产企业，是原材料、燃料、人力、资本等投入，经过制造或加工转换为产品或服务；对服务型企业则是设备、人力、管理和运营，转换为对用户服务。物流伴随企业的投入—转换—产出而发生，相对于投入的是企业外供应或企业外输入物流；相对于转换的是企业内生产物流或转换物流；相对于产出的是企业外销售物流或服务物流。在企业运行和经营中，物流渗透到全过程各项活动中（如图 18－1 所示）。

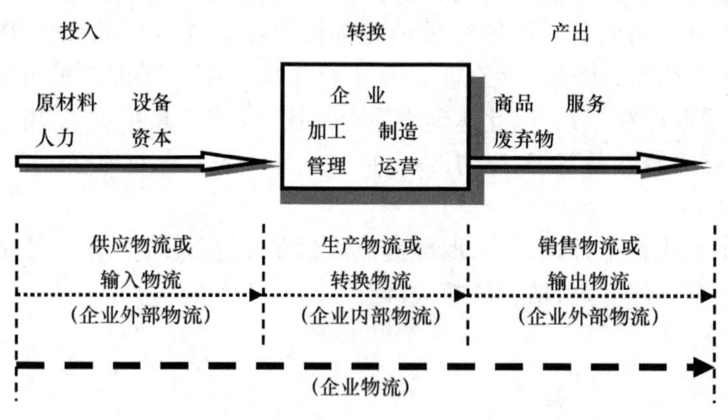

图 18－1　与企业经营对应的物流

二、企业的供应和销售物流

（一）概念

（1）供应和供应物流。所有的组织都需要通过购买和其他方式取得所需的物品，这就是采购及供应；将这些物品配置到位，实现供给者到用户之间的实体流动，就是供应物流。供应物流发生在所有上下游企业之间，是接力式的，由最终用户拉动。

（2）销售和销售物流。生产企业、流通企业都需要把自己生产或经营的商品销售出去，伴随而发生的物流就是销售物流。

（二）供应和销售物流系统的构筑

供应物流和销售物流介于供给者与用户之间，有两种基本形态。

1. 供应和销售物流分立形态

销售企业的销售物流和用户的供应物流是两个独立的物流系统，分别承担相关的销售和供应任务，两个系统在某一位置实现衔接，通过两个独立的、任务不同的系统完成销售者和用户之间的物流衔接。

2. 供应和销售物流一体化形态

同一个物流系统，不但实现销售物流，而且实现用户的供应物流，使销售物流和供应物流一体化。这在供应链物流系统中非常普遍，在商业配送领域、电子商务领域也是主导的物流形态。

这种物流有双重身份：对供应方是销售物流；对用户是供应物流。对供给方来讲，最理想是按照对产品销售的需求来构筑销售物流；对于用户而言，最理想是按照本身的供应需求来构筑供应物流系统。两者必定会出现矛盾，需要在两者之间寻求均衡。但很明显，双方力量不会是均等的，结果必定是在一方力量的主导下来构筑，是在一方力量主导下的均衡。

不同市场条件供、需双方的地位是不同的，因此，供、需之间物流构筑的主体力量和构筑方式就会有所区别。卖方市场，供给者有主导权，因此，必定是以供给者的销售物流为主导对系统进行构筑，销售物流的构筑具有主动权而供应物流则是被动的；买方市场环境，用户具有主导权，因此，必定是以用户的供应物流为主导对系统进行构筑，在这种环境下，供应物流的构筑具有主动权，而销售物流则是被动的。

三、物流系统模式

（一）销售物流系统模式

销售物流系统模式是企业销售策略的一部分，支持企业的销售。大体有以下几种模式。

1. 大宗、大量销售的物流模式

配合大量销售物流模式的主要是两端有库存支持的大量直达的物流模式。通过大量物流取得低成本，但是必须有集货、分货等衔接的过程，这只能通过库存来实现。买方市场的环境下，为了不失去市场机会，也需要保持库存。这样一来，大宗、大量销售的物流模式必然是比较粗放的物流模式。

2. 多品种配送销售的物流模式

配送系统（配送中心至连锁商店、配送中心至用户）销售方式就是多品种配送销售的方式，相应的物流模式则是多品种、多批次、小批量的物流。这种物流模式具有精益的性质。

3. 商业门店销售物流模式

这种方式虽然不是没有可能进行大量的销售，但多以小量销售为主。物流模式往往是伴随顾客一起的取货模式，是商物一体化的物流模式。也有采取专门送货的物流形式，但是这需要付出较高的成本，很难对送货物流进行优化，大多是对不在乎成本负担而要求高服务水平的贵宾级人物（VIP）进行销售的物流模式。

4. 无店铺销售的物流模式

这种模式有两种基本方式。

（1）商物分离方式。电子商务、邮购、电话购物、直销等销售就是属于这种类型的无店铺销售。不从店堂销售，但物流却是实实在在的，物流模式是库存支持的送货模式。送货的组织者可以是第一方（销售者）所建立的配送或者送货网络，也可以利用邮政、快递的社会物流系统或者有专门协议的第三方物流企业承担送货物流。

（2）商务合一方式。流动销售、商品展示会议销售属于这种类型的无店铺销售。买卖双方商业交易完成之后，也同时完成了从卖方到买方的物流。

（二）供应物流系统模式

（1）大量供应的物流模式。大量供应的物流，从用户来讲，低成本是关键。在买方市场环境下，用户又有很大的主导权力，因而用户尽量不保持供应库存，而是严格要求供应商保持用户可以接纳的供应节奏。

（2）集中采购供应的物流模式。集中采购并不一定要实行集中物流，因为必然会加大物流的成本，尤其是储存成本。所以，配合集中采购的物流模式，是有精确计划的分散物流模式。按集中采购时所制定的分时期、分品种、分规格的计划，实行准时物流。

（3）准时供应的物流模式。准时供应是买方市场经济环境下，用户拉动所形成的一种物流方式，准时的目的是和用户的消耗节奏对接。

（4）零库存或者低库存供应的物流模式。买方市场经济环境下，用户的主导作用也反映在可以实现零库存或者低库存，以尽量减少库存消耗和资金的占用。

（5）取货的供应物流模式。买方市场经济环境下，必然广泛采取用户能够满意的送货服务，但是，如果用户认为取货有利于本身生产成本的降低，取货式的物流也不失为一种选择。当然，一旦出现短缺，用户的主导地位变成被动地位，取货式的物流必然成为主导形式。

四、不同企业的物流

(一)工业企业物流

工业企业物流是对应工业生产经营活动的物流,有四个子系统:供应物流子系统、生产物流子系统、销售物流子系统及废弃物物流子系统。按主体物流活动区别,可大体分为四种类型。

(1)供应物流突出的类型。供应物流突出而其他物流较为简单,供应物流组织和操作难度较大。例如,采取外协方式生产的机械、汽车制造等工业企业便属于这种物流系统。一个机械的多种零部件来自全国各地甚至国外,供应物流范围大、难度大、成本高,但生产成大件产品(如汽车)以后,其销售物流便很简单了。

(2)生产物流突出的类型。生产物流突出而供应、销售物流较为简单。典型的例子是生产冶金产品的工业企业,供应是大宗矿石,销售是大宗冶金产品,而从原料转化为产品的生产过程及伴随的物流过程都很复杂,有些化工企业(如化肥企业)也具有这样的特点。

(3)销售物流突出的类型。例如很多小商品、小五金等,大宗原材料进货,加工也不复杂,但销售遍及很大的地域范围,属于销售物流突出的工业企业物流类型。此外,如水泥、玻璃、化工危险品等,虽然生产物流也较为复杂,但其销售时物流难度更大,问题更严重,有时会出现大事故或花费大代价,因而也包含在销售物流突出的类型中。

(4)废弃物物流突出的类型。有一些工业企业几乎没有废弃物的问题,但也有废弃物物流十分突出的企业,如制糖、选煤、造纸、印染等工业企业,废弃物物流对企业生存有决定性的影响,特别需要重视解决废弃物物流的问题。

(二)农业企业物流

农业企业有两种:农业种植及农产品加工企业。后者与工业企业类似甚至相同。更具特点的是农业种植企业的物流,其四个物流系统的特殊性如下。

(1)供应物流。以组织农业生产资料(化肥、种子、农药、农业机具)的物流为主要内容,除了物流对象不同外,这种物流和工业企业供应物流类似,没有大的特殊性。

(2)生产物流。生产对象在种植时不发生物流,而发生物流活动的是劳动手段,如肥、水、药等;种植业一个周期才发生生产对象的物流。

(3)销售物流。以农产品(粮食、棉花等)的物流为主要内容。销售物流的一大特点是,诸功能要素中储存的需求较高,储存量较大且时间长,其“蓄水池”功能非常突出。

(4)废弃物物流。种植生产的废弃物物流也具有不同于一般工业企业废弃物物流的特殊性,尤其是粮食种植业,主要表现在,以重量计,废弃物物流重量远高于销售物流的重量。

(三)商业批发企业物流

商业批发企业物流是以批发据点为核心的物流活动,对应的物流是大量货物运进,总量同量对象物的运出,但是批量变小、批次变多。在批发点中的是包装形态及批量的转换。商物合一型的批发企业和商物分离型批发企业的上述物流过程是同样存在的,只是发生的地点有所区别,一种是商物合一的据点,另一种是独立的物流据点。不同批发企业物流有如下两种类型。

(1)大型企业销售网络中的批发企业。这种批发企业面对固定的零售网点或固定的生产型、消费型用户,这种批发企业的物流特点是销售物流网络固定,因而网络组织完善,销售物流有有效的规划和组织,水平较高。

(2)独立批发企业。这种批发企业依靠本身经营和市场开拓同步组织物流活动,用户有很强的不确定性,因而销售物流难以形成固定渠道和网络。

(四)配送企业物流

配送企业物流是以配送中心为核心的由配送活动组成的物流。主要特点是在配送中心内部进行分货、拣选、配货等物流活动,这和生产物流有很大不同。

(五)商业零售企业物流

商业零售企业物流是以商业零售商店或零售据点为核心的,以实现零售销售为主体的物流活动。不同商业零售企业的物流活动有一定区别,有以下四种类型。

1. 多品种零售企业

物流取决于零售方式,重点在于多品种、小批量、多批次的供应物流。物流一方面可保证零售企业的销售,不脱销、不断档;另一方面则是不以库存支持销售。所以,供应物流突出,企业内部物流则是减少库存、少占用场地,保证最大的售货面积,尤其"黄金地域"的零售企业,更要强调这一点。习惯上消费者购物后自己完成从零售店到家庭的物流,零售企业的销售物流,主要是大件商品的送货,销售物流不是最主要的。

2. 连锁店型零售企业

物流特点集中于供应物流,和一般零售企业供应物流不同,连锁店的销售品种是相同的、有特色的,其供应物流是由本企业的共同配送中心完成的。

3. 直销企业

物流特点集中于销售物流,销售物流决定了销售业绩。由于直销企业通过直销手段销售的品种不可能多,因而供应物流及企业内部物流较简单。

4. 电子商务零售企业

在网上实现销售,绝大部分采取送货办法完成售出商品送达,因此,销售物流是有特点的、占主体的物流形态。所采取的物流形式如下。

(1)利用配送网络送货。直接到消费者"户"的配送,是属于小批量的物流形态。

(2)利用普通邮政投递。对极端分散、需求量小而且地域分布广的用户,电子商务零售企业很难建立配送网络,而由于普通邮政覆盖面广,适用于小规格、小重量货物的送达。

(3)利用快递投递。

五、企业物流的外部化

(一)物流业务外部化的含义

企业物流的外部化，是把企业物流的运作外包给专业化的社会物流企业运作。企业物流外包主要是两个领域：供应物流和销售物流。

(二)物流业务外部化的主要原因

企业物流外包主要有两个原因：一是企业追求自己的核心竞争能力，将非核心竞争能力那一部分外包，以实现“轻资产运行”，便于减轻企业负债和简化企业管理；另一个原因是，社会上的专业物流企业，有更强的专业能力进行专业化运作，更重要的是，他们可以取得规模运作的低成本效益，有助于企业降低自己的成本(参阅本书有关第三方物流章节)。

(三)物流外包的决策

物流外包与否，没有绝对标准，不存在“一包就灵”，也不能说自营物流就是小生产观念。要看是否对企业有利：当一次物流业务量足以成规模，自营物流可以取得规模效益时，这一次自营也不失为明智的选择；如长期业务总量大，建立大规模物流系统可以取得规模效益带来的好处，自然，在这种情况下不将物流外包，自己做是更明智的选择。这就是美国的沃尔玛公司有如此庞大的物流系统的一个重要原因。

第二节　供应链物流系统

一、供应链的基本概念

国家标准物流术语对供应链的定义是：“生产及流通过程中，涉及将产品或服务提供给最终用户所形成的网链结构。”

《供应链管理》专著对供应链的定义是：供应链是围绕核心企业，通过对信息流、物流、资金流的控制，从采购原材料开始，制成中间产品以及最终产品，最后由销售网络把产品送到消费者手中的将供应商、制造商、分销商、零售商直到最终用户连成一个整体的功能网链结构模式。

美国有的学者对供应链的定义是：通过增值过程和分销渠道控制，从供应商的供应商到用户的用户的流就是供应链，它开始于供应源点，结束于消费的终点。

上述定义都没有提到供应链所存在的社会和环境，容易使人误解为供应链是历史长久的存在。因为上下游关系、渠道控制、网链结构模式、链条利益等都不是现在才有的，为什么在过去没有而在今天出现了呢？所以，供应链还有一个非常基本的东西，那就是现代社会买方市场的社会环境，供应链是这种环境更深化、更成熟的产物。有两个关键:第一是买方市场,只有在买方市场环境前提下,需求方有了主导权,才有了向上拉动形成供应链的力量和可能性;第二是买方市场更成熟、更深化,买方才不仅以自己的利益主导,而是考虑双赢、多赢,也就是说考虑战略发展的利益,在这种前提下,才有整合供应链的可能性。

二、供应链系统的目标

把供应链看成一个系统,随市场需求的不同有不同的结构,同时也取决于企业的发展战略,不同企业本身构筑的供应链和参与构筑的供应链,其系统规模和系统的结构也不相同。

供应链没有不变的确定模式,在构筑时要根据需要确定,有以下几种选择:

第一,将某产品或服务的社会再生产全过程作为一个大规模的供应链,其系统目标是这个产品或服务的全面提升。麦当劳的案例可以说明,它的供应链构筑不是简单为了增加利益或降低成本,而是通过构筑供应链提升麦当劳的服务。这种系统目标,可以应用于某一行业或某一主导产品的从原料的原料开始到用户的用户结束全过程的产业升级。

第二,以实现用户要求的供应服务水平构筑供应链。这种供应链系统以用户提出的服务要求,确定系统目标。例如,上海通用汽车提出零库存供应的要求,中远集团以此作为系统目标所构筑的供应链。这种系统目标构筑的供应链有比较广泛的实用性,原因是在买方市场环境下,用户可以提出通过供应链来优化本企业供应的要求,并且得到这种服务。

第三,以强化本企业的销售构筑供应链。买方市场中一个企业产品销售,是对多个用户的供应服务,通过这种服务来实现企业的销售。这种供应链必须满足许多用户购买这个企业产品时所需要的服务,有时是"众口难调",但若干用户总有一些共同的要求,这些共同要求就成为构筑这种类型供应链的系统目标。

三、供应链的特点

(一)供应链的时代性

如今运行的供应链已经可以实现大范围的、系统的、优良的服务,但是,过去这个愿望是很难实现的。虽然人们也开发了资源计划方法、经济批量方法、准时供应方法、配送方法等,但是,这种服务的方式虽然可以做到和用户直接衔接那一段的优化,但是很难继续向前、向后延伸。其主要原因是信息的制约。一个连贯的社会再生产过程,其中所有环节的信息都是封闭的,即使运用系统工程的思想方法,也很难将全过程优化。

网络经济时代的信息技术,尤其是互联网这个公众平台的形成,使信息跨越过去封闭的界限进行传递成为可能,也使信息共享成为可能,这就使供应链从过去两个环节之间的短链延伸成跨越整个社会再生产的长链成为可能。这就是供应链的时代特点。

(二)供应链的远程性

供应链的出现和经营运作的远程化有关。20世纪末,经济全球化的步伐大大加快,大工业化时代的专业分工向国际分工深化,一个产品从原材料的原材料开始,到用户的用户,原材料来自于全世界、生产企业分布于全世界、用户遍布全世界,远程化的结果需要新的供应方式,例如远程化之后,配送就不能适应新的要求。人们探索出供应链来解决。远程化是供应链非常重要的特点,现在多数供应链是跨越多国的国际供应链。

(三)供应链的复杂性

正是因为供应链具有远程性,供应链的构筑一改以往企业远程经营时所习惯的托拉斯体制,而在每一个环节都横向择优,选择多个协作企业,整个供应链不但链节很长,而且有多个结点。供应链的跨国性也决定它涉及的人文、地理、法律、技术等各方面的条件差异,成为空前复杂的系统。虽然过去的物流系统也有复杂性,但复杂程度无法与供应链相比。

(四)供应链的择优性

供应链的构筑一反传统的思维模式,不是“建立牢固的供需关系”“固定产需衔接”,也不是流通领域的固定连锁关系,而是随时择优、优化的系统。供应链的结点企业,不是“从一而终”,而是根据自己的核心竞争能力,不但作为这个供应链的链结或结点,同时也身许另一个供应链。供应链的链结或结点,也要根据供应链目标、服务方式的改变而改变,以更适合的企业来更换、代替。这种择优性决定了它是处于动态之中的、不断发展的“链”。

(五)供应链的虚拟性

供应链是以网络信息技术为纽带建立起来的,是虚拟经济的典型,实际是一个虚拟的大企业。它所做的事情,过去要依靠集团企业、托拉斯的实体企业去做,现在则是靠一种协作的组织,这个协作组织有相对稳定性,而并不是一个有确定机构、确定组织和确定经营目标的大企业,这就是虚拟性所在。供应链虚拟性的最大优势,是可以通过组织协作,依托信息网络支持,使这个“虚拟企业”总是保持强的竞争能力。供应链参与企业,都以核心竞争能力的优势进入,供应链的动态性又使构筑企业不断“优胜劣汰”,不断更新,以保持供应链企业总是由具有强大的核心竞争能力的企业构筑而成。这是实体企业无法做到的。

四、供应链管理

(一)供应链是管理的产物

和经济领域其他各系统不同,一个生产企业,一个具体的流通企业,都是一个统一的经济实体,按照企业制度进行领导、控制和管理。企业系统是紧密型的系统。供应链则不同,供应链实际上是管理的产物而不是一个投资的经济实体。供应链的全部生命力在于管理。

(二)管理在供应链之中的作用

(1)供应链构建要依靠管理。按照一定的管理约定,企业成为供应链的一个成员,一个供应链是由若干企业协议组成的,整个供应链的运作必须有共同的约定,这是管理的范畴。

(2)企业核心竞争能力的横向组合要通过管理。供应链构筑,需要确定各个环节的职能,依此选择具有这方面核心竞争能力的企业,横向以"供应"这一职能为纽带,实行联合,完成产品的纵向转移。这需要通过管理实现。

(3)整个供应链信息的畅通和共享需要依靠管理。拆除供应链各个结点的信息壁垒,是信息畅通的重要手段,用信息将整个链条联结起来,需要信息资源的共同配置和信息成果的共享,这也只能依靠管理来实现。

(4)供应链各环节企业利益的平衡要依靠管理。解决供应链内部"效益背反"问题,解决各结点利益合理分配的问题,是供应链构建的关键因素。这一点必须通过管理来协调。

(5)供应链运转的控制要依靠管理。供应链运转中会出现许多问题,而这些问题不可能采用一个企业内部决策层进行决策的方法来解决,只能通过管理进行信息的协调和沟通,用协议的方法来解决冲突而实现整个供应链的有效控制。

(三)供应链的构建

供应链的构建通常有如下几项内容:

(1)确定供应链系统目标。此点如前文所述。

(2)确定供应链主导企业。主导企业可以是要求提供供应服务的生产企业,可以是通过销售开拓市场的生产或流通企业,也可以是受委托的第三方物流企业。现在,第三方物流企业构建供应链的发展势头非常强劲。

(3)决定供应链的各个环节。按照目标确定实现这个目标应当有哪一些环节。按照目标要求不同,供应链延伸的程度也不同,因此供应链环节会有比较大的差别。

(4)选择供应链各环节的主体企业。按照这个环节核心竞争能力的要求,选择相关企业。

(5)供应链主导企业与供应链参与企业横向联合协议。供应链虽然有很多企业作为结点的成员,但是它不是一个企业集团,不需要由所有参与企业共同签署合作协议,而是由供应链主导企业按照整个供应链的管理和协调要求与参与企业签订协议。

(6)计划和确认供应链的运作模式。供应链总体与各个环节的运作模式要根据参与企业的优势确定,同时还要根据整个供应链的运作成本和服务水平来决定各个环节的运作方式。

(7)实现供应链信息联结。网络经济时代供应链的构建，都依托互联网和通信平台进行信息传递和运作。企业的参与必须依靠协议和共同认定的技术方式，建立支持供应链的信息系统。

(8)确定供应链的管理模式。供应链运行必须依靠有效的管理，供应链管理不同于传统的管理，由于参与企业多，链节复杂，管理措施和要求应该详细确定。

(四)供应链的管理要点

(1)消除壁垒。供应链是一个单向无阻碍的、无缝的联结过程，参与构成供应链的横向优势企业有很多个，每一个供应链环节不应该有组织壁垒和信息壁垒，不应该形成组织和信息的封闭，链中各环节不是彼此分割的，而是通过链的联系成为一个整体。

(2)消除信息失真。供应链管理是全过程的战略管理，从总体来考虑，如果只依赖于部分环节信息，由于信息的局限或失真，可能导致计划失真，所以，信息必须具有可靠性。

(3)改变库存观念。供应链不同结点的库存观不同，库存设置当然也就会不同，在物流的供应链管理中，不能把库存当作维持生产和销售的措施，而应将其看成供应链的平衡和优化机制。

(4)采用综合方法。供应链管理新方法，诸如：总体综合方法代接口的方法，解除薄弱链寻求总体平衡，用简化防止信号的堆积放大，用经济控制论方法实现控制等。

(5)通畅信息。供应链的信息必须是通畅、共享的，这是供应链管理要特别致力实现的。

五、供应链物流

(一)供应链物流的定义

供应链物流是具有供应链结构的产业链条上的物流活动，指的是供应链上总体的物流，是供应链上物流的全过程，有时也指供应链各结点之间的物流。供应链物流是供应链中相关的、分散物流活动的综合。

供应链物流涉及供应链的结构。把供应链看成直线链条是一个过时的、不全面的理解，实际的供应链是一个网络。一个复杂的产业系统不可能是单纯的、直线型的链条，而必定是网络状态的链条结构，为了便于研究，可以简化成一条一条的直线型链条。但是，供应链物流不是一个简单的直线型链条上的物流，而是若干直线型链条所构筑的网络(见图18－2)。

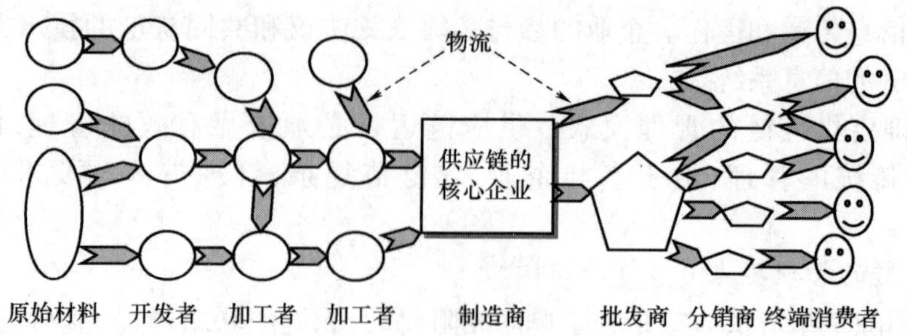

图 18－2　供应链网络

供应链中,有些是供应链企业内部的事情,有些是供应链企业外部的事情,例如信息的传递、外部的经营活动、供应、销售、物流、资金传递、服务等。外部活动所起的作用是把供应链企业联结起来,形成"链条"。物流就起这个作用,由于物流在成本中占重要的位置,因此,供应链物流是否有效控制和优化,涉及企业成本和供应链服务水平。

(二)供应链物流的范畴

供应链物流的基础是企业物流,各链结的物流实际是企业物流的组成部分,是企业的外部物流,供应链物流则是整合和总体优化这些企业的外部物流。

供应链的产业链,链条上的企业是独立经营主体,供应链物流要整合的不是企业内部物流,而是企业之间的边界物流。边界是容易出现停顿、等待、库存、损失等问题的地方,供应链整体希望企业的边界实现无缝衔接,完全取消壁垒。当然,边界物流会延伸到企业内部的供应物流和销售物流,但是,生产物流伴随企业生产流程一起,依然是一个独立的系统。换句话说,供应链物流不包括企业内部的生产物流。

理论上的供应链包括了从原始材料的提供者一直到最终消费者的完整链条,供应链物流当然是把这个链条串在一起的物流活动。但是,供应链也是一个优化的过程,往往是把最需要优化的那一段形成供应链,使之能够突破组织壁垒、信息壁垒、管理壁垒,保持同步运作。供应链往往是通过核心企业上溯和下延到力所能及的范围,所以,供应链物流也随链条的长短可以有不同范畴的物流。

(三)供应链物流两种形态

供应链有一体化供应链及整合供应链两种形态,由此派生出两种有区别的物流形态。

(1)一体化供应链物流。这是对于供应链物流进行一体化构筑所形成的物流系统。这不是普遍采用的方式,只有属于一个巨型企业的一体化的供应链可以对物流进行统一的规划和设计,从巨型企业内部来讲,这是巨型企业内部的运作和管理。

(2)整合供应链物流。这是通过对供应链各结点之间的物流进行整合建立的供应链物流系统。供应链物流的整合方式及整合程度，和供应链的结构有关。本章已经提到两种有区别的供应链以及如何建立供应链物流。由多个社会上相对独立的企业所构筑的供应链，需要进行外部的整合，形成供应链物流系统。

（四）巨型企业供应链物流

1. 巨型企业及巨型企业的供应链

在第二次世界大战之后，尤其是第一次石油危机之后，世界上的巨型企业迅速增加，主要原因是大型化的规模优势可使企业降低风险；另外，也是社会分工、专业分工和生产集中的历史性趋势的结果。

信息化社会的诞生给巨型企业增加了信息的翅膀，大大突破了传统管理边界对企业规模的限制，巨型企业又有了一个突破性的发展，这个势头在我国已经有了明确的体现。

巨型企业必然是企业群体的结构，往往由若干个大型骨干企业为紧密层，还有成千上万个供应者（含供应商、委托协作生产供应者）和经销商，而且，常常是跨地区的甚至是跨国的，所以，巨型企业的内部结构就是供应链结构。

2. 巨型企业物流的特点

这么大型企业的物流，显然不同于一般单独的企业物流，同时，巨型企业毕竟还是一个企业总体，虽然在社会上企业群体分散分布，但是物流又具有内部的性质，不同于社会物流。可以归纳出以下几个特点：

（1）地域方面的特点。巨型企业中的制造业，例如采取协作方式生产的机械、汽车、飞机等企业，零部件运输距离可远至百、千公里；各种巨型企业，物流范畴广阔，这是在很大地域优化供应和优化销售所决定的。巨型企业就是在世界或一国范围内寻找机会而形成的，物流地域广阔也由此而来。

（2）功能方面的特点。一般企业物流的主要功能不是运输，而是发生频度最高的物料搬运。但巨型企业，尤其是国际化的巨型企业，运输成了非常重要的功能要素，靠运输将距离遥远的许多企业的生产活动联结成一体。这又很类似社会物流。

巨型企业运输与一般企业不仅是距离不同，而且运输管理和组织也不同。巨型企业的远程物流很少或者根本不由本企业配备，而是利用社会物流。巨型企业自建物流系统及物流外包，已经成了两个并行的新的趋势。其原因有二：一是巨型企业的超大规模化。巨型企业的规模足以保障自建的物流系统达到规模；二是世界经济的进步，资源可以在全球进行配置，同时，资源已经处于过剩状态，这种情况下巨型企业的核心竞争能力已经从生产向流通延伸，物流逐渐成为核心竞争能力。

（3）质量方面的特点。小范围内，物流环节处于企业内部可控范围，企业管理可有效调节生产工艺和物流节奏使之精确衔接，因而可用很高的物流质量保证生产的运行。但巨型企业的空间距离远远超出了一个企业内部的管理范畴，需要利用社会物流系统来保证大范围内的衔接。但是，社会物流系统并不在企业的控制范围内，因此，很难通过本企业的管理获得保证，而必须通过社会的、企业外部的系统来组织物流。这样,质量保证(如时间、批量、成本及产品性能保证等)的能力必然降低,物流运行的难度自然加大。

(4)统筹方面的特点。巨型企业可以统筹规划和建立物流系统,对内部供应链物流做理想安排,有效采用共同供应、共同配送等先进的物流手段。而一般企业就很难做到:对于远距离用户,一般企业或因成本太高放弃,或只能采用远程物流从而大大增加成本。

3. 巨型企业供应链物流安排

巨型企业供应链物流安排主要包括以下几项内容:

(1)物流信息规划。巨型企业统一物流信息有很大优势:一是物流操作称谓统一,防止出现由于称谓不同所造成的差错;二是物流对象代码统一;三是信息传递的程序和规则也容易统一安排。由此,企业内部信息壁垒可以完全消除。

(2)物流流程规划。规划安排必然会涉及物流结点的配置。在非一体化的供应链中,原来的配置很难改变,而巨型企业内部供应链可以对结点进行重新配置。

(3)上下游企业之间的物流衔接。巨型企业供应链内部上下游企业之间可以利用统一管理力量,实行无缝衔接,把上游的销售物流和下游企业的供应物流一体化。

(4)存货位置及存货能力规划。从供应链物流总体来考虑,在必要位置设立存货仓库,可以大幅度降低成本比重和资金占用。

(5)物流业务外包的规划。巨型企业内部供应链物流资源的统一调配,可以做出妥善的业务外包安排,并且能够统一与社会物流企业的协作关系。

(6)统一条码、包装标准。按照巨型企业内部生产和物流的具体要求,可以有针对性地解决包装及包装物的传递问题,采取统一的条码。这也是突破组织和信息壁垒的重要手段。

(7)设备能力及标准的规划。按照巨型企业内部供应链连接的要求,可以有效规划和采用最适合的设备,防止设备能力的过剩与不足。

(8)供应链物流的应急系统。供应链物流的失效、中断、突发情况在巨型企业中是不可避免的,建立物流的应急系统非常重要。必须事先做好安排:可以作为一种储备系统存在;也可以利用信息,掌握社会可以利用的资源,建立虚拟的应急系统。

(9)内部纠纷处理及仲裁。再完善的规章制度和组织体系也避免不了可能出现的冲突和矛盾,内部纠纷及仲裁的安排,就是要有效地区分责任、处理事故。

(10)规划安排资源及利益分配。产品和服务从供应链流出,收入从供应链末端流入,这涉及供应链总体利益及各个环节的利益分配,对此必须有一个合理的总体安排。

(五)整合的供应链物流

1. 整合的供应链更具普遍性

巨型企业有条件在企业内部形成供应链,但也往往不是完整的供应链。就连世界最大规模的企业——美国的沃尔玛,也要设若干采购中心,在世界各地进行集中采购,而使自己的供应链向社会延伸。所以,其供应链主体在企业内部,但是完整的供应链仍然是社会性的,只是凭沃尔玛的实力,进行整个供应链的整合而已。

大部分情况是企业以平等的身份,作为供应链中有用的资源,再对上下游进行整合而建立供应链。整合建立的供应链,供应链管理就不是企业内部的问题,就不能实行集中、统一的管理。同样需要通过整合和协调关系进行供应链管理。

对于复杂的供应链物流,不能够通过规划和设计来建立有效的物流系统,而是对已经发生的物流行为和已经存在的物流资源进行整合。这种整合必定会出现肯定和否定、保持和撤销、扩张与缩减的问题,会涉及利益及认识和观念,显然有更大的难度。

2. 供应链物流整合的力量

整合的供应链物流需要有整合的力量和整合的操作者。物流的整合者和供应链本身的整合者可以是同一个力量,也可以是不同的力量。因为毕竟物流还有专业的特质,不是所有力量都可以进行物流整合的。

供应链的整合者有几种情况:供应链核心企业、供应链下游企业、供应链外部力量。供应链物流的整合大体也是如此。

(1)供应链的核心企业。构筑供应链往往由有实力的成功企业主导,用外包方式向上下游延伸、不断推进,通过直接相关企业再向间接相关企业延伸,步步推进演化形成。供应链是在核心企业的主导下,围绕着核心企业的业务而形成的,核心企业不仅是供应链上的主要企业,而且对市场和用户有深切的了解,能够对提高供应链的竞争能力做出整体安排,通过不断提出要求,协调或者压迫上下游企业,实现供应链物流的整合。

供应链上的其他企业能够接受这种整合安排,是因为它们明白,提高竞争能力对供应链所有企业都有利。例如美国的沃尔玛公司,通过协调和压迫供应商降价的办法,并把这种降价所带来的好处,通过供应链传递给最终消费者,也有效地扩大了供应商的业务,沃尔玛作为供应链的核心企业发挥了对供应链的整合作用。

(2)处于供应链下游的企业。供应链的下游企业往往是流通企业而不一定是制造企业。制造业的供应链,核心企业往往是主要的制造生产企业,这种企业主导产品的研究、设计及开发,并且形成主要产品,以此成为核心企业。供应链的下游企业,也可能是供应链核心企业,它所依托的整合力量来自于市场的力量。买方市场的环境下,是"流通决定生产",供应链终端的流通企业最了解用户,最了解市场的需求,因而对整个供应链发生影响,具有了整合供应链的能力。应该说,沃尔玛公司整合力量形成的最根本原因,就在于此。

(3)供应链的外部力量。供应链的整合可以依靠外部力量,原因在于这些外部力量有优化物流系统的专业能力和运作经验。外部力量可以通过对供应链物流的认真分析,寻找供应链物流的薄弱环节,把握供应链的总体,因此能够起到优化供应链物流的作用。

供应链企业如果和第三方物流有长期的关系,第三方物流就可以成为整合的力量,供应链物流在多个环节上需要对物流业务进行外包,因此,一个大的供应链系统,往往涉及多个第三方物流企业,而第三方物流企业只能在其有业务活动的供应链环节做出整合的安排,而不可能对供应链总体进行完全的整合。在这种情况下,最需要更具有总体的和综合能力的外部力量来做这件事情,这就是第四方物流。

六、供应链物流的管理

供应链从采购开始,经过多层次的生产、分配、销售,最后到达用户,不是孤立的行为,而是一定流量的环环相扣的"链"。物流活动受供应链制约,例如效益观和库存观。供应链上各环节都有不同的利益和观念,各功能之间存在冲突也是难免的,但是由于现代管理和现代技术可以提供总体信息使各个链节共享,因此可大大扩展视野,使之从总体上管理整个"链",而不是只管理各链节之间的"接口"或其中一部分链节。供应链管理实际上就是把物流和企业全部活动作为一个统一的过程来管理。供应链物流管理有以下五个要点:

第一,总体观念。供应链物流是一个单向的连续的过程,链中各环节不是彼此分割的,而是通过链的联系(信息的联系、资本的联系、物流的联系)成为一个整体,供应链物流管理必须有这种总体的观念。

第二,全过程管理。供应链物流管理是全过程的战略管理,必须依靠全过程贯通的信息才能从总体来把握,切忌只依赖于部分环节信息。部分环节的信息可能出现信息的局限或失真,信息可能只反映局部而导致计划失真和判断失误。

第三,协调利益。供应链内部必定会存在不同的利益,在供应链物流的管理中,必须通过利益的协调和有效分配,形成统一的利益观。

第四,全新的管理方法。传统方法不能完全适应供应链物流管理,需要采取新的管理方法,诸如用整合的方法来代替企业管理的方法,用总体综合方法代替接口的方法,用解除最薄弱链来寻求总体平衡,用简化供应链方法来增强信息的有效性,防止信号的堆积放大,用经济控制论方法实现系统控制等。

第五,有效利用社会力量。供应链物流的管理,虽然指明了从企业战略角度要管全部供应链,但并不都要由本企业操作,用社会力量操作是正常的。通常的做法是,利用一个或多个第三方物流企业去进行物流的运作,而由第四方物流去进行总体的物流资源整合。

第三节　城市物流系统

一、城市物流的地域范畴

城市物流、区域物流、国际物流是三个不同区域层次的物流概念。地域范围只是这三种物流形态的区别和特点之一,它们之间更主要的特点及区别在于服务对象、服务方式、物流特点以及物流系统的构筑。

(一)城市物流

城市物流是以城市为主体,围绕城市的需求所发生的物流活动,不论城市地域范围大小,物流都有共同的属性。包含的范畴可以有两种理解:广义理解是城市内部物流以及以城市为主体的城市外部物流,例如城市的输入及输出物流;另一种理解是城市物流仅是城市区划内部范畴的物流。本书对于城市物流的界定,主要指城市行政区划内部的物流。

(二)区域物流

区域物流是特定区域范围的经济区、城市群、城市、农村等区域范围的物流活动以及它们相互之间的物流活动。本书对区域物流的界定,指省、市、县等行政区划之间的物流。

长期以来,城市都是经济集约的地方,尤其是工业集约的地方。20 世纪后半期,出现了另外一个趋势:经济已经突破城市的局限,形成比城市范围更大的经济区域。在当前的经济发展阶段,世界出现了发展势头强劲的经济区域,大的如欧盟、北美自由贸易区,小的如我国的环渤海经济区、长江三角洲经济区、珠三角经济区等。这些区域经济的特点,是通过合作与整合形成集和的竞争能力。与之相应,区域物流也成了这种经济区域重要的经济发展支撑力量。区域物流的研究重点在于这种经济区域之中及之间的物流。

(三)国际物流

国际物流是跨越国界的区域物流。它虽然也可以被看成区域物流的一种形式,但是它的主要特点并不在地域范围的大小,而是表现在其跨国属性。有些国际物流的地域范围并不大,甚至可能远远小于国内省际、市际地域范围,但是它们具有共同的跨国物流属性。

二、城市物流系统的构造及特点

(一)城市物流系统的构造

城市物流系统的构造主要表现在物流平台领域:城市物流平台和一般的物流平台相比,最大的差别在于物流线路和结点。城市物流线路平台主体是公共管道线路和交通道路,而没有空运路线,多数城市也没有铁路和水运路线。管道线路平台支持的是自来水、污水、城市用燃气的输送,是专用的线路平台;公共交通道路支持的是客运和货运。当然,城市物流的运输方式,道路运输工具是绝对的主体。

物流结点的差异在于:配送中心占有独特的地位,仓库也是城市物流平台的重要资源,而基本上没有大型物流基地、物流团地、物流园区。

(二)城市物流的特点

(1)主体的一元性。城市物流的主要特点,是城市的主体是一元化的,所有的城市都有统一的政府行政组织,可以统筹和管理物流,因此,城市物流有非常强的可控性。

(2)短程物流为主。受城市范围的制约,物流的短程性非常突出,再大的城市,最大直径无非在百公里左右,物流密度最大的部位还要远远低于这个数字。因此,城市物流有非常明显的短程物流特征和短程物流派生的特征:第一,以公路网络为主要的平台;第二,以中小型的公路汽车为主要的物流工具;第三,以多批次、少批量、多用户物流为主要形式,强调服务,而很难有效降低物流成本;第四,物流各功能要素轻重地位有变化,装卸和搬运无论在物流时间的比重上还是在成本的比重上,地位都有所上升,成了主要功能要素。

(3)高密集型物流。国际物流、区域物流的始发点和最终目的地基本都是城市,因此,在广泛区域运作的物流最后都归结到城市,这是造成城市物流高密度的重要原因。另外,城市本身的产业高密度也带来高密集型物流需求,表现在两个方面:首先是物流资源密集,有高密度的线路及结点,各种类型的物流经营性机构也集中在城市;其次是物流活动密集,城市中,多点、多线、多面、多种、多发而且连续不断的物流活动,是城市生命的一部分。

(4)人物混流,物流环境和人居环境互相影响。城市的物流平台,不仅支持物流,而且支持人流,虽然现代化城市已经开始建立单独的人流平台,但是,人流和物流混杂的现象还是非常严重,同时,物流环境与人居环境也混杂在一起。这带来的直接后果是:第一,影响效率,人和物流共用一个平台,物流资源缺乏专用性,因此效率不高;第二,容易造成交通混乱和交通阻塞,破坏人居环境。

(5)配送是特征物流。由于物流的最终用户集中在城市,所以,配送这种物流形态和服务方式主要集中在城市,也成了支持城市运行的有特点物流形态。

(6)运行模式精益化。城市是一个国家经济水平最高的地区,有进行精益化的运作的需求和条件。更重要的是,城市交通条件的制约和生态的脆弱性,不允许进行粗放的物流活动。因此,低噪音、低排放、小吨位、封闭型的物流车辆是城市物流的主要工具,执行的是准时、准确的物流方式。这种精益的运作,是城市物流的重要特点。

三、物流对城市发展的作用

(一)保证城市的基本运转

保证城市和区域的基本运转,城市物流在内部起到保证作用,区域物流在城市外部起到保障作用。城市的基本运转,表现在保证一个城市的正常秩序所需要的基本能源、燃料、材料、粮食、水的永续输入,和排泄物的及时输出。巨型的现代化城市,这个问题尤其重要,因为这种输入和输出的数量非常巨大,无论输入还是输出,稍有中断或停顿,就会导致严重的后果。大雨导致城市交通运输出现严重的瘫痪,就是因为雨水的输出排泄问题没有得到很好解决,使城市的基本运转失灵。

(二)支持城市发展

世界上几乎所有的城市,都是那个国家或者那个地区经济相对发达的地区,城市经济占整个国民经济的比重相当高。城市是经济单位的集中地，也是经济活动密集且频繁的地方，生产企业的外部物流活动、城市内的供应链物流、经济单位之间的经济交往，尤其是城市中发达的商业经济，都需要依靠城市物流获得解决。同时，城市不是孤立的经济单位，它是和区域同步发展的，城市的经济发展必须依靠区域物流把城市和更大的经济范畴联结起来，城市物流要实现与区域物流的联结才能够发挥物流对经济的支持作用。

(三)服务人民的生活

城市物流必须保证城市众多居民琐碎而细微、频繁而持续的与生活有关的物流需求。对这种需求不但要有所保证，而且还必须通过优秀的服务实现这种保证。城市是人密集的地区，城市物流必须解决普遍服务和个性化服务的问题，城市物流必须具备良好的服务特质。

四、城市物流系统的结构体系

一般可以从以下几个角度进行分类的研究和认识：城市物流的功能系统、技术结构系统、基础系统、运行系统、网络系统等。以下是从两个角度对城市物流系统结构体系研究形成的看法：一是从城市物流的特殊功能角度，另一个是从综合技术的角度。

(一)城市物流的功能系统结构

图 18－3 所示为城市物流的功能系统结构。

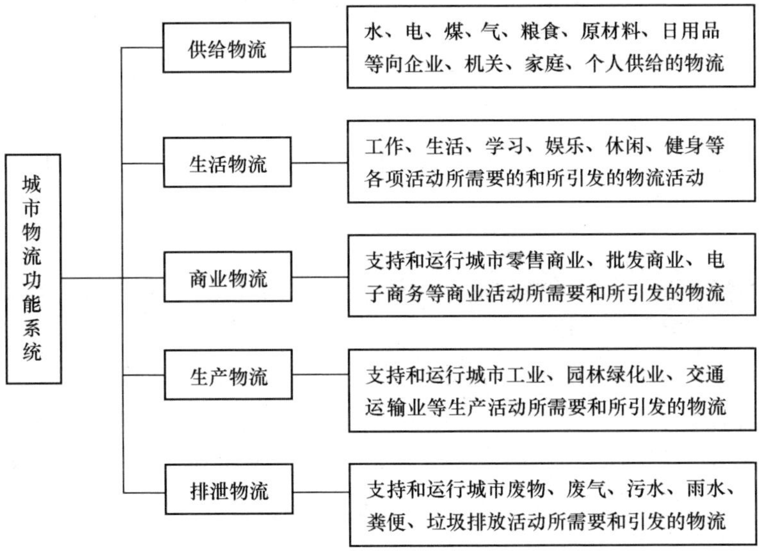

图 18－3　城市物流功能系统结构

城市物流对于城市的三大作用,依靠完善的城市物流功能系统才能实现。经常出现的问题是,只注重城市物流功能的一部分,而忽视另外一部分,例如,我们常常认为城市的排泄物流功能无足轻重,因而这一功能建设迟缓,引发了相当严重的城市问题。一些城市因为雨水排泄不畅所造成的严重问题,就是对城市物流功能缺乏系统性建设的一个例证。

(二)城市物流的综合技术系统结构

城市物流综合技术系统由图 18 –4 几个层次的子系统组成完善的结构体系。

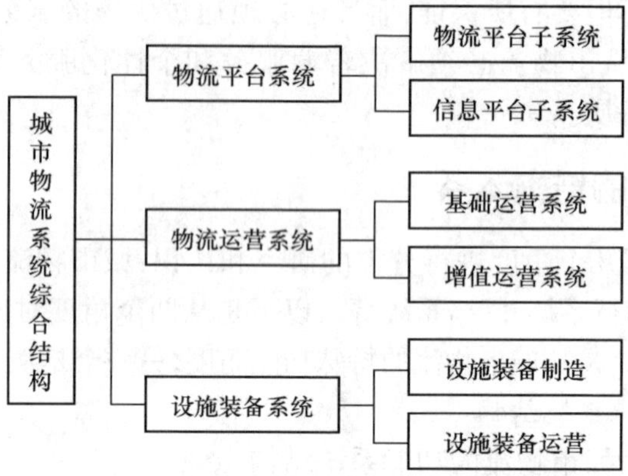

图 18 –4　城市物流综合技术系统的基本结构层次

五、城市物流平台

城市物流平台是非常复杂的系统,本书无法全面研究探讨,现将其主体介绍如下。

(一)城市道路系统

城市公路道路系统是城市物流的主体系统,城市物流平台很少或者不可能拥有铁路、水路、航空等网络系统。

城市物流公路道路系统是支持物流和人流的共同系统。不同的道路,在功能上有所侧重,在设计和建设上,对于不同的物流以及人流有所区分;在管理上采取限制行驶的办法,使不同的道路在服务于人流和物流方面有所侧重。但是,基本上还没有看到专用的物流道路,总体上看,城市物流公务道路仍然是人、物混流的道路系统。

城市道路系统又可以细分为以下几个子系统:

(1)城市轨道系统。城市轨道系统又有两种:专门服务于人的流动的城市轻轨系统,是专用系统;另一种是联结城市边缘和城市各组团之间的铁道系统,是人、物混流的系统。

(2)骨干公路系统。这是城市公路道路的干线系统,建设标准比较高,有很强的通过能力,也是物流的干线系统。

(3)快速公路系统。这是骨干公路系统的一部分,它的作用是使城市内各个区域之间形成快速的通道。

(4)一般道路系统。其分布广泛,使城市内各个机体都获得通行条件,有更强的服务功能。

(5)商业道路系统。商业区内以人流为主体的道路系统,采取限制和分时行驶的方法,支持人流和物流,但是又避免人流、物流的混杂。

(6)人行道路系统。专门为人的流动提供的专用道路系统。

(二)城市管道物流系统

城市管道物流系统是城市专用的物流系统,能够充分反映城市物流特点,是保证城市实现运转的基本条件。由于专用性、封闭性,因此不存在城市一般物流系统的人流、物流混杂,有其他物流系统不可比的优点,即日常运行和人居环境基本隔离,不会对人居环境产生污染。但是,管道系统安全运行是管理的大问题,一旦出现事故,会造成严重的环境问题甚至灾害。

城市管道物流系统又可细分为燃气管道、饮用水管道、生产用水管道、排水管道系统以及污水管道系统等。

(三)城市物流结点系统

城市物流结点是物流网络的重要组成部分,对城市功能有平台支持作用。合理配置结点系统,可以使城市物流运转更有序,衔接更通畅。城市物流结点有以下几种主要类型:

1. 城市物流基地

这是城市对外大进大出的物流结点和城市大量资源储备的物流结点。主要作用:一是支持城市大量物流的服务需求;一是区域物流终端,实现城市与其他城市和区域的沟通。

物流基地是规模庞大的物流结点,执行大进大出及大量储备的任务,有两种类型的设施:一个是实现大进大出功能的运输终端,包括铁路站场、铁路专用线、公路站场等;另一个是实现大量储备功能的仓库群。

城市物流基地的主要运行方式是分聚大出和大进分出,即市内分散的外运的物品,尤其是不成规模的中、小批量物品,向物流基地集货,以形成批量,然后大批量进入区域物流或者国际物流。相反,从外面大量运进的物品,根据市内的分散需求,分货之后通过市内物流满足城市内的需求。

2. 城市物流中心

这是城市尤其是大城市不可缺少的一个层次的物流结点。有的物流中心是物流基地和配送中心之间的衔接性的物流结点;有的物流中心执行类似物流基地的功能,就是对市内的内联与区域的外接使命,依靠公路大量输送,在专业领域或规模比较小的领域“大进大出”；也有的物流中心，直接给比较大的用户配送。城市的规模和经济的复杂性，决定了物流结点的层次，物流中心就是这种中间层次的物流结点。

3. 城市配送中心

城市配送中心功能非常明确，就是执行配送服务，功能比较单一，是城市服务体系的重要设施。如果说物流基地、物流中心还执行许多传统的物流使命的话，配送中心完全是买方市场环境下所出现的新的物流结点。它执行的是全新的物流使命，就是把传统的、粗放式的物流结点转变为服务型的物流结点，应当说，配送中心是科学发展观的产物。

4. 城市物流园区

这是物流企业和物流结点的集中地，以园区形式对物流业进行集约，能有效地创造各种类型物流企业所需要的共同环境，在复杂的城市经济结构中，将物流产业清晰化、条理化，给客户一个非常有效的指导作用，有利于物流资源的调控管理。

物流园区也有不同的系统构筑方式：一种是物流企业入园加盟式，园区依靠物流企业的进驻形成规模，是独立企业的集合体；另外一种是物流基地方式，园区构筑成功能强大的社会化的大企业，面向城市提供物流服务。

5. 仓库

现代城市中，仓库也是不可缺少的一种物流结点，有一种误解，认为只要实现物流现代化，就可以取消仓库。实际上不是这样，现代物流系统及物流管理方式，可以在许多领域提供“零库存”“准时供应方式”等不依靠仓库的物流方式，但是，这些方式仅仅是局部的、微观的表现，不可能全方位地、大范围地实现。局部的、微观的零库存往往是其他领域库存支持的结果，所以现代物流仓库不可少，对城市物流而言，我们可以尽可能地优化仓库的结构和配置，不可能寄希望于消灭它。

城市物流系统中的仓库有两种体制类型：一种是社会化的营业仓库，通过租赁向社会提供服务，取得收益；另一种是自备仓库，是企业、机关的附属设施，满足本身货物调剂和存储的需求。

城市物流系统中的仓库从功能上讲，也有两种类型：一种是储备型的仓库，进行储备以防万一，是城市应急系统的设施；另一种是“蓄水池”式的仓库，对于企业这是经营系统中的一种设施，对于机关团体来讲，这是一种工作设施。

6. 运输枢纽及站场

城市中各种运输系统都是由线路系统和结点系统优化构筑而成。

一般的线路上的结点，称之为站或者场，通称为站场，作用是比较简单的衔接作用，例如，到发货的搬运与运输衔接，不同线路的转换衔接，不同运输工具的转换衔接等。

大型的、多条线路的、多种运输方式之间的衔接结点，往往称之为枢纽。其能够提供多种服务以利于这种衔接，例如仓储、搬运、维修、人员休息娱乐服务等。运输枢纽的作用实际上就是物流基地的作用。

城市物流系统中的运输枢纽,常常执行本城市与地区或者国际相连接的作用,也是地区或国际物流网络的一个结点,对城市来讲,它执行对外交往和大进大出的物流任务。

(四)城市物流信息系统

城市物流信息系统有两个构成部分:

一是物流信息。包括货源、货运、车辆、库存信息等,这些信息支持物流经营。

二是城市交通的信息。城市物流在交通平台上运行,人流、物流混杂,因此,城市交通信息是城市物流赖以依托的重要信息。有以下几个有特点的信息:

(1)道路标志。区域物流系统也存在道路标志的问题,但是城市物流的道路标志由于道路的复杂性而更为复杂。道路标志非常直观,因此有很重要的信息传递作用。

(2)道路通行状况信息。动态的道路通行状况信息,是城市物流系统优化和正常运行的重要条件。这个信息十分重要,可以通过广播等简单手段发布和获取,是实用的信息手段。

(3)交通管制信息。城市物流非常重要的特点之一,是在严格交通管制环境下进行物流。交通管制信息是城市物流特殊的信息系统。

现代化的交通监控信息系统,对城市交通非常重要,系统用各种信息采集手段(例如全球卫星定位、摄像监控、自动识别、货物跟踪以及情报员信息传递等)掌握城市交通动态,尤其是重要路段和路口的实时情况,为交通指挥及管制提供决策支持。城市的交通监控信息系统不是专用于物流监控,其有强大的综合功能,可以有效解决物流的交通监控信息问题。

六、城市物流管理

(一)城市物流管理的理念

城市"以人为本"的理念表现在城市物流管理方面,是在人流、物流混杂的平台之上,在交通资源相对短缺的环境下,首先保证人流的需求。其体现在各方面,例如,优先安排人的出行需求、交通管制将安全放在首位、对物流的众多限制意在创造良好的人居环境等。

(二)交通管制

城市交通管制是城市物流有特点的管理。城市物流的大部分领域是人、物混流,交通管制就是城市物流管理的一种实用方式。交通管制与物流相关,有以下几方面。

1. 准入的管制

城市物流准入的管制包括物流工具的准入以及物流对象的准入。

(1)物流工具的准入主要表现在对运输车辆的准入,准入基准有两方面:安全及环境。必须完全杜绝超载、超限。管理的办法主要是:过大吨位车不能进入城市,在城市范围内，载货车辆必须封闭，不允许大排放、高噪声、跑、漏、遗、洒的运输工具进入市区。

(2)物流对象的准入主要表现在不允许对城市和人有危害的危险物、爆炸物、污染物在城市内过境，可能造成危害的一般物流对象，必须有安全和严格的保护措施。

2. 限制行驶

城市物流系统中，为了保证人的出行和城市重要的政治经济活动，对于物流采取限制行驶的管理措施。主要有三种限制：一种是时间限制，只在某些时间段允许货运车辆通过；一种是吨位的限制，只允许小吨位物流车辆通过；第三种是速度限制，这是一种普遍性的限制，不仅是物流车辆，对其他车辆也进行限制。

3. 安全管理

交通管制的一个重要目的在于车辆的安全行驶。城市物流的主要工具之一是运输车辆，因此对运输车辆的安全管理也是交通管制的重要内容。安全管理针对两个方面：一方面是车辆本身，要保证投入物流运营的车辆的车况符合规定的要求，能够安全运营，防止带病上路，防止存在安全隐患；另一方面是对于驾驶人员，必须保证是合格的驾驶人员，并且其是处于良好的身体和精神状态下上岗驾驶。

(三)物流行业与企业的管理

城市对于物流行业与企业的管理目的在于有区别地对待物流产业中不同的物流行业和企业。有些允许和鼓励在城市中发展，有些限制在城市中发展，有些则不允许准入。

以仓库而论，虽然这种物流设施设在城市内有管理的便利并且能够借助社会的条件运行，但是，有一些类型的仓库会给城市安全带来很大的隐患，例如，燃料、爆炸物、危险品的战略储备仓库，不能进入城市。

物流信息业、现代物流服务业、配送业、第三方物流业的物流行业和企业有的是实现城市功能必不可少的，有的则是支持城市经济外向发展的，在管理上应当获得鼓励和支持。

(四)物流资源的规划和布局管理

物流资源在城市中必须有合理布局，需要有效规划和管理。原因有二：一是不同区域位置物流有不同的需求，对物流资源也有不同的接受和准入程度；二是物流系统本身的优化。复杂的物流系统，需要科学的布局，才能保证流程的顺畅和优化。合理的布局对于缓解城市交通压力、降低城市物流成本、提高城市物流的服务水平有重要意义。

(五)对事故的管理

城市物流是事故高发的领域，因此必须面对事故的处理问题，需要专门的处理能力和管理部门，并且要建立有效的事故处理机制。

对城市繁忙的交通系统来讲，在交通运输过程中发生的事故，及时有效处理尤其重要：一方面是公正的处理以保护人民的利益、公共的利益；另外一方面，及时地处理有利于尽快解决由事故引起的交通阻塞等问题，不但可以减少损失，而且可以维持城市的正常秩序。

第四节　区域物流系统

一、区域物流的研究对象和范畴

区域物流是一个区域各城市之间、城市与农村之间的物流和不同经济区域之间的物流，这是复杂的物流范畴，因为经济区域有大小，一个经济区域不仅有城市，而且有农村、矿区、林区、牧区等，各经济区域内涵又有所不同，甚至千差万别。研究区域物流，须针对区域的特殊性，除一般的物流规律外，难有共同规律。本书圈定的区域物流的范畴是：经济区域范围内的城市之间，尤其是几个经济区的城市群和几个经济区之间的物流。

同处于一个经济区的城市群，城市之间的物流一般在500公里以内，例如我国的长三角经济区、珠三角经济区、环渤海经济区等，从物流的范围来看，属于中程物流。不同经济区域之间，物流达上千公里，属于远程物流。区域物流的重要特点是中、远程物流，尤其是远程物流。这是和城市物流的区别。

需要强调的是，城市和区域的区别仅在于地域范围的大小，就物流活动而言，并没有本质的区别，因此，城市物流的研究和认识方法，也适用于区域物流。

二、区域物流的特点

（一）主体的多元性

区域物流涉及多个地区、多个城市，重要特点是在多元化主体下的物流。因此，除了国际、国内统一的规则约束之外，缺乏由行政力量对物流活动统一的管理和制衡的力量，协作和整合成了物流活动的重要手段。这就会给区域物流带来难度。主体多元化，必然造成物流利益的多元性，因此，采用市场手段或者行政手段对物流主体进行整合、协调利益就是区域物流的重要工作。

（二）资源和需求的差异性

一个城市范畴，天然资源基本上具有共同性。但是，地理空间远大于城市的区域，共同性则成了小概率事件，差异性是突出的特性。不但自然资源如此，社会资源包括经济资源也是如此，不是能够轻易改变的。物流发展程度在一个区域不同地区也具有差异性。这当然会影响到物流资源、物流供给和物流需求，使它们也存在差异性，结果就是区域物流具有复杂性，表现出巨大的差异性和多样性。

（三）小区域的独特性，大区域的综合性

区域物流，从地域范围来讲，可以说差异极大，就像世界上大国家和小国家的地域范围差异一样，因此，差异性也随着地域范围的变化而有不同。一般而言，小区域往往要根据区域的特点培育独特的经济形态，这就会带来小区域物流的独特性。而大区域很难出现这种独特性。大区域的物流系统，一定程度的全面的、综合性的物流系统往往会占主导。

(四)以中、远程物流为主

我国环渤海、长三角、珠三角等各个经济区域，经济区域在限定范围之内，物流多处于中程物流的范畴，但是经济区域之间的区域物流以及南北部、东西部城市之间的区域物流，都属于远程物流范畴。区域物流中、远程的属性，影响和派生了许多特点：

第一，物流平台结构。它是多种实物物流网络构筑的综合性物流平台，而不是单一的物流平台。这种物流平台有明显的服务和选择优势。由于地域限制，城市无法构筑这种类型的平台，但是区域就有条件进行这种理想的构筑。所以，区域物流平台的结构特点是各种物流方式可以互补，可以为用户提供多种选择。

第二，物流方式的特点。中、远程物流有利于选择大规模的、低成本的、高速度的物流方式，如大量物流、集装箱物流、专线直达物流方式等，以充分挖掘降低物流成本的潜力。

第三，物流功能要素的特点。物流的各个功能要素在区域物流中的轻重地位有所变化。主要是，运输这个功能要素无论在物流时间的比重上还是在物流成本的比重上地位都有所上升，变成了主要功能要素。

第四，风险的特点。区域物流由于是中、远程物流，又有大量物流的特点，因此，一旦出现计划不周、计划失误、事故、灾难等风险，就会造成严重的损失。

(五)要求有更强的信息支持力度

由于区域范围广大，影响因素既多又复杂，因而情况往往是多变的，一旦变化，就会使原来的计划受到冲击，这是造成失误、事故等问题的重要原因。要有效地应对这个问题，必须有比城市物流更强的信息支持，需要一个有效的信息平台，保证物流信息在区域内的贯通，保证管理和经营所需要的信息支持。

三、区域物流运行

(一)区域物流运行的两种主要形式

(1)大量物流。这是指城市及区域之间大量的经济交往所产生的大量物流或者城市及区域之间分工所产生的互补性大量物流。物流形态以大量、低成本为主，采用以库存支持物流的方式。

(2)精益物流。城市及区域之间产业供应链所产生的供应链物流。这种物流形态以精益、快速、准确为主，主要采用零库存方式及准时方式物流。

(二)区域物流运行的主要运输方式

区域物流运行的主要运输方式是干线运输，其能解决大量物流需求同时运输成本低，也能取得较快的速度。但仅有干线运输优势还不能保障整个物流系统的通畅，往往在干线运输之前和之后，众多的物流环节会出现速度降低、阻塞甚至停顿，这些环节的成本就会抵销干线运输的低成本。所以，区域物流必须构造包括干线运输在内的整个物流系统。

区域物流的干线运输可以依托多种线路网络平台，例如，铁路、公路、水运、空运等。就我国的具体情况而言，铁路和公路是主体。

（三）主要服务方式

1. 站到站服务方式

这是区域范围内铁路干线运输经常采用的服务方式。铁路货运的服务范围是两个站以及两个站之间的线路。发站之前和到站之后的物流，责任在货主。按照综合物流基地（或中心）的设想，火车货站的终端设施在一体化的物流基地（或中心）之中，这种站到站的服务方式就上升为基地到基地（或中心到中心）的服务方式。

2. 专用线服务方式

这是铁路服务方式。铁路服务起止于铁路专用线。如果铁路专用线设在工业企业、物流基地、物流中心、仓库之中，那么这种服务方式则是站到工厂、基地、中心、仓库的服务，或者是厂到厂、库到库等服务方式。

3. 门到门的服务方式

这是公路物流和第三方物流采取的物流服务方式。区域的道路运输逐渐成为区域运输的主体形式，主要依靠汽车，汽车有直接到“门”的优势，因此，如果批量适合，可以采取这种方式直达到门。这种服务方式虽好，但是有难以突破的三个制约：一是发到双方正好有起码一辆车满载的批量；二是需要有回程货；三是城市内的交通管制，使得理论上可以到“门”而在实际上不可能做到。

第三方物流可以整合物流工具和运输方式等方面的资源，实现门到门的服务。

四、物流产业在区域中的作用和地位

物流在一个区域的地位和作用，取决于四个因素：一是该地区的区位；二是该地区其他产业的结构状况；三是该地区物流产业的传统状况；四是该地区外部的物流市场和物流需求状况。这些因素综合决定了物流产业在该地区可能有以下几种定位的方式：重要支柱产业、支柱产业、支持产业、一般服务产业。

（一）重要支柱产业

如果是更大区域范围的物流枢纽区域，供应链跨越区域并且处于高端的位置，区域内的其他产业依靠物流向外拓展，同时，该区域的物流本来就存在传统的优势和比较高的发展水平，则可以说物流产业是重要支柱产业。这时物流对国民经济的贡献率很高，物流增加值应当在国内生产总值的10%以上。

（二）支柱产业

一般处于物流枢纽和对外经济活动非常活跃的区域，物流对国民经济的各产业有全面支持的作用，是支柱产业。物流的需求和市场不仅仅来自区域内部，也来自外部，可以对本区域的经济提供增量，增加值的数量水平，大体应当在 GDP 的 7% 或 8% 以上。

（三）支持产业

某些经济区域个别产业有较高的发展水平，处于供应链的高端，例如煤炭、石油生产地区和制造业集中地区、商贸地区等。需求和市场来自区域外部，必须依靠物流的支持才能对整个供应链实现整合和主导，外部需求和市场可以对本经济区域的经济总量提供增量。这样，虽然总体上物流产业没有成为支柱，但是却表现为对某些特殊产业的重要支持作用，即成为支持产业。

（四）一般服务产业

在某些经济区域，缺少与外界沟通的大规模的物流活动，物流产业在区域中以服务于其他产业和整个国民经济的运作为存在条件，属一般服务产业。物流市场和物流需求主要在这个地区的内部，物流的作用主要是国民经济的一般基础，支持和优化本地区内部的国民经济，是一种基础的、从事基本服务的产业系统。

五、区域物流的公路拖挂系统

（一）区域物流广泛采用公路物流方式

公路拖挂系统可以将公路运输拓展成以公路运输为核心运输方式的全程物流服务方式，成为区域物流的重要物流系统。该系统的特点是：拖车、挂车可按需要拆解组合，通过这种技术实现干线与支线、末端物流的转换，从而将这种运输方式提升为贯通全程的方式。

拖挂系统还有另一个非常重要的优势，那就是在拖车、挂车分离之后，挂车可以借助其他的运输方式（例如火车、轮船）实现滚装物流，将远程物流贯通，成为联合运输方式。

还有，拖挂系统的挂车本身没有动力，因而造价比较低，也可以减少无效的占地面积，因此，可以成为一个活动的仓库。

（二）技术体系

公路拖挂系统有两种技术体系：全挂车系统和半挂车系统，如图 18－5 所示。

（1）全挂车。优点是挂车可以独立行走，有比较强的机动性，可以制造成大吨位的挂车。

（2）半挂车。优点是结构比较简单，和拖车连接比较紧凑，可以成为一体化运输车辆，尤其在公路集装箱运输系统中应用较多，有广阔的发展前景。

发达国家在区域物流中应用的半挂车，已经成为公路运输的主体形式，占到公路运输车辆的 85% ~90%，因此，这是需要我们特别关注的形式。

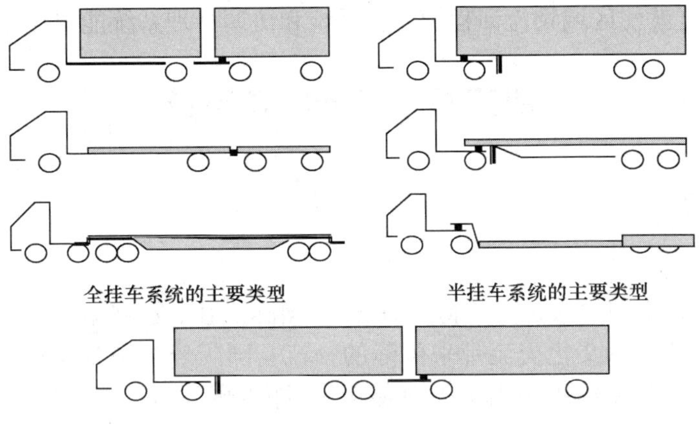

图 18－5　全挂车和半挂车的各种类型

半挂车系统有三种主要类型：厢式、骨架式及平板半挂车。其中，平板半挂车、骨架式半挂车可以和国际标准集装箱结合，成为公路集装箱半挂车系统。三种类型各有优势和应用范围，骨架式集装箱半挂车车体是集装箱半挂车系统的专用型，车身较轻，能降低运能的消耗，但是缺乏机动性；平板式集装箱半挂车，车体上可以放置集装箱形成集装箱半挂车系统，也可以用于装载其他的货物，虽然车身较重，但有通用性的优点；厢式半挂车车体，底盘和车厢一体化结构，稳定性好，相当于带有轮子的集装箱，国际上采用比较多。

六、区域物流的回程货系统

回程无货空驶是区域物流的致命问题，是成本高的一个重要因素。对于一般铁路货运而言，这个问题不严重。但对于公路货运和铁路专线、专列快运方式，这个问题有时非常突出。建立回程货系统，是区域物流管理的重要内容。回程货系统包括以下两方面。

（一）回程货信息系统

解决区域物流回程货的问题，信息是关键。区域物流回程货信息系统是能够全面收集、分析、发布回程货信息及有关的运力、货主信息的系统。这个信息支持回程货资源的分配、管理以及对货主的整合工作。

（二）回程货协调管理系统

回程货和回程运力资源的统一配置，在市场经济环境中，不可能依靠行政力量，而需要有相关的协调管理组织，通过协调、整合、管理和有效的利益分配机制来做好这件事情。

通过物流园区、物流基地、物流中心将物流企业集约起来，有利于形成区域物流的固定终端，这就使区域物流回程货运行系统和协调管理系统能依托这个终端运行。

第五节　国际物流系统

一、发展历程

（一）国际物流的产生

国际物流是不同国家之间的物流，是伴生国际交往、支持国际交往的物流活动。国际经济贸易及政治文化交流带来国际的物流。国际经济贸易交往是国际物流的主体，是现代物流中的重要领域。冷战结束后，随着国际贸易壁垒的拆除，新的国际贸易组织的建立，若干地区已突破国界的限制而形成统一市场，经济全球化带来的国际分工，促成了产业的国际合作和跨国供应链的形成，这又使国际物流出现了新的情况。各国都非常关注国际物流问题，第九届国际物流会议的主题就是以“跨越界限的物流”来探讨突破物流的国际界限，观念及方法也随物流的国际化步伐不断扩展。

从企业的微观角度看，近十几年跨国企业发展很快，不仅是已经国际化的跨国企业，即便是一般有实力的企业也推行国际战略，在全世界寻找机会，寻找市场和生产基地，这就将企业的经济活动领域扩展到国际。这样，企业的国际物流也被提上议事日程，企业必须为国际贸易战略更新自己的物流观念，扩展物流设施，对原来的物流系统进行改造。

对跨国公司来说，国际物流不仅是由商贸活动决定，也是本身生产活动的必然产物。企业国际化战略使企业分别在不同国度中生产零件、配件，又在另外一些国家组装或装配整机，企业的这种生产环节之间的衔接也需要依靠国际物流。

（二）国际物流的发展

国际物流的发展经历了几个历程。

第二次世界大战以前，国际已有了运输交往，战后，国际的经济交往越来越扩展，在石油危机以后，国际贸易已达到了非常巨大的数字，交易水平和质量要求也越来越高。原有的运输方式已不能适应新的要求，系统物流在这个时期进入国际领域。

20 世纪 60 年代开始形成了国际的大数量物流，在物流技术上出现了大型物流工具，如 20 万吨的油轮，10 万吨的矿石船等。

20 世纪 70 年代，国际物流不仅在数量上进一步发展，船舶大型化趋势进一步加强，而且出现了提高国际物流服务水平的要求。大数量、高服务型物流向物流难度最大的中、小件杂货领域深入，其标志是国际集装箱及集装箱船的大发展，国际各主要航线的定期班轮都投入了集装箱船，提升了散杂货物流水平，物流服务水平获得很大提高。70 年代中后期，国际物流的质量要求和速度要求进一步提高，这个时期在国际物流领域出现了航空物流大幅度增加的新形势，同时出现了更高水平的国际联运。

20 世纪 80 年代，在物流量基本不继续扩大的情况下出现了“精细物流”，物流的机械化、自动化水平提高，伴随需求观念的变化，国际物流着力于解决“小批量、高频度、多品种”的物流，出现了不少新技术和新方法，不仅覆盖了大数量货物、集装杂货，而且覆盖了多品种的货物，解决了所有物流对象的现代物流问题。这个时期的另一大发展，是伴随国际物流尤其是国际联运出现的高水平的物流信息和电子数据交换。

20 世纪 90 年代，全球互联网形成，全球卫星定位系统也从军用转向了民用，这对于远程的、国际的物流有重大的提升作用。信息的作用使物流向更有效的管理、更低成本、更高服务、更大量化、更精细化方向发展，许多重要的物流技术都是依靠信息才得以实现。这在国际物流中表现更为突出，物流的几乎每一活动都有信息支撑，物流质量取决于信息，物流服务依靠信息。可以说，从 20 世纪八九十年代开始，国际物流已进入了物流信息时代。

二、国际物流的特点

（一）物流环境差异

国际物流一个非常重要的特点是，各国物流环境的差异，尤其是物流软环境的差异。不同国家的不同物流适用法律使国际物流的复杂性远高于一国的国内物流，甚至会阻断国际物流；不同国家、不同经济和科技发展水平使国际物流处于不同条件的支撑，甚至有些地区根本无法应用某些技术而使物流水平下降；不同标准，也造成国际“接轨”困难，因而使国际物流系统难以建立；不同国家的风俗人文及工作习惯也使运作受到局限。

物流环境的差异迫使一个国际物流系统需要在几个不同法律、人文、习俗、语言、科技、设施的环境下运行，无疑会大大增加物流的难度和系统的复杂性。

（二）物流系统复杂

物流的功能要素、系统与外界的沟通就已是很复杂的，国际物流再增加不同国家的要素，这不仅是地域和空间的广阔，而且所涉及的内外因素更多，所需的时间更长，带来的直接后果是难度和复杂性增加，风险增大。当然，也正是因为如此，国际物流一旦运用现代化系统技术，其效果更显著。例如，开通某个“大陆桥”之后，国际物流速度会成倍提高。

（三）国际化信息系统的支持

国际化信息系统是国际物流，尤其是国际联运非常重要的支持手段。国际信息系统建立的难度：一是管理困难，二是投资巨大。再加上不同地区物流信息水平有差别，因而信息系统的建立更为困难。建立国际物流信息系统较好的办法，是各国海关的公共信息系统联机，以及时掌握有关港口、机场和联运线路、站场的实际状况，为供应或销售物流决策提供支持。国际物流是最早发展“电子数据交换”的领域，对物流的国际化产生了重大影响。

（四）标准化要求较高

要使国际物流畅通起来，统一标准是非常重要的，否则水平无法提高。目前，美国、欧洲基本实现了物流工具、设施的统一标准，例如托盘采用1 000毫米×1 200毫米，集装箱几种统一规格及条码技术等，这大大降低了物流费用，降低了转运的难度。而不向这一标准靠拢的国家，必然在转运、换车底等许多方面多耗费时间和费用，从而降低其国际竞争能力。

物流信息传递技术方面，欧洲各国不仅实现了企业内部的标准化，而且实现了企业之间及欧洲统一市场的标准化，这就使欧洲各国比其与亚、非洲等国家交流更简单、更有效。

（五）管理难度大

国际物流一般属于远程物流系统，远程化必然使不可控因素增加，从而带来“失控”。这表现在计划上面会出现时间延迟、回程货物衔接不准；事故和货损也是经常出现的问题；再有就是对物流工具和人员的管理控制会因远程化而出现困难甚至失控的问题。

三、国际物流的发展趋势

国际物流是发展十分迅速的物流体系，尤其是国际贸易组织成立之后，国际分工进一步深化，国际贸易进一步发展，因此，对于国际物流的未来研究，也是物流学研究的重要领域。国际物流今后在以下几方面会有很大进展。

（一）船运

船运是国际物流的主体运输方式，我国主要贸易伙伴如日本、南亚、西太平洋地区主要用船运。所以，国际物流中船运在我国会有较大发展，主要表现在以下两方面。

1. 船舶的大型化

船舶大型化在20世纪末就已经十分明显了，甚至出现超大型化。进入21世纪，这种趋势已经不是单一的大型化，而是发展呈现多样化，甚至拆除许多大型、超大型的船舶。船舶大型化不仅增加了船运总量，更重要的是降低船运成本、减少碳排放，使原来不适合国际运输的货物变得适合了（最明显的是矿石和煤炭），从而大大促进了国际贸易。

船舶大型化尤以矿石船、散装船、油船表现最为突出，近些年用于国际联运的集装箱船舶的大型化趋势也得到了加强，载箱量可达4 000个换算箱箱位以上。船舶大型化的趋势见表18－1所示。

表 18-1　船舶大型化趋势　单位:万吨

船型	1955 年	1965 年	1975 年	1985 年	1995 年	2010 年
矿砂船	1.5→6	6→17	7→20	20→22	22→30	40
矿石煤炭船	2.5→3.5	3.5→12	12→18	18	18→20	40
散装船	—	7→26	26	26→31	31	
油船	8.5→15	15→48	48→56			
集装箱船						10 000 ~ 12 000 标准箱

2. 海运集装箱快速发展

随着国际贸易货物的高附加值化,再加上制造业全球供应链的形成,适合国际集装箱装运的货物有比较大的增加。国际海运集装箱的内陆平台也促使国际海运集装箱使用量的增加。

(二)港口设施

船舶大型化必然要求港口设施建设的发展。这主要有两方面:一是停泊大吨位船的码头建设;另一方面是对大吨船的大量、快速装卸设施建设。此外,一次到发数量越大,则对港口的集疏要求也就越高,会促进和带动腹地建设,尤其是与腹地的运输联系会更加紧密。

(三)集装箱的大型化

现在国际物流中 40 英尺箱的比重已有很大增加,这个趋势会继续下去,同时,也会带动装运 40 英尺箱的港口、机具及陆运设备、设施的发展。

(四)空运

国际物流空运货运也有较大的发展,其主要对象物是适应人们高消费要求的鲜果、食品、时装、化妆品、书报、艺术品等,以及大跨国公司关键零部件、重要产品等。

(五)更广泛的国际联运

大陆桥国际联运的成功,促成了它进一步的大发展。现在正在酝酿新的大陆桥通道,大陆桥国际联运是和高速铁路建设共同实现的,也将带动铁路的技术革新。

四、国际物流平台

(一)国际物流信息平台

国际物流信息平台是由各国邮电系统的通信协议、国际互联网(Internet)、国际数据交换以及卫星定位系统等网络、技术、管理协议共同构筑而成的。

这个平台支持空运、水运、大陆桥联运等国际货运信息以及各种运输工具的运行时间表等信息;可以支持国际物流客户对于物流、货物、物流市场、价格等多方面的信息需求;同时还支持各种线路以及国际物流结点的物流管理,各种运输方式的导航、指挥,支持各个国际物流企业建立客户服务系统,提高客户服务水平;还支持搜救系统等危机处理系统。

全球卫星定位系统民用化使国际物流信息的及时和准确程度有了大幅度提高，同时，还有效地解决了远程物流对物流工具进行控制和调度问题，是国际物流信息的一个重大突破。

全球移动通信以及移动上网技术，也是国际物流信息平台派生出的重要技术。这些技术在国际物流领域的应用，促成了国际物流的精益化，使国际物流的有效管理得以实现。

（二）国际物流网络平台

国际物流网络平台由物流线路和物流结点两大部分构筑而成。国际物流的线路由国际远洋、沿海及国际河系航线、国际航空线、国际铁路运输线、大陆桥、国际公路、国际输油管道等8种线路网络和它们的综合网络构成；国际物流结点就更具有特殊性，除了一般物流结点，还有口岸、自由贸易区、加工贸易区、保税区、保税仓库等有国际专门概念的物流结点。

国际的实物物流网络和国家、地区的实物物流网络物理结构没有太大的区别，有些人认为只是近程和远程的区别。其实，这个区别相当大。

首先是技术上的区别。各个国家由于本国的历史发展，实物物流网络和其他国家在技术和采用的标准方面难以接轨。尤其历史上采取了不同发展道路的国家之间，这个问题尤其严重，最简单的例证是中国和苏联的铁路就没有办法直接接轨。

其次是体制方面。各国不同体制派生出不同的管理组织和方法，也各有不同的法律和规则，这就使国际物流需要进行大量的沟通，国内和地区物流就不存在这样的问题。当然，国际物流还有语言、工作习惯、生活习惯等诸方面的障碍。

虽然经济日益全球化，但上述问题仍然十分严重。即使是经济一体化的典范——欧盟，当时亦有四种宽度不同的车轴，四种高低不一的火车，五种电子系统和七种信号系统……国际物流平台的打造和建立，将是现代物流发展的战略目标。

（三）国际物流的保税区及保税仓库

国际物流的保税区及保税仓库是与国内物流有区别的结点设施。保税仓库是国际物流系统中的保税区域之一，是外国入境或过境货物，手续未完成之前长期存放的区域及仓库。保税区和保税仓库的保税期一般最长为两年，这期间经营者可以找到最适当的销售时机实现销售，再办理通关手续。如果两年之内未能售毕，可再运往其他国家，保税库所在国不收取关税。

保税仓库避免了进出口货物一旦完税，便实际上形成到进口国的“货到地头死”的局面。如果由于市场变化，没有能够实现销售，再想退回或者转运他国，则必须按出口货再次办理通关手续，这样一来，一进一出的二次关税，货物成本必然大增，会严重削弱货物竞争能力、加大国际贸易风险。建立保税仓库后，可以大大降低进出口货的风险，有利于鼓励进出口，鼓励外国企业在中国投资，是非常重要的投资环境。

我国的海关制度，尤其是保税区和保税仓库制度，是由海关批准并由海关监管的。我国规定,保税仓库允许存放的货物范围如下。

(1)缓办纳税手续的进口货物。主要包括因进口国工程、生产等需要,或由于种种原因的预进口货物,储存在保税仓库内,随需随提,并办理通关手续,剩余的货物免税退运;也包括因情况变化而暂时无法决定去向或无法做出最后处理的货物,需要存放一段时间,如果条件变化,需要实际进口,再缴纳关税和其他税费,这就将纳税推迟到货物实际内销的时间。

(2)需做进口技术处置的货物。有些货物到库后,由于不适于在进口国销售,需做改变包装装潢、改变包装尺寸或其他加工处理,则可进入保税仓库进行这一技术处置。

(3)来料加工后复出的货物。为鼓励"两头在外"的国际贸易战略的实施,对有些来料加工,又是在保税区或保税仓库完成的,加工后,该货物复出口,则可存放于保税仓库。

(4)不内销而过境转口的货物。有些货物或因内销无望而转口,或在该区域存放有利于转口,或无法向第三国直接进口而需转口,则可存放于保税库中。

在国际物流中,保税仓库不仅适于进口货物,也可用于出口,建立出口保税库。

(四)国际物流的加工贸易区

国际物流的加工贸易区是专门为加工贸易建立的特殊封闭区域,是经济特区的一种形式。保税区及保税仓库虽然也可以进行加工贸易的操作,但是受规模及范围的局限,不能适应经济全球化形势下大规模国际分工的要求。

加工贸易区可以促成产业在国际的大规模转移,从而改变物流格局。长期以来,一些加工产业,在某些国家某些地区大量密集,形成最终的产品,再将这些最终的产品通过远程物流运到全世界的市场。加工贸易区的出现,可以有效地将供应链的产品端直接贴近用户、贴近市场,从而有效扩展世界市场。国内的出口型企业进入出口加工区,专门生产加工出口产品,获得许多政策优惠和程序便利,是国家鼓励出口的一种有效措施。

五、国际物流大通道

国际物流大通道是跨越不同国家的物流平台,以运输线为主体,支持系统、远程物流的,特别是能够顺畅贯通的物流平台系统。国际物流大通道建设已经在我国国家层面的政府工作报告中出现,成为我国物流战略发展等方面的国策。已被列入议程的国际物流大通道建设,有北起黑龙江、吉林,西向、南向出海的联通中巴、孟中印缅等经济走廊的物流大通道,还有新亚欧大通道。许多国际物流大通道,依托于大陆桥,但远超大陆桥的作用。

大陆桥是国际物流的特殊线路,是大陆两端两个海港之间的铁路通道。世界几条重要的大陆桥如下。

(一)西伯利亚大陆桥

西伯利亚大陆桥是远东太平洋—欧洲黑海、波罗的海、大西洋大陆桥,长 1.3 万公里，为世界最大的大陆桥，俄罗斯承担全程联运责任，接力式联运。包括三条路线：第一条是西伯利亚铁路转至伊朗、欧洲的铁—铁运输；第二条是经西伯利亚铁路到达西北欧的铁—海运输；第三条是由西伯利亚铁路转至欧洲的公路到达瑞士、德国、法国、意大利的铁—汽运输（见图18－6）。

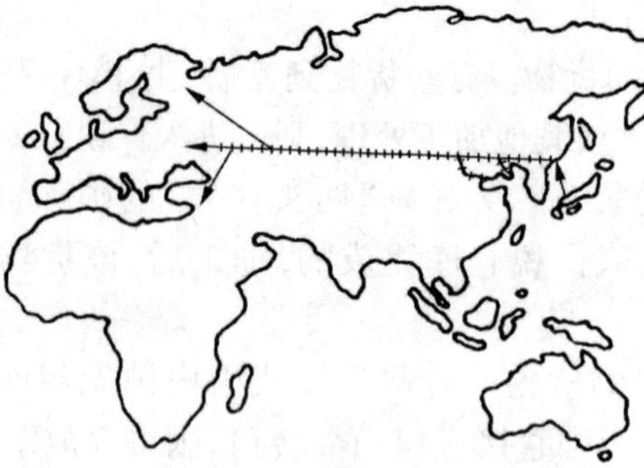

图18－6　西伯利亚大陆桥

（二）北美大陆桥

北美大陆桥是远东至欧洲运输途径北美的大陆桥，由北美大陆桥和加拿大大陆桥构成。北美大陆桥又分从西部太平洋岸至东部大西洋岸的铁路及公路输运线和从西部太平洋岸至东南部墨西哥湾的铁路、公路运输线（见图18－7）。

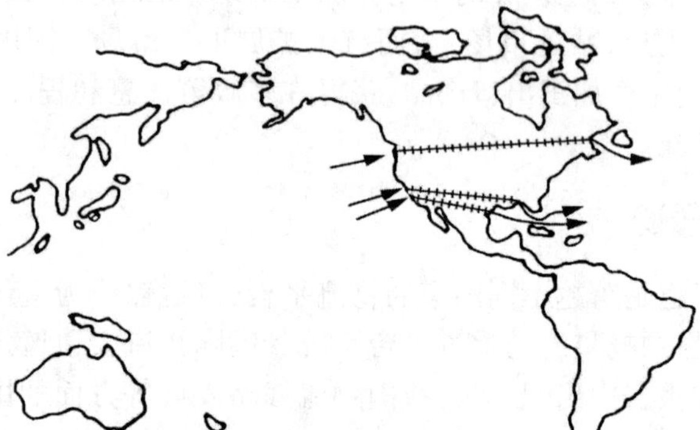

图18－7　北美大陆桥

（三）新亚欧大陆桥

新亚欧大陆桥也称新疆大陆桥，1990年贯通，是第二条亚洲大陆上的欧亚大陆桥。东起我国连云港，经陇海铁路到新疆，出阿拉山口至荷兰鹿特丹，可幅射至西亚及波兰、俄罗斯、德国、荷兰等30多个国家和地区，全线10 800公里，中国境内长度为4 131公里。比西伯利亚大陆桥短2 000公里，节省运费约30%，与海运比，节省运输时间60%左右。

六、国际物流的各种运输形式

（一）运输方式选择的依据

远程的国际物流，运输功能要素更为重要，运输成本远高于区域和城市物流。组织国际物流，必须正确选择运输和管理方式。除海运、铁路运输、空运及邮政传递外，还有国际多式联合运输、大陆桥运输等特殊方式。国际物流对运输方式的选择应考虑以下几方面：

（1）运输成本。这是运输方式选择的首要问题，原因是运距太长，运费负担大。外贸的价格中，物流费有时占30%～70%，对煤炭、矿石等低价值货物，这一比例更高。大型专用船海运的运输成本较低，定期班轮则较高，包轮则更高。一般海运成本低于陆运，但如果海运有大迂回，则大陆桥联运就不仅是追求时间方面的节约，在成本方面也有一定优势。

（2）运行速度。对国际物流来说，速度也很重要。这有两个原因：一是运距长，需时日较多，资金占用时间长，加快速度有利于解放占用的资金；另一原因是市场价格的变化，由于速度慢往往可能错过有利的价位。运输速度加快一点就会显著缩短国际物流的时间。航空货运有不容争议的高速度；洲际运输，用大陆桥运输取代海运也会提高物流速度。

（3）货物的特点及性质。货物特点及性质有时对物流方式选择起决定性作用。由于国际物流方式的限制，某些货物无法进入国际物流中，从而失去了市场时机。一般说来，各种包装杂货可以选择多种国际物流方式，而诸如水泥、石油、沥青、危险品等对物流方式的选择范围则较窄，国际物流选择汽车或飞机运输水泥，显然是不现实的。

（4）货物数量。国际物流距离长，往往超出了汽车等运输工具的经济里程，因而选择这些类型的运输工具会受到限制；大数量货物也不可能选择航空运输，因为航空运输不具备那么大的装运能力，更不用说价格了。

（5）物流基础设施条件。由于基础设施条件的发展不平衡，在一国可选择的物流方式，到缺乏基础设施的另一国便不能采用。例如大型船和集装箱船，如果缺乏水域和港口条件无法作业，则不管如何便宜，也不能选择；如果没有集装箱船码头和集疏的腹地条件，则不能选用海运集装箱方式。

国际物流运输方式选择不当造成的不合理程度远甚于一般物流，例如，一旦选择海运，则不可避免受航线约束形成迂回，这比通常的陆地迂回大得多，而且一旦上船便无法改变。又如，由于国际物流比国内多了一层通关手续，多了很多关税，假如物流方式选择不当，拉长了时间，错过了销售时机，会出现“货到地头死”，造成巨大的经济损失。

(二)国际物流的各种运输方式

1. 班轮

班轮是规定航线、规定港口,定期、定路线运输,会公布船期时间表,并按班轮运价收取运费。国际物流以集装箱班轮为主体形式。班轮运输的主要优点是:计划性强,方便客户安排工作;运价固定,便于核算和对运输方式的选择;适用性好,有利于包装杂货和小批量、零星货物运输;手续简便且风险较小。

2. 租船

特殊货物、大量货物、紧急货物, 班轮无法承运,或者无班轮停靠港,在这种情况下可选择租船方式,适合粮食、矿砂、石油、水泥、煤炭、木材等货物。可根据货物种类及数量选择不同类型专用船、大吨位船。如果选择得当,租船方式的成本比班轮运输成本会低很多,因此,适用于运费承担能力不高的低值货物。租船方式可分为两种:

(1)定程租船。协议按航程计费租赁:货主提送货物、交纳运费,船舶经营者负责运输。有单航次、往返程、连续租船等多种形式,费用水平有较大差别。

(2)定期租船。按一定期限租赁船舶的方式。在租赁期间,船由租船人负责经营管理,船方除收取租金外,还负责保证船舶的适航性,属"包租",是全船租赁的形式。

3. 大陆桥运输

这主要指有国际协议的国际铁路集装箱联合运输。这种运输方式是以集装箱为核心,采用水运、铁运、汽运相结合的联合运输方式,有以下优点:

(1)"门到门"。货主一旦委托后,便由承运人负责全程运输,大大方便了货主,这是货主乐于采用这种方式的重要原因。

(2)速度快。和迂回海运比,大陆桥运输不仅里程缩短,且装卸集装箱时间也大大减少,再加上速度高于海运,因而物流速度快,时间显著缩短。例如,北京到德国汉堡的货运,选择"大陆桥"运距12 000公里,需 35 天,而选择海运为 2 万公里,需 50 天,差异十分明显。

(3)风险小,时间保证程度高。采用大陆桥运输,受气候、季节的影响很小,而采用海运则常由于气候、自然因素出现风险、延误船期。

(4)成本低。大陆桥运输比海运提前 10 ~ 15 天结汇,有利于资金周转,运输成本也可降低3% ~5% 。

(5)运输质量好。大陆桥运输货损少、集装箱的损坏也少。

4. 国际铁路联运

国际铁路联运即在始发站以一份运送票据(国际联运的运单),由铁路运输到目的站交货,外运机构代办进出口报关手续。可以承运各种货物:例如集装箱不适合的,不能进行大陆桥运输的建材、钢材、水泥、煤炭、大型机械等,可采用普通货车,其运量比"大陆桥"集装箱运输大。其主要缺点是在不同轨距的国家需更换车轮,易造成货损而且减慢了速度。

5. 班机

班机是飞机在固定航线按规定时间定期航行，客货混载或专门的货运班机。适于急用物品、行李、鲜活物、贵重物、电子器件等的物流。

6. 包机

包机是租机人租用整架飞机或联合包租飞机进行货运的物流方式，如往返使用，则价格较班机低，如单程使用则价格较班机为高，适合专运高价值货物。

7. 集中托运

集中托运是代理形式的航空货运业务，航空代理公司集中若干组货物，用一份总运单集中发运，到站后再分拨或配送给不同用户。

8. 航空快递

航空快递是经营快递的代理公司组织货源和联络用户，办理空运，到达地通过速递将货物送达收货人的一种快速运货方式。它实际也是联合运输，与空运前后衔接的一般是汽车运输。

9. "浮动公路"运输

"浮动公路"运输又称车辆渡船方式，利用一段水运衔接陆运，将车辆开上船舶，整车货载完成这一段水运，到达另一港口车辆开下继续陆运。特点是在陆运与水运之间，不需将货物从运输工具卸下再装上另一种运输工具，仍利用原车辆作为货物载体。两种运输之间实现了有效衔接，转换速度快，而且在转换时不触碰货物，因而有利于减少或防止货损。

在国际物流中，海运常常是主力运输方式，海运与陆运的互相转换十分重要，浮动公路"滚上滚下"的装卸搬运方式与"车辆渡船"方式相结合，从而实现高水平国际物流。

10. 国际多式联运

国际多式联运是国际多种运输形式的联合运输，实际已经不是单纯的运输形式，而是综合物流的形式，先进的国际物流组织形式，是采用一张国际多式联运合同，由一个总承运人负责全程并对货主负责，组织两种以上的不同运输方式，跨国界进行联合运输。

七、国际物流经营管理

（一）国际第三方物流

与国内物流及城市物流比较，国际物流除了需要具有一般的物流能力之外，还必须具有国际物流网络以及进行国际物流运作的能力，更需要专业化的国际第三方物流承担物流业务外部化的工作。国际货代、国际多式联运就是国际第三方物流的主要类型。

1. 国际货代

国际货代从委托人取得代理业务，代办物流，收取佣金，业务范围包括国际运输、仓储、通关,对国际物流的全程负责,并将一部分或全部业务再外包给承运人,属物流服务方式。

2. 国际多式联运

1980年《联合国国际货物多式联运公约》的定义为:"国际多式联运是按照多式联运合同,以至少两种不同的运输方式,由多式联运经营人将货物从一国境内接收货物地点,运至另一国境内指定交付货物的地点。"国际多式联运须具备六个条件:第一,多式联运合同;第二,使用全程多式联运单据;第三,不少于两种运输方式;第四,运输全程单一费率计费;第五,是不同国家之间的运输;第六,专门的经营人负责。

国际多式联运的核心工具是集装箱,以集装箱为贯通全程的货体单位,采用各种先进的接转方式实现集装箱的铁—水、陆—水、陆—铁等不同运输方式的转换,这就将全程联结成贯通一气的过程,甚至做到不同国度货主之间的"门到门"运输。

国际多式联运的经营人是国际多式联运的组织者和主要承担者,以事主身份从事这一经营。经营人依托自己的经营网络和信息网络,依靠本身的资信从事这一业务。可以是货主、各运输方式之外的第三者,这就是从事国际业务的第三方物流企业。也可以由铁路、公路等运输公司充当经营人。能够充分满足用户的要求,有比较高的用户服务水平。

国际多式联运收交货方式有多种,即"门到门""门到站""门到场""场到站""站到场""站到站"方式。"门口"可以是仓库、堆场,也可以是收发货人集装箱装箱办理站、出箱站,甚至是车间。"门"的条件是需要有集装箱装卸条件和场地。

(二)国际物流的监管和保税管理

监管制度是国际物流维护进出口正常秩序的特有制度。海关监管开始于进出口货物向海关申报,直到放行。目的在于防止违禁货物进出口,防止走私及偷、漏、逃税,防止运输工具和货物的不合法进出。监管仓库和保税仓库是海关监管制度的主要方式。货主和国际第三方物流,必须按照监管的要求完备手续并且采用便于监管的货物包装以及装运方式,按海关的规定,在要求的时间和地点进出运输工具及货物,把相关的物流活动例如装卸、搬运、存放、运进运出、加工处置等全方位纳入到监控之中。

(三)国际物流的通关

通关是从报关开始到结关为止的一系列海关手续。主要手续有:提交报关单、完成有关动植物检疫、接受通关检验、取得通关许可、完成税务手续、结关等。通关是一个复杂的过程,往往是国际物流在速度方面的一个制约因素。由于通关手续复杂,验关时间长,整个供应链和国际物流的速度在通关过程中大大减慢,从而影响供应链的服务水平。

通关管理,不仅是为了把好国门,防止违禁、违法等问题造成国家的经济损失和产生不安全,还支持和促进国际交往和贸易,因此,提高通关的服务水平尤其是提高通关速度非常重要。制约通关的主要因素是烦琐的但必须完成的通关手续,以及监管和查验的过程。

在信息时代，很多通关的手续可以在网络平台上进行，采取提前进行的电子报关、电子审单方式，采取电子税费征收方式，采取高科技手段的验关方式等新的管理办法，对于加快通关速度起到了非常重要的作用。

第十九章 产业物流系统

几乎所有产业的运行，都离不开物流。众多的产业和物流的普遍规律相结合，就有众多的产业物流，而且，由于产业的生产方式不同、产品不同，相关的物流也有很大的不同，有很多产业物流极具特殊性。所以，产业物流是一个非常庞大的而且非常复杂的领域。

现代物流的发展，除了传统的社会性的物流服务领域之外，必须深入到国民经济的各个产业领域之中，如果国民经济的各个产业都能通过实施现代物流来提高产业的水平，现代物流对国民经济的贡献就更大了。

物流的科学规律，对各个产业有普遍的适用性，没有必要逐个进行研究，这就是现在很少看到产业物流研究成果的主要原因。但必须指出的是，有某些产业形成了有特点的产业物流体系，而且对产业有非常重大的作用，这是产业物流系统研究的重点。

第一节 农业物流

一、概述

(一)农业物流的概念

农业物流是指伴随农业产业链所发生的物流活动。农业是一个大的产业概念，包含的范围很广，是向国民经济提供人民生存和生活的基本物品以及基本工业原材料的产业。从供应链角度来讲，农业和采掘工业处于供应链的初始链结，是供应链物流的源头。农业的生产模式对农业物流有决定和制约作用，其生产过程和与之相关的物流如图 19－1 所示。

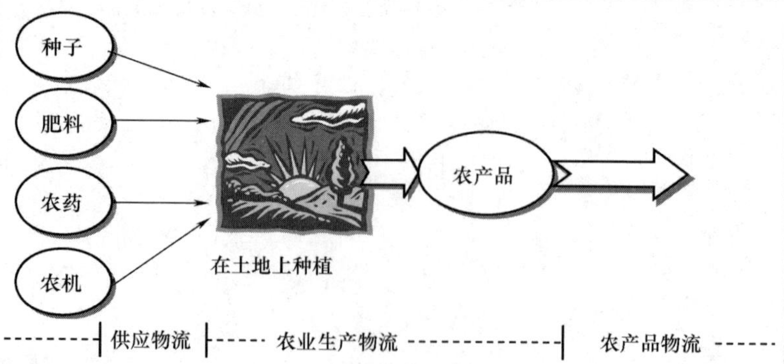

图 19－1 农业生产模式与物流

农业所处的环境在农村，现代物流所依托的物流平台、科学技术、设施装备，在农村的状况和城市有区别，即使在发达国家，也是如此。重要的原因是农业分布广泛又分散，农村在发展水平上落后于城市，因此，现代物流体系不可能按照城市的模式去构建。我国农业现代物流发育水平远比不上城市。

(二)农业物流在农业中的地位

农业的核心资源是作为基本生产资料的土地，作为劳动对象的动植物，作为劳动者的人和作为劳动工具的农业机械、化肥、农药、工具等。物流的作用是实现农业机械、化肥、农药、工具等向农业生产地的流动，在辽阔的土地上进行生产时进行这一流动，并且将农业产出物从土地上流走。显然，缺乏物流是不行的，但是物流并不是农业生产的核心资源。

按照物流在产业中的四种地位分析，物流在农业中的地位处于较低的层次，属于对产业有支持作用的那种类型。物流对于农业的作用虽然称不上是重要的活动，更不是农业的核心竞争能力，但是，我国的农业是分布最广的产业，农业物流又处于落后的状态，矛盾比较突出，这是使它变成人们关注领域的重要原因。

二、农业物流分类

(一)从农业产业结构角度分类

按照农业产业结构，可分为粮食种植业物流、果菜种植业物流、牧业物流、渔业物流、养殖业物流、林业物流、农村副业物流等。其中影响比较大的主要是种植业物流。

(二)从农业产业链角度分类

按照农业产业链的不同领域和环节，可以分为农业供应物流、农业生产物流、农产品物流。

(三)从物流功能角度分类

按照物流在农业中实现的具体功能，可以分为农业生产资料集货物流、农产品销售物流、农业再生资源物流、农业逆向物流、农业废弃物物流等。

(四)从使用对象角度分类

农业体制两大基本类型：分散的生产和集中的生产。前者包括农户分散生产、土地家庭承包、小的合作经营和家庭农场；后者包括农业企业、农业经济联合体、集体农业、大型农场等。两者的物流是有区别的，可以分成分散农业物流和集中农业物流两类。

(五)农业供应物流细分类

农业供应物流包括种子、肥料、水、农业生产工具、农药供应物流等许多种类。

(六)农业生产物流细分类

农业生产物流包括：农业耕作物流活动、农田管理物流活动、采摘收割物流活动。

(七)农产品物流的细分类

农产品物流包括农产品集货物流、农产品销售物流、农产品加工物流、农产品储存物流。

三、农业物流平台

物流平台也是农业物流所依托的。但是,现代物流平台主要还是着重于国际、区域和城市物流,着重于干线物流,对于广泛而分散分布的农业还缺乏覆盖能力。因此,必须有延伸和补充才能提供对农业的平台支持。这里仅提出农业物流平台几个有特点的问题。

(一)农业物流平台的特点

农业产业,除了个别"精细农业",一般特征是精益程度较低。农业物流平台需要和产业的特点相符。精益化平台的构筑需要大量的投入,因此,精益化是在确定的范围中才容易实现,对农业如此组织庞大的规模和范围,全面实现精益化在经济上几乎不可能。农业物流平台的构筑,实用性应当摆在第一位,有条件的情况下在一定范围追求精益水平。

(二)关于线路的构筑

农业物流平台着重于对农业和农村地区的覆盖,因此,线路主要是能够深入到农业第一线的县级道路、镇级道路、村级道路。特别需要强调道路深入衔接到农业生产,而并不强调道路的规格档次、通过能力、通过速度。这是农业需求决定的,是广泛覆盖性所决定的。

很明显,这种广泛和深入的覆盖线路,不可能依托铁路,而主要依托公路,在南方水网地区,还可以依托水路。

(三)关于结点的构筑

农业物流结点必然是多层次的,其原因也在于过分分散和农业本身的特点。分散的投入和产出,必须多次集中、多次汇合才能达到能够依托国家物流平台的聚集程度,这就必然造成物流结点的多层次。但尽量减少结点层次,是农业物流结点构筑的重要原则。

流通加工结点和仓储结点是农业物流非常重要的结点。农业生产的特殊性决定了产出的季节性,因而必须依靠仓库储存。此外,为了应对自然灾害和各种突发事件,必须有相当的储备,这也决定了储备型结点的重要性。流通加工在农业物流过程中是多发性的,往往和农村副业结合在一起,加工规模小而且方法比较简单。因此,需要有这种类型的物流结点,但和一般物流平台的物流结点的水平比较,水平的层次可较低。

(四)关于农业物流信息平台和农业物流信息

把现代化的物流信息平台的覆盖面扩展,延伸到农村,使农业物流信息平台能够和总体的物流信息化结合,这是农业物流信息平台的发展趋势和出路。当前,我国相当一部分农业地区，尤其是城市周边的农业地区，可以依托公共信息平台支持解决物流信息的传递问题，对这些地区的农业物流已经不构成瓶颈的制约。重要问题是在这个平台上运行农业物流信息系统以及农业物流信息能够传递到基本农业生产者。

农业物流信息平台应当能够支持向两种类型的终端进行传递，一种是农业生产企业、农场等大型农业产业终端，这个终端有很强的信息接收、储存、分析和发布的能力；二是农业物流信息的传递所必须考虑的非常分散的基本农户这个终端，信息含量不求大，但是必须简单、明确、及时、通俗，这是农业物流信息要着重解决的问题。

四、有特点的农业物流

（一）流通加工

流通加工是农业物流非常频繁的特殊物流活动，这和农业产业的特殊性有关。工业产业可以一次性生产出最终的产品，农业产业则带有初始原材料基础产业的性质，不但在进入其他产业循环之后（例如进入食品工业之后）仍然需要多次的加工活动，即使在农业产业链之中，加工活动也是频繁发生的，大部分是属于流通加工范畴。

农业物流的流通加工也有特殊性，这表现在有几个非常重要的作用：那就是增值、减量和减损。以流通加工为核心，再结合其他物流系统化的因素，就形成了农业特有的三种物流形态：农业增值物流、农业减量物流、农业减损物流。

（二）农业增值物流

农业是基本产业，即使在农业短缺时代，也很难取得较高的利润。因此，增值农业是人们所关心的。增值农业的方法有很多，现在被普遍采用的，还不在农业物流领域，而主要是对于农产品的创新。然而，增值物流也是有效的办法之一，农业增值物流的许多办法，可以有效地提高农业产品的附加价值，从而使低价值的农业变成高价值的农业。

物流功能很多，大部分是起到增加成本的减值作用，物流若干功能要素中，包装和流通加工是主要的增值要素。农业增值物流的方法，是在农业物流系统中，强化和有效设置包装环节和流通加工的功能环节，而这两个环节的操作，都是在物流结点上完成的。因此，结点在农业物流中还具有实现增值物流的重要性和特殊性。增值物流的具体方法有两个：

（1）包装增值。通过不同水平、不同大小、不同装潢的包装，提高农产品的档次，提高它的销售能力从而实现增值。

（2）加工增值。通过精选加工、保鲜加工、保质加工提高农产品的档次，从而实现增值。

（三）农业减量物流

农业的特点之一是产出物有用的、有价值的部分重量和体积比例很小，它们进入物流领域，会占用大量物流资源。因此，农业物流面临解决和减少大量无效的物流活动这个问题。例如粮食种植业，产出除了粮食之外，还有大量的秸秆、根须、枝叶、糠壳，进入物流领域必然占用大量物流资源，提高农业物流的成本。农业减量物流，是对这些无用物进行预先的减量处理，减少无效物流，提高物流的精益化程度。主要措施有：

(1)通过流通加工进行减量处理。在农业物流的流通加工环节，除去无用的和低值的东西，使物流总量减少，实现精益化，这可以节约物流费用。

(2)通过强化包装功能进行减量处理。农业物流对象往往密度比较低，经常出现体积量过大而重量不足的问题，因此，只针对体积进行减量处理也能推进物流合理化，使运力得到充分利用。采用打包、捆扎、充填等包装手段，可以解决体积减量的问题。

被剔除和减量的不一定全都是农业废物，经常还保有相当的使用价值，被减量之后还可以采取逆向物流的办法以及农业再生物流的办法，使之重新变为农业生产资料。

(四)农业减损物流

农业物流的损耗是农业物流与其他物流尤其是工业物流相比较最具特殊性的问题。这是因为，农业物流过程中损耗十分严重。

工业物流系统，可以有效地解决包装问题，但是，由于农业产业的特点，包装的功能很难实施，如需保证一定的包装，就会使成本大幅度上升。由于包装不足，就必然发生物流损失。农业物流损耗问题是世界性的普遍问题，但我国更为严重。有资料显示：果菜种植业物流，发达国家损耗率在1% ~5%，我国则高达20% ~30%。所以，农业减损物流对我国尤其重要。

农业减损物流的措施很多，大体有以下若干种主要方式：

(1)强化包装的功能。通过包装的防护作用，将物流对象与外界适当隔离以减少损失。

(2)建立农产品供应链。改变现有农业物流多环节、多层次的局面，通过优化的农产品供应链，缩短物流时间，减少物流环节，以减少损失。

(3)进行保护性的流通加工。增强农产品抗损的能力，延长保质时间，以减少损失。

(4)冷链全程防护。最先进的物流系统，不但能减少损失，而且能保证质量。

(5)建立特殊通道。农产品物流直达通道、短路通道、绿色通道，用这种通道式的物流来解决减损问题。

农业减损物流的问题不仅仅是科学技术措施和方法的问题，本质上它是技术经济效果权衡的问题。减损的目的是减少损失，减损的投入必须低于减损所获得的收益。需要关注的是，这种技术经济的评价，不单取决于投入与产出的价值比例，还必须有环境价值、资源保护价值及战略价值的综合性评价。

五、农业物流服务体系

农业产业存在的问题是:生产分散,产业组织程度相对工业的组织程度有相当的差距,因此,农业物流的社会化服务体系更有迫切性。农业物流服务体系有以下几个基本的组成部分。

(一)农业供应物流服务

农业供应物流服务,是对农业生产资料供应提供物流服务的服务体系。这种服务,不仅要提供农业生产资料的商流,更重要的是提供农业生产资料的供应物流。供应物流服务体系建立,可以保证农业生产资料的质量,而且提供对农业生产资料使用的指导,有了体系的保证,农业生产资料就可以及时地到达农业生产第一线。

(二)农产品销售物流服务

农产品销售物流服务往往采取集中采购以解决分散农产品产出的销售问题,这种集中采购不但解决了购销问题,而且集中采购的批量,也能够有效地解决批量物流的问题。

(三)农业运输服务

按照物流系统化的观点建立现代农业物流系统,这应当是我们思考的问题和努力的方向,因此,在一个时期还不具备高水平现代物流系统条件的情况。按照农业物流过程,对于其中的具体环节,分别提供相关的高水平服务,应当是个现实的选择。

农业物流,难度最大的是运输,因此,社会化的农业运输服务是当前农业物流系统比较现实的服务方式。提供农业运输服务的主体,主要是县乡镇交通运输企业,把这些交通运输企业提升为现代物流企业应当是农业物流的发展方向。

第二节　制造业物流

一、概述

(一)制造业物流的概念

制造业物流是指伴随制造业产业链所发生的物流活动。供应链是现代制造业产业构筑的有效形式和发展趋势,因此,制造业物流就是伴随制造业供应链所发生的物流活动。

制造业是一个体量巨大而且包容广泛的产业概念,在各个产业领域中,制造业所包含的行业类型最多。制造业是国民经济的装备工业,又是现代家庭的装备工业,国民经济各个产业领域以及人民生活所需要的大到机械、汽车、电器、仪表、装备,小到家具、服装、食品、饮料都是制造业的产品。通常所称的制造业,主要是指专业化生产零部件,再进行装配制造的企业类型。生产模式以及相应的物流如图 19 - 2 所示。

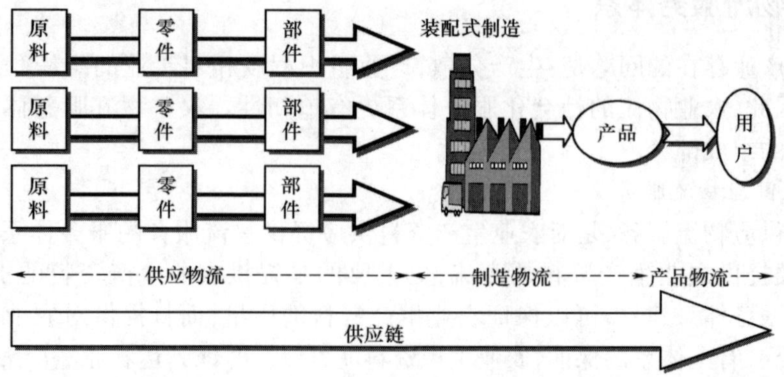

图 19－2　制造业生产模式与物流

制造业多在城市和发达地区,这也是现代物流有发展条件的一个特殊的物流环境。现代物流所依托的现代物流平台、现代物流科学技术、现代物流服务,在制造业所处的环境中,都比较健全和完善,因此对制造业物流有很强的支持作用。

(二)物流在制造业中的地位

按照物流在产业中的地位来分析,物流在制造业中的地位处于较高的层次,属于对产业有重要作用的那种类型。当然,制造业种类非常多,这个产业和物流的关系也是有亲有疏,有的物流可能已经成为核心能力;也有些制造业,物流只起支持作用。物流在制造业中的地位较高,这是制造业的现代特点决定的。20 世纪后半期,制造业产业体制发生了巨大变化,在大型化和专业化浪潮的推动下,从单个的、封闭式的工厂生产,变成了社会化的协作式的生产。制造业的产业链条连锁性强,跨国企业和经济全球化环境,将制造业的连锁国际化。物流的重要地位,就在于没有物流就没有连锁,也就没有现代制造业。

物流在制造业的具体作用可以归纳为六个方面:第一,促成了制造业更深入的产业分工;第二,是制造业社会连锁的纽带;第三,使制造业可以依托零库存方式进行运行;第四,使制造业可以依托准时方式进行运行;第五,使制造业可以构筑有效的供应链;第六,使制造业的精益化程度得以大幅度提高。

二、制造业物流分类

(一)依据制造业产业结构分类

制造业有多少行业,就有多少分类,但是人们重点关注的是以下类别:食品业物流、饮料业物流、机械工业物流、纺织工业物流、服装加工制造业物流、电子及通信设备制造业物流、仪器仪表制造业物流、家用电器制造业物流、医药制造业物流、书业物流等。

这是最经常使用的分类方法，因为制造业的行业很多，虽然有普遍的、共同的物流规律，但相互之间又有比较大的差别，因此，这种分类有利于体现差别和认识特点。

（二）依据生产方式不同分类

制造业有两种不同的基本生产方式：大量生产和精益生产。从这个角度看，制造业物流也有大量物流和精益物流之分。

（三）依据制造业产业链分类

按照制造业产业链的不同领域和环节，可以将其分为制造业供应物流、制造业生产物流、制造业产品物流等。每一个链节都可以进一步按照对象物再做细分。

（四）依据物流功能分类

按照物流在制造业中实现的具体功能，可以分为制造业配送物流、制造业再生物流、制造业逆向物流等。

（五）依据服务模式分类

按照服务水平和方式不同，可分为零库存物流、准时物流、精益物流、供应链物流等。

三、制造业物流平台

（一）制造业物流平台的特点

复杂的制造业物流，需要依托两种平台运行，即大量物流平台和精益化物流平台。

总体来讲，制造业物流平台是精益化的平台。精益化的物流平台才能保证连锁的制造业能够实现准确而有效的衔接，才能保证制造业所需要的零库存、低库存的要求得以实现，才能保证供应链各个环节之间的协调和准时。

当然，这是从总体而言。有一些属于原材料工业系统的制造业，其生产方式与通常代表制造业的机械、电气的生产方式有非常大的区别，原材料工业属于大量生产的类型，这种产业的物流平台支持，精益化程度不高，而需要实现大量化。

需要说明的是，按照产业的标准分类方法，有一些原材料的制造业被纳入制造业体系之中，从而增加了制造业物流的复杂性，本书对于制造业的界定，主要针对以装配为生产方式的制造业。建材、冶金等制造业，纳入原材料工业范畴之中。有鉴于此，制造业物流平台是指精益化的物流平台。

（二）制造业物流线路的构筑

制造业物流平台的线路，总体来讲，铁路、水路、空路、公路等线路系统都是平台的结构部分，制造业物流综合依托于这个完善的平台系统，尤其是国际化的制造业，这样做才有比较低的成本和比较高的物流保证。

但是，在几种线路系统中，制造业物流平台也是有选择性的。一般来讲，水路及铁道线路系统受环境、气候、外界的因素的影响比较大，在支持制造业普遍采用的准时物流方面的力度较小，再加上很多制造业的供应链并不能够形成适合水运、铁道运输的批量，所以有相当的制造业物流，不选择水运、铁道平台，而比较多依托公路及航空平台。

（三）制造业物流结点的构筑

制造业物流的实物物流平台，结点的种类、数量、规模都需要在控制之内。现代制造业的供应链，通过整合，从整个供应链来优化库存的结构，把库存结点大幅度降低；另外一方面，由于准时供应方式和零库存方式的广泛实施，供应物流结点和企业内部库存结点也能够取得大幅度的缩减。因此，制造业物流的结点有相当重要的地位。

四、有特点的制造业物流

（一）准时物流

制造业现在主要采用专业化的协作式的生产方式，很多不同的专业化工厂内，各自生产零件、部件，再进行一定层次的组装、总成，最后产出制造业的产品。各个工厂分布甚广，把它们的生产联结起来是物流的事情。最理想的方式，是形成轮动的方式，使这些远在各地的专业化工厂的生产，就像在一个大车间之中的流水线一样衔接顺畅。

制造业的准时物流所起的作用就类似这样一条虚拟的流水线。依靠准时物流的支持，把流水线扩展到跨越地区，甚至跨越国家，这就需要依靠管理和与社会物流系统的协调。内部管理是制造业的可控因素，但是外部的社会物流往往不在制造业管理的控制范围之内，因此，制造业准时物流的实施是有条件的，即需要具备三个基本条件：

（1）按订单生产的生产模式。这种生产模式可以向上拉动制造业供应链的企业保持一致的生产节奏。

（2）有很高的计划水平。采用有效计划的方法，把订单的拉动形成衔接的时间、品种、数量计划，据此安排生产。

（3）有物流服务的保障。计划再周密，也必须落到实处，计划的执行和落实就要靠物流。这不仅需要有效的物流平台支持，还需要在这个平台上经营运作。

如上所述，以公路线路为主体的物流平台，容易实现这种服务保障。

制造业准时物流的运作有两种主要模式。

第一种模式：依靠供应链上游企业对下游企业的准时送货。在企业相距较近，物流平台支持简单而明确，例如上下游企业之间有联系的公路通道，宜于采取这种模式。

第二种模式：依靠第三方物流的准时物流服务。上下游企业之间距离遥远，而且物流环境复杂的情况下，适合由社会化、专业化的物流企业去实现这种准时的服务。

（二）制造业的零库存

制造业是普遍采用零库存的产业，主要零库存领域有如下几个。

1. 生鲜食品的制造和销售零库存

食品制造业产业链条上有不同的库存观念。产业链的上游，在原材料环节，往往需要由库存来支持下游各环节的生产和运作，一般不采用零库存方式。但是，产业链的末端，基于最终买方的决定权，用户需要当天的食品，需要鲜活的食品，这个领域就必须实现零库存。这不是来自成本的压力，而是来自用户的需求。

2. 装配企业零部件的供给零库存

装配企业和零部件生产企业相比，在供应链上处于下游的位置，是用户的地位，因此，买方市场环境下，装配企业可以利用自己的这种优势地位推动零部件供给的零库存。

从整个产业角度看，装配企业零部件供给的零库存有三种组织方式：

第一种组织方式是上游企业以产品的库存来支持装配企业零部件供应的零库存。

第二种组织方式是上游企业按照下游企业需求的拉动，以自己的严密计划，使生产节奏和下游企业的需求节奏一致，实现装配企业零部件的供给零库存。

第三种组织方式是通过供应链总体的优化，合理安排库存实现装配企业供应零库存。

（三）制造业的逆向物流

逆向物流在制造业领域发生率较高，有以下几种情况：

（1）产品的召回物流。制造业的最终产品，出现质量或者结构的缺陷，由责任生产企业召回产品进行处理，产品逆原来销售的物流路线进行回程的物流，这是召回物流。

（2）维修物流。个别产品出现质量故障或其他问题，仍然属于产品生产企业质量承诺时间范围之内，产品专业化、技术内涵非常强，无法就地获得解决，必须沿产品原来销售物流的路线，逆向返回维修。

（3）回收物流。制造业产品使用后已经丧失了总体的使用价值，由于尚存部分使用价值或技术机密的原因，企业回收处理，产品逆向返回的物流活动。

（四）供应链物流

由于现在制造业广泛采用供应链的结构模式，所以，一提起供应链物流，主要针对的就是制造业的物流。供应链物流本书中已有专门论述，此处从略。

第三节 水泥产业物流

一、概述

(一)水泥产业模式与物流

水泥产业是从基本原材料的生产与供应开始,经过各个环节的生产、制造、加工,变成服务于用户的最终产物水泥为止的整个产业链条。此产业链条分成三个阶段:

第一个阶段是从石灰石、黏土、煤炭的采掘开始,经过原材料供应物流,到达水泥生产厂。这个物流过程,原材料制成水泥,形成了第一阶段的产品——水泥。

第二个阶段是水泥产品完成本身物流过程,到达商品混凝土或者水泥制品用户,变成第二个阶段的产品——商品混凝土或水泥制品。

第三个阶段是上述加工产品经过物流到达用户并投入使用,变成建筑产品。

水泥业是原材料产业的代表类型,产业模式及相关的物流过程如图 19-3 所示。冶金行业、化学工程行业基本上也是这种模式,只是原材料、生产工艺以及产品内涵不同而已。相关的物流过程也基本类似,区别在于具体的物流工具及装备。

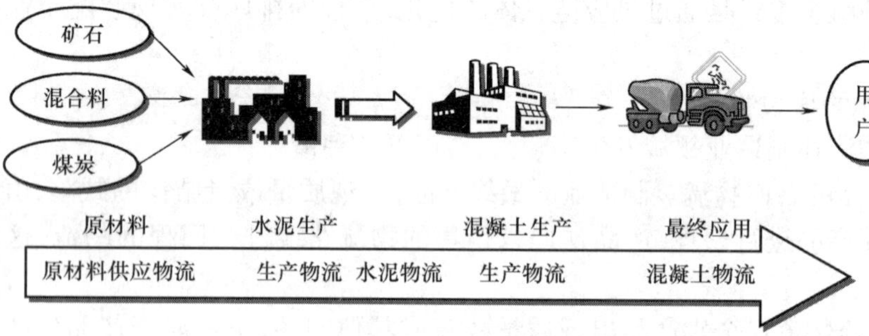

图 19-3 水泥产业模式与物流

(二)水泥供应链

水泥产业上下游衔接的关系,是一条清晰的供应链:从水泥生产之前的环节开始一直到最终用户的链条。链条的运作是由相关的许多企业完成的,这些企业分别在链条上发挥不同的作用,在链条上形成了互相衔接的上下游关系。如果链条上各企业信息畅通、没有壁垒,又协议维持这个链条的有效运行,各企业投入这个链条上的资源就能够得到优化。

水泥的供应链虽然很长,但是复杂程度和制造业的一些产品相比却更简单、明确。因此，水泥供应链的构筑和运作相对比较容易，是比较容易实施供应链管理的产业链条。

(三)水泥产业物流的特点

水泥的散装物流和水泥的流通加工是最具特点的物流方式，在水泥产业链条中有比较重要的位置。应当说，它们是水泥产业物流的核心。

二、水泥的生产物流

和水泥工艺过程伴生的水泥生产物流可分为三个阶段：

第一阶段是原料物流，包括水泥原料储存、原料处理物流、水泥生料仓库储存。

第二阶段是水泥煅烧物流，包括生料从窑尾进入煅烧窑炉，在物流过程中煅烧，变为熟料，从窑头输出。燃料是与此相反的物流运动过程。

第三阶段是产品物流，包括熟料仓库存储、粉磨、水泥成品仓库储存、水泥包装等过程。

三、水泥商品物流

(一)第一种模式

散装水泥汽车直送、袋装水泥托盘集装汽车直送。这种方式在有铁路的地区，输送距离最远为50公里左右，在没有铁路的地区最远可达100公里左右。

(二)第二种模式

散装水泥由火车或船舶直送。对于有定点关系的大批量用户，如水泥制品厂、混凝土集中搅拌厂(站)，在这些场、站本身有专用线的情况下采用火车直送。如果水泥厂及用户都有水运条件，则采用船舶直送，输送距离可在很大范围内变化。

(三)第三种模式

散装水泥火车或船舶一次输送，汽车二次输送，依靠中转仓库(流通中心)衔接。一次输送是长距离、大批量；二次输送为短距离多户头的分散输送。如果生产厂与消费地距离较远，用户又分散，用汽车直运，运距太长，超过汽车的经济里程，如用火车、船舶直运，用户既无接货条件，又不需储大批量，这时就可采用这种模式。一般采用这种模式的一次输送距离应高于100公里，二次输送距离应低于50公里。

(四)第四种模式

长距离输送熟料，在消费地的粉碎工厂磨制水泥，以散装水泥或袋装水泥进行汽车二次输送。长距离的熟料输送可用火车及船舶，适于消费地远离原材料产地或为不宜发展水泥工业的地区。在铁路运输紧张地区，散装水泥占用运力较多，采用这种模式可以节省运力。

(五)第五种模式

以散装水泥或熟料进行一次输送，以商品混凝土进行二次输送，依靠集中搅拌站(场)衔接。这种模式的一次输送距离可近可远，二次输送则要求有较短的运距。

四、水泥散装物流

(一)水泥散装及散装物流

水泥有两种包装方式:一种是袋装,用牛皮纸或其他包装袋,50 公斤或 25 公斤的标准包装;另外一种是散装,将水泥直接装入各种大型容器(包括大的集装袋)的包装通称为散装。全过程都不采用水泥小包装方式,将粉末状水泥进行封闭的物流,称作水泥散装物流。

水泥散装物流,是从包装开始的物流过程的总称。采用专用罐式散装汽车、火车及船舶,从生产企业的水泥散装库装运,进入水泥干线输送,到达目的地散装仓库,通过管道卸入散装仓库,以此为配送结点,转换运输方式,利用罐式散装汽车将水泥运至用户的散装库或者水泥使用现场;或者采用大型集装袋和一般运输工具,从水泥生产企业的散装库开始装运,直达最终用户;大量需要的用户,可不经配送结点直运至用户的散装仓库。

(二)水泥散装物流过程

1. 装卸

散装水泥装卸基本有三种形式:一种是气力(风力)装卸,第二种是重力装卸,第三种是负压抽吸装卸。这些装卸都通过管道进行。

从水泥厂散装库向散装水泥火车、散装水泥汽车装卸,一般采用机械——重力装卸;从水泥厂散装仓库向散装船装卸,还有从散装汽车、火车向散装仓库装卸,一般采用气力装卸。

2. 运输

散装水泥汽车、火车运输,都采用专用的储罐式装运设备,如图 19－4 所示。

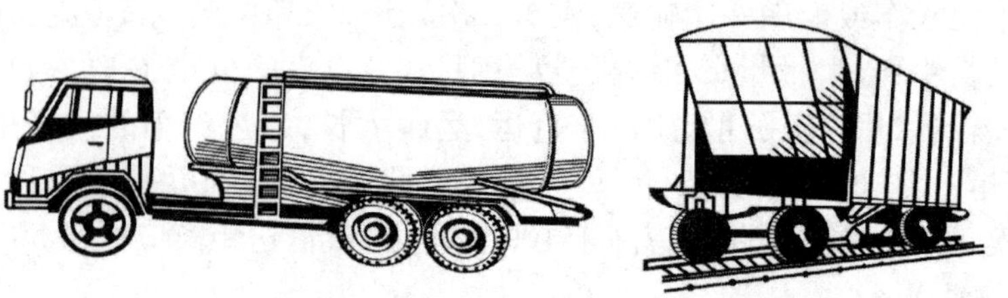

图 19－4 水泥散装车

汽车、火车运输专用的储罐是主要的运输设备,由于这种运输设备机动性比较低,一般在散装水泥物流渠道稳定的状况下采用,对于偶尔使用散装水泥或者缺乏专用设备的地区,也采用多层复合材料制成的水泥集装袋进行散装物流。水泥集装袋能够折叠返运,回程基本不占用运力,同时,重量较轻,适于在临时散装物流和灵活散装物流系统中采用。

3. 储存

散装水泥由专门的散装仓库进行储存，仓库类型很多，基本有固定式及活动式两种。

(1)固定式散装仓库，是筒型仓库，用钢筋混凝土或者钢板建造，水泥生产厂、水泥配送中心、散装水泥中央主管仓库一般采用固定式散装仓库。

(2)活动式散装仓库，有立筒式及卧式两种，用钢板制造，容量一般为 5 ~ 30 吨。活动式散装仓库一般用于有临时需求的地区，多用于建筑工程。

4. 散装水泥物流中心

这是散装水泥中转站、散装水泥配送中心等物流设施的总称，是散装物流的转运型物流结点。这个结点，可以协调不同运输方式，例如协调干线运输和配送运输；协调水运和汽车运输；协调铁路和汽车运输等。物流中心依靠散装水泥集中储备和转换装卸装运设施来实现对整个物流系统的协调作用，如图 19 - 5 所示。

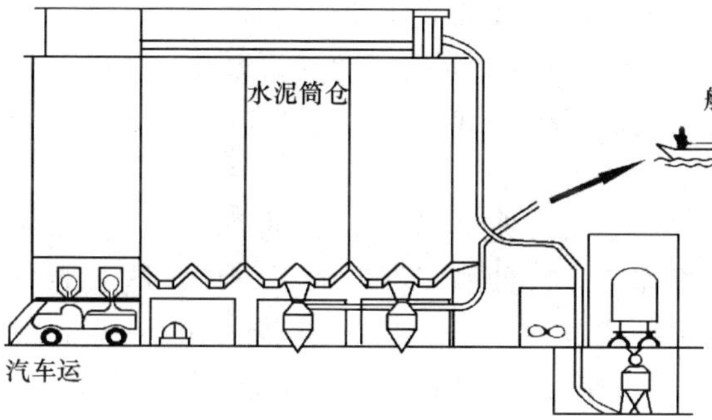

图 19 - 5　水泥物流中心

五、水泥的流通加工

水泥流通加工有三种主要的形式：水泥熟料输送和在需要地磨粉、水泥制品以及商品混凝土。不同种类的流通加工，是由下游用户的不同需求决定的。

水泥制品和商品混凝土两种流通加工方式已在本书前面的章节进行了详述，请参阅。

六、商品混凝土

商品混凝土起初是水泥流通加工的重要形式，由于现在使用广泛，商品混凝土已经超越了流通加工的形式，成为一种确定的商品，成了水泥产业链条的重要一环。商品混凝土物流的特点是没有仓库储存。物流过程有以下三个环节：生产物流、输送物流以及施工物流。

商品混凝土输送有两种主要形式:商品混凝土专用车辆和管道输送,由于商品混凝土生产和使用有一定距离,因此管道形式的物流只有在很近的距离才采用。

商品混凝土的施工采取两种输送方式:一种是溜槽,在商品混凝土重量的作用下输送到位;另一种是高压泵及管道系统,以将商品混凝土输送到高处的施工部位。

第四节　其他有特点的产业物流

一、食品工业的流通加工和冷链

(一)食品工业的流通加工

生鲜食品的流通加工是食品工业物流的一个特点。主要有以下四种流通加工形式:

(1)冷冻加工。为解决鲜肉、鲜鱼在流通中保鲜及搬运装卸的问题,采取低温冻结方式的加工。这种方式也用于某些液体商品、药品等。

(2)分选加工。农副产品规格、质量离散情况较大,为获得一定规格的产品,采取人工或机械分选的方式加工称分选加工。这种方式广泛用于果类、瓜类、谷物、棉毛原料等。

(3)精制加工。针对农、牧、副、渔等产品设置加工点,去除无用部分,甚至可以进行切分、洗净、分装等加工。这种加工不但大大方便了购买者,而且还可以对加工的淘汰物进行综合利用。比如,鱼类精制加工剔除的内脏可以制成药物或饲料,鱼鳞制高级黏合剂,头尾制鱼粉等;蔬菜的加工剩余物可以制饲料、肥料等。

(4)分装加工。许多食品零售起点较小,而为保证高效物流,包装则较大,也有采用集装运输方式。在销售地按所要求的零售方式进行新的包装,即大包装改小、散装改小包装、运输包装改销售包装。这种方式称分装加工。

(二)食品工业的冷链系统

冷链系统就是在物流过程中创造物流环境的温度条件,控温或冷藏、冷冻的一种特殊的物流系统。"链"指的是"全过程"和无缝衔接的不断运动的连续过程。它和一般作为独立形态的冷藏、冷冻流通加工相比较,特别强调一开始就进入所要求的温度环境之中,而且整个过程中没有或者尽量少停顿,过程中始终保持所需要的环境,直到交给消费者为止,精益化程度要求很高。随着物质的丰富和人民生活水平的提高,以肉类为例,人们已经不能满足大批量生产方式环境下的大量集中屠宰,长期冷冻库藏,以冷冻库存支持销售的方式,而要在精益的流程下,源源不断地保持肉类鲜美的方式满足消费者的要求,这是消费者提出的精益要求,冷链也是这种要求拉动的结果。

冷链作为供应链的一种特殊形态,也和供应链的特殊属性相同,强调衔接而减少停顿,在中途不能或者很少有多次、长期仓库储存活动。

从流通加工角度来看,冷链工程系统是在物流的运动过程中同时进行流通加工的特殊的流通加工。这种“冷”加工系统是伴随物流全过程的链式系统。

二、汽车的零公里物流

汽车的零公里物流是制造业物流领域的一种有特色的供应链物流系统,指的是消费者所购买的汽车,没有经过行驶,是保持出厂形态的新车。以往汽车出厂之后,要将新车开到销售地进行销售,这往往要行驶很长的距离。零公里物流就是针对这个问题提出的。

汽车,尤其是小轿车,一旦经过长途行驶,人们就感觉它已不是“新”车。因此,消费者愿意购买没有经过长途行驶、没有任何磨损、没有污迹的车辆。消费者作为用户的拉动作用,是汽车零公里物流的动因。汽车供应链大体如图 19 -6 所示,有三个有特点的阶段。

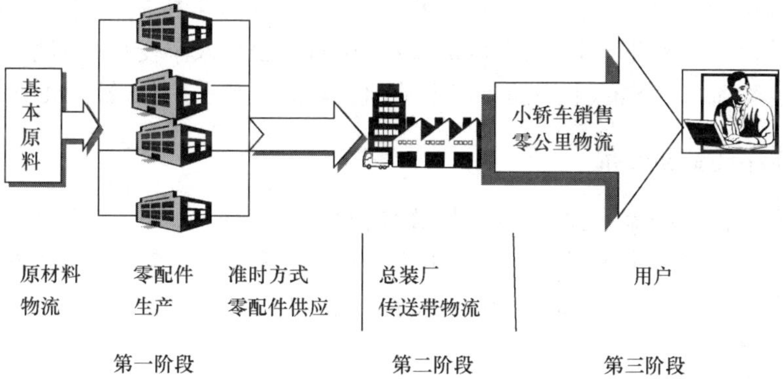

图 19 -6　汽车供应链物流

第一阶段:零部件供应物流。多种汽车零部件在不同地方、不同企业制造出来之后,供应到总装厂。在这两个环节之间一般采用准时(JIT)供应方法,由总装企业拉动,协作企业按照计划方式、看板方式或资源计划系统(ERP)的决策,按照指定的时间、指定的数量、指定的品种送到指定的地点,甚至直接上生产线。这就可以实现总装企业的零库存。

第二阶段:总装企业生产物流。自从美国的福特公司在一百多年前采用了传送带生产方式以来,生产物流一直主要依靠传送带技术。

第三阶段:销售物流。汽车销售之后一般可以开到用户所在地完成销售物流,现在很多小轿车厂家打出的招牌是“零公里物流”。他们将若干汽车集合运输 ,完成生产厂与用户之间的物流,从而保证销售汽车本身的零公里,而不是把小轿车直接开到用户所在地。

三、书报业物流

书报业是文化产业的典型行业,也是一种特殊的消费品。它的最大特点是有非常广泛的覆盖面,有非常大的需求总量,但是平均的单位需求很小,销售单位的价值量也很低,它又具有永续需求的重要特点。从永续需求这一点来讲,书报的需求特点和粮食的需求特点非常相近。但是,多品种的特色,又是粮食需求不可比拟的。

书报业物流的主要过程是从印刷厂到书报销售单位。有特点的物流活动有两个环节:一是从印刷厂将批量的书籍送到配送中心或直接送到书店;二是从配送中心将书籍配送到书店。至于原材料供应物流和从书店到消费者的末端物流,是一般性的物流,没有什么特点。

这里物流方式和问题集中表现在以下两方面:

第一,包装问题。书报通常为几公斤的小包装,以便于人们装卸操作。这种包装一直到书店,拆包上架,包装单位小,包装容易损坏,从而造成损失。

第二,效率问题。几公斤的操作单元,需要手工或者半机械化进行反复操作,如果实现机械化和自动化,则会大大增加成本,从而使提高效率变得很困难。

书报业物流现代化的主要基点在于基础包装的集装系列化、轻型化和周转化。

四、木材有特色的物流

木材有特色的物流方式有三:一是减量物流,二是流通加工,三是木材的再生物流。木材是国民经济中大量需求的原材料,体轻量大,物流需要占用大量的设施空间资源,在进入物流过程之前,对木材进行流通加工是有效办法。

(一)减量物流

木材是密度很低的物资,运输时占有相当大的容积,往往使车船满载但是达不到额定的装载重量。原木含有大量水分而形成了无效运输,同时还容易使木材在物流过程中变质。

林区外送的原木有相当一部分是造纸材,在林木生产地就地将原木磨成木屑,然后压缩成固定形状使之成为容重较大、容易装运的形状,再进入物流过程,可以取得减小体积的效果。根据美国的经验,采取这种办法相对直接运送原木可节约一半的运费。

(二)集中开木下料

在流通加工点将原木锯截成各种规格的锯材,同时将碎木、碎屑集中加工成各种规格板,甚至还可有初级加工。用户直接使用原木不但加工复杂,更严重的是资源浪费大,木材平均利用率不到50%,平均出材率不到40%。实行集中下料,按用户要求供应规格料,可以使原木利用率提高到95%,出材率提高到72%左右,有相当好的经济效益。

（三）木材的再生物流

木材加工的碎屑、损毁的木制品，都可以经过再生而形成新的使用价值。正因为如此，木材的再生及再利用物流就成了木材物流的重要特点之一。

五、煤炭物流

（一）煤炭物流关系到国民经济和煤炭产业

煤炭是能源的支柱，也是中国经济和社会发展的重要支柱。我国基础能源结构中，煤炭的权重高，煤炭的主体地位是长期的，在今后相当长的一个时期中，我国以煤为主的一次能源结构不会发生根本变化。煤炭问题，不仅仅是煤炭开采生产和购销市场的问题，还有一个经常被人们忽视的重要问题，那就是煤炭物流。在物流领域，人们追求高端的物流对象，而煤炭这种又黑又脏、物流利润率又很低的东西，当然很难成为物流业者的首选。

主要产自"三西"的煤炭，要流向全国甚至要出口到国外，20 亿吨左右的原煤都要通过物流之旅，这是占用物流资源的第一大户。煤炭物流问题解决了，国民经济就可以松一口气，而这些都要求煤炭物流实现现代化。

（二）煤炭物流，中国经济领域中的"黑大陆"

我国消耗在煤炭上的物流资源，是一个很大的数量。仅在 2000 年，全国的冬储煤就超过3 700万吨。从价格上来分析，山西煤炭的开采成本每吨不足 200 元，而不同地区煤炭的销售价格在600 到1 500元。其中，当然生产、流通的营销利润是非常丰厚的，而物流成本到底占多少？虽然看到了一些估计和对某个局部的具体分析，但是很难统计出一个平均数据，也没有一个非常准确的说法。我国煤炭产区主要集中在"三西"地区，分散使用遍及全国，大量使用集中在中部、东部发达地区，很缺乏详实的数据和具体研究，但是我们可以估计到，尤其是远距离的用户，需要付出的物流成本与开采成本相当。在煤炭供求形势紧张的时候，我国曾经出现"以油换煤"的办法，用重型卡车长途运输煤炭，造成了一个时期严重超载超限的问题。对于混乱的煤炭物流领域，借用德鲁克在半个世纪前的说法——"流通是经济领域的'黑大陆'"，可以认为：煤炭物流在我国的经济领域中还是一块"黑大陆"。

（三）煤炭物流的重点领域和重要环节

我国的煤炭资源分布比较广，但主要的资源和生产集中在山西、陕西、蒙西所谓"三西"地区。我国的大工业，尤其是电力、建材、化工、冶金四大工业的煤炭需求数量既大，质量又要求高，主要靠"三西"的煤炭。物流距离千里之遥，这应当是我们关注的重点。

煤炭物流覆盖面广，物流距离长短不一，物流环节又比较多，所以，不同环节物流的情况有所不同，甚至有很大的差异。比较大的几个重要环节的顺序是：

（1）坑口储存。煤炭采掘出来之后，经过必要的分选、分类，储存待运的环节。

（2）干线输送。主要采用铁路、水运，有时候也采用重型卡车的输送方式。

(3)坑口发电、空中输送。坑口将煤转化成电力,也有人称之为煤炭的“空中输送”,是煤炭物流方式的本质性变化。

(4)物流结点储存。在物流过程中,尤其是长途物流过程中,由于各种原因的储存。

(5)流通加工。物流过程对煤炭的分选、除矸、配煤、成型、粉碎、制浆、包装等加工。

(6)末端运输。完成干线输送之后的输送。有时又有几个环节,才能最终到达用户。

(7)配送。末端输送环节中,配送是末端输送合理化的重要方式。

(四)煤炭物流现代化

1. 构筑煤炭实物物流平台

专业化的煤炭物流平台对于解决煤炭物流主要环节的问题以及保证国民经济对煤炭的需求、降低煤炭物流成本都有重要作用。煤炭物流平台主要应当依靠铁路和水运。大秦铁路就是一条煤炭外运专用铁路,铁路和水运这两种线路和转运枢纽应当是煤炭实物物流平台的主体。在特定条件下,也可以构建管道及公路的物流平台。从物流成本和环境角度,经常依赖的煤炭物流平台不应当选择公路,但是,作为煤炭应急物流和末端物流,公路是不可忽视的。专用性很强的煤炭实物物流平台不但可以有效地解决煤炭大量物流的问题,而且可以有效地支持电力、建材、化工、冶金等支柱产业和其他产业的发展,这应当是煤炭物流现代化的基础问题。

2. 建立精益化的煤炭供应链

煤炭粗放式物流和粗放式的生产方式由来已久,人们已经对于改变这种粗放式的状态有很多成功的尝试,例如倡导多年的“配煤”方式,以及在发电领域应用多年的“动力配煤”“动态动力配煤”。建立从生产环节开始的精益生产、精益物流方式,最终建立有效的精益供应链,能够有效地做到充分满足用户要求的“物尽其用”。这应当是煤炭物流现代化的重要方向。当然,对于煤炭这种大宗物资来讲,精益化的煤炭供应链不会有大面积的覆盖,但应当是煤炭物流现代化的重要组成部分。

至于大宗的煤炭物流,虽然不可能全面建立精益化的供应链,但是,对于物流过程的一些重要环节,改变粗放的运作而实现精益的运作方式,也应当是可行的。

3. 局部环节精益化,发展流通加工

煤炭的流通加工可以使煤炭这种商品增值,提高煤炭的利用效率,减少煤炭物流对环境的影响,减少物流量,降低物流成本,促成下游物流精益化。

(五)煤炭的流通加工方式

1. 配煤加工

配煤加工指将各种煤及其他发热物质掺配加工,生产出各种不同发热量的燃料。配煤加工可按需要发热量生产,防止热能浪费,防止“大材小用”;也可防止发热量过小;还便于计量控制、稳定生产过程,有广泛的应用价值。动力配煤是这种流通

加工的高级形式。

2. 除矸石加工

除矸石加工是以提高煤炭纯度为目的的加工形式。煤炭中混入的矸石有一定发热量,混入一些矸石是允许的,也是较经济的,利用混入煤矸石进行配煤,是配煤加工的一种方法。但是,有很多时候不允许煤炭中混进矸石,以保证煤炭的质量,尤其是煤化工和高热值煤炭燃料,需要除掉矸石。从精益物流角度讲,除矸石的流通加工以排除矸石,能够充分利用运力,多运"纯物质"以减少运力的占用,降低运输成本。

3. 煤浆加工

煤炭用运输工具载运,损失浪费大,又容易发生火灾。将煤炭磨成细粉,调和成浆状则可以进行管道输送。管道运输煤浆是一种先进技术,输送连续、稳定而且快速,是经济的运输方法。目前,这种方式已投入运行,有些企业也采用这一方法进行燃料输送。

4. 防止煤炭自燃的流通加工

大量储存的煤炭容易出现自燃造成火灾,使煤炭损失,也污染和影响环境。物流过程中,运输环节和各个结点都会面临这种风险。因此,需要采取特殊的保护措施防止自燃,这也是煤炭物流过程中的特殊流通加工形式。

第五部分

物流运行及服务

第二十章　第三方物流

第一节　物流社会化

一、物流社会化的发展

(一)历史性的进步

现代物流的发展是多方面的,看到比较多的是技术层面,这仅是一个方面。物流在组织和体制层面的现代发展带有根本性,表现在物流从企业内部的工作变成社会化的形态。通过社会化组织体系,形成了强大的服务功能,成了现代社会中重要的服务领域。这不仅直接表现了物流的发展,而且对技术进步有很大的推动作用,是根本性的、历史性的进步。

(二)工业化社会物流社会化的发展

工业化社会流通与生产分离是一大进步。分工逐渐深入,物流就是这种专业分工的产物。原来统一的流通分成了商流、物流、信息流、资金流四个专业流通领域,发展道路有多种形式,而社会化是主要潮流。专业化与社会化是共生的,因为专业优势,就可以不再从属于某一个领域,而能提供专业的协作和专业的服务,这就是社会化。流通作为社会再生产的"桥梁和纽带",本来就具备服务的要素,在服务社会出现后,就逐渐演变成社会化的服务系统。

(三)信息化社会物流社会化的发展

信息化社会的出现,使物流的社会化发展更彻底,原因在于信息化强有力的沟通力量和基于信息化的社会整合能力,解决了物流社会化的障碍。同时,信息化也使物流水平大幅度提高。除物流的技术、装备外,现代物流最高端的运作方式和服务方式,例如供应链物流、第三方物流、第四方物流、信息化等都有发展,成为物流社会化主要的结构力量。

二、物流的专业分工

物流领域的进一步专业分工是物流社会化的重要表现形式。物流领域的专业分工表明了物流是一个庞大的领域,是一个复杂的系统,导致了物流产业的形成。企业产生的物流需求,可以不依靠本企业,而是依靠社会上的专业物流企业去实现。企业再也没有必要在"大而全""小而全"上浪费宝贵的资源,而可以从社会化的物流产业中找到满意的解决方案。

三、社会化的物流需求

物流的社会化和社会化的物流需求是互动的关系，是渐变演进的关系。物流社会化的每一步，都使社会化物流需求有所依托；社会化物流需求又会推动物流社会化前进一步。

物流需求的社会化来自社会化大生产。社会化大生产使流通规模、流通的数量越来越大，流通越来越复杂，超越了生产企业本身的能力，不能再像小生产时那样解决自身的产品流通，这是社会化物流需求产生的主要原因。另外，有一些国家和地区商业贸易比较发达，商贸的社会化使物流较早进入社会化，给物流需求创造了可以依靠的市场。

社会化物流需求不足，是导致现代物流发展缓慢的重要原因。现代物流发展也容易出现这样的偏颇：认为有了现代化技术装备就有了现代化物流。其实不然，技术装备可以花钱买来，是可以跨越的，但是，物流社会化所体现的现代化，是在社会进步中积累完善的，很难做到跨越。社会化的物流需求也来自观念的转变。长期欠发达状态下的小生产观念严重，重要的体现就是“肥水不流外人田”，转变这一陈旧观念是创造社会化物流需求的有效途径。

四、企业物流业务专业化、外部化

企业物流专业化、外部化是物流社会化需求形成的重要途径，有以下几种形式。

（一）系统接管

系统接管是双方最彻底的合作模式，客户将物流系统转移给第三方物流企业，第三方物流企业全盘接管，全面对客户的所有物流需求进行服务并且负责。系统接管的最大好处是可以全面整合，将客户的物流系统和第三方物流企业的物流系统整合优化，使综合实力大大提高，对客户服务的物流资源有大幅度的增加；系统接管的主要问题是客户的物流风险增加，尤其在不成熟的市场环境中，在企业资信不足的情况下，风险几乎是不可接受的。

所以，采用系统接管方式是有条件的：第一，只有在市场十分成熟的情况下，在同时建立回避风险机制的前提下才可采用；第二，同处一个大企业之中的不同部门之间，可以在统一领导之下采取系统接管方式来整合物流资源；第三，供应链物流的整合。

系统接管还存在可能出现的接管混乱风险。物流系统从一个企业的管理模式下转变到第三方物流企业的管理模式之下，必然会出现管理模式的转换以及转换过程中的作业停滞与中断等问题，甚至会出现矛盾激化等问题，这也必须引起重视。

（二）系统部分接管

系统部分接管是循序渐进、回避风险的折中方式。先将容易外部化的物流资源，例如仓库、车辆等进行接管，或者按地理区域、业务与产品分步实施。逐渐扩展到全面的接管。

(三)合资

合资即客户企业通过引进第三方物流企业资本的方式，共同建设客户企业的主要物流系统，或者客户企业自己保留主要物流设施。这种合作方式，也必然引进了社会第三方物流企业的专业知识和管理经验。

(四)系统剥离

系统剥离即公司把物流部门剥离成一个独立的利润中心，首先在内部进行独立的运作，同时逐渐承接第三方物流业务。最初，由母公司为它们提供基本业务，以后，则使它们越来越多地依靠第三方业务，成为一个独立的第三方物流企业。

(五)业务外包

把客户企业自己难以承担或者虽可以承担，但是效率低、成本高的物流业务采取合同形式外包，这是物流业务外部化最普遍、最简单的形式。这种形式不需要对双方的物流系统做大的调整，而依托现有的资源就可以实现物流业务的转换。

(六)管理外协

自己拥有物流设施(资产)的公司，可以将管理外协，通过合同的形式，由社会上高水平的专业物流企业或管理公司来承担管理业务，从而提高管理水平。这是改进企业物流的一种方法。这种外协不是以资产为基础，有很大的灵活性，而且外部化的成本比较低。

第二节　物流服务

一、物流服务的社会化

(一)物流服务是物流社会化的产物

社会化的物流需求是物流资源社会化配置的动力。社会化物流需求使企业封闭系统内的物流资源逐渐社会化，但这只是社会化物流需求重组资源配置的一部分。社会化物流需求更重要的结果，是使物流活动社会化。原来服务一个企业物流，一旦面向社会，就成为一种经营、服务方式。物流服务的出现是物流活动专业化的重要标志。通过社会化的物流服务而变成一个专门的行业，成为能承担服务的物流服务商，称“第三方物流”。

除去第三方物流以外，提供各种物流服务的物流服务企业种类非常多，可以这样讲，当今经济领域几乎所有的物流需求都可以从社会上找到承担者。

(二)物流服务的实现方式

社会化的物流服务有多种方式，现在仍在不断地探索和创新，比较成功的一种方式是委托承包。物流企业接受有物流需求企业外包的物流业务，以委托承包方式实现，是一种体制形式，甚至造就了一种社会经济结构，即通过委托承包实现企业之间的社会协作。

委托承包所造就的社会经济结构是现代企业集团的初级形态。一旦这种业务关系长远化,再通过资本纽带,就形成不同的企业集团。企业集团不但具有业务的纽带,又具有资本的纽带,会最终造就物流领域的巨型企业。

(三)社会化物流服务强调客户的战略利益

买方市场的环境下,客户是形成物流需求的核心和动力。物流服务是围绕客户物流需求而进行的,服务可以说是社会化物流企业的立业之本,实际上社会化的物流企业,人力、物力、财力等各方面的投入,通过企业内部经营管理,最后都要转化成对客户的服务,也就是说,社会化的物流企业以为客户服务为自己的产出,一切效益都由此而来。

以客户为核心的物流服务不但是满足客户的现实需求,更应当是战略性的。虽然应当首先认识和了解客户的现实物流需求,但客户提出的服务要求不一定都是深层次的物流需求,而可能是暂时的、表面的。用户所处的环境局限性,一定能形成战略性的思考。以客户为核心的深层次含义,就是要帮助用户建立这种战略性的思考,实现战略性的利益。

当物流企业与客户间形成这种战略关系时,对物流服务的要求就不限于运输仓储的可靠性、存货可得性等,还瞄准物流成本最小、客户竞争能力提高等战略利益。物流服务的作业目标在外延和内涵上都有了新的拓展。

(四)物流服务的双赢

客户选择物流企业目的不只是降低物流成本,更希望外包后的物流活动仍然是企业竞争力的一部分,仍然能够与企业的生产和营销策略完美地契合。对于物流企业,客户的这种要求促成了物流企业与客户在更深层面上的交流与合作,这不仅获得了稳定的客户,也意味着更可观的利润空间。这促使物流企业与客户间形成了紧密合作、相互依存的关系,远远超出了一般的服务购销关系。这是社会化物流服务的独特之处。

二、物流服务分类

(一)基本服务

基本服务是社会化物流企业能够向客户提供的最低限度和通常的服务。所遵循的原则有:第一,满足用户的基本需求,服务带有被动性;第二,以服务的买卖双方为对象,是合同关系,不是伙伴关系;第三,无故障或低故障服务为服务水平的目标,带有保守性;第四,服务面向所有用户,实行“国民待遇”,即同等的服务方式和服务水平。

基本服务应当有三性:可得性、可接受性、可靠性。

可得性:客户对物流的一般需求,例如,运输需求,通过社会物流企业可以得到公路、铁路的服务,存货的需求可以得到仓库库容等。也就是说可以通过社会化物流服务得到。

可接受性：社会物流企业对客户的服务方式、服务水准应得到客户的认同和接受，例如，在合同中明确差错率或故障率。也就是说，基本服务对于客户而言要有可接受性。

可靠性：是对服务绩效的认定。整个服务业绩的判断，不是一个高标准的判断，而是可靠与否的判断，不能依靠这种基本服务来取得超出其范围的成绩。

(二)精细服务

精细服务是在基本服务基础上的高水平服务，这种服务也是面对所有客户，不带歧视性，不带特惠性，是高水平服务的标准，可以规定为“零缺陷服务”，也可以规定为“精细物流服务”。具体的服务水平，要根据客户的特殊物流服务需求和社会物流企业的服务能力来确定。

(三)增值服务

增值服务的概念是，通过社会物流企业对客户的服务，可以提高客户物流活动的效率和效益，通过社会物流企业的物流服务，使客户的物流领域成为“第三个利润源”。一般来讲，增值服务是对特定客户的特定要求实行的服务，它和基本服务、精细物流服务的主要区别有四点。

(1)增值服务是一种深层次的物流服务，必须对客户的物流需求和客户的与物流需求相关的所有活动有深切的了解，这样才能够提出特殊的增值服务方案。因此，增值服务一般来讲是面对特定物流企业的一种特殊服务方案。

(2)对于社会流通企业而言，增值服务需要在一般的基础服务和高水平服务的前提下增加投入，这样才能够取得产出的增值。所以，客户需要提供超出一般服务的费用支出。

(3)增值服务具有时效性。随着物流服务水平的逐步提高，原来的增值服务在经过一段时间之后，就可能变成物流企业的基本服务水准，不再是增值服务的范畴。

(4)增值服务是不断发展的动态服务。随着整个社会经济的进步，物流的增值服务显示动态性。在发展过程中会出现新的增值服务方式，社会物流企业必须为此而奋斗才能够不断提高物流服务的水平。

第三节　第三方物流

一、理论及概念

(一)三种物流主体

在商物分离的前提下，有三种物流主体：供货方、需求方和物流专业服务方。三种物流主体都可以进行物流运作，都有自己的优势领域，也有不同的运作形态。

(1)供货方。这个物流主体如果承担主要物流运作(进入社会的物流运作)，称作第一方物流,或供给方物流。实际上是货物所有者(生产企业、商业企业等)的销售物流。

(2)需求方。这个物流主体如果承担主要的物流运作(进入社会的物流运作),称作第二方物流,或需求方物流。实际上是货物所有者(生产企业、商业企业等)的供应物流。

(3)物流专业服务方。这个物流主体如果承担主要的物流运作(进入社会的物流运作),称作第三方物流。实际上是对货物所有者的服务性物流。

很明显,卖方市场环境,第一方处于强势,第二方处于弱势,服务只能由弱势方来提供,因此,第二方物流就具有普遍性;买方市场环境,第二方处于强势,第一方处于弱势,服务只能由弱势方来提供,因此,第一方物流就具有普遍性。

买方市场的环境下,买方的主导权使它可以进行服务的选择,选择第一方、第二方或者第三方物流,这要看哪一方对自己有利。在一般买方市场环境下,第一方物流、第三方物流都是普遍存在的物流运作形态,买方自己去做物流也有可能。

第三方物流被广泛采用,除了买方市场的社会环境之外,还有社会进步因素,那就是买方市场进一步发展成的供应链环境。当买方不仅要考虑自己的利益,而且要考虑整个供应链的综合利益的时候,从供应链角度确定第三方物流则是必然的选择。

(二)第三方物流的种种提法

第三方物流20世纪80年代中期在发达国家出现。"第三方"来源于物流服务提供者是发货人(甲方)和收货人(乙方)之外的第三方。国际上对于第三方物流有许多不同的表述。

(1)第三方物流是传统组织内的物流职能由外部公司履行。这些职能包括整个物流过程或者全过程中的部分物流活动。

(2)第三方物流是外部协助的物流。

(3)第三方物流就是"合同物流",是第三方物流提供者按照合同的要求向使用者提供个性化的系列物流服务。

(4)第三方物流提供全部物流业务服务,是由物流劳务的供方、需方之外的第三方去完成物流服务的运作方式。第三方是提供物流交易双方的部分或全部物流功能的外部服务提供者。

我国国家标准对第三方物流的定义是:由供方与需方以外的物流企业提供物流服务的业务模式。这个定义概括性太强,容易形成对历史的误解:那些早在工业化初期就有的社会化的包装、搬运、营业仓库,都属于第三方物流,因为都符合"供方与需方以外的"条件。定义忽略了"现代物流服务"重要的内涵,也没能反映和表达第三方物流的物流服务并不是简单的物流服务,而是基于社会分工基础上的企业间的协作联盟关系。

二、第三方物流的内涵和外延

笔者比较倾向于这个认识:第三方物流是有能力向货主企业提供系统的、专业的物流服务的物流活动。和社会经济领域的许多经济概念一样,第三方物流有广义和狭义的理解,因而在不同的领域涵盖的范围也就不同。

(一)广义的第三方物流

广义的第三方物流相对于自营物流而言,凡是由社会化的专业物流企业按照货主的要求所从事的物流活动都可以包含在第三方物流范围之内。至于第三方物流从事的是哪一个阶段的物流,物流服务的深度和服务水平如何,则要看货主的要求。在市场经济条件下,是需求决定供给,因此,第三方物流的服务,不能脱离实际需求而规定确定不变的领域。

(二)狭义的第三方物流

狭义的第三方物流指能够提供现代、系统物流服务的第三方的物流活动。具体标志为:第一,有提供现代化的、系统物流服务的企业素质;第二,可以向货主提供包括供应链物流在内的全程物流服务和特定的、定制化服务的物流活动;第三,不是偶然的、一次性的物流服务购买活动,而是采取委托—承包形式的业务外包的长期物流活动;第四,提供的不是一般物流服务,而是增值物流服务。

第三方物流不是按照自营物流与否来进行区分。我国小生产式的物流服务还相当多,还不能在很短的时间内解决,如果把这些企业都包括在第三方物流企业之中,会混淆人们对第三方物流的认识。所以,第三方物流应当从狭义的角度来理解,把它看成一种高水平、现代化的、系统化的社会物流服务方式,看成新时代社会物流服务的发展方向。

三、第三方物流企业及其核心竞争能力

第三方物流企业是从事社会化物流运作的企业。很明显,第三方物流企业物流运作,必须比第一方、第二方有明显的优势才有生存的条件。第三方物流企业不仅通过社会分工获得优势,还必须打造物流运作的优势,使之成为企业的核心竞争能力。第一方、第二方企业经营的主业并不是物流,没有条件把物流打造成核心竞争能力,但也不能绝对化,特定条件下,第一方、第二方企业把物流打造成核心竞争能力是完全可能的。

第三方物流企业需要不断地建设和积累,使之具备以下核心竞争能力:

(1)具有相当的规模。第三方物流企业和第一方、第二方企业的物流运作一样,都可以利用公用物流平台,在社会物流平台方面,第三方物流企业并没有优势。差别在于:第三方物流企业由于专业物流运作,再加上规模大、业务量大,因此,和物流平台的业务联系更为紧密,能够更有效地利用社会物流平台。而第一方、第二方企业的物流运作受规模小的制约,往往仅在局部的物流平台上运作,一旦涉及广泛利

用物流平台时，业务方面便显得生疏。

规模还带来低成本的优势。这来源于资源合理的使用和调度。

(2)具有相当的资产实力。第三方物流企业不管是本身投资建设的资产实力还是通过整合所形成的资产实力，都成了有效进行物流运作的手段。巨大的资产实力支持了第三方物流企业的服务能力和服务水平，同时也是降低物流运作成本的主要原因。这也是另外两方企业进行物流运作不可能有的优势。

(3)有完善的信息系统。建立有效的物流运作信息系统，是第三方物流企业获得竞争能力的重要手段。这种信息系统必然是专业化的社会物流企业才能够通过自己的广泛社会联系和专业化的沟通予以建立，这也是货主企业难以做到的事情。

(4)社会化的经营和管理。通过社会化的经营和管理，打造一个公平地向所有企业提供服务的形象，取得货主企业的认知和了解，这是大量吸引客户，能够和客户建立联盟关系以形成规模实力的非常重要的手段。

以上这些赋予了第三方物流以低物流成本吸引客户、以有效的服务套牢客户的能力。

四、第三方物流企业类型

(一) 资产型第三方物流

有两种类型的资产：第一种类型资产，指机械、装备、运输工具、仓库、港口、车站等从事实物物流活动，具有实物物流功能的“硬”资产；第二种类型资产，指信息资产，包括信息系统硬件、软件、网络及相关人才等“软”资产。传统物流和现代物流的区别在于：传统物流服务企业，主要依靠第一种类型资产，而现代物流企业则具备两种类型的资产。

第三方物流企业拥有从事专业物流活动的装备、设施、运营机构、人才等生产力条件，并且以此作为本身的核心竞争能力。在发达国家，拥有货运机场、货运包机、专线铁路、货运车皮、物流中心、仓库等生产力手段，可以说是资产型第三方物流的代表，在工业化时期曾有较大发展。其主要特点是可以向客户提供稳定的、可靠的物流服务，由于资产的可见性，企业的资信程度也比较高，对客户是很具吸引力的。

资产型第三方物流需要建立一套物流工程系统，这需要很大的投资，同时维持和运营这一套系统仍然需要经常性的投入；另外，工程系统一旦形成，虽然可以提供高效的确定服务，但是很难按客户的需求进行灵活的改变，往往会出现灵活性不足问题。

(二)管理型第三方物流

管理型第三方物流不将第一种类型资产作为服务的手段，而是以管理、信息、人才等为核心竞争能力。此类第三方物流，不是没有资产，而是主要拥有第二种类型资产。在网络经济时代，实际是以“知识”为核心竞争能力，以高素质的人才和管理，利用社会的设施、装备等劳动手段而向客户提供服务。由于不拥有需要高额投资和经营费用的物流设施、装备，而是灵活运用别人的这些生产力手段，这需要有效的管理和组织。而要做到这一点，信息技术的支撑是非常重要的，这是管理型第三方物流赖以存在的先决条件。

管理型第三方物流是买方市场条件下才可能生存的型态。这是因为，只有在买方市场环境下，才可能利用买方的主导权去运用社会上其他物流服务企业的资源来为我所用。管理型第三方物流企业往往可以成为供应链的主导物流企业，这也是由它的组织能力决定的。由于不拥有庞大的资产，同时可以有效地运用虚拟库存等手段，因此可以获得较低的成本。

（三）功能型第三方物流

社会上对物流的需求经常是某一功能的专业性需求，这就派生出主要从事物流单一功能运作的第三方物流。其承担和完成某一项或几项物流需求，不能进行全面系统化运作，是某一专业能力强大的物流企业，这种类型的物流企业属功能型第三方物流。

这种类型的企业还可以联合其他功能类型物流企业，形成系统物流的运作能力，或者接受系统第三方物流企业的整合，从而提供系统的物流服务。功能型第三方物流可以进一步分为运输企业、仓储企业、流通加工企业等。

第四节　第三方物流的运作

一、基本理念

第三方物流的生命取决于是否能够提供优于用户自营物流的服务水平和低于用户自营物流的价格，这是重要的、深层次的问题，是第三方物流运作的基本理念。

在这个基本理念指导下，第三方物流不仅要考虑到同类服务提供者的竞争，还要考虑到客户潜在的内部运作。假设所有的公司都可以提供同等水平的物流服务，不同公司之间的差别将取决于他们的物流运作资源的经济性。

企业应当是“利润中心”。但是第三方物流企业应当明确认识到：如果企图将一般服务打造成利润中心，这是企业基本理念的错误，因为这实际上会损害客户的利益，自己也不可能取得成功。第三方物流企业利润的获得，必须靠精细服务和增值服务，尤其是增值服务，从客户增值的利益之中，取得一定百分比的收益，这才是第三方物流企业的利润源。

二、第三方物流运作的要点

（一）提高运作效率

第三方物流企业为客户创造价值的最简单而又基本的途径是达到比客户更高的运作效率，并能提供较低的成本服务比。要提高运作效率就需要对每一个基本的物流活动进行开发(如运输、仓储等),同时将物流各个基本环节和基本功能系统化。这是客户自营物流很难做到的,但是第三方物流却可以做到:其依靠专业优势和广泛见闻,在各个领域发现原来运作的缺点,提出合理化改进措施,实现系统化来做到这一点。

(二)打造独有优势和稀缺资源

形成独有优势是第三方物流企业应当刻意追求的目标。这种优势一旦形成,就成了第三方物流企业的核心竞争能力。应当说,独有优势是所有企业进行运作时都打算形成的能力,但并不是所有企业都能够做到这一点。第三方物流企业只能在公用资源之外创造自己的独有优势。公共物流网络平台、公共物流信息平台都是面向全社会开放的平台资源,独有优势就需要在这些公共资源之外建立自己的稀缺资源。

稀缺资源的建立有几种办法:一是建立本企业的独有平台资源,例如物流中心、配送中心以及专用信息网络等;二是属于本企业的专利技术;三是打造独特的企业理念及服务模式;四是进入其他物流服务企业不愿意介入的领域,或者开辟全新的服务领域,这就可以使自己在该领域的运作能力成为一种稀缺资源,这也是形成独有优势的一条途径。

(三)对多客户进行整合

物流运作增值的一个方法是扩大市场,对多客户整合形成规模效益。整合之后的仓储或运输网络资源,可以共同利用提高利用效率,获得降低成本的好处。但需要引起重视的是,整合运作的复杂性大大地增加,这对于第三方物流企业来说,就需要更高水平的信息技术与操作技能,对复杂事物的管理能力也应提高。第三方物流企业必须充分估计自己进行整合运作的基本条件和能力,不能贸然行之。一般而言,整合有两条途径:纵向整合或横向整合。

(1)纵向整合,是对客户企业内部的纵向物流系统进行整合,也包括从供应链角度对供应链进行纵向的整合。这种整合主要着眼于以下几方面:纵向系统的简单化、纵向系统的贯通联结、减少纵向系统的资源占用以及减少纵向系统的交叉和矛盾等。

(2)横向整合,是对有相同或相似物流需求的客户进行整合。这种整合着眼于横向系统的共同化,资源由横向系统共同使用,从而不需要每一个客户都占用独立的资源。

(四)发展客户的合作

物流运作的专业化使第三方物流企业可能在专门技术和系统领域内超越最有实力的客户,由于客户不可能全力以赴关注核心竞争能力之外的本企业的物流,必须将有限的资源,甚至是主要资源同时分配到其他几个领域,这就是合作关系的基础。

有需求、有供给不一定就能形成合作的关系,第三方物流企业在考虑客户的合作关系时,长远的战略观点是最重要的,如果第三方物流企业与客户仅仅是一次合作关系，付出则是巨大的，需要慎重；相似的多次合作甚至长期合作，才能出现效益递增而成本递减的结果。

三、第三方物流的增值服务

不排除第三方物流对客户进行一般的、基本的物流服务，但是，就客户方面而言，一般的、基本的物流运行，自己很容易承担，如果客户的物流业务不是全部、总体的外包，而是有选择的，那么，客户的选择当然是将自己没有优势的精细服务及增值服务进行外包。因此，第三方物流应该做的是带有增值性的服务。每一个第三方物流公司都应当打造自己独特的增值物流运作优势。增值服务的一般途径如下。

（一）基本服务向增值方向延伸

基本物流服务是大量发生的，由于只是向客户提供最低限度和通常的服务，服务的深度不够，因此各项基本服务都有增值的潜力，有时候，基本服务与增值服务只有一步之遥，是很容易跨越的。之所以没有选择增值服务方式，有可能出自客户降低成本的考虑，或者对于增值的作用和意义缺乏认识。动员客户实现这一步的跨越，是第三方物流企业的责任。

基本服务向增值方向延伸的办法很多，表 20－1 列举了一些，以供参考。

表 20－1　　　　基本服务延伸的增值

基本服务	延伸基本服务所增加的因素	增值的效果
一般包装	在一般包装基础上注入更多的信息因素，例如商品和包装的说明、质量查询电话或网址	放心购买、销量增加
一般包装	在一般包装基础上注入更多的装潢因素，例如商品促销的装潢	促进购买，销量增加
一般的汽车货运	根据情况，将发货点、到货点延伸到两端客户门口，变成“门到门”的运输	加快速度，减少装卸搬运从而降低了费用；或者抢占销售时机从而获利
一般仓库存货	增加向客户提供信息服务的因素，例如客户查询系统将一般仓库存货变成精细的管理	准确的信息可以支持客户降低库存从而节约成本
一般库存管理	增加与供需双方的沟通，尤其增加供货的信息，变成低库存甚至零库存	减少了资本占用和货物损失，减轻了仓库管理工作
一般的装车服务	增加事前规划的因素，根据不同货物及不同包装重量、包装体积做出装车规划	增加装车数量及安全程度，降低了平均成本
一般的卸车服务	增加事前规划的因素，指定每一件货物卸货之后的放置地点，按指定地点放置货物	减少客户物流环节，尤其是再装卸、搬运环节

(二)合理化改造的增值

物流系统存在不停地合理化改造的可能性,改造没有止境,即使现在的系统已经很完善了,但随着技术进步和管理的发展,又会出现很多可以进行合理化改造的空间。第三方物流企业必须牢牢盯住这些合理化的可能性,有专人分析研究每个领域合理化改造的可行性,提出解决方案。物流合理化的办法很多,表20-2列举了一些,以供参考。

表20-2　合理化改造的增值

物流运作	合理化的做法	增值的效果
商品通用包装	根据商品不同,有选择性地把通用包装改造成有针对性的包装	增强了所需要的包装功能,从而获得增值
过分专用包装	根据商品不同,有选择性地把过分专用的包装改变成通用型的包装	通用包装增加了包装材料的可获得性、再生性
利用配送向连锁店进行配送	整合若干个连锁商业或者整合连锁商业与其他的物流需求,实行共同配送	减少了车辆占用及交通拥堵,降低了配送成本
利用配送向连锁店进行配送	对需求量大的连锁店,或原来配送商品中的一部分,从物流中心或者仓库直接送货到连锁店,实行越库配送	减少了配送中心环节,提高了配送速度,节省了配送费用和管理费用
干线汽车物流	用信息系统进行合理化改造,使终端有及时准确的车辆、货源信息,从而防止车辆回程无货空驶	通过降低空驶率增加收入、降低成本
仓库存放货物的普通货架	用提高活性的办法进行合理化改造,对流动性能比较强的货物,改用重力式货架,提高被存放货物的活性	提高了操作效率,减少了操作时间和人力占用从而增值

(三)一体化物流服务增值

一体化物流服务增值,就是将若干独立的物流活动实行一体化,可以统筹物流资源,减少无效和浪费,从而获得增值。

(四)供应链集成整合增值

供应链集成整合增值即进行更大范围的供应链整合,从而提高整个供应链的竞争能力,获得增值。

(五)管理增值

管理增值即引入先进的管理模式,介入用户的物流管理,从而可以在不增加物流资源甚至精简物流资源的前提下获得增值。

第五节　第四方物流

第四方物流(4PL,Fourth Party Logistics)是发展趋势之一。现代社会物流复杂程度和难度越来越大,物流分工越来越强化,供应链管理高水平发展,物流领域(包括第三方物流在内)解决的能力出现不足。在这种情况下出现了应对方式和应对产业,这就是第四方物流。

社会分工把物流分成一般运作、专业第三方物流运作以及更高层次的供应链解决方案,它是在第三方物流基础上升华的一种新的物流形态和新的物流产业。

第四方物流和第三方物流的重大区别在于:第三方物流旨在物流系统的运作,能力是有限的,运作范围是有局限性的;而第四方物流提出包括物流在内的涉及供应链的物流解决方案,视野要开阔得多,这个解决方案在于指导供应链物流的更广泛的活动。

一、物流运作的层次

分工在物流领域的发展,形成了许多不同的物流运作。从水平和内涵上许许多多的从简单到复杂到系统的物流运作,可以分成不同的层次。

(一)第一个层次:物流基础活动的单独运作

物流基础活动的单独运作指的是包装、装卸、搬运、储存、保管维护、运输等实现物流基本功能所进行的独自的运作。这个层次运作的主导者和执行者都是货主,有些活动由货主自己或者雇用人员来完成。在现代社会,如果这些基础活动的规模较大,具有一定的复杂性,就需要委托给有专业能力的人员或者企业来运作。

(二)第二个层次:物流基础活动的合成运作

把一项或者多项物流基础活动合成、联结在一起,这个层次运作的主导者是货主,由货主或者雇用专业人员运作。一般的规律是一旦合成、联结在一起的基础活动具有规模和复杂性之后,就会超出货主自己或者雇用人员的能力,需要付出较高的代价,所以,委托给有专业能力的人员或者企业来运作成为更好的选择。

(三)第三个层次:物流基础活动的系统运作

把需要的所有物流基础活动结构成一个系统,进行系统化的运作,是现在物流领域比较高水平的运作。一些规模大、实力雄厚的货主企业自己可以进行这样的运作。但是,这个运作显然并不是货主企业的核心竞争能力,如果把这个运作委托给社会化的专业物流企业去做,会做得更好。同时,由于可以集中很多的需求,形成规模,也会减轻单一货主的成本负担。这实际上就是第三方物流的系统运作。这个层次运作的主导者可以是货主,也可以是第三方物流企业,当然,运作的执行者是第三方物流企业。

（四）第四个层次：物流活动以及与之相关的活动的全面系统安排

这种全面系统的安排可以做到对于货主企业的物流需求提供一个综合性的、全面的、系统的解决方案，甚至对于物流运作的流程进行再造。瞄准的是全过程的整个链条的设计、整合、集成、管理、咨询和第三方物流服务，这种全面系统运作就可以选择具有这种系统能力的优秀物流企业去做，或者选择若干物流服务企业进行系统化的组合来提供服务，这就提供了一整套供应链的解决方案。这个层次的物流就是第四方物流。

二、第四方物流是物流发展的必然

第四方物流是十几年前才归纳和提出的新概念，最初定义为：第四方物流是"集中和管理本组织和其他组织的资源、功能和技术，并设计和运行综合的供应链解决方案的集成商"。现在也有人这样定义："第四方物流是一个供应链集成商，调集和管理组织自己的以及具有互补性的服务提供商的资源、能力和技术，以提供一个综合的供应链解决方案。"

第四方物流被接受的重要原因是第三方物流存在局限。物流由第三方去运作就是物流发展的顶点吗？第三方物流的理性从何而来呢？显然，需要有更高层次的发展，而这个发展已经能够归纳和总结出一个雏形，这就是第四方物流，所以，这是物流发展的必然。这种必然不是凭空产生的，是信息化和物流运作的高度发展带来的结果。

第四方物流的初期发展是对第三方物流的整合和提升，把第三方物流提高到一个更高水平。现在，第四方物流还在创新的进程之中，在大量的实践和应用之后，将来可以形成更系统的认识和更成熟的产业形态。很明显，我们现在非常看重第四方物流的趋势性发展，第四方物流的重要基础是第三方物流，当前和今后一个相当长的时期，发展和成熟化第三方物流依然是我们的重要选择，只有大力发展第三方物流企业，第四方物流才有发展的基础。

三、第四方物流的主要作用

第四方物流还在探索和创新的进程之中，对于其作用，现在已经看到并取得共识的主要有三方面。

（一）第四方物流影响整个供应链

第四方物流诞生于物流服务，但是它的作用却有所提高和扩展，通过影响整个供应链来获得价值，能够为整条供应链的客户带来利益。第四方物流通过影响整个供应链来提高包括物流在内的大系统的水平，因此第四方物流更具有战略性的作用。

（二）第四方物流适应需方多样化和复杂的需求

物流的需求和经济领域内许多确定经济形态的需求不同，那就是物流的需求范围很广泛，有时候又有很深的深度。以往的着重于实物运动的第三方物流很难满足这种需求。第四方物流开展多功能、多流程的供应链管理，其范围远远超出传统第三方物流外包运输管理和仓储运作的范围，扩展成包括物流在内的供应链。企业可以把整条供应链交给第四方物流运作，第四方物流则可为供应链功能或流程的全部提供服务。

（三）第四方物流解决方案不仅局限于物流本体

对于复杂的物流供给和需求，第四方物流企业可以做到集中包括物流资源在内的更多资源为客户提供更高水平、更完善的解决方案和运作。它不仅集成了管理咨询和第三方物流服务商的能力，而且能够实施和运作，为客户带来利益。利益的主要表现是客户及第四方物流自身带来的综合效益：服务水平提高、利润增长和运营成本降低，以及减少货物物流时间，节约物流资源，提高物流效率，还有不可忽视的减少物流对环境的污染。

四、第四方物流的三种基本运作

（一）第三方物流与第四方物流合作

第三方物流与第四方物流合作的运作目的在于取得超过双方固有能力的效果，实现“1 +1 >2”。具体运作方式是合作共同开发市场，共同面对客户。第四方物流向第三方物流提供一系列的服务，包括提供技术方案和供应链策略、进入市场的能力和项目管理的专业能力，同时提供一个综合的供应链解决方案。而第三方物流则利用自己的运作优势，通过实际运作来具体实施。

第四方物流和第三方物流的合作方式是探索和创新的重要领域，并没有确定的模式，双方可以采用常见的商业合同方式进行合作，风险共担、利益同享，也可以采用战略联盟的方式进行更高层次的合作，着眼于长远发展。

（二）第三方物流运作，第四方物流提供支持

第三方物流运作、第四方物流提供支持实际上是一种前后台的运作方式：第四方物流为客户提供运作和管理整个供应链的解决方案，第三方物流是实际的运作者，直接面对客户，直接对客户进行服务。

这实际上可以看成第四方物流借助和通过第三方物流的运作，为客户进行服务。第四方物流企业在向某一个第三方物流提供一套方案并且进行运作和管理支持的同时，还可以对另外的不同的用户和第三方物流提供支持。

（三）整合和集成多个第三方物流和多个客户

整合和集成多个第三方物流和多个客户可以看成第四方物流直接进行运作的方式：为下游多个客户开发和提供供应链解决方案，并且整合和集成上游的第三方物流进行运作。第四方物流的这方面责任显然比前两种基本运作方式重要，因为它是上游第三方物流的集群和下游客户集群的主导和纽带。

无论哪一种模式，都突破了第三方物流的局限性，第四方物流有能力将供应商组合起来，为客户提供最佳物流服务，进而形成最优物流或方案。而第三方物流虽

然对本身运作可以努力优化,但缺乏跨越和大范围整合的能力。当然,第三方物流也可以用其他方式解决这个问题,例如第三方物流可以联合和合作,实际上,这也是第四方物流形成的途径之一。

第二十一章　配送

第一节　"配"和"送"的有机结合

一、配送的概念

国家标准对配送的定义如下:配送是在经济合理区域范围内,根据用户要求,对物品进行拣选、加工、包装、分割、组配等作业,并按时送达指定地点的物流活动。配送是物流中一种特殊的、综合的活动形式,是商流与物流的紧密结合,包含了商流活动和物流活动。

就物流而言,配送几乎包括了所有的物流功能要素,是物流的缩影或在小范围中的物流。一般的配送集装卸、包装、保管、运输于一身,完成将货物送达的目的。特殊的配送则还要以加工活动为支撑,包括的方面更广。但是,配送的主体与一般物流却有不同,一般物流是运输及保管,而配送则是运输及分拣配货。分拣配货是配送的独特要求,是配送有特点的活动,以送货为目的的运输则是实现配送的手段,从而常将配送简化地看成运输之一种。

从商流来讲,配送和物流的不同之处在于,物流是商物分离的产物,而配送则是商物合一的产物,配送本身就是一种商业形式。虽然配送具体实施时也有以商物分离形式实现的,但从配送的发展趋势看,商流与物流越来越紧密的结合,是配送成功的重要保障。

可以从以下两个方面来认识配送。

(一)从经济学资源配置的角度

从资源配置的角度对配送在社会再生产过程中的位置和配送的本质行为的表述如下:配送是以现代送货形式实现资源的最终配置的经济活动。这个概念的内涵,概括了四点:

其一,配送是资源配置的一部分。根据经济学理论认识,因而它是经济体制的一种形式。

其二,配送的资源配置作用是"最终配置",因而是接近顾客的配置。接近顾客是经营战略至关重要的内容,美国兰德公司对《财富》杂志所列的500家大公司的一项调查表明"经营战略和接近顾客至关重要",证明了这种配置方式的重要性。

其三,配送的主要经济活动是送货。这里面强调现代送货,表述了和我国旧式送货的区别,其区别以"现代"两字概括,即现代生产力、劳动手段支撑的,依靠科技进步的，实现“配”和“送”有机结合的方式。

其四，配送在社会再生产过程中的位置，是处于接近用户的那一段流通领域，因而有其局限性。配送是一种重要的方式，有其战略价值，但是它并不能解决流通领域的所有问题。

(二)从配送的实施形态角度

从配送的实施形态角度对配送的表述如下：按用户订货要求，在配送中心或其他物流结点进行货物配备，并以最合理方式送交用户。这个概念的内容概括了五点：

其一，整个概念描述了接近用户资源配置的全过程。

其二，配送的实质是送货。配送是一种送货，但和一般送货有区别：一般送货可以是一种偶然的行为，而配送却是一种固定的形态，甚至是一种有确定组织、确定渠道，有一套装备和管理力量、技术力量，有一套制度的体制形式。所以，配送是高水平送货形式。

其三，配送是一种“中转”形式。配送是从物流结点至用户的一种特殊送货形式。从送货的功能看，其特殊性表现为：从事送货的是专职流通企业，而不是生产企业；配送是“中转”型送货，而一般送货尤其从工厂至用户的送货往往是直达型；配送是企业需要什么送什么，所以，要做到需要什么送什么，就必须在一定中转环节筹集这种需要，从而使配送必然以中转形式出现。当然，广义上，许多人也将非中转型送货纳入配送范围，将配送外延从中转扩大到非中转，仅以“送”为标志来划分配送外延，也是有一定道理的。

其四，配送是“配”和“送”有机结合的形式。配送与一般送货的重要区别在于，配送利用有效的分拣、配货等理货工作，使送货达到一定的规模，用规模优势取得较低的送货成本。如果不进行分拣、配货，有一件运一件，需要一点送一点，就会大大增加劳动消耗，使送货并不优于取货。所以，追求配送的优势，分拣、配货等项工作是必不可少的。

其五，配送以用户要求为出发点，强调“按用户的订货要求”，明确了用户的主导地位。配送是从用户利益出发，按用户要求进行的一种活动，因此，在观念上必须明确“用户第一”“质量第一”。配送企业的地位是服务地位，而不是主导地位，因此不能从本企业利益出发，而应从用户利益出发，在满足用户需求的基础上取得本企业的利益。更重要的是，不能利用配送损伤或控制用户，不能使配送成为部门分割、行业分割、割据市场的手段。

其六，概念中“以最合理方式”的提法是基于这样一种考虑：过分强调“按用户要求”是不妥的，用户要求受本身的局限，有时会损失自我或双方的利益。配送方必须以“用户要求”为依据，但不能盲目，应该追求合理性，进而指导用户，实现共同受益的商业原则。

二、配送理论与实践

(一)发达国家对配送的认识

发达国家对配送的认识并非完全一致,在表述上亦有区别,但是,他们有一个非常重要的共同认识,即配送就是送货。美国配送的英语原词是 Delivery,是送货的意思,强调的是将货送达。日本工业标准解释为“将货物从物流结点送交收货人”,送货含义明确无误。

发达国家对配送的解释,并不强调配,而仅强调送达,原因是在买方市场的国家中“配”是完善“送”的经济行为,是进行竞争和提高自身经济效益的必然延伸,是在竞争中的优化形式,既然是一种必然行为,就没有强调的必要了。

对于配送稍详尽一些的解释,反映了发达国家对配送范围、性质、作用等的认识。1991 年版日本的《物流手册》这样描述它的范围:“与城市之间和物流据点之间的运输相对而言,将面向城市内和区域范围内需要者的运输,称为‘配送’。”很明显,日本人对配送的一个重要认识,是配送局限在一个区域(城市)范围内,而且从性质来看,配送是一种运输形式。关于这一点该书中又有进一步描述:“生产厂到配送中心之间的物品空间移动叫‘运输’,从配送中心到顾客之间的物品空间移动叫‘配送’。”

(二)发达国家配送观念的发展

送货有相当长的历史,可以说是随市场而诞生的一种必然。尤其是伴随资本主义经济的生产过剩,在买方市场情况下,必然采取各种各样的推销手段,送货最初便是作为一种推销手段出现的。仅将其作为推销手段而不视其为企业发展的战略手段,在有些国家持续了很长时间,甚至在经济发展的高峰期仍然如此。很多企业直到 20 世纪 70 年代仍然将送货看成“无法回避、令人讨厌、费力低效的活动,甚至有碍企业的发展”,正反映了这种现实。

从历史上曾采用的一般送货,发展到以高技术方式支持的,作为企业发展战略手段的配送,也是近几十年的事情。企业界普遍认识到配送是企业经营活动的主要组成部分,它能给企业创造更多赢利,是企业增强竞争能力的手段。这种认识的转变有着深厚的社会根源:

第一,科学技术的进步和生产力的发展,可以提供省力且高效的管理与技术装备,将“无法回避、令人讨厌且费力低效的活动”转变为刻意追求、容易接受且省力高效的活动。

第二,生产领域劳动生产率的提高,使人看出流通和物流过程中的潜力,包括配送在内的物流领域开发可以取得很高的经济效益,因此就不再“有碍于企业的发展”。

第三,生产力发展大大促进了社会分工,服务性生产发展,服务性社会出现,增强了配送的主动服务性质,成为企业“增强自身竞争能力的手段”。

（三）配送方式和手段的发展

在观念发生变化的同时，配送方式和手段也有很大发展，尤其突出反映在以下几方面：

（1）配送共同化。初期送货是以单独的企业为主体，出现了配送企业车辆利用率低，不同配送企业之间交错运输，交通紧张，事故频繁等多方面问题。但近来的发展，已上升到从大范围考虑合理化，致力于推行整个城市、所有企业的共同配送。

（2）配送计划化。初期配送，强调即时完成每一个客户要求进行配送的情况较多，即完全按顾客要求办事，而并不是按顾客的合理要求办事。制定合理计划而不是完全按顾客要求那样进行配送，是高水平的计划配送的一大进展。配送计划化有效地促进了配送合理化。

（3）配送区域扩大。近些年，配送已突破了一个城市的范围，在更大范围中找到了优势，即全国甚至洲际配送。

（4）直达配送。不经过物流基地中转，在有足够批量且不增加用户库存的情况下，配送在“直达”领域中也找到了优势，因而突破了配送的原来概念，有了新的发展。

（5）计算机管理配送。随配送规模的扩大和计算机的微型化，计算机管理配送取得了很大进展，突出表现在三个方面：一是信息传递与处理系统的建立，甚至建立了 EDI 系统；二是计算机辅助决策，美国 IBM 公司率先建立了配送车辆计划和配送路线的计算机软件；三是计算机与其他自动化装置的操作控制，如无人搬运车、自动分拣系统等。

（6）配送劳动手段。配送劳动手段是进展很大的领域。20 世纪 80 年代，已普遍采用了计算机系统、自动搬运系统、大规模分拣、光电识别、条形码、专用搬运车等新技术，工效提高了 5～10 倍，全自动化技术如机器人、无人搬运车、自动分拣等也在配送中得以应用。

（7）多种配送方式。近代配送的一个显著进展，是出现了在各自领域的优化配送方式。由于流通过程、流通对象及流通手段复杂，优化配送方式是多种多样的，如日本 30 千克以下货物的“宅急便”“宅配便”式配送、小批量快递系统、准时供应系统、分包配送、托盘配送系统、日配系统、分销配送、柔性配送系统、往复式配送系统、巡回服务时间表方式（定时路线配送）。作为配送方式，前面提到的共同配送系统、直达配送系统也属此列。

（8）配送集约化程度。20 世纪末，配送形成了规模效益，集约化程度提高。例如：英国 GPR 公司，1986 年有送货点35 000个，到 1988 年合并成1 800个，是两年前的约 1/20，但营业额却显著提高；美国通用食品公司 20 个配送中心取代 100 个仓库；美国赫马克公司以 1 个自动化水平较高且采用计算机管理的配送中心，取代了 18 座老式仓库，总费用显著下降，第一年就节省了 400 万美元。这些例子明显反映了发达国家配送集约化程度的提高。同时，配送系统的处理能力（单位产出）也有了很大提高,较先进的配送中心,人均作业率达每小时500个托盘,配送分拣能力已达每小时14 500件,日本资生堂配送系统每天可完成对管区4 200个商店的配送。采用先进方式,配送的精确度和质量也大幅度提高。

20世纪80年代末,发达国家配送已发展到一个较高水平,成为稳定的经济形态。

三、我国配送的发展

低水平送货,在我国有长期的历史,20世纪我国市场出现长期短缺,严重遏制了各种送货服务;20世纪60年代,开始出现类似配送的方式——"指标到局,供应到厂",按质按量备齐后供应到厂,出现配送的萌芽;70年代有了新的发展,探索了零库存配送方式,也开始了商品混凝土的配送。20世纪80年代开始物资配送的探索,影响较大的有以下几个:

(1)按用户要求的定时定量配送。天津储运公司唐家口仓库,以自己的仓库场地为用户储存物资,并按用户要求的时间配套送货上门。如天津广播器材公司电视机散件,订购到货后,由唐家口仓库代存,每天定量定时送货,严格保证该厂生产。

(2)石家庄市物资局开展以"三定一送"为内容的配送,该市物资局在全市实行"定时、定量、定点"送货上门,并以配送协议的形式确定下来,形成全市性流通方式。石家庄市物资局各专业公司推广配送业务,配送协议户曾达252户,占全市工业企业的1/4。

(3)沈阳市机电公司第二分公司轴承、工具配送。该公司1987年作为一个科研项目开始着手探索配送,配送户60余家,取得了明显的经济效益,形成了配送流程体系。

(4)锦西木材公司的木材配送。该公司1988年10月开始以划转供应为突破口,对木材用户开展配送。

20世纪80年代开展的配送,已经区别于20世纪70年代以前的送货上门,在水平、效率、速度、质量等方面都有了较大差别,说明我国配送已进入自觉应用阶段。

20世纪末,我国物流出现了前所未有的发展势头,在配送领域的进展尤其显著。城市商业配送是发展最快的领域之一。上海市商业系统的华联配送中心,可以支持2 000多个连锁店的日配需求,已经成为能够进入世界前列的大规模的配送系统。

进入21世纪之后,配送已经成为常规形态,范围覆盖到全国。发展规模最大、覆盖领域最广泛的是执行送货到门服务的快递方式,其已经成长为一个新的产业。

第二节 配送种类

一、按实施配送的结点不同分类

(一)配送中心配送

配送中心配送的组织者是专职配送的配送中心,规模较大,有不同的组织方式:有的是依靠配送中心储存各种商品,进行配送,因而储存量比较大;也有的配送中心专职于配送,储存量较小,货源靠附近的仓库补充。

配送中心专业性较强,和用户有固定的配送关系,一般实行计划配送,需配送的商品有一定的库存量。配送中心的设施及工艺流程是专门设计的,配送能力强,覆盖区域较大,配送品种多、数量大,可以承担连锁商业的配送以及工业生产物资的配送,还可以向配送商店实行供货性配送,是配送的重要形式。从实施配送较为普遍的国家看,配送中心配送是配送的主体形式,不但在数量上占主要部分,而且是小配送单位的总据点。配送中心一旦建成便很难改变,灵活机动性较差,投资较高,因此,这种配送形式有一定局限性。

(二)仓库配送

仓库配送是以一般仓库为据点进行配送的形式,可以是仓库完全改造成配送中心,也可以是以仓库原功能为主,增加配送职能。由于不是专门设计和建立,所以,仓库配送规模较小,配送的专业化较差,但可以利用原仓库的储存设施及能力、场地、运输线路等,所以是开展中等规模的配送可选择的形式,是上马较快的形式。

(三)商店配送

商店配送的组织者是商业的门市网点,主要承担商品的零售,规模一般不大,但经营品种较齐全。除日常零售业务外,还可根据用户的要求代订外购本商店没有的商品,一起配齐送给用户。商业零售网点数量较多、配送半径较短,比较灵活机动,是配送的辅助及补充的形式。商店配送有两种形式:兼营配送和专营配送。后者商店不进行门店销售而专门配送,一般是商店位置不好不适于门市销售,但是又有某方面经营优势及渠道优势,可采取这种方式。

(四)生产企业配送

生产企业配送的组织者是生产企业,尤其是多品种生产的生产企业,可以直接由本企业开始进行配送而无须将产品发运到配送中心再进行配送。由于避免了一次物流中转,所以有一定优势。但是生产企业,尤其是现代生产企业,往往是进行大批量低成本生产,品种较单一,因而不能像配送中心那样依靠产品凑整运输取得优势,不是配送的主体方式。

生产企业配送在地方性产品生产企业中应用较多,如就地生产就地消费的食品、啤酒、饮料、百货等。在生产资料方面,某些不适于中转的化工产品及地方建材也采取这种方式。

二、按配送种类及数量分类

(一)单(少)品种、大批量配送

工业企业需要量较大的商品,单独一个品种或几个品种就可达到较大输送量,可实行整车运输,这种商品往往不需要再与其他商品搭配,可由专业性很强的配送中心实行配送。由于配送量大,可使车辆满载并使用大吨位车辆,配送中心内部工作也较简单,因此配送成本较低。但是,如果可以从生产企业将这种商品直接运抵用户,同时又不致使用户库存效益下降,则采用直送方式往往有更好的效果。

(二)多品种、少批量配送

企业的需求,B、C 类物资品种数远高于 A 类。B、C 类的品种数多,但单种需要量不大,若采取直送或大批量配送方式,由于批量大,必然造成用户库存增大问题。类似情况也存在于向零售店补充生活消费品的配送。这些情况适合采用多品种、少批量配送方式,是按用户要求,将所需的各种物品(每种需要量不大)配齐,凑整送达用户。伴随多用户多批次的特点,配送频度往往较高,配送作业水平要求高,配送中心设备复杂,配货送货计划难度大,要有高水平的组织工作。在配送方式中,这是一种高水平、高技术的方式。

配送的特殊作用反映在多品种、少批量的配送中,这种方式也正符合现代“消费多样化”“需求多样化”的新观念,所以,是许多发达国家推崇的方式。

(三)配套成套配送

按企业生产需要,尤其是装配型企业的生产需要,将生产每一台件所需全部零部件配齐,按生产节奏定时送达生产企业,生产企业随即可将此成套零部件送入生产线装配产品。这种配送方式,配送企业承担了生产企业的大部分供应工作,使生产企业专致于生产,与多品种、少批量配送效果相同。

三、按配送时间及数量分类

(一)定时配送

定时配送按规定时间间隔配送,如数天或数小时进行一次,品种及数量可按计划执行,也可通知配送品种及数量。由于时间固定,易于安排工作、计划使用车辆,用户也易于安排接货力量。但是,由于配送物品种类经常变化,配货、装货难度较大,在配送数量变化较大时,也会使配送运力安排出现困难。

定时配送有以下两种具体形式。

1. 日配(当日配送)

这种方式,尤其城市内配送,日配是主体,其时间要求大体是:上午的订货下午送达,下午的订货第二天早上送达,送达时间在 24 小时之内。日配可使用户基本上无须保持库存,不以传统库存为生产或销售经营的保证。日配方式对下述情况特别适合：

(1)消费者追求新鲜的诸种食品，如水果、点心、肉类、蛋类、菜蔬等。

(2)用户是多个小型商店，追求周转快，随进随售，因而需要采取日配形式快速周转。

(3)用户条件限制，不可能保持较长时期的库存，如已采用零库存方式的生产企业，“黄金宝地”位置的商店以及缺乏储存设施(如冷冻设施)的用户。

(4)临时出现的需求。

2. 准时—看板方式

这是使配送供货与生产企业生产保持同步的方式。比日配方式和一般定时方式更为精细准确，配送每天至少一次，甚至几次，以保证企业生产的不间断。这种方式供货时间是用户生产之时，从而货物不需在用户仓库中停留，而直接到达现场，这和日配比较，连“暂存”也可取消，可以绝对地实现零库存。

准时—看板方式需要有很高水平的配送系统来实施，由于要求有迅速反应的能力，因而不大可能对多用户进行周密的共同配送计划，这种方式非常适合装配型重复大量生产的用户，这种用户所需配送的物资是重复、大量且无大变化的，因而往往是一对一的配送。

(二)定量配送

按规定的批量在指定的时间范围中配送。这种方式数量固定，备货工作较为简单，可以按托盘、集装箱及车辆的装载能力定量，能有效利用托盘、集装箱等集装方式，可做到整车配送，配送效率较高。由于时间不严格限定，可以将不同用户所需物品凑整车配送，运力利用也好。对用户来讲，每次接货都处理同等数量的货物，有利于人力、物力的准备。

(三)定时定量配送

按照规定时间和数量进行配送。兼有定时、定量两种方式的优点，但特殊性强，计划难度大，适合采用的对象不多，不是一种普遍的方式。

(四)定时定路线配送

在规定的运行路线上制定到达时间表，按时间表进行配送，有利于计划安排车辆及人员。在配送用户较多的地区，也可免去过分复杂的配送所造成的配送组织工作及车辆安排的困难。对用户来讲，不但可以在一定路线、一定时间进行选择，又可有计划安排接货。但这种方式应用领域也是有限的，主要是对用户有选择性，不是所有用户都能利用。

(五)即时配送

按用户突然提出的要求的时间和数量随即进行配送的方式。这是有很高灵活性的一种应急方式，采用这种方式可以实现保险储备的零库存，用即时配送方式代替保险储备。

四、按经营形式分类

（一）销售配送

销售配送的配送企业是销售性企业，或作为销售战略进行的促销型配送，配送对象及用户往往是不固定的，依据对市场的占有情况而定，配送的经营状况也取决于市场状况，配送随机性较强而计划性较差。各种类型的商店配送一般多属于销售配送。用配送方式进行销售是扩大销售数量、扩大市场占有率、获得更多销售收益的重要方式，送货服务也受到用户的欢迎。

（二）供应配送

供应配送是用户为自己的供应采取的配送形式，往往由用户或用户集团组建配送据点，集中组织大批量进货（取得批量优惠），然后向本企业或向集团若干企业配送。这在大型企业或企业集团中采用较多，例如连锁商店就常常采用这种供应配送的方式。用配送方式进行供应，是保证供应水平、提高供应能力、降低供应成本的重要手段。

（三）销售—供应一体化配送

销售企业对于固定的用户和确定的配送产品，可以在销售的同时承担用户有计划供应者的职能，其既是销售者同时又成为用户的供应代理人。对某些用户，这就可以减除自己的供应机构，而委托销售者代理，又会获得比较高的服务保证。

采用销售—供应一体化配送对销售者来讲，能获得稳定的用户和销售渠道，有利于稳定持续发展、扩大销售量；对于用户来讲，能获得稳定的供应，可大大节约供应所耗用的人力、物力、财力。由于销售者能有效控制进货渠道，这是用户难以做到的，因而对用户供应的保证程度可望提高。

（四）代存代供配送

代存代供配送是用户将自己的货物委托配送企业代存、代供，有时还委托代订，然后组织对本身的配送。这种配送，在实施时不发生商品所有权的转移，配送企业只是用户的委托代理人，商品所有权在配送前后都属于用户所有，所发生的仅是商品物理位置的转移。配送企业仅从代存、代送中获取收益，而不能获得商品销售的经营性收益。

（五）越库配送

越库配送是由配送企业组织，不通过配送中心而由货源所在地直接对用户进行的配送。这种配送方式越过了配送中心的仓库，称之为越库配送。配送企业采取越库配送方式有三个好处：一是无须进入配送中心仓库，节约一大笔费用；二是减少了配送中心的烦琐手续；三是货源直接和用户联结，不但减少了物流时间，而且使用户及时获得新鲜的货物。

越库配送是在有效的情报支持和卖方市场两个前提下才有可能实施的配送方式。这两个前提，一个提供了信息的保障，一个提供了资源的保障。在信息发达的情况下，越库配送可以大规模实施，配送中心则带有一定的虚拟性，甚至成为“虚拟配送中心”。

五、按加工程度分类

（一）加工配送

加工配送是和流通加工结合的配送。在配送据点设置流通加工环节，或是流通加工中心与配送中心建立在一起，就能够实现这一结合。当社会上现成产品不能满足用户需要，或是用户根据本身工艺要求需要使用经过某种初加工的产品时，可以选择这种方式。流通加工和配送结合，使流通加工更有针对性，减少了盲目性，配送企业不但可以依靠送货服务、销售经营取得收益，还可通过加工增值取得收益。

（二）集疏配送

集疏配送是只改变产品数量组成形态而不改变产品本身物理、化学性态的与干线运输相配合的配送方式，如大批量进货后小批量、多批次发货，零星集货后以一定批量送货等。

六、按配送企业专业化程度分类

（一）综合配送

综合配送是商品种类较多，综合性较强，在一个配送网点中组织对用户的配送。它可减少用户为组织所需全部物资进货的负担，只需和少数配送企业联系，便可解决多种需求的配送，因此，是对用户服务较强的配送形式。

综合配送的局限性在于，由于产品性能、形状差别很大，在组织时技术难度较大，因此，一般只是在性状相同或相近的不同类产品方面，实行综合配送，差别过大的产品难以综合化。

（二）专业配送

专业配送是按产品性状不同适当划分专业领域的配送方式。它并非越细分越好，实际上在同一性状而类别不同的产品方面，也是有一定综合性的。专业配送重要的优势，是可按专业的共同要求优化配送设施，优选配送机械及配送车辆，制定适用性强的工艺流程，从而大大提高配送各环节工作的效率。现在的专业配送已经形成广泛分布的状态。

七、共同配送

（一）共同配送的概念

共同配送是追求配送合理化，经长期的发展和探索优化出的一种配送形式，也是现代社会中采用较广泛、影响面较大的一种配送方式。我国国家标准对其定义是“由多个企业联合组织实施的配送活动”；日本工业标准的解释是“为提高物流效率，对许多企业一起进行配送”。但是，国内外的实践已大大扩展了共同配送的内容。

（二）共同配送产生的历史背景

共同配送最初是日本等发达国家形成的一种配送模式。许多发达国家共同配送的大面积施行绝不是偶然的，而是创造出的适合其国情的方式。

首先，这些国家实行自由竞争的市场经济，存在多家配送企业并存竞争的局面，每个配送企业都要开辟市场和渠道，因此不可避免地要分别建立自己的网络和设施，这样一来，便容易出现在用户较多的地区设施不足，或者在用户稀少的地区设施过剩，或者不同配送企业重复建设设施的状况，共同配送自然成了兴利除弊的好方式。

其次，由于“消费个性化”和强调“用户是上帝”，于是采取准时送达的配送方式使用户满意，因此，车辆的提运货频度很高，这就引发了交通、环境及废气污染等一系列社会问题。采取共同配送方式，使用一辆车共同配送，代替原来的几辆或几十辆车，自然有利于缓解这些问题。由此看来，共同配送也是这一“国情”下产生的事物。

最后，配送企业绝大部分是“利润中心”型企业，配送也必然是一种取利的手段。共同配送通过严密计划，提高车辆使用效率，提高设施使用效率以减少成本支出，从而可以增加利润。

（三）共同配送的具体形式

1. 一个配送企业对多家用户实行的配送

由一个配送企业对各个用户统筹，在配送时间、数量、次数、路线等诸方面做出系统最优的安排，在用户可以接受的前提下，全面规划、合理计划进行配送。不但可满足不同用户的要求，又能有效地进行分货、配货、配载、选择运输方式、选择运输路线、合理安排送达数量和送达时间。这种配送，可充分发挥周密计划的优势，实行起来较为复杂，但却是共同配送中水平较高的形式。

2. 一辆车的混载配送

这是较为简单易行的共同配送方式。在送货时尽可能安排一个配送车辆对多货主货物进行混载。这种共同配送方式的优势在于：以一辆送货车代替了以往多货主分别送货或分别自运货物的多辆车，以一辆较大型的且可满载的车辆，代替了以往多货主、多辆车且多辆车都难以满载的弊病。由于只在送货时实行多货主货物混载而无须全面、周密的计划，所以这种共同配送方式较之前一种简单易行。

3. 共同利用资源的方式

在用户集中的地区，且该地区较为拥挤，各个用户单独准备接货场地或货物处置场地有困难的情况下，多用户联合设立共同接收点或处置场。这不仅解决了场地的问题，也大大提高了接货水平，加快了配送车辆的运转速度，且集中接货点可以集中处置废弃包装材料，又可多用户共同安排接货人员以减少接货人员数量。

4. 协作配送的方式

在一个地区中有数家配送企业时，配送企业可以共同利用配送中心、配送机械等设施,对不同配送企业的用户共同实行配送。这种方式,配送企业可选择离用户最近的配送中心,该配送中心可能并非隶属本企业,而是隶属于另一家企业,但由于离用户最近,可降低配送成本。这就形成了一种共同协作实行配送的方式。

第三节 配送模式

一、配送流程及要素

(一)配送功能要素

1. 备货

这是配送的准备工作或基础工作,包括筹集货源、进货及有关的质量检查。配送的优势之一就是可以集中用户的需求进行一定规模的备货。备货是决定配送成败的初期工作,如果备货成本太高,会大大降低配送的效益。

2. 储存

这有储备及暂存两种形态。

(1)配送储备是对配送的资源保证。储备数量较大,储备结构也较完善,可以有计划地确定周转储备及保险储备的结构及数量。配送的储备保证有时在配送中心附近单独设库解决。

(2)储存形态中的暂存,是具体执行配送时,按分拣配货要求,在理货场地所做的少量储存准备。由于总体储存效益取决于储存总量,所以,这部分暂存数量只会对工作方便与否造成影响,而不会影响储存的总效益,因而在数量上控制并不严格。还有另一种形式的暂存,即分拣、配货之后的暂存,主要是调节配货与送货的节奏,暂存时间不长。

3. 分拣及配货

它们是配送不同于其他物流形式的有特点的功能要素,也是配送成败的一项重要支持性工作。分拣及配货是完善、支持送货的准备工作,是配送企业在送货时进行竞争和提高自身经济效益的必然延伸,所以,也可以说是送货向高级形式发展的必然要求。有了分拣及配货就会大大提高送货服务水平,所以是决定整个配送系统水平的关键要素。

4. 配装

在单个用户配送数量不能达到车辆的有效载运负荷时,就存在如何集中不同用户的配送货物,进行搭配装载以充分利用运能、运力的问题,这就需要配装。和一般送货的不同之处在于,通过配装送货可以大大提高送货水平及降低送货成本,所以是配送系统中有现代特点的功能要素,也是与以往送货的重要区别之处。

5. 配送运输

配送运输属于支线运输、末端运输,和一般运输形态的主要区别在于:配送运输是较短距离、较小规模、频度较高的运输形式，配送路线选择问题是一般干线运输所没有的。配送运输由于用户多，城市交通路线又较复杂，组合成最佳路线，使配装和路线有效搭配是配送运输的特点，也是难度较大的工作。

6. 送达服务

将配好的货运达用户还不算配送工作的完结，这是因为送达货和用户接货往往还会出现不协调，使配送前功尽弃。要圆满地实现运到之货的移交，还应讲究卸货地点、卸货方式等。送达服务也是配送的特殊性所在。

7. 配送加工

配送加工是流通加工的一种，不具有普遍性，但是往往有重要作用。主要原因是配送加工可以支持有效的配送并且大大提高用户的满意程度。

(二)配送的一般流程

配送的一般流程如图 21－1 所示，但并不是所有的配送者都按下述流程进行。不同产品的配送可能有独特之处，如燃料油配送就不存在配货、分放、配装工序，水泥及木材配送又多出了一些流通加工的过程，可能出现在储存环节，也可能出现在备货环节。

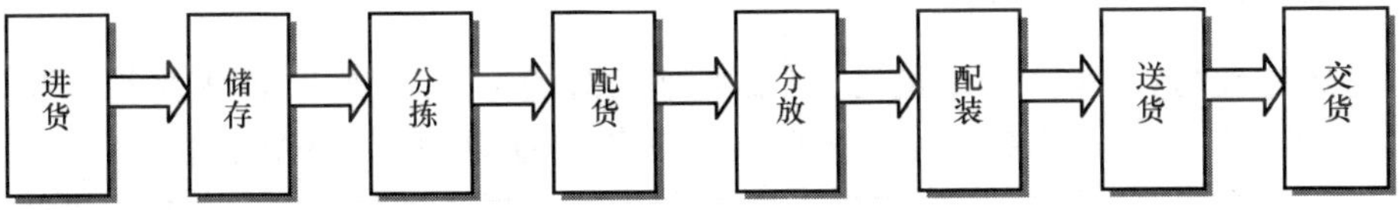

图 21－1　配送的一般流程

二、配送模式

(一)中、小件杂货的配送模式

1. 配送的产品

各种包装及非包装形态、能够混存混装的物品，是种类、品种、规格复杂多样的中、小件产品，主要有百货、小机电、仪表、电工、五金、无腐蚀污染的化工、建材、书籍、杂志等印刷品及办公用品。这一类的共同特点是：可以通过外包装改变组合数量；可以以内包装直接放入配送箱、盘等工具中；由于有确定包装，可以混载到车辆、托盘上；产品个体尺寸都不大，可以大量存放于单元货格式等现代仓库之中。

2. 配送工艺

配送工艺流程如图 21－1 所示，基本符合标准流程，没有或很少有流通加工环节。流程的重要特点是分拣、配货、配装的难度较大，这三项操作是这一工艺中的独特之处。这与该类产品品种规格多而需求也是多品种少批量有关，每个用户需求种类多而单种数量少，配送又很频繁，就必然要求有较复杂的理货、配货及配装工作。

3. 配送方式

这适用于多用户的多品种、少批量、多批次的配送，需求的计划性不太强，往往需要根据临时的订货协议组织配送，所以配送用户、配送量、配送路线都难以稳定下来，甚至每日的配送都要对配装、路线做出选择。这类产品也经常采用即时配送形式，用户企业依靠即时配送体制可以实现“零库存”。

(二)金属材料的配送模式

配送产品包括：黑色金属材料、有色金属材料、金属制品以及和金属材料有共同特点的其他产品，如混凝土杆、混凝土管、混凝土桩等。以捆装或裸装为主，少有或根本没有包装，可以露天存放，强度高、重量大、尺寸大，以块状、板状及条形为主，较容易进行混装。

由于黑色金属及有色金属性状差别较大，这种模式可进一步划分不同的专业配送模式。

第四节　配送合理化

一、不合理配送的表现形式

配送合理与否，不能简单论之，也很难有绝对的标准。例如，企业效益是配送的重要衡量标志，但是，在决策时常常必须考虑各个方面，有时要做赔本买卖。所以，配送决策是全面、综合决策，应避免不合理配送造成损失，但有时某些不合理是伴生的，要追求大的合理，就可能派生小的不合理。所以，这里只单独论述不合理配送的表现形式，要防止绝对化。

(一)资源筹措不合理

配送通过筹措资源的规模效益降低成本，使成本低于用户自己筹措资源的成本，从而取得优势。如果不是集中多个用户的需要，而仅为一两户代购代筹，用户不能降低资源筹措费，却要多支付配送企业的代筹代办费，因而不合理。这种不合理还有其他表现形式，如配送量计划不准，资源筹措过多或过少，没有与供应者之间长期稳定的供需关系等。

(二)库存决策不合理

配送应当充分利用集中库存总量低于各用户分散库存总量，从而节约社会财富，同时降低用户实际平均分摊的库存负担。因此，配送企业必须依靠科学管理来实现一个低总量的库存，否则就会出现单纯的库存转移，而未解决库存降低的问题，造成不合理。配送企业库存决策不合理还表现在储存量不足，不能保证随机需求，失去了应有的市场。

(三)价格不合理

总的来讲，配送的价格应低于不实行配送而用户自己进货时产品购买价格加上自己提货、运输、进货之成本总和,这样才会使用户有利可图。有时候,由于配送有较高服务水平,价格稍高用户也是可以接受的,但这不是普遍原则。如果配送价格普遍高于用户自己进货价格,就是不合理表现。价格过低使配送企业处于无利或亏损状态下运行,也是不合理的。

(四)配送与直达的决策不合理

一般的配送总是增加了中转环节,但这个环节可降低用户库存水平,以此不但抵销了增加环节的支出,而且还能取得效益。但如果用户使用批量大,可以直接通过社会物流系统均衡批量进货,较之通过配送中转送货则可能更节约费用,那么,在这种情况下,不直接进货而通过中转型的配送就属于不合理范畴。针对这种情况,常常采用"越库配送"的方式,不但有用户满意的服务水平,而且避免了中转的成本付出,从而也避免了不合理。

(五)送货中不合理运输

配送与用户自提比较,尤其对于多个小用户来讲,可以集中配装一车送达几家用户,这相对一家一户自提,可大大节省运力和运费。如果不能利用这一优势,仍然是一户一送,而车辆达不到满载(即时配送过多过频时会出现这种情况),则属于不合理。

(六)经营观念不合理

经营观念不合理,使配送优势无从发挥,相反却损坏了配送的形象,这是在开展配送时尤其需要注意克服的不合理现象。例如,配送企业利用配送手段,向用户转嫁资金、库存困难,在库存过大时,强迫用户接货,以缓解自己的库存压力,在资金紧张时,长期占用用户资金,在资源紧张时,将用户委托资源挪做他用等都属于这种类型的不合理。

二、配送合理化

(一)配送合理化的判断标志

目前国内外尚无一定的技术经济指标体系和判断方法,一般认为有以下若干判断标志。

1. 库存标志

库存标志有两个。

一是库存总量。配送中心库存数量加上各用户在实行配送后库存量之和应低于实行配送前各用户库存量之和;从用户角度判断,实行配送前后的库存量比较,也是判断合理与否的标准。

二是库存周转。由于配送企业的调剂作用,以低库存保持高的供应能力,库存周转一般总是快于原来各企业库存周转;各用户在实行配送前后的库存周转比较,也是判断合理与否的标志。

2. 资金标志

实行配送应有利于资金占用降低及资金运用的科学化,判断标志如下。

(1)资金总量。用于资源筹措所占用流动资金总量,随储备总量的下降及供应方式的改变必然有一个较大的降低。

(2)资金周转。从资金运用来讲,由于整体节奏加快,资金能充分发挥作用。同样数量资金,过去需要较长时期才能满足一定供应要求,配送之后,在较短时期内就能达此目的,所以资金周转是否加快,是衡量配送合理与否的标志。

(3)资金投向的改变。资金分散投入还是集中投入,是资金调控能力的重要反映。实行配送后,资金必然应当从分散投入改为集中投入,以增加调控作用。

3. 成本和效益标志

总效益、宏观效益、微观效益、资源筹措成本都是判断配送合理化的标志。不同的配送有不同侧重点:如果用户是各自独立的以利润为中心的企业,则不但要看配送的总效益,而且要看对社会的宏观效益及两个企业的微观效益;如果配送是用户集团自己组织,主要强调保证能力和服务性,那么,效益主要从总效益、宏观效益和用户集团企业的微观效益来判断,不必过多顾及配送企业的微观效益。

由于总效益及宏观效益难以计量,在实际判断时,常以完成国家税收及配送企业和用户的微观效益来判断。

4. 供应保证标志

实行配送,各用户的最大担心是害怕供应保证程度降低,这是个心态问题,也是承担风险能力的实际问题。配送的重要一点是必须提高而不是降低对用户的供应保证能力,才算合理。供应保证能力可以从以下三方面判断。

(1)缺货次数。实行配送,由于缺货影响用户生产及经营的次数下降才算合理。

(2) 配送企业集中库存量。对每一个用户来讲,配送企业集中库存量所形成的保证供应能力高于配送前单个企业的保证程度,从供应保证来看才算合理。

(3)即时配送的能力及速度。这是用户出现特殊情况的特殊供应保障方式,必须高于未实行配送前用户紧急进货能力及速度才算合理。

特别需要强调一点,配送企业的供应保障能力是一个科学的合理的概念,而不是无限的概念。具体来讲,如果供应保障能力过高,超过了实际的需要,亦属于不合理。

5. 运力节约标志

末端运输是目前运能、运力使用不合理、浪费较大的领域,也是造成城市交通混乱的一个领域,这也成了配送合理化的重要标志。

运力使用的合理化是依靠送货运力的规划和整个配送系统的合理流程及与社会运输系统合理衔接实现的。送货运力的规划是任何配送中心都需要花力气解决的问题,而其他问题有赖于配送及物流系统的合理化,判断起来比较复杂。可以简化判断如下:社会车辆总数减少而承运量增加、社会车辆空驶减少、自提自运减少、社会化运输增加均为合理。

6. 用户企业仓库、供应、进货人力物力节约标志

配送的重要观念是以配送代劳用户。因此，实行配送后，各用户库存量、仓库面积、仓库管理人员减少为合理；用于订货、接货、搞供应的人应减少才为合理。解除用户的后顾之忧，配送的合理化则可以说是高水平了。

7. 物流合理化标志

物流合理化是配送要解决的大问题，也是衡量配送本身的重要标志。配送必须有利于物流合理。这可以从以下几方面判断：是否降低了物流费用；是否减少了物流损失；是否加快了物流速度；是否发挥了各种物流方式的最优效果；是否有效衔接了干线运输和末端运输；是否不增加实际的物流中转次数；是否采用了先进的技术手段。

(二)配送合理化的可行做法

(1)推行一定综合程度的专业化配送。通过采用专业设备、设施及操作程序，取得较好的配送效果并降低配送过分综合化的复杂程度及难度，从而追求配送合理化。

(2)推行加工配送。加工和配送结合，充分利用本来应有的这次中转进行流通加工，同时，加工借助于配送，加工目的更明确，和用户联系更紧密，更避免了盲目性。这两者有机结合，投入不增加太多却可追求两个优势、两个效益，是配送合理化的重要途径。

(3)推行共同配送。通过共同配送，可以共用资源，从而发挥资源的最大能力，以最小的资源消耗、最低的配送成本完成配送，从而追求合理化。

(4)实行送取结合。配送企业与用户建立稳定、密切的协作关系，配送企业不仅成了用户的供应代理人，而且承担用户储存据点功能，甚至成为产品代销人。在配送时，将用户所需的物资送到，再将该用户生产的产品用同一车运回，这种产品也成了配送中心的配送产品之一，或者代存代储，免去了生产企业的库存包袱，从而追求合理化。

(5)推行准时配送。配送做到准时，用户才有资源把握，可以实施低库存或零库存，有效地安排接货的人力、物力，以追求最高效率的工作。另外，保证供应能力，也取决于准时供应。从国外的经验看，准时供应配送系统是现在许多配送企业追求配送合理化的重要手段。

(6)推行即时配送。即时配送是一种应急的手段，可以解决用户企业担心断供之忧，是配送企业快速反应能力的具体化，是配送企业能力的体现。即时配送成本较高，如果计划配送能够达到目的，则无须依赖即时配送，但它仍是整个配送合理化的重要保证手段。此外，用户实行零库存，即时配送也是重要手段保证。

第五节　配送中心

一、理论及概念

(一)现代社会的产物

配送中心是以组织配送性销售或供应,执行实物配送为主要职能的流通型结点。为了做好送货的编组准备,需要采取零星集货、批量进货等种种资源搜集工作和对货物的分拣、整理、配备等工作,因此,也具有集货、分货的职能。

为了更有效、更高水平的配送,配送中心往往还有比较强的流通加工能力。此外,配送中心还必须执行货物配备后送达到户的使命,这是和分货中心只管分货不管运达的重要不同之处。由此可见,如果说集货中心、分货中心、加工中心的职能还较为单一的话,那么配送中心的功能则较全面、完整,也可以说,配送中心实际上是集货中心、分货中心、加工中心功能之综合,并且还有更重要的配与送的功能,显示了更高的水平。

配送中心是物流系统化和大规模化的必然结果。由于用户在货物处理的内容、时间和服务水平上都提出了更高的要求,为了满足用户的这些要求,就必须引进先进的分拣设施和配送设施,否则就建立不了正确、迅速、安全、廉价的作业体制。因此很多企业都建造了配送中心。可见,配送中心是基于物流合理化和发展市场两方面的需要出现的,是现代化的产物。配送中心的产生和城市现代化以及商业现代化也有很重要的关系,是现代化的物流结点,尤其城市和区域范围的配送,对于优化城市、区域的物流系统起到了很大的作用。

配送中心是物流社会分工、专业分工细化的产物。在之前,配送中心现在承担的有些职能是在转运型结点中完成的,以后一部分这类中心向纯粹的转运站发展以衔接不同的运输方式和不同规模的运输;另外一部分则增强了“送”的职能,而后又向更高级的“配”的方向发展。在连锁商业和连锁服务业领域,配送中心已经成为有机结构的一部分。

(二)配送中心的定义

1. 标准的定义

我国国家标准《物流术语》对配送中心有一个定义性的解释,“从事配送业务的物流场所或组织,应基本符合下列要求:①主要为特定的用户服务;②配送功能健全;③完善的信息网络;④辐射范围小;⑤多品种、小批量;⑥以配送为主,储存为辅。”

2. 可参考的其他定义

除国家标准之外,许多文献上都有各自的解释,重点各有不同,反映了不同领域、不同研究人员对现代物流关注的焦点和理解的差异。这里列举如下。

(1)从配送中心流程定义:“接受并处理末端用户的订货信息,对上游运来的多品种货物进行分拣,根据用户订货要求进行拣选、加工、组配等作业,并进行送货的设施和机构。”

(2)《物流手册》的定义:“配送中心是从供应者手中接收多种大量的货物,进行倒装、分类、保管、流通加工和情报处理等作业,然后按照众多需要者的订货要求备齐货物,以令人满意的服务水平进行配送的设施。”

(3)《市场用语词典》的解释:“配送中心是一种物流结点,它不以贮藏仓库这种单一的形式出现,而是发挥配送职能的流通仓库,也称作基地、据点或流通中心。配送中心的目的是降低运输成本、减少销售机会的损失,为此建立设施、设备并开展经营、管理工作。”

3. 本书的定义

本书对配送中心的定义是:“配送中心是从事货物配备(集货、加工、分货、拣选、配货)和组织对用户的送货,以高水平实现销售或供应的现代流通设施。”这个定义表达了配送中心几个不可忽视的带有特点的问题,定义表达了以下几个要点:

(1)明确提出配送中心的“货物配备”工作是其主要的、独特的工作。在许多关于配送中心的定义和解释中,没有强调配货的工作,这就没有体现出配送中心与承担向用户送货的其他物流设施的区别。

(2)送货也是配送中心的主要工作。配送中心有的是完全承担送货,有的是利用社会运输企业完成送货,所以,对于送货而言,配送中心主要是组织者而不一定是承担者。

(3)定义中强调了配送活动和销售或供应等经营活动的结合是经营的一种手段,以此排除了这是单纯的物流活动的看法。

(4)定义中强调了配送中心的“现代流通设施”,着意于和以前的诸如商场、贸易中心、仓库等流通设施的区别。

(三)配送中心的种类

1. 按照配送中心承担的流通职能分类

按照流通职能不同,配送中心主要有两种:

(1)供应配送中心。配送中心执行供应的职能,是专门为某个或某些用户(例如连锁店)组织供应的配送中心。主要特点是,配送的用户有限并且稳定,用户的配送要求范围也比较确定,属于企业型用户。因此,配送中心集中库存的品种比较固定,配送中心的进货渠道也比较稳固,同时,可以采用效率比较高的分货式工艺进行配货工作。

(2)销售配送中心。配送中心执行销售的职能,是以销售经营为目的、以配送为手段的配送中心。大体又可分为两种类型:一种是生产企业为了将本身产品直接销售给消费者,因而在远离生产企业的地区建立的配送中心;另一种是流通企业经营的一种方式,建立配送中心扩大销售经营。销售型配送中心的用户一般是不确定的，而且用户的数量多，每个用户购买的数量又较少，属于消费者型用户。这种配送中心库存结构也比较复杂，很难实行计划配送，往往采用拣选式配送工艺共同配送方法，因此，计划性较差。

2. 按照配送领域分类

按照配送领域不同，配送中心主要有两种：

（1）城市配送中心。这是以城市为配送范围的配送中心。城市处于汽车运输的经济里程范围之中，可采用汽车直接配送到最终用户。这种配送中心往往和零售经营相结合，由于运距短、反应能力强，因而从事多品种、少批量、多用户的配送较有优势。一般采用"日配"方式，在网络经济时代，配合和执行电子商务，也可采取"时配"方式。我国20世纪90年代中后期在城市中建立的电子商务网站，有不少就属于"时配"。

（2）区域配送中心。以较强的辐射能力和库存准备，向"日配""隔日配"可以覆盖的区域范围的配送中心，配送批量、用户较大，不是个人用户而是商业、工业企业用户，往往是配送给下一级的城市配送中心和大型商业企业，也配送给营业所、商店、批发商和企业用户，虽然也从事零星的配送，但不是主体。如果地域范围太广，往往建立物流中心来衔接城市配送中心，进行分层次的分销和配送，而不由一个配送中心做大范围覆盖。

3. 按照主体功能分类

按照主体功能不同，配送中心主要有三种类型：

（1）储存型配送中心。这是有很强储存功能的配送中心。一般来讲，在买方市场下，企业的产品销售需要有较大库存支持，配送中心可能有较强储存功能；在卖方市场下，企业所需要的原材料、零部件供应需要有较大库存支持，这种供应配送中心也就要有较强的储存功能。大范围配送的配送中心，要有较大库存，也可能是储存型配送中心。我国在20世纪90年代初期，推行配送拟建的一些配送中心，都采用集中库存形式，库存量较大，多为储存型。瑞士 Giba—Geigy 公司的配送中心拥有规模处于世界前列的储存库，可储存4万个托盘；美国赫马克配送中心有一个163 000个货位的储存区，可见存储能力之大。

（2）流通型配送中心。基本上没有长期储存功能，是仅以暂存或随进随出方式进行配货、送货的配送中心。典型方式是，大量货物整进并按一定批量零出，采用大型分货机，进货时可以直接分货，分送到用户货位，甚至可以直接分货到配送车上，在配送中心里仅做少许停滞。本书介绍的阪神配送中心只有暂存，大量储存则依靠一个大型补给仓库。

（3）加工配送中心。具有较强加工职能的配送中心。其根据用户或市场竞争的需要，对配送物加工之后进行配送。在配送中心内，有分装、包装、初级加工、集中下料、组装产品等加工活动。世界著名连锁饮食服务店肯德基和麦当劳的配送中心就属于这种类型。在工业、建筑领域，商品混凝土搅拌站也属于加工配送中心。

二、配送中心规划

配送中心工程项目较大，是物流经营活动所依托的生产力。这种生产力的建设是否符合经营的需要，是否能够满足服务方面、成本方面的要求，是否有适用的技术和先进水平，在很大程度上依托于配送中心本体的建设。项目建设必须按照基本建设程序的要求，首先要有可行性研究、有规划。这里研究配送中心规划的几个主要问题。

(一)配送中心的职能

配送中心的主要职能，是配送系统的组织和经营。但用户情况千差万别，配送系统必须满足和支持这些个性化的需求，以不同的服务来支持配送服务。由此，配送中心在执行主体职能的同时，必须有能够进行个性服务的其他职能。对配送中心职能进行规划是必需的工作。

(1)储存职能。配送是依靠集中库存来实现对多个用户服务的，所以储存职能必不可少，因而是有重要的支撑配送作用的职能。

(2)分拣、理货职能。为了将多种物资向多个用户进行按不同要求种类、规格、数量的配送，配送中心必须有效地分拣，按配送计划进行理货。这是配送中心的核心职能。

(3)配货、分放职能。各用户所需的多种货物，在各配送中心有效地组合在一起，形成向用户方便发送的货载。这也是配送中心的重要职能。

(4)倒装、分装职能。不同规模的货载在配送中心应能高效地分解及组合，按用户要求形成新的组合或新的装运形态。这是配送中心重要的职能。

(5)装卸搬运职能。进货、理货、装货、加工都需要辅之以装卸搬运。有效的装卸会大大提高配送效率和水平，所以装卸搬运是配送中心的基础工作，是一项基础职能。

(6)加工职能。多数配送中心都要进行不同程度的加工，加工活动在有的配送中心是关键活动。加工职能能有效提高配送水平，起增强配送服务水平的作用。

(7)送货职能。送货的起点是配送中心，送货的指挥与管理也是在配送中心之中实现的。所以，送货是最终实现配送中心作用的职能。

(8)情报职能。配送中心在干线物流与末端物流间起衔接作用，这种衔接不但靠实物的配送，也靠情报信息的衔接。配送中心的情报活动也是全物流系统中重要的一环。

(二)配送中心的流程

1. 一般流程

配送中心的一般流程是以中、小件杂货配送流程为代表。由于货种多，需要有一定储存量，属于有储存功能的配送中心。理货、分类、配货、配装的功能要求较强，很少有流通加工。在实际应用中，固体化工产品、小型机电产品、电子元器件、水暖卫生装饰材料、百货及没有保质期要求的食品等也采取这种流程。应用比较多,结构和布局的主要特点是:有较大的储存场所,分货、拣选、配货场所及装备也较大。

2. 不带储存库的配送中心流程

专以配送为职能,而将储存场所,尤其是大量储存场所转移到其他地点,专门设置补货的储存中心,配送中心中则只有为配送备货的暂存,而无大量储存。暂存设在配货场地中,配送中心不单设储存区。

和第一种类型配送中心的流程大致相同,其主要工序及主要场所都用于理货、配货。区别只在于大量的储存在配送中心外部而不在配送中心之中。由于没有集中储存的仓库,占地面积比较小,也可以省却仓库、现代货架等设施和设备。补货可采取外包,也可自建补货中心。运作时,若干配送中心可以联合,共同建设一个更大规模的集中储存型补货中心,还可以采用虚拟库存的办法来解决。

3. 加工配送中心流程

加工配送中心也不是一个模式,随加工方式不同,流程会有区别。这种配送中心流程的特点各异。以平板玻璃的加工配送中心为例,进货是大批量、单(少)品种的产品,因而分类的工作不重或基本上无须分类存放。和生产企业按标准、系列进行生产加工不同,平板玻璃流通加工是按用户十分具体的要求进行。因此,加工后产品便直接按用户分放、配货。所以,这种类型的配送中心有时不单设分货、配货或拣选环节。配送中心中加工部分及加工后分放部分占较多位置。

4. 批量转换型配送中心流程

进货是批量大、品种较单一产品,转换成小批量发货式配送中心。不经配煤、成型煤加工的煤炭配送和不经加工的水泥、油料配送的配送中心大多属于这种类型。流程十分简单,基本不存在分类、拣选、分货、配货、配装等工序,但是由于是大量进货,储存能力较强,储存及分装是主要工序。

上述四种配送中心流程,可以基本上满足前章所论述的十几种配送模式的需要。

(三)配送中心的内部布局

一般配送中心的内部工作区域结构配置如下:

(1)接货区。这个区域里完成接货及入库前的工作,如接货卸货、清点、检验、分类入库等。设施主要是:进货铁路或公路、车辆停靠卸货站台以及暂存验收检查区域。

(2)储存区。这是个静态区域,进货要在这个区域中有一定时间的放置,所以,所占的面积较大,往往占总面积一半左右。特殊配送中心(如水泥、煤炭配送中心)的储存区占总面积一半以上。

(3)理货、备货区。进行分货、拣货、配货作业,为送货做准备。面积随不同的配货中心而有较大的变化。例如,对多用户的多品种、少批量、多批次配送中心,需进行复杂的分货、拣货、配货工作,所以占地面积大。

(4)分放配装区。将配好的货暂放暂存等待外运,或根据每个用户货堆状况决定配车、配装方式，然后直接装车或运到发货站台装车。对已经配货完成等待送货的货物是暂存性质，放置的时间短、周转快，单位面积有比较大的货物处理能力，所占面积相对较小。

(5)外运发货区。在这个区域将准备好的货装入外运车辆发出。外运发货区结构和接货区类似，有站台、外运线路等设施。很多的情况下，外运发货区和分放配装区还是一体的，在有效的组织规划安排下，不同的时间分别执行两个不同的操作。

(6)加工区。许多配送中心还设置配送加工区域，进行分装、包装、切裁、下料、混配等流通加工。由于流通加工需要安装相应的装置、设备，同时还需要有加工的场地，所以加工区在配送中心所占面积较大，但设施及装置随加工种类不同有所区别。

(7)管理指挥区(办公区)。可以规划在配送中心某一位置，有时也可以分散设置于各个不同区域中。主要的内涵是营业及事务处理场所、内部指挥管理场所、信息场所等。

图 21－2 所示为配送中心各个不同功能区分布的实态。

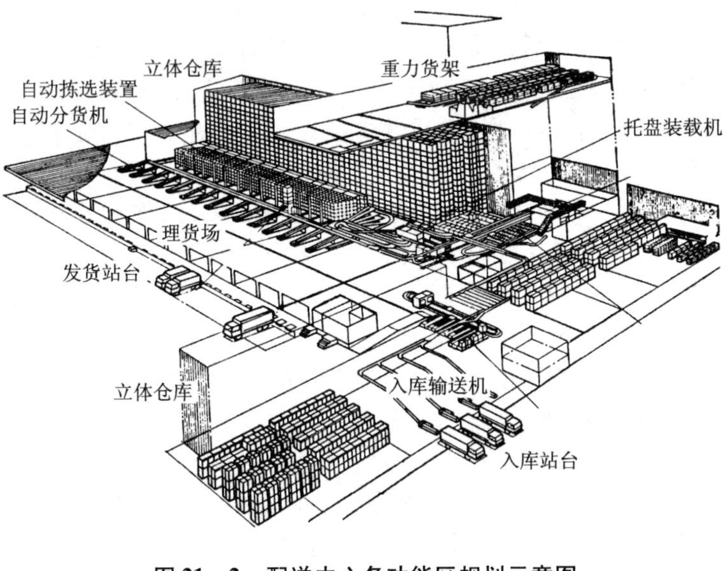

图 21－2　配送中心各功能区规划示意图

(四)配送中心的位置选择

1. 配送中心布局原理

配送中心的分布对经济活动有很大的影响，配送中心的分布如果难以和用户有效衔接，其活动便会受到很大的抑制乃至失败。为此，需要规划它的布局。布局的思考原则有以下几方面：

(1)动态的原则。配送中心许多影响因素都是变化的:其一,用户是变化的,用户的需求有变化,潜在用户的数量也有增减变化,用户中选择该配送中心的用户数量也随用户对市场的选择而变化;其二,交通的基础条件有变化,交通管制的办法也有变化;其三,在市场经济条件下,成本和价格因素有变化,有时候甚至会产生激烈的变化。

这种动态因素如果在规划配送中心布局时考虑不够或不予以考虑,配送中心布局一旦固化,就会出现不能满足配送要求或配送需求不足的情况。从动态原则出发,配送中心应当建立在详细分析现状及对于未来变化做出预期的基础上,而且规划设计要有相当的柔性,以在一定范围内适应数量、用户、成本等多方面的改变。

(2)竞争原则。配送是接近用户的服务性活动,因此,用户的选择必将引起配送服务的竞争。如果不考虑这种市场机制,而单纯从路线最短、成本最低、速度最快等角度考虑问题,一旦布局完成,便剥夺了用户的选择,会导致垄断的形成和配送服务质量的下降。为了充分体现多家竞争的原则,每一家配送中心只能占领局部市场。配送中心规划的一个非常重要的原则是只能从局部市场角度来进行规划。

在市场有限的情况下,过多设置和布局配送中心,会导致过度竞争和规模不足,这也是需要重视的。基于竞争的原则,配送中心的布局要充分体现服务性,如果这方面考虑不足,一旦布局之后也会由于服务性不够而在竞争中失败。

(3)低运费原则。配送中心必须组织对用户的配送运输,这是配送成本中一个重要的组成部分,因而运费原则极具重要性。这也是竞争原则在运费方面的具体体现。运费和运距有关,所以低运费原则常常简化成最短运输距离,用各种数学方法求解出配送中心与预计供应点和用户之间的最短距离,以作为配送中心布局的参考。运费还和运量有关,最短距离的求解并不能表明各供应点及用户的运量,所以,即使求解出最短距离,不等于说掌握了最低运费。因此,最低运费原则又可以转化成运量(吨或吨公里)来简化表示,也可通过数学方法求解。但是,在市场机制作用下,各个点的数量肯定是变化的,不会像供应点及用户位置那样基本上处于固定不变的位置,所以这种简化也只做布局的参考。

(4)交通原则。配送中心的主要活动,一方面在配送中心内部,这是可控的条件;另一方面,配送活动区域远在中心之外的一个幅射地区,则需依赖于外部的交通条件,而且这是配送中心不可控的条件,是配送中心布局的一个特殊原则。应该说,竞争原则、低运费原则的实现和交通条件关系密切,都要通过交通条件实现。交通原则的贯彻有两方面:一方面是布局时要考虑现有交通条件;另一方面,布局配送中心时,交通作为同时布局的内容,只布局配送中心而不布局交通,有可能会使配送中心的布局失败。

(5)统筹的原则。配送中心的层次、数量、布局是与生产力布局、消费布局等密切相关的、互相交织且互相促进制约的。要设定一个非常合理的配送中心布局,必须统筹兼顾、全面安排,既要做微观的考虑,又要做宏观的考虑。

2. 配送中心布局的经济论证

和工业企业建设比较,配送中心由于没有固定产量的产品,因而收益很难确知。和一般商业企业一样,配送中心的收益取决于经营,经济论证的准确程度较差。但配送中心建设需要较大规模投资,经济论证是必不可少的,要点有以下两方面。

(1)投资额的确定。配送中心的主要投资领域有以下几方面:

第一,预备性投资。配送中心应处于与用户接近的位置,建设投资之前,需有预备性投资。这是一笔颇大的投资,尤其在一些准黄金地域,甚至超过总投资的50%。

第二,直接投资。用于配送中心项目本体的投资,如建筑物建设、配送中心的货架、叉车、分拣设备的费用,信息系统购置安装费,车辆的购置费等。

第三,相关投资。不同地区与基本建设及未来经营活动有关的投资,诸如燃料、水、电、环境保护等的投资,都需要纳入经济性论证之中。在有些地区,相关投资可能很大。

第四,经营费用。不同的配送中心,规模可能相近,但是其运营费用却可能会有较大的差别,这是布局时在考虑投资规模时所必须重视的。有时候可能出现这样的局面:建设投资虽低,但运营费用高,如果不考虑运营费用,则投资效果往往会判断不准。

(2)投资效果分析和确定。配送中心灰色因素较大,经营活动中,不确定因素很多,虽然内部流程颇似生产线,但稳定性与生产工艺相差甚远,准确进行收益计算有一定困难。为此,对采用方案比较选优,对用户、市场占有率等若干方面做不同层次的估计,形成不同方案进行比较,最后确定可以接受的方案。在配送中心有多种选择和多种设计方案时,也需要在方案之间进行比较权衡。

特定条件下,布局及选址可以利用线性规划方法,在诸多可计量的约束条件下,求解目标函数的最大或最小值,以此确定数学上的最优解,作为决策依据。往往以总投资限额、总投资最低、运营成本最低或配送运费最低为目标,建立数学模型求解。

三、配送中心的工艺及装备

(一)配送中心的核心工艺

配送的主要功能要素,集中在配送中心内实现,那就是为送货所必需的分货、配货等工作。这是配送中心的核心功能。配送中心的产品,按多个用户的多种订货要求取出,并分放在指定货位,完成配货要求。这项活动称分拣配货,是一件工作量很大的活动,尤其是用户多、所需品种规格多,而需求批量又小时,如果需求频度很高,这就必须在很短时间完成复杂的分拣配货工作。选择分拣配货工艺、高效率完成分拣配货,决定着配送中心的服务质量和经济效益。所以,尽管还有保管、包装、流通加工等工作,但都不反映配送中心的本质特点,反映本质特点的分拣配货工艺(包括拣选式工艺和分货式工艺)被看成核心工艺。

（二）拣选式工艺

1. 概念

拣选式工艺即拣选人员或拣选工具巡回于各个储存点，将所需的物品取出，完成货物配备。储物货位相对固定，拣选人员或工具相对于货位进行运动，到达货位面前，按需要取出货物，所以又称“人到货前”式工艺。工艺过程类似人们进入果园，在一棵树上摘下熟了的果子后，再转到另一棵树前去摘果，所以又形象地称之为摘果式或摘取式工艺（如图 21－3 所示）。

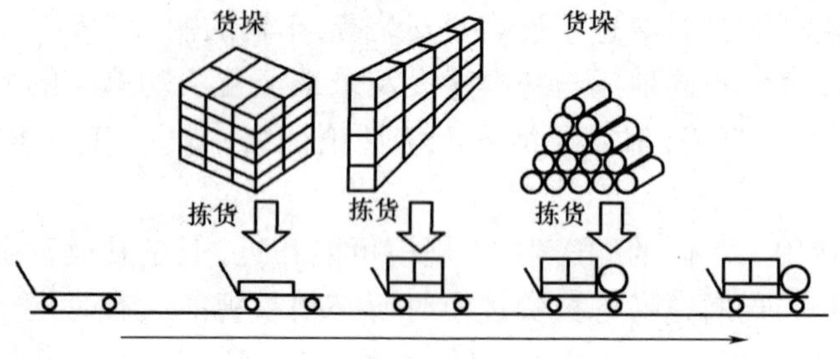

图 21－3　拣选式工艺示意图

2. 工艺特点

拣选式工艺最基本的方法是采取按单拣选、一单一拣方式，这和目前仓库出货方式是很类似的，因此，在工艺上与现行方式不做太大改变就可以实施。采用按单拣选，准确程度较高，不容易发生货差等错误。此外，这种工艺还有机动灵活的特点。

第一，由于一单一拣，各用户的拣选互相没有牵制，可以调整配货的先后次序。

第二，对紧急需求可以采取集中力量快速拣选方式，有利于配送中心开展即时配送，增强对用户的保障服务能力。

第三，拣选完一个货单，货物便配齐，货物可不再落地暂存而直接放到配送车辆上，有利于简化工序、提高效率。

第四，对机械化没有严格要求，无论配送中心设备数量有多少，设备、设施的水平高还是低，都可以采取这种工艺。

第五，用户数量不受工艺的限制，可在很大范围波动，有很大的弹性，也有很强的适用性。

3. 适用领域

拣选工艺在以下几种情况下可以作为当选的工艺。

（1）用户不稳定，波动较大。对于经常发生变化的用户，不能建立相对稳定的用户分货货位，难以建立分货线，这就宜于采取灵活机动的拣选式工艺。

（2）用户有比较大的需求差异。用户之间共同需求不是主要的，而需求差异却很大，在这种情况下，采取拣选方式为好。另外，在有共同需求，但同时又有很多特殊需求的情况下，采取其他配货方式容易出现差错，而采取一票一拣方式便有利得多。

(3)每个用户有足够的需求。用户需求的种类太多，就会增加统计和共同取货的难度，采取其他方式配货时间太长，而利用拣选式配货实际能起到简化作用。

(4)用户之间需求的时间差比较大。用户配送时间要求不一，有紧急的，也有限定时间的，用拣选式工艺可有效地调整先后拣选配货顺序，满足不同时间需求，尤其对于紧急的即时需求更为有效。即使其他工艺为主，也可辅以拣选方式，起到补充作用。

(5)可为配送中心开办初期的配货方式。配送中心的初期，客户的数量处于增长的变化时期，配送的商品也处于变化时期，还没有进入稳定运行，没有办法采用诸如分货式的工艺流程，拣选配货工艺可作为一种过渡性的办法。

(三)拣选式工艺的装备配置

1. 人力拣选

拣选人员巡回于各货架之间拣货，可与普通货架配合，也可与重力拣选式货架配合。与普通货架配合，拣选路线较长，且补货路线与拣货路线是同一路线，取相反方向，容易发生冲突混乱；与拣选式货架配合，拣选在一端，补货在另一端，拣选路线较短，且补货与拣货操作没有冲突，不易出现差错。适用领域为拣选量较少、重量较轻、体积不大、拣选路线不太长的，如化妆品、药品、文具、衣物、小五金工具、百货、书刊等。

2. 人力 + 手推作业车拣选

这是半机械化的拣选方式。拣货员推着手推车，巡回于货架之间，按照货单拣货，直至配齐。工艺与人力拣选相同，区别在于：由于借助作业车，拣货量较大，拣选物个体重量、个体体积都可较大，只要拣货员能用人力搬动即可列入拣选对象。由于用手推车，劳动强度降低、巡回路线可加长。这种拣选工艺虽也可与拣选货架相配合，但更适用于普通货架，也可采用大型拣选货架，如重力式流动货架(见图 21 –4)。

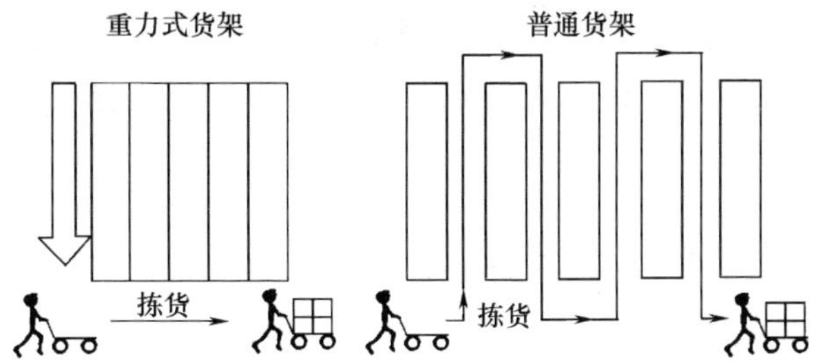

图 21 –4　人力和人力 + 作业车拣选的两种设备配置

3. 机动作业车拣选

车辆或台车载拣选员拣选，车辆上分装拣选容器，拣选的货直接装入容器，拣选结束后，整个容器卸到货位或直接移到送货车辆上。

这种拣选作业车配以装卸工具，作业量更大，且在拣选过程中就进行了货物装箱或装托盘的处理。由于利用机动车，拣选路线更长。

4. 传送带拣选

拣选员固定在货位前，只在附近的几个货位进行拣选操作，在传送带运动过程中，拣选员将货物取出放上传送带，传送带运动到端点时便配货完毕，如图 21 – 5 所示。由于拣货员位置基本固定，可降低劳动强度，且每个拣货员只负责几种货物拣货，拣货操作熟练，失误较少。适于和拣选式货架配合，传送带位于拣选式货架低端而补货处在拣选式货架高端。采用不同传送带，拣货量及货物重量也可在一定范围内变化，以人力能够搬移放置为限。

适合采取这种拣选方式的前提条件是：货物种类有限，受限于传送带经过的货架数量，所配货种类数受拣选式货架货格的限制。

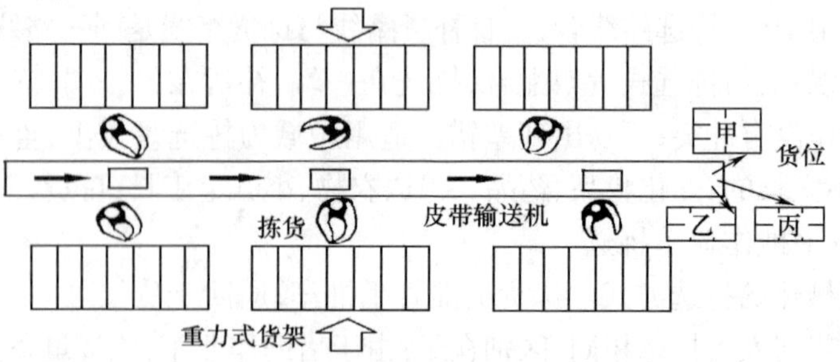

图 21 – 5　传送带拣选

5. 拣选机械拣选

自动拣货机或人操作叉车，拣货台车巡回于高层货架间进行拣货，或者在高层重力式流动货架一端进行拣货。一般是在标准货格中取出单元货物，再用传送带或叉车、台车等装备集货配货，形成大的货载。这种方式也有条件直接将拣货单元发货进行配送。

可以用人力随车操作；也可通过计算机，使拣货机械自动寻址、取货。拣货的数量可以很大，货体重量、尺寸可以达到一个集装体。

6. 回转式货架拣选

拣货员与回转货架配合进行拣选，拣货员于固定的拣货位置，按用户的配送单操纵回转货架回转，货位转至，则将所需的货拣出。这种方式介于拣选和分货方式之间，但主要是按单拣选，所以，虽然是“货到人前”，但仍归于拣选方式之中。

这种方式适用领域较窄，适用于回转货架货格中能放入的货物。由于回转货架动力消耗大，很少有大型的，所以，只适合仪表零件、药材、化妆品、药品等小件物的拣选。

现代社会工业产品生产量巨大,生产的种类及品种数不胜数,其中很大一部分的资源配置要经过配送系统,不仅是最终的资源配置要经过配送系统,有时候资源的中间配置过程也要经过配送系统,所以配送系统面临的是一个非常复杂的局面。配送系统的拣选工作,是直接接触实物的工作,要处理那么多种实物,就必然要求有相当多种类的设备来完成。不同大小的配送物在拣选过程中需要与之相适应的设备,不同性能、不同状态的配送物对拣选设备更有特殊的要求。配送中心规划建设和设备选择,按照配送对象进行设备的选择是一件非常重要的工作,需要选择与拣选物适应的设备。表 21 -1 提供了一个参考。

表 21 -1　　拣选物大小与采用设备的选择

货体		不同拣货方式配合的设备					
拣选前	拣选后	人力	回转货架	传送带	手推车	作业车	拣选机械
托盘	托盘						叉车、举货机、托盘货架、重力式货架
托盘	外包装		托盘货架、重力式货架、立体货架		托盘货架、重力式货架、托盘货垛		
外包装	外包装		多层独立回转式货架	多层独立回转架、普通中型货架、重力式货架、立体货架		多层独立回转架、普通重力货架、中型货架、立体货架	
外包装	小包装	多层独立回转货架、普通轻型货架、移动式货架、重力式货架、立体式货架	多层独立回转式货架	同上	多层独立回转货架、普通轻体货架、移动式货架、重力式货架、立体货架	同左	
小包装	小包装	普通回转货架,其他同上	普通水平回转货架、普通垂直回转货架	普通回转货架、普通轻量货架、重力式货架、立体货架	普通回转货架,其他同上	同左	

（四）分货式工艺

1. 分货式工艺的概念

分货人员或工具从储存点集中取出一种用户共同需要的货物，然后巡回于各用户的货位之间，将货物按用户需要量分放下，再集中取出第二种，如此反复进行，至所有货物都分放完毕，完成配货工作。这种工艺，用户的货位固定，而分货人员或工具携货物运动，又称作“货到人前”式工艺。形象地说，类似于一个播种者，取出几亩地所需的种子，在地中巡回播撒，所以又形象地称之为播种式或播撒式工艺，如图21－6所示。

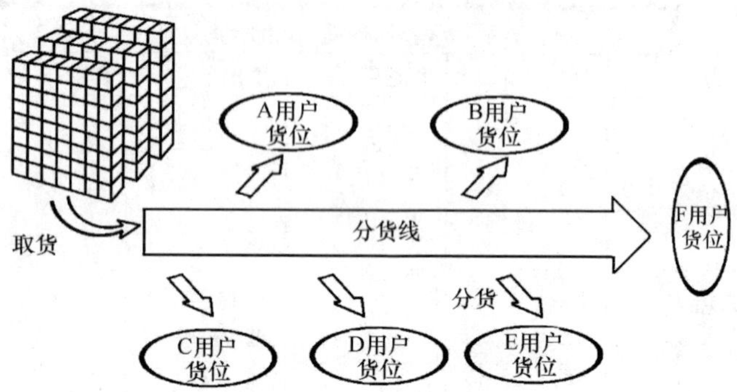

图21－6　分货式配货工艺

2. 工艺特点

采取分货式工艺是集中取出共同需要的货物，再按货物货位分放，采取这种工艺的前提条件是：有多个用户并且有比较大的共同需求。运作方式是：对用户共同需求做出统计，可以形成共同的批量之后，安排各用户的分货货位，开始集中取出进行反复的分货操作，直至最后一种共同需要的货物分放完毕，各用户需求的配货工作才同时完成。之后，可同时开始对各用户的配送送达工作，这也有利于考虑车辆的合理调配，合理使用和规划配送路线。所以，这种工艺难度较高，计划性较强，也容易发生分货的错误。和拣选式工艺相比，可综合考虑，统筹安排，利用规模效益，这是分货式工艺的重要特点。

3. 适用领域

分货式工艺适用于以下领域：

（1）用户稳定且数量较多。可以建立稳定的分货线，在这种情况下宜规划和计划分货。

（2）用户的需求有很强的共同性。需求的差异较小，需求数量可有差异但种类相同，在这种情况下，统计用户的共同需求，集中取货分放给各用户，可以有较高的效率。例如，一个食品配送中心，专给几十家宾馆配送，而配送种类又都是烟、酒、饮料、咖啡、小食品、粮食、面包等，采用分货式工艺，比几十家宾馆的需求一家一家地拣选效率高得多。

(3)用户需求的种类有限。这样易于统计和不至于使分货时间太长。

(4)用户配送时间的要求没有严格限制。这就可以采取计划配送的方法。

(5)追求效率，降低成本，采用分货式工艺较为有利。

(6)专业性强的配送中心，货物种类有限，容易形成稳定的用户和需求。

(五)分货式工艺的装备配置

1. 人力分货

在物品体积小、重量轻的情况下，可用人力分货。其过程是，人工从货架一次取出若干用户共同需要的某种物品，然后巡回于各用户的货位，按用户指定的数量分放，完成后，再取第二种，如此反复直至分货完成。适合人力分货的有药品、钟表、仪表零部件、化妆品、小百货等。另外，人工对信件进行分拣，取出一批信件，按标明地址分放到各地区的分货储斗内，也属于分货方式。为提高效率，对长期稳定的人力分货，可采取回转货架、小重力式货架等拣选货架，以减少人力取货的体力消耗。

2. 人力 + 手推作业车分货

配货员用手推车先至一个存货点将各用户共同需要的某种货物集中取出，利用手推车的机动性可在较大范围巡回分放。这是人工取放与半机械化手推车搬运相结合。存货货架采取普通货架、重力式货架、回转货架或其他人工拣选式货架。所分货物一般是小包装或个装货物。

3. 机动作业车分货

用台车、作业车可一次取出数量较多、体积和重量较大的货物，有时可借助叉车、巷道起重机取出若干单元的货载，然后由配货人员驾驶车辆巡回分放。

作业车可选择带起重设备的作业车辆，各用户货位也可设置溜板、小传送带等方便装卸的设备。虽然采用作业车进行分货，重量、体积可较大，但是，如果个别用户需要量或所需的东西很大、很重，难以集中多个用户需求一次取出，一般便不再选择分货方式，而用拣选方式为宜。机动车机动性较强，可大范围巡回取货，因此，取货端可采用一般仓库。

4. 传送带 + 人力分货

传送带一端和货物储存点相接，传送带主体和另一端与各用户的集货点相接。传送带运行过程中，储存一端集中取出各用户共需的货物置于传送带上，传送带运行过程中，各配货员取下该位置用户所需之货物，直至配货完毕。这种方式，取货端往往选择重力式货架。

5. 分货机自动分货

这是高技术分货作业方式，采用高水平的配送中心主要设备（如图 21 - 7 所示），分货机在一端集中取出共需之货，随分货机上传送带的运行，按计算机预先设定的指令,在与分支机构联结处自动打开出口,将货物送入分支机构,分支机构的终点是用户集货货位。有时候配送车辆便停放在分支机构的终端,所分货物直接装入配送车辆,分货完毕随即进行配送。

自动分货机的取货端可有若干种取货方式:

(1)取货端和站台相接,火车、大型汽车进货,直接靠接站,卸货至分货机上,不经储存立即完成分货工作。

(2)取货端和储存设施相接,由巷道起重机、叉车、重力式货架所取出的货放置于自动分货机上分货。

(3)取货端和内部搬运作业车相接,由内部作业车开至各个储货点或库房取货,至自动分货机直接卸于取货端分货。

(4)取货端和暂存货场相接,打算分货的物品事先置于货场,分货时再装于取货端分货。

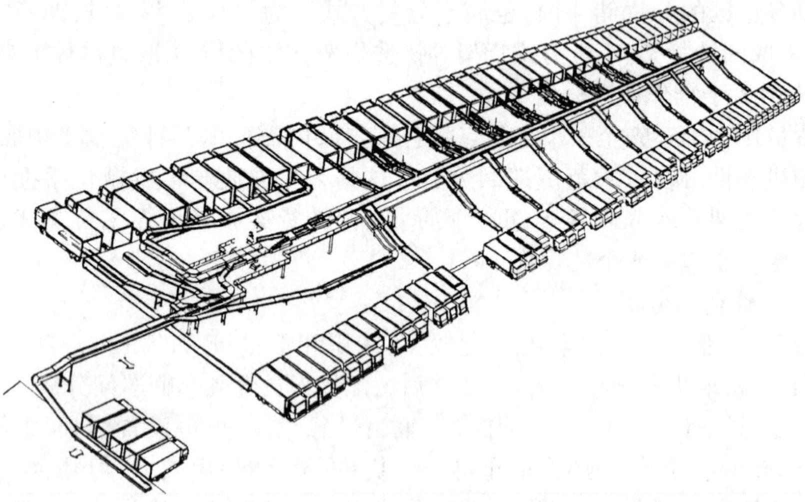

图 21-7　分货式工艺的自动化装置

6. 回转货架分货

回转货架可以看成若干个分货机的组合,当用户不多、物品又适于回转货架储存时,可在货架的出货处,边从架中取货,边向几个用户货位分货。

第二十二章　低温物流及冷链服务

第一节　冷链与冷链物流

一、概念及定义

（一）低温物流

低温物流指在物流过程中保持低温环境条件的物流方式。物流过程跨越不同地区，承受不同温度环境，再加上在运行中很多环节和不同的操作有温度变化，这就给要求始终保持物流对象的低温环境造成困难，需要有很多技术、管理、操作的措施建立低温物流系统，使物流过程诸多环节和不同的操作始终保证低温环境条件，这种低温物流系统就是冷链。

（二）冷链

冷链是非常确切地表现了事物状况又让人意会的词汇，很美又很有文化色彩。国家标准《物流术语》（GB/T 18354—2006）的定义是："根据物品特性，为保持其品质而采用的从生产到消费的过程中始终处于低温状态的物流网络。"

这个定义是原则性的，有些关键问题需要进一步认识：

第一，冷链是有针对性的，所说的"根据物品特性"是针对那些需要"冷"环境的物品，不是广泛采用的物流形式。

第二，对于"品质"的理解。这应当是广义的理解，不是单单指的质量。

第三，对于"过程"的理解。不仅仅是物流过程，还包括两个终端的运动和操作过程，那是在生产过程之中和消费过程之中，这尤其是物流工作者特别应当认识和重视的，因为冷链的范畴已经超出了物流的控制范围。国家标准中所指的"始终"包括生产端和消费端。这对于一些特殊的物品尤为重要，例如某些药品、化学品和疫苗等特殊医疗用品，无论是生产、流通还是消费终端，都需要冷链保障。

第四，对于"物流网络" 的理解。国家标准《物流术语》使用了"物流网络"这个词汇来描述冷链中的"链"，这个表述可以防止把冷链打造成孤立的链条。

二、冷链体系

（一）起源

冷链起源于19世纪上半叶，是农业社会向工业社会转型时期的产物。冰是大自然提供的"冷"资源，工业的发展创造了人工的冷环境，1938年，美国冷王公司发明机械制冷机组,从而使“有轮子的冰柜”成为现实。电冰箱也在工业化的高潮中出现,很快进入商店、饭店及家庭。带来革命性的变化就是低温保鲜和冷冻食物从梦想变成了现实。没有多久,在欧美的应用已普遍化,食品冷链体系就这样初步形成。

我国的冷链体系形成是20世纪60年代之后的事情。80年代我国对冷链的发展有了很大的重视:1982年,颁布《食品卫生法》,食品冷链发展起步;1992年,卫生部发布了《全国计划免疫冷链系统试行管理办法》;2008年,我国发布了《物流业调整和振兴规划》,对冷链的发展专门提出了要求;2010年《农产品冷链物流发展规划》提出冷链的发展目标。2012年我国冷藏保温车保有量约为6.5万辆,占货运汽车的比例约为0.5%;而美国拥有20多万辆,占比为1%;美国平均每500人就拥有一辆冷藏车,而我国平均2.5万人才拥有一辆冷藏车。目前我国食品冷链运输率为10%左右,而欧、美、日等国食品冷藏运输率已达80%~90%,过低的冷链运输率造成了我国严重的食品损耗。

(二)冷链物流平台

构筑现代化的冷链物流平台,是冷链运行的依托,也是冷链的重要组成部分。冷链的运行,可以依托国民经济中已经有的公共物流平台,但共用平台有很大的缺点:那就是缺乏有针对性的支撑能力,而且这个平台并不能全面满足冷链运行的需要。

冷链物流平台的主体是冷链物流结点,这是冷链物流平台专用性的特点所在。至于线路平台、信息平台、管理平台,都具有通用性。

三、冷链的局限与制约

要做好冷链这件事情,除了充分发挥它的优势之外,还必须充分了解冷链的局限与制约。冷链确实很好,但亦存在局限与制约:

第一,冷链并不能完全解决食品和农产品变质的问题,由于品质降低的累积和不可逆性,冷链的作用有所局限,过分夸大冷链的作用和效果是不妥的。

第二,冷链会大幅度提高物流的成本,提高商品的价格,增加经济负担,因而会减少用户对冷链物流的有效需求。

第三,冷链装备有一定的重量并且有相当的尺寸空间,这实际上会占用大量物流资源,因而会降低物流的效率。

第四,冷链大量消耗动力和电力,这不仅会提高成本和消耗能源,从战略上来看,还会增加碳排放,制约和影响可持续发展。

第五,冷链技术含量高,技术复杂,操控、管理和系统化难度较大,缺乏简洁性。

因此,冷链发展必须在多方案中进行权衡。应当特别注意:虽然对于许多需求来说冷链可能是唯一的解决方案,但也存在能够避免冷链某些缺点的其他替代方式,这些方式也有足够的先进性。例如,构筑快速物流系统可以更好地解决某些问题,尤其是现代社会所青睐的鲜活产品,快速物流系统也许比采用冷链更好。再有,有许多民间长期应用的“土”方式,实际上有科学内涵,例如喷水降温、通风降温、夜间运输方式等,都有一定的可行性,甚至会成为冷链的局部链节。当然,这需要更全面的技术经济分析才能做出决策。

四、冷链的五大作用

(一)食品、药品安全的重要保障手段

保障食品、药品和依托冷链物流的其他各种物品的质量,是冷链非常重要的作用。一定的温度是微生物繁殖和化学变化的必要条件,微生物繁殖会造成有害细菌的大量滋生,使食品腐败变质;温度上升造成化学变化不仅使药品和疫苗失效,同时还会产生毒物,这样就会发生食品、药品安全问题。冷链会解决或者缓解这个问题。对食品安全,人们经常会只从生产角度关注,生产方从利益出发,也只注重生产环节,而忽视流通环节,所以,常给流通环节留下隐患。冷链对于食品安全的保障作用,是从生产环节就开始体现的。温度也是促成化学反应的因素,采用冷链能解决或者缓解某些化学物质在流通过程中出现有害化学反应的问题。

(二)减少损耗

冷链可以减少损耗尤其是减少农产品、水产品的损耗。大量进入流通领域又很难做到精细化流通管理的农产品、水产品变质之后的处理方式大体上有两种:一种是经过加工处理,在解除安全的危害之后,发掘其他的使用价值,应用于其他领域;一种是报废处理。后一种方式的结果就是产生了直接的损耗,前一种方式,虽然可以挽回不少损失,但是会有相当的投入和经济付出,实际上是另一种形式的损耗。高水平的冷链,可以把上述损耗降到很低。例如,采用冷链之后,在运输环节,水果蔬菜的损耗率可以从十几、几十个百分点降到1% ~2%,作用十分显著。

(三)减少、防止污染

在生产、流通、消费过程中,由于没有采用冷链从而造成产品的损失,是一个可能造成污染的严重隐患。冷链系统可以有效地缓解这种污染,这是冷链对于社会的重要作用。

(四)保鲜和延长保鲜期

现代社会人们已不仅满足于“安全”“保质”的需求,对于农产品、水产品、水果、蔬菜的保鲜有更高要求:色泽、外形、口感、味道都有要求。恰当采用冷链系统,可以有效地解决保鲜的问题,当然,这不仅会满足人民生活水平提高的要求,也会带来经济效益。

(五)给人们提供享受

“冷的是温度,热的是服务”,这是对冷链作用的形象描述,就是可以通过食品和其他一些蓄冷的物品,给人们提供享受,体现了冷链的服务性。这已经是非常普遍和广泛的作用,实际上冷链的末端已经成为家庭的重要装备。

归纳起来,冷链是优化资源和提高生活品质的重要现代物流方式。

第二节 冷链的构成及类型

一、冷链的一般构成环节

(一)低温和冷冻生产加工

低温和冷冻生产加工有的是初始的集中加工,有的是在冷链过程中的加工,形成了一个或几个“流通加工”环节,都带有生产性。包括肉、禽、鱼、蛋类的冷却与冻结加工,也包括果蔬的冷却加工,特殊水果与蔬菜的冻结加工,以及速冻食品的快速冻结和奶制品的低温冷却加工等。

(二)低温和冷冻贮藏

低温和冷冻贮藏包括食品的冷却储藏和冻结储藏,速冻食品的冻结储藏以及水果蔬菜等食品的低温气调贮藏,它是保证食品在冷链系统若干环节的储存过程中的冻结储藏及低温保鲜环境。在此环节主要涉及各类冷藏库、冷藏柜、冻结柜及家用冰箱等。

(三)冷藏运输

冷藏运输包括食品的中、长途运输及短途配送等物流环节的低温保持和冻结状态的运输。它主要涉及铁路冷藏车、冷藏汽车、冷藏船、冷藏集装箱等低温运输工具。在冷藏运输过程中,温度波动是引起食品品质下降的主要原因之一,所以运输工具应具有良好性能,在保持规定低温的同时,更要保持稳定的温度,这一点对远途运输尤其重要。

(四)低温和冷冻购销

低温和冷冻购销包括各种低温和冷冻食品进入批发零售的冷冻储藏和购销,购销活动具有跨越性,由生产企业、批发商、零售商和用户共同完成,环节多而复杂,需要有效的协作才能构建有效的冷链。现代商业流通所采用的各类连锁超市能有效减少购销环节,有利于冷链的采用。

(五)终端处置

到达消费者手里就到达了冷链的终端,是冷链的终了环节。冷链的应用领域很广泛,不同的应用领域,对冷链的需求是有差别的,其构成环节也会有差别。因此,需要有不同类型的冷链来应对有差别的需求,特别需要重视减少环节,少环节是冷链优化的重要原则。

不同的对象物对冷链的要求是不同的,这就必然导致各种不同复杂类型的冷链形成。

二、冷链的类别

（一）按对象物和应用领域分类

冷链主要按冷链的对象物和应用领域进行分类，可以分成四类：

第一类是农业产品冷链。这是广泛应用的冷链，农业产品冷链所指的农业是大农业的概念，包括农、林、牧、副、渔的产品。

第二类是加工食品冷链。食品也是广义的概念，包括饮料在内，主要有速冻食品、肉禽制品、水产品制品等制品及熟食、快餐、乳制品、糖果、冷饮饮料等。

第三类是医疗、医药用品冷链。虽然不如农产品和食品冷链应用广泛，但专业性很强，对冷链的依赖性很强，对象物主要有药品、疫苗制品、血液制品、医疗器械及用品等。

第四类是特殊物品的冷链。许多领域都有对温度有要求的原料材料、半成品、产品，如某些同位素、化学试剂、特殊金属、非金属材料、液化天然气等，它们都需创造不同的温度环境，独立性很强，很难和其他的冷链系统共享资源，往往是独立的、封闭的冷链体系。

（二）按冷链的温度分类

冷链的温度必须控制在一定范围内，不同的温度环境可以创造不同的抑制或阻止物理—化学及生物变化的环境条件，不同的温度环境适合不同物流对象物的需求，因此，按照温度环境条件的不同可以将冷链划分成不同的类别，具体包括以下几种类别：

第一类为冷藏链。温度范围在 0 ~ 15℃。这在冬季我国大部分地区很容易达到，在夏季采取一些简单的控温措施和低温措施制冷就可以达到，因此可广泛采用。这个温控范围适合多种农业产品，可以有效延长保鲜、保质的时间。

第二类为冰鲜冰温冷藏链。温度控制范围在零度以下至物品的冻结点。冰鲜冰温冷藏链，温度范围保持在物品的冰点之上，在这个范围，可以把植物自身的呼吸和生物活动降到最低，但又不至于出现结冻造成机体的破坏，因而能取得更长的保鲜时间。但由于温度范围很窄，要求有很高的温控精细程度，因此控制难度大，也很难普遍采用。

第三类为冻结食品冷藏链。温度控制在冻结点至零下 18℃。物品完全冻结。能够有效保持许多种物品的质量和新鲜程度，但是使物品失去了“活”，而且冰冻有一定的破坏作用，因此适用领域有限。适合于各种可以冻结的农产品及食品，也是大量采用的冷链方式。

第四类为超低温冷藏链。温度控制范围可以达到零下 45℃，只适合特殊要求，不是普遍采用的方式。

第五类为指定低温的冷藏链。温度按照对象的不同有不同的控制范围，适于医疗、医药用品以及特殊物品，技术性很强，需要精密的运作，不是普遍采用的方式。

第三节　冷链技术及装备

一、冷链装备、工具

（一）冷链系统化的装备

此种装备是具有多式联运能力的冷藏集装箱，可以进行不同运输方式衔接转换并且完成“门到门”运输。实际上冷链集装箱虽然具有系统化的装备这个特点，但是，其中也有一些带有一定的专用性，系统化能力不强。

（二）冷链运输的装备

主要的冷链运输方式都有专门的装备：铁路主要有加冰或蓄冷板制冷的冷藏车、机械制冷的冷藏车以及铁路冷藏集装箱；水运主要有冷藏船及冷藏集装箱；汽车有三类：保温车、保鲜车、冷藏车。只有隔热车体而无制冷机组的为保温汽车；有隔热车体和制冷机组且厢内温度可调范围的下限低于－18℃，用来运输冻结货物的称冷藏车；有隔热车体和制冷机组，温度可调范围在0℃左右，用来运输新鲜货物的称保鲜车。

冷藏车、冷藏船以及冷藏集装箱等装备“冷”的主要技术有两类，一类是保温技术，另一类是制冷技术，最重要的核心部分就是冷冻机为主的制冷技术装备。

（三）冷链工具

（1）冷链专用箱。保温技术的温度为－5～15℃，0～10℃，0～20℃。适用于食品、药品及生物制品的小规模物流。专门使用于疫苗的称为疫苗冷藏箱。

（2）冷链运输冰袋。又称冷藏包、保冷袋，是无毒、无味的环保产品，有一定弹性，高新技术生物材料配制而成，可重复使用，而且是冷热双用。充分预冷之后使用，使用的温度范围更广泛，最低可以到－190℃，最高可以被加热到200℃，广泛运用于水产品、化学药剂、生物制品、疫苗、电子产品等小数量的远程物流。

（3）普通冰箱。普通家用冰箱和商业用冰箱可以放在商店、库房中，也可以放在运输工具之上，有比较好的灵活机动性。由于使用的温度范围广泛，可以作为综合性的冷链工具使用。

二、两种冷链技术模式

（一）冷藏集装箱

冷藏集装箱是一种专用的集装箱，本身带有制冷装备，只要有电就可以制冷。可以搭载到各种交通货运工具之上，很容易换乘，完成物流过程非常灵活而且机动。利用集装箱的优势，冷藏集装箱可以一层一层叠放在集装箱船货舱中和甲板上，也可以放在普通船甲板上，完成大数量的长途运输。用同样的方式也可以双层叠放在火车上或汽车托车上，完成一定距离的运输。冷藏集装箱在长距离的冷链和大数量物流的冷链中是占主体地位的技术模式。

(二)专用冷藏车、船

在专用冷藏车、船上安装有制冷装备,例如铁路冷藏运输的保温式的保鲜冷冻冷藏运输车厢、疫苗运输车、冷藏船舱等,适合散装冷藏保鲜货物。由于车、船过分专用,因此成本较高,利用率比较低。和冷藏集装箱比,专用冷藏车、船是传统的方式,由于本身具有机动性,现在在城市范围和短程冷链中仍有一定的优势,还有广泛的应用,但在长距离的冷链中应用有局限。

三、冷链物流设施

(一)保鲜库

保鲜库又称保鲜冷藏库,一般维持在不至于冻结的零度稍低的温度到13℃之间,所以又称为高温冷库。这个温度范围可以在一定的时间范围内有效地缓解和降低生物的活性,同时对保持被储存物的新鲜和活性有非常好的作用,所以称为保鲜库。

(二)冷冻库

和保鲜冷藏库比较,冷冻库的环境温度低,可以达到冻结或深度冻结的温度,所以又称为低温冷库。

(三)综合冷库

综合冷库可以划分出若干不同温度环境的冷藏室,使冷库的作用范围扩大、能力提高,更合理地分配和利用冷的资源。不同温度的冷藏室,分别存放不同温度要求的货物,不但可以综合利用冷的资源,而且可以综合规划不同温度的区域和库房,所以称之为综合冷库。

第四节　几种代表性的冷链

冷链的技术、装备、结构体系给冷链提供了运行的平台,具有很强的通用性,可在其上建立多种模式的冷链体系,这对于食品尤其重要。食品冷链从功能来说有两种模式:

一种是将食品风味和质量放在首要地位的模式,是以企业为主体的食品冷链体系。现在能够直接入口的食品,例如面包、蛋糕、熟食等成品以及一些特殊的食品原料采用这种体系。这是由生产企业或者流通企业构建完整的冷链,并且对整条冷链进行管理。

另一种是保证大量食品标准质量、降低物流损耗的模式。它是以市场为主体的食品冷链体系,一般针对粮食、调味油料、普通菜蔬、食品的半成品等。这种冷链依靠市场衔接和管理。

重要产品的冷链各有特色,举例如下。

一、牛奶的冷链

牛奶的冷链是在牛奶挤出后的加工、运输、储存、销售的全过程中，将温度控制在0～4℃范围，防止在物流过程中变质从而保持牛奶的新鲜口味和品质的低温链式系统。它针对的不是所有牛奶产品，而是保鲜牛奶产品，包括鲜牛奶及酸奶，分前冷链和后冷链两个阶段。

（一）前冷链阶段

前冷链阶段是从牛奶挤出之后送达加工厂，进行灭菌、分装包装加工生产出产品的过程。主要环节是：牛奶挤出后急冷，挤出后就迅速降温到0到4℃；冷鲜原奶运输，同样的温度环境，将冷鲜原奶密封运输到工厂；保鲜牛奶产品生产，还是在同样的温度环境，全封闭的环境加工，生产出鲜牛奶、酸奶等保鲜牛奶商品。

（二）后冷链阶段

（1）保鲜牛奶产品运输。依然保持同样的温度环境，或者可以在10℃以下的温度环境，将保鲜牛奶商品在限定时间送达物流中心或直接送到商店。

（2）保鲜牛奶产品销售及销售储存。保鲜牛奶产品销售以及适量的销售储存，由于商业设施比较完善，有冷藏设施，可以实现比较严格的温度控制，温度控制在2～6℃，在这种条件下，储存期可以达到7天左右。

（3）保鲜牛奶产品配送。配送可以由牛奶生产企业直接实施，也可以由物流中心或者商店实施，在配送到户的过程中采用恒温送奶车、密封奶箱和其他的保温工具，也可以对温度进行控制，但毕竟不如固定设施对温度的控制有效，所以温度环境条件可以在0到10℃之间，而且这个环节必须在限定时间内完成。

二、水果的冷链

在生产、运输、储存、销售最后到达消费者的全过程中，将温度控制在限定的范围内，从而防止变质及品质降低，保持水果的新鲜程度。这个限定温度的系统就是水果的冷链。

（一）预冷

预冷是水果冷链的第一个环节，是在水果采摘下来之后进行冷环境处理的过程。预冷的主要目的和作用是去除“田间热”，使水果从一个热的环境逐渐过渡到冷链所创造的冷环境之中，防止突然进入冷链环境之中，水果处于内热外冷的状态从而损害它的品质。主要方法包括：选择合适的地方堆放，自然通风或者人工通风进行降温冷却；采用水处理或者冰处理的方法降温冷却；采用强力风机强制进行通风降温冷却；真空预冷。

（二）冷藏储存

在水果冷链中，储存是多次出现的过程，包括生产地的临时储存、预冷储存、运输前的集货储存、不同运输过程和方式转换的衔接储存以及销售储存等。这些储存的储存环境条件肯定会有所变化，是冷链“断链”的重要原因，需要创造冷藏储存的环境。

（三）冷藏运输

在水果冷链中，运输也是多次出现的过程，在经济欠发达地区，从生产地到集货地运输，很难实施冷藏运输，往往会造成冷链“断链”。但是一般而言，铁路、公路、水路的长途运输是水果冷藏运输的主体，都可创造适当的环境，是冷链比较完善的环节。

（四）温控环境下的销售

销售是水果冷链的末端，除了有特殊要求的水果需要继续维持冷链环境，多数可以脱离冷链，在常温、防热、通风环境下销售，这是水果冷链与鲜牛奶、冷冻食品冷链的重要区别。

三、速冻及冷冻食品冷链

速冻及冷冻食品已经逐渐成为现在社会生活方式重要的选择，速冻及冷冻食品冷链是对新鲜食品的成品从冷冻开始，在生产、运输、储存、销售最后到达消费者的全过程中，将温度控制在冷冻范围内的系统。速冻及冷冻食品冷链的区别是冻结速度和深度不同，所形成的冰晶状态也有所不同，因此，口味方面可能有某些差异。至于冷链的其他环节两者基本相同。

（一）食品的冻结

速冻食品的冻结，一般在30分钟之内完成，冻结温度在－30℃以下；一般冷冻食品的冻结温度比速冻温度高，在－25～－23℃，冻结时间达到十几个甚至几十个小时。

（二）速冻及冷冻食品的冷藏储存

速冻及冷冻食品是集中、大规模生产，而最终是家庭和个人的消费，因此流通过程会有多个环节，装卸、搬运和储存可能多次出现。冷藏储存依靠的是专业的装备，能够保证零下18℃的要求，是冷链比较完善的环节。

（三）速冻及冷冻食品的冷藏运输

速冻及冷冻食品流通环节比较多，流通时间比较长，因此流通过程之中，运输可能多次出现。由于条件和装备的限制，有的运输不使用制冷车辆，而是保温车辆，再加上交通环境的问题，运输的温度很难保持零下18℃的要求，因此，这是冷链的一个薄弱环节。

（四）速冻及冷冻食品的冷藏销售

销售必须保证在冷冻的环境条件下进行，现代商业系统能够完全满足这种环境条件。冷链的薄弱环节是在销售之后以及到达消费者的过程，这个过程基本上不可能采取制冷措施来维持低温，只能采取包装保温的措施，因此，在最后环节可能出现“断链”风险。

四、药品及疫苗冷链

药品及疫苗冷链是温度控制要求严格的冷链系统。一些特殊药品和疫苗对温度高度敏感，例如，有些需要温控的药品，只要温度上升2℃，药效就会下降20%，超过控制温度，药品会完全失效，甚至产生毒副作用。所以，药品及疫苗冷链应当有严格的管理和监控，对冷链全过程或者对冷链仓储和运输两个主要环节进行实时在途监控，这是有别于其他冷链的特点。

采用冷链的药品及疫苗数量不多，因此规模不大，但是却是与健康和生命相关的，必须有高度保障的非常重要的冷链系统。而且，冷链是一个国家计划免疫工作的一项内容，是保证计划免疫工作有效实施的必不可少的措施。在药品中，对温度敏感，因而有所要求的药品增长很快，因此对冷链的需求也有比较大的增长，是冷链快速发展的一个领域，冷藏药品全球年度增长率均在15%以上，比一般药品的年增长率高出一倍以上。

药品及疫苗冷链物流的一个重要特点是数量和规模都不大，因而不可能像牛奶、食品那样建立独立的冷链系统完成冷链过程，而是需要利用公共资源。冷藏药品及疫苗从托运开始到送达用户涉及多家物流公司和多个环节的衔接，很难始终保持稳定，因此，药品及疫苗冷链有它的独特性。不同的药品和疫苗对冷链温度环境要求也有区别。因此，必须强调药品及疫苗冷链的个性化，要根据药品及疫苗种类的不同创造不同的温度条件和其他的条件。所以，一次冷链过程，很难全面容纳多种疫苗和药品，必须按个性化的需求办事。

第五节　冷链管理

一、冷链管理的特点

冷链是链式系统，“链”虽然有长有短，但它们的共同点在于“链”具有跨越性。冷链管理须面对这种跨越性的特点。

第一种跨越是市场环节的跨越。它跨越市场销售以及销售之后的若干流通环节，诸如批发、零售，跨越到最终用户。不同的市场有不同的利益主体，所以，市场环节的跨越实际上就是责任和利益主体的改变和跨越。

第二种跨越是地区的跨越。一条冷链往往要跨越不同的行政区域和自然区域，甚至要跨越不同的国家。不同的行政区域和自然区域有不同的管理部门和管理者，有时候还会有不同的管理体制和不同的规则。

第三种跨越是技术及装备的跨越。一条冷链往往要跨越不同的技术及装备，仅以运输而言就可能跨越海、陆、空、铁等多种运输方式，每一种运输方式还可能是不同的装备、工具衔接和跨越。

冷链的跨越性决定了管理的跨越性和衔接性,造成了管理方面的两个问题:一是管理的连贯性受到影响,容易出现管理真空和多头管理;二是管理的责任不清,很难明确全程的责任主体,多数冷链很难实现一元化的统一管理,这就使冷链的管理复杂和困难。

二、冷链管理的要点

(一)防止掉链和温度变化过大

冷链中断就是业内所称的"掉链""断链",有很多原因都可能造成这种情况。

(1)技术原因造成的"掉链"。设备损坏、设备中断工作、设备不正常运行都可能造成"掉链",因此冷链技术装备水平必须有所保证,同时必须实现有效的监控和管理。冷链技术装备智能化,对冷链物流实行有效跟踪监测与监管可以有效地防止"掉链"。

(2)管理原因造成的"掉链"。低水平的管理,不能对全程进行有效管理是"掉链"的重要原因。要解决这个问题,必须建立有效的、系统的监管体系。运行追踪和进行的追踪查验,是防止"掉链"的重要手段。

防止冷链温度过大的变化也是管理重点。很多冷冻产品的表面出现大量的冰霜,其原因就是这些产品在物流过程中发生温度变化,从低温的环境进入冷链物流过程,期间如果温度达不到要求,产品水分析出,再进入冷冻,析出的水分便在表面结霜。

(二)防止冷链应用过度和冷环境过度

冷链物流和一般的物流相比较,因为需要维持冷的环境,当然要增加能源的消耗,这不仅会增加物流的成本,从环境角度看显然也增加了碳排放,这是需要逐步解决的问题。应当明确,冷链不是解决问题的唯一办法。选择冷链,应当经过全面的技术经济分析和评价,不能过高看重冷链的作用,要防止冷链应用过度。一是可以不需要冷链的,就不采用这种办法;另一是有其他更好办法的,就不用冷链。同样,防止冷环境过度也一样重要。

(三)应当对冷链上下游进行整合

上下游的跨越阻碍了一体化垂直统一管理的实现,如何使冷链协调地运作,整合是一个可选择的办法。整合可以依靠利益的结合,可以依靠市场的规则,当然,有的情况下行政权力也会发生作用。冷链整合的具体措施主要有:

(1)制定整体规划,使参与冷链的上、中、下游企业形成共识;

(2)执行严格的程序和规制,使参与冷链的上、中、下游企业形成共同的遵循;

(3)建立联合协作体制,形成有效的分工、协作的管理机制;

(4)采取并购等方式,形成一体化的体制,实行一体化的严格管理;

(5)由第三方物流企业做冷链上下游的整合。

(四)发展第三方冷链物流

发展第三方冷链物流不仅是冷链的管理问题,更重要的是冷链发展方向的大问题。现在我国冷链的物流配送主要由生产商和经销商去做,第三方物流在这个领域发展不足,专门针对生鲜易腐食品的冷链物流服务更是不足。卖方、经营方、买方作为冷链的主导者或运作者,有严重的体制弊病,那就是各有利益相关环节,这就难免出现对这些利益相关环节比较重视而忽视其他环节的问题。他们的业务重点也不在冷链物流,因此也很难形成强有力的冷链专业能力。对此,只有冷链的第三方物流能够克止,实现"从田间到餐桌"的一体化冷链物流管理。

(五)实行个性化的管理

冷链物流对象个性化很强,对冷链的要求各有不同,不同的产品品种和不同的品质要求的产品都有相应的产品控制要求,还有不同环节的温度要求和储藏时间要求。以食品为例,需要依靠冷链的食品种类很多,所要求的低温技术指标都不同,所以冷链物流需要个性化。这会增加管理难度和运作成本,是不得已而为之的,在管理方面,应尽量避免采用。

(六)重视建立冷链的物流信息系统

有效的冷链运作和管理,信息是基础。虽然有效的信息系统对于各种产品的物流运作都是非常重要的,但对于冷链有特别重要的作用,尤其是在途的环节,必须依靠及时的信息来做出温度控制和时间控制的决策,从而保证能够对冷链实施精细化的、准确的管理。

第二十三章　快速物流及快递服务

第一节　概述

一、"快"——现代物流的重要特征

现代社会,提高物流速度的需求可以说是越来越旺盛。这种需求,自然和人们的生活和工作节奏加快有关,但是,快速物流需求形成和增长的主要原因还是来自现代社会的经济运行的压力:生产节奏的加快,自然要求物流的快速反应;成本的压迫,库存降低,要求快速物流实现供应的保障;市场竞争的激化,抢先占领市场,需要快速物流的支持;国际化和远程的供应链,需要用时间来弥补空间,用速度战胜距离;当然,"以人为本"的现代政府在应对突发事件的时候,"快"是政府效能的体现,这也是快速物流需求增长的重要原因。

从物流本身来讲,"快"也是内在的要求。因为"快"体现了物流的水平和效率,由于节省时间,就相对降低了人力、物力、财力各种资源占用和消耗,这是现代物流追求的目标。可以说,"快"是现代物流的重要特征,甚至是第一特征。整个物流领域,各种物流服务,都必须把"快"字放在重要而恰当的位置,即使是一般的物流服务,也是如此。

偌大的物流领域,用户、物流对象、物流需求、环境条件及物流企业的规模、水平和能力都是差异化的存在,这就派生出差异化的需求。对"快"也是如此,许多和"快"有关的特殊服务,已经不是普遍服务能够满足的,这就是快运快递这种特殊的物流服务产生的原因。最初,"快"的满足,依靠物流服务来完成。随着需求增加,及市场规模、容量的扩大,专业化、社会化的快运快递物流业种相继出现。

二、快速物流属于高端物流

(一)快速物流趋势性的发展

快运快递有非常强的"增值服务"色彩,是物流领域增值服务的重要形式,是大面积覆盖的物流向高端发展的结果,最初带有一定的稀缺性。随着社会进步,"快"逐渐成为经济领域的普遍需求。现代社会有四个势态使得快运快递逐渐从增值服务转化成普遍服务:

一是需求从个别需求变成广泛的需求,有了大的经济规模;

二是逐渐形成了低成本的平台支持,这种平台支持也逐渐广泛化,交通网络平

台和信息传递平台都可以对快速物流提供有效的支持；

三是我国的经济发展能够提供快速物流所需要的、进行“快”的运作的硬件支持；

四是快速物流成本降低使用户可以接受，有非常乐观的前景。现在社会化、专业化的快运快递企业已经大量出现，这些企业集群已经可以构筑出一个大的高端行业。

（二）快速物流的重要特点

快运快递这种系统物流服务企业是现代物流的企业类型，这种类型的企业首先应当可以进行大规模的物流运作，有了规模，才有进行系统化运作的前提条件。其次，必须具有大面积覆盖的网络，这是进行高水平系统化运作的前提条件，从而面向高端客户和高端货物，提供系统服务而主要不是单项服务。有效的物流平台支持对于系统化运作的企业也是必不可少的，物流平台水平不够，就无法进行高水平的系统化运作。所以，快运快递这种系统物流服务企业还必须有强大的社会生产力支持，采用先进的、有效的物流装备及物流工具，有现代化的经营管理力量。这都需要信息化的支持，高度信息化水平也是快速物流的重要特点。

（三）物流领域的“高端”

快递物流这种增值服务必定有约束条件。按照社会学的分析，增值服务处于“高端”，“高端”是多数的追求，少数才能获取，必定有相当数量的追求者被排斥在外。快递物流的发展虽然逐渐实现了普遍服务，但是还必须保持“增值”的本质内涵，所以，快递物流严格行业的边界和内涵，建立必要的准入制度，才有条件给这个行业创造更好的发展环境。

特别要防止我国经济发展历程中曾经出现过的诸多乱象，特别需要防止一旦某个行业“热”了起来，获得有利的政策支持又没有必要的准入制度，就一下子出现数不清的滥竽充数的翻牌公司，这虽然会表现出很大的增长百分数，但实际上却降低了它的水平。在旧的发展观看来，大的增长百分数是很大的成绩，但是如果用科学发展观考量，这无疑是对发展的损害。所以，快递物流从增值服务发展成普遍服务的形态，我们依然要重视建立严格的准入制度，保持和提升质量水平和行业形象。这非常重要，也是整个物流产业从“低端”产业提升成“高端”产业的重要工作。

第二节　快速物流的类型

一、称谓

当前，快运快递领域企业还处于创新发展时期，因此出现了很多不同的称谓，作者在网上搜索时发现，不同的称谓有时所指的是同一事物，有时却很不相同，这往往给社会和客户带来困惑。在这个行业已经逐渐成形的时候，对称谓做一定的规范是很重要的事情,也是这个行业形象设计的重要工作。

类似的称谓有快运、快递、特快专递、速递、捷运,还有取自服务承诺的一些称谓。其中,最有代表性的是快运、快递两种称谓。但从我国现在的情况来看,一方面这个行业还不够大,企业还不够多;另一方面,快运、快递两者虽然本质上是同一种物流方式,又同样面对高端客户和高端物流对象,但是仍然有一些重要区别,已经形成两个有区别的行业,也许将来会出现进一步细分的局面。但是,现在还是作为一个大的、综合性的行业进行管理和规划发展更为有利,称之为"快运快递"能够基本上反映这个行业的特点和内涵。

二、分类

(一)从"快"的内涵角度分类

第一类:快递物流。简称"快递",以"快"和系统化服务、全程服务为主要特征。

第二类:快运物流。简称"快运",以"快"和干线上的"站到站"运输为主要特征,当然其中也可以按照用户要求有系统化服务的全程"门到门"服务。

第三类:快速反应物流。以行动快为主要特征的物流,当然物流速度快也是主要特征。这种物流不但对于异常事态、战争、灾害等突发事件非常重要,是应急物流的主要内容,也可以成为物流企业所具有的常态的特殊服务能力,并成为市场竞争的重要手段。

(二)从快速物流覆盖的区域角度分类

第一类:同城快递。一个城市区域范围内的快递物流,这个区域范围,不需要长途运输,运输不构成"快"的障碍。同城快递为了保证"快",需要在发送和接收环节尽量节省时间,同城快递方式,超过了"门到门"方式,可以做到"办公桌到办公桌"的服务。

第二类:国内快运快递。在一个国家的行政区划范围内,省际、城际区域范围内所进行的快运快递物流。

第三类:国际快运快递。这是指在两个或两个以上国家(或地区)之间所进行的快递及快速物流业务,国际快运快递物流形态主要指的是国际快递。

(三)从快速物流的手段角度分类

第一类:航空快递。主要利用航空运输手段,向客户提供的快递服务。

第二类:特快专递。综合利用各种运输手段,向客户提供的快递服务。

第三节　主要的快速物流业

一、快递

快递又称速递,是邮递送达和快速物流一体化的物流形态,对于物流业来讲,是一种物流方式,一种业态。快递企业利用公共的铁路、公路和空运等运输方式和上门取货、送货的物流服务,对客户委托的物品,包括高附加值货物、文件、礼品、证件等进行点到点、门到门的快速投递。重要的服务特点是对"快"承诺,对送达时限承诺,这是快递服务的核心。

城市、区域甚至跨国的快递服务,是发展很快的业种。国际巨型快递企业有四大家族敦豪航空货运、联合包裹、联邦速递和 TNT,国内也有顺丰、韵达、申通、中通、圆通等。

快递是高端物流行业。理论上物流产业构造模型是金字塔型构造,有基础、平台、运行三个层面,运行层面又分成高端运行和一般运行两个领域。很明显,按照物流产业的理论构造,快递企业处于金字塔的顶部位置,属于高端运行的物流企业,其本质的特点是提供系统性的物流服务,并有信息技术的有效支持。

同城快递是发展较快的业种,在城市中,可以做到"办公桌到办公桌"的服务,方便和快捷是它重要的特点。尤其是填补过去城市服务空白的以下几方面业务,有很好的市场前景:通知和票据的送达;鲜花和礼品的投送;所购或代购食品和物品的送货上门。

快递作为一种重要的物流方式,现在已经广为人知也广为人用,是物流这棵大树上茂盛的一枝。对于国民经济来讲,在历史长河中,物流本来就是一个新的事物,这大树上茂盛的新枝当然更新!快递新到什么程度?我们可用一件事情来说明这个问题:我国 2006 年发布的《物流术语》国家标准中尽管几乎包罗所有的物流术语,但却没有快递物流这个术语。这说明,虽然那个时候快递在国内已经成形,而且邮政快递已有一定的规模,但是,还没有受到物流术语标准制定者的认同。有一种说法,认为快递是邮政的一种形态,是邮政的衍生品,所以没有把它和物流关联在一起。这也许有一定道理,而且现在确实有一些国家和地区仍然把它看成邮政的一种形态,尤其是我国,快递的管理是纳入中国邮政旗下。但对此物流界是不能认同的,因为现实是快递在国内已经成为重要的物流产业,与归属政府部门的邮政有太大区别,纳入邮政领域显然不妥。现在的快递,已经远远脱离了邮政的范畴,没有了半点政府的影子,已经成为一种全新的、独立的业态。这个业态依托的劳动手段是物流,所做的工作是服务,是现代人所需要的重要的物流服务,当然与物流更为贴近。

二、国际快递

国际快递与一般快递有很大的共同之处,又极具特殊性,已成为和一般快递有区别的业种。主要区别在于以下两方面:

第一,环境的差异。一般快递在一个国家范围之中,政治、社会、制度、法律和生活环境虽然有变化,但是没有太大的区别。国际快递必须跨越不同国家,因此快递环境存在很大的差异。对于我国来讲,国际快递会涉及国际关系问题,这是一项政策性很强的涉外活动。除了上述的差异之外,在技术上也往往会存在很大的差异,尤其是硬件设施方面。当然,涉及不同国家的国际快递,还有相当多的程序性的问题,因此手续繁杂。国际快递必须有效解决这些差异,才能有效地运转。

第二,距离的差异。和国内快递比较,国际快递具有相对的远程性,带来的是长途运输、多次运输,这当然就会有一系列问题:要经过许多中间环节,使用和更换多种运输工具,会发生多次的业务交接。物流复杂化,暂存、储存和装卸搬运活动也会相应增加,这些都会增加损失和成本,运作的难度显然会增加。

施行国际快递业务是有条件的,除了相关的协议之外,信息是重要的保证条件。国际快递必须依托于互联网和专业化、国际化的信息系统,建立这种信息系统可以由企业自主地完成,但更多的是依托与海关的公共信息系统联机、掌握和沟通。

三、航空快递及特快专递

利用飞机做主要运输手段的快递业务称作航空快递。使用飞机的原因在于:路程长,使用其他运输工具不能达到快的目的。另外,航空快递只有在有航空线路的城市之间及其周边地区才能够达到快的目的,由此看来,航空快递是有局限性的。

航空快递中依靠飞机的长距离运输仅仅是运输的一部分而不是全部,必须有和飞机运输衔接的其他运输方式进行首尾的衔接性的运输,才能够完成快递。这是航空快递不可缺少的环节,也是航空快递重要的组成部分,如果这一部分衔接和组织得不好,对航空快递也会产生重大影响。航空快递可以由航空公司作为一种延伸服务来进行,也可以由快递公司自备航空手段进行,现在的主要方式是由快递公司与航空公司合作完成。

特快专递和航空快递同样是利用快速运输为主要手段的快递业务,但是区别在于特快专递综合采用航空、铁路、公路、水路多种运输方式和汽车、摩托车、自行车等上门投递方式,对于多种运输方式进行优化选择和系统配置,因而快递的区域不像航空快递那样存在局限性,所以可以在很广阔的区域范围之内向客户提供快递服务。而且,由于综合运用了多种运输方式,可以进行优化的选择,所以,特快专递不但能够保证“快”的要求,而且可以大大降低快递的成本和用户的费用支出。

中国邮政的邮政特快专递 EMS(Express Mail Service)服务方式是 365 天天天配送,是国内传送文件资料、重要紧急信函、证书票据、样本样品、小型包裹的重要方式。

四、铁道快运

铁道快运是利用火车为主要运输工具的快运方式。其最大的优势在于:可以完成相对来讲大体积、大数量物品的快速物流。由于铁路的覆盖面有限,单靠铁路很难实现到户的高质量服务,所以,铁道快运实际上是综合性的系统,是以铁路物流为主,公路物流和其他运输方式为辅,同时还包括配送服务的综合物流系统。

有百年历史的铁路,已经基本实现了规模化和完善化,铁道快运依托这个基础成为重要的快运方式,是快运的主导方式。现在铁道快运在许多国家和地区已经可以实现网络化、信息化、专业化、快速化、大量化的高水平运行。

第四节　快速物流的支持平台

一般物流依赖通用物流平台和普遍物流管理的支持,这也是快速物流基础的支持系统。但对于快速物流,物流的通用平台和普遍的管理支持力度与针对性不足,尤其是快递,由于支持平台和管理欠缺,已经成为城市的一大乱象。快速物流支持系统还有特定的要求,需要专门的支持系统,包括两方面:快速物流线路平台和信息化的支持。

一、快速物流的实物物流平台

平台的结构基本上属于层状模式结构。主要结构状况是:每一层已经达到了比较好的系统结构,有比较强的独立性;层与层之间缺乏有机的结构关系,没有成系统的立体网络结构,结构层对快速物流有比较强的支持力度,但层与层之间衔接和转换会影响快速物流的运行。

现在比较完善的快速物流实物物流平台主要是:航空物流平台、快速铁路物流平台和快速公路物流平台。水运还缺乏快速物流平台的支持能力。铁路在铁路平台网络基础上,又形成了高速铁路线路;公路已经形成了高速公路网络;航空物流平台本身就是快速平台。以上这三种层状结构的物流平台能够有效地支持高端的快速物流。城市快递没有形成专门的物流平台,这是出现乱象的重要原因。

铁路和公路、铁路与航空快速物流之间的转换,公路、航空与航空快速物流之间的转换,还有快速物流平台上运行与终端短途运输的转换,这些层与层之间的转换成了快速物流的瓶颈。物流系统中层状模式存在的最大问题是很难有效解决层与层之间,即不同网络系统之间的衔接和转换。这在快速物流领域表现得尤为突出。不仅会遇到一般物流平台之间转换的问题,而且还有一个特殊的问题,那就是两种不同平台上的快速物流之间的衔接和转换。

二、快速物流的物流信息平台

物流信息平台对一般物流来讲并没有特殊需要,但对于快速物流却极具重要性。快速物流运行需要快的速度和快速的反应,前者依靠装备和管理,后者依靠的是信息。现代快递物流发展如此迅速的一个重要原因就是有移动通信的支持。快速物流信息平台支持的物流信息有以下重要的作用。

(一)快速物流的动态反映

快速物流速度快,动态反映非常重要,是了解、掌握、调整和管理与控制快速物流的基础。快速物流信息平台必须能够有效地支持这种动态信息。尤其对于国际快速物流,由于不同国家以及信息水平和标准的差异,往往会造成这种动态信息建立的困难。

(二)快速物流的查询

支持快速物流的查询,尤其是国际快递的查询是快速物流信息平台的重要功能。要实现这个功能,平台支持的物流信息系统必须对快速物流进行跟踪,准确掌握快速物流的动态,这是快速物流查询的重要基础。有了这个基础,就可以通过快速物流查询接口进行查询。

第二十四章　特殊的物流运行及服务

第一节　绿色物流

一、绿色物流的含义

绿色物流是一个广泛的概念，因此，现在还没有一个能够被广泛认同的准确说法。本书所研究的绿色物流，包括以下几个领域：

第一，物流系统本身具有“绿色”的概念。这是指具有可持续发展和环境保护的双重意义，表现在资源和能源消耗较低、对环境影响较小，是环保、低污染、低排放的物流系统。

第二，物流过程及技术“绿色”的概念。这是指物流过程各个环节具备绿色特质，如绿色运输、绿色包装等，能够有效地实现对物流对象的保护，同时防止损失、浪费和污染环境。

第三，物流对象“绿色”的概念。这主要指物流对象是“绿色”的，这种对象的标志是生、鲜、活、净，例如粮食、蔬菜、水果、鲜活的鱼、肉、蛋、奶等。

第四，物流系统功能和所起作用“绿色”的概念。这是指物流系统的功能和所起的作用能够解决“绿色”的问题：有利于资源利用，有利于可持续发展。例如资源回收物流系统、资源综合利用和再生利用的物流系统、防止资源污染环境及污染物处理的物流系统等。

二、绿色物流的领域

具体而言，绿色物流包括以下八个领域：

第一，环境领域。抑制和减少对环境污染的物流活动，例如减少废气、废液、废渣排放，减少和降低噪音、振动。

第二，资源领域。充分地、有效地、节约地利用资源的物流活动，例如降低能耗、降低包装材料消耗，对包装材料等资源进行梯级利用、回收再生利用，延长物流设施、设备的生命周期，提高物流设施、设备效率以及其他资源节约。

第三，物流领域。减少环节，使物流过程短径化、合理化的物流活动，例如合理规划的物流路线、有效衔接的物流环节、缩短物流距离。

第四，物流对象领域。防止和降低物流对象损失的物流活动，例如物流对象机械损伤、变质、发霉、受潮、锈蚀、公差变化、破坏、浓度变化、纯度变化、鼠咬虫食损伤、包装损坏、外观及色泽变化等损失。

第五，安全领域。不出现安全事故的物流活动。

第六，农业领域。农产品和绿色产品的物流活动，例如瓜果、蔬菜、水产品以及获得绿色称号的食品及其他产品。

第七，物流环境领域。整个物流过程保持生、鲜、活产品所需要的生存及保鲜环境条件的物流活动。

第八，文明、卫生领域。整个物流过程保持文明、卫生的物流活动。

三、物流对环境影响的表现

(一)废气排放

物流工具，尤其是货运汽车，废气的排放是严重损害环境的因素。在现代化大城市，汽车尾气排放已经成为环境污染的第一号因素。汽车尾气的正常排放，对环境的破坏作用已经非常明显，而实际上有很大一部分是超标准排放，从而造成更为严重的问题。汽车尾气的主要污染物是铅污染，同时一氧化碳、氮氧化物、碳氢化合物、臭氧的排放物污染也很严重。尤其铅污染，由于铅是有毒物质，半衰期又很长，会引起人体的铅中毒，是需要着力防止的问题。

(二)噪音污染

噪音污染主要来自火车、货运卡车等大型车辆，因此也是以大型车辆为主体的物流工具的主要污染因素。和废气、废液污染不同，噪音污染一般只造成局部的环境问题。噪音污染的受害对象，主要是对人生理的影响，如表 24－1 所示。

表 24－1　　噪音污染对人生理的影响

噪音强度(分贝)	对人生理的影响
40	妨碍睡眠
50	妨碍正常听力
60	妨碍 2 个人在 1 米距离的会话
70	妨碍打电话
80 以上	长期影响血压和引发头痛、惊悸、胃肠不适、神经刺激
90 以上	全天处于此环境中，就会发生听力衰减
100 以上	每天一个小时处于此环境中，就会发生听力衰减

(三)震动污染

火车、汽车在行驶时产生震动，飞机起飞、降落及飞行时造成空气的震动。震动和噪音同时发生，借助空气和地面传播，可以引起门窗、室内器物的反应，从而对人造成影响。

(四)扬尘污染

扬尘主要来自两个方面:一个方面是汽车在行驶中造成路面上尘土的飞扬,在发展中国家,尤其是小城镇和农村经常出现;另一个原因是粉体对象(例如粉状物、煤炭、矿石等)在物流过程中造成的扬尘。扬尘物造成建筑物的表面蒙尘,并逐渐浸蚀建筑物使其表面质量下降,尤其是腐蚀性的粉尘更有危害;另外也会对人造成影响,人吸入粉尘后会受到生理的影响。

(五)有毒物的污染

汽车尾气、粉尘之中包含有毒物。物流过程中的事故,尤其是装运有毒物设备和有毒物储存仓库的事故,会造成有毒物大面积的扩散,从而形成严重的局部污染。即使不是由于事故,有毒物的物流过程也会经常和环境接触,从而造成一定污染。物流机械、装备、工具在使用过程和设备清洗过程中,通过废物排放,也会形成对环境的污染。

有毒物污染的一般途径,是通过粉尘的扩散、液体和气体的排放、挥发和扩散而传播,这种污染随着火灾、爆炸、水灾等因素会迅速扩散而造成严重的事态。

(六)灾害和损害

物流过程发生事故和灾害会造成突发性的严重损害,包括人身伤亡、设备损失、商品损失以及环境的破坏。近些年,超载运输造成道路、桥梁、隧道的损坏及使用寿命缩短,而逐渐成为物流致使环境破坏的一个非常重要的原因。

四、绿色物流的本质特点

和一般物流系统不同,绿色物流所追逐的主要是社会效益和企业效益的统一,是在“绿色”的前提下追逐利益。特别需要指出:物流本身具有严重的非绿色因素。

首先,物流广泛影响环境。不是“点”的影响,而是“面”的影响。一般产业对环境的影响,局限于所在的地区,可能造成局部的严重环境问题,但不会发生广泛而全面的影响。

其次,物流多方面影响环境。物流对环境的影响包括噪音、废气、废液、废物、事故、资源浪费等多方面、多层次因素。

最后,从国民经济总体来看,物流是消耗性的因素而不是增值性的因素。物流总量越大,必然会增大设备、能源、人力的消耗,国民经济的成本负担就越重。

所以,经济发展必须克服和遏制物流的非绿色因素,把减少物流消耗作为指导方针。

五、绿色物流系统

绿色物流系统是现在的热点,已经出现了多种以绿色物流为主体概念的物流系统,列举如下。

(一)绿色物流通道

绿色通道主要指通过管理和技术特别构造的通道式的物流系统。在一条线路上专门建立的通道式物流系统,或者跨越几条线路建立的通道式物流系统,这种系统的内涵是一条专门的或相对固定的物流通道。通道之所以可以称为绿色,一在通道的构筑方式上,二在通道的运营方式上,三是物流对象的其他要素方面部分或者全方位地和绿色相关。

绿色物流通道的主要特点是:没有中间环节,所以可以大幅度减少停滞、等待和环节相接时的能源与资源消耗,以大大提高对物流对象的保护和减轻对环境的压力。我国晋煤外运专用公路通道就具备绿色通道的特质,虽然所运的物资是黑色的。

(二)低排放物流系统

低排放物流系统的特殊之处在于减少油气消耗及碳的排放,从资源、物流成本和环境角度表现低排放的物流属性。

(三)活体物流系统

活体物流系统指的是以除了人之外的活的生物为物流对象的物流系统。把这种物流系统称为绿色物流系统的原因是,物流对象是健康的活体,物流过程中要创造必要的小生态环境,是一种特殊的生态物流系统。

(四)食品及粮食物流系统

绿色食品及粮食等物流对象本身很少或者基本上不对外界环境有太大的影响,绿色的特征主要表现在整个物流过程:要防止外界环境和物流设备设施的污染,保持物流对象的绿色,要创造适宜的防止变质损失的生态环境,并且要严格控制在途时间。

(五)冷链系统

冷链系统绿色的特征主要表现在通过采取的各种技术手段和管理手段,创造一个恰当的生态环境,从而使物流对象保持生、鲜等绿色的状态,有效地降低物流过程中由于腐朽、变质可能给环境及经济效益带来的损失,以及给物流对象带来损失。

(六)零库存系统

零库存系统除了零库存的特殊功能之外,本身也是一个比较完美的绿色物流系统。零库存的绿色主要表现在把库存环境和生态影响降低到了最小的限度。对环境没有影响,没有燃料、动力及其他资源的消耗,没有库存损失及浪费。

(七)再生资源系统

将已经失去使用价值的排放物资源化,重新获得使用价值,是重要的绿色系统。这不但可以增加财富,而且可以减少环境的负担,使经济可持续发展。和上述物流系统相比,再生资源系统是对社会影响面更大、更有价值的绿色物流系统,是绿色物流重点发展和关注的系统。

(八)废弃物物流系统

废弃物物流系统是对最终废弃物进行处理的物流系统。对废弃物进行处理,可以防止废弃物对环境的污染和影响,同时,废弃物物流系统本身也具有环保的要素。

(九)水泥散装系统

水泥散装系统的绿色特征主要表现在:通过工程和技术手段,减少粉状水泥对环境及物流设施装备的污染,减少劳动者直接接触粉状水泥而对身体和情绪的影响;采用机械化、自动化方式提高装卸效率并减少损失;水泥的流通及应用的文明程度实现提升。

第二节　可再生资源物流

一、概述

(一)可再生资源

可再生资源是可以再生利用的一类资源的总称,是尚未形成使用价值的排放物,或生活过程中已完成一次使用价值的排放物中之全部或一部分,是可再一次转化成有用物的一类资源。

不能简单从资源梯级利用及综合利用技术角度对资源是否有再生利用价值进行判断,还必须考虑新资源的供给,对环境以及对市场的影响,消费者权益保护等许多的问题。例如,汽车拆解,工艺是可行的,结果可能是出现拼装车辆,整车技术指标可能会大幅度下降,又影响和冲击新车市场。虽然从拆解角度看有利于环境,但从拼装车排放和安全性角度看,有害于环境。所以,再生资源的决策,不单单是技术问题,而需要从更高层次做综合判断。

(二)可再生资源和废弃物

可再生资源及废弃物是相关的两类物质,工业、农业、人民生活的活动中,必然要排放各种排泄物,或称废料;现在科学技术和生产工艺可以从排泄物中回收再生利用的部分,称可再生资源。再生加工使一部分资源进入循环利用,但循环过程中,总还要再不断排放出废物,这种不断排放、不断再生利用过程中产生的失去使用价值的物质,即无法再利用的最终排放物,本节中称之为废弃物。排放物、可再生资源及废弃物的形成关系如图 24－1 所示。

社会上容易将含有尚可回收利用的可再生的排放物和最终排放物混淆,都称为废弃物。其实两者不同:前者还包含不废弃的部分,而后者则是现阶段科学技术或经济条件决定不能再利用的部分。两者物流形态是不同的,本书将排放物分成可再生资源和废弃物两部分来研究其物流。

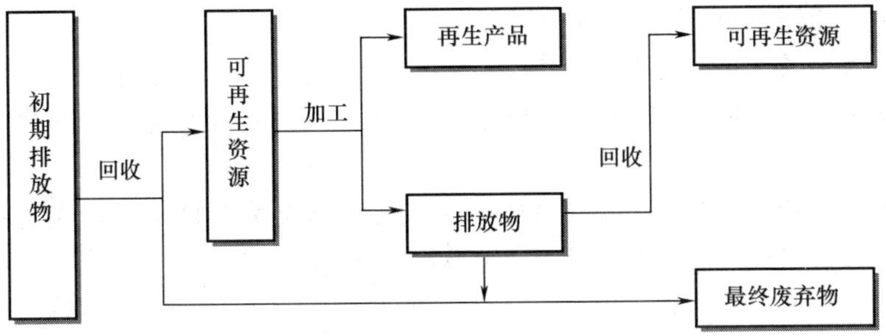

图 24－1　排放物、可再生资源、废弃物的形成关系

二、可再生资源物流分类及特点

（一）按可再生资源物理形态分类

按可再生资源的物理形态分类，有固体可再生资源、液体可再生资源、气体可再生资源三类，其中物流量较大、物流形式较多的是固体可再生资源，往往利用通常物流工具和物流系统，液体可再生资源则主要利用管道、罐体的特殊物流形式。

（二）按可再生资源的来源产业分类

按可再生资源的来源产业分类，有以下三种。

（1）工业排放物。大体有三种：一是生产过程中的工艺性排放物；二是生产过程中的废品；三是劳动工具、装备、设施的更新报废物。其中，工艺性排放物受工艺流程和技术水平决定，往往是连续排放同样物质，排放时间、数量、排放物种类都有规律性，因而能形成稳定的物流。生产过程中的废品，有一定规律性但也有很大的偶然性，其中一大部分可以重回工艺过程中，所以工艺设计中就有复用的流程，进入社会物流的不多。更新报废的设备、工具等，并不经常发生，不可能有稳定的物流系统支持，有发生一次、组织一次物流的特点。

（2）农业排放物。农业排放物主要有农业性生产过程的排放物，如秸杆、皮、壳、叶等，和农产品加工过程的排放物两类。前者排放物产出分散，再加上价值很低，物流的特点是短距离和低成本运输。后者则和一般工业排放物大体一样，不同的是，农产品加工排放物是有机物，往往含有一定水分，因此，物流中的发酵、发霉、污染问题需特别解决。

（3）生活排放物。生活排放物包括家庭垃圾、办公室垃圾、城市垃圾、建筑垃圾等。这种排放物的特点是成分比工、农业排放物复杂，而且掺混在一起。收集垃圾的物流系统容易建立，但再资源化的物流则较为复杂，例如，需要建立庞大的分选系统，垃圾需要通过分选。分选处理量大，分选方法也与一般配送的分选差别较大。

(三)按可再生资源来源行业细分

按可再生资源的来源行业细分有以下八种。

(1)钢铁冶炼工业。主体再生资源是废渣及废金属,废渣进行厂内处理(如水淬处理)后进入社会物流系统,由其他行业再生加工。废金属则通过厂内物流,重回生产过程。

(2)煤炭工业。主体可再生资源是煤矸石,其物流特点是装运量大,占用堆场面积大,要求物流成本控制在很低水平,如果物流成本高,则再生后产品价格过高而无经济效益,从而废弃。所以,低成本、大批量的物流方式对这种可再生资源的物流至关重要。

(3)电力工业。主要的可再生资源是粉煤灰,排放数量大且连续排放,电厂不能回用。粉煤灰形态特殊、污染严重,不能利用社会公共物流系统,需要建立专用物流系统,以专用物流管道排放至专门场地或利用粉煤灰的其他企业,形成稳定的、专用的物流线。

(4)木材加工业。主体可再生资源是木屑(包括锯末、刨花、碎木等),其物流特点是就厂复用或进入厂内再生利用生产线,一般不进入社会物流领域。

(5)玻璃生产工业。主体可再生资源是碎玻璃,其物流特点是就厂复用,重新进入生产线中作为原料回炉,一般不进入社会物流领域。

(6)纺织工业。主体可再生资源是落地花、废纺织品、废纱等,其物流特点是就厂复用,作为配料重回生产过程中或就厂制造低档织品,一般不进入社会物流领域。

(7)机械加工工业。主体可再生资源是金属废屑,物流特点是装运难度大,体积不规则且容重低。可在起始端流通加工,进行体积减量形成容易装卸搬运的单元,经压块加工再运输,就可以利用社会物流公共设施。有熔炼设备的企业,不再进入社会物流,由企业回收复用。

(8)粮食加工业。主体可再生资源是谷、壳、糠等,其物流一是内部再生产饲料及其他商品,利用企业物流将再生资源和企业内部生产线联结起来,另一物流线是利用外部物流系统运输出厂,由养殖业、化工行业等其他行业利用。

三、可再生资源物流的四大特点

(一)物流对象种类多

可再生资源物流对象种类很多,这是由以下几个因素决定的:其一,几乎所有的生产企业、消费过程和流通领域都可能产生可再生资源;其二,几乎每一个工序、每一阶段生产过程都产生可再生资源;其三,几乎所有人类的劳动成果,最终都可能有一部分转化成可再生资源。这就决定了可再生资源物流系统、物流方式的多样性。

(二)物流数量大

巨大的数量也是可再生资源的特点,这不仅是物流总量大,而且许多种类的可再生资源也是大数量的。可再生资源的数量各国都难以准确地统计,如果不能有效解决其物流问题,会对环境造成严重的负面影响。这决定了可再生资源物流要消耗很大的物化劳动及活劳动,需要有一个庞大的物流系统来支撑,也说明可再生资源物流是物流的一个重要子系统。

(三)物流粗放

可再生资源中除少数类别价值较高,大部分价值低、数量大且经过生产或消费,主要使用价值已近耗尽,可采取粗放的物流方式以降低物流成本,使可再生资源在形成新的价值中,物流成本不致过高,产业能够承受。但即使粗放的物流方式压低物流费用,由于可再生资源本身价值低,物流成本相对比重也很高。经常会有这种情况:可再生资源物流费用过高而再生在经济上是不合算的,这就使它成了最终废弃物。例如,煤矸石、粉煤灰等一些物质的再生限制就因为物流费用过高,企业很难承受。

(四)物流路程短

极特殊情况下可再生的资源需要用远程物流来支持,大部分情况是可再生资源物流路程都很短。其原因和上述几个特点有关,物流费承受能力低、数量大、主要使用价值已经实现等因素都决定再生资源的就地就近利用性质,因而物流路程不会太长。

四、几种可再生资源的物流系统

(一)以废汽车为代表的拆解及破碎分选物流系统

废汽车可再生资源的物流在机电产品中极具代表性,它的物流过程中,流通加工占着重要位置,所有的废旧汽车几乎都通过一定的流通加工程序,然后以各种新的资源进入新一轮的循环利用中去。废旧汽车可再生资源的物流主要有以下两类不同的系统。

1. 拆解系统

通过拆解方式将汽车上可再利用的东西分别拆选下来,再分别送至不同应用领域,投入新一轮的利用,其系统流程如图 24 - 2 所示。拆解加工的特点是,可以原封不动地取得车辆上的部件、零件甚至总成,仍然保留这些东西的原来使用价值,并可以继续利用这一使用价值,因而,在废旧车价值基础上可以实现较高的附加价值,经济效益较好。从社会效益看,这种方式能耗小,社会资源利用充分,所以也有较高的社会效益。

这种加工系统的主要缺点是劳动力投入量大,难以使用机械,劳动效率也较低,因而在劳动力较便宜而汽车价格较高的地区可采用这种物流方式。除了汽车之外,采用这种方式的还有船舶、飞机、家用电器、机械等。

2. 破碎分选系统

通过破碎分选方式将汽车破碎后,再通过分选加工,将不同种类的组成物区分开,从而形成其他领域可用的资源,进入新的资源利用循环中去。

这种物流方式的特点是,可全机械化、自动化操作,不用或少用人力,加工量大,加工速度快,能稳定地形成若干种可再生资源,容易与下一循环的加工利用形成稳定的供应关系,加工后的物料规格也较固定,有利于下一步再生利用。这种方式的主要缺点是,需要重型加工机器,设备投资大,能耗大,加工费用高且形成的附加价值较低。

除了汽车之外,可以采用这种方式的还有一般工装设备、家用电器等。

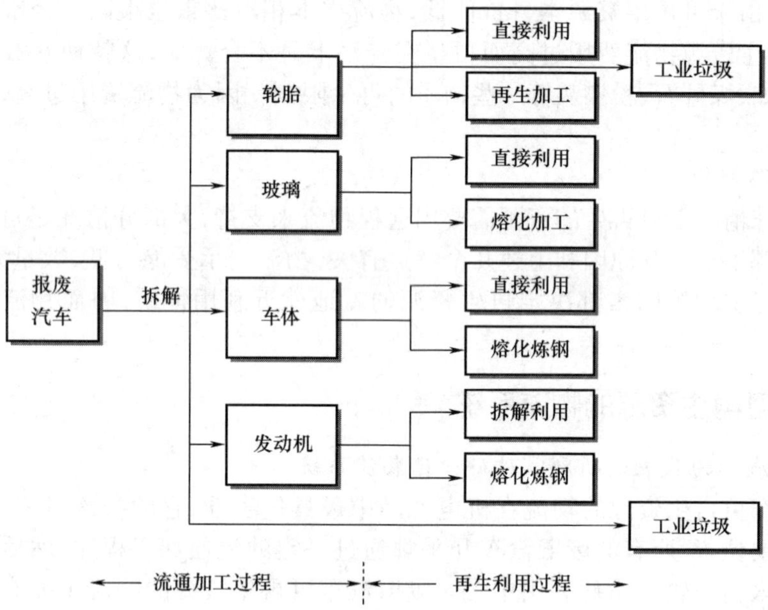

图 24-2　汽车的拆解加工系统

(二)以废玻璃瓶为代表的回送复用逆向物流系统

某些种类的废旧玻璃瓶可以作为可再生利用资源,其物流方式特点是有回送复用的逆向物流系统,依靠这个系统,可将用毕的玻璃瓶再回运给生产企业,而不使之成为废弃物。这个回送复用的物流系统可以成为配送的逆运输,在实践中,配送和回送复用物流两者构成了一个往返式的、循环的物流系统,一般将这种系统看成一个完整的双向配送系统。所反映的玻璃瓶的回送复用系统,具有双向物流系统的主要优点。具体表现是:回送复用物流并不专门安排运力,而是配送回程的"捎脚"运输,因此并不增加多少投入便解决了空瓶回运问题,也不增加城市区域的物流密度,在城市物流范围采用是有优势的。

特别需要说明的是,这种回送复用系统有卫生、安全、操作等多方面的问题,缺乏普遍的适用性。另外,这种回运系统一般只适合城市物流的汽车运输方式。如果是火车、大型汽车等远程物流，返程只载空瓶则运力浪费很大，包括回收、包装、装卸、堆存、运输等总体的物流费用往往可能超过新瓶的价格，生产厂不如购置新瓶。在这种情况下，这种回送复用的物流系统便失去了价值。除了玻璃瓶之外，采用这种方式的还有包装箱等。

（三）以废纸为代表的收集集货物流系统

废纸可再生资源的物流系统特点在于：有一个收集废纸的废纸收集物流系统，是集货系统的一种。和上述两种可再生资源不同，废纸需要收集、集中，才能批量提供给再生加工企业，所以收集废纸的物流是这种可再生资源物流的主体方式。由于废纸资源分散，这种集货系统的起点是依靠简单的人力劳动或半机械化劳动，在集货结点处进行集货加工，成一定捆装、包装体，完成大规模物流的准备，再以现代物流机具运送给再利用的用户，如图 24－3 所示。另外，金属加工碎屑、分散的破碎玻璃器皿、碎废布等可再生资源也采用这种物流方式。

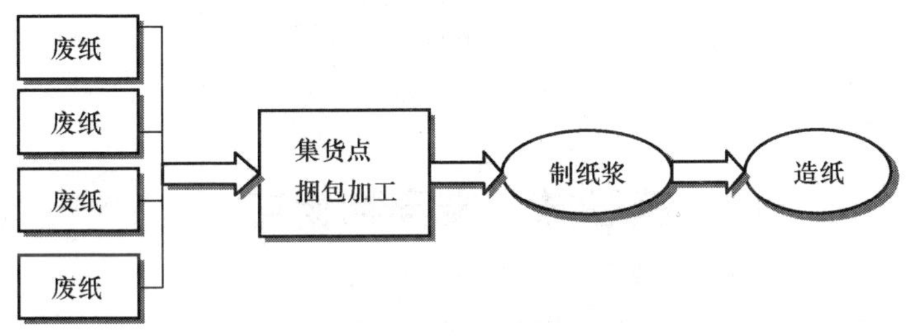

图 24－3　废纸收集物流系统

（四）以粉煤灰为代表的联产供应物流系统

粉煤灰可再生资源的物流方式有很多种，其中较有特殊性的一种方式是联产建筑材料的供应物流方式，这种物流方式所采用的物流手段主要是管道。电厂排放的粉煤灰，如不采取联产建筑材料方式，则只能排到山谷、河谷、坑塘之中，形成这种再生资源的人为堆积地，日后有可能取走复用，也有可能堆积不用，成了最终废弃物。而采用联产供应物流方式，电厂通过管道将粉煤灰直接输送供应给建筑材料生产企业，这种再生资源也成了建筑材料生产企业的主要原料。这个物流系统既是电厂的排放系统，也是建材厂的原料供应系统。

此外，化工石膏、冶金矿碴等也采取这种物流方式。

（五）以废玻璃为代表的原厂复用物流系统

玻璃生产企业各个环节都会产生碎玻璃，这些碎玻璃可以原厂复用，形成碎玻璃原厂复用物流系统。即无论哪个工序产生的碎玻璃，都可回运至配料端，由于其成分与本厂生产玻璃成分一致，无须再进行成分的化验和组成的计算，而直接投入炉内重新熔制。物流设备大体有两种：一种是料斗与传送带配合，各工序碎玻璃投于料斗中，通过料斗置于传送带上，再由传送带送投料处的废玻璃堆场；另一种是采用作业车辆，各工序碎玻璃投入带车斗中，定期用车辆运至投料端待再熔化。陶瓷工业的泥料，冶金工业中的金属渣、块，机械工业中的边角料、车削料等可再生资源也采取这种物流方式。

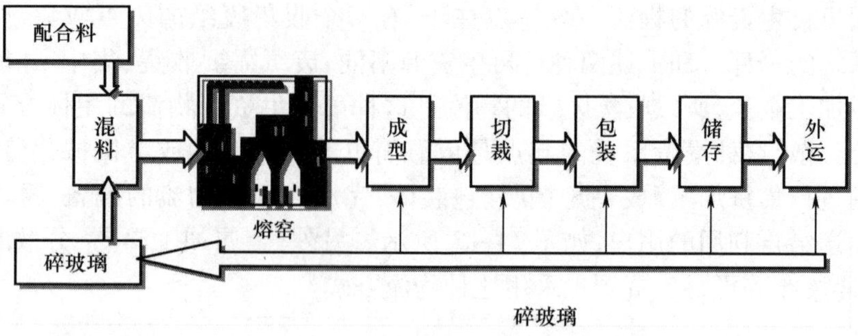

图 24－4　玻璃的原厂复用方式

第三节　废弃物物流

一、概述

废弃物是最终排放物。废弃物的产出非常广泛，但城市是集中产出地，也是对城市环境恶化有重大影响的重要因素。废弃物物流是城市物流有非常重要意义的子系统。

一般所指的废弃物有两类：第一类是中间废弃物，还有可利用的部分，成为可再生资源；另一类是最终废弃物，即在现阶段技术和经济条件下不能再使用的废物。废弃物不能绝对化，自然界中没有绝对废弃的东西，这里讲的废弃物是以现在的技术和经济水平衡量而决定的。比如垃圾，许多国家将其当最终废弃物处理，而有些国家则予以分选，选出有用资源，最终废弃的仅为50%以下。我国生活垃圾在分选、回收了有用物质后，剩余再堆肥、制肥，使之资源化，实现废弃物减量。但总的来讲，最终废弃物是越来越多，其物流问题十分突出。

二、废弃物种类及物流特点

（一）按物理形态分类

（1）固体废弃物。一般称作垃圾。其形态是各种各样固体物的混杂体。这种废弃物物流一般采用专用垃圾处理设备，在无专用处理设备的地方，也可采用一般物流工具。

(2)液体废弃物。一般称作废水废液,采用罐装的装载方式,然后采用一般的装卸、运输设备完成物流;在液体废弃物生成量比较大的地方,可以采取管道方式进行物流。

(3)气体废弃物。一般称为废气,主要是工业企业,尤其是化工类型工业企业的排放物,多种情况下是不再收集和输送而通过管道系统直接向空气中排放,其物流较简单。

(二)按来源分类

(1)生活垃圾。这是人民生活中各种排放物的混杂体。主要成分有食品屑、水果屑、蔬菜梆叶及变质的各类食物等有机物,有各种生活用品的包装废料,还有建筑物、家具、用具损坏而形成的无机物等。生活垃圾对环境卫生有很大影响,有污染、异味、细菌传播和蚊蝇滋生,而且数量大,经常排放,需用防止散漏的半密封物流器具储运,而且需要专用,因而物流费用较高。可采用垃圾专用收集及运输车,解决生活垃圾的封闭运输。

(2)产业垃圾。这是各种产业排放的最终废弃物,每个行业都有其特点。例如,第一产业即农业最终废弃物为农田杂屑,大多不再收集处置,也很少有物流问题;第二产业最终废弃物则因行业不同而异,其物流方式也各异,基本是完成向外界的排放和向堆场、填埋场地的物流;第三产业的垃圾和生活垃圾类似,其处理方式也类似;基本建设产业的垃圾则主要是土、石、碎混凝土、砖屑等,由于量大体重,大多就近填埋,或到指定填埋场填埋。

(3)环境垃圾。没有固定产出源,来自总体环境,如街道土、落尘、落叶、环境丢弃物等。也有些是产业或生活造成的,例如,向环境排放的废水废气、废渣等。产生面积大,来源广,大多进行收集及掩埋,物流的特点是收集并完成至处理掩埋场的物流。流通加工也是环境垃圾物流的特点,如废水处理厂废水的处理、无害化加工、通过焚烧进行减量加工等。这些流通加工的目的和一般流通加工有本质区别,不是为了增值而是为了减少危害。

三、废弃物物流的几种方式

(一)垃圾掩埋

在一定地区,利用废弃坑塘或挖出深坑,将垃圾倒入,到一定处理量后,用好土掩埋,掩埋之后的场地可农业种植,也可用于绿化或做建筑、市政用地。这种方式适于对地下水无毒害的固体垃圾。优点是不形成堆场、不占地、不露天污染环境,可防止异味对空气污染;缺点是挖坑、填埋、造地等活动需要有一定投资,未填埋期间仍有污染。

(二)垃圾焚烧

用高温焚毁垃圾以减少垃圾和防止污染及病菌、虫害滋生。这种方式只适用于有机物含量高的垃圾。有机物在垃圾中容易发生生物化学作用,是造成空气、水及环境污染的主要原因,而其本身又有可燃性,因此,采取焚烧的办法是很有效的。

(三)垃圾堆放

在远离城市地区选择合适位置直接倾倒垃圾,也是一种物流方式。这种方式物流距离较远,但垃圾无须再处理,通过自然净化作用使垃圾逐渐沉降风化,是低成本的处置方式。

(四)净化处理加工

对垃圾进行净化处理,以减少对环境的危害,尤其是废水的净化处理是这种物流方式有代表性的流通加工方式。在废弃物流领域,这种流通加工具有特殊性,不是为了实现流通与衔接产需的典型流通加工,而是为了废弃物无害化排放,因而特点显著。其主要特点是有良好的社会效益而微观经济效益很差,一般流通加工有较大的产出投入比,而净化处理的流通加工的产出投入比很低,因而这种物流活动主要是社会活动而不是经济活动。

第四节 应急物流与物流活性

一、应急物流的概念

应急物流是以追求时间效益最大化、灾害损失及不利影响最小化为目标的物流系统。具体而言,是为了应对紧急、突发事件建立的物流系统。这个系统的重要特点是有非常强的应变性以及快速反应的能力,实际上也是一种快速物流系统。

在当今世界,紧急、突发事件具有不确定性和非常规性,虽然是小概率事件,但是,这种事件种类很多,积累起来已经是一种常态。例如,自然灾害、突发性生产事故、突发性治安、公共卫生事件、公共安全事件以及军事冲突等突发事件几乎每天都会出现。对于经常出现的一些事件,例如火灾,我们可以建立专门的应急系统,但是,不可能对每一种类似物流事件都建立相应、专门的物流系统,因此,建立一种能够全面应对紧急、突发事件的物流系统有它明显的重要性。当然,应急物流系统的难度也在于此。

由于应急物流系统是可以对紧急、突发事件需要的物资进行紧急物流保障的一种特殊物流活动,所以它具有突发性、不确定性、非常规性以及弱经济性等特点。特别需要解释弱经济性:应急物流所强调的是物流方面的应急反应,有时则要牺牲经济利益。当然,应急物流也需要优化,包括经济方面的优化,但不可能是主体,达到应急目的的物流效率才是主体,这是弱经济性的体现。不把经济利益放在主要地位,这是应急物流和普通物流的重要区别。但是,弱经济性的“弱”,不等于“没有”,不是为了应急就可以完全不考虑物流的合理性,可以通过有效的领导和组织、周全的预案来达到弱经济性的目的。

二、物流活性

(一)物流活性的概念

物流活性是对物流状态的一种描述,与应急物流有很强的相关性,是应急物流特别需要具备的状态。物流活性反映物流运作的性质,是物流运作的方便性、灵敏性、快捷性,物流运动的容易性以及各物流环节转换的顺畅性等各方面的综合评价。不仅是各种状态、性质的综合评价,也是不同物流环节活性的综合。物流活性包括物流系统中各个分系统的活性的综合,是由库存活性、运输活性、包装活性、搬运活性和物流信息活性构成的综合概念,尤其搬运活性应当是最早出现在物流领域的活性概念,是物流活性的基础概念。

对物流活性,现在还缺乏权威的表达,《物流术语》国家标准也没有标准性的解释。

对物流活性应有辩证的认识,需要根据需要来确定活性。增强物流活性对于许多物流活动都有非常重要的价值,例如应急物流就是如此。物流活性的提高,对于加快物流速度、提高物流作业效率具有重要的作用。但是,物流活性的提高不仅需要付出相应的代价,提高物流的成本,同时,过高的活性会造成不稳定性,容易形成对物流状态的一种失控,造成物流对象的损失和操作运作的失误,这些是需要注意避免的问题。

(二)应急物流需要高度的物流活性

应急物流需要快速响应,这基于以下几个条件:一是有能够迅速传递信息的条件;二是有能够立即动员的、迅速投入行动的管理和指挥条件;三是有能够满足快速响应的"物"的条件,也就是说,能够在第一时间取得为了应急所需要的物资;四是有能够进行没有障碍或尽量少障碍的快速运输的条件,能够尽快把应急需要的人员和物资运送到目的地。应急物流的这些过程,都需要物流活性的保证,高度的物流活性是应急物流所依托的条件。

三、应急物流特点及种类

(一)应急物流特点

与一般物流比较,应急物流需求和运作有如下的特点:

(1)物流需求的紧迫性和快速反应性。

(2)物流需求的突发性和不确定性。

(3)物流需求的随机性和不可预知性。

(4)物流需求的不均衡性和非常规性。

(5)物流运作的高成本和弱经济性。

很多人都指出,应急物流必须追求效率而很难顾及效益,这就是它的弱经济性的表现。然而危机处理成本也是一个重要的问题,正是因为应急物流运作成本高,所以,要防止过度预防和过度反应。在应急事件发生后,掌握"度"是非常困难的事情,因此,防止过度预防和过度反应是一个重要原则。过度预防造成的后果是积压和浪费。要想使这个问题得到缓解,除了有效的应急信息传送以及应急指挥得当之外,制定应急物流预案是有效的方法。

(二)应急物流种类

应急物流可以按应急的领域不同分类。应急物流的三大领域是军事应急物流、灾害应急物流、生产应急物流,每一种应急物流都可以进一步细分。

1. 军事应急物流

从军事角度可以分为军事应急物流和非军事应急物流两大类。军事应急物流指的是战争或者非战争状态下为支持军事活动所发生的紧急的物流活动,这是军事科学关注和研究的问题。非军事应急物流是本书对于应急物流关注的重点,通常所说的应急物流,主要是指这个领域的应急物流。非军事应急物流包含的范围非常广泛,可以进一步细分为灾害应急物流、事故应急物流、疫情应急物流等。

2. 灾害应急物流

灾害应急物流分为自然灾害应急物流和人为灾害应急物流两大类。当前,自然灾害已经成为各个国家的重要事件,是和平时期造成生命财产损失的主要因素。应对气候变化是世界各国都需要面对的。要提高应对极端气象灾害的综合监测预警能力、抵御能力、减灾能力,建立应急物流系统是非常重要的。应急物流系统是应对极端天气灾害的手段之一。

3. 生产应急物流

生产领域经常会发生一些意想不到的紧急事件,这些事件可能会导致非常严重的后果,例如原材料供应不上、产品数量大幅度减少、生产效率大幅度降低、产品质量出现严重问题等紧急事件。其原因除了战争、灾害之外还可能有决策的失误、管理的失误和混乱、信息传递错误、罢工及人事纠葛等,这些问题虽然和灾害性的影响有区别,但造成的后果同样是严重的,需要有一个很全面的应急系统去应对,其中就包括应急物流系统。

四、应急物流系统主要内涵

(一)应急物流的指挥、协调和管理

应急危机的应对,需要有高度集中的指挥、协调和管理体制。这种体制是一种"准军事化"的体制形式。这种体制形式的主要构成是:领导机关的结构和执行部门的层次。责任明确清晰,决策传递准确快速,最少的层次和最大的行动能力是这种体制的关键。这种体制形式还需要有完备的管理和应急的结构,包括每个部门、每个人的责任所在,以及应急指挥和命令的传递,这些都需要有明确的程序。

国家有关部门对自然灾害的应急相应设定了四个等级,每一个等级都有体制和管理方面的规定。例如,在一级应急响应的情况下,规定由减灾委主任统一领导、组织抗灾救灾工作，协调铁路、交通、民航等部门紧急调运救灾物资。

(二)应急物流预案

事件发生之后，按常规，应在掌握情况之后制定和推出解决方案，再去实施。但在紧急事件发生之后，不可能按照这个程序，而需要应急的快速反应。所以，应急物流预案是必需的，这是应急物流的重要特点，本质上，应急物流预案就是一种计划的形式。

应急物流预案的作用主要有两个方面：其一是防范危机的发生并且有效地处理危机；其二是将处理危机的成本及各种消耗降到最低。预案要充分体现处理紧急事故的能力，同时体现科学性和经济性。在紧急事件发生之后，在制定预案时的科学性和经济性的考虑可以通过预案发生作用，这可以把应急物流的成本控制到合理范畴，同时在指挥调度、危机处理、行动流程各个方面防止盲目性。在应急物流预案的基础上，还需要定期或者根据情况的变化进行演习，目的在于检验预案的可行性和有效性，尤其是检验和磨合指挥和调度、管理体系。

(三)应急物流快速反应机制

快速反应应当成为应急物流的一种内在的能力，这种内在的能力已经形成了一种自然反映的、自动运行的、自发调整的机制。

(四)应急保障

应急物流最后要落实到应急保障之上。应急保障包括三个方面：一是速度的保障，快速是应急保障的重要手段；二是财产的保障，抢救财产也是危机处理必须做的事情；三是抢救物资的保障，应急物流系统的重要责任是解决应急物资的及时送达问题。

(五)应急物流平台

应急物流平台是应急物流系统的重要内容。应急物流平台不能普遍建设，因为它需要很大的消耗，同时很难稳定运行，但是特定条件下也有一定的可行性：

首先是物流信息平台。这可以和现有信息平台一体化，确保应急通信畅通。

其次是应急物资储备。可以和一般的储备结合建立应急物资储备。我国在沈阳、天津、武汉、南宁、成都、西安等10个城市设立中央级救灾物资储备库就是这种平台。

最后，建立地区间的、国家间的"紧急通道"也是应急物流平台的一种形式。应急保障专用通道可以保障运输畅通，可以保障应急物流通过的作业程序简化，从而提高速度。

第五节　精益物流

一、精益物流概述

精益是对英文"Lean"的一种翻译，是指事物的一种极端或一种倾向，是带有瘦弱、贫瘠、细小、干瘦、扁平、精确、精准含义的一个英文词汇,把这个词汇用于一种思想的描述、一种生产方式的描述、一种有效事物的描述。

精益在中文里是“精益求精”的简称,反映的是“少而精”的概念,能够非常妥帖地表述20世纪末在发达国家出现的“精益思想”“精益企业”“精益生产”,以及在农业、工业、建筑业、物流乃至军事领域的一种趋势。20世纪末,我国开始认识和接受这个趋势,在生产企业,尤其是制造业推动“精益生产方式”,农业领域开始“精准农业”,建筑业提出“精益房地产”等。这种趋势影响到物流:以配送支持的连锁商业、中国邮政把精益物流作为邮政的系统目标等都反映了这种趋势。

精益物流是以精益思想指导,能全方位实现精益运作的物流活动。精益物流和现代经济社会的发展紧密相关,这是因为,物流企业的用户,尤其是像制造业、快递业、电子商务这样的用户,受客户的要求拉动实现了精益化,根据精细化原理,这种拉动作用必然会沿着价值的流程,一级级向上传递拉动,拉动作用深入到物流领域是事态发展的一个必然结果。

后工业化社会,出现了多批次、小批量、多品种的物流需求,同时,随工业产品的轻、薄、短、小的趋势,物流方式必然要变革,很难再沿用过去与大批量生产相适应的大宗物流形式。大宗物流确实可以像大生产一样收到低成本、高效率的优势,但是这种物流形式没有办法贯穿物流的全程,或者只有少数可以用这种办法贯穿全程,多数情况下,越是接近末端,当渠道变得细而密的时候,就会出现成本迅速增高和效率迅速降低的现象。所以,“大物流”形式来适应“多批量、小批次、多品种”的需求,不但在技术和流程上难以解决,而且会使物流成本变得难以承受。精益物流具备解决这些问题的能力。

二、基本原则:服务拉动

精益物流只有模式没有定势。精益物流的基本原则和精益生产的基本原则是共通的。学者田宇、朱道立曾经在同名文章中介绍理查德·威廷提出的精益物流基本原则的一种模式。本作者与合作者根据中国的国情,在为中国邮政策划现代物流系统时,也提出了邮政精益物流的一种模式。精益物流的模式应该有很多种,这是因为大千世界实在是变化万端,企图用一种模式来全面解决所有问题,迷信一种模式,把一种模式作为定势,并且用行政力量推广,那是一种不科学的想法和做法,在物流领域,如何能够创新,这仍然是现在我们在探索的。

(一)精益物流原则

理查德·威廷提出的精益物流原则,有以下5个方面:

第一,从顾客角度研究什么可以产生价值,并且用这个价值来进行一系列环节的推动。

第二,以价值为基点分析价值流,按价值流来确定所有物流流程中所必需的步骤和活动。

第三，让价值流实现有效流动，通过消灭无效和浪费，形成没有中断、对流和迂回，没有停滞等待、丢失和损毁的物流活动，这必然为用户创造增值的条件。

第四，价值的创造，必须按用户的要求，由用户进行拉动，而且必须做到“恰值其时”。

第五，不断对整个活动进行修正和完善，不断消除无效、损失和浪费，追求尽善尽美。

（二）本作者和一些物流专家的看法

在为中国邮政策划精益物流时，根据我国的国情和中国邮政的特点，提出精益物流是具备以下四个特点的物流系统：

第一，拉动型的物流系统。在精益物流系统中，顾客需求是驱动生产的源动力，是价值流的出发点。价值流的流动要靠下游顾客来拉动，而不是依靠上游的推动，当顾客没有发出需求指令时，上游的任何部分不提供服务，而当顾客需求指令发出后，则快速提供服务。

第二，高质量的物流系统。在精益物流系统中，电子化的信息流保证了信息流动的迅速、准确无误，还可有效减少冗余信息传递，减少作业环节，消除操作延迟，这使得物流服务准时、准确、快速，具备高质量的特性。

第三，低成本的物流系统。精益物流系统通过合理配置基本资源，以需定产，充分合理地运用优势和实力；通过电子化的信息流，进行快速反应、准时化生产，从而消除诸如设施设备空耗、人员冗余、操作延迟和资源浪费，保证其物流服务的低成本。

第四，不断完善的物流系统。在精益物流系统中，全员理解并接受精益思想的精髓，领导者制定能够使系统实现“精益”效益的决策，全体员工贯彻执行，上下一心，各司其职，各尽其责，达到全面物流管理的境界，保证整个系统持续改进、不断完善。

归根结底，精益物流最主要的原则是：服务拉动（驱动）的原则，以客户提出的服务要求为起点，以实现这个服务为终点。这也是物流系统是否实现精益化的检核标准。

三、精益物流的服务对象

精益物流不可能覆盖整个物流市场，选择适用的对象是非常重要的。

（一）服务客户的市场细分

不是所有的客户都需要精益物流的服务，这取决于客户的需求和承担能力。精益物流不可能覆盖整个物流市场，需要通过市场细分来选择客户。大部分物流需求仍是一般、普遍的，需要一种普遍的服务水平与之适应，虽然这些领域精益化的思想仍然指导改进服务，但不是所有的物流系统都需要精益化的构建。

精益化物流系统需要进行相当规模的工程建设，这要付出成本。像丰田汽车公司那样，能在保持和降低成本的前提下，创建震惊世界的精益企业，实现了与大批量生产汽车相适应的成本竞争和价值竞争优势，这是绝无仅有的。一般而言，精益建设需要投入相当的资本，所以，是否选择精益物流，要根据服务对象对价值的判断来确定。

（二）物流对象物的市场细分

精益物流的对象是重要商品以及高附加值商品。这种类型的产品，有比较高的费用承担能力，因此采用成本比较高的精益物流系统，必须能够在可承受范围。当然，这种高投入在取得比较高的服务水平的情况下才有价值。就具体的物流对象而言，有以下类别：

（1）制造业的产品。如家电、电工产品、仪器仪表、器械、汽车及配件、工具等。

（2）高科技的产品。如电脑及电脑组配件、通信信息类产品及配件等。

（3）精细化工产品。如化妆品、医药用品、保健品等。

（4）高附加值的产品。如服装百货产品，即礼服、西服、时装等。

（5）安全和保质要求高的产品。如炸药、燃料、油漆、食品、油料、海产品及肉类等。

（6）无价及保价货物。如信件、公函、快递包裹等。

（7）贵重物品。如珠宝、首饰、工艺品、古玩、字画等。

四、精益物流服务方式

精益物流服务方式属于精细服务和增值服务。工业化社会采用大批量的生产方式，产品缺乏个性化，其所派生的服务大多是相同水平的“一般服务”。具有个性化的、以恰当的高投入获取更高服务水平的增值服务是当代的趋势。精益物流是增值服务，这就决定了精益物流的服务方式不同于一般物流。作者在一本书中提出了物流服务水平与服务方式，是这样进行分类的：基本服务、精细服务和增值服务。精益物流服务方式，属于后两者。

（一）基本服务

基本服务是社会化物流企业能够向客户提供的最低限度和通常的服务。原则主要有：

（1）满足用户的基本需求，以用户为上帝，服务带有被动性。

（2）以服务的买卖双方为交换对象，双方是一种合同关系，不是伙伴关系。

（3）无故障或低故障服务为服务水平的目标，这个目标带有保守性。

（4）服务面向所有用户，对客户实行“国民待遇”，即完全同等的服务方式和服务水平。

（5）带有共同性和一定的公益性。

基本服务带有公益性色彩，很多国家将其看作国家承诺的公益事业，可以获得国家优惠和财政补贴，因此，可以用较低价格对所有的公民实施相同的服务水平。对于人民的一般需求，虽然不是属于高质量的服务，但还是可以达到尚可或者保障人民基本需求的水平。以产出与投入的价值判断,获取这种服务的投入较低,也可以获得比较高的价值。

实际上,基本服务可以做到的是:用户对物流的一般需求得到满足。例如,客户的长距离运输需求,通过社会物流企业可以得到公路和铁路的服务;存货的需求可以得到恰当的仓库库容。即,应该通过社会物流企业的服务使用户的基本需求有“可得性”。社会物流企业对客户的服务方式、服务水准应该得到客户的认同,例如,在合同中明确差错率或故障率,即基本服务要有“可接受性”。服务业绩的判断,不是高标准的,不能依靠这种基本服务来取得超出其范围的成绩,因此以“可靠性”为服务绩效的认定。

(二)精细服务

精细服务是在基本服务基础上的高水平服务,这种服务也是面对所有客户的,不带歧视性,不带特惠性。高水平服务的标准,可以规定为“零缺陷服务”,也可以规定为“精细物流服务”,具体的服务水平要根据社会物流企业的服务能力来确定。

(三)增值服务

增值服务是通过社会物流企业对客户的服务,它可以提高客户物流活动的效率和效益,成为“第三个利润源”。增值服务需要通过定制,用定制物流实现增值,也是在物流领域普遍采用的一种形式。其主要原因是物流领域有更多的甚至更强的个性化需求,要满足这些需求,非采取定制的形式不可。当然,这需要有较高的投入,也需要有比较高的技术和管理水平才能够承担这种物流服务,因此,这种服务须以单独的合同的形式予以明确。

一般来讲,增值服务是对特定客户的特定要求实行的服务。顾客对于服务的价值判断,以能够获取的服务水平和服务质量与需要付出代价的比较为依据,可用图24 -5所示的增值环来表示。

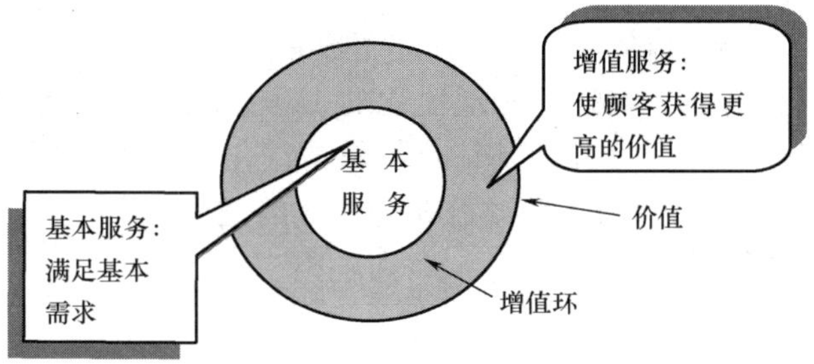

图24 -5 服务的增值环

精益物流的服务方式,应当是上文所述的后两种服务方式,属于精细服务和增值服务范畴。物流领域采用最多的是基本服务,有些领域(例如邮政和铁路)将这种服务称为“普遍服务”,原因是社会需求大,因而比较容易形成规模和批量,可以创造与大生产相适应的“大物流”条件,因此可以实现低成本的运作。再加上这种服务的服务领域广阔,覆盖面比较大,这就决定了精益内容也具有方便用户的广泛性。

重视提高基本服务水平可以相应减少精细服务和增值服务的要求。近五十年来形成了这样一个趋势,那就是基本服务(普遍服务)的水平在不断提高。现代社会随科技进步和管理水平的提高,更先进的装备、更先进的工程进入基本服务领域,基本服务水平不断提高已经成为一种趋势。与之对应,定制物流服务的需求相应减少。

五、建立精益物流系统

(一)两条道路:创建及不断改进

第一,创建全新的精益物流系统。从组织、管理,到技术装备、工程设施,完全采取新的道路。全新的精益物流系统,需要强大的技术支持。现在,在物流领域,已经有适应不同物流对象和服务需求的物流技术,尤其是信息技术在物流领域的应用有效地解决了物流领域相对生产领域技术落后的问题。在具体运作中,全新的项目才有可能按精益思想的理论方法和流程进行构建,比较多的情况是,在推进物流合理化的过程中,也逐渐实现了精益化。

第二,不断改进实现精益化。在原基础上流程再造以及不断完善建立精益物流系统。物流系统的建设和工厂建设有区别,投资新建一个工厂是经常发生的,投资新建物流设施,例如车站、港口,这也是常见的。但在实践中,物流系统的建设往往更多地采用在原有系统和渠道的基础上不断完善的办法。精益物流系统的建设,大多在原基础上推进精益化。物流系统实现精益化的具体方法,虽然有一些比较成熟的探索,但往往是局部的,广度和深度远远不如制造业。探索主要集中于消除物流的无效和浪费,在精益思想的指导下,只要能够坚持长期不断地改进,一个一个地消除发现的缺点,就会一步一步地达到精益化。

(二)简化——精益化的重要思路

在不断改进中实现精益化,有人将其理解成不断地增加这个系统的技术含量和装备设施,认为只有高水平的技术和现代化的工程系统才能实行精益化,这是不全面的理解甚至是误解。应该这样认识:简化是精益化的一种重要思路。实际上,在遵循精益思想对物流系统进行不断改进和合理化的过程中,由于不断地消除无效和浪费,简化是必然的结果。

六、其他特殊物流

(一)智能物流

让物流带上智慧的色彩,这已经不再是空谈,多年来已具有了多方面的应用:物流自动规划路线,自动导航、寻址,以及本书中已经涉及的自动化无人搬运车、自动化仓库、包装的自动化等不胜枚举。这是发展前景广阔的物流方式,应该说是现代物流的一个重要类别,需要我们更多地研究和关注。

(二)污染物物流

通常物流服务的主体对象是各种一般物品,本章中对于垃圾废弃物这样的污染物的物流做了专门论述,因为它具有广泛性而且有规律可循。垃圾只是四类污染物中的一类,还有几类污染物,尤其是化学污染物、放射性污染物、生物污染物等特殊物流对象会发生对于环境与物流工具的严重污染,这些对象数量不大、种类不少、物流频度不高,需要有特殊的防护,有时还需要有特殊的物流流程和物流方式,是一个特殊的专业领域,本书只能提及而无法做深入探讨。

(三)危险品物流

危险品是一个大领域,是多学科、多专业的一个科学领域。根据其所具有的不同危险性,科学分类有九大类,进入物流的主要有爆炸品、易燃物、氧化剂、毒害品、放射性物、腐蚀品。上一段叙述的污染物是其中的一部分。和污染物物流一样,危险品物流是特殊的专业领域,而且涉及多学科、多种专业,需要做专门的研究和探讨,本书只能提及而无法深入表述。

第六部分

物流管理

第二十五章 物流的宏观管理

第一节 物流管理体制

物流的宏观管理，是政府通过行政手段、规划、计划、法律，从全局角度、全面角度对物流施行的管理，针对的是重要物流资源和物流运行的宏观管理。即使在计划经济体制时代，也并不是所有的物流资源和物流运行都被纳入到国家管理范畴。对于很多小规模、小范围、孤立的物流资源，其大量的物流运作并没有进入国家宏观控制范畴，而是分散化的、市场化的存在。不同时期的宏观物流管理，对于铁路、公路、航空、仓储设施这些重要的物流资源的管理体制存在差别。这里讲的宏观管理体制，专门指这些重要物流资源的管理体制。

一、物流宏观管理体制

物流的宏观管理有三种体制类型。

(一)集中管理的类型

重要物流资源和物流活动由国家和各级政府进行集中、统一管理。由国家和各级政府筹措建设资本、管理和经营，是计划经济的管理体制；市场经济国家，在特殊情况下(例如战争、紧急情况)也可以通过征用办法进行类似的集中管理，特殊情况采用特殊的体制。实行这种集中管理体制有三个原因。

(1)国家的经济体制和社会制度的原因。重要物流资源和物流活动之所以采取集中管理的体制类型，这与国家的经济体制和社会制度有关，毕竟对于重要物流资源的管理体制，是国家体制和社会制度的派生物。

(2)资源重要性的原因。铁路、空运、海运等不但和经济活动有关，而且是重要的军事资源，有时会关系国家的命脉和主权。从经济角度看，这些物流资源同时也是国民经济的基础资源，是国民经济发展的支撑力量。由国家和各级政府进行管理可以提高这些资源的保证程度。

(3)短缺的原因。资源短缺，就必须合理分配。在物流这种重要的基础资源短缺的状况下，必须有能够代表全社会的力量进行资源的合理使用和分配；否则，就会出现社会问题和资源分配的不均。通常状况下，物流资源短缺是促成实行集中管理体制的原因。

(二)集中与市场化结合的类型

有区别地对待物流资源，对待不同的物流运行实行不同的管理体制，有些是集中的体制,有些是市场化的分散体制。一般而言,物流基础平台,常常实行集中管理的体制。因为这种资源带有基础性,而且面向全社会,由代表国家的政府部门去管理,比较容易统筹兼顾,保证社会公平。同时,物流基础平台往往要在国家发展初期就构筑,此时,社会资本还不具备实力。因此,需要国家做。

当然,物流基础平台实行集中管理的体制,还有其他许多原因:基础平台的重要性、基础平台的军事性、基础平台的公益性、基础平台的非营利性都使社会资本望而却步。在基础平台之上运作的物流经营、运作、服务活动,常常是实行市场化分散管理体制的领域。

这就是我们常说的"网运分离"的宏观物流管理体制。这种体制相对重要物流资源和物流活动由国家和各级政府进行集中的、统一的管理体制更有优越性。那就是不但保证国家的主导,而且能够发挥市场的作用,有利于防止腐败、僵化,是我们倡导的改革方向。

(三)市场化的类型

所有物流资源(包括重要物流资源和活动)完全市场化,是当今世界不少国家采取的物流管理宏观体制。在和平时期,在物流资源过剩的情况下,依靠市场的作用,通过竞争来优化资源配置不失为一种选择。

我国国民经济中,物流不是独立的产业或行业,而是若干行业的集合,是许多相近行业和以物流观念覆盖的行业的总领域。以物流为集合体的国民经济管理体制和组织方式,各国都未见采用,大部分仍然由传统的行业或国家部门行使权利,如铁道、海运、仓储业以及联合运输业等。联运业是近年才出现的新兴行业,其他行业都有很强的传统性。

物流管理实际是对社会物流的管理,我国社会物流有部门和行业的垂直管理和地区内的管理两种形式,其分工主要是依据投资关系不同、隶属关系不同来决定。我国经济体制改革的目标之一是行业管理的力度将逐渐增强。由于物流涉及全局,所以主要的物流部门,如铁道、交通等,和一般生产部门不同,有很强的调控能力甚至直接指挥能力,也是我国经济体制改革之后实行较强的集中、统一管理的部门之一。

二、企业的物流管理体制

各种企业内部物流管理体制的本质问题仍然是集中还是分散。通常采用事业部制或职能制。哪种更有优势,需要根据实际选择或创新。不能做集中或分散的绝对划分,通常是一部分采取集中的责任制体制,另一部分采取分散的事业部体制。

(一)职能制

物流作为企业的一项职能,放在与若干职能平等的地位进行管理。为此需要设置职能部门,它没有决策权,只是一个执行机构,是统一指挥下的"连队"。统筹物流、生产、人力、财力资源,形成统一的力量,是职能制的最大优势,是企业的物流集中管理体制的典型方式，有利于企业综合发展，尤其有利于平衡和协调内部关系。

这种体制会受企业规模的制约，当企业规模庞大之后，体制的有效性会降低，尤其对市场的反应灵敏程度会降低，从而削弱竞争能力。高信息化水平，可以依赖信息化提高管理和统筹能力，可以解决庞大企业对市场反应灵敏程度较差的问题，使集中的物流体制也能对市场做出灵敏反应，从而提高职能体制适用的规模。

（二）事业部制

事业部制是分散管理的一种企业体制。把物流作为企业的一个独立性、有单独利益关系和有决策权的部门，是事业部制的表现。这是企业对物流进行分散管理的典型体制形式。物流、生产、供应、销售都是单独的事业部，可以创造独立发展的条件，调动各事业部的积极性，从而有效、灵敏地对市场进行反应。

当然，利弊是伴生的，灵活性的提高背后便是统筹能力的下降，各个事业部门的完善造成机构的庞大与复杂，也必然伴生机构的重复设置和资源的浪费。对于物流来讲，企业实行事业部制的物流管理，往往会造成物流和其他事业部之间的壁垒，对于与其他事业部有千丝万缕联系的物流来讲，这种体制的缺陷也是明显的。

三、物流企业管理体制

（一）综合型物流企业的管理体制

综合型物流企业承担用户综合的、多种的物流需求，例如包装、装卸，铁路、公路、船运，配送、仓储等。第三方物流企业是综合型物流企业的代表。这种企业由于规模大，实际或者虚拟拥有的物流资源多，适合采取事业部制的分散管理的体制。综合性物流企业需要集中管理的主要是规划、计划和客户。

（二）单一型物流企业管理体制

单一型的物流企业是物流领域中更进一步专业化的企业，在某一专业领域有比较强的优势。这种类型的企业一般规模不大，业务又比较单一，为了推进业务，需要集中资源，所以适合采取更为集中的职能制的体制。

物流企业以通过物流运作实现服务为企业的宗旨，按用户要求提供有效的物流服务应该是所有物流企业的目标。

有人把包括物流企业在内的物流管理归纳成七个适当：将适当数量的适当产品，在适当的时间和适当的地点，以适当的条件、适当的质量和适当的成本交付给客户。这里面包括七项管理目标，即优质服务的服务目标、快速送达的快捷目标、尽量减少物流距离的节约目标、按客户要求最合理数量的规模优化目标、保证库存数量和质量的库存目标、保证物流过程产品不发生质量变化的安全性目标，以及合理费用支出的总成本目标。

四、企业的物流团队组织

无论集中还是分散管理体制，都会存在体制固化造成僵化的问题。体制经过一定时间的运作,一旦为人习惯并且接受,改变就很困难。然而社会、市场环境、信息化水平都会发生改变,尤其是企业承接新的业务和任务,原体制格局就不能有效适应。

根据任务建立一个新的团队组织,是企业不但能够保持稳定的体制而且能够应对新情况的形式。团队组织的重要性和特殊性,来源于物流企业的工作特点:工作任务、工作地点和客户对象都有不确定性,企业往往需要建立一些临时组织来应对。这种临时的组织形式,可以有各种名称,例如项目小组、项目办公室、工作委员会、攻关小组等,本质上是按照工作要求形成的团队组织。这种组织体制的灵活性表现在:在任务完成之后,其有可能变成一个长久性的组织,形成新的职能部门或事业部;较多的情况是,工作团队任务完成之后,这个组织宣告结束,人员回归原岗位。工作团队组织形式可以是事业部,也可以是职能部形式,要视任务而定。

第二节　物流规划

一、物流规划概述

物流规划是有关物流的事前决策,不是一项内容,而是由多方面决定所形成的一系列部署。规划有宏观和微观两个层面:宏观层面为长期、战略性规划,是国家、地区对整个物流事业发展所做的规划;微观层面是企业为物流做的长期或者工作性的规划。

(一)物流规划的类别

(1)战略规划。这是有关物流的长期决策,是多方面决定所形成的一系列的部署。规划的对象,是那些能够起到核心作用和带动作用的事务,是本身发展也需要有战略部署的事务。物流大范围的长期发展就是这种类型的事务。

(2)工作规划。这里对近期进入操作层次的工作进行决策和部署,形成工作规划,一般来讲工作规划的规模较小、时间较短。

需要说明的是,我国物流发展还不太成熟,上述两个类别的划分是粗线条的。现代物流发展已有一定基础的地区,如果需要细分,也可以按照一般决策科学提供的划分办法,划分成三个层次:战略性规划、策略性规划、操作性规划(计划)。

(二)物流规划的主要内容

1. 战略决策

战略决策明确地体现了物流规划的总体目的,它是物流规划必须解决的。策略性、工作性的东西虽然可以通过规划来解决,但是很多不需要上升到规划的高度。物流规划必须解决物流发展最重要的战略决策问题。物流规划是有目的而发,战略决策也必须根据这个目的提出一整套的解决和部署方案。因此,不同的地区与企业、不同时间范围,规划的目的是不同的,战略决策内容也必定各有特点:发达国家和发达地区物流规划的战略决策内容，可能是把提高物流产业的竞争能力或者降低物流成本放在主要地位；发展中国家和欠发达地区，可能把物流平台建设放在主要地位；沿海和边境地区，可能把国际物流放在主要地位；内陆地区则可能把物流网络、物流节点等资源建设放在主要地位。

2. 定位选择

可以从几个方向进行规划的定位。

(1)物流体制定位。包括决定所有制形式、决定企业的组织形式、决定企业的运作形式等，这对于我国来讲是需要首先解决的问题。关键在于，不同的体制有不同的优惠与制约，有不同的资本渠道。同时，也涉及企业经理人人事制度。

(2)物流规模定位。决定物流的规模，包括投资规模、占用土地的规模、人员规模、物流能力规模等。

(3)物流水平定位。决定物流发展瞄准的水平，是高端物流还是一般普遍物流，不同国家、地区，乃至不同物流企业必须根据实际情况抉择，不能盲目求高或者求低，必须实事求是适应需求和发展的可能性规划决定最优水平。

(4)物流市场定位。根据市场对物流发展做出定位，是市场决策的问题。

3. 市场决策

决定市场取向，大体有以下几种取向需要进行抉择：

(1)国际市场或国内市场。是国内或者国际的单一市场还是其中之一为主体的市场。

(2)低端市场或高端市场。对于低端或者高端市场做出明确的选择，还有在两个极端市场之间的中间市场路线。

(3)市场的价格竞争还是市场的服务竞争，抑或是以其中一种为主体的综合竞争模式。

(4)有针对性的市场(人群的针对性、企业的针对性)，还是普遍性的市场。

4. 资源配置决策

把规划落在实处，应对资源配置做出安排，必须对以下几个比较重要的资源配置问题做出决策：

第一是实物资源。物流规划落实到建设上，需要根据战略决策及定位决策若干个项目，用这些项目来保证物流运作的实现。这些项目都是具体的、实实在在的，背后是大量的资本。所以，这些实物资源的配置决策不但要消耗大量的资本，而且需要消耗时间，一旦失误，不但会造成资本和财产的损失，而且会错过发展时机，造成不可弥补的时间损失。

实物资源配置决策是一项系统工程，因为这些资源具有相关性，例如，结点和线路是互为存在的前提条件，这就是实物资源配置决策的难度所在。再具体而言，实物资源配置决策，要落实到物流基地、物流中心、配送中心、仓库等结点项目的具体位置及规模，要规划相关的线路，还要对车辆、设备、装备做出相应的安排。

第二是信息资源。大范围运作的物流，信息的支持力度是非常大的，信息资源的决策，就是要在规划中明确信息系统的建设规模、功能定位以及信息系统的水平。

第三是人力资源。规划中对于人力资源的决策，主要是对社会缺乏的或者社会尚不能提供的人才需求，做出规划性的安排，在有技能劳动者缺乏的地区，还需要对劳动者的需求做出规划性的安排。人力资源的解决，可以通过市场和社会来满足，另外非常重要的一点是需要规划培养和培训人才的计划。

第四是社会资源。资源决策针对的是社会公共资源之外的资源，物流规划必须掌握这样的原则：社会有大量资源可以形成支持，需要创建和创新的资源只是一部分，也许是很小的一部分，所以，物流规划成功与否，还在于是否能够整合、利用和依托社会资源。但社会资源是一种广泛的资源，不见得能够为人所知，所以，物流规划的一项重要内容就是需要对社会资源进行全面的了解和掌握，并对可以利用的部分提出规划性的意见。

二、物流规划的两个层面

（一）宏观规划层面

1. 确定物流在国民经济各个产业中的定位以及和主要产业的关系

不同国家和地区，依照物流对国民经济的作用程度，大体上形成以下几种定位。

（1）重要支柱产业。一般而言，沿海经济贸易活动非常活跃的城市，国际交往的一线城市，物流占到 GDP 比重的 30% 以上，说明物流有比较高的附加值，对国民经济的影响举足轻重，而且其他产业也需要依靠物流的支持，这样就可以将物流规划为重要支柱产业。我国的深圳市就是把物流产业规划为重要支柱产业。

（2）支柱产业。一般而言，重要的生产城市、贸易城市都需要依靠物流与国内及国际市场沟通，物流占 GDP 的比重在 25% 以上，说明物流有比较高的附加值，对整个国民经济的影响也比较大，可以定位为支柱产业。

（3）一般产业。一般的城市和地区，物流对整个国民经济起到支持的作用，但是物流本身没有更高的附加价值，占 GDP 的比重处于全国的平均水平（我国是 20% 左右）。在这种情况下，物流的战略规划也应当有，但主体是服务和支持城市和地区经济的发展。

2. 确定物流体制

体制规划是对物流体制（包括物流企业的所有制、组织制度、管理制度等）进行选择或者创新。不同物流体制有不同的适应性，这不是简单决策的事情。物流体制是非常重要的，但又经常被忽视，经常会出现这样的情况：体制问题往往由投资者或者决策者主观决定，而不认真地去研究并规划。

物流体制规划的内容主要是：决定什么样的体制形式有利于物流资源的整合和利用，有利于现代物流发展。例如，如果有国家的物流资源，所有制形式就必须能够和这个资源结合；如果采用股份制等形式，就需要对控制权、参与权、利益权等做出规划。

3. 确定物流产业发展规模与产业类型、主体产业、核心产业

对发展规模进行规划非常重要，规模取决于诸多方面的限制条件和某种类型物流产业的发展允许空间。发展规模直接决定投资规模，规模过大，超出了空间的容纳能力，会造成资本和设备资源的浪费；规模过小，不能充分利用环境和空间的资源，也是一种资源的浪费。发展规模和产业类型有关系，物流产业类型很多，有的产业类型可能在该地区有很大的发展空间，如果决策错误选择了没有发展前景的产业类型，它的规模必然受到限制。

4. 物流资源在大范围的配置的长远规划

部署各种资源，例如线路、仓库、信息网络等是非常复杂的事情。如果是一个广阔区域的物流活动，规划的任务就更繁重，它不仅仅是单个企业的事，还必须考虑网络、结点、信息系统的全面规划。很明显，大范围资源配置不是一朝一夕之事，所以规划的期限很长，会增加规划的难度。

5. 长期的投资决策

这一决策是对物流发展的投资做出长期的安排，包括资金的来源、各个项目的投资水平、资本投入时间等。

（二）微观层面的规划

微观层面主要是企业对企业物流事业所做的战略性规划。企业不能盲目介入物流领域，必须有长期发展的可行性保障，并且把它落实到规划。其主要的规划内容包括以下六项。

（1）企业的物流定位。这是企业对于物流的长远定位，对于物流行业类型的长远选择。例如：是选择综合物流还是单项物流；是以物流为主体还是物流作为其他业务的主要支持力量；是选择远程物流服务还是选择近程配送物流等。

（2）企业物流服务类型和服务层次的定位。例如：是选择普遍物流服务还是选择面向特定对象的特定水平的物流服务；是普遍的基本服务还是快速物流或是精益物流等。

（3）企业对有关物流经营主导战略的选择。例如：是选择垄断性的业务还是一般业务；是选择价格竞争还是选择服务竞争等。

（4）物流在社会中的存在形态。例如：是独立运作还是结成战略联盟关系，如果是后者，是选择物流企业进行优势互补的长期战略联盟，还是选择用户建立供应链关系等。

（5）物流资源配置的长远规划。这是规划各种物流设施的分布、规模及配套建设的长期配置。

（6）长期的投资决策。这是按照资本的来源，确定投资规模、投资时间和资本的运作方式。

三、重要的物流规划:城市物流规划

(一)城市物流规划的作用

城市物流规划是城市物流的基础性工作,也是城市物流管理的重要内容,许多城市物流问题,起源于规划,科学的、完善的规划能够使城市物流管理更为有效。城市物流规划要解决以下几个问题:城市物流资源的配置和布局,物流和城市经济发展的同步、协调,物流系统建设时间和顺序以及城市物流设施完善和配套的问题。这些是涉及整个城市的、全面性的规划。物流企业或影响不大的物流行业规划,不在城市物流规划范畴之中。

(二)城市物流规划的两个原则

城市物流规划涉及城市的各个领域和各个产业,因此,城市物流规划是在城市总体规划的下一个层次的规划。这个层次的规划必须遵守两个基本原则:

一是必须符合城市发展总体规划的要求,不能和城市总体发展规划有矛盾和相悖之处;

二是要和其他领域的分规划边界清楚,明确地规划归属权,防止不同领域的规划涉及同一事物而有不同的规划结论,不能出现结论不同甚至相悖的多头规划。

(三)城市物流规划的内容和分类

按规划的性质不同,城市物流规划可以分为物流发展规划、物流布局规划、物流管理规划等,有时需要细分到道路通行限制、道路标志、城市物流应急系统规划等领域。

从规划的范围和层次来讲,城市物流规划可以分为几个层次:城市总体物流规划、市中心区域物流规划、城市分区域物流规划。

从规划的行业针对性来讲,有以下几个方面的规划:城市交通规划、城市商业物流规划、城市配送系统规划、城市工业物流规划、城市仓储系统规划、城市国际物流规划、城市绿色物流系统规划等。其中,城市绿色物流系统规划还可以进一步划分为城市再生系统物流规划、城市废弃物物流规划、城市逆向物流系统规划等。

从城市物流的技术和结构层面,有以下几方面的规划:城市物流平台规划,这个规划又可细分为物流线路网络规划以及物流结点网络规划;城市物流信息平台规划;城市物流经营服务系统规划;甚至可以具体到城市与区域物流相关的物流枢纽规划、城市物流园区规划、城市物流基地规划、城市物流中心规划、城市配送中心规划等。

四、城市物流总体规划

一般的城市物流总体规划包括七个方面的内容:城市物流资源的总体布局、城市物流平台、城市物流业及物流经营、城市各产业物流活动、城市绿色物流以及物流应急系统规划等。我国的大部分城市还要有城市物流系统从传统向现代物流系统转型的规划。

虽然交通系统对于城市物流是非常重要的基础,但并不完全支持城市物流,因此,交通规划往往是总体规划下和城市物流规划平行的规划。

(一)城市物流资源的总体布局规划

城市物流资源的总体布局在于解决各种物流资源在种类上的合理构成、在数量上的合理比例、在水平上的有效配套、在地域上的有效分布、在规模上的合理确定问题。

要通过规划确定合理的城市物流资源总水平,要解决短缺物流资源优先、快速发展的问题。比如说城市一定发展水平所对应的货运能力、数量、仓储能力、仓库面积、重要物资的储备等,都需要规划性的安排。这不但对物流发展起指导作用,也是城市道路及交通设施规划的基本数据。

一般而言,我国城市的物流资源,仓库以及所占土地资源是过剩的。原因在于过去的城市发展长期依赖大量库存的支持,经济和物流的低水平,也使仓库成了长期容纳呆滞、报废物资的场所。其他物流资源,尤其是现代化的物流资源几乎都是短缺的。我国一般城市物流短缺资源主要有道路资源、现代物流服务设施资源、现代物流中心、配送中心资源等,这些应当成为规划优先发展的对象。

(二)城市物流平台规划

城市物流平台和一般的物流平台在结构上基本相同,规划也着重解决实物物流平台和物流信息平台规划两个问题。城市物流平台规划带有复杂性,原因在于平台的公用性和物流平台之上人流、物流混流的特殊性。平台规划不完全取决于物流的需求,甚至物流的需求并不是主要的决定因素,但是平台的物流支持作用同样重要、不可缺少。所以,城市物流平台既然不是以物流需求为主体,就有可能不能全面满足物流的理想需求,而城市又不可能规划城市物流的专用平台,这是城市物流平台和一般物流平台的重要区别。

(三)城市物流产业规划

城市物流产业必然和城市经济相适应。物流产业可能是全面发展,需要进行全面的规划,但是在大部分城市物流产业支持城市功能和城市经济、服务于人民的生活,是有选择性、有特点的。物流产业规划应有所为、有所不为。特别是有的城市,物流产业辐射广泛区域甚至国际,是这个城市的经济增长点,应该作为重点产业进行规划。

尤其要规划本城市瓶颈物流产业和优势物流产业发展。城市物流产业规划主要包括以下四方面。

(1)商业连锁配送系统规划。这是和商业发展相配套的物流规划,着重于全市性的配送系统建设,包括配送中心数量和布局规划、配送流程规划等。

(2)公共物流设施规划。包括营业仓库、公共仓库数量和布局规划,储备及储备仓库规划,物流园区规划等。

（3）现代物流服务企业发展规划。包括第三方物流企业、配送企业、流通加工企业、车辆维修服务等企业发展规划。

（4）物流装备生产制造规划。这也是城市制造业发展规划的一项内容，根据城市物流发展的需求和特点，以及城市物流装备生产对周边地区甚至国家的辐射能力，规划主要装备的产量和企业布局。例如，使用量很大的城市物流用车，需要在规划中确定。

（四）城市绿色物流规划

城市绿色物流规划是从科学发展观建立的城市物流规划内容。城市的发展必须与环境协调，在规划上必须有环境的战略眼光。城市绿色物流规划就是要解决这个问题。由于物流是影响环境的重要因素，所以绿色物流规划显然有重要意义。绿色物流规划的主要内容有：绿色通道规划；物流环境的保护规划；回收、再生及逆向物流规划；废弃物物流规划等。

（五）城市物流应急系统规划

城市出现突发的紧急情况时，往往由于没有应急物流方案，出现物流不畅而不能及时抢险、排险、抢救、疏导、运送物资和人员，从而扩大了灾害和损失。物流应急系统规划的主要内容有：确定应急物流指挥中心；应急物流组织系统及动员程序；应急物流信息传递通道和程序；按若干假设前提，设定应急物流方案；重要设施、重要单位、重要地区规划应急物流通道；规划应急物流资源动员和起动方式以及建立应急物流储备等。

五、城市物流平台规划

城市物流平台的特殊性表现在三个方面：第一，平台支持人流、物流广泛混杂的物流系统；第二，不支持大进大出的物流；第三，不支持远程物流。规划主要内容如下。

（一）道路的规划

城市物流平台线路主要是公路线路。公路线路规划以既能满足客流又能满足物流要求的混合型道路为主体，个别物流量大而且频繁的地区，可以考虑设立专用物流道路，或者通过建立专门客流通道（例如地下铁道、城市轻轨等）来减少道路上的客流量，进而减轻客流、物流混杂的问题。

（二）物流结点层次的规划

当前的实际运行中，一次物流过程所经过的或大或小的发生物流停顿的实际结点数目是很多的，有的是干线物流过程所经过的结点，有的是持续搬运操作过程中相当于物流结点的实际停顿。据不完全统计，铁路快运到站后至用户取得货物这一个小的间隔，就有六次这样的停顿。一个非常重要的原因，就是城市内部结点设置不合理，从而无法通过结点的调整使物流过程连贯。

本书中提出的三个层次的物流结点，是适合城市物流系统的结点配置方式。从城市物流的角度看，它是理论上优化的结点配置层次。

(三)物流结点区位的规划

三个层次物流结点的功能不同、作用不同、规模不同，这就决定了它分布的特性：

(1)物流基地是一个城市进入区域物流或者国际物流，开始和结束远程的、干线物流的位于城市中的大型物流结点，具有大进大出的性质。在区位上，宜于规划在城市外围地区。

(2)配送中心是直接向连锁商业用户、基层商业用户或者最终用户提供精细服务的物流结点，处于物流系统的末端，要接近用户。在区位上，宜于规划在接近用户的城市内的区域。

(3)物流中心是衔接性的物流结点，根据不同的条件可以执行三种使命：物流基地的使命、配送中心的使命以及将大进大出的物流基地与精细服务的配送中心相衔接的、干线物流转为末端物流的使命。在区位上，宜于规划在物流基地与配送中心之间的中间区域。

(四)储备型大型仓库规划

城市必须有储备型的大型仓库，保有大量的、长期的储备。尤其对于重要的和城市生存密切相关的物资，例如燃油、煤炭、粮食、防灾抢险物资、应急准备等，必须有专门的储备型大型仓库的规划。尤其对于市场短缺的物资，这个问题切不可忽视。储备型大型仓库在区位上应当和物流基地处于同等区位，甚至可以是物流基地的一部分，有大进大出的条件，这不但形成资源的保障，而且可以降低物流成本。

在储备对象的物资处于过剩状态的情况下，可以考虑建立虚拟储备的方式，在必要时通过应急的组织系统调用。

(五)大型物流结点的数量及配置规划

大型物流结点大量占用土地资源，功能又比较单一，所以在规划中要严格控制，否则不仅浪费土地资源，结点之间也会出现低水平的重复。一般配置原则是：处于与外部连接的交通枢纽位置适合规划大型、综合性物流结点；不适合规划在远离交通枢纽和交通干线的地区；城市与外界的大量物流有几条主要通道，就适合建立几个大型物流结点。

(六)城市配送服务系统规划

配送服务系统在城市物流系统中大量存在，因此，配送系统规划对于提高城市的服务功能有重大意义。鉴于城市产业及用户的复杂性与需求的多样性，配送系统也必然是多种多样的，尤其密集于城市中心区域，配送系统之间必然互相交叉、互相补充才能服务于所有的需求。

这种规划基本上有两种独立的类型：

一种是规划综合配送系统。可以整合相同类型的配送系统，防止出现交叉、对流、迂回等不合理现象，也可以通过建立公共性综合配送系统和实行共同配送来解决这个问题。

第二种是规划专业配送系统。由于专业的特点,配送系统必须独立运行,这是专业配送系统的存在前提。这就需要确定规划的专业对象:互不相容的专业才有必要建立独立的配送系统。特别需要规划的专业配送系统主要有:散装水泥、预拌混凝土、燃料油、危险品、爆炸品、冷链、煤炭、活体配送系统等。

第三节 物流资源配置

一、物流资源

广义上,物流资源是指能够从事物流活动或者能够在物流活动和物流发展中起作用的人、财、物和信息资源的总称,是物流运行和发展的基本条件,这是物流资源的一般概念。物流资源是一个庞大的群体,一般来讲,谈到物流资源,就是指有针对性的、具体的资源。本章和本书中所谈到的物流资源,主要是实物物质资源。

二、物流资源的分类

(一)物流资源的大分类

物流资源可以分成一般物流资源和专项物流资源两大类:一般物流资源是物流资源概念中所提到的人、财、物和信息资源;专项物流资源是上述各种物流资源在某一个专门领域的具体化,例如,物流线路资源、仓库资源、运力资源等。

(二)根据物流资源的性质分类

根据物流资源的性质不同,其可分成三大类:物流人力资源、物流信息资源和物流的物质资源。

物流实物物质资源是复杂而且庞大的群体,是物流资源的主体,是物流运行和运作的物质基础,是大量需要资本投资的资源领域,也是主要的成本构成领域。这是本章要讨论的重点。

(三)根据物流资源的作用分类

根据物流资源的作用不同,可分为以下三类。

(1)物流线路资源。这是支持物流运行的资源,主要有铁路线路、水运线路、公路线路以及企业内部采用的生产线线路等。

(2)物流结点资源。物流结点资源种类很多,各种不同的物流结点需要按照需要和结点的性质进行合理的配置。物流结点资源如果进一步细分,可以分成两类:一种是物流资源的聚集地,主要是物流基地、物流中心、配送中心;第二种是物流运行的出发、到达地和暂时停留地,主要是车站、港口码头、飞机场、仓库等。

(3)物流平台资源。这是支持物流运行的由各种基础资源所构筑的系统化资源,又可以进一步分成三个平台系统:实物物流运行支持平台、物流管理平台和物流信息平台。

(四)物流服务的资源

物流服务的资源可分为两类。

(1)第三方物流服务。真正意义上的第三方物流是能进行系统性物流服务的资源,但是这种系统性的物流服务并没有统一的模式,所以这种物流服务的资源之间会有很大的差异。

(2)单项物流运行服务。这是指能够满足运输、保管、装卸、包装等单独一个项目物流运行服务的资源。

上述资源形态的主体是各种类型的物流企业。

三、物流资源配置

(一)物流资源配置的含义

物流资源配置是各种物流资源在不同用途之间分配,尤其是比较稀缺的资源在各种不同用途上加以比较并且做出选择。经济发展的一定阶段,相对于需求,资源总是表现出一定的稀缺性。现代物流在我国起步时间比较晚,发展时间还很短,这是物流资源不均衡并且表现出相对稀缺性的重要原因。所以,物流发展进程中,对有限的、相对稀缺的资源进行合理配置,以适应国民经济发展的需求是一件非常重要的事情。

管理和资源的配置相关。物流管理的目的之一,就是维持资源配置的秩序并使其有效地进行。社会学和经济学的研究认为,在人类社会的发展进程中,资源总是具有相对的稀缺性,物流资源也是如此。宏观上,物流资源配置要求对有限的、总体上相对稀缺的资源进行合理配置,把已经有的物流资源充分利用。微观上,物流资源配置要求人们对于可以利用的物流资源,不论它是相对过剩还是相对不足,做出能够满足需要的配置,从而用这些物流资源来做好具体的物流运行,使物流的服务作用能有效实现。

(二)宏观领域的物流资源配置

一个国家宏观领域的物流资源配置涉及国内各个领域和国际物流的资源配置,是点、线、面全方位的物流资源配置。物流的资源配置也和一般的资源配置一样,有计划配置和市场配置两种极端的形式,而且表现得更为突出。我国的经济体制虽然正在转型的过程之中,但是在宏观领域,需要对资源配置进行全面的规划和全面的工作部署,现在在我国的市场上还缺乏这种力量,所以,能够承担这种资源配置重任的主体当然是国家。

宏观领域的物流资源配置主要是支持物流运行的物流平台,这个物流平台是一个能够覆盖全国的网络体系,平台上装备通用化的、标准化的装备设备,从而具有广泛适用性。宏观领域的物流资源配置尤其着重配置以下资源:

(1)线路资源。包括铁路线路、航空线路、主要的公路线路和水运线路。

(2)结点资源。包括货运车站、货运港口码头、机场以及重要的物流园区、物流基地。

(3)重要仓储资源。由国家进行宏观资源配置的仓储资源主要是重要的、大型的、专用的、特殊的仓库、储备基地。

(三)微观领域的物流资源配置

微观经济领域,物流的资源配置主要依靠的不是政府而是市场,是企业通过市场进行物流的资源配置,且主要是直接对用户服务的资源,包括支持这种服务的物流平台资源。它们分布于物流企业之中,存在于物流服务的网点之中,部分线路资源、物流装备工具资源以及仓库资源也存在微观领域之中,企业对这些资源加以运用。

微观领域的物流资源配置尤其着重配置以下资源:

(1)运能及运力资源。从事物流主体活动的运输工具基本是依靠市场进行资源配置。

(2)一般仓储资源。物流领域绝大多数的一般仓库,包括专用仓库和公共仓库,仓储资源主要依靠市场进行配置。

(3)一般线路及结点资源。这是指主体物流平台之外的一般线路及结点,例如企业专用的铁路专用线、连接主干线的货运车道、货物转运站等。

四、物流资源优化配置

鉴于物流资源的种类很多、数量庞大,在规划物流发展和进行物流运行的时候,诸多资源的选择和使用是一个大问题。选择哪几种资源?需要多大的数量才能够达成最满意的结果?这些都有很多选择,于是就有“优化”的问题。优化配置的形式主要有以下三个。

(一)物流资源共享

物流资源共享的含义是把属于一个企业的物流资源采用不同的经济合作方式与其他企业共同使用。为什么要共同使用同一资源呢?原因可能很复杂,这里不做全面分析,仅从资源角度来讲,原因就在于:充分发挥现有资源的能力和作用以提高资源利用率,共同使用之后可以减少各方面的费用支出,降低成本;另外还可以避免重复建设造成的浪费。物流资源共享是“共同化”的一种形式,必须解决好管理的问题和利益关系的问题。

宏观上,物流资源共享是一个普遍的、全面性的问题。现代社会,物流资源共享的领域太多了,许多重大、重要的物流资源本来就是共享的资源,例如铁路、河道、港口、飞机场等。现实中物流资源共享主要指的是微观角度企业的物流资源。主要形式有四大方面。

(1)物流设施资源共享。物流设施需要大量投资和长期建设,是物流运作的依托。国家物流设施资源有相当比重的公共资源,是物流设施资源共享的主要领域。经济发展形成的市场资源,也可以提供共享,包括仓库、站场、服务设施等。

(2)物流工具资源的共享。物流工具资源中有相当多的标准化的通用工具，这些通用工具除了瞄准物流运作的效率之外，也可以提供共享，从而充分发挥它们的作用。主要包括车辆、船舶、托盘、集装箱、装卸起重工具等物流工具的共享使用。

(3)物流科技资源的共享。现代社会，物流科技资源可以通过科技传播、科技合作、技术市场、科技专利等多种合作形式实现资源的共享。

(4)物流信息资源共享。信息对于分布广泛而且普遍的物流来讲，是非常重要的资源。现代社会的电子技术和传播技术可以支持物流信息资源广泛共享。信息资源共享是物流资源共享的重要形式。

(二)物流资源的计划配置

在限定的条件下，物流资源的计划配置也可以是一种优化的配置方式。例如在战争和极度短缺而又缺乏市场秩序的特殊时期应运用这种方式。

物流资源的计划配置曾是一种重要的配置方法，在有些国家曾经是唯一的配置方法。现在在我国宏观经济领域，这仍然是重要的配置方法，在我国的发展进程中有明显的优越性。物流资源的计划配置主要是总量和结构的配置。可以站在战略的高度，从国民经济整体需求方面配置物流资源；可以集中力量完成重点工程项目，实现重大的配置决策。

(三)物流资源的市场配置

物流资源的市场配置是一种体制上的优化配置方式，是世界上主体的物流资源配置方法，可以充分发挥市场机制作用，按市场规律进行优化配置。这种方法作为我国一种物流资源配置的重要方法，是可以实现优化的配置方式。物流企业根据市场上的供求关系，根据市场上物流服务的供需情况和物流服务的价格信息，在竞争中安排和配置物流方面的生产要素，自发地追求合理配置从而实现优化。

第四节　物流政策与法律法规

一、概述

(一)物流政策与物流法律法规的概念

由于物流活动和物流运作遍及整个国民经济的各个领域，物流活动具有广泛性、普遍性、重复性、交叉性和多发性，很容易出现混乱，通过物流政策确立大家共同遵循的规矩并且采取强有力的措施来推行这个规矩便有额外的重要作用。

物流政策是指政府为维护物流业的基本经济秩序与运作秩序，保证全社会物流的正常、稳定运行，追求高效运行，从而使物流运行和物流产业实现健康发展而制定的方针和原则。它是物流业运作要共同遵循的规矩，还是政府对全社会物流活动的指导和干预行为。具体包括有关物流的法律、法规、规则、规划、计划和措施，以及政府对全社会物流活动的直接指导。物流政策的确定，使全社会的物流活动和全社会与物流相关的行为均有所遵循。

物流政策是政府制定的,代表和反映了相关的多数人对于物流的价值判断或意志。它不是永恒不变的,而是一定社会发展阶段和经济发展阶段的产物,因此具有可变性。时间和空间发生了一定的变化之后,也必然会影响到政府和相关的多数人对于物流的价值判断或意志,因此,政策的改变和发展是不可避免的事情。尽管如此,在一定时期的物流政策具有相应时期的公共利益和公共物品的属性,面向全社会和所有相关事务、所有相关人员。

物流法律法规是物流活动所涉及的各类法律规范的总称,是经过立法程序的产物。全部物流活动包括运输、储存、装卸、搬运、包装、流通加工、配送、信息处理等基本环节,每一个环节都有相应的法律法规加以规范,其中所涉及的法律制度和内容包括国际物流、多式联运、物流合同、危险品、物流安全保险以及一些相关单项立法所特有的法律制度。

(二)物流政策的作用

物流政策的作用可以从两方面来认识,一是物流活动本身,二是物流产业发展政策的功能和作用。

1. 物流政策对物流活动的作用

物流政策对于物流活动的作用可以分两个层次来认识:

第一个是物流活动基本保障的层次。物流政策对于广泛而复杂的物流活动提供了基本的保障作用,也就是提供了基础的、平稳的、正常的物流活动和物流运行的物流本身和物流外部环境政策方面的保障。这是物流政策所起到的最低限度的功能和作用。

第二个是物流活动优化与发展的层次。物流政策有更大的、积极的作用,那就是起到优化物流活动、提高物流服务水平和效益,进一步上升成扶持与促进物流事业的发展的作用。

2. 物流政策对于国民经济中物流产业发展的作用

这个作用表现在物流政策对于整个物流事业与物流产业总体的作用。和其他所有政策的作用一样,物流政策对于物流产业总体起到扶植与促进发展的作用,这也可以分两个层次来认识:

第一个是国家和政府层次。不少国家,尤其是公有制占重要地位的我国,国家与政府部门是全社会物流基础设施、物流骨干网络投资与建设的主体,国家的物流政策对于物流基础设施、物流骨干网络投资与建设直接发生作用。

第二个是社会和物流企业层次。物流政策支持社会物流的发展和进步,引导和规范物流的运作,支持物流企业的发展,从而提升物流产业的内涵,促进物流产业的发展。

二、物流政策和法律法规建设要点

长期以来,在没有形成系统物流观念之前,经济发展进程中已经陆续形成了一些与物流有关的政策法律法规,但总体来讲,这方面有不足。物流政策法规的建设是现代物流健康发展的重要工作,现在需要下很大的力气去做,并要重点关注以下六方面。

(一)物流政策法规的系列化和系统性

前面提到,由于物流活动和物流运作遍及整个国民经济的各个领域,物流活动具有广泛性、普遍性、重复性、交叉性和多发性,与社会经济生活的许多层面都有不同程度的关联,所以,物流政策法规也必须反映这种系统的关联。这就要求物流政策法规要形成系统性的法规体系,即相互关联的、系列化的法规体系。

我国现代物流的发展和政策法规的起草制定涉及国家发改委、商务、交通、铁道、民航、邮政、海关、质检、公安、信息等政府相关部门。表面上是齐抓共管,实际上经常会发生各部门从各自利益出发,各行其是、政出多门的情况,从而影响到物流政策法规。

我国现行的物流政策法规基本属于原生状态,缺乏全面的统筹规划和协调,现代物流业所要求的系统性不仅在物流运作领域,而且在政策法规领域也有所缺乏,有时候还可能出现职能重叠和政策冲突,使物流运作无所适从。这会影响物流的正常运作和发展,也势必影响物流政策法规的系列化和系统性,而这是物流政策法规的核心和精髓所在。

物流政策法规的系列化和系统性工作是难度非常大的一项工作。原因之一是许多政策法规是在不同时间、不同产业领域形成的,因此做好这项工作需要在两方面努力:一方面是研究和观察已经发布的所有政策法规,防止出现互相矛盾;另外一方面是从系列化和系统性角度出发,去发现空白和重复。

(二)物流政策法规在时效性基础上的前瞻性

由于经济领域处在发展和变化期之中,因此,对于物流方面的政策法规进行清理、修订或废止,以建立一套能够充分反映现实而且具有一定前瞻性、符合我国国情和国际惯例并与国际接轨的物流政策体系对现代物流发展,尤其是国际化的发展非常重要。

很多物流的政策法规是在计划经济时期或市场经济初期制定的,带有经济体制的烙印,即使是在改革开放以后制定的有关物流政策法规也不能排除旧的影响。这就要求物流政策法规必须具有时效性,才能对今天的物流起到作用,建立专业性强的、有前瞻性的体现社会主义市场经济要求和现代物流特性的政策法规体系势在必行。

(三)物流政策法规的可操作性

物流政策法规是针对物流具体运作,支持和优化这个运作的操作体系,同时,又涉及不同层次的人群，当然需要具有广泛的可操作性。只有具有这种容易掌握的可操作性，物流政策法规才能够真正发挥作用。但是，在这方面我国还存在不小的问题，例如，目前我国还缺乏直接可操作的现代物流综合性政策法规，各部委或地方多采取“办法”“意见”“通知”等形式，缺乏法律强制效力，在具体运用中缺乏操作性，不利于调整各物流主体之间的相互关系，缺乏对物流主体行为的引导与制约作用。

（四）物流政策法规的基础标准性

标准化是物流政策法规的重要构成部分，是将复杂而广泛的物流系统纳入规则的重要的基础性工作，是现代物流的特征之一。复杂的物流系统，都依照标准化的规定去运作，就能够使物流的衔接和运行顺畅，从而获得最佳流通秩序和社会效益。

现在，我国的物流标准化还处于起步阶段，做了基本层次的工作，目前只颁布了《物流术语》《物流企业分类与评估指标》等少数几个物流宏观和综合方面的国家标准，还没有深入到具体业务，更没有深入到运作领域，对于物流计量、技术、数据传输、成本核算、物流设施和装备标准、物流作业和服务标准等都还没有国家标准。各类运输方式间装备标准不统一，会影响和制约现代物流多式联运的推行；物流包装标准与物流设施标准间的不统一会影响运输工具的装载率和仓储设施的空间利用率；信息技术不能实现自动地无缝衔接与处理，影响了物流数据的传输和共享。所以，加快我国物流标准化建设，不仅仅是物流运作和运行的需要，也是物流政策法规建设的需要，是亟须解决的一个重要问题。

（五）物流政策法规的全面覆盖性

由于物流活动的复杂和广泛性，物流主体和客体的多元性，需要物流政策法规全面覆盖这些领域，否则就会出现政策法规的真空。制定政策和立法是现代物流发展中的一项重要工作，我国现代物流的发展虽然仍然处在起步阶段，具有相当的不成熟性，但是相关运作和相关企业已经过了多年的实践，积累了相当的经验和教训，再加上发达国家关于物流方面立法和政策的成熟经验，对于物流的立法以及重要政策的全面制定已经具备了可行性。但是，要做到物流政策法规的全面覆盖仍需时日，是逐渐成熟的过程。

（六）物流政策法规的国际性

物流的一个重要特点是国际性活动，随着中国更深入地进入国际经济领域之中，物流的国际化是必然的趋势，所有的政策及法律法规都需要考虑和国际的接轨问题。

三、物流法律制度

物流的法律制度是指一个国家或地区的所有法律原则和规则的总称。物流的法律制度包含很广泛，有五大领域：政策、法律、法规、规章制度和标准。

（一）物流政策

政策的发布单位是国家的行政权力机关，除国家各个经济领域和产业领域的政策经常会在某些方面涉及物流之外，在物流领域，最近十几年专门针对全国物流发布的政策有：2004 年由国家发展和改革委员会等九个部委联合发布的《关于促进我国现代物流业发展的意见》、2009 年国务院发布的《物流业调整和振兴规划》、2011 年国务院办公厅发布的《促进物流业健康发展政策措施的意见》、2016 年国务院发布的《物流业发展中长期规划(2014—2020 年)》。此外，物流的主体领域，例如交通运输、铁路等方面还有专门制定的五年计划或长期发展规划，都有很强的政策指导意义。

(二)物流法律

通过立法，实行法制化，用法律法规规范一切行为，进行法制化的管理是方向性的问题。我国物流领域在这方面还比较薄弱，法律的覆盖面有限并且系统性不足，但是，已经形成了一定的基础，正在向逐渐建立系统化的物流法律体系方向迈进。目前，物流的主体领域已经形成了主导性的相关法律，例如《公路法》《铁路法》《航空法》，水路方面的《海商法》等。此外，包括物流在内的更大经济领域的重要法律例如《合同法》《保险法》《节约能源法》《反垄断法》《信息安全法》《污染防治法》等，也都有和物流密切相关的法律内容，这些法律内容也是物流法律系统的一部分。

(三)物流法规

物流方面的行政法规是国务院制定的条例、规定、办法以及其他规范性的文件。由于立法程序很复杂，立法的要求又很严格，物流领域法制化管理常通过行政法规来解决。我国物流领域由国务院制定的法规很多，例如《道路交通管理条例》就是行政法规。

(四)部门和地方的物流规章制度

部门和地方的规章制度也是一种行政制度，由各级行政机关制定并发布。我国实行部门管理和地方管理体制，虽然物流总体没有一个归口管理部门，但是，物流的主体领域交通运输、铁路、商业都有国务院下属的部门。这些部门对于物流的《行政许可制度》《行政处罚制度》《行政收费制度》《行政强制制度》以及《行政裁决、裁判制度》都有系统性的制定。由于物流领域法律的制定存在相当的复杂性，而且需要针对稳定的领域，因而有些重要的法律难以涉及全部物流活动和全部物流的领域，在这种情况下，行政制度是不可少的，而且对于物流领域来讲是非常重要的。例如，物流领域非常普遍的对于驾驶汽车须经许可就是这样一种行政许可制度，取得驾驶执照者才被允许开车，就是一种许可。

(五)行业标准

物流和物流领域各个重要的子系统，多年来已经逐渐形成了一批技术标准和相关的标准。这些标准是由相关的行业制定并且经过国家质量监督检验检疫总局和标准化管理委员会批准发布。物流标准是新的标准体系，现在已经形成的重要标准有《物流术语》《物流企业分类与评估指标》《物流企业成本构成与计算》等。

四、主要的政策法规

重要的政策、法律法规数量多，除了专门针对物流业以及与物流业所属行业紧密相关的政策、法律法规之外，其他经济领域和产业领域的不少政策、法律法规也都涉及物流业和物流活动。这里仅就专门针对物流业的重要政策、法律法规做一个简单的介绍。

(一)物流业发展中长期规划(2014—2020年)

这个中长期规划是根据党的十八大、十八届三中全会精神以及国民经济、服务业的“十二五”规划制定的重要文件。全面承接了2009年国务院发布的物流业调整和振兴规划，指出我国物流业已步入转型升级的新阶段，但物流业发展总体水平还不高，发展方式比较粗放。特别要求在新规划期，“以提高物流效率、降低物流成本、减轻资源和环境压力为重点，以市场为导向，以改革开放为动力，以先进技术为支撑，积极营造有利于现代物流业发展的政策环境，着力建立和完善现代物流服务体系，加快提升物流业发展水平，促进产业结构调整和经济体制增效升级，增强国民经济竞争力，为全面建成小康社会提供物流服务保障”。到2020年基本建立布局合理、技术先进、便捷高效、绿色环保、安全有序的现代物流服务体系。

中长期规划提出的重点工程尤其受到关注，重要工程有十二项：①多式联运工程；②物流园区工程；③农产品物流工程；④制造业物流与供应链管理工程；⑤资源型产品物流工程；⑥城乡物流配送工程；⑦电子商务物流工程；⑧物流标准化工程；⑨物流信息平台工程；⑩物流新技术开发应用工程；⑪再生资源回收物流工程；⑫应急物流工程。

(二)关于促进物流业健康发展政策措施的意见

2011年国务院办公厅发布的文件，提出了八条政策措施：①切实减轻物流企业税收负担；②加大对物流业的土地政策支持力度；③促进物流车辆便利通行；④加快物流管理体制改革；⑤鼓励整合物流设施资源；⑥推进物流技术创新和应用；⑦加大对物流业的投入；⑧优先发展农产品物流业。

文件特别指出：物流业健康发展需要加强组织协调。要求“充分认识物流业的重要性，加快政府职能转变和管理创新，积极推动物流业又好又快发展。要按照职能分工，加强对物流业发展的协调指导，细化政策措施，组织贯彻实施，规范物流服务，提升物流业经营水平”。

(三)关于促进我国现代物流业发展的意见

2004年国家发改委、商务部、公安部、铁道部、交通部、海关总署、税务总局、中国民航总局、工商行政管理总局九个部委联合发布的文件指出：“加快发展现代物流业，是我国应对经济全球化和加入世界贸易组织的迫切需要，对于提高我国经济运行质量和效益，优化资源配置，改善投资环境，增强综合国力和企业竞争力具有重要意义。”为进一步推进我国现代物流业的发展，在全国范围内尽快形成物畅其流、快捷准时、经济合理、用户满意的社会化、专业化的现代物流服务体系，文件提出四方面的意见：①营造有利于现代物流业发展的良好环境；②采取切实有效措施，促进现代物流业发展；③加强基础性工作，为现代物流发展提供支撑和保障；④加强对现代物流工作的综合组织协调。

文件提出调整现行行政管理方式、物流市场对外开放、建设区域物流中心、完善物流标准化体系、大力发展集装箱运输、提高信息化水平等多项发展改革任务，并且对于物流企业给出了定义性的解释："物流企业是指具备或租用必要的运输工具和仓储设施，至少具有从事运输（或运输代理）和仓储两种以上经营范围，能够提供运输、代理、仓储、装卸、加工、整理、配送等一体化服务，并具有与自身业务相适应的信息管理系统，经工商行政管理部门登记注册，实行独立核算、自负盈亏、独立承担民事责任的经济组织。"

五、物流子系统的主要政策法规

（一）公路运输的主要法律法规

公路运输是物流领域的传统运输方式，也是覆盖面最广、物流总量最大的运输方式，相关的政策、法律法规形成时间也比较早、比较健全，已经成为体系。我国主要的法律法规有《公路法》《道路交通安全法》《汽车货物运输规则》《道路货物运输服务业管理办法》《道路交通管理条例》《城市道路管理条例》《道路零担货物运输管理办法》《道路危险货物运输管理规定》等。

（二）水路运输的主要法律法规

水路运输是传统方式，我国长江等主要水道曾是国计民生的重要资源，现在的海运是国际贸易的重要物流方式。主要的法律法规有《海关法》《港口法》《海上交通安全法》《海商法》《水路运输管理条例》《国际海运条例》《海上国际集装箱运输管理规定》《内河运输船舶标准化管理规定》《国内船舶运输经营资质管理规定》《水路危险货物运输规则》等。

（三）铁路运输的主要法律法规

铁路是我国主要的、骨干的物流方式，虽然运输总量比公路低，但大批量、长距离、高速度的运输方式是其他方式难以比拟的。主要的法律法规有《铁路法》《铁路货物运输管理规则》《铁路运输安全保护条例》《铁路货运事故处理规则》等。

（四）航空运输的主要法律法规

航空运输是能够满足特殊需要、特殊服务的运输方式，虽然和上述三种运输方式相比较，运输量比较小、成本又很高，但是它是不可或缺的一种运输方式。我国主要的法律法规有《民用航空法》《通用航空飞行管制条例》《民用航空安全保卫条例》《航空货物运输合同实施细则》《中国民用航空危险品运输管理规定》，此外，还有与80多个国家签订的双边航空运输协定。

(五)货运代理的法律法规

远程物流,尤其是国际运输,专业性很强,需要有保障,往往采取运输代理方式。因此,这方面的法律法规也是物流领域的重要法律法规。我国的相关法律法规主要有《国际货物运输代理业管理规定》《外商投资国际货物运输代理企业审批规定》等。

(六)储存保管及其他物流领域的主要法律法规

我国的相关法律法规重要的有《商业仓库管理办法》《粮油仓库管理办法》《仓库保管合同实施细则》《海关对出口监管仓库及所存货物的管理办法》《海关对保税仓库及所存货物的管理规定》。

(七)快递及其他物流领域的主要法律法规

快递是发展很快的一个新的物流领域,正在开始法律法规系统的建立。主要有《快递市场管理办法》《快递业务经营许可管理办法》《快递专用电动三轮车技术要求》。其他领域与物流相关的还有《农产品包装和标识管理办法》《石油天然气管道保护法》等。

第五节 物流产业升级

产业升级是产业的共同课题,物流产业普遍存在,不可能以集中一处投资、大规模建设解决产业升级的问题。升级的目标是产业结构高度化:物流需求结构的提升,产业结构的调整、转型、升级,产业的技术进步、信息化改造以及产业宏观管理的水平提升。

一、物流需求结构

物流产业升级往往容易被看成物流产业本身的问题,这不全面。升级首先在需求,合理的物流需求结构促成合理的供给结构,从而影响物流产业升级。物流需求结构包括以下几个方面。

(一)一体化的物流需求

物流与经济活动一体化所产生的物流需求是非常高层次的物流需求,但是在整个物流需求中的比重较小,不是物流需求结构的主体。

(二)系统化的物流需求

系统化的物流需求是高层次的物流需求,上升势头非常强劲,会逐渐成为物流需求结构的主体。

(三)有个性内涵的物流需求

个性的物流需求是不同经济领域的特殊选择,例如,连锁商业对门店的配送物流需求,外贸对于大量煤炭的物流需求,居民对送货上门的物流需求等。这在物流需求结构中积累起来有很大的总量,以这个总量表现在需求结构中,是物流需求结构的主体之一。

（四）传统的、一般的物流需求

传统的、一般的物流需求会在现代社会中长期存在，是物流需求结构不可避免的一种结构状态。改变和提升这一部分的物流需求，是物流产业升级的重要任务之一。

二、物流需求结构的提升

物流的需求结构决定物流的产业结构。物流产业的升级不是脱离整个国民经济和需求来决定的，产业互为决定的密切关联不可忽视，尤其是供给和需求的关联，需求是起决定作用的，物流的供给结构受需求结构的影响。调整物流供给结构必须基于现实产业结构状态和导致的需求结构，物流产业升级是双向调整、互为影响的问题。合理的需求结构派生有效的物流需求，自然会影响物流的供给结构；合理的供给结构，又能保证和促进有效需求。这是物流产业升级的物流供给和需求间的辩证关系。

从物流产业角度看，按照需求调整物流供给结构当然是应当做的事，不能消极等待需求结构调整，应当主动地调整自己，调整供给结构偏差，达到促进有效需求增长的目的。

我国物流的需求结构正在发生变化，例如，现在的配送需求，20 年前还基本处于空白状态；快速物流也是如此。增加现代物流的需求，引导物流需求向高级化方向发展是必然要求。不能消极等待需求结构的调整变化，通过物流供给水平的提升和结构的调整，影响和调整物流的需求结构、推进需求转型是应予关注的，也是物流产业升级的重要举措。

三、物流产业结构调整

产业结构的改善和素质与效率的提高，使结构高级化成为产业升级的主体。从产业结构水平分类，有人把现代社会的产业分成劳动密集型、资本密集型和技术密集型三类，后两类属结构高级化类型。物流业产业处于向高级结构转化的进程中，低级结构仍然会长期存在，成为物流产业结构的组成部分。物流产业结构调整有特殊性，为以下几方面。

（一）物流产业内部企业规模的调整

提高物流企业的规模和聚集程度从“小而散”向“大而强”升级。传统物流产业的一个重要特点是，资源过分分散，缺乏规模和聚集程度，“小而散”是很显著的特点。提高企业的规模和聚集程度，提高大企业在物流产业中的比重，逐渐减少“小而散”物流企业的比重和作用，从而改变物流产业的内部结构，这是打造适应现代化大生产的物流产业的重要举措。

（二）企业构成的调整

传统物流产业的构成企业，服务能力不强、水平不高、技术含量低。改变这种结构状态，发展高水平、具有高级服务能力、高附加值运作、高技术型物流企业，提高这些企业的作用和比重，企业构成的调整是当务之急。具体而言，发展集装、散装、快运、快递、配送、流通加工类型的物流企业，不但能满足高层次需求，而且提高了物流服务的附加价值。

(三)物流产业能力的调整

发展一体化、系统化的服务能力，提升其在物流服务中的作用和比重，发展第三方、第四方物流，提高它们的规模和比重，是物流产业结构调整不同于其他产业结构调整的重要特点。

(四)调整和改变物流业管理体制

管理体制起决定性的作用，这是我国的国情使然。但是，管理权重非常大的物流业必须把科学的办法和管理体制有机地、有效地结合才能使结构调整获得成功。

(五)物流企业的调整

长期以来产业结构中的物流企业都是以传统物流企业为主，不但存在了前面提到的“小而散”、服务能力不强的问题，而且没有明确其在国民经济中的服务地位。相反，尤其是计划经济时期，企业变成了“官商”，有很强的管理和操控职能，这在物流产业中仍然具有影响。物流企业的调整和升级是物流产业结构调整的重要内容，彻底抛弃管理的地位和职能，改造和提升成为“生产性服务业”，是物流产业结构调整的关键。

四、物流产业的技术进步

物流产业技术进步慢是我国物流业产业升级的一个负面影响因素。物流产业技术进步不仅是物流产业发展本身的需要，也是更大领域的流通发展的需要。依靠技术进步提高产业的技术内涵，打造高技术物流产业是物流产业升级的重要内容。特别要重视以下几点。

(一)物流基础活动和单项操作的技术和装备的进步

运输、装卸、包装、仓库、流通加工、配送等各方面的工具、装备和技术，是整个物流技术进步的最基本的领域。其中最重要的体现是物流技术装备的进步，例如自动包装机、无人搬运车、立体货架、自动分货机等。

(二)物流基础平台的网络化技术的形成

物流基础平台的网络化技术是重要基础技术，也是与其他产业不同的独有技术。大范围、长距离运作的物流，需要依托网络化平台，例如公路、高速公路、铁路、管道网络等。

(三)物流的系统运作、系统集成技术与装备技术的形成

单项技术和基础技术进步的基础上，进一步集成为系统技术。例如，在自动化立体货架基础上，集成高技术水平的拣选、分货、搬运技术而发展成自动化立体仓库系统技术和装备，这是物流技术向高端发展体现物流产业技术进步的重要领域。

（四）物流信息化水平和管理技术的升级

物流信息化水平和管理技术的升级是物流产业技术进步的一个重要方面，本书对此另有专门的论述。

（五）物流的环境和安全技术的形成和进步

物流产业是对环境和安全产生广泛影响的产业，由于这是需要大量付出而缺乏直接经济效益回报的领域，因此在物流产业初期很容易受到忽视。这是需要我们特别关注的。物流产业升级的目标之一是建立环境友好型的物流产业，这就需要大力发展和提升物流的环境和安全技术，这对于物流产业是一个新的课题。这里要关注以下两个问题：

第一，物流大量消耗能源，同时形成相应的排放和污染，所以在这方面要特别重视发展从高能耗、高污染转向低能耗、低污染的物流技术进步。

第二，社会上物流的运行和企业内部不同，容易有噪音污染和安全事故，技术进步应当瞄准这个领域，相关装备和管理方面的技术进步是物流产业的重要课题。

国民经济的第十一个五年计划纲要对科学技术创新和跨越提出了要求，该纲要中专门涉及现代物流，从不同角度提出了物流领域科技发展的要求。重点提出了以下物流科技创新和跨越的任务，是这个时期物流产业升级有针对性的任务：①推广现代物流管理技术；②建立物流标准化体系；③加强物流新技术开发利用；④推进物流信息化，提高信息技术，提升运输管理水平；⑤开发应用高速重载、大型专业化运输等高新技术的任务等。

五、物流产业的信息化改造

物流信息技术已经成为重要的科技进步领域，信息技术对于物流产业，比之生产物质产品的产业更重要。物流过程随时变化，不像生产流水线那样在设计并且建设好的流程中运行，因此，必须了解和掌握信息才能了解和判断物流运行。再加上物流产业的结构复杂性和业态多样化，长期以来，信息在产业内部流通不畅，局部的信息缺乏沟通和联系，互相封闭，形成了一个个“信息孤岛”，所以，信息化改造对物流产业有特殊的重要意义。

物流产业的信息化改造要着重做好以下几件事情：

（1）准确的物流信息收集。这是物流产业升级进行信息化改造的基础工作。这项工作相比较而言，技术含量较低，有大量的、烦琐的管理和组织工作，经常会被忽视。但是，这项工作是物流产业信息化改造必须首先认真去做的工作。

（2）物流信息标准化建设。这也是物流产业信息化改造的重要基础工作，它会直接影响物流信息的收集和传递，直接影响物流信息化的水平，是复杂的物流系统多方面实现信息共享的关键。在物流产业本身的标准化还不完善的时候，信息标准化同样处于薄弱的状态，尤其在物流产业信息化改造的初期需要给予重视。

（3）物流信息互联互通。首先要解决物流系统内部（包装、运输、储存、流通加工、配送等方面)的信息互联互通,这个问题的解决有利于将物流活动各项功能联结成系统。当然,沟通物流系统与外部系统和环境信息的联结也是必不可少的。

(4)物流信息的调控功能。这是物流产业信息化改造要达到的重要目标。物流信息化最终的追求就是信息化对于整个物流运作的调控,信息化对于决策的支持甚至直接产生科学的决策,可以说这是物流产业升级要达到的高级目标。

第二十六章　物流运行管理

第一节　物流运行范畴及内容

物流运行是对物流活动的具体实施，是进行物流的过程。物流运行管理是对运行进行计划、规划、指挥、协调和控制，目的是保证实现事前对运行的安排及过程中的操作与控制，并且在完成物流运行任务的前提下，追求安全、效率和效益。

一、物流运行的范畴

（一）国际与国内的物流运行

1. 国际物流运行

国际物流是随同和支撑国际经济贸易和其他国际交流所发生的物流。国际物流运行跨越不同的国家，有不同规则。有的国家是以立法的形式存在；有些国家是一些法律之外的行政性、地区性的规定；还有不少是长期习惯形成的潜移默化的规则，例如行规和地区的风俗习惯。不同国家存在差异，这是需要特别关注的。

2. 国内物流运行

国内物流运行虽然都处于同一法律、规章、制度环境之下，都受相同技术装备水平、文化及社会因素的影响，基本遵循统一的规则，但物流涉及的领域范围广泛，各个领域又都有相关的规则，这是复杂的系统，是国内物流运行的难点所在。

（二）社会与企业的物流运行

1. 社会范畴的物流运行

社会的物流运行指超越一家一户、超越一个企业的以社会为范畴、为社会所用的物流。它涉及所有物流活动，带有宏观性、普遍性和广泛性，是国民经济的命脉，因此，社会范畴的物流非常重要。如何保证运行，满足需要，进行科学管理和有效控制，采用先进的技术保证物流的高效率、低成本运行，是社会范畴物流运行的重点。

2. 企业范畴的物流运行

企业与物流相关体制有两大类：一类是产、供、销分离；另一类是产、供、销一体化体制。前者企业内部物流是主要范畴，物流运行管理仅是企业内部的管理；产、供、销一体化的企业，企业内、外部的物流都属于企业范畴物流。

二、企业重要的物流活动

(一)企业的生产物流

企业的生产物流是生产工艺中的物流活动,是与生产工艺过程伴生的、生产工艺的一部分。过程为:原料、零部件、燃料等从仓库和企业的“门口”开始,进入生产线,再进一步随生产加工过程各个环节运动,本身被加工,同时产生一些废料、余料,直到生产加工终结,再至成品仓库便终结了企业的生产物流过程。生产物流课题很多,例如生产流程如何安排,从物流角度如何规划生产过程,各生产环节如何衔接,如何缩短物流时间和距离,如何选择有效的物流工具等。

过去人们在研究生产活动时,主要关注一个个生产加工过程,而忽视了将生产加工过程串在一起的、同时出现的物流活动。例如,离开上一工序、进入下一工序,便会不断发生搬上搬下、向前运动、暂时停止等物流活动。一个生产周期,物流活动所用时间有时远多于实际加工的时间。所以,企业生产物流时间节约、劳动节约的潜力非常大。

生产物流的科学方式,如看板方式、准时方式,应当引起我们的关注。

(二)企业的销售物流

企业将产品所有权转给用户同时发生销售物流活动,以送达用户并经过售后服务才算终止。买方市场销售物流带有被动性与服务性,销售物流的空间范围很大,是难度所在。销售物流的特点,是通过包装、送货、配送等一系列物流活动实现销售。这就需要决定送货方式、包装方式、包装水平、运输路线等相关问题,并采取各种方法,例如少批量、多批次、定时、定量配送等特殊物流方式。此时要特别关注的是配送方式。

(三)企业的供应物流

和企业的销售物流相反,在买方市场环境下,供应物流活动带有极强的主动性,在这种市场前提下企业可以按照最理想的方式选择供应物流,所谓“供应链管理”,就是在这种市场前提下出现的一种新的物流形式。

企业为保证生产节奏,不断组织原材料、零部件、燃料、辅助材料供应的物流活动,这对企业生产有重大作用。企业供应物流不仅为供应的保证,而且还是在以最低成本、最少消耗、最大保证供应的限定条件下达成,这就带来很大的难度。现代物流是基于非短缺商品市场宏观环境下的物流活动,这种市场环境,供应数量上的保障容易做到。供应物流领域的竞争关键在于:降低这一物流过程的成本,这是企业物流的大难点。为此,必须有效地解决供应网络、供应方式、零库存等多方面的问题。

企业的供应物流有三种组织方式:

第一种是委托社会销售企业代理供应的物流运行管理方式;

第二种是委托第三方物流企业代理供应的物流运行管理方式;

第三种是企业自供的物流运行管理方式。

这三种方式都有低层次的、高层次的不同管理模式，其中供应链方式、零库存供应方式、准时供应方式、虚拟仓库供应的物流运行管理方式值得我们关注。

第二节　物流运行模式

物流运行模式是有代表性的物流运行的标准样式，是物流在运行形式上的规律。物流运行出现了很多有代表性的方式，可以称之为物流运行模式。

一、自营物流运行

有一定条件的企业自行进行社会物流活动，除满足本身对于物流运作的需求，还开展经营性的物流运作。开展自营物流的企业大体上需要具有以下若干条件：

（1）物流方面的业务规模有限，并且也集中在企业所在城市，物流运作的方式比较简单。

（2）企业的物流需求比较烦琐，原因是企业处于分散分布的状态，例如总店及若干的分店、多家连锁店构成的连锁企业，这时自营物流、自己进行物流运作是一个比较好的解决方案。

（3）一些规模较大、资金比较雄厚、管理能力强的企业，除去主要业务之外，还有较强的实力去从事物流业务，与将有些业务外包比较，确认自营有一定的优势。

（4）物流对企业具有非常重要的战略作用，或者对物流运行有个别特殊的要求，在这种情况下适合采用自营物流运作。

二、外包物流运行

外包物流运行是将物流运行外包给专门从事物流活动的第三方物流、第四方物流的运行模式。这是由供方与需方以外的专门从事物流运行的物流企业提供物流服务的业务模式，即物流的实际需求方（第一方）和实际供给方（第二方）之外的第三方，部分或全部利用第三方的资源，通过合约向第一方提供的物流服务，也称合同物流、契约物流。

第四方物流是第三方物流发展的高级形式，与第三方物流协调、合作、共同发展，是新的物流运作模式。埃森哲咨询公司对第四方物流的定义为："第四方物流是一个供应链的整合者及协调者，调配与管理组织本身与其他互补性服务所有的资源、能力和技术来提供综合的供应链解决方案。"

第三方物流业拥有大量服务提供者，大多数第三方物流服务公司是以传统的"类物流"业为起点而发展起来的，如仓储业、运输业、空运、海运、货运代理和企业内的物流部等，他们根据顾客和不同需要，通过提供各具特色的服务取得成功。

三、合作物流运行

合作物流运行是若干企业合作以物流合作联盟的形式或者兼并重组的形式进行物流运行的模式。物流联盟指两个或两个以上的经济组织为实现特定的物流目标而采取的长期联合与合作，即在物流方面通过合同形成优势互补、要素双向或多向流动、相互信任、共担风险、共享收益的物流伙伴关系。这是优势互补的模式，适用于以下两种情况。

（1）一些企业物流在企业的发展战略中起主要作用，但是企业自身的物流管理能力、管理水平又比较低，在这种情况下，组建物流联盟可以获得物流方面的优势，将会在物流设施、运输能力、专业管理技巧上由于互补而形成新的优势。

（2）有些企业拥有很多物流资源，甚至出现过剩，又有比较高的物流水平。组建物流联盟可以寻找伙伴，共享物流资源，充分利用物流资源，通过扩大物流运行和增加物流量形成新的经济增长点，也可以通过扩大规模降低成本、增加效益。

兼并重组是更新的发展，可以整合双方物流网络并且完成一体化的物流运行。现在美国和欧洲的大型物流企业，跨越国境进行连横合纵式的并购，在合作基础上进一步发展，这是值得我们注意的物流运行方式。可以帮助我们大力拓展和开发国际物流市场和商品市场，从而在未来的经济发展中获取国际市场的更大份额。

四、准时物流运行

现代经济领域出现了“准时生产方式”，强调在准确的时间、准确的地点提供准确的产品，从而实现生产的零库存。物流是准时方式的重要组成部分，也是准时方式中的一个核心，实际上，“准时”就是物流的准时。准时物流其实质是要求在各个环节做到准确无误，也就是说进入物流的必需的物品，在准确的时间物流到达准确的地点。

准时物流有三种形式。

（1）物流计划运行。这是按严格的计划到达具体位置，送达接货人。在企业内部是可以做到这一点的，但如果全部或者局部依靠社会物流，或者企业物流的某些环节要进入社会，这种严格的计划管理就很难实施。另外，由于计划管理是事先的计划，在现实的生存环境中，计划总是赶不上变化，当计划调整时，很难甚至根本不可能做出物流运行的快速反应，从而造成物流运行的准时性失败。

（2）物流看板运行。现在看板式管理已经不再是向上一道工序传递的手写板，而是依靠电子、网络技术进行看板传递，是信息即时传递、非常准确的新型管理模式。信息的主要载体是看板，在看板上记录准确的需求，以此作为各个环节的凭证。按照看板所提出的要求进行物流的运作，从而实现准时制物流。在信息时代，看板管理的物流运行方式可以在更大范围应用，原因在于不需要手写看板的实际传递，而依靠信息网络传递。

(3)物流同步运行。这指的是物流运行与生产运行同步，根据生产运行的节奏，同步运行的物流将所需要的物资供应到位。实际上也是一种准时运行方式。企业内部生产物流适合采取这种方式，尤其是流水线式的装配式的生产，采取这种形式可以大大提高生产效率和降低成本。这种运行方式不适合社会物流采用。同步的实现除了许多技术条件和管理条件之外，必须依靠信息，主要是信息的即时传递与信息共享。

五、绿色物流运行

绿色物流运行包括两方面：一方面是控制和减轻物流运行对环境的破坏，例如采用对环境污染小的物流运行方案，尽量减少物流的消耗等；另一方面就是充分发挥工业和生活废料处理的物流系统的作用，例如建立有效的回收物流系统等。

物流的运行是有代价的，影响和牺牲“绿色”便是代价之一：首先，物流运行需要很多的投入，这些投入直接或间接有很多的环境代价；再则，物流的运行必然有很多的排放，会直接对环境造成影响，我们深有体会的运输工具的噪声、排放所造成的污染、交通阻塞和频繁的交通事故就反映了这种影响。绿色物流运行就是减少这种环境代价的物流运行，不可能根除，但可以减少这种代价。

六、零库存运行

零库存的含义是以仓库储存形式的库存数量很低，趋近于零，最优的状态是不保持库存。保持这样一种状态的物流运行称为“零库存运行”。

零库存是非常理想的而且是可以实现的状态，当然，这是一个不稳定的状态，不是轻而易举就可以实现的。零库存运行的状态是不依靠库存作为生产活动和其他活动的支撑力量，而是依靠科学、合理、有效的物流，保持周转的运动状态，以及时到达指定的位置。

零库存是有代价的，要有相应的投入创造条件。零库存运行有很多方法，这些方法和水平有差别，效果也有差别，实现零库存运行的代价也不同。零库存运行方法在本书中有所涉及，此处归纳大体如下：委托保管方式、协作分包方式、轮动方式、准时方式、看板方式、水龙头方式、无库存储备以及配送方式等。

第三节　物流运行管理

一、物流运行管理的概念

物流管理的领域涉及物流的方方面面，其中最重要的是对于物流运行的管理。

物流运行管理是动态的管理，对象处于运动之中，很难做到全面、全程控制，因此，情况会不断地变化，不一定在掌控之中。随时了解和掌握准确的物流运行的动态，并且立即做出分析判断是非常困难的事情，是管理的难度所在。另外，即使能够实现信息的全面、全程控制，但要立即做出分析判断进而形成新的管理决策，让管理适应变化，随时进行动态的调整，又是非常困难的事情，这也是物流运行管理的难度所在。

二、物流运行管理的几个层面

物流运行管理的内涵有：物流运行正常化和制度化、物流运行合理化、物流运行优化、物流运行的成本控制、物流运行的安全保障等。对于物流运行管理，既有高标准要求，也有一般的低标准要求，这取决于环境条件、装备状况、技术水平、操作水平和管理状况。应该说，在保证最低限度要求之上的物流运行，有很大的发挥空间。

(一)最低层面的物流运行要求

最低层面的要求是物流运行的基本要求：依法运行与正常和安全运行。法律法规有关物流运行的规定主要有两方面、五项具体的规定。

1. 运行的人和装备方面

对人和装备的状况都提出了要求。有关于人，尤其是装备的操作者，例如货运车辆的驾驶者不得饮酒就是其中的一项重要规定；有关于装备，车辆不得“带病运行”也是一项重要规定。

2. 运行的状况方面

运行的状况方面的要求可以归纳成不得“三超”，具体而言就是不得超速、不得超限、不得超载。在物流领域，这三个问题都是非常严重的问题，往往是三个问题叠加在一起，从而造成运行的重大事故。

(二)高层面的物流运行要求

在取得最低限度运行保障的前提下，可以对物流运行提出方方面面更高层次的要求。

1. 物流运行的合理

要点在于追求物流总过程和各个环节的运行通畅、有序、合理。为了达到这个要求，必须防止出现各种不合理的运行，例如：对流、倒流、停滞、环节选择的不合理，衔接安排不合理，差错等。

2. 物流运行的优化

在合理的基础上实现优化，是更高层次的合理化。主要内容包括：

(1)费用的优化。降低物流运行的成本从而提高物流企业的利润或降低客户的负担。

(2)线路的优化。线路选择的优化是一个综合的决策，主要选择因素有最短途径的线路、最短行驶时间的线路、最少等待时间的线路以及最优路面状况的线路等。

(3)时间的优化。一般以最短时间或规定时间完成物流为优化的选择。

(4)环节的优化。一般以最少的环节为优化的选择。

(5)物流方式的优化。在多种可以选择的物流方式中,选择其中的单一物流方式或者两种以上物流方式的衔接,以求得最优。

三、企业内部物流运行管理

企业内部物流可细分为主体活动之前、主体活动之中和主体活动之后的物流三个阶段(以生产企业为例)。

(一)企业主体活动之前的物流运行和管理

从企业的"门"开始一直到生产线起端的物流,包括接收货物的物流,原材料、零部件、外协装备在企业内的入库和库存的运行和管理,出库和送达生产线的运行和管理。

(二)企业主体活动的物流运行和管理

企业的主体活动,随企业性质的不同而异,就生产企业而言,就是加工和制造的活动,即在生产线上的物流运行;就商业企业而言,就是展示、销售活动的物流运行。

(三)企业主体活动之后的物流运行和管理

这是从生产线末端,离开生产线开始到企业出货的"门"的物流过程,包括:中间产品和产成品入库及库存管理,外销产品出库,出货的物流运行与管理。企业普遍对内部物流运行和管理不重视,因为是和企业主体活动混在一起,不需单独安排。以生产企业为例,生产过程的物流,是生产流程的一部分,正因如此,包含的物流运行和管理常被忽视,因而经常会存在不合理,甚至会影响生产水平。所以,企业内部物流的范畴也需要认真对待。

四、企业外部的物流运行管理

企业外部范畴的物流有三种不同的情况。

(一)实行产、供、销分离体制的企业

实行产、供、销分离体制的企业外部范畴物流是供应和销售物流。前者是供应方或社会物流企业安排的物流,直到企业的门口,与企业主体活动之前的物流相衔接;后者则是与社会物流在企业的门口相衔接。企业的物流管理实际上仅对企业内部的生产物流发生作用。

(二)实行产、供、销一体化的企业

实行产、供、销一体化的企业外部范畴的物流也是企业物流运行的一部分,只不过运行的地点在主体企业的外部。这种情况下,企业的物流管理系统对于物流运行的管理不但包括主体企业,而且包括供应企业和销售企业以及产、供、销的物流运行全过程。

(三)连锁生产型企业

连锁生产型企业是跨越地区的生产设施进行衔接性生产的企业。这类企业,生产过程是不连贯的,甚至一个生产过程会跨越相隔甚远的不同地区,就好像是一条

拉长了的生产线。因此,生产过程之中也存在装卸搬运、运输、入库、库存和出库的物流活动,有很多的物流活动是在企业外部发生的,尤其是跨越不同地区厂群之间的物流活动。

第四节　物流运行共同化

一、物流领域的共同化

共同化是物流领域的一个带有特点的问题,原因在于,社会物流需求具有突发性、多发性和不稳定性,多数情况下不可能准备专用的物流资源。多家物流企业共同利用物流资源、共同进行一些物流活动是普遍的选择。其效果明显:可以实现人力、成本、设备、设施的节约,可以实现服务水平的提高等。共同化是协作的一种形式,共同化的广泛应用使其成为企业可以依赖的一种方式,也成为体制的形式。

经常看到空驶和超载的车辆,会提出这样的问题:什么原因造成空载和超载并存,难道就没有办法通过合理地调度来解决这个问题吗?还经常会有库房空置、货运车辆闲置、不满载、空载等问题。这些问题产生的原因是:大量存在不稳定的物流需求,经常会存在小规模的物流需求。很多企业只能按照常规准备物流资源,这就出现资源不足或过剩。即使是大的企业,也会有一定比例的小量业务以及大批量输送到达目的地之后回程无货空驶、设施及设备闲置的问题。这并不是偶见,而是经常、大量发生。

针对上述情况,有多种解决办法,也形成很多市场机会,不乏经营性的解决办法,第三方物流就属其一。第三方物流可以集中物流需求,统筹考虑,合理安排,是经营性的物流企业。物流运行共同化基本排除经营性解决办法,依靠企业之间平等互利的有效合作,而不是谋取利益的经济行为,是物流企业之间的一种重要的、有特点的合作形式,在其他经济领域很少见。共同化的形式很多,归纳起来主要有三大领域。

(一)配送领域

配送是物流共同化的主体领域,也是物流共同化概念诞生的领域。这个领域的共同化突破了一般的资源共享、装备共用的简单"合作"概念,是在配送运行过程中的合作形式。这个领域的共同化比较普遍和广泛,而且有一定的成熟度,被称为"共同配送"。

(二)仓储领域

共同保管是仓储领域共同化的主要形式。

(三)装备设施领域

共同利用物流设施与设备是这个领域共同化的主要形式。

二、共同化的三种解决方案

(一)利用公共设施实现共同化

市场经济的环境条件,可以利用公共设施来实现共同化。企业不再搞"小而全",把经常容易出现资源利用不充分的部分,例如仓库、运输车辆外部化,通过社会的仓库、车辆来满足需求。这些设施面向多数企业和广阔的市场,可以集约相当大的规模以保证利用率和效率。主要集中在以下两个领域。

(1)仓库领域。企业只保留少数、必要的仓库,多余部分外部化,形成营业性仓库,或者由专门的投资者建立营业性仓库,甚至由政府设立公共仓库,都可以使企业共同利用仓库资源,防止出现仓库分散而利用率不高的问题。

(2)运输领域。企业只保留少数、必要的车辆,将多余部分,尤其是重型、专业车辆这些偶尔使用的车辆外部化成营业性的企业,或者由专门的投资者建立营业性的运输企业,甚至由政府设立公共运输企业(例如铁道),都可以共同利用运力资源。

(二)企业协议共同利用物流资源实现共同化

企业通过合作共同创建和利用物流资源,可以扩大规模、提高资源利用率,比如共同利用仓库,共同调配车辆,保证车辆返程有货等。然而,这实际上并不简单,主要是企业之间的壁垒,有共同化条件的企业,往往从事同样经营,因而也是竞争对手。所以,合作型的共同化,必须建立在高水平的思想基础之上,同时还要有科学、恰当的利益分配,当然,还需要国家的引导和政策的鼓励。

(三)企业内部整合资源实现共同化

共同化首先应在企业内部解决。企业多点设置库房、多个部门拥有运输车辆是常见的事情,尤其是事业部制的大企业,所以,应当优先解决企业内部物流资源共同化。可以采用以下办法:体制上,物流事业部或者子公司将物流资源集中,遏制每个部门都搞物流的"小而全"做法;管理方面,在企业内部推行物流合理化,把物流合理化作为企业重要工作。

三、几种重要的共同化方式

(一)配送共同化

1. 共同配送

这是由多个企业联合组织实施配送,联合建立共同配送中心来开展共同配送。它往往成为建立物流联盟和各种形式物流联合体的一种合作形式。通过规模化降低成本,从而使多家企业共同受益。重要管理问题是处理好企业之间建立长期的战略合作关系以及正确处理成本分摊和利益分配。共同配送的好处如表 26 - 1 所示。

2. 交换配送

这是共同配送的一种形式。当多家物流企业向多个用户进行配送时,会有配送路线的交叉,多家企业可以按照就地就近的原则,交换客户进行配送。

表 26－1　　　　　　　　　　共同配送的效果

受益项目	受益对象:货主	受益对象:承运企业
运输	降低运费负担	提高运输效率
成本、收益	配送成本下降	同样任务,减少车辆投入
配送方式	解决少量货物的配送	同样任务,减少车辆投入
效率	充分利用设施空间	减少空驶及不满载行驶
交通	减少上路车辆缓解交通	减少上路车辆缓解交通
环境	减少上路车辆降低污染	减少上路车辆降低污染

3. 搭载配送

不同企业向一个地区进行配送,当某个企业有剩余运力时,其他企业就可以利用这个剩余运力将配送的货物搭载。

(二)返程捎货

利用返程空驶的车运输货物,从而使运输方返程可以获得成本的补偿并取得一定利润,使货主方能够以比较低的运费实现货物运输。有两种组织方法保证返程货源:一是合作协议形式,通过互惠的合作协议,在回程时能够装载货物,双方都获得好处;一是租赁,采取返程车辆租赁的形式来解决返程捎货运输的问题。

(三)托盘共用

在协议企业之间实行托盘共用,甚至可以实现全社会托盘的共用。作为一种经济型的集装工具,托盘本身的价值不高,但如果拥有托盘的企业实行托盘专用,需要对托盘进行回收,这就需要付出很高的成本,是不可取的,所以托盘共用成为一种有效的选择。

有三种主要的组织方法:第一种是托盘共有,协作企业各方按一定比例出资共有托盘,在协作企业范围内共用,所有权为协作企业共有;第二种是托盘交换,协议企业之间进行托盘交换,通过交换使用的办法,实现托盘的共用,所有权属于原来购置托盘的企业;第三种是托盘租赁,由托盘经营企业向托盘使用企业提供托盘,实行租赁,使用企业不拥有托盘。

以上各种方式都能够使托盘不至于出现大量放空的现象,而且使企业能够方便地获得托盘资源,在经济方面,也可以降低托盘的使用成本。

(四)共同保管

多家企业合作共同组建仓库进行货物的保管作业是简单易行的办法。这可以有效地解决单一企业由于各种原因造成业务波动,多个企业则可实现互补。从而防止运行的不经济或低效率等问题。

四、共同化方式的问题及优势

对共同化应该有清醒的认识：共同化的最大优势是能够有效地发掘和合理性利用资源，尤其当物流服务能力不足、不均衡的时候，或者物流服务需求很旺盛的时候，采用物流共同化的方式可以有效地节约资源，当然就可以取得一定的经济效益。共同化有很多优点，但也会带来一系列问题：最困难的是管理。企业本身面对复杂的物流需求和复杂的物流系统，就会出现管理困难的问题，多个企业实行这种动态的共同物流方式，会造成管理的极大困难甚至混乱，在运行时需要防止这个问题的发生和所造成的损害。

第五节　物流合理化

一、物流合理化的概念

物流合理化就是把“合理”融汇、化解到全部物流活动之中去。物流要素配备和全部物流活动处于全面、客观、适中、科学状态，也可以说处于符合规律、符合客观、符合实际的状态。这是物流活动追求、探索的理想目标。物流合理化是目的，是结果，重要的并不完全在于物流的运作，物流合理化需要有坚实的基础，这个基础就是物流的总体水平和物流运作与管理的工作水平。物流要素是人来配置的，物流管理和工作也是由人来操控的，所以，归根结底，物流合理化取决于人，是人的综合决策的产物。

物流合理化不能仅从物流某一个环节来考虑，重要的是物流合理化和整个物流系统以及物流所在的更大的系统的合理化共通。尤其是要防止物流的狭隘封闭，特别需要指出的是，物流及物流某一个领域合理化不能以损害其他领域的利益为代价。例如，大量化对于物流来讲是合理化的一种方式，但大量对其他环节和系统的直接影响，是可能造成仓储量的增加、资本占用的增加或者造成返程空驶等。

物流合理化是一个不断发展、创新的过程，没有一定之规，没有绝对的指标，因此不会有最终的结论。具体的物流合理化状况，也是“见仁见智”，会有若干答案。

二、物流合理化的方法

物流合理化的方法没有一定之规，下面所述是在一定条件下的合理化的做法。

（一）计划化

计划化是实现物流合理化的重要工作，也是物流服务质量的重要标志。随着我国经济的发展，物流量不断增长，使目前已显紧张的交通运输负担更重，运力使用混乱，结果是运输和发送成本增加和对顾客服务水平的下降。为了进行应对，需要采取计划的办法，制订周密的发送计划、运力使用计划等，例如，在发送货物时，可以按照计划采用最高效率的路线并且按行车时间表发送的计划物流策略，向顾客送货以求得优化。然而，现实的状况是变化太大，因此，计划不是恒定不变的，需要同时有备用及应急的计划。

（二）大量化

随着需求多样性的变化，企业逐渐订货频繁，每次订货量小，且普遍要求快进货；与此相反，发货方却尽可能扩大发货量以期降低成本。为解决发货的大量化和需求零星化的矛盾，通常会采用大量化策略，即增大一次物流量可以取得折扣的办法，或者称为“大量发货减少收费制”。这种大量化的物流合理化节约，收益由双方分享。采用大量化对于确定销售物流合理批量是重要的方法。在批发企业和百货商店方面，大量化的实施，需要改变过去从厂商和批发商那里将商品向各个门市部分别发送的方式，而采用中间设置配送中心的体制，在那里集中大量交货，再进行检查分类、理货，然后向各门市部及时交货从而实现大量化。

（三）共同化

物流合理化的先进方式之一是“共同配送”，它打破了一个公司（或企业）物流合理化的局限，而采取与其他公司（或企业）联合起来的办法实现合理化。其目的在于集中配送量，提高配送车辆的利用率。而这种配送系统必须建立在周密的市场预测基础上，保证各公司的发货信息在时点上协调一致。因此，积极创造配送系统的条件，是使配送系统持久的关键所在。实现共同化，共同运输是很重要的手段，可分为以下三种。

（1）成批集货。这就是将多家货物集中。在组织货物配送时，把几个货主的多种商品，凡是发往同一地区、同一方向的，采取成批集中、化零为整、混装的形式进行集中运送，以提高火车、汽车的装载效率，因而降低了费用。

（2）共同交货。商业企业通过选定特定的储运单位，由他们将商品成批集中，送往配送中心共同交货，然后按各百货商店和批发店的需要进行分类交货。

（3）共同配送。设在市内的批发企业，主要是以市内和近郊的许多零售店为推销对象。从各批发店向零售店发货，不但线路多，而且次数频繁，势必助长交通拥堵现象。为此，应采用同一地区、同一行业的批发企业，通过共同配送加强对零售商的服务。

（四）短程化

商业企业对一般普通的大宗物资或商品的销售物流，采取就近、分片供应和调运办法，使物流的里程最近，即确定适当的供应、销售区域，选择合理的运输路线、最短的运送距离，制定最优的物流合理化方案以达到短程化。我国采取的直达直线运输、“四就”直拨运输等形式是有益的经验。这样可以使商业交易与实物流通分离，商品物流不经过中间阶段，路线简短化，因而商品移动次数减少，从而降低物流费用。

（五）直达化

直达化的合理之处在于由于减少了中间环节，就减少了装卸搬运，这不但节约了操作的费用，而且节省了物流在途时间、加快了物流速度。当然，每增加一次装卸搬运就会增加一次损失的风险，因而直达化也有利于减少损失。我国有关部门曾经明确规定直达为组织物流合理化的重要形式。追求直达化关键在于对物流路线的规划和选择，并且处理好和其他方面的关系，做出总体的优化决策。

三、物流合理化需要有效地解决矛盾和冲突

物流合理化必须重视矛盾和冲突，并且能够有效地解决。

(一)物流大系统与各子系统之间的矛盾和冲突

物流大系统与各子系统之间的矛盾和冲突也就是物流总体和各项功能活动之间的矛盾和冲突，这是在所有的大系统中都存在的问题。按照系统科学的原理解决这个问题的决策，应当是让大系统取得最优。物流是一个整体性概念，是运输、保管、包装、装卸搬运、流通加工、配送以及信息的统一体，是这几个功能的有机组合。物流是一个系统，强调的是综合性、整合性，只有这样，才能发挥物流的作用，降低成本、提高效益，单一发展、一枝独秀并不可取。

(二)物流合理化与用户的矛盾和冲突

物流合理化与用户的矛盾和冲突也是经常会发生的事情，是重要的矛盾和冲突。物流合理化有时会与物流运作本身的利益发生矛盾和冲突，也会与生产环节、商务环节发生矛盾和冲突，和用户的表面利益发生冲突。用户有一些个性化的需求会造成整个物流的不合理，会造成对于国家或社会利益的损害，从而实际上损害了用户的利益。物流合理化必须站在超越的高度来解决这些矛盾和冲突，这就需要用智慧和水平来加以解决。

(三)物流合理化和其他经济活动的矛盾冲突

物流合理化的每种方式和动作必然会和其他的经济活动发生一定的关系，有时是促进的关系，但也不排除存在矛盾和冲突。有很多非常明显的例证。例如，大量化的物流合理化最基本的要求就是集中批量，为此可能依靠加大库存和库存积累的办法解决，这就会给上下游经济带来一定程度的不合理。解决这些矛盾和冲突不能一概而论，应当追求的是更广泛的全面的有效性和合理性。

第二十七章 生产企业物流管理

企业的种类很多,它们的物流和物流管理也各有特色和不同。本章以生产企业为着眼点,由于企业的物流和物流管理有相当多的共性,所以,也会有举一反三的作用。

通常生产企业物流有三部分:供应物流、生产物流、销售物流。供应物流和销售物流跨越企业内外部界限,只有生产物流才完完全全是企业内部的物流活动,如图27-1所示。

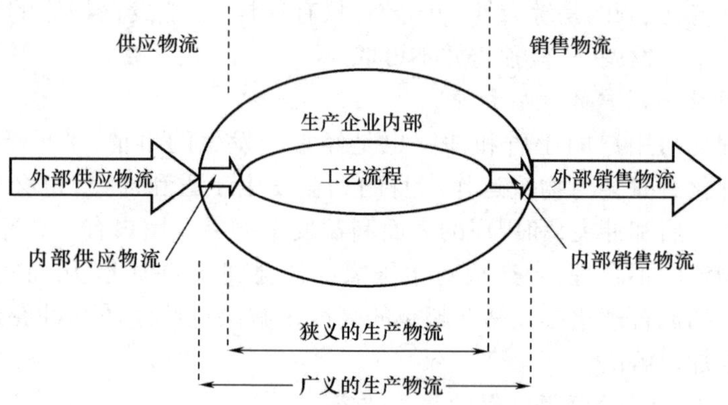

图27-1 生产物流在企业物流中的位置

根据国家标准GB/T 18354—2001的定义,生产物流是:"生产过程中,原材料、在制品、半成品、产成品等,在企业内部的实体流动。"

生产物流是生产企业物流的组成部分,特别是生产企业内部物流的组成部分。通常认为企业内部物流就是生产物流,这和对生产活动的理解有关。如果把企业内部的原材料准备、仓储、供应产成品的商业包装、销售准备等物流活动都包含在生产活动之中,那么,生产物流就包括了全部企业内部的物流活动;如果只将生产工艺过程看成生产活动,其他都是辅助性活动,那么,生产物流就仅仅是和工艺流程相伴的物流活动。

所以,对生产企业物流的理解有广义的和狭义的区别:广义的生产企业物流指的是生产企业内部和相接的外部的全部物流活动;而狭义的生产企业物流指的是生产工艺过程的物流活动。两种理解的共同之处是:都把生产工艺过程的物流活动纳入生产物流的范畴之中，很明显，生产企业物流的核心，是生产工艺过程的物流。

第一节　生产企业物流的特点及作用

一、生产物流的特点

由于供应物流及销售物流是企业物流与社会物流的接口处，虽然是为企业经营服务的，是企业生产物流（或内部物流）向两向的延伸，但其物流特点和社会物流很相近，真正反映生产企业物流特点的、和社会物流有区别的是生产企业内部物流，尤其是生产物流。物流理论体系中，社会物流几乎占了统治地位，人们很少对生产物流进行研究，原因在于很多人感受不到生产物流的实际存在。虽然有和一般物流的共同要素，也符合一般物流的规律，但它是和一般物流不同的系统。和一般物流比较，企业生产物流有以下几个主要特点。

（一）实现价值的特点

生产物流和社会物流的本质不同，即生产物流最本质的特点，不是如同社会物流一样“实现时间价值和空间价值的经济活动”，而主要是实现加工附加价值的经济活动。尤其是现代社会分工的生产企业，原材料供给的物流活动和产品销售的物流活动主要是由社会流通企业去完成的，在这种情况下，生产企业物流几乎等同于生产物流。

生产企业物流在一个小范围内完成，因此，空间距离的变化不大，当然，空间转移不大，其中含有的利润源也就不是大利润源。同样，生产企业内部的储存，和社会储存目的大不相同，这种储存是对生产的保证，而不是一种追求利润的独立功能。因此，时间价值不但不高，反而会成为降低企业效益的因素。企业中物流伴随加工活动而发生、而运动，是实现加工附加价值，即实现企业主要目的的活动。所以，虽然物流空间、时间价值潜力不高，但加工附加价值却很高。

（二）主要功能要素的特点

一般物流的功能要素是运输和储存，其他是作为辅助性或次要功能或强化性功能要素。生产企业物流的主要功能要素则是搬运活动，当然，如果是产、供、销一体化的生产企业，装卸搬运、运输和储存也就都成为生产物流的主要功能要素。许多生产企业的生产过程，实际上是物料不停的搬运过程，过程中物料得到了加工，发生了各种化学的、物理的、机械的变化，变化是在不断“搬”、不断“运”的流动过程中实现的。

商业类型的配送企业和批发企业的企业内部物流，实际也是不断搬运的过程，通过搬运，商品完成了分货、拣选、配货工作，完成了大改小、小集大的换装工作，从而使商品形成了可配送或可批发的形态。

(三)物流过程的特点

生产物流是一种工艺过程性物流,一旦企业生产工艺、生产装备及生产流程确定,也就具有了稳定性,物流便成了工艺流程的重要组成部分。由于具有稳定性,生产物流的可控性、计划性便很强,一旦进入这一过程,选择性及可变性便很小,对物流的改进只能通过对工艺流程的优化,这方面和随机性很强的社会物流也有很大的不同。

不同生产物流具有很强的个性,缺乏共性。不同企业、不同生产方式,不同的产品生产,工艺路线和工艺过程会有很大的区别,因此与之伴生的生产物流都是个性化的物流,很难在其中找到共同点。这是生产物流研究的难点所在。

(四)物流运行的特点

生产物流具有很强的伴生性,伴生于生产工艺过程,实际上是生产工艺的组成部分,这就决定了:第一,生产物流不能完全从生产过程中剥离出来,不可能成为一个独立的生产物流运作系统。社会物流的独立,是因为社会进步导致了"商物分离",而这种分离在生产领域是不可能出现的。第二,生产企业物流的技术方法是派生性的,取决于工艺路线和工艺过程,生产物流的任何变动都会影响和改变工艺过程。

在总体的伴生性同时,生产企业物流中也确有与生产工艺过程可分的局部物流活动,这些局部物流活动有本身的界限和运动规律,当前生产物流研究大多对此而言。这些局部物流活动主要是:仓库的储存、接货物流活动、车间或分厂之间的运输活动等。

其他类型的企业和生产企业比较,内部物流在运行方面则不同,批发企业、配送企业的内部工艺过程是典型的包含若干物流功能要素的物流活动,而不是伴生性的物流活动。

(五)物流的存在特点

生产物流独立于社会物流系统之外。广义的生产企业物流两端和社会物流相接,是社会物流的边缘或延伸;狭义的生产企业物流跟社会物流基本上是弱相关的、各自独立的关系。如果我们只关注解决社会物流的问题,那也只是物流的一个局部,解决得再好,对于生产企业物流,尤其是狭义的生产企业物流基本上不会产生影响。物流科学不能仅仅停止在社会物流问题上,独立的生产企业物流是物流的一大领域。

生产企业物流不仅独立于社会物流之外,而且也不是供应链物流包含的内容。供应链物流主要是供应链各个环节接口处的物流,需要从总体上研究整条供应链物流的解决方案。由于供应链不是一个企业的链条,而是社会上若干相关企业的一种社会结构,实际上基本属于社会物流范畴,所以生产企业物流的主体也不包括在供应链物流之中。

(六)物流的管理特点

生产物流不能形成独立的管理系统,受到生产企业物流伴生性的影响,没有办法建立独立的物流管理系统。所以,很难取得生产物流的基本数据,例如物流成本的数据,同时,也很难实施各种有针对性的管理。

在管理上,生产物流不能纳入物流产业范畴。有人在研究物流产业时,认为物流产业包含了所有的物流领域,其实这有失偏颇。生产企业物流活动不具备独立的物流企业所从事的物流活动的特点,因而无法纳入物流产业范畴。生产物流是一种物流活动,从物流活动角度来看,和物流产业的物流共同性在于活动性质相同。

二、生产物流及生产物流管理的作用

对社会物流的过多关注,掩盖了生产物流。生产物流的作用,早在20世纪初就表现了出来:1913年,福特汽车公司采用传送带将生产过程组成了流水线,把孤立的"岛状"方式改变成连续不断的在传送带不同部位同时进行全部作业活动的生产方式,所有工人都按照传送带节奏,在指定的位置,按指定的要求、同样的速率工作。这使得生产能力大大提高、生产成本大幅度下降,汽车的装配时间减少到原来的1/10。

福特制是工业化时期的重要创新,人们往往指出两个要点:自动化和标准化。但在过去了将近100年,人们对于物流有所认识之后,我们可以把福特制的创新总结成三个要点:自动化、标准化、物流合理化。

福特制的核心,其实就是那一条传送带。不要小看了这一条传送带,那是技术和管理的有机而又巧妙的结合。与其说这是生产的革命,不如说是采用传送带方式进行物流系统化的物流的革命。仔细分析起来,福特制改变的并不是产品本身的结构、性能,也不是什么机械加工技术和方法,而是生产中的物流方式和管理方式。传送带把独立的操作变成了一个系统,减少甚至根除了反复不断出现的搬运、装卸,通过顺畅连贯的物流,把生产变成了顺畅连贯的系统。这就是生产物流的重要贡献。

生产过程中的物流成本是很难统计的数字,原因在于生产物流的特殊性,它很难和生产流程分离。"物流冰山"理论在生产物流中表现得尤为突出,很难区别哪些是生产工艺,哪些是独立的物流,这当然会影响到统计结果。另外,现行的企业核算制度,也很难将物流成本单独核算出来。核算和统计生产物流成本是现代物流科学的一个难点所在。

尽管如此,还是有些人试图进行估计性的统计。例如,日本的统计结论是不同行业生产物流在总成本中的比重大致在10%至30%之间;我国有的学者估计,我国企业生产物流在总成本中的比重平均为40%。可见,生产物流改进所蕴含的潜力巨大。生产物流的管理除了要保持生产的有效运行之外,所瞄准的就是这个经济潜力。

第二节 生产企业物流的资源管理

一、工厂布置

工厂布置是指工厂各生产手段的位置确定及其之间的衔接。具体来讲，就是机械、装备、仓库、厂房等生产手段和实现生产手段的建筑设施的位置确定。工厂布置首先要保证产品生产的顺利实施，物流在其中发挥一定的作用。这个作用的核心是保证生产工艺的顺利实施，同时要取得物流的合理化。后者是过去考虑工厂布置时容易被忽略的问题。

（一）工厂布置依据的条件

工厂布置依据的条件主要有两个。

第一，生产工艺。不同生产工艺决定各生产手段的能力、规模、配置数量、衔接方法和建筑设施。各种生产都有其既定的目的，都有不同的工艺，不同工艺体现了这一生产方式的水平，决定着产品的性能、质量和成本，因而这是确定工厂布置的根本因素。例如，就水泥生产而言，干法生产和湿法生产的根本方法不同，大部分机械、装备和厂房形式都不同，相对位置也不同，这种布置不同的根本因素是生产工艺。同样的生产工艺，布置也有可能不同，决定这种布置差异的可能是管理手段或物流方式。

第二，物流。在确定工厂布置时，单考虑工艺是不够的，必须考虑整个物流过程，包含物料在车间内、外部的运动，以及设施的选择和位置的确定。许多工艺过程不合理，反映了工艺过程缺乏物流合理化的考虑。

厂内物流有时或有的环节和工艺不可分。水泥生料进入回转窑炉之后，在运动过程中实现了热化学的反应工艺就是例证，这种情况下不可能脱离工艺过程来单独研究物流。但也有很多独立的、可以和工艺过程区别的物流活动。例如，一个车间生产的半成品送到其他车间，从仓库中取出原材料、零部件送到车间的物流活动，以及仓库内的存货、取货方式及路线等，都属于这种类型，这种类型的物流可以脱离工艺过程予以优化。所以，物流既存在于工艺过程之中又可独立存在，是工厂布置的决定因素之一。

（二）工厂布置与物流相关的具体内容

第一，生产区域、仓库区域、料场区域及管理区域的相对位置的确定和占地面积、占地比例的确定。这些区域的占地大小，主要依据生产规模，也与物流有关。例如，如果采用零库存或低库存方式，库区面积可大大减小，如果采取楼库或立体仓库，也可减少库区占地面积。这几种区域相对位置的确定，物流顺畅是主要决定因素。

第二，生产区域中车间位置的确定。各车间布局的主要考虑因素是上下工序有效的衔接,以最短的搬运距离、最快的搬运速度实现这一衔接,这是典型的物流问题。我国曾经有过这种事例:在“三线”建设中,各车间相距很远,由于物流问题解决不好而使企业无法投产。

第三,车间内部各个设备位置的确定。如前所述,各设备的确定是工艺的一部分,其前后关系也是工艺流程决定的。因此,工艺限定条件下,设备位置、前后次序、距离和衔接方式(传送带还是作业车或人工),则是物流问题了。

第四,工厂物流线路的配置。和社会物流不同,工厂范围的空间有限,这是工厂中物流线路和结点配置的约束条件;社会物流中不能说完全没有,但不是重要的约束条件。

线路布置有两个重要的原则:一个是总距离最短,另一个是不能发生拥堵。这对“小批量、多品种”的生产尤为重要,这些企业往往采用混流线的工艺,特别要求不能出现混乱和拥堵。不同工业企业,有的线路是在厂区平面布置,有的则在厂区立体空间中安排,有如城市交通中的立体交叉,以此来解决交叉拥堵问题。

平面的线路可以采取一般的、通用性的场内道路方式构筑,支持各种输送工具,例如叉车、拖车、托盘运输车、汽车、台车、手车等,有很强的灵活性;平面线路也可以专用,例如轨道、传送带、地托链线路等;空间线路专用性强,一旦建设完毕,便失去了灵活性。典型的是化工类型工业企业纵横交错的管道系统,采取空间布局方法有利于节约占地面积。另外,各种传动带、溜槽设备、悬挂输送设备,也可以构筑成空间线路。

第五,工厂物流的结点配置。工厂的物流结点主要是各种类型的仓库。各仓库有一定的独立性,可以单独地对这些结点进行优化。工厂物流结点配置的主要任务是规划仓库区域,确定各种不同类型储存点的规模及位置,如工厂的总库、原材料仓库、零部件仓库、工器具仓库、车间仓库、工位库、半成品仓库、成品储存库、成品包装库、外运发货库等。

第六,仓储区域中库房位置及占地规模的确定。仓储区域中,仓库规模及能力主要取决于生产要求和物流能力。哪些实行 A 类库存管理,哪些按 B、C 类管理等,需要根据物流的分析加以规划和确定。在此前提下,又需要根据仓库之间的衔接、仓库与车间之间的衔接确定各个库房的位置,以保证进货、向车间运货及取货的顺畅和最短距离的搬运。

第七,仓库的装备布置。仓库中各种装备的主要目的就在于方便收、发、存的物流。确定货架或堆场、作业区域、通道、传输设备的位置,都是工厂布置的内容。

二、工序中物流

工厂的工艺流程有时完全贯通,有时则分成若干个阶段,由若干个工序衔接。

(一)工艺流程的两种典型形式

工艺流程有两种典型形式和许多种过渡形式,物流是流程的重要组成部分。

第一种,被加工物基本固定位置,加工或制造操作处于运动的形式。以建筑工程为代表,其物流特点有二。

首先,虽然被加工物位置固定,但各种原材料、零部件需要运动到加工点,存在向加工点的运动问题,尤其是如果加工点的操作空间有限,不可能设置暂存,就需要准时物流来保证加工点的连续操作。

其次,加工或制造的技术手段,如工具、机械、设备需要按加工顺序要求不断地到达加工点。一般而言,大部分技术手段是反复使用的,因此需要放置在加工点,但必须保持它们的"活性",按物流科学设计放置在最有利的位置,以便取用。不常用的技术手段不置于现场,也需用准时物流系统解决物流问题,防止由于等待下步的加工手段而出现停滞的问题。用物流科学来设计这种工艺,可望提高工艺水平。

第二种,被加工物在运动过程中由固定的加工手段加工的形式。这是广泛应用的工艺。例如,化学工业在管道或反应釜中的化学反应过程,水泥工业窑炉内物料运动完成高温热化学反应过程。更典型的是装配流水线,它的物流特点是物料和其他被加工物运动。这一运动可以利用通常的物流机械装备,但由于运动的主要决定因素是工艺技术要求,需要既能保证工艺技术,又能保证物流的设备,这就使很多专业技术装备也具有物流能力。

除以上两种典型形式外,还有被加工物及加工手段都在运动中完成加工的工艺。

(二)工序中的物流装备

1. 输送机

这是主要的通用物流机具,甚至成了生产方式的代表。泰勒的"科学管理"就以传送带这种输送机为方法。美国汽车工业巨头亨利·福特创造的"福特制",更以传送带来组织标准化、机械化的甚至自动化的生产,使输送机成了现代化大生产非常重要的机具。

输送机在生产工艺中采用,主要在两方面:

一方面是物料输送用的设备,如工艺中矿石、煤炭、原材料的运输;另一方面是用作装配生产线中的主要机具,工人固定在装配线上的某一位置,每个工人完成一种简单的标准的作业,随输送机不停运行,从输送机一端进入的半成品(如汽车骨架)在输送机前进过程中,被不断安装各个组件、零件,在输送机另一端输出制成品。

采用输送机装配线或生产工艺的生产领域主要有汽车、家用电器、仪表、机械制造等制造业。生产流水线和工序采用的主要输送机种类有:皮带输送机、辊道输送机、链式输送机、悬挂输送机、板式输送机等。图 27 - 2 是输送机为物流方式的加工工艺示意。

图 27－2　利用输送机的生产方式

2. 作业车

以作业车为放置被加工物的物流载体，随作业车沿既定工序运动，不断完成装配和加工。图 27－3 所示是利用窑车进行物流的陶瓷生产工艺的例子。

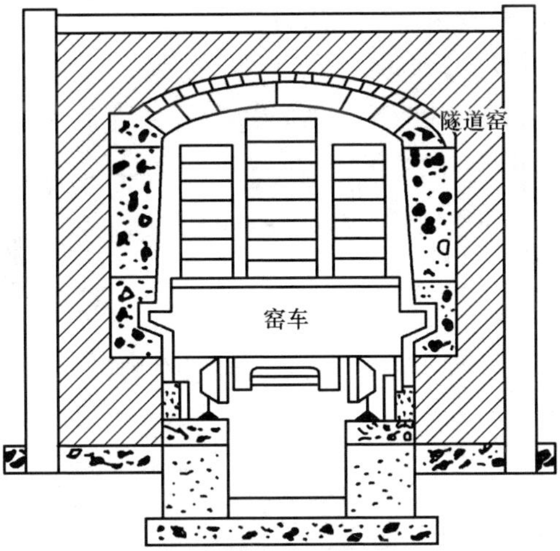

图 27－3　利用作业车的生产物流方式

3. 地拖链

这是制造业中常用的物流工具，地拖链可以拖动台车在预设的轨道上运动，在工序中的运动过程，完成对台车上物件的加工。地拖链操作简单、占地面积小、比较灵活机动，不但是工序中的物流机具，而且也是工序间的输送、搬运机具。所拖动的台车，不但是加工的设备，也可以成为一个储存单元。

（三）具有物流能力的专业技术装备

许多工艺方式也广泛采用具有物流能力的专业技术装备，这类技术装备由于是以实现加工、制造、反应等技术手段为主要目的，所以装备本身虽有物流能力，使物料在运动中接受各个固定位置的技术措施，但却完全不同于通用的物流机具，不能将其看成物流设备。

两个有代表性的方式如下。

1. 高炉

炼铁用高炉是冶金企业的主要装备，各种物料（矿石、炉料等）由上部投入，物料在高炉中，依靠本身重力从上往下运动，在运动过程中，经过了基本固定位置的预热、升温、软化、熔融，成为铁水从炉下部流出，在炉内完成了物流过程，也完成了熔制过程。

2. 水泥回转窑

一定倾斜角度的水泥筒状转炉，从窑尾（高处）投入配合料，在窑炉不停转运中，配合料逐渐向低端运动，经过干燥预热、煅烧、放热反应、烧成、冷却各个区域，完成几十米甚至上百米的运动，从窑头输出熟料。回转窑不但是水泥工艺专用设备，也具有了输送物料的功能，其物流如图 27－4 所示。

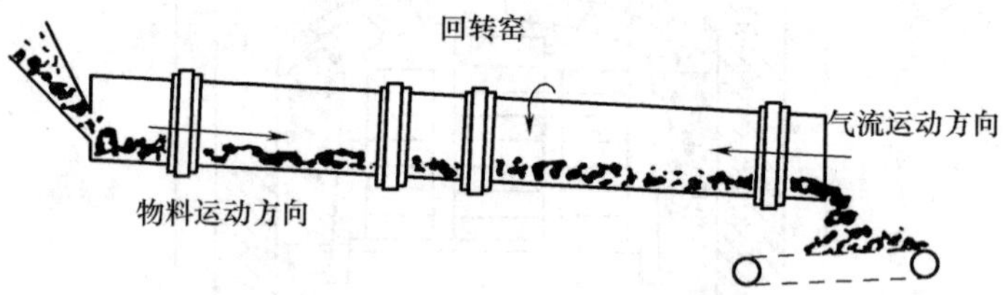

图 27－4　水泥回转窑中的物流

三、工序间物流

工序间物流主要是短程的装卸搬运，只要工序规划和设置得合理，工序间的衔接就不需要进行运输和较长距离的输送。装卸搬运是工序发生最广泛、频度最高的物流，甚至会决定整个生产方式和生产水平。“科学管理”理论的一个重要内容——作业研究，实际是研究工人搬装作业的时间、方法和定额，可见装卸搬运的重要性。生产过程中，搬运装卸耗费巨大，实际上是在生产领域中物流功能要素的主要体现，是生产领域物流可挖掘的主要“利润源”。

（一）生产物流中装卸搬运的主要形式

1. 衔接性装卸搬运

这是使各车间、各工艺环节联结一体的装卸搬运，可独立于各工艺过程之外单

独研究其方式、装备、路线的优化。这种装卸搬运又有以下几种类型:

第一种,原材料的准备、出货、储存及运送至生产线的装卸搬运。

第二种,生产过程中间的半成品、零部件的装卸搬运。

第三种,生产过程完了的产品准备、入库、储存及外运的装卸搬运。

第四种,不同运送过程之间的衔接性搬运,如两个传送带之间用溜槽进行的衔接过渡。

衔接性装卸搬运有以下优化途径:以装卸搬运次数最低为优化目标,以搬运距离最短为优化目标,以实现等高的水平装卸搬运为目标,减少搬上搬下的劳动操作以实现优化。

2. 工艺性装卸搬运

这是工艺技术之一部分,是工艺过程中和操作中的装卸搬运活动,往往是基本操作的组成部分,所以,这种装卸搬运活动在生产物流中也是广泛存在的。

工艺性装卸搬运主要有两种形式:

(1) 由人力实现的工艺性装卸搬运。在装配或生产工艺中,大量采用人力借助于工具进行这种操作,如电视机生产线各个工位进行的电子器件的取出、插放的反复操作,汽车装配线上各工位进行的各组件、部件的取出及装放操作等。可以说,仪表、电机、汽车、家用电器等的装配线是由许多工位工人反复的搬装操作再加上一条流水传送带构成的。

(2)由机械装备实现的装卸搬运。在装配或生产工艺中,也大量采用机械(自动化机械、机器人等)完成装配式的操作。此外,重型、大型、大量的生产工艺中装卸搬运则必然由机械完成,尤其是冶金、化工、石油、建材等重工业,装卸搬运很难由人工完成。

(二)生产物流常用装卸搬运设备

(1)小托盘、料盒、料箱盛装器具。它是工位器具的一种,是制造业的企业各工序在生产线旁用来存放零部件和小工具的器具。这种器具的作用是,保持所存放零部件、工具等的物流活性,可以做到一目了然、伸手即取的状态。

(2)标准集装工具及装卸搬运设备。在企业内部的生产物流领域,对于大件和标准件的零部件、半成品等,常常采用标准托盘以及与之配套的托盘搬运车、拖挂车、叉车。

(3)起重搬运设备。生产物流也经常采用天车、手动或者电动葫芦、悬链输送设备、地拖链、手车作为装卸搬运工具。

第三节　生产物流结点

生产物流结点,主要以仓库形式存在。一般说来,生产物流中的仓库有三种类型。

一、储存型仓库

生产物流的储存型仓库主要是原材料库、燃料库等工艺流程前端的仓库，这种仓库的主要功能是保证生产持续进行，因而其中要保有经常库存储备、保险库存储备、季节库存储备等多种储备。虽然现代经济探索各种零库存、无库存保证的生产，但是，工艺流程前端仓库的储存是否必要，并不取决于生产企业，而取决于社会环境、社会物流。这些对于生产企业来讲是不可控因素，因此，工艺流程前端储存型仓库不可少。

二、衔接型仓库

衔接型仓库是生产企业中各种类型中间仓库的统称，有时称中间仓库。这有以下几种。

（一）半成品中间库

半成品中间库位于半成品生产工序和成品生产工序（或车间）之间，储存半成品，起调节上下工序的作用。它在企业可控范围内，因此，可以采用种种方法将其缩减，甚至完全取消。解决这一问题需要管理方法与调整技术并用。技术方面，是调整半成品生产与成品生产的速率，在这方面，采用看板方式和物料的需求计划方式都有可能解决问题，实现优化。半成品库上下衔接的物料种类简单，因而要优化物流系统需纳入的工序有限，甚至只是半成品一个工序与成品一个工序之间的简单衔接。举例如下：钢铁工业浇铸和轧钢之间的钢坯中间库，水泥工业煅烧和磨细之间的熟料中间库，机械工业中浇铸和机加工之间的毛坯中间库等。

（二）零部件中间库

零部件中间库是位于零部件生产工序与装配工序之间，储存零部件成品，保证装配生产的中间库。它以适量的储存来调节零部件生产与产品的装配，主要作用是储调，位于生产企业中，也处于可控范围内。但是，这种仓库的上下两端和半成品库不一样，比半成品中间库要衔接的工序复杂得多。一个装配型产品，少则几个零部件，多则几百个甚至几千个，每一种零部件都有自己的生产工序，中间库要衔接这么多的工序，其复杂程度就在于此。因而虽然都是在企业内部，处于可控范围，但是要想大幅度缩减，甚至取消这种中间库是很困难的。所以，优化问题不是追求取消中间库，而是优化中间库的位置、设计、技术和管理。

1. 位置

理论上这种中间库应置于各零部件生产工序及装配工序的中间位置。由于各零部件需要的数量不同，零部件重量不一，因此，单纯以总运距最低为优化目标是不够的，而应选择总运量（吨公里计的运量）最低为优化目标。当然，这是理论目标，也不是唯一的目标，在确定位置时还需考虑地域的限制、管理的要求、布局的技术工艺限制等因素。

2. 设计

零部件中间库基于零部件尺寸、重量都较小，因而设计上基本不采用堆场方式，而采用货架方式，以便能用较小的储存面积尽量多地存放更多种类的零部件。

设计可采用统一作业区形式，零部件运到上架及零部件运出到装配线都在同一作业区，设计较为简单，但作业区操作容易出现混乱。根据零部件中间库的特点，其一端衔接加工线，另一端衔接装配线，所以很适合采用固定进出货作业区，使两种作业区分离。具体有以下三种类型：

第一种：零部件加工和装配两个工序不在同一高度，可采用垂直旋转式货架。这种货架可在两层或多层楼之间旋转，完成输送任务。一般一层为装配线，二层为零部件加工线，加工后的零部件在二层装入货架中，通过旋转，在一层靠近装配线，取出后进入装配线。

第二种：零部件加工线联结传送带，传至装配线，在装配线设置暂存点，将输送过来的零部件暂存以备用。

第三种：零部件加工和装配两个工序在同一楼层，中间设置水平旋转货架或重力式货架。这种类型的货架一端联结零部件加工线，另一端联结装配线。以采用这种设计的企业为例：在机加工和总装配工序之间，建一座高层货架的重力式中间仓库，机加工工序加工的68种零件，采用三种货箱盛装加工毕的零部件，即托架盘、通用货箱及专用货箱分别放置不同零件，从一端将货箱送入，从总装配端取出进行总装（见图27－5）。

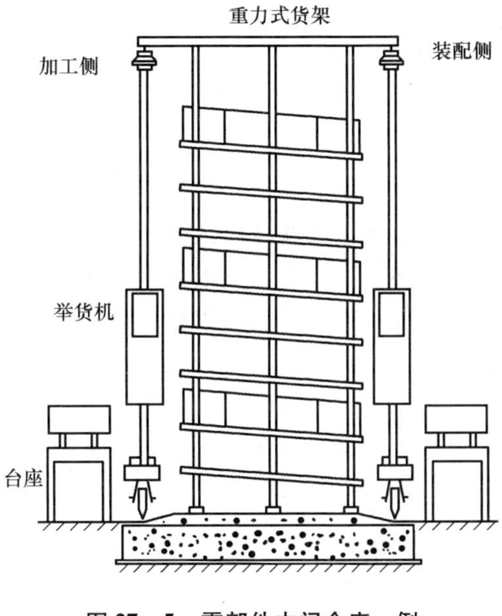

图27－5　零部件中间仓库一例

3. 技术

以某个机械制造企业的中间仓库为例,搬运车辆采用手动托盘液压搬运车,可满足零件货箱的搬运要求,在机加工侧及总装配侧皆采用堆垛机作业。

(三)成品库

成品库位于成品生产和包装工序之间,作用是:储存成品、调节包装工序的生产节奏。它也处于企业可控范围之内,因此,许多企业通过调节两道工序的生产速率,甚至可以实现直接衔接从而取消这种中间仓库,即成品生产后立即进入包装工序。但是,也有一些产品,成品生产后必须等待一定时间进行其他技术处理,因而必须设置这种中间仓库。例如,家用电器的成品需要进行性能检测,不能立即进入包装工序,因而成品中间库不可少;又如水泥生产的成品,需储存匀化并等待三天的性能检验,因而成品中间库往往是必不可少的结点。

三、外运型仓库

生产物流的转运型仓库主要是产品外运库,是生产工艺过程末端的仓库。这种仓库的主要功能是,保证产品从企业的生产状态进入物流状态。仓库的作用有三:一是使产品积存到批量,以保证销售;二是使内部的生产和外部运输节奏接轨,起到调节的作用;三是顺畅地转变为运输状态,即将企业内部的工艺和外部运输进行有效衔接和转变。

第四节　生产物流管理

一、生产物流的定位和管理策略

(一)生产物流的定位

生产物流在企业中可以确定为生产的"后勤服务"和"成本中心"的地位。必须明确是"服务"的地位:生产物流之所以存在,是因为生产活动需要它的支持、需要它的服务。企业内的物流管理执行对整个企业进行资源配置的作用,因此人们误认为生产物流在企业中起主导作用,其实,这种资源配置是以后勤服务的形态出现的,这种资源配置的主导者是企业内部的用户。"下一道工序就是用户"的理念,正是生产物流所处的环境。

生产物流和生产活动的一个重大区别是,前者不是增值性的,而是消耗性的活动,必然占用成本,应当把它看成影响成本的重要因素,以千方百计削减这一成本因素为管理的目标。

(二)企业物流管理策略

任何一个企业,生产物流"物"的对象都必然是复杂的,如果采取划一的物流管理策略,就必然使物流系统大大膨胀,不利于企业的经济效益。不同物流对象的不同管理策略能够大大提高物流效率和降低物流成本。采用 ABC 分析对物流对象进行分类,然后确定不同的库存策略、不同的物流活性、不同的管理力量,就是行之有效的方法。

(三)简化物流管理

简化物流管理不仅可以大大减少物流资源消耗,降低物流成本,而且可以使管理精力集中于产品和生产工艺、生产技术的创新。市场和社会可以提供很多简化的机会;在卖方市场前提下,可以大大简化销售物流管理;在买方市场前提下,可以大大简化供应物流管理。例如,当前市场环境有利于通过简化供应物流管理来降低生产物流成本,能够采取的做法是:充分利用资源充足的市场优势,减少甚至取消供应仓库,充分利用信息技术和市场所提供的机会,形成“虚拟仓库”和“虚拟库存”。

二、通过物流合理化改进生产物流

生产企业内部物流合理化,虽然不排除巨大变革的可能性,但更重要的是一点一滴的改进,需要重视以下几条途径。

(一)对各个独立工序实行无缝衔接

工序之间的衔接是生产过程中的主要停顿之处,必然产生大量的装卸、搬运、存储等不创造价值的物流活动,这是降低生产企业技术经济指标的重要原因。应该说,每减少一道工序,生产物流合理化就提高了一步。

(二)提高生产企业内部的资源计划水平

许多物流不合理的根源是计划水平不高。资源需求总量及分量不准确、资源过早或过晚到位、品种规格不对路等必然产生停滞、等待、混乱、交错、损耗、退货等问题,从而延长物流时间、增加物流成本。

(三)减少存货点及库存

库存占用是增加生产成本的重要原因,降低库存首先要从减少库存点入手。每个库存点,不用说库存资金的占压,即使库存可以实现最快的周转,但只要有这个环节,接货、验收、入库、存放、登记、取货、发货以及相关的装卸搬运就必不可少,必然会有消耗。因此,每减少一个库存点,企业的物流合理化水平就会提高一步。

(四)合理选用技术装备

现代物流装备领域已经能够提供许多种设备和装置,由于习惯的原因,各个工业企业内部现在使用的相关生产物流设备及装置未必是最好的,在这个领域采用更好的设备装置来代替原有的是很有潜力的领域。当然,需要工业企业内相关领域管理人员对此有一个全面的了解,需要掌握更广泛的物流科技及技术装备知识。要做到这一点,配备兼职或专职的物流技术人员是有必要的。

三、生产物流的若干管理手段

(一)准时方式

生产中物流的准时方式是精益生产方式的一个组成部分,这种方式可以做到生产过程中的库存趋近于没有,所以也称为无库存生产方式(stockless production)、零库存生产方式(Zero Inventories)。它不同于以前的大量生产方式,是日本丰田汽车公司在20世纪后期创新的一种方式。

准时方式的内涵是对生产过程中的物流和物料供应要求做到:只将所需要的零件和物料按照准确的需要数量在正好需要的时间送到生产线。其可以使生产过程中的物流做到非常精确,好处是可以消除物料供应的多余、浪费、不足,可以消除这个领域的混乱,保证生产高水平、有秩序地进行。这种方式是为了适应消费需求多样化、个性化而建立的一种配套的物流服务系统,也就是通过精确的生产计划和控制及库存的管理,追求一种无库存,或库存达到最小的生产方式。

(二)看板方式

看板方式是简单而且直观的信息传递方式,根据这种信息传递可执行物料送达的物流活动。看板方式起源于信息社会之前,我们现在虽然拥有了多种更先进、更完善的信息技术,但是看板方式仍然是企业尤其是制造业生产物流行之有效的信息传递方式,因而仍然被广泛应用。主要原因在于:看板直观、简单而有效,非常适合实际操作的采用。现在根据看板方式的原理,利用电子信息传递来实现看板方式也是广泛采用的方式。

看板方式是一种独立的物流管理方式,也可以应用在准时方式之中,成为准时生产方式的重要组成部分。

(三)重点管理

物流管理在企业中毕竟不是主要的管理部门,因此,投入的力量是有限的,这也是基于管理成本的考虑。采用重点管理方法,把影响生产成本的主要物流因素作为重点进行认真的合理化和有效的物流管理,甚至是超常态的管理,是生产物流管理的重要手段。

(四)MRP/ERP资源管理软件技术

MRP/ERP软件技术是在工业企业中应用有效的资源管理软件技术,有涉及企业几乎所有领域的强大系统功能。软件的强大功能对优化物流系统具有特殊的效果,不仅仅是为解决工业企业的物流问题而开发,还在生产企业中应用广泛。计算机信息处理能力为软件应用创造了非常好的条件。这个软件对企业的物资管理有更好价值,尤其能预测企业生产的原料、材料、零部件等方面的用量,编制生产供应计划,有非常高的计划准确性、实用性和可靠性。特别适用于制造业工业企业,可以对不同生产方式进行资源管理。制造业中的重复制造、批量生产、按订单生产、按订单装配、按库存生产、混合生产等生产方式都可以有效应用。

MRP/ERP 软件技术功能强大,涉及很多方面,也有许多版本。其中,MRP－Ⅱ通过计划的及时滚动来控制资源的管理,可以实现过程中的控制;ERP 有更强大的计划能力,尤其是事前控制和通过集成进行控制的能力。

(五)虚拟仓库

计划经济时期的短缺经济条件下,企业采取以产定销的生产方式。为保证生产用料的需求,生产企业和商业企业都把大量储备作为应对短缺的办法,因而造成较高的库存资金占用,生产物料浪费现象严重。在买方市场环境下,企业可以利用虚拟仓库形式来解决企业的供应物流问题,就是当社会上存在可以满足需要的资源的时候,企业本身不再保有这种资源的库存,而利用社会这个“大仓库”。对于企业来讲,虚拟仓库可以有效地在保证企业所需物资供应的同时,减少甚至完全消除实体的仓库,从而大幅度地降低供应成本和管理成本。虚拟仓库的问题,主要是社会存在的仓库资源的运用问题,依靠信息手段,引入竞争机制。在实际应用中,需要解决的主要问题是企业要理智对待自己作为用户在买方市场环境下的主动地位,防止对供应方的损害。

第二十八章　物流标准化

第一节　物流领域的标准化

一、物流标准化平台支持

物流标准化平台是支持各种物流相关标准的平台系统。物流涉及面如此广泛，运行又如此复杂，如果构成物流的各个领域各行其是，就会一片混乱。解决问题的重要办法是需要有共同的遵循，标准化是其中之一。涉及面如此广泛的物流，绝对不是几个标准就能够解决，标准的数量很大，需要有平台支持。采用共同的、标准化的技术装备来进行物流运作，将物流运行标准化，是解决问题的办法。标准化广泛的支持作用就是一种平台的概念，除对物流活动支持之外，它还给物流系统、设施、设备开发提供标准化的工具。

二、标准化与物流标准化

标准化是对产品、工作、工程或服务等普遍的活动规定统一的标准，并且对这个标准进行贯彻实施的整个过程。国家标准的定义是："标准是对重复性事物和概念所做的统一规定。它以科学、技术和实践经验的综合成果为基础，经有关方面协商一致，由主管机构批准，以特定形式发布，作为共同遵守的准则和依据。"标准化是国民经济管理的重要内容，也是现代科学体系的组成部分，标准化管理有权威、有法律效力。

标准化实际上就是经过优选之后的共同规则，多数国家都有标准化组织，国际标准化组织（ISO）协调世界范围的标准化。物流标准化以物流为一个大系统制定共同准则，核心是物流运行和操作领域，动态性非常强，标准的执行和贯彻有相当的难度。

物流标准是一个庞杂的体系，它不仅包括专门针对物流系统制定的标准，也包括存在于其他经济领域物流活动的标准，这些活动整合到物流系统中之后，原来的标准依然发挥作用。虽然专门针对物流并以物流二字冠名的标准数量有限，但总体上现在应用的物流或与物流有关的标准已经有近千个。

三、物流标准化的特点

(一)涉及面广,需要简化

这和物流活动遍及整个国民经济的特点相关,物流系统的标准化涉及面更为广泛,不是一个单一标准化系统,而是包括了机电、建筑、工具、工作、管理、方法等综合性的标准化系统。上述这些活动,虽然处于一个大系统中,是相互有关联的,但是又缺乏共性,从而造成标准种类繁多、内容复杂,也给标准的统一性及配合性带来困难。

这决定了物流标准化必须把简化放在重要地位,如果没有简化,物流标准系统十分烦琐而复杂,很难应用,更难贯彻,物流标准化便失去了活力和生命力。简化本来就是标准化的主要原则之一,对于物流这种涉及面广又非常复杂的系统,这个原则更为重要。

(二)派生性强

物流标准化系统属于二次系统,或称后标准化系统。这是由于物流及物流管理思想诞生较晚,组成物流大系统的各个分系统,过去在没有归入物流系统之前,早已分别实现了它所在系统的标准化,并且经多年的应用,不断发展和巩固,已很难改变。推行物流标准化,必须以此为依据。个别情况固然可按物流系统所提出的要求重建新的标准化体系,但通常还是在各个分系统标准化的基础上建立物流标准化系统。这就必然从适应及协调角度建立新的物流标准化系统,不可能全部创新。派生性强决定了物流的标准化应当更注重整合,对于已有的标准,尽量予以移植和采用,这也能有效地解决简化问题。

(三)要体现科学性、民主性和经济性

科学性、民主性和经济性,是标准的“三性”。物流涉及各个领域、各个部门的特殊性,必须非常突出地体现这三性。

(1)科学性。科学性的要求,是要体现现代科技成果,以科学实验为基础,要求与物流的现代化相适应,要求与物流这种复杂的系统相适应。

(2) 民主性。民主性是指标准的制定。物流标准化由于涉及面广,要想达到协调和适应,民主制定标准,不偏向某个方面意见,使各分系统都能采纳接受,就更具有重要性。

(3)经济性。物流不像深加工那样使产品大幅度增值,即使流通加工等方式,增值也有限。但是,物流过程又必须大量投入、产生消耗,如不注重标准的经济性,片面强调反映现代科学水平,片面顺从物流习惯及现状,引起物流成本的增加,自然会使标准失去生命力。

(四)标准的执行缺乏稳定性

物流运作和运行动态性强,容易出现偏离规定要求的情况,这是物流运作本身的动态性和环境的可变性决定的。因此,物流的标准化必须为此留出相当的空间,标准的要求有时候不是确定的规定,而是一个幅度。

(五)有非常强的国际性

物流是一项国际性的活动,各个国家都很重视本国物流与国际物流的衔接,力求使本国物流标准与国际物流标准化体系一致。若不如此,不但会加大国际交往的技术难度,更重要的是增加了因标准化系统不统一所造成的效益损失,使外贸成本增加。因此,物流标准化从一开始就需要考虑和国际接轨的问题,需要尽量采用已经有的国际标准。

(六)安全性、可靠性是物流标准化的核心

物流安全问题一旦发生,就会造成巨大损失,不仅是货物和人的损失,还会造成环境的破坏甚至引发灾难。所以,以标准化规范物流的安全可靠也是物流标准化的重要特点。

四、物流标准化的作用

物流标准化平台支持产生各个领域的物流相关标准,对于国民经济的物流活动有多方面的重要性,但是所表现的最基本的作用是物流运行的保证。这些标准,相当于建立了统一的规矩,成为物流活动的准绳,为复杂的物流建立了秩序,成为物流活动的基本保障。从包装开始经过装卸搬运、运输、储存的整个物流过程,无论时间还是地理位置都有很大的变化和很大的跨度。物流标准规范和控制物流运行的装备、工具提供技术的保障;物流标准规范提供运作和管理的保障,这样才具有可比性、可靠性、规范性和可复制性。正是因为如此,才能够实施有效的运行和管理,保证物流的水平和质量。

物流标准化平台支持的物流运作发生在社会之中而不是一个企业之中,有相当大的空间和时间跨度,不是任何一个企业可以管理的事情,只有所有企业共同遵循的标准才能提供这种基本的管理保证。物流标准的这种支持能达到的最优效果是:使这种有相当大时间跨度和空间跨度的社会物流运作可以像在一个企业之中那样变成一条衔接紧密的生产线,就好像把产业链变成了跨企业、跨地区的自动化流水线。当然,要做到这一点,依靠的不仅仅是标准化,但是,标准化作为核心的作用是不言而喻的。

第二节　物流标准分类

一、物流标准的四大系统

(一)基础标准系统

基础标准系统是物流领域基础性、准绳性、配合性的规范性标准,是一个系统,有三大类别。

1. 物流的用语标准类别

物流的广泛性，涉及国民经济所有行业及不同的国家，所以，表述物流活动所用语言会有很大的差异，解决办法是将在物流活动中经常使用的用语标准化，同时与主要国家所采用的物流用语进行不同文种对照，这是物流基础性标准。我国《物流术语》国家标准就是这种类型的标准。

2. 物流的模数标准类别

物流的模数标准有两大部分：基础模数尺寸以及模数尺寸。物流基础模数是物流系统各标准尺寸的最小公约尺寸。基础模数尺寸确定之后，各具体的尺寸标准都以基础模数尺寸为依据，选取其整数倍为规定的尺寸标准，只需在基础模数尺寸倍数中选择，便可作为其他尺寸的标准。由此可进一步推导出其他一些领域的模数尺寸，例如物流建筑模数尺寸、集装模数尺寸等。

3. 物流管理和运作的基础标准

物流领域企业众多、行业庞杂，因此，对于物流管理和运作也会有许多不同的要求和规定，但是，为了建立可比性，重要的基础工作需要标准化，其中关键的是物流核算标准、物流统计标准。

（二）技术标准系统

技术标准系统是对物流的技术性标准规范。物流涉及的技术领域广泛，很多早就已经实现了本领域的技术标准化，这些独立的标准化系统的衔接和协调是一个难题，然而，要使整个物流活动贯通、协调，又必须解决这个问题。物流的技术标准系统的重点和难点也在于此。

技术标准系统包括物流环境、设施、设备、工具等范围的技术性标准，例如运输车辆及船舶，装卸及搬运作业车辆与工具标准等，种类非常多，并已形成标准系统。例如：叉车、台车、手车等作业车辆标准，起重机、传送机、提升机等传输机具标准，仓库建筑、各种储存设备及货架技术标准，站场技术标准，包装、托盘、集装箱的技术标准等。

（三）工作与作业标准系统

工作与作业标准系统是指对各项工作的操作、服务和作业所制定的统一要求及规范化规定。其中作业标准系统是针对物流各种不同性质作业以及作业的不同环节所确立的标准和作业规范。作业规范也是物流标准化的重要内容。

物流作业基本上可以分成系统性作业和单项作业两大类型。标准规范包括包装、装卸、搬运、运输、配送作业等功能性作业以及精益物流、冷链、集装物流等系统性作业的标准。这又是一个庞杂的系统，主要内容包括标准作业流程和各个具体作业的规范，各种物流设备、设施、工具作业的基本要求和规范，物流设备设施的检查规范，岗位责任及权限范围，岗位交接程序，车船运行时刻表等。

（四）服务标准系统

物流在国民经济中的定位是服务产业，对客户进行服务是物流的本质所在。服务标准系统就是各种物流活动和物流运作对客户服务的标准规范,包括服务水平、服务质量、服务范围、服务过程等的标准。

二、物流标准细分

(一)从标准制定的领域和适用的范围分类

(1)以物流系统为对象,专门针对物流所制定的标准。物流系统在我国形成时间较晚,许多物流的运作所遵循的标准是原来商业系统、交通系统、服务系统已经存在的标准或者标准的某一些条款。我国专门针对物流系统所制定的标准数量有限,有《物流术语》《物流企业分类与评估指标》《企业物流成本构成与计算》等。

(2)其他系统和部门制定的有关物流的标准。物流的许多运作早就存在于其他经济领域之中,这些领域早就制定了大量的相关标准,这些标准虽然没有明确冠以"物流"这种经济形态,但实际上是物流某些环节、某些运作所遵循的标准。例如运输业领域的车辆标准、仓储领域的建筑标准、装卸搬运领域的工具标准等。

(二)按标准的性质分类

(1)系统基础性标准。这是作为物流活动和物流运行基础的标准类型,包括名词、概念、计量、模数、核算等方面的标准。

(2)物流应用和运作性标准。这是依托于基础性标准,在物流各个分领域进行运作所依托的标准体系。

(三)按标准所针对的物流活动分类

(1)物流作业标准。这是针对物流各种作业环节所制定的标准。在包装、运输、装卸、搬运、储存、流通加工、配送等若干作业领域,都有相当数量的应用标准,并更有效地支持了物流作业。

(2)物流技术标准。这是针对物流涉及的种种技术所制定的标准。上述作业领域也有相关的技术标准。

(3)物流信息标准。对于物流这样的大系统,信息标准是维持这个系统的重要标准,更由于物流系统的动态性非常强,信息沟通更加重要。所以,物流信息标准有突出的重要性。

(4)物流服务标准。在国民经济中物流业的定位是服务业,因此,必须对物流服务进行规范和要求,物流服务标准就是对于规范和要求的产物。

上述四大类别的物流标准数量庞大,仅就有关包装部分标准列举如下:包装术语、包装尺寸、包装标志、运输包装件基本试验、包装技术、包装材料、包装材料试验方法、包装容器、包装容器试验方法、产品包装、运输、贮存与标志等方面的标准。

(四)按物流活动的手段和工具分类

按物流活动的手段和工具不同,可以分成物流装备标准、物流工具标准、物流设施标准等。

(五)按物流标准的制定权限和使用范畴分类

按物流标准的制定权限和使用范畴不同,可以分成物流国际标准、物流国家标准、地方标准、企业标准等。

第三节　物流标准化的主要内容

一、系统基础性标准

(一)专业计量单位标准

除国家公布的统一计量标准外,还有许多计量,必须在国家及国际标准基础上确定本身专门的标准。同时,由于物流的国际性很突出,专业计量标准还须考虑国际计量方式的不一致性,要考虑国际习惯用法,不能完全以国家统一计量标准为唯一依据。

(二)尺寸标准

1. 物流基础模数尺寸标准

它是指基础模数尺寸指标标准化的共同单位尺寸,或系统各标准尺寸的最小公约尺寸。在基础模数尺寸确定之后,各个具体的尺寸标准都要以基础模数尺寸为依据,选取其整数倍数为规定的尺寸标准。基础模数尺寸一旦确定,其他标准尺寸只需在基础模数尺寸倍数系列进行选择,这就大大减少了尺寸的复杂性。尽量采用国际通行的物流基础模数尺寸是确定物流基础模数尺寸的重要原则。

2. 物流建筑基础模数尺寸

这主要是物流系统中各种建筑物所使用的基础模数,是以物流基础模数尺寸为依据确定的,也可选择共同的模数尺寸。该尺寸是设计建筑物长、宽、高尺寸,门窗尺寸,建筑物柱间距,跨度及进深等尺寸的依据。

3. 集装模数尺寸

它是在物流基础模数尺寸基础上,推导出的各种集装设备的基础尺寸,以此作为集装设备尺寸的依据。物流系统中集装起贯穿作用,尺寸必须与各环节物流设施、设备、机具相配合,因此,整个物流系统设计时往往以集装尺寸为核心,然后,在满足其他要求的前提下决定各设计尺寸。因此,集装模数尺寸影响和决定着与其有关的各环节的标准化,例如车、船尺寸,道路尺寸,停车场尺寸,堆场尺寸,乃至包装尺寸的标准化。

(三)物流专业名词标准

为了使大系统有效配合和统一,尤其在建立系统的情报信息网络之后,要求信息传递异常准确,这首先便要求专用语言及所代表的含义实现标准化,如果同一个指令在不同环节有不同的理解,这不仅会造成工作的混乱,而且容易出现大的损失。物流专业名词标准包括物流用语的统一化及定义的统一解释,还包括专业名词的统一编码。

(四)工作标准

1. 物流核算、统计的标准化

物流核算、统计的规范化是建立系统情报网、对系统进行统一管理的前提条件,也是对系统进行宏观控制与微观监测的必备前提。包含下述内容:

(1)确定共同的、能反映系统及各环节状况的最少核算项目。

(2)确定能用以对系统进行分析并可为情报系统收集储存的最少的统计项目。

(3)制定核算、统计的具体方法,确定共同的核算统计计量单位。

(4)确定核算、统计的管理与发布,确定相关数据的传递及储存规范等。

2. 标志、图示和识别标准

物品、工具、机具都是在不断运动中的,因此,正确地、快速地加以识别和区分便十分重要;对于物流对象,同样需要有易于识别又易于区分的标识。按照识别方法的不同,标识分为两大类:一类是人工识别,一类是自动识别。人工识别标识由各种符号、图形、文字及色彩组成,依靠人的眼睛进行识别,要特别强调识别的直观性;自动识别标识则主要是条形码或者标签技术,依靠电子设备进行识别。标识、条形码的标准化便成为物流系统中重要的基础性标准化内容。

以上并未将物流系统中需贯彻应用的全部标准化内容列入,仅列举了有物流突出特点的标准化内容,由此可见一斑。

二、标准化的物流信息平台

由于物流的动态性及世界范围内不同地区的大范围跨越性,因此物流信息的地位在物流领域相当突出。但是,过于复杂和变化的物流信息缺乏相应的价值,通过标准化予以简化和规范化就可以使标准化的信息成为这个复杂体系之中的共同语言。标准化的物流信息有三个重大的作用:记录和保存信息资源的作用、及时沟通的作用、支持和决策的作用。

现代物流信息平台的构筑时间比较晚,从构建开始便是标准化的,很快形成了标准化系列,并且从条形码及电子识别的数据采集开始,给标准化的信息平台打下了扎实的基础。标准化的物流信息平台所支持的标准化的信息系统的主要内容有以下几方面:

(1)以统一科学概念和运行概念为目的的物流用语及专业术语方面的标准化系统。

(2)作为物流信息方面基础工作之一的以条形码和标签技术为主体的数据标识、采集方面的标准化系统。

(3)事务方面的标准化系统,例如以订单、单据、票证为主要内容的事务处理系统。

(4)通用性很强的电子数据交换标准化系统和通信标准化系统。

(5)支持网络连接的互联网标准化系统。

三、标准化的实物物流平台

各个国家、各个地区都有自己的历史发展道路，20 世纪之前是在各自封闭的体系之中形成了各个地区、各个国家的不同方式和不同特点。在一个权力结构能够统一运用的范畴之内，这种发展实际上也贯穿了标准化的因素，例如，我国的秦朝就已经统一了道路和车辆的轴距标准。在物流现代化发展，尤其是国际化趋势确立之后，过去封闭型的发展就给区域、国家乃至国际物流留下了很大的后患，主要的表现是实物物流平台缺乏衔接性，不能贯通。因此，实物物流平台更多地受历史的、国情的制约，不如物流信息平台那样容易实现全面的标准化。

标准化的实物物流平台最关键的是道路，包括铁路、公路、水路、航路、管道的统一规则，尤其是铁路的统一规则。这是需要在大范围形成标准化支持的领域。

实物物流平台结点的标准化主要在于结点所依托的设施、设备这些基础结构的标准化，保证结点和线路依托于标准化所形成的配合性。不一定强调结点模式、结点规模、结点建设等方面的标准化，在这些领域，个性化往往是更有利于经营的方式。结点的标准化平台支持作用，主要体现在对于货物的接纳、存储及输出能力，提供标准化的存储单元，就能充分体现这种标准平台的支持作用。

四、分系统的技术标准

(一)运输、搬运、输送工具的技术标准

(1)运输工具的技术标准。对象是各种运输设备，从各种设备有效衔接、货物及集装的装运、与固定设施的衔接等角度制定的车厢或船舱尺寸、载重能力及运输环境条件标准等。此外，还有从物流系统与社会之间关系的角度出发，制定的噪音等级标准、废气排放标准等。

(2)作业车辆的技术标准。对象是物流设施内部使用的各种作业车辆，如叉车、台车、手车等。包括尺寸、运行方式、作业范围、作业重量、作业速度等方面的技术标准。

(3)传输机具的技术标准。包括水平输送、垂直输送的各种起重、提升机具设备，传送机具设备等设备的尺寸、作业范围、传输能力等技术标准。

(二)设备、装备、工具的技术标准

(1)仓库技术标准。这包括仓库的尺寸、建筑面积、有效面积、通道比例、单位储存能力、总吞吐能力、温湿度等技术标准。

(2)站台技术标准。这包括站台的高度、长度、宽度尺寸，站台的承层压技术能力以及作业能力等方面的技术标准。

(3)包装与集装的技术标准。这包括包装、托盘、集装系列尺寸标准，包装物强度标准，包装、托盘、集装箱荷重标准以及各种集装、包装材料方面的材质标准等。

(4)货仓、货架、储罐、储存容器技术标准。这包括货架的净空间、载重能力、各种容器尺寸与容积技术标准等。

五、物流服务作业标准及规范

物流服务作业标准是对各项工作制定的统一要求及规范化规定。工作标准以及作业规范可以明确划定各种岗位的职责范围、权利与义务、工作方法、检查监督方法、奖罚办法等,可使全系统统一工作方式,大幅度提高办事效率,方便用户的工作联系,防止在工作及作业中出现遗漏、差错,并有利于监督和评比。

第四节　物流标准化工作

物流标准化的工作非常烦琐而且复杂,工作涉及管理、技术、组织、制定、运作等许多方面。这里列举构筑物流标准化平台和制定各种物流标准中最基础性的标准——物流模数尺寸标准的工作。

一、构筑物流标准化平台

构筑物流标准化平台是物流标准工作的非常重要的基础性工作,关键的工作有以下四项。

(一)对物流标准化进行规划性的规范

涉及面如此广泛而又如此复杂的物流系统,构筑它的标准化平台需要把诸多问题进行规范,以防失控。

第一步是对物流系统标准化总体进行规范。总体规范是在系统的调查研究基础上,划框框、立规矩,划定物流系统标准化总体的边界和内部结构,确定总体的内容以及总体的、共同的表述方法和要求。

第二步是对物流基础设施标准进行规范。物流基础设施是物流线路和结点,广泛而且复杂的物流基础设施标准各不相同,它们之间的相关性是规范的要点。因此,选择集装系统为基点,就可以掌握它们之间的联系,以此为核心进一步制定相关的标准。

第三步是对物流装备及工具标准进行规范。对于比物流基础设施还要复杂的物流装备及工具标准化进行规范,也选择集装系统为基点。集装系统成为物流标准化规范的共同基点。

第四步是对物流标识系统标准进行规范。这是物流信息系统和物流服务系统共同的基准规范之一。

(二)分析、选择和确定物流标准化的核心

无论多复杂,关系多交错,系统中总是有能够影响和左右全局的事务,应该将其作为构筑物流标准化平台的核心。有了这个核心,再向物流各个领域推演,实现与

这个核心的有机联系，就构成了可以成为平台的标准化体系。应该看到，由于国家、地区的环境条件不同，经济活动的习惯不同，核心事务可能不是唯一的，可能成为这种核心事物的大体有以下几个。

(1)标准的标识系统。不同物流活动的标志和识别贯穿于物流活动的始终，影响到物流活动的所有环节，因此它是影响面相当广泛而且有联结作用的事物，符合成为物流标准平台核心的条件。

(2)标准的包装单元。包装概念的标准化，可以把不同物流对象通过包装联结和统一起来，这种包装单元可以影响到所有物流对象，进一步又会对运输、储存单元起拉动的作用。因此，标准的包装单元通过物流对象的标准化影响到全体的标准化，符合成为物流标准化平台核心的条件。

(3)标准的库存单元。其作用和标准的包装单元类似，但是它的广泛适用性却高于标准的包装单元。主要原因在于：标准的包装单元并不能完全涵盖所有的物流对象，而标准的库存单元涵盖面更广泛，而且标准的库存单元又能够直接和运输单元相衔接。

(4)标准的集装单元。以集装化为核心来构筑物流平台是发展趋势，因此，以标准的集装单元为物流标准化平台系统的核心是自然而然的事情。以标准的集装单元为核心，尤其能够体现物流各项功能的贯通以及远程物流、国际物流的贯通。

(三)建立标准化的结构关系

建立标准化的结构关系的目的在于搭建一个标准化体制的构架，使一个孤立的核心和整个物流系统的所有事务联结起来，同时也要充分反映所有事物的互相连接。这就形成了内在的联系，形成了一个体系。这种结构关系反映在三方面：一是标准化核心事物与其他领域的结构关系；二是各个领域标准化系统内部的结构关系；三，它是各个领域相互之间的结构关系。

上述结构关系，由物流标准化的若干子系统以及子系统相互之间的联系来体现。

(四)制定标准

1. 标准的具体制定

制定标准是物流标准工作之中需要进行多方面、大量工作的一个领域。建立了标准化的系统结构只是形成一个骨架，像物流这样庞杂的标准化系统，需要全新的各个领域的标准，还可以参照其他已经成熟的标准化体系，使用等同采用、等效采用和参照采用方法来确定具体的应用标准，工作量应当在几百个乃至上千个的水平。把这些标准制定出来，这才算完成了物流标准化平台的建设工作。

2. 在标准化平台上运行

在物流标准化平台上进行物流运作，一方面可以检验标准化平台对于物流活动的支持作用是否有效；另一方面也可以检验标准化平台本身的结构缺陷。成百上千个标准互相存在不太协调乃至有悖反，这是标准化过程中会出现的现象。经过一定时间的运作，不断地修订和改变，甚至推倒重来，才能真正建成有效的物流标准化平台。

二、确定物流基础模数尺寸

由于物流领域广阔，而且涉及的设施、设备、工具的种类繁多复杂，大小、尺寸的确定又往往来自不同的需求、不同的生产领域以及不同的标准体系，因此，经常会出现互相冲突的问题。例如，托盘和车辆尺寸不配套，而造成装运的困难或者装运效率低下。仅以托盘为例，现在我国使用的托盘数量已经逼近一亿个，尺寸规格有十几种，其中不仅有托盘互相之间的尺寸协调问题，还涉及托盘与运输车辆、货架、叉车、举升设备之间的尺寸协调问题，因此，这些尺寸必须有一个共同的基准。基础模数尺寸就是要解决这个共同的基准尺寸问题。基础模数尺寸是关键数据，是物流标准化平台数据系统的核心。

物流基础模数尺寸的作用和建筑模数尺寸的作用大体相同，考虑的基点主要是简单化。基础模数尺寸一旦确定，设备制造、设施建设、物流各环节的配合协调，物流系统与其他系统的配合就有所依据。国际上基本认定600×400(毫米)为基础模数尺寸。

物流标准化系统建立较晚，所以基础模数尺寸主要考虑影响最大而又最难改变的事物，即输送设备。可采取“逆推法”，由输送设备的尺寸来推算最佳的基础模数。当然，确定基础模数尺寸也考虑到了现在已通行的包装模数和已使用的集装设备，并从行为科学角度研究对人及社会的影响：从其与人的关系看，基础模数尺寸是适合人操作的最高限尺寸。

三、确定物流模数及尺寸系列

(一)确定物流模数

物流模数即集装基础模数尺寸。物流标准化基点应建立在集装基础之上，所以在基础模数尺寸之上，还要确定集装的基础模数尺寸(即最小的集装尺寸)。集装基础模数尺寸可以从600×400(毫米)按倍数系列推导出来，也可以在满足600×400(毫米)的基础模数的前提下，从卡车或大型集装箱的分割系列推导出来。

(二)确定物流尺寸系列

尺寸系列是采用分割与组合的方法进行确定。物流模数作为物流系统各环节的标准化的核心，是形成系列化的基础。依据物流模数进一步确定有关系列的大小及尺寸，再从中选择全部或部分确定为定型的生产制造尺寸，这就完成了某一环节的标准系列。

国际标准化组织(ISO)确定物流标准化的模数尺寸如下。基础模数尺寸：600×400(毫米)；物流模数尺寸(集装基础模数尺寸)：1 200×1 000(毫米)为主，也允许1 200×800(毫米)及1 100×1 100(毫米)。物流基础模数尺寸与物流模数尺寸的配合关系如图28－1所示。

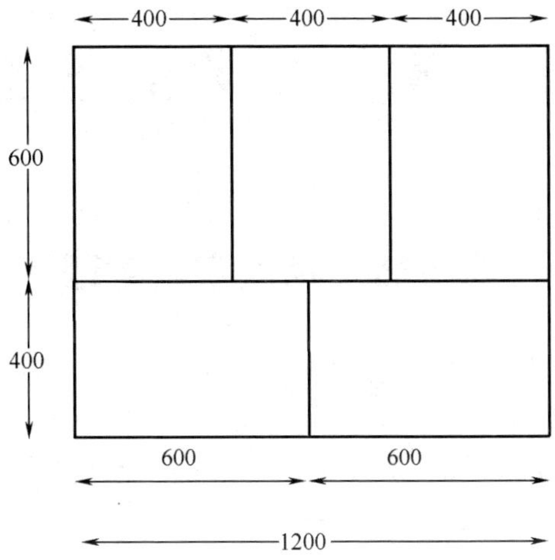

图 28－1　基础模数尺寸与物流模数尺寸的配合关系

第二十九章　重要的管理活动

第一节　物流安全管理

物流运行不是在一个封闭范畴之内，而主要是存在于社会之中，同等的安全事故，在社会上就会造成大的影响。物流活动本身存在相当多的安全隐患，物流的负面特点之一就是安全事故多发。所以，安全管理对于物流有特别重要的意义，是物流管理的重要内容。

一、物流安全问题的表现形式

物流安全事故有三种表现形式：一是人员伤害；二是物流对象损失、损坏；三是物流设备设施的安全事故。这都是物流活动直接造成的，不包括其他原因，例如设备老化、物流对象自身原因以及操作人员无关物流活动等带来的安全事故。

如果把物流安全扩展研究，物流环境问题也是物流安全管理的重要内容。物流对环境的影响和破坏，会派生出深度的损失。这表现得不那么直接，但是损失可能更大、更严重。

二、物流安全事故的发生点

了解和掌握物流活动经常会出现安全问题的环节，是物流安全管理要解决的问题。在这个基础上，才可以进一步进行监控、防止和治理。物流安全事故主要发生在以下若干个环节，其中，运输环节、装卸搬运环节、储存保管环节是安全事故高发的环节。

(一)运输环节

运输是物流活动覆盖面最广的、频度最高的活动，是安全事故发生频度最高、破坏性很大的一个环节。安全事故造成的损失主要表现在人员伤亡、物流对象的损坏以及物流设施的损毁，进而事故可能延续到其他领域，造成交通中断、物流活动停顿乃至社会经济活动受到严重损失。这个环节的安全事故有一个非常重要的特点，即不仅是本身的物流工具和物流对象遭到损失，更严重的是可能造成社会危害，例如人员伤亡、环境污染、交通严重阻塞乃至瘫痪等。

运输环节的安全事故几乎是必然的，可以防止、减少、减轻危害，而不可能根除。

(二)装卸搬运环节

由于装卸搬运是反复进行的一项物流活动，因此安全事故的概率也比较高。多次反复的装卸搬运，就很难在每一次装卸搬运操作的时候都进行严格的防护和加固处理，必然会出现一定概率的事故造成物流对象的损毁，不但使物流对象遭受损失，而且还可能波及操作人员，造成伤亡事故。装卸搬运人员操作不当，例如出现塌垛、包装损毁货物外泄也是这个环节出现安全事故的重要原因。

（三）储存保管环节

储存期限过长、储存环境不当、操作方法不对都可能造成被保管物品的损毁。损失不仅仅表现在物流对象价值的损失，还可能使相关人员受到伤害而扩大这种安全事故。尤其是危险品、爆炸品、易燃物品的储存保管，一旦出现事故，危害还会扩大到周围社区，所以这是可能造成安全事故的重点领域。

（四）流通加工环节

流通加工环节的安全事故，主要是生产安全事故。特别需要重视危险品、有毒物品进行分装加工时，由于原来包装保护的失效，可能造成对操作人员的伤害。

（五）配送环节

配送环节中的运输和装卸搬运两个环节有安全事故频发的特点，不可忽视。

（六）回收物流环节

回收物流要面对许许多多种回收物品，由于种类太多、性能特点各异，因此，很难实现专业性的保护，这是造成安全事故的重要原因。

三、物流安全事故的原因

物流安全问题的产生，原因广泛而复杂，这里不一一述及，仅就物流领域的一个特殊重要原因做分析，那就是超限、超载、超速。各种运输方式都存在着超限运输的问题，一般来讲，航空运输的超限最受到重视，但是其他运输方式的超限却是经常性的。存在超限运输问题的主要原因，有观念问题也有经济利益的问题。从观念上来讲，很多人和管理部门认为，“多拉快跑”“满载超轴”是节约的经济思想在运输领域的体现，成了超限运输的思想基础；从经济利益角度来讲，由于承运企业竞争的激烈，很多承运企业的赢利主要来自于超限部分，这也是造成“超限、超载、超速”的重要原因。

（一）超限运输含义

超限运输指的是超出交通工具额定限度的运输和超出基础设施（如公路路面）额定承受限度的运输。

公路超限运输的规定是：

第一，车辆总高度从地面算起 4 米以上，集装箱车总高度为 4.2 米以上。

第二，车货总长 18 米以上。

第三，车货总宽度 2.5 米以上。

第四，单车、半挂列车、全挂列车，总质量40 000千克以上，集装箱半挂列车装货总质量46 000千克以上。

第五，车辆轴载质量。单轴单轮胎6 000千克，单轴双轮胎10 000千克，双联轴单轮胎10 000千克，双联轴双轮胎18 000千克，三联轴单轮胎12 000千克，三联轴双轮胎22 000千克。

(二)超限运输的危害

超限运输的危害主要表现在以下几方面：

第一，运输工具的损坏。

第二，公路路面的损坏。

第三，由于控制失灵导致的安全事故。

制定运行的限制也是合理化的措施。根据交通基础设施的能力、寿命，根据交通工具的能力和环境条件要求，在运行上有很多限制的管理措施。主要有：行驶速度的限制；桥梁、道路、航道通过能力的限制；运行时间的限制；尾气、噪音限制；司乘人员行为和数量的限制等。这些管理措施最终保证了运输的安全性与合理化。

四、物流领域的安全管理

(一)常规的安全管理

物流领域涉及的安全问题，多数是经常性的一般安全事件，数量大又有一定的规律可循，带有常规的性质，这就是常规的物流安全管理要解决的。常规物流安全管理采用一般的、常规手段，考虑到了安全问题的方方面面，并以此做了预案和准备，乃至构筑成为系统，这就使常规的安全管理有很强的可行性和操作性。常规安全管理着重于几方面：

(1)"以人为本"，物流的安全管理首先必须树立人对于物流安全的意识，强化和提高物流组织领导者和物流装备、工具、操作人员安全的风险识别和自控能力。

(2)制定常规的安全管理的条例、预案、规定，建立常规安全管理的管理组织。

(3)按常规的安全管理规章制度抓落实，包括不断提高相关人员的思想和技术水平，实施物流安全教育，严格安全纪律等。

(4)做好处理常规物流安全事件的物质准备。

(二)突发事件的安全管理

突发事件的安全管理的重要工作是预先安排应急的处置能力。需要有在常规安全管理基础上的特殊的应急安全准备。这些突发事件安全准备包括：负责动员和组织的体制，以保证信息的畅通、快速的调度、统一指挥和协调。当然，特殊的应急安全硬件物质准备，以及事前对应于各种突发事件制定的各种应对方案同样不可少。

(三)特殊或者重大事件的安全管理

物流领域比一般突发事件更严重的特殊或者重大事件发生的概率虽然小，但是一旦发生后果就相当严重，为此，在管理方面也必须有所准备。

第二节　绩效控制与成本管理

一、不同的绩效观

物流系统包含不同的物流运行及操作，绩效的评价也必然分成大系统物流活动的总体评价和分项目的具体评价两个方面。总体评价建立在具体评价基础之上，是具体评价指标经过科学的归纳和计算而得出的。评价每一项具体物流活动的运行和绩效，往往需要一套复杂的指标系统来完成。

不同物流活动、不同企业，对物流绩效的认识是不同的。物流对企业是一个什么样的作用，这才决定有什么样的物流绩效观，基本有以下三种。

（一）以成本为核心的绩效观

物流在企业中起"成本中心"的作用，这是物流绩效观的主体。这有两种情况：

第一，企业的主体业务不是物流，物流和其他职能一样，是实现企业价值不可缺少的职能，但物流成本在企业成本中有比较大的影响。在这种情况下，企业的总体效果和物流成本有比较大的关系，这就要求在实现物流值的前提下，尽量降低物流的成本。

第二，企业的主体业务是物流，或者从更宏观的定位上，例如国民经济中以物流来支持国民经济其他部门乃至整个国民经济的活动，这时从宏观政策上就要求以"成本中心"定位。

（二）以利润为核心的绩效观

物流在企业中起"利润中心"的作用。这主要是指以物流业务为主体的企业，也包括一些大企业中的物流事业部，物流业务是这种企业实现企业价值的主体，它的社会定位是独立性的赢利企业。很自然，这种企业的绩效评价应以利润为核心。

（三）以战略发展为核心的绩效观

有一些物流业务，特别是物流平台建设，关系到整个国家经济的战略发展，承担这种业务的企业，虽然也必须具有效益的观念，需要有效地控制成本和获取利润，但是，这是在保证战略发展的前提下对成本的控制和利润的获取。

非常明显，不同绩效观的企业，对企业中物流方面的绩效评价，从评价体系到评价方法都会有所不同，尤其是反映总体核心的绩效指标。

二、成本控制

物流在所划定的范畴中，成本都处于一个较高的水平。例如，在整个国民经济中，我国的物流成本占到21%以上；发达国家的制造企业，物流成本可能在25%左右，中国一般的生产企业，平均物流成本甚至可能高达40%左右。所以，过去仅仅把生产成本放在主要地位而忽略物流成本的旧的成本控制方式是有问题的。

物流成本的控制长期受到忽视，是因为控制有相当的难度，这是其现在受到关注的原因。物流成本控制很难奏效，在于我们对物流成本缺乏明晰的认识，缺乏明确反映的系统指标，国外的学者把这种现象称为“物流冰山”。

有效地进行物流成本控制是系统性的工作，包含体制、组织、方法等各方面。

(一)建立能够对物流成本进行控制的会计制度

会计制度没有跟上现代物流发展的步伐，也是物流成本控制有效度受到影响的重要因素。传统会计制度，主要通过确认人、财、物的资源消耗来计算成本，这对于企业总体成本的判断可能是简化而又准确的，但是，人、财、物的消耗是综合性的指标，很难精确到每一个相关的工作中去，据此无法实现物流成本的有效控制。因此，为了实现物流成本的有效控制，建立物流成本的指标体系和进行相应的会计制度改革是非常重要的。这也就是要建立一套物流成本的核算体系，这个体系能够对物流成本一目了然、心中有数，同时提供了物流成本控制的重要手段。

(二)消除多余的、无效的、不合理的物流活动

这是物流成本控制的重要思路，尤其是传统企业有很大潜力可挖。一个企业中，尤其是大规模的企业，无论是实行事业部制还是实行职能制，物流活动往往是零星地、分散地存在于不同的领域之中，这就经常会发生超储备、对流、迂回、多次装卸搬运及多次停顿等种种不合理的问题。消除这些不合理，不但可解决效率低的问题，而且可以有效控制物流成本。

(三)消除可能引起物流成本上升的“背反”现象

物流领域广泛存在“效益背反”现象，尤其在信息化水平不高的企业，由于信息的壁垒和流动的迟缓，管理者无法看到这种背反现象，从而可能令背反长期存在。有的企业体制(例如事业部制的企业)，由于分权和各个领域追求微观效益，出现一方效益增加而另外一些部门效益降低的问题也是常有的事情。最简单的例子是供应部门以大量库存有效地实现了供应并防止供应短缺风险，制造部门对此给予高度评价。但是，从更高的层次看，对物流的直接影响便是增加了成本。解决这种背反的现象，就能有效地控制物流成本。

(四)提倡有利于控制物流成本的创新

本书对这个问题有大量的论述，诸如配送、联合运输、共同化、流通加工等都是控制物流成本的创新思路。

三、物流成本管理

准确掌握成本的状况是物流成本管理的基础。在这个基础之上，是管理部门和决策者的判断和决策。为此，需要将成本管理制度化，做好下面三项工作。

(一)准确的成本项目

哪些项目纳入到物流成本，虽然概念是明确的，但实际却很复杂。物流相关项目常是零碎的、分散的，贯穿于各部门，有的界限清楚，可以单独分出来，也有很多

与其他业务结合在一起，难以划分。如果舍弃这些项目，物流成本就会偏低；如果包含这些项目，又会把一些和物流无关的成本当成物流成本，从而造成物流成本虚高。还有一个原因是，不同企业对于项目的选择有区别，企业之间的物流成本就缺乏可比性。

准确的成本项目选择，还必须解决有些成本在不同的项目中重复入选的问题，这会造成成本虚高的结果；成本项目漏选的情况也是存在的，这会造成成本偏低的结果；还有成本之间的“背反”或称之为“交替损益”的问题，成本项目选择不当，就会使人们过度关注所选项目，而引发出另外一些领域的物流成本上升和其他成本上升的后果。

理想的解决办法是建立物流成本的标准化体系，对成本项目选择实现标准化。这样，即使受到标准化水平的限制，项目有所遗漏或者增加，但是，毕竟会建立一个有可比性的物流成本的制度。不同类型的物流企业，物流成本项目不相同，项目之间会有相当大的差别。所以，物流成本的标准化必定是不同物流行业有不同的标准化，从总体来讲，物流成本的标准化是一个体系而不是一个单项标准。

由于成本项目的确定具有复杂性和难度，不能指望成本项目的标准化体系完善之后再开始物流成本管理，必须有一个现实的办法。常用的是选择对物流总成本影响大的几个项目作为成本管理的对象，就是“抓主要矛盾”的哲学思想。这种选择也没有一定之规，通常的大项目包括运输、仓储、配送、装卸搬运、外包物流以及货物损失等成本项目。

（二）单项的成本数据

准确地掌握单项的成本数据是在确认了成本项目之后需要完成的事情。有了这个成本数据，就可以用于成本的分析计算。

如果物流成本项目划分得非常清晰，不和其他的成本项目有交叉或者互相包含，成本项目一旦确定，就可以根据成本项目的实际消耗来认定成本。但实际情况没有这么简单，因为很多有关物流的成本被包含在其他成本数据之中，而确认的物流项目的成本数据，有可能包含不属于物流成本的那一部分。例如，工资支付都统一纳入到工资项目之中，而很难区分出物流成本。所以，必须通过分析才能取得相应的单项成本数据。

非常明显，上述种种情况造成的结果必然是物流成本数据不准确和不充分，在进行物流成本核算和控制时，必须根据单项成本数据的实际情况有所取舍。

（三）物流总成本

1. 物流直接总成本

如果企业需要解决物流成本控制的问题，则应当以相对明晰的物流成本项目和明确的物流成本数据为基础进行成本核算。所获得的成本虽然不能完全包含全部物流成本数据，但是已经可以反映主要物流活动的成本状况。据此对于物流活动进行成本监控是有效的。

2. 全部物流成本

如果企业不是要对企业活动进行经常的控制，而是要做全面的分析，据此发现日常工作中的问题，或者对工作流程进行重新设计和改造，这种大规模的经济活动分析，就需要尽可能地了解全部物流成本的状况。这就不仅要了解直接成本，还要包含间接成本。对于间接成本，由于没有日常的控制数据，则须通过对其他成本项目进行分析(例如对成本按比例分摊、专门通过试验取得成本数据、权威人士估计等)而取得。

四、物流成本管理存在的问题

物流成本管理的问题主要集中在不以物流为经营主体的生产企业。这些企业从事工农业生产，物流只是其中的一部分，贯穿生产经营活动中，很难分离和独立。这类企业，物流成本管理难度很大，时至今日还没能提到企业会计制度的高度，因而不能纳入企业常规管理。由此，对于生产企业，物流成本管理还是一种理念，没有转化成管理行为。

物流成本管理理论重于运作的主要原因在于企业管理制度。如果不根本改变企业部门和职能的结构，就无法单独形成物流成本的相关科目，物流成本也就总是和其他的成本混杂一起；只有深入的核算和财务活动分析，才可能将物流成本分离出来。但是，总的成本科目体系现在还不能将物流成本纳入常规的结构之中，要把物流成本变成常规的财务会计制度的科目，需要重新建立财会制度。这会有很大难度，缺乏可行性，至少在当前企业的物流管理中，不可能为了建立物流独立核算系统而破坏其他若干成熟的财务会计核算系统。

真正需要纳入管理的，当然是有影响的数据，即在这个领域也需要实施重点管理。在现实的工作中，仍然只把“冰山浮出水面的一角”作为物流成本计算的对象，主要的核算范围是运输、储存保管、装卸、包装费用等几个大项的费用。很多企业，包装费用仍然是单独核算，没有进入物流成本之中。在某种程度上，物流成本的上述核算方法，是不自觉施行的“重点管理”，因为运输、储存保管的成本支出仍然是物流成本的主体。

当然，上面提到的“物流冰山”现象以及物流成本的“交替损益”现象也是物流成本管理难以奏效的主要问题。

第三节　物流质量管理

一、物流的质量观念

物流领域的传统思想中数量概念牢固、质量意识淡薄。强调解决产需在时间、空间的分离，创造时间及场所的效用，在理解时往往以商品的量来补足产需之间的差额，而忽视在创造时间及场所效用中质量的作用。

在物流领域中，经常会出现很大的质量事故，如车祸造成货物及人员装备的损失；沉船造成全面巨大的损失；物流过程中丢失、损坏、变质、延误等事故都不仅使物流中货物的数量受到损失，而且使货物质量损失。这还不算，对于一个企业，物流活动是与外界系统联结的“接口”活动，物流质量直接与用户相关，从而也与本企业的市场占有率相关，低劣的质量会使用户另寻其他合作伙伴从而使企业发展受挫。物流质量低劣会使企业遭到下述损失：第一，赔偿损失的支出，造成了支出的增加；第二，处理索赔的行政、法律事务的支出，造成了支出的增加；第三，收回、重整再发送被退回货物的支出；第四，时间耽误的经营机会损失及利息损失；第五，公司或企业的信誉损失。

特别值得提出的是，在物流国际化趋势越来越强，物流大型化之后，质量观念比以往更加重要，其原因在于：大规模的物流，一次物流价值量十分巨大，一旦出现损失，后果十分严重。例如，50 万吨的超级油轮或4 000个箱位的集装箱船，整船价值可达几千万甚至几亿美元，一旦损失，如无保险，会造成一个中型公司的破产，这种损失远比过去物流量小的时候同类型的损失大得多，这也是当今物流质量观念更为增强的原因。

二、物流质量的内容

物流质量有两大类：现实物流工作质量与长远战略质量。两者之间没有绝对界限，一次工作质量就有可能使用户增加信任感而决心长期合作，这便起了战略作用，同样战略质量也需要在一个个工作的基本操作中才能体现。物流质量包含以下几个内容。

（一）商品的质量保证

物流的对象是具有一定的质量实体，即有合乎要求的等级、尺寸、规格、性质、外观。这些质量是在生产过程中形成的，物流过程在于转移和保护这些质量，最后实现对用户的质量保证。在当代风行的质量保证体系中，一个非常重要的管理思想是：对用户的质量保证不能完全依赖于生产过程，也应当依赖流通过程，尤其是物流过程。

（二）商品的质量改善

物流过程不单是消极地保护质量及转移质量，现代物流由于采用流通加工等手段，还可以改善和提高商品的质量，由此，物流过程在一定意义上说也是质量的“形成过程”。

（三）物流服务质量

物流服务质量的具体衡度指标，主要是时间、成本、数量和质量。

物流业有极强的服务性，基本属于第三产业。所以，物流的质量目标，就是指服务的质量，它会因不同用户而要求各异。这就需要掌握和了解用户要求，如商品质量的保持程度，流通加工对商品质量的提高程度，批量及数量的满足程度，配送额度、间隔期及交货期的保证程度，配送、运输方式的满足程度，成本水平及物流费用的满足程度，相关服务（如情报提供、索赔及纠纷处理）的满足程度等。

物流服务体现在满足用户要求方面，而用户要求往往不同，有些要求甚至超出企业能力，要实现这些要求，需要企业有很强的适应性及柔性，这就需要以强大的硬件和有效的管理来支撑。当然，对服务的满足不能是消极被动的，因为有时候用户提出的某些服务要求，由于"交替损益"的作用，会增大成本或出现别的问题，对用户实际是有害的，盲目满足用户的这种要求不是高服务质量的表现。物流承担者的责任是积极、能动地推进服务质量。

（四）物流工作质量

物流工作质量是指物流各环节、工种、岗位具体工作的质量。为实现总的服务质量，要确定具体的工作要求，以指标形式确定则为工作质量目标。这是将物流服务总的目标质量分解成各个工作岗位可以具体实现的质量，是提高服务质量所做的技术、管理、操作等方面的努力。

工作质量与物流服务质量有关但又不大相同，物流服务质量取决于各工作质量的总和，工作质量是服务质量的保证和基础，抓好工作质量，服务质量也就有了保证。工作质量具体表现和反映在各环节、各工序中，内容十分庞杂。仅以仓库的工作质量为例，就可归纳以下内容：商品损坏、变质、挥发等质量因素的控制及管理；丢失、错发、报损等商品数量因素的控制及管理；商品维护、保养；商品入库、出库检查及验收；商品入库、出库计划管理，计划完成及兑现的控制；商品标签、标示、货位、账目管理，建立规章制度；库存量控制；质量成本的管理及控制；库房工作制度、温湿度控制；工作标准化管理；设备运转、完好程度管理；货主、用户服务质量等。

（五）物流工程质量

物流质量不但取决于工作质量，而且取决于物流系统的工程质量，好的物流质量，是在整个物流过程中形成的，要想能"事前控制"物流质量，预防物流造成的不良，就必须对影响物流质量的诸工程因素进行有效控制。工程因素可归纳为以下六方面：

（1）人的因素。包括人的知识结构、能力结构、技术熟练程度、质量意识、责任心等反映人的素质的各项因素。

（2）体制的因素。包括领导方式、组织结构、工作制度等方面。

（3）设备因素。包括物流各项装备的技术水平、设备能力、设备适用性、维修保养状况及设备配套性等。

（4）工艺方法因素。包括物流流程、设备组合及配置、工艺操作等。

（5）计量与测试因素。包括计量、测试、检查手段及方法等。

（6）环境因素。包括物流设施规模、水平、温湿度、粉尘、照明、噪音、卫生条件等。

这六个工程因素在物流过程中同时对物流质量发生影响,需要靠设计、建设、培训等方式创造条件。很明显,提高工程质量是进行物流质量管理的基础工作,能提高工程质量,就能做到"预防为主"的质量管理。由上可知,物流质量的概念既包含物流对象质量,又包含物流手段、物流方法的质量,还包含工作质量,因而是一种全面的质量观。

三、物流质量的管理

物流质量管理是全面质量管理的一环,应当运用全面质量管理的概念与方法。

(一)物流全面质量管理的概念

1. 物流质量管理的目的

物流质量管理必须满足两方面的要求,一方面是满足生产者的要求,物流的结果必须保证生产者生产的产品能保质保量地转移给用户;另一方面是满足用户的要求,即按用户要求将其所需的商品送达。

这两方面的要求基本是一致的,但有时候也有矛盾,例如,过分强调满足生产者要求以非常高的质量保证程度送交用户,会出现用户难以负担的过高成本。物流质量管理的目的,就是在"向用户提供满足要求的质量服务"和"以最经济的手段来提供"两者之间找到优化途径,满足这两个互相背反的要求。为此,必须全面了解生产者、消费者、流通者等各方面所提出的要求,从中找出合理的、各方面都能接受的要求作为管理的具体目标。物流质量管理可定义为:"用经济的办法,向用户提供满足其要求的物流质量的手段体系。"

2. 预防为主的观念

物流质量管理必须强调预防为主,明确"事前管理"的重要性,即在上一道物流过程就要为下一道物流过程着想,估计下一道物流过程可能出现的问题,预先防止。因此,必须树立"下一道工序就是用户"的思想。在这种观念的指导下,物流质量管理特别强调工作质量及工程质量两者的管理。建立一个好的物流工程,在此基础上有一个好的物流工作质量,就基本上对物流的质量有所保证。

3. 质量第一观念

前文已提到,以往的物流管理,重物流数量而轻物流质量,其结果是反过来又影响到物流数量。例如,物流中大量的损失、变质,其后果是直接冲减物流的数量。事实证明,没有高质量的物流,不把质量放在第一位,要追求的数量也是不可得的。

(二)物流质量管理的特点

全面质量管理的重要特点是"三全",也适用于物流质量管理。

1. 管理的对象全面

物流质量管理不仅管理物流活动本身,而且还管理工作质量和工程质量,最终对成本及交货期起到管理作用,因此,管理对象是广泛的,涉及物流的各个方面,具有全面性。

2. 管理的范围全面

物流质量管理对流通对象的包装、装卸、运输、保管、搬运、配送、流通加工等若干过程进行全过程的质量管理，同时又是产品在社会再生产全过程中，进行全面质量管理的重要一环。在这全过程中，必须一环不漏地进行全过程管理才能保证最终的物流质量，达到目标质量。

3. 全员参加管理

要保证物流质量，就涉及有关环节的所有部门和所有人员，必须依靠各个环节中各部门广大职工的共同努力，绝不是依靠某个部门和少数人，物流质量管理的全员性，正是物流的综合性、物流质量问题重要性和复杂性所决定的，反映了质量管理的客观要求。实行全员管理，重要的是充分调动起广大职工参加质量管理的积极性，为此，要向广大职工反复进行质量管理的教育，确立质量第一、为用户服务、预防为主等思想和观念，同时，要有组织体系的支持和保证。

（三）物流质量管理的基础工作

和物流质量管理直接相关的基础工作有以下几项。

1. 建立质量管理组织

质量管理工作是在物流的每一个过程中体现的，因此，质量工作应是整个物流组织的事情，但是，正因为整个过程都有其独特的功能，往往在操作时只注重实现这一独特的功能，而忽视质量管理。另外，物流过程的连续性，又很难明确区分质量状况和责任，所以建立统筹的组织，实行质量管理的规划、协调、组织、监督是必要的。另外，在各个过程中建立质量小组带动全员、全过程的质量管理也是重要的方式。

2. 标准化

标准是开展物流质量管理的依据。各项工作的质量要求、工作规范、检查方法都要在标准对产品质量的规定范围内。物流质量管理，要用很大力气制定标准。

3. 制度化

质量管理作为物流的一项永久性工作，须有制度的保证，前文提及的协作体制、质量管理小组都是制度化的一个部分。此外，还必须使制度程序化，以便于了解、执行和检查。制度化的另一重要方式是建立责任制，在岗位责任制基础上，或在岗位责任制的内容中，确定或包含质量责任，使质量责任能在日常工作中体现出来。

4. 开发差错预防体系

物流的差错是影响物流质量的主要因素之一。由于物流数量大、操作程序多，差错的发生可能性很大，因此，建立差错预防体系也是质量管理的基础工作。

以仓库管理为例，差错预防体系包括以下工作。

第一，库区进行规划调整：科学规划将货物有序地放置，能准确地、方便地进行存取。

第二，明确直观的标识：仓库存取，大多依靠人工，直观是非常重要的，我国多用四号定位，国外常用不同颜色进行标识，从而便于有序放置和有效区分。

第三,不同货架货分别放置:货架专用货物分别放置。

另外,我国的"五五化"方法也是行之有效的方法。

运用新技术预防差错是方向性的。现在已开发的应用技术有条形码系统,配合便携式扫描仪可准确无误地确认商品。采用电子计算机控制的拣选系统和采用电子计算机控制的存储系统从而形成仓库监测系统是避免差错的现代化方式。建立仓库监测系统,建立能对仓库全部活动进行核对、监测的监测系统,就能及时发现问题而防止差错持续或差错发展,进而再寻找差错产生地,予以解决,做到事先预防。

第四节　物流资源整合

一、物流运作的资源整合

(一)概述

社会上存在的物流资源广泛而且普遍,不是所有的物流资源需求都要依靠创建来取得,已经存在的没有发挥作用的资源,通过整合可以形成新的有用资源,所以,物流资源的整合是现代物流发展的重要途径,是物流管理区别于其他管理形态的有特点的内容。国民经济中的物流处于广泛而且普遍的分布状态,涉及很多经济领域和很多部门。社会上存在的这些大量的物流资源,是历史进程中逐渐形成的,因此这些已经存在的物流资源从水平到规模有很复杂的情况。大体上这些物流资源有三种状态存在:一是总体上处于稀缺状态,但是会存在局部的不均衡、局部的过剩;二是有些物流资源没有得到优化配置从而不能发挥作用;三是还有些物流资源处于过剩闲置的状态。

(二)物流资源整合的目的

物流资源整合的目的有几个层面:

一是物流资源共享。这是物流资源整合的主要目的。社会上存在着大量物流资源,如果能做到资源共享,使物流资源得到正常的应用,发挥它的一定作用应该说是很大的成功。

二是防止物流资源的浪费。

三是补充企业物流资源的不足。大多数企业的物流资源都是有限的,可以依靠物流资源的整合,从社会物流资源中弥补本身的不足。

四是物流资源优化配置。这是最积极的层面,物流资源的合理运用和优化配置是物流资源整合的主要目的之一。这个层面有很多内容:例如通过整合使零星分散的物流资源形成新的系统化的资源从而得到优化的配置,最大限度地发挥作用;再例如,通过整合可以将小而散的物流资源集合成大的规模,就可以实行规模化的运作从而取得规模效益。

(三)物流资源整合的对象

物流资源整合广义上是针对所有的社会物流资源,但在实践中主要针对以下两种:

第一种是曾经有目的的物流资源。这是以前专门为实现某种目的而准备的物流资源,可能已经被使用过,但是现在仍然有使用价值;也可能由于资源过剩或者目标选择错误而闲置,但是,这种资源如果切合了新的目标,就会发挥巨大的作用。

第二种是已经存在的通用的物流资源。通用的物流资源是政府和社会物流资源建设的重点领域,具有通用性和相当广泛的适用性,可以直接应用也可以进行选择和组合以满足某种特定的需求,整合的作用就在于此。

二、物流资源整合的三大领域

(一)客户资源的整合

客户资源整合的主要目的是将客户资源集中,从而形成规模,进一步进行物流规模运作。物流的客户遍及整个经济领域,客户的需求千差万别,但尽管如此,在不同之中也有规律,那就是有许多不同的客户会有相同的或者相似的物流需求和相同的或者相似的环境条件,如果能够聚集很多客户,就可以采用本书提供的 ABC 分类方法或者其他的方法对客户做出有效的分类,进一步实行差异化的管理和服务安排,从而降低成本并提高服务水平。

(二)能力资源的整合

物流能力是多方面的,需要很多方面的资源来构筑这个能力,例如装备和设备的资源、信息的资源、物流网络资源、组织和管理的资源等。物流需求是具体的,要提高物流服务的质量,必须有足够的符合需求的能力,这种能力需要创造也需要整合。物流服务的能力要依托于甚至取决于所拥有的物流资源,而能力资源的整合目的就在于形成新的能力和强化能力。能力资源的整合可以取得两个成效:一个是创造出适用的或者特殊的物流环境条件;另一个是形成有特色、高水平的物流服务,从而吸引更多的客户并且提高经济效益。

(三)信息资源的整合

信息资源其实也是一种能力,但是这种资源具有特殊的重要性。现代物流系统是跨越度非常大的系统,把它们连接起来需要的是信息。信息资源整合的关键就在于建立跨企业边界的信息共享机制。可以这样说:信息共享是现代物流企业与顾客和供应商之间建立相互信任、相互依赖、长期合作、共同发展的重要基础之一。所以,信息资源的整合是物流资源整合的基础性工作,也是提高物流水平取得超常发展的重要手段,对优化管理和运作非常重要,立竿见影的结果就是节省物流投入资源的种类和数量。

三、供应链物流资源的整合

现代经济领域供应链的形成，很少有全新结构、全新流程和运作的供应链，依靠整合是构筑供应链的重要方式。物流是整合的主要对象之一，是因为物流具有适应供应链协作和整合的体制形式。

现代社会，企业规模受到市场反应灵敏程度的限制，无限扩大规模是不可取的，因此就出现了为了一个目标所形成的企业群体，供应链就是这种企业群体的重要形式。从某种意义上来看，供应链是一个虚拟大企业，供应链物流是连接这个虚拟大企业的纽带。供应链这个虚拟大企业的物流体制不能简单地用事业部制或者职能制来比拟，供应链物流是协作和整合的一种新型管理体制。

通过协作来保持供应链物流的运行，通过整合来使这种运行达到完美的境界：低成本和高质量。很明显，这种体制不是建立在权力结构基础之上，而是基于共同利益，建立在合作和联盟基础之上的，因此是社会发展高度化的一种管理体制形式。第四方物流就是从事供应链物流资源整合的服务商。第四方物流提出的供应链解决方案，就是全面整合自身所拥有的物流资源、客户的物流资源以及社会上存在的其他物流资源，向客户提供供应链运作方案。

四、虚拟物流资源的整合

(一)虚拟经济与物流

现代虚拟的概念可以做如下理解：虚拟是相对于实体而言，并不存在于实体的形态，而是以本质的形式存在，虚拟是实体的一种“近似”。

现代经济领域虚拟经济形态，最初应用的是虚拟企业组织，或者组织中的虚拟小组。这种组织和传统组织的不同之处在于：使用信息网络进行联系，跨越时空、跨越组织所属进行合作共事。传统的合作模式是成员面对面交流和协作互动，例如对某一件事情进行讨论。虚拟组织或小组的特别之处就在于有信息技术的支持而超越了这种时空的界限，能克服时空障碍进行互动。传统上一个设计小组，要完成一个任务，就必须聚集在同一地方，召开会议、当面恳谈、午餐会等方式是经常采用的。如果相关人员相距很远，采取当面互动、研讨、协商的方式，有很高的成本，关键是效率非常低。虚拟组织或小组通过信息等技术手段实现互动，速度快、质量高、成本低，因此是对于传统方式的创新和突破。虚拟经济则是虚拟经济活动归结出来的经济理论和形态，它的形成是近些年的事情。

虚拟经济有三个范畴：

第一个范畴是指股票、债券、期货、期权等虚拟资本的交易活动，这可以对物流的资本运作方式与物流融资方式提供借鉴。

第二个范畴是指以信息技术为工具，依托网络联结所进行的经济活动和建立的经济组织，在物流领域，虚拟仓库、虚拟库存、虚拟物流组织就是属于这一个范畴的内容。

第三个范畴是利用计算机进行现实模拟的经济活动。这种实景的模拟，是通过数字化的计算机技术实现的，物流流程设计、物流规划都可以采取这种虚拟的办法。

（二）虚拟仓库和虚拟库存

虚拟仓库和虚拟库存是最早关注的虚拟经济形态。信息和网络技术可以给我们提供准确、及时而广泛的信息，可以使我们了解在什么地方、什么领域、什么条件下储存着什么种类、什么数量的物资，我们可以通过某种组织方式或其他方式形成我们所需要的资源准备，而我们自己的仓库中不一定直接保有。这就相当于一个更大仓库的库存储备，称虚拟仓库和虚拟库存。虚拟库存的存在，使我们有了更广泛的选择余地，虽然是虚拟库存，但是也和自己保有的库存一样，在一定的市场环境和经济环境下，通过一定的组织形式可以起到支持生产、支持销售的作用。然而，和自己保有不同，虚拟仓库不占用仓库建设成本，不需要人力物力投入到仓库的运营之中；虚拟库存不需要占用流动资金，也无须为库存的减损、变质、盗失操心。虚拟仓库和虚拟库存，解决了“库存是企业的癌症”这一历史的课题，显然，这种经济运作，可以使经济运行的质量得到大大的提升。

虚拟仓库和虚拟库存必须在以下前提条件下才能够变成一种有效的经济形态：

（1）买方市场的环境条件。这种环境条件提供的是：资源相对过剩，资源在寻找市场；买方有主动权和选择权；卖方有很强的服务意识和服务能力。

（2）信息技术的手段。依靠信息技术可以对资源状况以及动态做全面及时的了解和掌握。

（3）新的组织方法。有可以充分运用信息网络对社会资源进行配置的组织方法。

（三）虚拟库存的应用领域

虚拟库存的应用领域很多，大规模应用主要在以下三个领域：

（1）生产领域。可以对社会上广泛拥有的通用商品，如标准零部件、标准件、工具等，采用虚拟库存等方式实现零库存。

（2）商业领域。可以对品牌效应不高的通用商品，以虚拟库存形式实现零库存。

（3）经营领域。可以利用信息优势，进行购销活动，在购销活动中不保有库存而是利用社会资源实现对用户的供应。

（四）虚拟物流企业

物流向国际化和远程化发展的结果，使得有些大的物流系统，已经不可能由一个确定的企业去构建，而实际上是由以信息技术和网络技术为支撑的虚拟企业去运作。这种虚拟企业虽然不具备独立企业的名分和组织结构，但是却可以像一个超大规模的独立企业一样，把整个系统运作得十分有效。这种虚拟的物流企业在物流领域不仅表现在供应链的构筑之上，而且也表现在主要依靠信息而没有形成整套流通生产力硬件的第三方物流企业和虚拟仓库、网上的物流服务交易等方面。

供应链是以网络信息技术为纽带建立起来的,是虚拟经济的一个典型应用。供应链实际上是一个虚拟的大企业,它所做的事情,过去是要依靠一个集团企业、一个托拉斯的实体企业去做的,现在则是靠一种协作的组织,这个协作的组织具有相对稳定性,而并不是一个有确定机构、确定组织和确定经营目标的大企业,这就是虚拟性所在。供应链虚拟性的一个最大优势,是可以通过组织协作的方式,依托信息网络的支持,使这个"虚拟企业"总是保持着很高的竞争能力。因为供应链的参与企业,都是以核心竞争能力的优势进入供应链,供应链的动态性又使得构筑供应链的企业不断"优胜劣汰",不断更新,以保持供应链企业总是由具有强大的核心竞争能力的企业构筑而成。这是一个实体企业没有办法做到的。

(五)虚拟物流现实

虚拟物流现实是利用计算机、网络和声像等多种技术对现实的运动进行现实模拟和声像演示。在虚拟过程中,操纵者可以身临其境地感觉到这个过程的运动情况,可以对设备进行操纵,可以查看生产过程、实验过程、施工图过程、供应过程、物流过程等活动的各个环节的实际运动状况并且掌握各种技术参数的动态值,从而确认现实的系统是否有能力完成预定的任务和如何去完成,也可从中发现运动过程的缺陷和问题并予以改进。

随着物流的远程化和国际化,物流的流程跨越若干国家、企业,使用若干种运输工具,物流过程有许许多多的操作环节,管理者和客户根本没有可能对这个系统进行实地考察,客户在进行业务外包时,又不能只听一些情况介绍或者录像演示的过程做出最后的判断,在这种情况下,可以采用模拟现实办法。客户可以直接进入计算机虚拟的世界,对关键环节操纵、演示,观察和分析过程的动态数据,以判定此项业务是否可以外包给这个运作者;另外,第三方物流公司和大物流系统的管理者、整合者也需要借助于模拟现实系统,分析物流时间、成本等对整个系统进行运作和管理,并且对是否可以接受客户的要求做出决策。

第五节　物流服务管理

一、物流服务的社会化与实现方式

(一)物流服务是物流社会化的产物

社会化的物流需求是物流资源配置的非常重要的动力。社会化物流需求的出现,使原来分布于企业封闭系统内的资源逐渐社会化,社会化物流需求的一个更重要的结果,是使物流活动社会化。物流活动面向社会,就成为一种经营方式、一种服务方式。

物流服务的出现是一个非常重要的标志,它标志着物流活动的专业化。无论是系统的物流活动还是局部领域的物流活动,都通过社会化的物流服务而变成一个专门的行业。物流服务的最高水平,是能够为物流需求承担完整服务的物流服务商,现在的一般称呼是“第三方物流”。除第三方物流以外,提供各种物流服务的企业种类非常多,几乎所有的物流需求都可以从社会上找到承担者。不仅是第三方物流,第四方物流也是物流服务社会化的产物。

社会化的物流服务是通过接受有物流需求的企业将物流业务外包,即委托承包方式实现的。业务外包是联结物流需求和物流服务提供的管理形式、体制形式,甚至造就了一种社会经济结构,即通过委托、承包实现企业之间的社会协作。委托承包所造就的社会经济结构是形成现代企业集团的初级形态。一旦这种业务关系能够长远化,再通过资本纽带,以互相参股的管理形式便形成关系层次深浅不同的企业集团。这种企业集团不但具有业务的纽带,又具有资本的纽带,最终会造就物流领域的巨型企业。

(二)社会化物流服务强调客户的战略利益

在买方市场的环境下,客户是形成物流需求的核心和动力。物流服务是围绕客户的物流需求进行的,服务可以说是社会化物流企业的立业之本,实际上社会化的物流企业,人力、物力、财力等各方面的投入,通过企业经营管理,最后都转化成对客户的服务。也就是说,社会化的物流企业以为客户服务为自己的产出,一切效益都从此而来。

以客户为核心的物流服务不但是客户所提出的现实需求,这种服务更应当是战略性的。虽然应当首先认识和了解客户的现实物流需求,但是,客户所提出的服务要求不一定都是深层次的物流需求,在很多情况下,这种服务要求是暂时的、表面的。实际上,对物流需求的了解和认识,应当是长远的、战略层次的,而由于用户的局限性,他们不一定具有战略思考。以客户为核心的深层次含义,就是要帮助用户建立这种战略性的思考,实现长远的利益。当物流企业与客户间形成这种战略关系时,对物流服务的要求就不仅限于运输仓储的可靠性、存货可得性等,还要求物流成本与客户的生产、营销等成本的总和即总成本达到最小、客户的竞争能力提高等战略利益。物流服务的目标在外延和内涵上都有了新的拓展。

(三)物流服务管理创造双赢

客户企业选择物流企业的出发点不只是降低物流成本的简单目标,企业更希望外包后的物流活动仍然是企业竞争力的一部分,仍然能够与企业的生产和营销策略完美地契合。对于物流企业而言,客户的这种要求促成了物流企业与客户在更深层面上的交流与合作,这不仅意味着获得了稳定的货源,也意味着更可观的利润空间。这些因素促使物流企业与客户间形成了紧密合作、相互依存的关系,远远地超出一般服务供给方和需求方的范畴,远远超出了一般的服务购销关系。这是社会化物流服务的独特之处。

二、物流服务的利益体现

现代物流强调物流服务企业与客户企业之间的双赢,不仅仅是一个理念的问题,而且必须通过实际运作来体现这种双赢的利益。以下就是双赢利益体现的几种主要形式。

(一)物流活动运作改进的利益

通过社会物流企业系统化的运作以及在物流各个领域进行合理化的改进,可以取得两方面的利益:一方面是客户自己受限于本身的局限性,不能提供本身需要的物流服务,这是寻求社会化物流服务的重要原因。客户内部物流系统不能满足要求,其原因可能是客户所需要的服务有特别的专业知识和技术,而客户自己无法掌握,或者由客户本身来提供十分不经济。物流方面的技术正在快速发展,获取新兴技术对于保持竞争优势十分重要,在这方面不是专业内行的客户,依靠外界社会的专业物流服务自然会取得运作的利益。运作改进的另一方面就是提高物流科学、技术、装备以及管理水平,改进为客户服务的运作,从而使客户受益,物流运作改进的表现形式可以是增加物流灵活性、提高物流质量、速度和服务能力。

(二)经济与财务利益

一般低成本是由于低要素成本和规模、范围的经济性所取得的,当然也包括劳动力要素成本。通过获取社会化的物流服务,客户企业可以避免在自己不熟悉的物流领域盲目投资,并将资金用于其他效益更高的投资领域。

(三)管理利益

通过获取社会化的物流服务可以获得用户企业不具备的物流管理技能,也可以在获取社会化物流服务之后,将内部有优势的其他方面管理资源用于更有利可图的领域,这样一来就可以使公司的资源不分流于物流管理而集中于核心竞争力中,同时还可以从物流服务公司提供的物流服务中得到好处。此外,依靠社会化的有实力的物流企业提供的系统化物流服务,可以减少供应商的数目,这也是物流服务利益的体现。再者,选择一个有实力的物流服务企业把物流管理外包,还会减少自身的行政开支和公关费用,从而降低成本、简化管理。

(四)战略利益

社会化的物流服务还能使供需双方都获得战略性利益。这个利益表现在三方面:

第一,灵活性的战略利益。物流服务企业面对多个客户按需提供物流服务,可以综合、全面、灵活地运用物流服务资源和服务能力,物流服务的需求方,可以致力于本身的核心竞争能力。这都有利于双方的战略发展。

第二,长期合作的战略利益。物流服务的供需双方可以进行长期的合作,建立合作的战略关系。

第三,共担风险的战略利益。物流服务的供需双方共同面对和担当风险,有利于促进长期的发展。

三、物流服务的基本档次

物流服务可以分成三个基本的档次:基本服务、精细服务和增值服务。

(一)基本服务

基本服务是社会化物流企业能够向客户提供的最低限度和通常的服务。这个服务所遵循的原则主要有:

(1)满足用户的基本需求,服务带有被动性。

(2)以服务的买卖双方为交换对象,双方是一种合同关系,不是伙伴关系。

(3)无故障或低故障服务为服务水平的目标,这个目标带有保守性。

(4)服务面向所有用户,对客户来讲实行相当于国际贸易中的"国民待遇",即完全同等的服务方式和服务水平。

实际上,基本服务可以满足的是用户对物流的一般需求。例如,客户的长距离运输需求可以得到公路和铁路的服务,存货的需求可以得到恰当的仓库库容,也就是说,应该令社会物流企业的服务具有"可得性";社会物流企业对客户的服务方式、服务水准应该得到客户的认同,例如,在合同中明确差错率或故障率,也就是说,基本服务对于客户而言要有"可接受性";整个的服务业绩的判断,不是一个高标准的判断,不能依靠这种基本服务来取得超出其范围的成绩,因此,应以"可靠性"为服务绩效的认定。

(二)精细服务

精细服务是在基本服务基础上的高水平服务,这种服务也是面对所有客户,不带歧视性,不带特惠性。高水平服务的标准,可以规定为"零缺陷服务",也可以规定为"精细物流服务",具体的服务水平,要根据客户的特殊物流服务需求和社会物流企业的服务能力来确定。

(三)增值服务

通过社会物流企业对客户的服务,可以提高客户物流活动的效率和效益,通过社会物流企业的物流服务,使客户的物流领域成为"第三个利润源"。

一般来讲,增值服务是对特定客户的特定要求实行的服务。当然,如果社会物流企业在服务方面有所创新,也可以用增值服务的形式面对所有的客户进行服务。

增值服务和基本服务、精细物流服务的主要区别有以下几点:

(1)增值服务是一种深层次的物流服务。必须对客户的物流需求和客户的与物流需求相关的所有活动有深切的了解,这样才能够提出特殊的增值服务方案。因此,增值服务一般来讲是面对特定物流企业的一种特殊服务方案。

(2)增值服务需要增加投入。对于社会流通企业而言,增值服务需要在一般的基础服务和高水平服务的前提下,增加投入,这样才能够取得产出的增值。所以,增值服务对于客户来讲,需要提供超出一般服务的费用支出。

(3)增值服务具有时效性。随着物流服务水平的逐步提高,原来的增值服务在经过一段时间之后,就可能变成物流企业的基本服务水准,不再是增值服务的范畴。

(4)增值服务是不断发展的动态服务。随着整个社会经济的进步,物流的增值服务也显示动态性,在发展过程中会出现新的增值服务方式。社会物流企业必须为此而奋斗,才能够不断提高物流服务的水平。

主要参考文献

[1]日通综合研究所．物流手册[M]．吴润涛，靳伟，王之泰，译．北京：中国物资出版社，1987.

[2]王之泰．物流工程研究[M]．北京：首都经济贸易大学出版社，2004.

[3]何明珂．物流系统论[M].北京：中国审计出版社，2001.

[4]唐纳德·J. 鲍尔索克斯，等.物流管理：供应链过程的一体化[M]．林国龙，等，译．北京：机械工业出版社，1999.

[5]流通经济大学流通问题研究所．中国现代物流研究[M]．东京：流通经济大学出版会，1995.

[6]詹姆士·R. 斯托克，道格拉斯·M. 兰伯特.战略物流管理[M]．邵晓峰，等，译．北京：中国财政经济出版社，2003.

[7]蒋祖星，孟初阳.物流设施与设备[M]．北京：机械工业出版社，2004.

[8]马士华，林勇.供应链管理[M]．北京：机械工业出版社，2010.

[9]牛鱼龙．世界物流经典案例[M]．深圳：海天出版社，2003.

[10]宋华，胡方浩．现代物流与供应链管理[M]．北京：经济管理出版社，2000.

[11]西泽修．物流成本[M]．东京：白桃书房，1999.

[12]冯昭奎，小山周三．中日流通业比较[M]．北京：中国社会科学出版社，1996.

[13]阎子刚.供应链管理[M].北京：机械工业出版社，2010.

[14]林自葵.货物运输与包装[M]．北京：机械工业出版社，2005.

[15]汉斯·克里斯蒂安·波弗尔.物流前沿实践创新前景[M]．北京：机械工业出版社，2006.

[16]章昌裕.国际经济学[M] 北京：清华大学出版社，2007.

[17]谷汉文.物流企业管理创新[M]．北京：中国物资出版社，2009.

[18]张盛开，张亚东.现代物流管理与对策论[M].大连：东北财经大学出版社，2010.

[19]桑德尔·博伊森，托马斯·M. 克雷斯，马丁·E. 德雷斯内，等.物流和外延型企业[M]．北京：机械工业出版社，2005.

[20]爱德华·巴蒂，约翰·科伊尔，小约翰·兰利.企业物流管理[M]．文武，等，译．北京：电子工业出版社，2003.

[21]弗兰克·道宾.打造产业政策[M].张网成，张海东，译.上海 ：上海人民出

版社,2007.

[22]钱家琛,路维平.集装箱化与现代物流百科大辞典[M].北京:中国交通出版社,2005.

[23]世界500强企业战略研究中心.现代物流企业国际标准化管理制度及表格范本[M].北京:企业管理出版社,2007.

[24]宋伟刚.物流工程及其应用[M].北京:机械工业出版社,2003.

[25]陈文玲.现代流通基础理论原创研究[M].北京:经济科学出版社,2006.

[26]王健.现代物流网络系统的构建[M].北京:科学出版社,2005.

[27]张声书,王之泰,等.配送研究[M].北京:经济科学出版社,1990.

[28]丁立言,张铎.物流配送[M].北京:清华大学出版社,2002.

[29]王之泰.从“黑大陆”到“灰大陆”[M].重庆:重庆大学出版社,2009.

[30]郭欣.古今交通拾趣[M].北京:人民交通出版社,1992.

[31]北京市商业委员会.赴日连锁经营研修报告汇编[R].2000.

[32]中国冷链物流联盟.中国冷链年鉴[M].北京:航空工业出版社,2010.

[33]喻小贤,陆松福.物流经济学[M].北京:人民交通出版社, 2007.

[34]纪任红,游战清.物流经济学[M].北京:机械工业出版社,2006.

[35]杨长春,顾永才.国际物流[M].北京:首都经济贸易大学出版社,2004.

[36]田中一成.库存管理[M].顾月花,译.上海:文汇出版社,2002.

[37]哈尔·瓦里安.微观经济学[M].北京:经济科学出版社,1997.

[38]保罗·A.萨缪尔森.经济学(第十四版)[M].北京:首都经济贸易大学出版社,1997.

[39]林祖乙,等.国际集装箱运输[M].北京:人民交通出版社, 1993.

[40]姜大立,等.现代物流装备[M].北京:首都经济贸易大学出版社,2004.

[41]刁伯清,等.物流与供应链系统规划与设计[M].北京:清华大学出版社,2003.

[42]孟淑敏,刘霭馨.再生资源学[M].北京:中国物资出版社,1991.

[43]李春田.标准化概论[M].北京:中国人民大学出版社,1982.

[44]张铎,柯新生.现代物流信息系统建设[M].北京:首都经济贸易大学出版社,2004.

[45]林一知.凯恩斯理论与中国经济[M].成都:四川人民出版社,1987.

[46]张铎,林自葵.电子商务与现代物流[M].北京:北京大学出版社,2002.

[47]艾伦·M.鲁格曼,理查德·M.霍杰茨.国际商务[M].北京:经济科学出版社,1999.

[48]布鲁斯·A.汉德森,乔戈·L.纳克.精益企业[M].上海:上海科学技术文献出版社,2000.

[49]詹姆斯·沃麦克,丹尼尔·琼斯.精益思想[M].北京:商务印书

馆,2001.
[50]杨杜. 现代管理理论[M]. 北京:中国人民大学出版社,2001.
[51]SCM 研究会.供应链管理[M]. 徐原清,等,译. 北京:科学出版社,2003.
[52]杜文,任民. 第三方物流[M]. 北京:机械工业出版社 ,2003.
[53]牛鱼龙. 第三方物流:模式与运作[M]. 深圳:海天出版社,2003.
[54]马世华,林勇. 供应链管理[M]. 北京:机械工业出版社 ,2000.